군무원
경영학

Always **with you**

사람의 인연은 길에서 우연하게 만나거나 함께 살아가는 것만을 의미하지는 않습니다.
책을 펴내는 출판사와 그 책을 읽는 독자의 만남도 소중한 인연입니다.
SD에듀는 항상 독자의 마음을 헤아리기 위해 노력하고 있습니다.
늘 독자와 함께하겠습니다.

머리말

군수직 군무원을 준비하는 수험생 여러분 반갑습니다.

최근 시험문제를 공개하고 모집인원이 불규칙하다는 여러 가지 불안요소와 불확실성 속에서도 군수직렬 시험을 준비하시는 여러분의 용기와 국가와 국민을 위해 헌신하고자 하는 마음에 무한한 찬사와 응원을 보내드립니다.

2022 군무원 시험 총평	
9급 시험 총평	9급의 경우 조직행동론과 인적자원관리 분야에서 문제가 거의 출제되지 않았고 경영학원론/경영전략에서 작년보다 많은 수의 문제가 출제되었습니다. 작년과 마찬가지로 회계학과 재무관리에서 계산문제가 출제되지 않아 전체적으로 평이한 수준의 시험이었으나, 계산식은 반드시 학습해두는 것이 좋습니다.
7급 시험 총평	7급의 경우 시험 문제가 전범위에 걸쳐 골고루 출제되었으며, 단순 암기를 통해 풀 수 있는 문제보다는 내용을 정확하게 이해하고 있어야만 풀 수 있는 문제의 비중이 늘어나 체감 난도가 높았을 것으로 생각됩니다. 따라서 개념을 이해하고 이를 문제에 응용하는 연습이 필요합니다.

본 도서는 군무원을 준비하는 수험생을 위한 경영학 기본서입니다. 끊임없이 변화하는 시대에 맞춰 변하지 않는 자는 도태되는 경영 환경을 보면서 수험 서적으로서 신이론의 새로운 물결과 미래 지향적인 경영학에 맞춰 저술하려고 노력하였습니다. 이 책은 군무원의 최근 기출예상문제 분석과 이를 통해 새로운 유형의 문제로 출제될 이론을 첨부하여 구성하였습니다. 심도 있고 쉽게 접할 수 있도록 하였으며 2023년 군무원 시험 대비를 위한 다양한 경영 부분의 내용으로서 수험생에게 좋은 길잡이가 되리라 믿습니다.

이 책을 쓰기까지 도움을 주신 많은 출판사 관계자분들에게 다시 한 번 감사드립니다. 끝으로 군무원 수험생 여러분들의 합격의 영광을 빌며 부족한 부분을 계속 보완해 나갈 것을 약속드립니다.

김성만 올림

군무원 채용 필수체크

◈ 응시자격

응시연령	• **7급 이상**: 20세 이상 • **8급 이하**: 18세 이상
학력 및 경력	제한 없음

◈ 군무원 채용과정

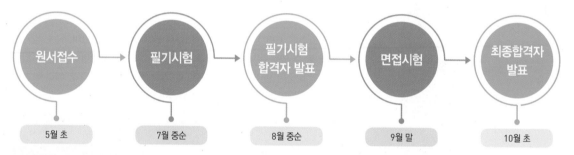

원서접수	필기시험	필기시험 합격자 발표	면접시험	최종합격자 발표
5월 초	7월 중순	8월 중순	9월 말	10월 초

1 필기시험

- 객관식 선택형 문제로 과목당 25문항, 25분으로 진행
- 합격자 선발 : 선발예정인원의 1.5배수(150%) 범위 내(단, 선발예정인원이 3명 이하인 경우, 선발예정인원에 2명을 합한 인원의 범위)
  ⋯➤ 합격기준에 해당하는 동점자는 합격처리

2 면접시험

- 필기시험 합격자에 한해 응시기회 부여
- 평가요소
  - 군무원으로서의 정신자세
  - 의사표현의 정확성 · 논리성
  - 예의 · 품행 · 준법성 · 도덕성 및 성실성
  - 전문지식과 그 응용능력
  - 창의력 · 의지력 · 발전가능성
  ⋯➤ 7급 응시자는 개인발표 후 개별 면접 진행

3 최종합격자 결정

필기시험 합격자 중, 면접시험 성적과 필기시험 성적을 각각 50% 반영하여 최종합격자 결정
⋯➤ 신원조사와 공무원 채용 신체검사 모두 '적격' 받은 자에 한함

※ 위 채용일정은 2022년 군무원 국방부 주관 채용공고를 기준으로 작성하였으므로 세부 사항은 반드시 확정된 채용공고를 확인하시기 바랍니다.

영어능력검정시험 기준점수

구분	5급	7급	9급
토익(TOEIC)	700점	570점	470점
토플(TOEFL)	PBT 530점 CBT 197점 IBT 71점	PBT 480점 CBT 157점 IBT 54점	PBT 440점 CBT 123점 IBT 41점
텝스(TEPS) 2018.5.12. 이전 실시된 시험	625점	500점	400점
新텝스(新TEPS) 2018.5.12. 이후 실시된 시험	340점	268점	211점
지텔프(G-TELP)	Level 2 65점	Level 2 47점	Level 2 32점
플렉스(FLEX)	625점	500점	400점

⋯ 당해 공개경쟁채용 필기시험 시행 예정일부터 역산하여 3년이 되는 해의 1월 1일 이후에 실시된 시험으로서 필기시험 전일까지 점수(등급)가 발표된 시험에 한해 기준점수 인정
⋯ 응시원서 접수 시 본인이 취득한 영어능력검정시험명, 시험일자 및 점수 등을 정확히 기재
⋯ 응시원서 접수 시 입력 사항에 변동이 있거나 원서 접수 후 발표된 성적 등록 시 추가등록 필수

한국사능력검정시험 기준점수

구분	5급	7급	9급
한국사능력검정시험	2급	3급	4급

⋯ 2020년 5월 이후 한국사능력검정시험 급수체계 개편에 따른 시험종류의 변동(초·중·고급 3종 → 기본·심화 2종)과 상관없이 기준(인증)등급을 그대로 적용
⋯ 당해 공개경쟁채용 필기시험 시행 예정일부터 역산하여 4년이 되는 해의 1월 1일 이후에 실시된 시험으로서 필기시험 전일까지 점수(등급)가 발표된 시험에 한해 기준점수(등급) 인정
⋯ 응시원서 접수 시 본인이 취득한 한국사능력검정시험의 등급인증번호와 급수(성적)를 정확히 기재
⋯ 응시원서 접수 시 입력 사항에 변동이 있거나 원서 접수 후 발표된 성적 등록 시 추가등록 필수

※ 위 기준점수는 군무원인사법시행령을 기준으로 작성하였으므로 세부 사항은 반드시 확정된 채용공고를 확인하시기 바랍니다.

S T R U C T U R E S

이 책의 구성과 특징

— *ALL-IN-ONE 한 권으로 군무원 필기시험 합격하기!* —

최신 출제경향에 맞춘 핵심이론과 보충·심화학습 자료

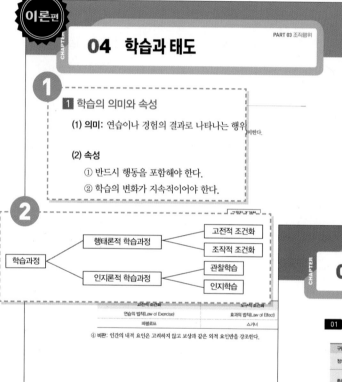

① 꼼꼼하고 알찬 이론 정리

방대한 정보사회론 이론을 최신 출제 경향에 맞춰 정리했습니다.

② 핵심만 담은 도식화

방대한 이론을 도식화하여 이해하기 쉽게 설명하고 있습니다.

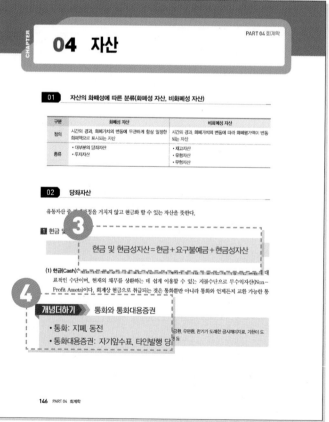

③ 계산식의 활용

복잡한 경영학 이론에 필요한 계산식을 알아보기 쉽게 정리했습니다.

④ 개념더하기

본문의 이론에서 더 나아가 꼭 챙겨야 하는 심화 내용을 담았습니다.

— *ALL-IN-ONE 한 권으로 기출문제까지 섭렵하기!* —

핵심이론과 직결된 Full수록 합격

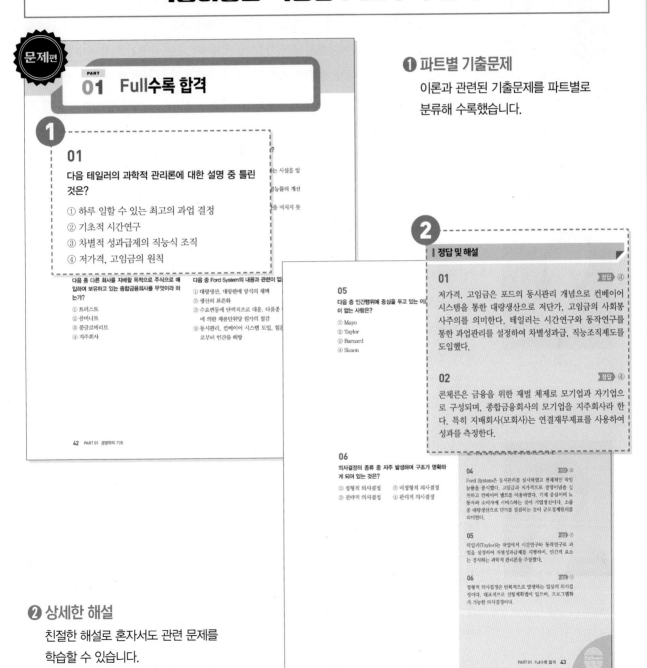

❶ 파트별 기출문제

이론과 관련된 기출문제를 파트별로
분류해 수록했습니다.

문제편

PART 01 Full수록 합격

01

다음 테일러의 과학적 관리론에 대한 설명 중 틀린
것은?

① 하루 일할 수 있는 최고의 과업 결정
② 기초적 시간연구
③ 차별적 성과급제의 직능식 조직
④ 저가격, 고임금의 원칙

다음 중 다른 회사를 지배할 목적으로 주식으로 매
입하여 보유하고 있는 종합금융회사를 무엇이라 하
는가?

① 트러스트
② 콤비나트
③ 콩글로메리트
④ 지주회사

다음 중 Ford System의 내용과 관련이 없는

① 대량생산, 대량판매 방식의 채택
③ 생산의 표준화
② 수요변동에 탄력적으로 대응, 다품종
에 의한 제품단위당 원가의 절감
④ 동시관리, 컨베이어 시스템 도입, 힘든
로부터 인간을 해방

05

다음 중 인간행위에 중심을 두고 있는 이
이 없는 사람은?

① Mayo
② Taylor
③ Barnard
④ Simon

06

의사결정의 종류 중 자주 발생하며 구조가 명확하
게 되어 있는 것은?

① 정형적 의사결정 ② 비정형적 의사결정
③ 전략적 의사결정 ④ 관리적 의사결정

42 PART 01 경영학의 기초

정답 및 해설

01 정답 ④

저가격, 고임금은 포드의 동시관리 개념으로 컨베이어
시스템을 통한 대량생산으로 저단가, 고임금의 사회봉
사주의를 의미한다. 테일러는 시간연구와 동작연구를
통한 과업관리를 설정하여 차별성과급, 직능조직제도를
도입했다.

02 정답 ④

콘체른은 금융을 위한 재벌 체제로 모기업과 자기업으
로 구성되며, 종합금융회사의 모기업을 지주회사라 한
다. 특히 지배회사(모회사)는 연결재무제표를 사용하여
성과를 측정한다.

Ford System은 동시관리를 실시하였고 전체적인 작업
능률을 중시했다, 고임금과 저가격으로 경영이념을 실
천하고 컨베이어 벨트를 이용하였다, 기계 중심이며 노
동자와 소비자에 서비스하는 것이 기업정신이다. 소품
종 대량생산으로 단가를 절감하는 것이 규모경제원리를
의미한다.

05

테일러(Taylor)는 작업에서 시간연구와 동작연구로 과
업을 설정하여 차별성과급제를 시행하며, 인간적 요소
는 경시하는 과학적 관리론을 주장했다.

06

정형적 의사결정은 반복적으로 발생하는 일상의 의사결
정이다. 대표적으로 선형계획법이 있으며, 프로그램화
가 가능한 의사결정이다.

PART 01 Full수록 합격 43

❷ 상세한 해설

친절한 해설로 혼자서도 관련 문제를
학습할 수 있습니다.

REVIEW

군무원 필기시험 합격 수기

군무원 과목이 많은데, 각 과목의 특성을 잘 고려하여 만든 기본서인 것 같다는 생각이 들었다. 군무원 기본서 시리즈들을 많이 봐 왔는데, 가장 성의 있게 만든 수험서라고 생각한다. 또한 이론을 적용해 볼 수 있는 적중문제가 파트별로 있어서 기본서이지만 문제집의 역할도 할 수 있는 다재다능한 수험서였다. 군더더기 없는 깔끔한 기본서이다. 기출이나 모의고사 문제를 풀다가 막히는 개념이 나올 때마다 도움을 많이 받았다. 동영상 강의도 함께 활용할 수 있다는 것도 강점이다. 이동 중에 습관처럼 동영상 강의를 봤던 게 합격에 큰 도움이 되지 않았나 싶다. 제공되는 여러 가지 학습 자료를 잘 활용해서 계획적으로 공부한다면 누구나 얼마든지 합격할 수 있으리라 본다.

혼자서 준비할 수 있도록 저자 직강을 제공한다는 점이 가장 큰 장점이라는 생각이 들었습니다. 해설도 오답 풀이까지 상세하게 설명이 되어 있어서 책으로만 공부하는 것도 크게 어렵지 않았지만, 가끔씩 학원처럼 선생님이 풀어 주시는 걸 보면서 머릿속으로 따라 푸는 공부를 하고 싶을 때 강의를 언제든 이용할 수 있어 좋았습니다. 이론서는 두고두고 다독하면서 개념을 잡을 수 있게끔 구성이 되어 있어야 한다고 생각합니다. ALL-IN-ONE 군무원 기본서가 딱 그런 역할을 하는 기본에 충실한 기본서라고 생각합니다. 수험생활 내내 유용하게 사용했습니다.

'기본서'라고 하면 너무 무겁거나 쓸데없는 내용이 많을 것 같다는 편견이 있었는데, ALL-IN-ONE 군무원 기본서는 이러한 나의 편견을 깨트려 주었다. '기본서'라는 포지션에 충실하게 전 영역의 이론이 들어 있으면서도 불필요한 내용은 최대한 배제하려는 저자진의 노력이 느껴질 정도였다. 또 기본서지만 적중문제를 통해 배운 이론을 적용해 볼 수 있어서 학습에 큰 도움이 되었다. ALL-IN-ONE 군무원 기본서의 인상이 좋아서 이후 '기출이 답이다'나 '봉투모의고사' 시리즈도 연달아 풀어 보았는데, 모두 괜찮았다. 군무원 수험서 시장이 좁아서 아쉬웠는데, ALL-IN-ONE 군무원 기본서는 만족스러운 선택이었다.

군무원

경영학 제1권

SD에듀
(주)시대고시기획

혼자 공부하기 힘드시다면 방법이 있습니다.
SD에듀의 동영상강의를 이용하시면 됩니다.

www.sdedu.co.kr ➜ 회원가입(로그인) ➜ 강의 살펴보기

이 책의 차례

경영학의 기초

01 경영학의 이해

01 경영학의 개념

1 경영의 정의

기업의 목표를 달성하기 위하여 리더십을 발휘하고 경영자원을 사용하는 방법을 결정해 나가는 과정이다 (피터 드러커, Peter Drucker).

2 경영의 구성요소

경영 대상	조직(Organization)
경영 내용	전략(Strategy), 관리(Management), 운영(Operation)
경영 주체	경영자(Administrator)

3 경영의 학문적 성격

과학성(이론성)	현상을 객관적으로 분석, 설명하고 예측하는 이론 지향
기술성(실천성)	실제 부딪히는 문제에 대한 해결방안의 제시
종합과학성	경영환경은 인간, 구조, 기능, 환경의 복합적 상호작용의 산물

인과적 관계를 중시하는 과학적 이론 지향성과 문제해결의 방식을 제공하는 실천 지향성을 동시에 제공한 다(이론과 실천의 양면성).

4 경영의 관리과정(Management Cycle)-페이욜(H. Fayol), 1930

계획(Planning)	목표 달성을 위한 절차에 대한 계획
조직(Organizing)	수립된 계획의 효과적 수행을 위한 인적, 물적 자원의 조직
지휘(Directing)	계획의 차질 없는 실행을 위해 경영자가 리더십, 동기부여 및 의사소통 기술을 이용하여 경영자원을 이용
조정(Cordinating)	각 부서 간의 이질성을 극복하기 위한 활동
통제(Controlling)	경영활동의 검토, 시정조치 및 평가

5 경영학의 주요 개념

구분	산출공식	개념
수익성 (Profitability)	회계이익/투입자본	이익극대화 원칙의 실현정도 측정
경제성 (Economic Efficiency)	산출가치/투입가치	투입된 비용(Cost)에 대한 효익(Benefit)의 비율을 통해 경제원칙의 실현정도 측정
생산성 (Productivity)	산출량/생산요소별 투입량	생산활동의 과정에서 생산요소 이용의 효과성과 효율성의 평가 측정

02 경영학의 발전 과정

1 경영학의 흐름

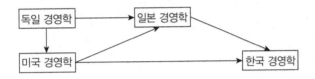

2 경영학의 나라별 특징

미국 경영학	실용주의 강조
독일 경영학	경영경제학 기반
일본 경영학	일본적 경영의 토착화 – 가족주의적 경영, 집단주의적 경영, 종신고용제, 온정주의적 경영
한국 경영학	미국 경영학의 영향

3 미국 경영학

(1) 미국 경영학의 흐름

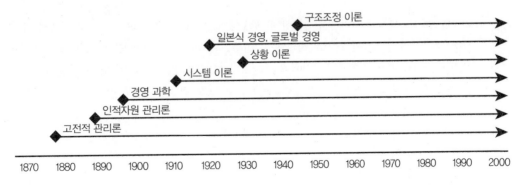

(2) 미국 경영학의 발전 과정

구분	시대적 상황	주요 공헌자	주요 내용
고전적 관리론	• 기업규모 증대 • 시장규모 증대 • 전문 경영자 출현 • 전횡적 조직 출현	• 테일러(Taylor, 1911) • 길브레스(Gilbreth, 1911) • 페이욜(Fayol, 1916) • 베버(Weber, 1918)	• 과학적 관리 • 관리과정 이론 확립 • 관료제 확립
인적자원 관리론	• 노동조합 결성 • 정부 규제 • 노동자 불안	• 메이요(Mayo, 1945) • 버나드(Barnard, 1938) • 맥그리거(McGregor, 1960) • 드러커(Drucker, 1954)	• 호손실험 • 참가적 경영 • 목표관리 • 동기부여
경영 과학	• 냉전 상태 • 기업규모 증대 • 콩글로머리트 출현	마치-사이먼(March-Simon, 1958)	• 의사결정론 • 시뮬레이션 • 수리모형
시스템 이론	• 기업규모 증대 • 기업 다각화 • 불확실성 증대	처치맨(Churchman, 1957)	• 시스템적 접근 • 개방체제 인식 • 경영정보 시스템 개발
상황 이론	• 경제팽창 • 국제교역 증가 • 사회적 욕구불만 • 고도 기술제품 등장	• 우드워드(Woodward, 1965) • 톰슨(Thompson, 1967) • 로렌스-로쉬(Lawrence-Lorsch, 1967)	• 유기적 · 기계적 조직 • 동태적 환경 인식 • 사회적 책임 • 조직 변화
글로벌 경영 일본식 경영 구조조정 이론	• 세계화 • 조직문화 강조 • 아시아 금융 위기	오우치(Ouchi, 1978)	• 글로벌 경영 강조 • 일본식 경영 강조 • 축소 경영 강조

(3) 고전적 관리론

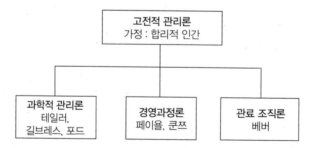

① **과학적 관리론**: 과학적 관리란 경영현상에 대한 체계적인 관찰, 실험 또는 판단을 통하여 획득한 사실에 의해 도출된 표준을 근거로 사업 또는 업무를 수행하는 관리방식을 말한다. 과학적 관리론은 19세기 후반과 20세기 초에 테일러에 의해 기초가 이룩된 경영학에 관한 최초의 이론이다.

   ⊙ 기본 개념: '고임금 저노무비'의 실현을 통한 노사 공동 번영과 사회발전(테일러리즘) 실현
- 일일의 최고과업(A large daily task)
- 표준적인 제조건(Standard Conditions)
- 성공에 대한 우대(High pay for success)
- 실패에 대한 손실(Loss in case of failure)

ⓒ 기본 내용

차별 성과급제	작업자가 과업을 달성하도록 유인하고자 표준작업량을 달성한 근로자에게는 높은 임금을, 실패한 자에게는 낮은 임금을 적용하는 차별화된 성과급제
기획부제도의 설치	• 기업이나 공장은 하나의 부서에서 체계적으로 관리되어야 한다는 생각에서 설치 • 이 부서에서는 작업의 변경과 조건을 표준화하고 시간연구에 의하여 과업을 설정함과 동시에 과업을 수단으로 하는 생산의 모든 계획을 수립
기능식 직장제도	• 조직문화의 이점을 살리고 만능적 직장의 결함을 시정 • 공장조직을 종래의 군대식 조직(Line Organization)에서 철저한 기능식 조직(Functional Organization)으로 전환
작업 지시표 제도	작업자의 작업 방식과 시간을 통일하기 위하여 표준 작업방법과 이에 대한 표준시간이 동작의 순서에 따라 기입되어 있는 지시표(Instruction Card)를 작업자에게 주어 이에 따라 작업하도록 함

ⓒ 비판
- 인간적 요소의 경시 – '인간 없는 조직'(기계인 · 경제인 가정)
- 관리자 측의 일방적인 경영체제
- 경영의 구체적인 아이디어를 제공하지 못함
- 조직의 외부환경을 고려하지 않음

개념더하기 ▶ 포드 시스템

- 포드 자동차회사(Ford Motors Company)에서 헨리 포드(H. Ford.)에 의해 구상되고 실시된 경영합리화 방안이다.
- 테일러 시스템을 바탕으로 능률향상을 시간연구나 성과통제와 같은 인위적인 방식에만 의존한 것이 아니라, 자동적인 기계의 움직임을 종합적으로 연구함으로써 컨베이어 시스템(Conveyor System)에 의한 대량생산방식을 통해 능률 향상을 도모하였다.

Taylor System	Ford System
• 과업관리를 실시 • 작업자 개인의 능률을 중시 • 고임금과 저노무비로 관리이념을 실천 • Stop Watch를 이용 • 작업자 중심 • 노사 쌍방이 운영하는 것이 기업	• 동시관리를 실시 • 전체적인 작업능률을 중시 • 고임금과 저가격으로 경영이념을 실천 • Belt Conveyor를 이용 • 기계 중심 • 노동자와 소비자에 서비스하는 것이 기업

② 경영과정론(페이욜, Fayol): 주로 생산현장의 기업 관리에만 관심을 기울인 테일러와 달리 페이욜은 기업조직 전체의 관리문제에 관심을 가졌다.

㉠ 기본 개념: 조직과 그 성원들이 실체적인 목표를 보다 효과적으로 달성할 수 있을까에 관심을 가지고 관리문제를 다루고 있다. 페이욜에 따르면 경영활동은 다음과 같이 분류할 수 있다.
- 기술적 활동: 생산, 제조, 가공
- 영업적 활동: 구매, 판매, 교환
- 재무적 활동: 자본의 조달과 운용
- 보전적 활동: 재화와 종업원의 보호
- 회계적 활동: 재산목록, 대차대조표, 원가, 통계
- 관리적 활동: 계획, 조직, 명령, 조정, 통제(가장 중요한 활동)

ⓛ 페이욜의 관리 일반원칙(14가지)

분업의 원칙	• 관리원칙의 핵심으로 대규모 경영적 생산의 수행을 위한 필수적인 전제 • 애덤 스미스(A. Smith)의 『국부론』에서 제시
권한책임 명확화의 원칙	직무의 효과적 수행을 위한 권한과 책임의 대응 강조
규율유지의 원칙	규율이란 복종, 근면, 열성, 존경 등의 외적인 표현으로서, 어떤 계층에서나 훌륭한 상사가 있어야 이러한 규율이 확립됨
명령통일의 원칙	한 사람의 상사에게서 일원화된 명령만을 받아야 함
지침일원화의 원칙	동일한 목표를 가지고 활동하는 각 조직집단은 한 사람의 상사와 동일한 계획을 갖추어야 함
전체이익 우선의 원칙	경영활동의 통일목표로서 전체적 이익이 우선됨과 동시에 개인적 이익보다 이러한 전체적 이익의 우월성 강조
보수 적정화의 원칙	보수의 액수와 지불방법은 공정해야 하며, 조직의 각 구성원에게 최대한의 만족을 주어야 함
집중화의 원칙	분화된 경영활동 전체의 결합을 가능하게 하기 위한 원칙
계층화의 원칙	모든 계층의 연쇄적 연결의 강조
질서유지의 원칙	적재적소의 원칙
공정의 원칙	종업원에 대한 공정한 취급
비용 정의의 원칙	기업의 비용에 대한 안정된 조건
창의존중의 원칙	부하들에게 구상, 제안을 권장하고 그들의 창의성과 독창성을 존중
협동단결의 원칙	뭉치면 힘이 나온다는 원리

ⓒ 비판
- 실증적 연구가 미비하다.
- 개인의 이익보다 조직의 이익을 우선시한다.
- 동일한 발전단계에 있는 모든 조직은 동일한 기능적 분업과 조직구조를 가져야 한다는 주장과 구성원의 수가 조직의 일반적 형태의 주된 결정요인이라고 주장한다.

③ 관료조직론(베버, Weber)
ⓐ 기본 개념: 관료제란 규율, 계층, 분업 및 확고한 절차에 의존하는 하나의 시스템을 의미한다.
ⓑ 특징

노동의 분화	작업이 분명하므로 종업원들은 숙련된 능력을 가지게 됨
권한의 정의	권한과 책임이 지위에 따라 명확히 규정
공식적 규칙	문서화된 가이드라인이 구성원의 행동과 결정을 지휘
공평한 대우	규칙과 절차는 동등하게 적용
경력제도	종업원들은 능력과 과업에 따라 선발되고 승진

ⓒ 순기능적 측면과 역기능적 측면

순기능적 측면	역기능적 측면
• 표준화된 행동과 능률 증대 • 고용의 안정성 • 공정성과 통일성 확보 • 계층을 통한 용이한 책임 수행	• 목적과 수단의 전도 • 혁신성의 결여 • 인간 소외현상 • 권력의 집중 • 형식주의

개념더하기 Red Tape 현상

영국에서 공문서를 묶는 데에 빨간 끈을 사용하는 것에서 유래된 말로, 까다로운 관료적 형식주의를 의미한다.

④ 고전적 관리론의 특성 비교

구분	과학적 관리론	경영과정론	관료조직론
특성	• 유일한 가장 좋은 방법 • 금전적인 동기부여	• 관리기능의 정의 • 분업, 계층, 권한, 공정성	규칙, 비인간화, 분업, 계층, 권한구조, 장기경력몰입, 합리성
초점	근로자	경영자	전체 조직
혜택	생산성, 능률	명확한 구조, 규칙	일관성, 능력
단점	사회적 욕구의 간과	• 환경의 무시 • 합리적 행동의 지나친 강조	• 엄격함 • 느림

(4) 인적자원 관리론

① 호손실험

ⓒ 실험 과정

구분	목적	결과
조명실험	조명의 질과 양이 노동자의 능률에 미치는 영향	별다른 영향을 미치지 않는 것으로 나타남
릴레이 조립실험	종래의 작업능률 향상에 도움이 된다고 생각하는 조건들에 대하여 실험	• 이들 조건과 생산성 향상과는 관계가 없음 • 심리적 조건이 생산성 향상에 영향을 미친다는 결론
면접실험	물리적 조건이 근로자의 생산성에 미치는 영향	작업장의 사회적 조건과 근로자의 심리적 조건이 근로자의 태도와 생산성에 영향
배선작업관찰	비공식적인 집단행동에 관한 연구	자연발생적으로 형성된 비공식조직의 존재를 인식

ⓛ 연구 결과
- 생산능률은 종업원의 태도 또는 감정에 크게 의존하고 있다는 사실을 발견하여 인간적 요인의 중요성을 인식하였다.
- 공식조직 내에 있어서의 자생적(비공식) 조직의 발견과 그 기능을 파악하였다.
- 작업자들의 생산성에는 경제적 요인뿐만 아니라 그들 간의 인간관계, 지휘방식, 사기, 감정과 같은 심리적 · 사회적 요인이 직접적으로 영향을 준다.
- 비공식조직(Informal Group)의 역할은 상당한 영향력을 가지며, 비공식조직 내에는 별도의 독특한 규범이 존재하고 이것이 집단 구성원들의 실제 행동에 영향을 미친다.
- 개인은 비공식조직에 소속됨으로써 공식적 조직구조로부터 받는 소외감을 극복하게 되고 더 친밀한 행동기준을 발견하게 됨으로써 공식조직이 주지 못하는 심리적 · 사회적 욕구를 만족시키게 된다.

② 매슬로우(Maslow)의 욕구 5단계설

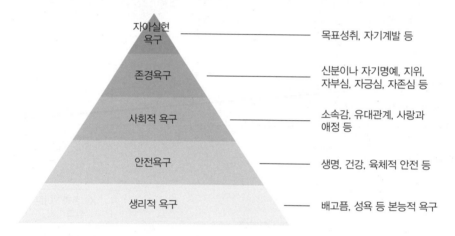

③ 맥그리거(McGregor)의 X이론과 Y이론

X이론	Y이론
• 일을 싫어한다.	• 일하기를 좋아한다.
• 야망이 부족하다.	• 자신을 통제할 수 있다.
• 책임감이 없다.	• 책임감이 강하다
• 변화에 저항한다.	• 창조력과 상상력이 풍부하다.
• 비자발적이다.	• 자신의 행동을 이끌어간다.

④ 허츠버그(Herzberg)의 위생이론
ㄱ 욕구 충족 이원론
- 인간은 이원론적인 욕구구조를 가지고 있다.
- 불만을 야기하는 요인과 만족을 주는 요인은 서로 다르다.
- 불만요인의 제거는 소극적이며 단기적인 효과를 가진다.

ⓛ 만족과 불만족의 요인

동기유발요인	위생요인
• 일에 만족을 주는 요인 • 업무 자체와 관련 　예 성취감, 책임감, 승진, 직무 그 자체에 대한 보람 등	• 불만족을 불러일으키는 요인 • 환경 조건과 관련 　예 화장실, 임금, 안전 감독, 정책과 관리, 상사 · 동료 · 　부하 간의 관계 등

⑤ 인적자원 관리론의 의의

    ㉠ 조직에서의 개인들을 비공식조직 및 공식조직 상호 간 관계로서의 사회체제로 인식하게 되었다.

    ㉡ 조직 내 인간의 가치에 대한 새로운 평가를 제공한다.

    ㉢ 조직 내에 있어서의 직장집단이라는 사회적 구조를 중시하고 조직 내부의 의사전달의 문제나 균
       형상태 유지의 문제를 중시하는 새로운 인사기능이 필요하다는 점을 시사한다.

⑥ 인적자원 관리론의 비판

    ㉠ 과학적 타당성이 결여되어 있다.

    ㉡ 갈등에 대해 지나치게 이상적인 태도를 보인다.

    ㉢ 집단의사결정, 민주주의, 참여 등을 지나치게 강조한다.

    ㉣ 노동조합의 존재를 경시한다.

    ㉤ 인적 요소를 지나치게 강조하여 '조직 없는 인간(People without organization)'이라는 비판
       을 받았다.

(5) 근대적 관리론

① 버나드(Barnard)의 조직 이론

    ㉠ 전제

        • 인간: 일정한 선택력과 결정능력 및 자유의지를 그 특성으로 가지는 하나의 활동체이다.

        • 협동체계: 개인이 그 능력의 한계를 극복하여 목적을 달성하기 위한 수단으로서 형성되는 인간
          의 협동적 노력의 결합체이다.

        • 조직: 임의적으로 조장된 개인의 제반활동 및 재력의 시스템이다.

    ㉡ 단위조직

구성 요소	존속조건
• 공통목적 • 의사소통 • 공헌 의욕	• 유효성: 조직 자체의 목적 달성 능력 • 능률: 개인적인 동기의 충족

    ㉢ 복합조직

        • 체계적인 조직 이론의 전개를 위해서는 대기업과 같은 복합조직이 필요하다.

        • 의사소통기능을 전담하는 관리조직이 독립하게 되고 위의 3요소(공통목적, 의사소통, 공헌 의
          욕)의 내용이 복잡해진다.

② 사이먼의 조직 이론

    ㉠ 전제

        • 인간: 일정한 합리성을 갖는 의사결정자이다.

        • 조직: 인간이 행하는 의사결정이 집약된 시스템이다.

ⓛ 의사결정에 관한 이론

  • 전제조건: 가치전제(행동의 목적) – 경험적으로 검정이 불가능(공부를 잘 하고 싶다)

                사실전제(행동의 수단) – 경험적으로 검정이 가능(시험을 계속 본다)

  • 의사결정과정: 각 전제조건에서 결론을 유도하는 과정(석학이 되었다)

ⓒ 내용

관리인 가설	조직 균형 이론
경제학의 초합리적 경제인 대신 제한된 합리성(정보수집 능력과 계산능력의 한계) 하에서 주관적 · 합리적 선택의 행동특성 강조	조직이란 조직구성원의 공헌을 노동이나 금전의 형태로서 받아들이고 이러한 공헌의 대가로서 각종 보상을 제공하는 균형적인 시스템이며, 이를 유지해야 하는 사람은 경영자 집단임

개념더하기 ▶ 관리론의 변천

관리론	전통적 관리론 (인간 없는 조직)	→	인적자원 관리론 (조직 없는 인간)	→	근대적 관리론 (개인, 조직 중시)
주요관심	효과적인 직무설계		사회적 요소		양자의 조화와 균형

(6) 현대의 이론

① 시스템 이론

ⓐ 개념: 조직을 하나의 전체 시스템(Total System)으로 보고, 그것이 어떻게 분석 가능한 여러 개의 하위 시스템으로 구성되는가를 강조한다.

ⓑ 폐쇄 시스템과 개방 시스템

구분	폐쇄 시스템	개방 시스템
조직과 환경의 상호작용	×	○
시기	전통적 조직이론	현대 조직이론

ⓒ 무질서도(엔트로피)

  • 모든 형태의 조직이 해체 또는 소멸로 향해서 움직여 가는 과정을 의미한다.

  • 부정적 엔트로피: 개방체제에서는 사라지는 현상인 엔트로피의 발생을 방지함을 의미한다.

ⓓ 비판

  • 추상적인 문제나 현상을 마치 객관적 사물처럼 이해한다.

  • 예측을 가능케 하는 이론적 틀을 제공하기 어렵다.

  • 체제개념 속에서 안정성, 균형, 유형유지 등을 강조한다.

    – 현상유지, 현상분석에만 그친다.

    – 전체적인 변화를 주어 변동시키는 해결책 제시가 불가능하고 갑작스런 체제변동 등을 설명하는 데 한계가 있다.

개념더하기 ▶ 시스템(System)

하나의 공동 목표를 달성하기 위하여 상호작용하는 여러 부분의 집합체이다.

② 상황 이론(Contingency Theory): 상황 이론은 조직행동에 있어 구성원 행동관리의 보편적 원리는 없으며, 모든 상황에 동일하게 적용되는 규칙은 없다고 보는 것이다.

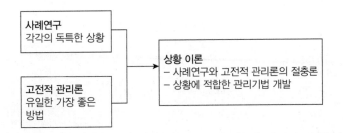

㉠ 특징
- 상황과 조직특성 간의 적합적 관계를 규명한다.
- 조직과 환경 또는 기술과의 관계를 중요시한다.
- 행동의 주체로서 조직체 그 자체를 분석 단위로 한다.

㉡ 기본 모형

상황 변수	환경	• 하나의 시스템을 둘러싼 외계의 총칭으로서 무한한 것 • 외부환경: 기업의 생존과 발전에 영향을 미치는 외적인 조건과 영향 • 내부환경: 특정한 조직에서 인식 가능한 속성집합
	기술	• 조직 내에서 투입물을 산출물로 변화시키는 과정 또는 방법 • 일상적 기술: 집권화, 공식화가 높고, 복잡성은 낮음 • 비일상적 기술: 집권화, 공식화가 낮고, 복잡성은 높음
	규모	• 종업원의 수를 의미하며 수용능력, 고객의 수, 순자산 및 매출액 등으로 나타나기도 함 • 규모가 클수록 복잡성, 공식화, 분권화가 높음
조직 특성 변수		조직구조, 조직과정, 개인속성
조직 성과 변수	유효성	설정된 목표의 달성 정도
	효율성	성과와 목표 달성을 위해 소요된 투입량과의 비

㉢ 비판
- 환경과 조직의 구분이 불분명하다.
- 환경을 불확실성면으로만 생각하고 소비자, 지역주민, 종업원요구 등에 대한 고려가 부족하다.
- 대량생산으로 안정된 기업에 대하여 경영참가 등 그 조직의 유연성을 위한 재편성의 방향을 제시하지 못한다.
- 환경의 유형별 구분이 불충분하고 그 대응기업에 대한 실증적 연구도 부족하다.
- 조직이 환경의 변화에 적응해 가는 과정에 대한 인식이 부족하다.
- 환경이 조직을 규제하기보다 조직이 환경을 선택할 수도 있다.

③ Z이론(일본식 경영+미국식 경영)

J형(일본식 경영)	A형(미국식 경영)	Z형(절충식 경영)
• 종신고용 • 합의체 의사결정 • 집단책임 • 완만한 근무평가와 승진 • 암시적 · 비공식적 통제 • 비구체적인 경력 경로	• 단기고용 • 개인적 의사결정 • 개인책임 • 신속한 근무평가와 승진 • 명시적 · 공식적 통제 • 좁고 구체적인 경력 경로	• 장기고용 • 합의체 의사결정 • 개인책임 • 완만한 근무평가와 승진 • 명시적 · 공식적 통제와 암시적 · 비공식적 통제의 혼합 • 구체적인 경력 경로와 비구체적인 경력 경로의 혼합

④ 구조조정 이론

다운사이징(Downsizing)	기업의 규모나 사업 규모를 축소하는 기법
아웃소싱(Outsourcing)	경비절감을 위해 외부의 인력, 시설, 기술 자원을 잘 활용하는 기법
리엔지니어링(Reengineering)	환경 변화에 적응하기 위하여 조직구조, 생산방법, 기타 역량을 재편하는 기법
벤치마킹(Benchmarking)	경쟁력과 효율성을 높이기 위하여 경쟁기업이나 동종기업을 모방하는 기법
빅딜(Big Deal)	재벌이나 대기업의 사업구조 개편을 위한 대규모의 사업을 교환하는 기법
워크아웃(Workout)	자산 매각, 분사, 감자, 대출상황유예 등을 통해 부실기업을 회생시키는 기법
분사	대기업에서 불필요한 사업부문을 개편하여 별도의 법인으로 설립하는 기법
자산매각	불필요한 사업부문이나 자산을 매각하여 현금화하는 기법
화의	현재의 경영진과 채권기관 간에 부실기업을 회생시키기 위한 협의 계약
법정관리	법원이 선정한 법정관리인이 부실기업을 경영하거나 자산을 관리하는 기법
빅뱅(Big Bang)	금융기관의 업무영역, 거래제도를 대폭 개편하여 경쟁력을 제고시키는 기법
M&A	다양한 기업의 인수 및 합병 기법

⑤ 카오스 이론, 복잡성 이론: 카오스 이론은 시스템 이론의 연장선상의 새로운 패러다임으로 무질서와 질서의 변증법적 상호작용을 통한 시스템의 창조에 주된 관심이 있는 이론이다. 카오스 이론에서는 조직을 마치 생명체처럼 스스로 더 나은 상태로 진화하나 그 결과는 예측할 수 없는 자기 조직적 질서의 존재로 인식한다.

비교 요소 \ 이론	주류 조직이론	카오스 이론
세계관	단순	복잡
조직원리	의도적 설계	자기 조직화
기본가정 및 특성	• 요소－전체 분리 • 선형성 • 단선적 · 인과성 • 평형성 · 안정성 • 외생성 · 내생성 • 공학적 접근	• 요소－전체 통합 • 비선형성 • 상호 인과성 • 비평형성 · 불안정성 • 자생성 • 생물학적 접근

4 독일 경영학과 미국 경영학의 비교

독일 경영학	미국 경영학
사바리(Savary)의 『완전한 상인』 출간 이후 약 300년의 역사	테일러(Taylor)의 '과학적 관리론' 이후 약 80년의 역사
주로 대학교수나 학자들에 의해 발전	주로 기사나 실무자에 의해 발전
상업 경영학에서 기원	공업 경영학에서 기원
'과학으로서의 이론'이라는 체계화 과정에서 발달	'실제에 있어서의 필요'에서 발달
이론과 과학과 기초과학으로 간주	실천과학과 응용과학으로 간주
경영보다는 경영학의 연구에 중점	실제에 준한 기술론으로 경영 자체에 중점
기업의 창설–운영–해산에 이르는 전 과정을 포함	기업이란 이미 주어진 존재로 간주, 기업의 합리적 유지와 성장에 초점
경영자본의 조달 및 운용과 경영비용에 관한 문제(회계학적 내용)가 중심이론	노무관리 중심에서 점차 생산, 재무, 판매 등의 관리로 발전
1960년대부터 미국의 경영관리기법 도입 이후 변혁기 예 하이넨(E. Heinen)의 의사결정지향적 경영경제학 연구	–

5 일본 경영학

(1) 오우치(W. Ouchi, 1978)의 Z이론: 미국의 기업문화에 적합하도록 일본식 경영을 수정한 경영이론이다.

(2) 기초이론은 독일 경영학에서, 경영관리기법은 미국 경영학에서 터득하였다.

6 한국 경영학

해방 전	해방 후	오늘날
일본 경영학이 주류	일본보다는 미국 경영학의 직접적인 영향	• 미국 경영학의 영향으로 학계와 산업현장에서 실천과학적 연구에 치중하는 경향 • 정보통신기술의 발전에 따라 각국의 다양한 경영학 수용

분야	개관
조직행위론	• 개인수준에서의 타인에 대한 평가, 태도, 모티베이션에 관한 분야와 집단수준에서의 집단의 구조와 기능(커뮤니케이션, 의사결정, 리더십)에 관한 분야로 구분 • 집단과 환경과의 관계를 조직 구조적 측면에서 연구
경영정보시스템	조직의 운영, 의사결정 통제 및 관리를 지원하기 위해 정보를 수집·저장하고 필요한 목적에 맞게 처리하여 필요한 사람에게 제공하는 일련의 조직화된 시스템
회계학	거래 활동을 회계시스템에 입력하고 거기에서 회계정보를 얻어서 의사결정하는 과정에 관한 학문이며, 과거·미래·현재 기업의 영업과 재무상태를 연구하고 조사하여 기업의 여러 이해 관계자들에게 제공하는 역할 • 재무회계: 기업의 외부 이해 관계자 대상 • 관리회계: 기업의 내부 경영자 대상
생산관리	생산요소를 완성된 재화나 서비스로 변환하는 과정을 체계적으로 지휘·통제하는 과정
계량 경영학	계량화가 가능한 삶의 영역에서 제약조건을 찾아내고 소망하는 목적함수를 정립하여 이 목적함수를 최대한으로 달성할 수 있는 결정변수(Decision variable, Control variable)의 최적 값을 찾아내는 방법론
재무관리	기업 가치의 극대화 목표를 달성하기 위하여 필요한 자금을 조달하고, 조달한 자금을 운용하는 것과 관련된 재무의사결정을 보다 효율적으로 수행하기 위한 기법을 다루는 학문
인사관리	사람의 확보, 배치, 평가, 또 그에 대한 보상을 하는 모든 기업의 활동으로, 특히 인적자원의 적절한 배치를 위해서는 사람의 능력을 평가하고 업무가 필요로 하는 능력을 잘 파악하여 그에 알맞은 직무 설계를 하는 것이 필요
노사관계론	조직과 노조 간의 관계를 연구하는 분야로, 단체교섭에서의 임금 협상 등의 활동과 노사협의회에서의 활동 등이 주요 연구 대상
마케팅	경제학과 심리학에 기초하여 소비자와 기업 간의 재화 교환 활동에 관해 연구하는 학문 • 3C: Consumer, Company, Competitor • 4P: Product, Price, Promotion, Place
기업과 사회	기업의 외부 이해 관계자(소비자, 공급자, 정부 등)와 기업 간의 관계 연구

CHAPTER **02** 기업의 이해

01 기업의 개념

1 기업의 의미

(1) **기업의 정의**: 영리를 목적으로 재화나 서비스를 생산·판매하는 생산경영의 단위체이며, 이익을 극대화하려는 개별경제의 단위체이다.

(2) **현대사회의 기업**: 하나의 시스템으로 파악한다.

2 미시적 관점과 거시적 관점

미시적 관점(기업 관점)			거시적 관점(사회 관점)	
생산 중심적 (M. Friedman)	기업의 목적: Max P=Max R−Min C (단, P: 이윤, R: 수익, C: 비용)	Positive Social System	기업은 제한된 자원의 가장 효율적 배분을 통해 가치를 극대화시켜 사회의 경제수준 향상에 이바지	
	Input: 4M(Man, Money, Material, Machine)			
	주로 산업혁명과 그 이후에 나타난 기업으로 똑같은 재화와 서비스를 대량으로 생산하여 판매			
마케팅 중심적 (P. Drucker)	소비자를 생각하는 기업의 등장	Negative Social System	가치극대화 추구 과정에서 창출하는 이윤을 사회에 환원하지 않고 그대로 축적하면서 거대한 힘을 형성하고 이를 바탕으로 다른 사회 집단을 지배하려는 성향	
	각기 다른 소비자의 요구가 반영된 다양한 제품을 소비자가 원하는 시기에 제공			
인간 중심적 (A. Toffler)	배경: 자원의 고갈과 환경 파괴의 문제	−		
	제3의 물결의 새로운 기업 형태			
	창조적인 인적자원의 개발 중시			

1 기업의 분류

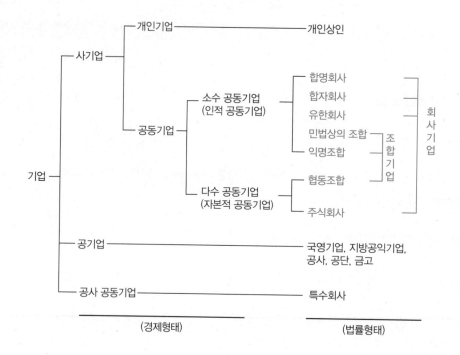

(1) 기업 종류의 개념

① **사기업**: 민간인이 출자한 영리추구를 목적으로 하는 기업이다.

② **공기업**: 국가, 지방자치단체 또는 공공단체가 출자하고 영리추구를 목적으로 하지 않는 기업이다.

③ **개인기업**: 출자자가 1명인 사기업이다.

④ **공동기업**: 출자자가 2명 이상의 사기업이다.

⑤ **합명회사(Ordinary partnership)**: 회사의 재산으로 회사의 채무를 완제할 수 없는 경우 각 사원이 직접 연대 무한변제책임을 지는 무한책임사원으로 이루어지는 회사이다.

⑥ **합자회사(Limited partnership)**: 합명회사의 사원과 같이 직접무한책임을 지는 사원과 회사채권자에 대하여 출자액을 한도로 책임을 지는 유한책임사원으로 이루어지는 이원적 회사이다.

⑦ **유한회사(Private company)**: 물적회사 중 소규모인 회사로, 지분의 양도에는 사원총회의 특별결의가 필요하다. 사원의 책임이 유한임에도 불구하고 법의 간섭이 비교적 완화되어 있으며, 중소기업의 경영에서 많이 이용된다.

⑧ **유한책임회사**: 각 사원이 출자금을 한도로 책임지는 회사이다. 주식회사의 경직된 지배구조보다 신속하고 유연하여 탄력적 지배구조를 가지고 있다. 출자자가 직접 경영에 참여할 수 있는 구조이며 유한회사와 주식회사의 중간 형태이다.

⑨ **주식회사**: 각자가 가진 주식의 인수가액을 한도로 하는 간접유한책임을 부담하는 사원으로 이루어지는 회사로, 대기업 경영에 적합한 회사이다.

② 중소기업과 대기업

(1) 중소기업과 대기업의 기준

① 중소기업: 자산총액 5천억 원 미만

② 중견기업: 자산총액 5천억 원 이상

③ 대기업: 자산총액 10조 원 이상

[중소기업의 기준]

1,500억 이하	가죽, 의복, 종이, 1차 금속, 전기장비, 가구 제조업
1,000억 이하	농업, 임업, 어업, 광업 및 식료품, 담배, 섬유, 목재, 석유정제품, 화학물질 및 제품, 고무제품, 플라스틱제품, 금속가공제품, 전자부품 등 통신장비, 기계 및 장비, 자동차 및 트레일러 등 운송장비 제조업, 전기, 가스, 총기 및 공기조절 공급업, 수도업, 건설업, 도매 및 소매업, 산업용 기계 및 장비수리업, 전문과학 및 기술 서비스업, 사업시설관리, 지원, 임대서비스업, 보건 및 사회서비스업, 예술, 스포츠 등 여가 관련 서비스업, 수리 및 기타 개인 서비스업
800억 이하	음료, 인쇄 및 기록매체 복사, 의약품, 비금속 광물제품, 의료, 정밀, 광학기기 및 시계, 그 밖의 제조업 등, 수도, 하수 및 폐기물처리, 원료재생업, 운수 및 창고업, 정보통신산업
400억 이하	숙박 및 음식점업, 금융 및 보험업, 부동산업, 임대업, 교육서비스업

(2) 중소기업의 존재이유

① 특수기술이나 수공기술이 필요하다. **예** 귀금속 가공, 가발 생산 등

② 대기업과 보완적 역할을 담당한다. **예** 자동차 부품생산, 전자제품 부품생산 등

③ 대기업보다 중소기업 생산이 유리한 제품이 존재한다. **예** 낚시용품, 악기 생산 등

(3) 장점과 단점

구분	중소기업	대기업
장점	• 시장수요 변동에 탄력적 대응 가능 • 설비변경과 제품변환이 비교적 용이 • 조직이 작아 효율적 경영 용이 • 개인의 창의력 발휘 용이	• 분업화를 통한 작업능률의 향상 • 대량생산으로 단위당 생산비 절감 • 대량판매로 시장지배 가능 • 높은 신용도로 자본조달 용이 • 우수한 인재 고용 용이
단점	• 자본의 영세성 • 기업의 낮은 신용도 • 동종업체 간 경쟁 치열 • 독립성 유지 곤란	• 작업 단순화로 인한 의욕 감퇴 • 시장수요 변동에 대한 탄력적 대응이 어려움 • 관리비용 증대

3 기업 집중

(1) 기업 성장의 방법

자본에의 집적 (Accumulation)	경영활동을 통하여 스스로 획득한 이윤을 축적하여 자본화 → 내부성장
자본에의 집중 (Concentration)	다른 기업과의 상호결합 → 외부성장

(2) 기업 집중의 목적

시장통제적 목적	• 기업 상호 간 경쟁을 피하고 서로 유리한 조건을 유지 • 수평적 · 횡단적 결합 • 카르텔, 트러스트
생산공정의 합리화 목적	• 생산공정 합리화를 통한 원가 절감, 안정 • 원료분야의 기업+생산분야의 기업 • 종단적 · 수직적 결합 • 산업적 콘체른
금융적 목적	• 기업 또는 금융기관의 재벌 지배 • 자본적 결합 • 금융형 콘체른

(3) 기업 집중의 형태

카르텔	• 기업 상호 간의 경쟁 제한이나 완화를 위하여 동종 또는 유사산업 분야의 기업 간에 결성되는 기업 결합 형태 • 판매 카르텔, 구매 카르텔, 생산 카르텔
트러스트	• 동일 산업 부문에서 자본의 결합을 축으로 한 독점적 기업 결합 • 카르텔보다 강력한 기업 집중의 형태
콘체른	• 법률적으로 독립하고 있는 기업들이 출자 등의 자본적 연휴를 기초로 하는 지배종속관계에 의해 형성되는 기업 결합 형태 • 각종 산업에 걸쳐 다각적으로 독점력을 발휘하는 거대한 기업집단 　예 지주회사
콩글로메리트	• 자사의 업종과 관계가 없는 이종의 기업을 매수, 합병하는 경영 다각화 • 매수합병, 인수합병 등의 방법 이용
콤비나트	같은 지역 내의 기업들이 생산기술적인 측면에서 결합된 기업 결합 형태 　예 울산공업단지, 식량 · 식품콤비나트

(4) 카르텔, 트러스트, 콘체른의 비교

구분	카르텔	트러스트	콘체른
명칭	기업 연합	기업 합동	기업 집중(재벌)
목적	시장경영 배제, 시장통제	경영 합리화, 실질적 시장 독점	내부 경영 통제, 지배
독립성	가맹기업 독립성 유지	법률적 · 경제적 독립성 상실	법률적 독립성 유지, 경제적 독립성 상실
결합성	약(협정)	강(협동)	경제적 결합
존속성	협정기간 후 자동해체	완전 동일체	자본적 지배
결합방법	수평적 결합	수평 · 누적적 결합	수평 · 수직 · 자본적 결합
구속력	협정 조건에만 제한	완전 내부 간선	경영활동 구속, 지휘

(5) 다각화와 계열화

다각화 (Diversification)	• 목적: 위험분산 • 종래의 업종 이외에 다른 업종에 진출하여 동시 운영	수직적 다각화: 승용차＋부품
		수평적 다각화: 트럭＋승용차
		사행적 다각화: 섬유회사＋컴퓨터
계열화 (Integration)	• 목적: 생산 공정 합리화와 안정된 판로의 확보 • 기업이 생산이나 판매, 자본 및 기술 등의 여러 가지 이유로 서로 관계를 맺음	대기업의 중소기업 계열화

① 기업관련 다각화 → 규모경제(코카콜라) → 청량음료

② 기업비관련 다각화 → 범위경제(일본 소니사) → 시청각

03 경영자의 역할

01 경영자의 개념

1 경영자

(1) 기업 경영의 구성요소로서 경영의 주체자이다.

(2) 조직체의 전략, 관리 및 운영활동을 능동적으로 주관하는 사람이다.

2 경영자의 유형

(1) 수직적 위계

최고경영자 (Top Manager)	• 중장기 목표와 전략을 결정하고 회사의 방침과 비전을 설정 • 최고경영자와 대표이사, 사장 및 임원 등 • 수탁기능 및 전반적 관리기능
중간경영자 (Middle Manager)	• 최고경영층의 철학이 회사 전체에 전달될 수 있도록 사원들과 상호작용 • 공장장, 부서장 등 • 부문적 관리 및 집행기능
하위경영자 (Low Manager)	• 기술적인 능력을 갖추고 있으며 주로 사원들의 고충, 일정계획 및 사원들의 행위에 대한 관리책임 • 일선감독자, 작업반장 등 • 집행, 감독, 사무기능

(2) 수평적 위계

전문경영자 (Functional Manager)	회계, 정보 등 특정 분야에 국한된 업무를 수행하면서 그 분야에 전문성을 가진 관리자
일반경영자 (General Manager)	최고경영자, 공장관리자 등과 같이 여러 전문분야가 연계된 복합적인 관리 업무를 수행

(3) 조직의 발전과정에 따른 분류

소유경영자 (Owner)	기업을 소유하고 있는 사람, 즉 출자자 또는 대주주가 직접 경영에 참가하여 운영 · 관리하는 경영자
고용경영자 (Employed Manager)	• 소유경영자를 보조하여 특정 분야에 대한 지원 역할을 수행하는 경영자 • 경영자보다는 종업원의 속성을 지님
전문경영자 (Professional Manager)	• 고도의 기술과 대규모의 자본 필요 • 소유와 경영의 분리에 따라 경영의 역할 담당 • 종업원보다는 경영자의 속성을 지님

1 경영 업무의 특징

(1) 경영자의 유형에 관계없이 경영 업무는 대부분 공통적인 역할과 특징을 지닌다.

(2) 경영 업무는 비계획적인 활동뿐만 아니라 규칙적이고 계획적인 업무로 구성된다.

(3) 경영자는 제너럴리스트(Generalist)인 동시에 스페셜리스트(Specialist)이다.

(4) 경영자는 정보를 중시하여야 한다.

(5) 업무활동은 간결성, 다양성, 세분화의 특징이 있다.

(6) 과학보다는 기술에 가까우며, 직관적이고 불명확한 관점에 의존한다.

2 경영자의 역할

(1) 대인적 역할

대표자(Figurehead)	조직의 수장으로서의 역할
리더(Leader)	부하들에게 동기를 부여하는 역할
연락자(Liaison)	조직 외부와의 연락망을 개발하고 유지하는 역할

(2) 정보적 역할

감시자(Monitor)	조직과 관련이 있는 유용한 모든 유형의 정보를 수집하는 역할
전달자(Disseminator)	내부의 구성원들에게 정보를 전달해주는 역할
대변인(Spokesperson)	조직 내부에서 외부로 정보를 내보내는 역할

(3) 의사결정적 역할

기업가 (Entrepreneur)	변화하는 환경에 적응하기 위하여 조직에서 통제된 변화를 일으키는 역할
분쟁해결사 (Disturbance Handler)	예상치 못한 변화에 대응하는 역할
자원배분자 (Resource Allocator)	조직 자원의 사용에 대한 의사결정을 하는 역할
협상가(Negotiator)	다른 조직과 개인들을 상대하는 역할

1 의사결정 모델

구분	고전적 모델(Classical Model)	관리적 모델(Administrative Model)
가정	조직의 이익을 극대화하는 방향으로 경영자는 객관적이고 합리적인 태도로 의사결정을 수행	경영자는 제한된 합리성과 만족화 기준에 따라 현실을 반영한 의사결정을 한다고 파악
개념	경영자가 어떻게 완전히 합리적인 결정을 내리는가에 대한 규범적 모델	제한된 합리성 안에서 어떻게 실제적인 의사결정을 내리는가에 대한 기술적 모델
특징	1900년대에 널리 활용	• 제한된 합리성(Bounded Rationality): 경영자의 능력은 시공간 및 인식 능력에 있어서 한계 존재 • 만족화 기준(Satisfying Criteria): 비록 최적 대안은 아니더라도 문제 해결을 위한 최소한의 기준을 충족시키는 대안 선택

2 의사결정 유형

(1) 경영주체에 따른 시간 할당

최고경영자	전략 – 관리 – 운영 순
중간경영자	관리 – 전략 – 운영 순
하부경영자	운영 – 관리 – 전략 순

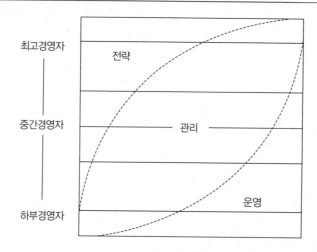

(2) 전략적 · 관리적 · 업무적 의사결정

전략적 의사결정 (Strategic Decisions)	• 기업과 환경과의 관계 확립 • 제품과 타깃의 선정, 자원의 배분 등 경영전략 전반에 걸친 의사결정
관리적 의사결정 (Administrative Decisions)	• 전략적 의사결정의 실행을 위한 의사결정 • 조직 구조, 자원의 조달 등에 관한 의사결정
업무적 의사결정 (Operating Decisions)	• 자원을 활용하는 데에 있어서 효율성 극대화를 위한 의사결정 • 세부적인 자원의 배분과 계획의 수립에 대한 의사결정

(3) 경영환경에 따른 의사결정

확실성하의 의사결정	문제 해결을 위해 활용 가능한 대안과 그 결과를 사전적으로 알 수 있는 상태
위험하의 의사결정	• 대안 마련을 위한 정보는 부족하지만 대안 발생의 확률을 알고 있는 상태 • 위험한 환경: 경영자가 의사결정을 할 때에 자주 접하는 상황
불확실성하의 의사결정	• 활용 가능한 정보와 확률에 대한 정보가 거의 없는 상태 • 창의력, 직관, 경험 필요

(4) 메커니즘 관점에 따른 의사결정

정형화된 의사결정 (Programmed Decisions)	• 발생 빈도가 높은 상황이며 해결 방법이 예측 가능한 문제에 적용 • 보통 표준화된 문제 해결 방식 존재 　예 재고 주문 과정, 장학금 신청 절차
비정형화된 의사결정 (Unprogrammed Decisions)	• 일회적인 상황과 예측할 수 없는 결과 및 파급효과로 말미암아 중대한 기회나 문제에 적용 • 정밀하게 계획된 의사결정을 따라야 함

04 경영전략

01 경영전략의 개념

1 경영전략의 의미

(1) 챈들러(Chandler)와 앤소프(Ansoff)의 정의

① 챈들러: 기업의 장기적인 목표 및 목적을 결정하고 이들의 목표를 달성하는 데 필요한 활동 방향과 여러 가지 자원을 배분하는 것을 말한다.

② 앤소프: 경영목표를 달성하기 위한 의사결정율 내지 지침이라 하고 각종 의사결정은 기회주의적 요인에 의한 수단 선택의 성격이다.

(2) 일반적 정의

① 전략: 정해진 목표와 목적을 달성하기 위한 주요 정책과 계획의 형태이다.

② 경영전략: 기업의 내외부적 요소를 고려하여 정책을 수립하고 실행하며 평가하는 세 가지에 관련한 과업이다.

2 SWOT분석(Strength, Weakness, Opportunity, Threat)

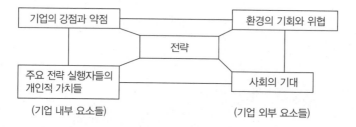

(기업 내부 요소들)　　　　　　　(기업 외부 요소들)

(1) 개념: 경영 상황 이론 분석에서 기업 내부 환경인 S, W(강점, 약점), 외부 환경인 O, T(기회, 위협) 2×2=4 분면에서 상황별 대처 방안을 제시하고, 기업 강점을 이용하여 주어진 기회를 기업에 유리하게 만들거나 위협에는 적절히 대처하고, 약점을 최대한 보완하는 전략을 수립하는 분석방법이다.

(2) 주요 내용: 기업의 보편적 선택전략(WO전략 → SO전략 → ST전략 → WT전략)

외부요인 내부요인	기회(Opportunity)	위협(Threat)
강점(Strength)	〈SO전략〉 기회 활용을 위해 강점을 사용하는 전략 예 인수합병, 내부개발	〈ST전략〉 위협 극복을 위해 강점을 사용하는 전략 예 다양화 전략(위협 최소화, 내부강점 이용)
약점(Weakness)	〈WO전략〉 기회 활용을 위해 약점을 보완하는 전략 예 조인트 벤처, 수직계열화, 비관련 다각화	〈WT전략〉 위협 극복을 위해 약점을 보완하는 전략 예 방어적 전략, 철수, 제거(회사 축소, 청산, 구조조정)

3 계층별 경영전략

최고경영층 　기업전략 : 참여할 사업 결정

중간경영층 　사업부전략 : 사업부 내에서 경쟁전략 수립

하부경영층 　기능별전략 : 기능 부서별로 구체적인 실행 계획 수립

4 앤드류즈(Andrews)의 기업전략 결정요소

외부여건	외부여건으로부터 기업이 추구할 수 있는 기회의 창 파악
내부여건	기업 내부에서 보유하고 있는 자원을 활용하여 기회를 현실화
기업철학	기회를 현실화하는 전략은 경영자의 주관적 판단 기준을 통과
사회적 책임	기업을 포함한 사회의 규범이나 질서에 준거

02　경영전략의 기법

1 BCG Matrix

(1) 발생 및 개념

① 발생: Boston Consulting Group에서 개발한 툴로, 1970~1980년대에 가장 많이 쓰였던 기법 중 하나이다.

② 개념: 다양한 산업구성 및 여러 제품을 가진 기업이 가장 생산적인 제품이나 서비스에 자원을 공급할 수 있도록 진단하고, 이를 통해 올바른 경영전략을 수립하는 데 사용된다.

개념더하기 　시장성장률과 시장점유율

- 시장성장률: 시장 전체의 잠재성 및 매력도를 측정하는 기준이다.
- 시장점유율: 경쟁우위(안정성)를 측정하는 기준이다.

(2) BCG Matrix

① 제품 포트폴리오 도표

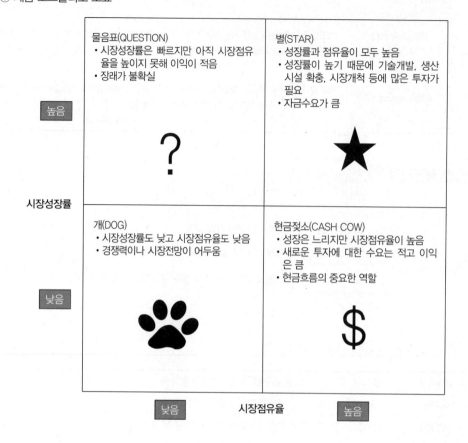

② BCG Matrix의 특징

ㄱ 매트릭스를 통해 기업의 수익력과 자금의 조달능력을 알 수 있다.

ㄴ 현금젖소와 별이 많이 있는 경우가 이상적이다.

ㄷ 개에 위치하고 있다면 어려운 국면에 처해 있을 가능성이 크다.

ㄹ BCG는 경험곡선에 기초하여 시장점유율의 중요성을 강조한다. 시장점유율이 높으면 이익률도 높다.

ㅁ 경험곡선에 의하면 판매량이 배로 증가할 때마다 제품 단위당 비용은 통상적으로 20~30% 정도씩 줄어든다.

개념더하기 ▶ 경험곡선(Experience Curve)

BCG에서 발견된 경험곡선은 누적생산량과 단위당 생산비용 간의 관계를 말한다.

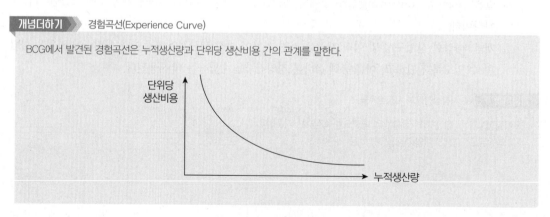

(3) 비판

① 판매액이 증가해도 단위당 비용이 쉽게 내려가지 않는다는 주장이 있다.

② BCG 매트릭스를 구분하기가 현실적으로 어렵다.

2 PIMS(Profit Impact of Market Strategy)

(1) 발생 및 개념

① 발생: GE의 부사장이었던 보르슈에 의하여 시작되었다.

② 개념: 시장전략이 기업이윤에 미치는 효과를 분석하는 기법이다. 본래의 취지는 시장전략과 기업이윤의 상관성 분석을 파악하는 것이다.

> **개념더하기** ▶ PIMS (Profit Impact of Market Strategies): 시장전략이 기업이윤에 미치는 효과
>
> - 개요 : 수익성에 영향을 미치는 제요소들을 여러 사업들의 경험을 활용하여 실증적 분석기법을 통해 규명하고, 그러한 제요소들을 통제함으로써 수익성 향상을 꾀하는 기법
> - 종속 변수
>   - ROI : 순이익/총자산
>   - 현금흐름률: 현금흐름/경영자본
> - 독립 변수
>   - ROI 관련: 투자집중도, 시장성장률 등 37개
>   - 현금흐름률 관련: 투자집중도, 시장점유율 등 19개 변수

(2) 주요 변수

시장 환경	산업성장률, 구매자 집중도 등
경쟁도	시장점유율, 제품의 품질 등
자본 구성	투자 밀도 등
생산공정 구성	수직적 결합의 정도, 매출액에 대한 부가가치의 비율 등
예산 분배	각 기능에 대한 예산의 분배 등
기업의 특성	규모, 다각화 등

(3) 시사점

① 상당수의 기업이 올바르지 못한 대안을 선택하고 있다.

② 결과 중 상당수가 경영자의 직관과는 반대된다.

3 포터(Michael Porter)의 산업구조 분석(5 Forces Model)

(1) 발생 및 개념

① **발생**: 하버스 대학원의 포터가 『경쟁적 전략(Competitive Strategy』이라는 저서에서 경제학의 산업조직론에서 발생한 구조분석 툴을 기업에 적용하기 쉽도록 변형하였다.

② **개념**: 신규업체 진출 위협, 공급업체 협상력, 동종기업 간 경쟁, 고객 협상력, 대체재 출현 위협 등 다섯 가지 경쟁요인을 통해 기업, 산업의 현황 및 미래를 분석하는 기법이다. 다섯 가지 경쟁요인을 통해서 기업, 산업의 수익률이 결정된다고 보며, 기업이 경영전략을 수립하는 데 활용된다.

(2) 경쟁력 결정요인

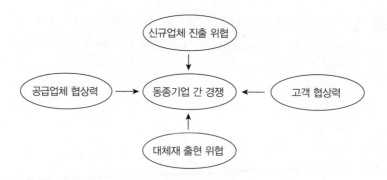

신규업체 진출 위협	신규진입 기업들이 시장에 보다 안정적으로 진입하기 위해서는 진입장벽을 넘어야 한다.
공급업체 협상력	원자재 공급업체의 영향력이 크면 수익성이 낮아진다. 에 OPEC – 산유국의 교섭력을 높이려는 카르텔
동종기업 간 경쟁	• 경쟁이 치열할수록 수익성은 떨어진다. • 경쟁은 기업 간 제품 차별화가 없고 퇴거장벽이 높은 경우 치열해진다.
고객 협상력	• 구매자의 영향력이 크면 수익성이 낮아진다. • 대량구매나 구매자의 수익성이 낮으면 교섭력이 강해진다. 　　에 엘리베이터 제조업체와 건설업체
대체재 출현 위협	대체재가 많을수록 높은 가격을 받을 수 있는 가능성이 낮아진다.

개념더하기 ▷ 진입장벽과 퇴거장벽 및 대체재

- **진입장벽**: 상표이미지, 기존 유통경로, 투자규모, 기술수준, 법적규제 등 신규진입 기업들이 기존기업들에 비해 부담하는 상대적인 불리함을 의미한다.
- **퇴거장벽**: 기업이 시장에서 철수할 때 어려움이 있는 경우, 퇴거장벽이 낮다면 구조적인 불황에서 산업 내 기업의 수가 금방 조정되어 유휴설비가 없어진다.
- **대체재**: '두 재화를 따로 소비할 때의 효용의 합계 > 두 재화를 함께 소비할 때의 효용'일 경우에 두 재화를 '대체재'라 한다.
　에 백화점과 대형할인점, 버스와 택시, 우체국과 전자우편, 소주와 맥주와 양주 등

(3) 본원적 경쟁전략

① 배경

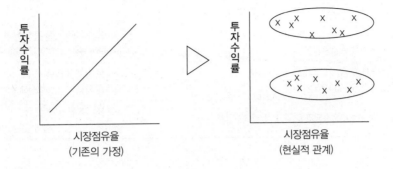

② 3가지 경쟁전략

원가우위전략	• 경쟁제품에 비해 품질은 그다지 차이가 없지만 가격을 현저하게 내리는 전략 • 과거 우리나라 기업들의 해외 전략 　[예] 1980년대 현대의 엑셀
차별화전략	• 고객이 비싼 가격을 기꺼이 지불하게끔 가치 있는 제품을 만드는 전략 • 경쟁제품보다 품질이나 디자인이 월등하든지 또는 유명 상표가 부착된 경우 　[예] APPLE, NIKE, BMW 등
집중화전략	• 특정구매자 집단이나 지역적으로 한정된 특정시장을 표적으로 하는 전략 • 원가우위전략이나 차별화전략 중 하나만을 선택하여 집중적으로 공략 　[예] 밀레니엄 베이비 시장의 유아용품

(4) 비판

① 동태적 기업 환경을 정태적으로 인식하였다.

② 외부환경을 분석하는 기법을 제시하였지만 그러한 환경에 대해 대응하는 구체적인 방향을 제시하지는 못하였다.

4 제품수명주기(PLC; Product Life Cycle)

(1) 신제품이 시장에 출시되어 사라지기까지의 시간적 과정이다.

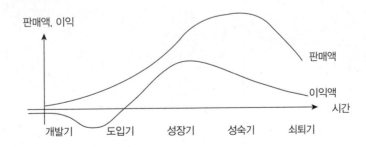

(2) 제품수명주기에 따라 시장대응전략이 달라질 수 있다.

(3) 제품수명주기는 대부분 S형 곡선을 그린다.

도입기	• 신제품을 시장에 소개하는 단계 • 연구개발, 마케팅 활동에 많은 투자소요로 인하여 현금자원의 유출이 큼 • 적은 판매로 이익은 거의 발생하지 않음	• 공격적인 대책 • 시장 확대를 위해 마케팅 비용 증가
성장기	• 매출과 이익이 급격하게 증가하는 단계 • 경쟁은 치열해짐	• 이익의 재투자를 통한 공격적인 대책 필요 • 경쟁자들을 대비한 차별화전략 필요
성숙기	• 매출 증가비율이 둔화되는 단계 • 현금유입이 가장 많음	• 기존고객을 만족시키고 생산성을 증대 • 기존제품의 기술혁신에 대한 투자(R&D)
쇠퇴기	매출액이 감소되고 이익도 감소하는 단계	• 현상유지를 위해 노력 • 비용통제 등 상황에 맞는 소극적인 자세

CHAPTER

05 新경영전략

---

01 **블루오션 전략**

---

1 블루오션 전략의 개관

(1) **블루오션(Blue Ocean):** 블루오션은 기존의 시장과 대조되는 미개척 시장을 의미하는데, 이곳에는 새로운 수요가 존재하며 따라서 기업들은 고수익을 창출할 수 있는 새로운 기회를 갖게 된다. 이러한 블루오션은 기존산업의 경계선 밖에서 완전히 새롭게 창출되는 경우도 있지만, 대부분의 경우 기존산업을 확장하여 만들어지는데, 게임의 규칙이 부재하기 때문에 경쟁이 없다.

(2) **블루오션 전략(Blue Ocean Strategy):** 블루오션과 함께 등장한 블루오션 전략이란 비경쟁적인 새로운 시장을 창출하기 위한 실행전략을 포함한 종합적인 경영전략이다. 블루오션 전략은 경쟁사들이 비슷한 방식으로 승부를 걸 때, 발상의 전환과 차별화 전략으로 경쟁이 없는 새로운 시장을 창출하는 데 목적을 둔다. 이에 반해 치열한 경쟁으로 성장이 둔화되고 수익률이 하락하는 시장을 레드오션(Red Ocean)이라고 한다.

2 레드오션과 블루오션의 비교

구분	레드오션	블루오션
시장	기존의 시장영역	경쟁이 없는 신규시장 창출
게임의 법칙	치열한 경쟁	경쟁에서의 자유로움
특징	• 기존의 수요시장 공략 • 가치창출이나 비용절감 중 택일 • 기업의 전체적인 활동체계가 차별화나 저비용 중 하나를 통해 이루어짐	• 새로운 수요시장 창출 • 가치창출과 비용절감 동시추구 • 기업의 전체적인 활동체계가 차별화와 저비용 동시추구

3 블루오션 전략의 성공조건

(1) 고객관점에서 사업이나 제품을 바라보아야 한다.

(2) 구성원들이 창의성을 최대한 발휘할 수 있어야 한다.

(3) 절대가치를 추구하여야 한다.

(4) 블루오션으로 들어가는 길목을 좁혀야 한다.

(5) 움직이는 블루오션을 만들어야 한다.

1 유비쿼터스 전략의 개관

(1) 유비쿼터스의 정의: 기업경영의 새로운 조류로 등장한 유비쿼터스(Ubiquitous)란 원래 라틴어 'Ubiquitas'에서 유래한 말로 물이나 공기처럼 시공을 초월해 '언제 어디에나 존재한다(Presence Everywhere)'는 뜻이다. 이는 오늘날 사용자가 네트워크나 컴퓨터를 의식하지 않고 시간과 장소에 관계없이 자유롭게 네트워크에 접속할 수 있는 정보통신환경을 의미한다.

(2) 유비쿼터스 전략의 특징

① **컴퓨터와 사용자 관계의 변화:** 컴퓨터와 사용자의 관계가 역전된 것으로. 한 명의 사용자가 수백 개에서 수만 개의 컴퓨터와 통신기기를 사용한다.

② **정보통신산업 지도의 변화:** 새로운 가치창조의 기회를 의미한다. IT산업은 기존의 영역에서 모든 산업영역으로 그 경계를 확장해 나갈 것이다.

③ **정보통신 서비스의 발전:** 유비쿼터스 서비스는 정보 그 자체만의 서비스가 아니라, 상황에 따라 필요나 행위까지도 사물이나 컴퓨터가 지능적으로 수행하고 사용자 욕구에 가장 근접한 신선한 정보 제공에 초점을 두는 서비스가 주류를 이룬다.

④ **제3공간의 경제시스템**

ⓐ **제1공간 경제시대:** 물리공간상에 존재하는 물질재가 중요한 거래대상이다.

ⓑ **제2공간 경제시대:** 가상공간상에 존재하는 정보재가 중요한 재화로 등장하였다.

ⓒ **제3공간 경제시대:** 물질재화와 정보재화에 이어 공간재가 등장하는 시기로, 유비쿼터스 공간에 존재하는 각각의 사물에는 정보가 들어간다. 그리고 경제 활동이 이루어지는 공간이 바뀐다. 제3공간 경제시대는 네트워크를 공동체로 넓힌다. 공동체란 유비쿼터스 공간에 함께 거주하는 사람과 사물을 통칭하며, 이 공간의 거주자들은 언제, 어디에서든지 무엇이라도 공유할 수 있다.

⑤ **인터페이스의 중요성:** 물리공간 시대에 중요한 정보매체는 책이다. 하지만 전자공간 시대에는 사람과 정보를 연결하는 새로운 매개체로 컴퓨터와 인터넷, 즉 사람과 컴퓨터 간 인터페이스(HCI; Human Computer Interface)가 등장했다. 제3공간 시대에도 컴퓨터는 여전히 중요한 매개체이나 컴퓨터는 여러 매개체들 가운데 하나일 뿐이다. 제3공간에서는 사람과 컴퓨터의 인터페이스는 물론이고 사람과 사물 간의 인터페이스(HTI; Human Thing Interface)가 중요해진다.

2 유비쿼터스 전략의 충족조건

(1) 기술적 문제

① 기술의 표준화, 핵심기기 및 부품의 저가화, 그리고 소프트웨어 기술의 발전이 필요하다.

② 모든 사물에 컴퓨팅 기능을 내재화시키기 위해서는 하드웨어의 소형화, 저전력화가 전제되어야 한다.

③ 장기적으로는 인간과 유사한 추론기능을 제공하는 소프트웨어 및 하드웨어의 발전이 필요하다.

(2) 경제적 과제: 다양한 추진주체가 참여해야 하기 때문에 비즈니스 모델, 킬러 애플리케이션 문제가 보다

심도 있게 검토되어야 한다. 현재는 유비쿼터스 컴퓨팅 도입의 목적이 명확하고 손익도 분명하기 때문이 킬러 애플리케이션의 문제가 크지 않지만, 향후에는 경제적 문제가 보급의 장애요소로 등장할 것이다. 따라서 서비스 모델의 도입을 통한 초기 투자비용의 장기적 회수방법 등이 모색되어야 한다.

개념더하기   킬러 애플리케이션(Killer Application)

증기기관, 금속활자, 자동차, 안경, 컴퓨터, 인터넷 등과 같이 시장에 나오자마자 산업을 변화시키고 시장을 재편해 경쟁제품을 완전히 몰아냄으로써 초기에 투자한 비용의 수십 배 이상을 회수할 수 있는 발명품이나 서비스를 통틀어 일컫는다.

(3) 사회적 과제: 프라이버시 문제는 항상 완벽할 수 없기 때문에 지속적으로 기술을 보완하여 문제점들을

극복해 가는 전략이 필요하다. 특히 프라이버시나 정보보안 등에 대한 법체계의 정비와 같은 사회적인 인프라의 구축이 선행되어야 한다.

CHAPTER 06 경영혁신

01 경영혁신의 개념

1 경영혁신의 정의

광의	환경의 변화에 대응하기 위한 조직의 의도적이고 계획적인 변화 및 혁신 노력을 통칭하는 개념
협의	경영관리과정에 있어서의 혁신 ↔ 기술혁신

2 경영혁신의 요인

기업외적 요인	기업내적 요인
• 세계화, 규제화, 개방화 등에 따른 경쟁 심화 • 소비자 요구의 다양화 • 경쟁우위 요소의 변화(가격, 생산량 → 대고객서비스, 품질) • 정보기술의 발달 • 조직원들의 생활 패턴 변화 예 단순노동 회피, 여가 선호 등	• 기업의 생산성이 낮아지고 경쟁력 약화 • 간접부문에서의 비효율성 증가 • 최고경영자층의 경영혁신 선호 • 재무성과 우수 기업의 효과적인 여유자원 활용과 미래 대비 목적

02 경영혁신의 기법

벤치마킹 (Benchmarking)	• 지속적 개선을 위한 기업 내부의 활동과 기능, 그리고 관리능력을 외부기업과의 비교를 통해 평가하는 것(맥네어, C. McNair) • 최고의 성과를 얻기 위하여 최고의 실제 사례를 찾는 과정(캠프, R. Camp)
전사적 품질경영 (TQM; Total Quality Management)	고객만족을 목표로 전사적인 참여를 통하여 조직 내 업무프로세스와 시스템을 지속적으로 개선시키고자 하는 통합적인 기법
업무재설계 (BPR; Business Process Reengineering)	비용, 품질, 서비스, 속도와 같은 기업의 핵심적 성과면에 있어서의 극적인(Dramatic) 향상을 얻기 위해 기업의 프로세스(Process)를 기본적(Fundamental)으로 다시 생각하고 근본적(Radical)으로 재설계하는 것
다운사이징 (Downsizing)	조직의 효율성을 향상시키기 위해 의도적으로 조직 내의 인력, 계층, 작업, 직무, 부서 등의 규모를 축소시키는 기법
리스트럭처링 (Restructuring)	조직경쟁력 강화를 위한 전략경영의 차원에서 기존 사업단위의 축소, 통폐합 및 확대 여부와 신규 사업에 진입여부, 주력사업의 선정 등에 관한 결정과 함께, 이러한 사업들을 어떻게 연계하여 통합할 것인지를 결정하는 복잡하고 다차원적인 전략기획의 방법

01

다음 테일러의 과학적 관리론에 대한 설명 중 틀린 것은?

① 하루 일할 수 있는 최고의 과업 결정
② 기초적 시간연구
③ 차별적 성과급제의 직능식 조직
④ 저가격, 고임금의 원칙

02

다음 중 다른 회사를 지배할 목적으로 주식으로 매입하여 보유하고 있는 종합금융회사를 무엇이라 하는가?

① 트러스트
② 콤비나트
③ 콩글로메리트
④ 지주회사

정답 및 해설

01
정답 ④

저가격, 고임금은 포드의 동시관리 개념으로 컨베이어 시스템을 통한 대량생산으로 저단가, 고임금의 사회봉사주의를 의미한다. 테일러는 시간연구와 동작연구를 통한 과업관리를 설정하여 차별성과급, 직능조직제도를 도입했다.

02
정답 ④

콘체른은 금융을 위한 재벌 체제로 모기업과 자기업으로 구성되며, 종합금융회사의 모기업을 지주회사라 한다. 특히 지배회사(모회사)는 연결재무제표를 사용하여 성과를 측정한다.

03

다음 중 호손실험의 결과로 옳은 것은?

① 과학적 관리론의 모태가 되었다.
② 만족한 조직이 능률적인 조직이라는 사실을 알
   게 되었다.
③ 심적 요소보다는 물적 요소가 작업능률의 개선
   효과가 있다는 것을 알게 되었다.
④ 물적 작업조건은 작업능률에 영향을 미치지 못
   한다.

04

다음 중 Ford System의 내용과 관련이 없는 것은?

① 대량생산, 대량판매 방식의 채택
② 생산의 표준화
③ 수요변동에 탄력적으로 대응, 다품종 대량생산
   에 의한 제품단위당 원가의 절감
④ 동시관리, 컨베이어 시스템 도입, 힘든 작업으
   로부터 인간을 해방

05

다음 중 인간행위에 중심을 두고 있는 이론과 관련
이 없는 사람은?

① Mayo
② Taylor
③ Barnard
④ Simon

06

의사결정의 종류 중 자주 발생하며 구조가 명확하
게 되어 있는 것은?

① 정형적 의사결정
② 비정형적 의사결정
③ 전략적 의사결정
④ 관리적 의사결정

07

다음 중 버나드와 관계되는 것은?

① 조직 이론
② 과학적 관리론
③ 관료제
④ 상황이론

08

Z이론에 대한 설명 중 틀린 것은?

① 미국식 조직과 일본식 조직을 결합한 형태의 조직이다.
② 장기고용을 원칙으로 한다.
③ 비교적 느린 승진과 평가가 원칙이다.
④ 맥그리거가 주장한 이론이다.

---

03 정답 ②

호손실험은 인간의 감정, 비공식조직의 중요성을 강조했다. 따라서 작업능률 내지 생산성 향상에 물적 조건(임금, 환경)도 약간은 관계되지만, 그것보다 더욱 결정적인 요인은 종업원의 심리적 태도(사기, 감정)와 비공식조직에 의한 경영 내의 사회적 관계(개인의 사회적 환경, 사내 세력관계)에 따라 좌우된다는 것이다.

04 정답 ③

Ford System은 동시관리를 실시하였고 전체적인 작업능률을 중시했다. 고임금과 저가격으로 경영이념을 실천하고 컨베이어 벨트를 이용하였다. 기계 중심이며 노동자와 소비자에 서비스하는 것이 기업정신이다. 소품종 대량생산으로 단가를 절감하는 것이 규모경제원리를 의미한다.

05 정답 ②

테일러(Taylor)는 작업에서 시간연구와 동작연구로 과업을 설정하여 차별성과급제를 시행하며, 인간적 요소는 경시하는 과학적 관리론을 주장했다.

06 정답 ①

정형적 의사결정은 반복적으로 발생하는 일상의 의사결정이다. 대표적으로 선형계획법이 있으며, 프로그램화가 가능한 의사결정이다.

07 정답 ①

버나드는 근대적 관리론으로 조직 이론을 주장했으며, 조직과 개인, 공헌과 민족간의 균형을 강조했다.

08 정답 ④

맥그리거는 인간의 본성을 성악설 X이론과 성선설 Y이론으로 주장한 학자이다.

09

다음 중 인간관계론의 내용과 관련이 없는 것은?

① 동태적인 조직유형
② 민주적인 리더십
③ 직무만족과 생산성
④ 상황이론

10

H. A. Simon의 조직이론에 대한 설명으로 옳지 않은 것은?

① 조직은 인간이 행하는 의사결정이 집약된 시스템이다.
② 의사결정의 전제조건은 가치전제와 사실전제로 구분된다.
③ 합리적 경제인 가설을 바탕으로 인간 행동을 분석한다.
④ 조직에서 구성원의 동의를 위하여 사용할 수 있는 유형으로 권위나 자기통제를 들고 있다.

11

다음 중 소유와 경영의 분리를 가장 잘 설명하고 있는 것은?

① 기업과 경영의 분리
② 일반경영자와 전문경영자의 분리
③ 자본가와 종업원의 분리
④ 출자자와 경영자의 분리

12

다음 중 정형적(Programmed) 의사결정기법에 속하는 것은?

① 직관
② 경영자의 선발과 훈련
③ 경험법칙
④ Computer Simulation

13

시장에서의 경쟁을 배제하고 시장을 독점하기 위해서 개별기업들이 경제적 · 법률적으로 독립성을 상실하고 자본적으로 결합하는 기업합동형태는?

① Trust
② Konzern
③ Syndicate
④ Kombinat

09 〉정답 ④

상황이론은 조직행동에 있어 구성원 행동관리의 보편적 원리는 없으며 모든 상황에 동일하게 적용되는 규칙은 없다고 본다. 각 경우마다 유일한 가장 좋은 방법과 각각의 독특한 상황을 적용한다는 이론으로 인간관계론과 관련이 없다.

10 〉정답 ③

사이먼은 조직이론에서 인간의 한계를 다수의 공동의 의사결정으로 극복하며, 경영자는 공정한 공헌의 대가 관리인이라고 주장하였다. 제한된 합리성을 가진 의사결정자로서의 관리인 가설을 바탕으로 하는 이론이다.

11 〉정답 ④

소유와 경영의 분리는 주식회사 제도이며 주주의 출자자와 실제 운영을 담당하는 경영자로 분리된다는 말이다. 주주는 각자가 가진 주식의 인수가액을 한도로 하는 간접 · 유한책임을 부담하게 되어 대기업 경영에 적합한 회사이다.

12 〉정답 ④

정형적 의사결정은 반복적으로 발생하는 일상의 의사결정이고 대표적으로 선형계획법이 있으며, 프로그램화가 가능하다.

13 〉정답 ①

트러스트는 같은 업종의 기업이 경쟁을 피하고 보다 많은 이익을 얻을 목적으로 자본에 의하여 결합한 독점 형태이며 가입 기업의 개별 독립성은 없어진다. 동일 산업부문에서 자본의 결합을 축으로 한 독점적 기업결합으로 카르텔보다 강력한 기업집중의 형태이다.

14

기업결합 형태에 관한 설명 중 틀린 것은?

① 콩글로메리트: 상호관련성 있는 여러 기업 간의 매수·합병이다.
② 카르텔: 동종기업이 독립성을 유지하면서 상호 경쟁을 배제한다.
③ 트러스트: 각 기업이 실질적인 독립성을 상실하며 시장지배 목적으로 새로운 기업으로 결합한다.
④ 콘체른: 대기업이 중소기업을 주식소유 등 금융기법을 이용해 지배한다.

15

자동차 완제품 회사와 자동차 부품 업체 간의 결합 유형은 무엇인가?

① 수직적 결합
② 수평적 결합
③ 구조적 결합
④ 사행적 결합

16

다음 중 조직의 경영관리과정에 관한 설명으로 옳지 않은 것은?

① 계획 – 조직 – 지휘 – 통제 순으로 이어진다.
② 관리 과정은 Fayol이론으로 조직과 구성원들이 실체적인 목표를 보다 효과적 달성과정
③ 본질적 6가지 종류 활동 중기술적 활동이다.
④ 계획은 목표와 전략 수립을 하면서 조정을 한다.

17

다음 중 마이클 포터의 가치사슬모형에서 지원활동이 아닌 것은?

① 인프라 기반시설
② 기술개발
③ 제품의 사후지원
④ 인적자원 개발

18

다음 중 주식회사의 특징으로 옳지 않은 것은?

① 투자자로부터 거액의 자본 조달이 용이하다.
② 주식회사의 3대 기구는 주주총회, 이사회, 감사이다.
③ 소유자가 경영에 참가해야만 하므로 소유와 경영이 일치한다.
④ 감사는 필수기관이다.

14

정답 ①

콩글로메리트는 경영다각화를 위한 이종의 기업을 매수·합병하는 것을 말한다. 자사의 업종과 관계가 없는 이종의 기업을 매수·합병하여 경영을 다각화하고 매수합병, 인수합병 등의 방법을 이용한다.

15

정답 ①

자동차 완제품 회사와 부품 업체 간의 관계는 주종의 관계가 성립하므로, 수직적 결합에 해당한다.

16

정답 ③

본질적 6가지 종류 활동 중 관리적 활동이다. 본질적 기능에는 기술적 활동, 영업적 활동, 재무적 활동, 보전적 활동, 회계적 활동, 관리적 활동이다.

17

정답 ③

마이클 포터 가치사슬의 4가지 지원 활동에는 기업 하부구조, 인적자원관리, 기술개발, 조달활동이다. 마이클 포터 가치사슬의 5가지 주요 활동에는 내부물류, 제조생산, 외부물류, 마케팅영업, 서비스이다.

18

정답 ③

주식회사는 소유와 경영의 분리 회사이다.

마케팅

www.edusd.co.kr

01 마케팅의 기초개념

01 마케팅의 정의와 주요개념

1 마케팅의 정의

개인이나 단체가 가치 있는 제품 또는 서비스를 창조하여, 제공하고, 교환함으로써 필요와 욕구를 충족시키는 사회적 · 관리적 과정이다(코틀러, P. Kotler).

2 마케팅의 주요개념

(1) 필요(Needs)와 욕구(Wants)

구분	필요(Needs) - 기본적 욕구	욕구(Wants) - 2차적 욕구
정의	본원적인 만족감이 충족되지 않아 박탈감이나 결핍을 느끼는 상태	필요를 해결하기 위한 구체적 방법
성격	• 모든 인간이 공통적으로 가지는 본능 • 마케팅 담당자에 의해 창조 불가능	• 필요는 동일해도 사회문화적 환경에 따라 욕구는 상이함 • 마케팅 담당자에 의해 수요화 가능
예시	• 배고픔, 추위(생리적 필요) • 소속감, 애정(사회적 필요) • 지식욕, 과시욕(개인적 필요)	• 음식, 난방기구 • 유행상품, 생일선물 • 교육, 고급 승용차

(2) 수요(Demands): 욕구(Wants)가 구매력에 의해 뒷받침되었을 경우이다.

> **예** '과시하고 싶은 필요'를 충족시키기 위해서 '고급승용차를 갖고 싶다는 욕구'를 가지는 사람은 많으나 그것을 살 의사가 있고 또 살만한 구매력이 있는 '수요'는 한정되어 있다.

(3) 제품(Products): 필요와 욕구를 충족시키기 위하여 주어지는 유형적 제품과 무형의 서비스를 말한다.

> **예** '고급승용차를 갖고 싶다'는 욕구를 충족시키기 위해 '벤츠 승용차'라는 제품을 기업이 제공한다.

(4) 효용(Utility), 가치(Value), 만족(Satisfaction)

구분	효용(Utility)	가치(Value)	만족(Satisfaction)
정의	소비자가 제품을 통해서 얻고자 하는 편익	효용을 얻는 데 드는 비용	제품에서 바라는 효용과 제품에 지불하는 비용이 일치하는 제품을 선택했을 때 발생
예시	벤츠 300	2억 원	벤츠 300의 효용 < 2억 원의 가치 → 소나타를 선택

(5) 교환(Exchange)과 관계유지(Relationship)

① 교환

ⓐ 어떤 사람으로부터 필요한 것을 얻고 반대 급부로 무엇인가를 제공하는 행위이다.

ⓑ 거래(Transaction)라는 개념으로 측정 가능하다.

ⓒ 거래는 둘 또는 그 이상의 교환 상대자가 있어야 하며, 거래조건을 계약(Contract)함으로써 성립된다.

② 관계유지

ⓐ 비슷한 거래가 계속 반복되도록 거래 상대방과의 우호적인 관계를 유지시키는 행위이다.

ⓑ 기업과 고객이 장기적으로 서로 이익이 되도록 맺는 관계이다.

ⓒ 고객관계유지 마케팅(CRM; Customer Relationship Marketing)을 이용해 기업과 고객과의 신뢰관계가 수립되면 거래시간과 거래조건이 개선되어 거래비용이 절감되는 효과가 있다.

(6) 시장(Market)과 마케팅(Marketing)

① 시장: 특정한 필요와 욕구의 충족을 위하여 교환과 거래에 참가하고자 하는 잠재적 고객의 전체이다.

② 마케팅: 시장관계, 수요관계, 공급관계, 경쟁관계를 잘 고려하여 가장 가치가 큰 교환을 달성하고 그러한 거래를 장기적으로 유지하려는 행위이다.

02 마케팅 관리

1 의미

(1) 마케팅 활동을 계획하고 집행하고 그 결과를 통제하는 과정이다.

(2) 기업의 목적을 달성하기 위하여 수요수준, 시기 및 특성을 관리하는 활동을 포함한다.

2 마케팅 관리의 특징

(1) 투입수준에 대한 매출액의 변화를 함수관계로 나타내기 힘들다.

예 '광고비 20 증가에 매출액 10 증가'식의 1:1 대응이 불가능하다.

(2) 마케팅 활동에는 점화수준과 포화수준이 존재한다.

    ① **점화수준(Threshold level):** 소비자의 구매행동을 촉발하는 데 필요한 최소한의 마케팅 활동 수준을 가리킨다.

    ② **포화수준(Saturation level):** 마케팅 활동을 증가시켜도 더 이상 매출이 상승하지 않는 수준을 가리킨다.

(3) 긴 시간에 걸쳐 이연되어 나타나는 시차(Time lag)와 형성된 시장 반응이 시간의 흐름에 따라 서서히 감소하는 쇠퇴효과(Decay effect)가 나타난다.

3 마케팅의 유형

(1) 수요 관리와 마케팅 과제에 따른 분류

구분	수요상태	예시	마케팅 과업	명칭
부정적 수요	소비자들이 구매를 꺼리는 경우	• 치과진료를 싫어함 • 기업이 전과자를 채용하지 않으려 함 • 조류 독감 시 닭고기 수요 감소	제품을 싫어하는 원인을 분석하여 제품 재설계, 저가격, 적극적 촉진 등 마케팅 프로그램으로 소비자의 신념과 태도를 변화시킴	전환적 마케팅
무수요	소비자들이 제품에 관심이 전혀 없는 경우	• 쓰레기 분리수거에 관심 없는 경우 • 가정에서 팩스(Fax) 이용에 무관심한 경우	인간의 선천적인 욕구와 흥미에 부응하는 제품의 편익을 찾음	자극적 마케팅
잠재적 수요	소비자의 수요는 존재하나 그들이 알고 있는 제품으로는 충족시키지 못하는 경우	• 공해 없는 자동차 • 니코틴 없는 담배 • 화장품, 냉장고	잠재시장의 크기를 측정하고 그 시장 수요를 만족시킬 수 있는 효과적 제품과 서비스를 개발함	개발적 마케팅
감퇴적 수요	제품수명주기에 따라 산업 자체가 쇠퇴해 가는 경우	• 클래식 음악의 수요 감퇴 • 라디오의 수요 감퇴	제품의 감퇴된 수요를 창조적 재마케팅을 통하여 회복시킴	재마케팅
불규칙 적 수요	수요가 계절성을 띠거나 생산과잉이 일어나는 경우	• 스키 장비의 계절적 매출 차이 • 주중과 주말 결혼식장 이용률 차이	유연한 가격절충, 촉진, 기타 자극을 통하여 동일한 패턴의 수요를 변경시킴	동시화 마케팅
완전 수요	기업이 현재 판매량으로 충분히 만족하는 경우	물건이 없어서 못 파는 경우	소비자 기호의 변화 및 심화된 경쟁에 도전하여 현재 수준의 수요를 유지함	유지적 마케팅
초과 수요	수요가 공급능력을 초과하는 경우 혹은 기업의 입장에서 해가 되는 수요가 존재하는 경우	• 명절 때의 고속도로 교통수요 • 반품을 너무 자주하는 홈쇼핑 고객	• 일시적 혹은 영구히 수요를 감퇴시킴 • 일반적인 디마케팅은 전반적인 수요를 억제하는 것으로 가격을 인상하거나 촉진과 서비스를 축소함 • 선택적인 디마케팅은 제품의 수익성이 낮은 일부시장에 대하여 수요를 감소시킴	디마케팅
불건전 한 수요	수요가 사회적으로 바람직하지 못한 경우	• 흡연, 마약 • 음란 비디오	제품이나 서비스 그 자체가 사회적으로 건전하지 못하기 때문에 경고메시지, 가격 인상, 효용성을 낮춤으로써 수요자체를 제거함	대항적 마케팅

(2) 생산 시점을 기준으로 한 분류

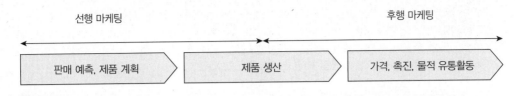

선행 마케팅   후행 마케팅

| 판매 예측, 제품 계획 | 제품 생산 | 가격, 촉진, 물적 유통활동 |

개념더하기 고압적 마케팅과 저압적 마케팅

구분	고압적 마케팅	저압적 마케팅
의의	기업의 입장에서 소비자가 원하는 제품을 가정하여 생산가능한 제품을 생산하고, 강압적·고압적으로 판매함	소비자의 욕구를 파악하고, 그에 알맞은 제품을 생산·판매함
중점활동	후행적 마케팅 활동	선행적 마케팅 활동

(3) 분석과 계획 주체에 따른 분류

① **거시마케팅**: 사회, 경제적 입장에서 산업의 생산과 소비를 연결하는 기능으로서의 마케팅

② **미시마케팅**: 개별 기업의 목표를 달성하기 위한 수단으로서의 마케팅

4 마케팅 관리 이념의 변천과정

마케팅 관리 철학은 시간의 경과에 따라 생산 개념 → 제품 개념 → 판매 개념 → 마케팅 개념 → 사회지향적 마케팅 개념으로 진화해왔다.

(1) 생산 개념(Production Concept)

① **개념**: 고객은 접근성이 높고 낮은 가격을 제공해 주는 제품을 선호한다는 가정 아래 경영역량을 생산공정과 유통의 효율성 개선에 집중해야 한다.

② **특징**: 수요가 공급을 초과할 때(대공황 이전) 경영자는 생산공정을 효율화해 공급을 늘리는 방법을 찾는다고 본다. 제품 생산가격이 너무 높아 수요가 많지 않을 때 생산성을 늘려 생산가격을 낮추는 데 이론적 배경을 제공한다.

(2) 제품 개념(Product Concept)

① **개념**: 고객은 가격대비 최고의 품질, 기능을 가진 제품을 선호한다는 가정 아래 기업은 제품 품질 개선에 역량을 집중해야 한다. 시장에 출시된 제품들의 가격, 포장, 유통채널 등 환경이 동일하다면 가장 품질이 좋은 제품이 판매된다고 가정한다.

② **특징**: 소비자의 잠재적 욕구보다 이미 생산된 제품의 품질 개선에만 집중할 경우 마케팅 근시안(Marketing Myopia)에 빠질 함정이 있다.

마케팅 근시안(Marketing Myopia)

기업의 사업영역을 물리적인 제품으로만 규정해 소비자가 그 제품으로부터 바라는 효용이나 서비스의 가치를 등한시하게 되어 변화된 소비자 기호, 시장환경, 기술진보에 적응하지 못하고 도태되는 현상을 말한다. 50년대 미국의 철도회사들은 고객의 욕구가 이동(Transportation)이 아니라 기차(Train)라는 제품 자체에 있다고 보고 객차의 좌석개량, 가격전략에만 집중한 나머지 항공업체와 자가용 업체들의 도전에 적절히 대응하지 못하고 쇠퇴하고 말았다.

(3) 판매 개념(Selling Concept)

① 개념: 고객은 기업이 대규모 판매와 촉진노력을 수행해야만 비로소 구매행위를 한다는 가정하에 제품을 시장에 밀어놓고(Push-in), 매출 극대화를 위해 다양한 촉진(Promotion) 활동을 통해 구매를 유도한다는 개념이다. 특히 평소에는 구매 욕구를 느끼지 못하는 보험이나 백과사전 같은 제품판매에 많이 이용된다.

② 특징: 판매 개념은 판매자가 생산한 제품을 차후에 판매하는 것이지 시장이 원하는 것을 생산하는 것이 아니므로 고위험을 수반한다. 또한 판매를 창조하는 것이지 장기간, 고이윤의 고객관계(Customer Relationship)를 창출하고자 하는 것이 아니므로 판매 후 활동에 대한 지침을 제시하지 않으며, 구전효과를 간과한다.

구전효과(WOM; Words on Mouth)

소비자가 제품구매 후, 기대치와의 차이에서 오는 불쾌감을 아직 구매경험이 없는 주위 사람들에게 전파해 결국 해당제품의 반복구매가 이루어지지 않는 현상을 말한다. 일반적으로 기업들은 소비자가 제품에 만족하면 좋은 광고효과를 파급시키리라 기대하고 판매 후 피드백에는 소홀하나 실제로는 그 반대인 경우가 많다.

(4) 마케팅 개념(Marketing Concept)

① 개념: 목표 고객의 욕구를 먼저 파악해서 소비자가 만족할 만한 제품이나 서비스를 경쟁자보다 효율적으로 제공함으로써 기업목표를 달성할 수 있다.

② 특징: 현대 마케팅에서 통용되는 개념으로 소비자 욕구를 마케팅 관리의 출발점으로 삼는다는 점에서 이전의 개념들과 대비된다.

예 SK-'고객이 OK할 때까지', 대한생명-'고객이 1등, 우리가 2등' 캠페인

③ 판매 개념과 마케팅 개념의 비교

구분	출발점	초점	수단	목표
판매 개념	공장	생산된 제품	판매와 촉진	매출증대를 통한 이익 극대화
마케팅 개념	시장	고객 욕구	통합마케팅	고객만족을 통한 이익 극대화

(5) 사회지향적 마케팅 개념(Social Marketing Concept)

① 개념: 소비자들이 사회전체의 복지와 사회, 환경적 이슈들에 민감해진 최근 들어 기존의 마케팅 개념에 친환경, 친사회적인 개념들을 첨가한 개념이다. 소비자, 기업, 사회가 모두 만족할 수 있는 기업 활동만이 정당화될 수 있으며, 기업의 사회적인 책임(Social Responsibilities)을 강조한다.

예 그린 마케팅

② 특징: 소비자의 욕구만족, 기업의 이익, 사회의 복지증진 사이에 균형이 요구된다.

(6) 고속 정보망 지향 마케팅 개념(2000년 이후, 향후 마케팅 개념)

현재 학계에서는 (1)~(5)번(생산, 제품, 판매, 마케팅, 사회지향적 마케팅)까지만 인정하고 있으며, '고속 정보망 지향 마케팅 개념'은 추후 추가될 개념으로 참고 사항으로 제시한다.

고속 정보망 지향 마케팅이란, 2000년 이후부터 현재 및 향후 펼쳐질 미래의 마케팅 개념을 말한다. 고속 정보망 지향 마케팅 개념(Electronic-oriented Marketing or Information Super Highway-oriented Marketing Concept)시대는 마케팅 개념과 사회지향적 마케팅 개념이 고속 정보망으로 대표되는 정보통신 기술과의 접목으로 펼쳐지는 마케팅 관리 개념이다.

(7) 마케팅 개념의 발전단계

시기	마케팅 개념	시장상황	초점	경영이념	수단	목적
~1910년대	생산 개념	판매자 시장	생산	어떻게 제품을 생산할 것인가	생산 기술	생산능률에 의한 이익
1910~1930년대	제품 개념	판매자 시장	제품	어떻게 품질을 개선할 것인가	품질 관리	품질향상에 의한 이익
1930~1950년대	판매 개념	구매자 시장	판매	생산한 제품을 어떻게 팔 것인가	광고, 인적판매	매출증대에 의한 이익
1950~1980년대	마케팅 개념	구매자 시장	고객	팔릴 수 있는 제품을 어떻게 만들 것인가	통합적 마케팅	고객만족에 의한 이익
1980년대~	사회지향적 마케팅 개념	구매자 시장	사회	전체 사회 복지를 위한 제품을 어떻게 만들 것인가	통합적 마케팅	사회만족에 의한 이익

5 현대적 마케팅의 과제

(1) 특징: 개인 마케팅이 대두하였으며, 대표적인 인터넷 마케팅은 쌍방향적·반응적 마케팅으로서 개별 소비자를 마케팅 과정에 참여시키고 상호 간의 접촉을 장려하며 반응을 유도한다. 이외에 관계지향적 마케팅, 쌍방향 마케팅, 1대 1 마케팅, 데이터베이스 마케팅, 바이러스 마케팅, 허용 마케팅과 같은 다양한 개념들을 통하여 마케팅의 새로운 패러다임이 형성되고 있다.

(2) 고객 지향(Customer-orientation): 고객 중심 마케팅 시장을 의미한다.

(3) 전사적 노력: 마케팅부서뿐만 아니라 기업의 모든 부문에 고객 지향적 사고가 확산된 상태로, 내부 마케팅(Internal Marketing)이 선행되어야 한다.

(4) 고객만족을 통한 이익실현

구분	과거	현대
고객	판매와 제품 중심	시장과 고객 중심
	대중 마케팅	타깃, 개인 마케팅
	제품과 판매에 초점	고객만족과 고객가치에 초점
	새로운 고객의 유치	기존의 충실한 고객 유지
	시장점유율	고객점유율
	대중매체를 통한 광고	고객과의 직접연결
	표준화 상품	맞춤 상품
마케팅 파트너	판매, 마케팅 부서에서 마케팅 전담	고객만족의 맥락에서 모든 부서 재편
	기업별 독립마케팅	타사와 협력마케팅
마케팅 환경	국지적 마케팅	국가, 세계 차원의 마케팅
	이익에 대한 책임	사회, 환경적인 책임
	물리적 시장에서의 기업 활동	가상환경에서의 기업 활동

CHAPTER

02 마케팅 계획 수립과정

01 마케팅 관리의 과정

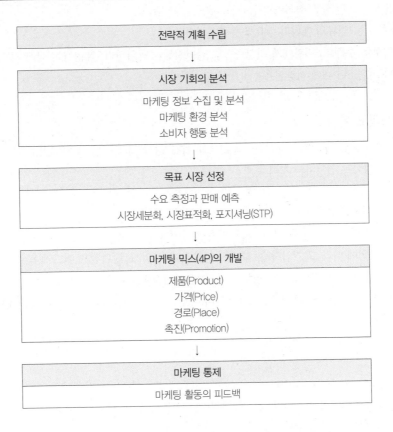

전략적 계획 수립

↓

시장 기회의 분석
마케팅 정보 수집 및 분석 마케팅 환경 분석 소비자 행동 분석

↓

목표 시장 선정
수요 측정과 판매 예측 시장세분화, 시장표적화, 포지셔닝(STP)

↓

마케팅 믹스(4P)의 개발
제품(Product) 가격(Price) 경로(Place) 촉진(Promotion)

↓

마케팅 통제
마케팅 활동의 피드백

02 전략적 계획 수립

기업 활동의 정의	→	기업목표의 설정	→	사업포트폴리오 분석	→	성장전략의 수립

1 기업 활동의 정의

(1) 기업이 궁극적으로 추구하는 기업이념의 규정을 의미한다.

(2) 시장지향성, 실현가능성, 동기부여적 개념이다.

예 'Xerox'의 기업 활동 정의 변화

- 과거: 우리는 복사기, 팩스와 같은 사무기기 제조회사이다.
- 현재: 우리는 고객의 정보와 문서를 저장, 검색, 출판, 전달하는 것을 도움으로써 고객의 사업을 보다 효율적으로 만드는 일을 한다.

2 기업목표의 설정

(1) 기업 활동의 정의를 바탕으로 각 사업부마다 구체적으로 부여된 목표이다.

(2) 시간적 일정에 따라 구체적인 목표를 설정한다.

예 'Shell'사의 기업 활동 정의와 기업목표
- 기업 수준: 인류의 에너지 수요를 충족시킨다.
- 사업부문 수준: 소비자에게 최상품질의 에너지원을 공급한다, 태양광과 같은 새로운 에너지원을 개발한다, 5년 내에 시장점유율 40%를 달성한다

3 사업포트폴리오 분석

(1) **개념:** 기업 내 전략적 사업단위(SBU) 매력도와 시장 내 위치(강약점)를 평가하고 한정된 기업자원을 어떻게 배분할지를 결정하는 것이다.

(2) **전략적 사업단위(SBU; Strategic Business Unit) 분석**
① 독립적인 사업목표를 가지고 있는 기업의 구성단위이다.
② SBU는 기업에 따라 그 기업자체, 하나의 생산라인, 단일제품, 단일 브랜드가 될 수도 있다.
③ 여타 사업부와 구별되는 독특한 임무를 가지며, 자체적으로 경쟁자, 생산자, 소비자를 갖는다.
④ 각 SBU가 속한 산업의 매력도(Attractiveness)와 각 SBU별 산업 내 위치(Position)분석이 선행되어야 한다.

(3) **BCG Matrix**
① **개념:** 미국 Boston Consulting Group에 의해 개발된 대표적인 사업단위 분석도구로서 성장률－시장점유율 기법이라고도 한다. 현금흐름분석을 기본으로 자금을 필요로 하거나 현재 자금창출능력이 있는 사업부서 간의 균형을 유지할 목적으로 한다.
② **전제:** 산업성장률이 높으면 시설 및 운전 자본에 대한 투자가 많이 필요해지므로 현금유출이 증가하고, 시장점유율이 높으면 제조원가, 마케팅 비용 등을 낮출 수 있으므로 현금유입이 증가한다.
③ SBU가 속한 산업의 성장률(세로축)과 그 산업 내에서 SBU의 시장점유율(가로축)을 기준으로 4분면을 만든 후 각 SBU를 위치시킨다.
④ 매트릭스 작성의 기준
　　㉠ 세로축은 당해 시장의 연간성장률이며 0~10%는 저성장, 10~20%는 고성장을 의미한다.
　　㉡ 가로축은 상대적 시장점유율로서 당해 사업단위의 최대 경쟁기업에 대하여 시장점유율로 표시한다. 10은 자사가 시장리더(Market Leader)로서 2위 기업의 10배의 시장점유율을 차지하고 있다는 것을 뜻하며, 0.1은 자사의 시장점유율이 시장리더의 시장점유율의 10%임을 의미한다.

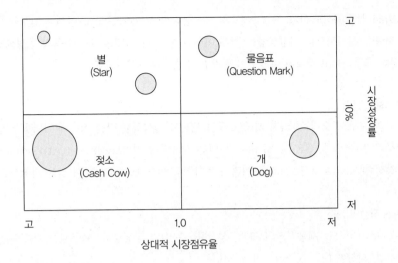

⑤ 특징

　　㉠ 별(Star) - 성장사업

　　　• 고성장, 고점유율 SBU로 제품수명주기상 성장기에 해당한다.

　　　• 현금유입이 크지만 대규모 투자를 동반하기 때문에 현금유출도 크다.

　　　• 성장속도가 줄면 젖소(Cash Cow)로 변화할 것이며 시장점유율 극대화에 초점을 맞춘다.

　　㉡ 젖소(Cash Cow) - 수익주종사업

　　　• 저성장, 고점유율 SBU로 제품수명주기상 성숙기에 해당한다.

　　　• 시장점유율 유지에 드는 비용이 적기 때문에 현금유출이 작은 반면 현금유입은 크다.

　　　• 다른 SBU가 필요로 하는 자금을 공급해 주는 역할을 수행한다.

　　㉢ 물음표(Question Mark, Hope) - 개발사업

　　　• 고성장, 저점유율 SBU로 제품수명주기상 도입부에 해당한다.

　　　• 시장점유율을 증가시키기 위하여 시설투자가 필요하므로 현금유출이 크다.

　　　• 경영진은 경영역량을 집중해 별(Star)로 만들 것인지 퇴출할 것인지를 결정해야 한다.

　　㉣ 개(Dog, Problem Child) - 사양사업

　　　• 저성장, 저점유율 SBU로 제품수명주기상 쇠퇴기에 해당한다.

　　　• 산업전망도 어둡고 시장 내 위치도 불리하므로 자본투입을 최소화하고 현금유입을 최대화하는
　　　　전략을 사용한다.

⑥ BCG Matrix의 목적별 전략

구분	목적	적용가능 상황	수단
육성 (Build)	시장점유율 확대	미래 산업전망이 밝은 경우	젖소의 현금을 물음표와 스타에 집중투자
유지 (Hold)	시장점유율 유지	현상유지가 예상될 경우	젖소의 선도적인 위치를 이용
추수 (Harvest)	현금유입 극대화	가까운 미래에 대규모 투자가 예상될 경우	• 젖소의 현금유입 극대화 • 물음표와 개의 현금유출 최소화
전환 (Divest)	사업매각 혹은 철수	산업전망이 불투명할 경우	물음표나 개를 매각 혹은 철수

⑦ BCG Matrix의 유용성과 한계: BCG 매트릭스는 단순한 두 개의 축으로 현재 사업부들의 상황을 평가하고 전략을 제시하므로 시장상황을 쉽게 이해할 수 있다. 그러나 두 개 축의 구성요인이 지나치게 단순하여 포괄적이고 정확한 사업부의 평가가 불가능한 문제가 있다.

(4) GE/McKinsey 기법

① 개념: BCG모델이 오직 두 가지 기준(시장점유율, 산업성장률)만을 적용해 다양한 사업변수를 반영하지 못한 것에 반해, GE/McKinsey 모델은 제품시장 매력도(Market Attractiveness)와 사업단위 경쟁력(Business Strength)이라는 복합적인 변수들을 사용해 더 많은 전략적 유용성을 가지고 있다.

② 매트릭스 작성의 기준

㉠ 제품시장 매력도: 제품시장의 크기, 성장률, 수익률, 경쟁강도, 요구되는 기술수준, 인플레이션 취약성, 시장에 대한 정치적 · 법적규제 등

㉡ 사업단위 경쟁력: 시장점유율, 점유율의 성장률, 제품품질, 브랜드, 유통, 촉진의 효율성, 생산성, 단위당 비용, 원자재 확보능력 등

③ BCG 매트릭스와의 차이

㉠ 각 변수별로 평가치와 가중치를 계산한다.

㉡ 4분면이 아닌 9분면을 사용해 분석력을 높인다.

㉢ 각 사업단위에 해당하는 원의 위치는 자금흐름(Cash Flow)이 아닌 투자수익률(ROI)과 연관된다.

㉣ 전략 설계 시 주관적인 요소가 많이 포함된다.

[GE/McKinsey 기법]

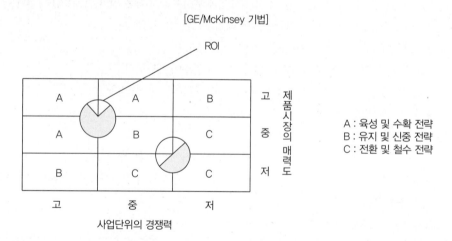

A : 육성 및 수확 전략
B : 유지 및 신중 전략
C : 전환 및 철수 전략

④ GE/McKinsey 기법의 유용성과 한계: GE/McKinsey 매트릭스는 포괄적이고 다양한 변수를 사용하여 각 사업부들의 현재 상황을 파악하고 전략을 제시하는 데 도움을 준다. 그러나 많은 변수들이 경영자의 주관적 판단에 의해 평가되므로 완전한 객관성을 확보할 수 없는 문제가 있다. 따라서 GE/McKinsey 매트릭스의 주관성을 극복하기 위해서는 여러 사람들에게 중복 평가시키는 것이 유리하다.

4 사업포트폴리오 모형의 한계성

현재 사업을 분류하는 데 초점을 두고 있고, 한정된 요소만으로 판단을 단순화시켜, 전략의 계획 수립에 대한 여러 가지 요인들에 대해서는 설명하지 못한다. 특히, 사업 환경의 변화(예 기술혁신이나 트렌드)가 사업단위에 미치는 영향을 반영하지 못하며, 사업단위들 간의 관련성을 고려하지 못해 포트폴리오 모형의 판단만을 기준으로 사업 철수를 한다면 상당히 부정적인 결과를 초래할 수 있다. 또한, 포트폴리오 모형은 자사의 사업단위 내부에서의 자금 이동만을 전제로 하고 있지만 실제로 자금은 외부 조달도 가능하다.

03 성장전략의 개발

[성장기회에 따른 성장전략의 분류]

1. 집중적 성장 (현재 사업영역에서의 성장기회)	2. 통합적 성장 (유통경로의 일부를 통합하는 성장기회)	3. 다각화 성장 (현재 사업영역 밖에 있는 성장기회)
① 시장침투	① 후방통합	① 동심적 다각화
② 시장개척	② 전방통합	② 수평적 다각화
③ 제품개발	③ 수평통합	③ 복합적 다각화

1 집중적 성장전략 – 제품/시장 확장 그리드(앤소프, Ansoff)

기존의 제품과 시장에서 성장기회를 충분히 탐색하지 못한 경우에 이용되는 전략이다.

구분	기존제품	신제품
기존시장	① 시장침투	③ 제품개발
신시장	② 시장개척	(다각화)

(1) 시장침투(Market Penetration): 기존시장에서 기존제품의 판매증대를 도모한다.

(2) 시장개척(Market Development): 기존제품을 가지고 신시장을 개척해서 판매증대를 도모한다.

(3) 제품개발(Product Development): 기존시장에 부응하는 신제품을 개발하거나 제품을 개량한다.

(4) 다각화: 신시장과 신제품의 결합이다.

2 통합적 성장전략

산업의 성장성이 높은 경우에 기존 유통경로의 일부를 통합함으로써 시장에서 경쟁적 우위를 확보하려는 전략이다.

(1) 후방통합(Backward Integration): 원료의 공급시스템을 매수하거나 지배력을 강화한다.

(2) 전방통합(Forward Integration): 제품의 유통시스템을 매수하거나 그 유통시스템에 대한 지배력을 강화한다.

(3) 수평통합(Horizontal Integration): 일부 경쟁기업을 매수하거나 지배력을 강화한다.

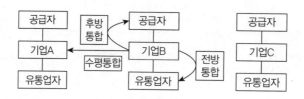

3 다각화 성장전략

당해 산업이 장래성이 없을 때 그 밖의 가능성이 있는 산업에 참여하는 전략이다. 현재 가지고 있는 우수한 경쟁력을 이용하여 자사의 약점을 극복할 수 있는 분야로 사업영역을 넓히는 전략이다.

(1) 동심적 다각화(Concentric Diversification): 기존의 제품라인과는 기술적으로 유사성을 지니고 있으며 마케팅 시너지효과를 획득할 수 있는 신제품을 추가한다.

(2) 수평적 다각화(Horizontal Diversification): 기존 제품라인과는 기술적으로 아무 관련이 없지만 현재의 고객에 소구할 수 있는 신제품을 추가한다.

(3) 복합적 다각화(Conglomerate Diversification): 기존의 기술 및 제품과는 전혀 관계가 없는 신제품을 추가하여 새로운 시장을 개척한다.

04 경쟁전략

1 경쟁초점에 따른 경쟁전략

구분	원가우위 전략	차별화 전략	집중화 전략
개념	우월한 생산기술을 이용해 제조원가를 절감하여 안정된 이익을 확보하고 다시 새로운 설비에 재투자	타 기업이 가지고 있지 않은 제품을 만들어 독자적인 시장을 형성해 높은 이익을 확보	시장전체를 세분화하여 일부의 세분시장에 집중
경쟁의 초점	원가절감	독특한 기술, 품질, 디자인, 크기 및 광고	특정고객, 특정제품, 특정지역
특징	저가격 저품질	고가격 고품질	상황에 따라 상이함

2 시장지위에 따른 경쟁전략

(1) **시장선도자 전략(Market-leader Strategies)**: 업계에서 가장 큰 시장점유율을 가지고 가격정책 및 신제품 개발 등의 마케팅 전략에서 타기업을 선도하는 전략이다.
　　예 총시장 수요증대, 시장점유율 유지 및 확대

(2) **시장도전자 전략(Market-challenger Strategies)**: 업계에서 상위에 있는 기업이지만 2위 혹은 그보다 낮은 지위를 가지고 적극적으로 선도기업, 동일규모의 기업을 공격하는 전략이다.
　　예 정면공격, 측면공격, 포위공격, 우회공격, 기습공격

(3) **시장추종자 전략(Market-follower Strategies)**: 차위 기업 가운데 시장선도자에 도전하지 못하고 선도기업의 전략을 추종하는 전략으로 선도기업보다 가격을 낮게 책정하거나 높은 품질 및 서비스를 유지하는 전략이다.
　　예 완전추종, 차별적 추종, 선택적 추종

(4) **틈새시장 전략(Market-nicher Strategies)**: 시장이 형성되어 있지 않거나 있더라도 너무 작아 경쟁이 미미한 틈새시장을 전문화를 통하여 침투하는 전략이다.
　　예 고가격 및 고품질, 한정된 제품계열, 한정된 세분시장

03 시장기회 분석과 소비자 행동

01 마케팅 정보 시스템(MIS; Marketing Information System)

1 시장 정보에 대한 필요성

(1) **지역 마케팅으로부터 국가국제 마케팅으로 발전:** 과거보다 더 신속히 더 많은 시장정보를 필요로 한다.

(2) **구매자의 1차적 욕구로부터 2차적 욕구로의 발전:** 소득증가에 따라 선별적으로 변화하는 구매자의 특성, 스타일 및 기타 속성에 대한 반응을 예측할 필요가 있다.

(3) **가격으로부터 비가격 경쟁으로 발전:** 상표결정, 제품차별화, 광고 및 판촉의 사용증가에 따라 이러한 마케팅 도구들의 효과성에 대한 정보가 필요하다.

2 마케팅 정보 시스템의 정의

마케팅 의사결정자를 위해 적기에 정확하고 필요한 정보를 수집, 분류, 분석, 평가 및 공급하는 구성원, 설비 및 절차로 구성되어 있는 체계이다.

3 마케팅 정보 시스템의 구성

(1) **내부보고 시스템(Internal Report System):** 기업내부에서 이루어지는 거래관련 주요정보(주문-인도-청구)를 적시에 경영층으로 보고하는 시스템이다. 발주, 판매, 재고수준, 수취계정, 지급계정 등을 보고하며 주문-지급 순환시스템과 판매정보시스템으로 구성된다.

(2) **외부 정보수집 시스템(Marketing Intelligence System):** 기업외부의 마케팅환경 동향에 관한 데이터를 제공하는 하위시스템으로, 판매원, 언론, 외부 정보수집가에 의한 데이터를 지식화시켜 신속히 경영층으로 전달한다.

(3) **마케팅 조사 시스템(Marketing Research System):** 기업이 직면하고 있는 특수한 마케팅 상황과 관련된 자료와 사실들을 체계적으로 계획하고, 수집 분석하여 보고하는 것이다.

(4) **마케팅 의사결정 지원 시스템(Marketing Decision Support System):** 기업이 기업과 환경으로부터 관련 정보를 수집 해석하고, 그 정보를 마케팅 활동을 수행하는 데 도움이 되는 소프트웨어와 하드웨어로 된 자료, 시스템, 도구 및 기법들로 구성된 일체이다.

(5) 고객 정보시스템

[마케팅 의사결정 지원 시스템에서 사용되는 계량적인 도구들]

구분		정의	예시
통계적인 도구	다중회귀분석	독립변수를 변화시킬 때 변화하는 종속변수의 등식을 예측하는 기법	단위판매량이 기업광고비, 판매원 규모, 가격수준에 따라 어떻게 영향을 받는지를 예측
	판별분석	어떤 대상물을 두 개 이상의 범주로 분류하기 위한 기법	성공적인 점포위치와 그렇지 못한 점포위치를 판별하는 변수를 결정
	요인분석	큰 변수들 중에서 몇 가지 기본이 되는 차원을 결정하기 위해서 사용되는 기법	방송국의 TV프로그램을 소규모의 기본적인 프로그램 유형으로 축소
	군집분석	대집단을 유사한 소집단으로 분류하는 기법	여러 도시들을 유사한 4개의 도시 집단으로 분류
	결합분석	상이한 제품에 대한 선호도를 변수와 가중치에 따라 분해, 결합하는 기법	항공사가 여러 가지 상이한 승객서비스를 결합함으로써 전달되는 총효용을 결정
	다차원 척도법	경쟁적인 제품이나 상표에 대한 지각적 지도를 작성하기 위한 기법	컴퓨터 제조업자가 자사제품의 브랜드 위치를 타사의 브랜드와 비교
모델	마코브 과정 모델	현재의 상태로부터 어떤 새로운 가능성을 보여주는 모델	브랜드에 대한 이탈률과 유지율을 조사하고 최종 브랜드 점유율을 예측
	대기 모델	서비스 시간과 유통경로가 주어진 상태에서 기대할 수 있는 대기시간과 대기길이를 보여주는 모델	슈퍼마켓에서 주어진 여러 시간대별로 대기길이를 예측
	신제품 사전시험 모델	구매자의 선호도와 행동에 근거하여 마케팅 대상품의 출시 후 결과를 예측	ASSESSOR, COMP, DEMON 등의 모델
	판매 반응 모델	하나 또는 다수의 마케팅 변수와 그 결과인 수요수준과의 함수적 관계를 예측하는 모델	광고비를 감소시켰을 때 잠재수요의 변화량 측정
최적화 과정	미분학	함수 내에서의 극대치와 극소치를 결정	–
	수학적 프로그래밍	객관적인 함수를 최적화하는 가치를 찾아내는 과정	–
	통계적 의사결정 이론	최고로 기대되는 가치를 생성해 내는 일련의 행동조치를 결정	–
	게임이론	하나 또는 다수의 경쟁사의 불확실한 행동에 직면하여 의사결정자의 손실을 최소화하는 결정	–
	휴리스틱 (Heuristics)	합리적 해결방안을 발견하는 데 요구되는 일을 나열하는 방법	–

자료: Lilien & Rangaswamy, Marketing Engineering

1 의미

기업이 직면하고 있는 특수한 마케팅 상황과 관련된 자료와 사실들을 체계적으로 계획하고, 수집 분석하여 보고하는 것을 의미한다.

[마케팅 조사와 마케팅 정보 시스템의 비교]

마케팅 조사	마케팅 정보 시스템
외부정보 취급에 역점	내외부의 자료를 모두 취급
문제해결에 치중	문제해결뿐만 아니라 문제예방에도 치중
프로젝트기준으로 실시되므로 불연속적	지속적으로 존재하는 하나의 시스템
컴퓨터 없이도 가능	컴퓨터에 기반함
과거정보에 초점	미래지향적
마케팅 정보 시스템에 정보를 제공하는 하나의 자료원	마케팅 조사 이외에도 다른 하위 시스템을 포함

자료: William J. Stanton, Fundamentals of Marketing

2 마케팅 조사의 과정

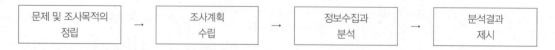

문제 및 조사목적의 정립 → 조사계획 수립 → 정보수집과 분석 → 분석결과 제시

(1) 문제 및 조사목적 정립

① 문제의 정립: 기업이 처한 현재상황이 어떠한지를 정확히 파악하여 무엇을 조사할 것인가를 명확히 정립한다.

② 조사목적의 정립: 일반적으로 탐색조사 → 기술조사 → 인과조사 순으로 진행한다.
ㄱ 탐색조사: 선행단계의 조사로 광범위한 문제를 세분화하여 의사결정에 관계된 변수들을 찾아내고 새로운 해결방안 제시를 목적으로 하는 방법이다.
ㄴ 기술조사: 구체적으로 구매력과 관련된 수치나 빈도를 설명하는 방법이다.
ㄷ 인과조사: 원인과 결과의 관계를 밝히기 위해 엄격한 실험설계를 통해 실험상황과 그 변수들을 파악하는 방법이다.

(2) 조사계획 수립

① 의미: 필요한 정보를 수집하기 위한 가장 효율적인 계획을 수립하는 과정이다. 조사계획 수립 시 그에 따르는 비용과 효용의 관계를 잘 따져봐야 하며, 자료원천, 조사방법, 조사수단, 표본추출계획 및 접촉방법에 대한 결정을 해야 한다.

② **자료원천**

    ㉠ 2차 자료

- 이미 어느 곳에 존재하고 다른 목적을 위해 수집된 정보이다.
- 1차 자료에 비해 시간과 비용을 크게 절약할 수 있다.
- 신상품 기획의 경우 필요정보가 존재하지 않을 수도 있다.

    ㉡ 1차 자료

- 2차 자료에서 원하는 정보를 입수할 수 없을 때 직접 특별한 조사 프로젝트를 구성하여 수집한 자료이다.
- 2차 자료에 비해 정확성, 신뢰성, 객관성이 높다.

③ **조사방법**

    ㉠ 관찰법

- 관련된 사람, 행동, 상황 등을 직접 관찰하여 정보를 수집하는 방법이다.
- 제공하기를 꺼려하는 개인적인 정보를 얻는 데 유용하다.
- 현재행동에 초점을 두어 장기적이거나 매우 드문 행동을 관찰하는 데는 어려움이 있다.

    ㉡ 목표 집단 면접법

- 전문지식의 조사자가 8~12명의 목표 집단을 대상으로 면접을 보는 방법이다.
- 특정한 주제에 관한 자유로운 토론으로 필요한 정보를 획득한다.

    ㉢ 질문법

- 조사대상에게 직접 질문해 필요한 정보를 얻는 방법이다.
- 기억력에 의존하고, 사적인 질문에는 대답을 꺼려 신뢰성이 낮다.
- 질문자가 듣고 싶어 하는 대답을 하는 경향을 경계해야 한다.

    ㉣ 실험법

- 실험집단과 통제집단을 선정해 집단 간의 반응차이를 조사하는 방법이다.
- 인과관계 정보파악에 적합한 기술적 방법이다.

④ **조사수단**: 1차 자료를 수집하는 두 가지 수단으로 설문지와 기계장치를 이용 가능하다.

⑤ **표본추출계획**: 조사방법과 조사수단을 결정한 후 조사의 대상에 대한 표본추출계획을 설계한다.

    ㉠ 표본추출단위: 조사대상이 누구인가를 결정한다.

    ㉡ 표본크기: 얼마나 많은 사람을 조사해야 하는지를 결정하는 것으로 표본의 신뢰성과 비례한다.

    ㉢ 표본추출절차: 모집단으로부터 대표성이 있는 표본을 선정하는 과정이다.

⑥ **접촉방법**: 마케팅 조사의 대상과 어떻게 접촉하느냐에 따라 전화, 우편, 대인면접, 온라인면접이 있다.

(3) 정보수집과 분석: 실제로 정보의 수집 및 통계적 집계를 수행한다.

(4) 분석결과 제시: 수집된 자료(Data)에서 의미 있는 정보(Information)를 추출한다.

1 마케팅 환경의 의미

마케팅 환경이란 마케팅 관리자의 의사결정과 능력에 영향을 미치는 요인들을 의미한다. 환경은 내부적 환경과 외부적 환경으로 구분이 가능하나 일반적으로 마케팅 관리에서 다루는 환경은 기업 외부에 존재하기 때문에 마케팅 담당자가 통제 불가능한 영역을 의미한다.

[기업의 마케팅 환경(외부적 환경)]

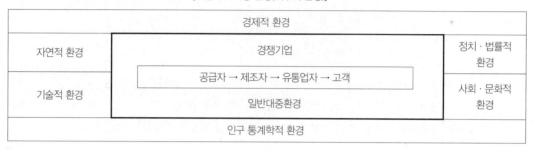

2 미시환경(Micro Environment)

기업이 고객의 욕구를 충족시키는 능력에 직접적으로 영향을 미치는 행위자로서 마케팅 활동에 도움·제약을 주는가에 따라 과업환경과 제약환경으로 구분 가능하다.

[미시환경의 구성요소]

과업환경	공급자	기업 활동에 필요한 원료나 물품을 공급하는 자들	원료업자, 부품업자
	중간 매개기관	제품을 생산에서부터 소비까지 전달하기 위해 활동하는 자들	도소매상, 창고업자, 수송업자
	서비스 대행기관	교환활동에 필요한 제반활동을 도와주거나 대신해주는 자들	광고대행사, 은행, 보험회사, 경영 자문회사
	고객	제품과 서비스의 최종 구매자	소비자시장, 산업재시장(재판매 업시장, 정부시장, 국제시장)
제약환경	경쟁자	기업이 시장에서 비슷한 제품으로 당면하는 경쟁자	욕구 경쟁자, 품종 경쟁자, 형태 경쟁자, 상표 경쟁자
	대중	기업과 이해관계를 가지면서 상호영향을 미치는 집단	호혜적 대중, 이상적 대중, 회피 적 대중
	정부	• 입법과 규제를 통한 제약환경 요인 • 장려와 자극을 통한 과업환경 요인	정부, 국회

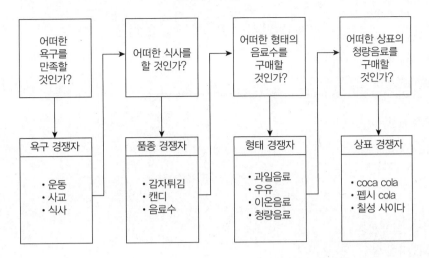

자료: P. Kotler, Marketing Management

개념더하기 메가 마케팅-제약환경의 통제

마케팅 담당자는 경우에 따라 자사에 유리한 방향으로 환경요소에 영향을 미칠 필요가 있으며 실제로 어느 정도는 가능하다. 펩시콜라는 인도시장 진입 시 당시 인도 내의 청량음료 회사들과 다국적 기업을 거부하는 국회의원들의 반대에 부딪치자 인도정부에 여러 가지 제안을 하였다. 인도에 수입되는 청량음료 원액금액보다 더 많은 금액의 농산물 수출, 식품가공포장 및 처리기술의 인도전수를 약속하고 나서야 시장진입이 가능했다. 즉 정치(Politics)와 여론(Public opinion)을 자사에 유리하게 변화시킨 것이다. 이와 같이 마케팅 담당자의 노력에 따라 통제불가능하다고 여겨진 환경요소들에 어느 정도 영향을 미칠 수 있으며, 전통적인 4P에 새로운 2P를 추가하여 이러한 마케팅믹스 변수들을 적극적으로 활용하는 것을 메가 마케팅이라고 부른다.

자료: P. Kotler, Megamarketing

3 거시환경(Macro Environment)

미시환경에 비해 광범위한 사회적 요인으로 기업의 미시환경의 모든 행위자에게 동시에 영향력을 미치는 환경요인들이다.

(1) 인구통계적 환경
① 인구의 절대적 규모와 증가율
② 연령구조와 인종혼합 정도
③ 교육수준 집단
④ 가정의 유형
⑤ 인구의 지리적 이동

(2) 경제적 환경
① 소득분포
② 저축, 채무 및 신용 변동성

(3) 자연적 환경

① 특정원자재의 부족

② 에너지 비용의 상승

③ 공해수준의 증가

④ 환경보호에 대한 관심

(4) 기술적 환경

① 기술변화 속도의 가속화

② 혁신의 가능성

③ 기술변화에 대한 규제

(5) 정치적·법적 환경

① 기업규제 법률

② 이해집단의 증가

(6) 사회·문화적 환경

① 핵심 문화적 가치관의 지속성

② 하위문화의 존재

③ 2차 문화적 가치관의 변화

04 소비자 행동분석

1 의미

소비자가 기업의 마케팅 활동에 대하여 어떠한 반응을 보이고 있으며 어떠한 동기와 태도로 특정제품이나 서비스의 구매여부를 결정하는가를 파악하는 것으로 고객욕구분석의 기초가 된다. 자극-반응 모델이 대표적이다.

(1) 구매자 행동 모델

마케팅 자극(4P)	기타 자극		구매자 특성	구매자 의사결정과정		구매자의 구매결정
제품 가격 장소 촉진	경제적 기술적 정치적 문화적	→	문화적 사회적 개인적 심리적	문제인지 → 정보탐색 → 대체안 평가 → 구매결정 → 구매 후 행동	→	제품선택 상표선택 점포선택 구매시기 구매수량

(2) AIDMA Model

① 광고 자극을 통해서 소비자가 구매하는 시점까지의 과정을 알기 쉽게 표현한 프로세스이다.

② Attention(주의) → Interest(관심) → Desire(욕구) → Memory(기억) → Action(행동)

2 구매행동의 주요 영향요인

소비자의 구매행동에 영향을 주는 요인에는 구매자의 특성, 판매자의 특성, 제품의 특성, 상황의 특성이 있는데, 구매자 행동 모델에 따르면 구매자의 4가지 특성이 의사결정에 가장 큰 영향을 미친다. 구매자의 특성은 문화적, 사회적, 개인적, 심리적 특성으로 분류할 수 있다.

(1) 문화적 요인

구분	의미	특성	예시
문화	한 개인의 욕구와 행동을 결정하는 가장 기본적인 결정요소	가족이나 학교 같은 사회기관을 통해 가치관, 지각, 선호, 행동을 습득	• 미국인: 실용, 진보, 개인주의, 자유 등 • 한국인: 충효, 의리, 가족주의, 평등 등
하위문화	구성원들에게 특이한 동질화와 사회화를 제공하는 문화의 하위단계	• 국적집단, 종교집단, 인종집단, 지리적 영역집단으로 구분 • 중요한 세분시장(Segment)을 구성	• 실버 소비자 • 라틴계 미국인 소비자 • 천주교 신자 소비자
사회계급	계층으로 형성되며 구성원들이 유사한 가치관, 관심, 행동을 공유하고 있는 지속적인 사회집단	부, 학력, 직업, 교육수준 등의 복합적인 변수에 의해 사회계급이 형성	• 소득수준에 의해 상중하 계층으로 구분 • 직업에 의해 전문직, 일반 회사원, 자영업자로 구분

(2) 사회적 요인

① **준거집단(Reference Group)**

  ㉠ 의미: 개인의 태도나 가치관, 행동에 대해 직간접적 영향을 미치는 집단이다.

  ㉡ 종류

자기가 속한 집단	1차적 집단	지속적이고 비공식적인 상호작용을 하는 집단	예 가족, 친구, 이웃, 직장동료
	2차적 집단	더 공식적이며 덜 지속적인 상호작용을 하는 집단	예 종교단체, 노조, 협회
자기가 속하지 않은 집단	열망 집단 (Aspirational Group)	개인이 소속되기를 원하고 갈망하는 집단	예 10대의 연예인 열망
	회피 집단 (Dissociative Group)	그 집단의 가치관이나 행동을 거부하고자 하는 집단	예 비흡연자가 흡연자를 거부

② **가족**: 구매결정에 있어서의 남편, 부인, 자녀들의 역할과 상대적인 영향력을 분석한다.

   예 남편지배형, 아내지배형, 자녀지배형, 공동형

③ **역할과 지위**: 역할과 지위를 사회에 전달하고 반영하는 제품을 선택하게 되는 과정을 분석한다.

(3) 개인적 요인

① 가족생활주기(Family Life Cycle): 가족생활주기의 단계에 따라 금전적 상황과 관심제품이 달라지므로 표적시장을 생활주기단계에 기초해 선택하고 마케팅 계획을 수립한다. 소비자의 결혼여부, 자녀유무, 연령의 개념을 통합한다.

② 라이프스타일(Life Style): 자신의 활동, 관심, 의견 등으로 표현되는 것으로서, 한 개인이 세상을 살아가는 방식을 의미한다.

(4) 심리적 요인

① 동기부여(Motivation): 욕구에 의한 자극으로 그 결과 반응에 의한 충동구매로 나타난다.

② 지각(Perception)
　　㉠ 어떤 개인이 투입된 정보를 세상의 의미 있는 것으로 만들기 위해서 선택하고 조직하며 해석하는 과정이다.
　　㉡ 사람들은 현재의 욕구와 관련되는 자극에 보다 주의를 기울인다.
　　㉢ 사람들은 자기가 기대하고 있는 자극에 주의를 기울인다.
　　㉣ 사람들은 자극의 편차가 큰 것에 주의를 기울인다.

③ 학습(Learning)
　　㉠ 경험에서 오는 개인적 행동의 변화이다.
　　㉡ 좋은 경험은 기업이 만드는 다른 제품에 대한 좋은 이미지로 연결된다.

④ 신념과 태도(Belief and Attitude)
　　㉠ 신념이란 개인이 어떤 것에 대해 지니고 있는 생각이다.
　　㉡ 태도란 어떤 대상이나 아이디어에 대해 계속적으로 갖고 있는 호의적 · 비호의적인 인지적 평가, 감정적 느낌, 행동경향을 의미한다.

3 구매결정 과정

(1) 구매행동 유형: 구매에 대한 구매자의 관여정도와 상표 간 차이의 정도에 따라 네 가지 유형으로 소비자 구매행동을 구분한다.

[구매행동 유형]

구분		관여도	
		높다	낮다
제품 간 차이	크다	복잡한 구매행동	다양성 추구 구매행동
	낮다	불협화 감소 구매행동	습관적 구매행동

자료: H. Assel, Consumer Behavior and Marketing Action

① 복잡한 구매행동(Complex Buying Behavior)
  ㉠ 구매에 크게 관여하고 상표 간의 차이를 인식하는 경우이다. 예 자동차, 집
  ㉡ 제품 가격이 고가이며, 구매빈도가 낮고, 위험성과 자아표현의 정도가 높다.
② 불협화 감소 구매행동(Dissonance-reducing Buying Behavior)
  ㉠ 구매에 크게 관여하나 제품 간 차이가 낮은 경우이다. 예 컴퓨터
  ㉡ 품질이 유사하므로 저가이며, 구매의 편리성이 중요하다.
③ 다양성 추구 구매행동(Variety-seeking Buying Behavior)
  ㉠ 저관여이나 제품 간 차이가 존재하는 경우이다. 예 과자
  ㉡ 다양한 제품 사용을 위해 수시로 제품 변경이 많다.
④ 습관적 구매행동(Habitual Buying Behavior)
  ㉠ 저관여와 제품 간 차이가 미미한 경우이다. 예 치약, 노트
  ㉡ 제품시용 자극을 위한 가격촉진과 판매촉진 사용이 요구된다.

(2) 구매빈도에 따른 유형과 마케팅 전략

구매경험이 없는 중요한 상품 구매 시 → 본격적 의사결정	선호전략 (자사제품이 후보상품군일 때)	• 소비자가 자사상표를 선호하도록 정보를 제공 • 판매원에게 전문지식을 교육·훈련함
	수용전략 (자사제품이 후보상품군 이외일 때)	소비자의 적극적 상표 탐색을 유도하고 무료 샘플 등의 사용 기회를 부여
흔히 구매하는 제품으로 상표선호가 뚜렷하고 손쉬운 구매결정을 할 경우 → 일상적 의사결정	유지전략 (자사제품이 이미 인지도가 있을 때)	상태를 유지할 수 있도록 유통망 정비 등이 필요
	혼란전략 (자사제품이 신규상품일 때)	소비자의 주의를 끌어 기존의 의사결정과정을 변화시키도록 유도
중간적 유형으로 제품군에 대한 지식이 부족한 상태일 경우 → 제한적 의사결정	포획전략 (자사제품이 후보상품군일 때)	계속적인 정보제공으로 소비자의 자사상품에 대한 태도 강화를 유도
	차단전략 (자사제품이 후보상품군 이외일 때)	정보제공을 통해 자사상품의 인지도 상승을 유도(의도적인 설문조사 등)

(3) 구매의사결정 과정

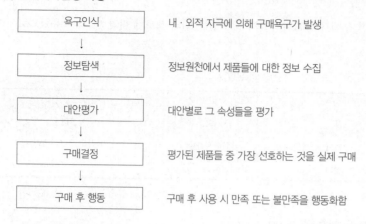

욕구인식	내·외적 자극에 의해 구매욕구가 발생
정보탐색	정보원천에서 제품들에 대한 정보 수집
대안평가	대안별로 그 속성들을 평가
구매결정	평가된 제품들 중 가장 선호하는 것을 실제 구매
구매 후 행동	구매 후 사용 시 만족 또는 불만족을 행동화함

CHAPTER

04 목표시장의 선정(STP)

---

01 시장세분화(Segmentation)

1 의미

(1) 개념: 다양한 욕구를 가진 전체시장을 일정한 기준에 따라 동질적인 소비자 집단으로 나누고, 특정 집단에 기업의 마케팅 자원과 노력을 집중하는 것이다. 따라서 세분시장 상호 간에는 이질성이 극대화되어야 하고, 세분시장 내에서는 동질성이 극대화되어야 한다.

(2) 시장세분화의 효과

① 고객의 욕구를 더 잘 충족 → 경쟁우위 확보 가능

② 마케팅 기회 확보 가능

③ 국지적 독점이 가능 → 가격경쟁을 줄이는 효과

⇒ 틈새(Niche)마케팅을 가능하게 하며, 특히 중소기업의 경쟁력을 높인다.

> **개념더하기** ▶ 경제학적 용어로서의 '시장'과 마케팅적 용어로서의 '시장'
>
> • 경제학적 의미로서의 '시장': 재화와 서비스를 거래하는 모든 거래자와 판매자로 구성된 곳
> • 마케팅적 의미로서의 '시장': 어떤 제품이나 서비스의 실제적 및 잠재적 구매자 전부

(3) 시장 세분화의 수준

구분	대량마케팅	세분시장마케팅	틈새시장마케팅	미시마케팅
특징	시장을 전혀 세분화하지 않음	규모가 큰 동질적인 집단으로 이루어진 시장을 세분화함	세분시장을 하위의 세분시장으로 나누며, 또는 특별한 이점 결합을 추구하는 독특한 특성을 소유한 집단으로 나눔	특정 지역, 개인별 마케팅 프로그램 적용
예시	Ford Model T	Marriott사의 다양한 호텔 패키지	SUVs 차량을 표준형 SUV 차량(Ford와 Chevrolet)과 고급형 SUV(Lexus) 틈새시장으로 더 세분화시킴	특정 지역·마케팅과 개인별 마케팅
사례	구분 없이	그룹별 구분	틈새	1:1 타깃

2 시장세분화의 유형

(1) 동질적 선호성

① 모든 소비자들이 동일한 선호를 가진 시장이다.

② 대량 마케팅(Mass Marketing)에 적합하다.

→ 대량생산, 대량유통, 대량촉진, 표준화에 의한 원가절감, 규모의 경제

(2) 분산적 선호성

① 소비자들의 선호가 극단적으로 전체에 분산되어 있는 시장이다.

② 개인 마케팅(Individual Marketing)에 적합하다.

→ 1:1 마케팅, 맞춤생산, 고객주문(Customization)

(3) 군집적 선호성

① 세분시장(Segment)으로 불리는 상이한 선호를 가지는 군집들로 구성된 시장이다.

② 계층 마케팅(Class Marketing)에 적합하다.

→ 집중적 마케팅(가장 큰 세분시장에 위치화)

[시장세분화의 유형(휴대폰 시장)]

3 시장세분화의 요건(조건)

측정 가능성	세분시장의 규모와 구매력, 특성이 측정 가능한 것인가?
실질성	세분시장이 충분히 크거나 수익이 가능한가?
접근 가능성	세분시장에 효과적으로 도달하여 판매 가능한가?
차별화 가능성	세분시장별로 상이한 마케팅 믹스와 프로그램에 각각 다르게 반응하는가?
행동 가능성	세분시장을 유인하고 선점할 효과적인 마케팅 프로그램을 수립할 수 있는가?

4 시장세분화의 기준(방법)

구분	변수	예시
지리적 세분화	지역, 도시규모, 인구밀도, 기후 등	〈인구밀도에 따라〉 대도시, 중소도시, 교외, 시골로 구분
인구통계적 세분화	연령, 성별, 가족규모, 가족생활주기, 소득, 직업, 교육, 종교, 인종, 세대, 사회계층 등	〈가족생활주기에 따라〉 독신 청년, 젊은 무자녀 부부, 젊은 유자녀 부부, 중년 유자녀 부부, 장년 무자녀 부부, 장년 독신으로 구분
심리묘사적 세분화	라이프 스타일, 개성 등	〈개성에 따라〉 사교적, 개인적, 권위적, 야심적으로 구분
구매행위적 세분화	구매동기, 혜택, 사용자지위, 사용률, 충성도, 구매준비단계, 제품에 대한 태도 등	〈혜택에 따라〉 품질, 서비스, 가격, 속도로 구분

02　시장표적화(Targeting)

1 의미

시장세분화 작업을 통해 기업이 세분시장의 기회를 확인, 규명한 후 '얼마나 많은 세분시장에 진출할 것인가?', '어떤 제품시장을 기업의 목표로 할 것인가?'를 결정하는 과정이다.

2 시장표적화의 유형

(1) 단일 세분시장 집중화(Single Segment Concentration)
① 하나의 세분시장에 집중적 마케팅으로 선도적 위치를 차지하려는 전략이다.
② 생산, 유통, 촉진의 전문화로 높은 투자수익률을 낸다.
③ 세분시장의 침체 시 높은 위험을 내포한다.
④ 폭스바겐의 소형승용차 시장 집중, 포르쉐의 스포츠카 시장 집중

(2) 제품 전문화(Product Specialization)
① 여러 세분시장에 판매할 수 있는 특정제품에 집중하는 전략이다.
② 전문적인 제품분야에서 강한 명성의 구축이 가능하다.
③ 새로운 기술 등장에 취약하다.
④ 대학실험실, 정부실험실, 기업실험실에 현미경을 판매하는 기업

(3) 시장 전문화(Market Specialization)
① 특정 고객집단의 여러 가지 욕구를 충족시키는 데 집중하는 전략이다.
② 특정 고객집단 내에서 강한 명성의 구축이 가능하고, 경로대리인화가 가능하다.
③ 고객집단 규모의 축소 시 취약하다.
④ 대학실험용으로 현미경, 버너, 실험용 용기 등을 판매하는 기업

(4) 선택적 전문화(Selective Specialization)

① 기업의 목표와 재원에 부합하는 각기 다른 세분시장에 진출하는 전략이다.

② 기업의 위험을 분산한다.

③ 각 시장 간에 시너지 효과는 미미하다.

④ 어린이 상대로 만화를, 장년층 상대로 드라마를 방영하는 방송국

(5) 전체시장 확보(Full Market Coverage)

① 모든 고객들이 필요로 하는 모든 제품을 전체 고객집단에게 제공하는 전략이다.

② 비차별적 마케팅, 차별적 마케팅으로 구분가능하다.

③ 1910년대의 Ford(자동차시장−비차별적 마케팅), 현대의 거의 모든 대기업(차별적 마케팅)

[표적시장 선정의 유형]

자료: D. Abell, Defining the Business

1 의미

기업은 선정된 표적시장 내의 소비자들을 대상으로 마케팅 믹스(4P)를 개발하고, 이에 따라 마케팅 활동을 수행한다. 이때 경쟁제품들에 비해 소비자들의 욕구를 보다 더 잘 충족시킬 수 있는 차별적 특성이 있어야 선택될 수 있다. 포지셔닝은 소비자의 마음속에 경쟁사와 비교해 뚜렷하고 차별적으로 인지, 이해될 수 있도록 의도하는 장소에 위치시키는 것을 말한다.

[미국 승용차 시장의 지각도]

```
                          ┌──────────┐          ●포르쉐
        ●벤츠             │ 고급 품위 │
   ●캐딜락                │ 소유의 자부심│
                          └──────────┘ ●BMW

┌──────────┐                              ┌──────────┐
│ 보수적    │                              │ 운전의 즐거움│
│ 중년 이후 │         ●쉐보레              │ 스포티함   │
└──────────┘                              │ 젊은 취향  │
              ●포드                        └──────────┘
                          ●도요타
   ●닷지      ┌──────────┐
              │ 실용적·경제적│
              │ 높은 연비  │
              └──────────┘
```

2 포지셔닝의 기능

(1) 지각도를 통해 자사의 기존제품과 경쟁제품들의 상대적 위치파악이 가능하다.

(2) 시장의 비어있는 위치파악이 가능하다(고객 욕구의 재발견).

(3) 신제품 개발의 타당성 조사를 수행할 수 있다.

(4) 한번 정립된 포지셔닝 위치는 쉽게 바꾸거나 깨기 힘들다.

3 포지셔닝의 절차

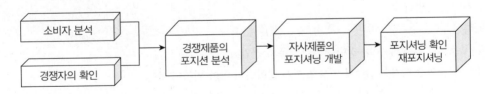

```
소비자 분석 ┐
            ├→ 경쟁제품의  →  자사제품의  →  포지셔닝 확인
경쟁자의 확인┘   포지션 분석     포지셔닝 개발    재포지셔닝
```

4 포지셔닝의 유형

포지셔닝의 종류는 크게 소비자 포지셔닝, 경쟁적 포지셔닝, 재포지셔닝으로 구분가능하다.

(1) 소비자 포지셔닝(Consumer Positioning) – 소비자에 초점

구분	의미	예시
속성, 편익 포지셔닝	제품의 속성, 특징, 고객편익과 관련지우는 포지셔닝	삼성전자 〈애니콜〉: '한국지형에 강하다'를 강조해 '좋은 통화품질'로 포지셔닝
이미지 포지셔닝	제품의 추상적인 편익으로 소구하는 포지셔닝	동서식품 〈맥심〉: '이 세상 가장 향기로운 커피는 당신과 마시는 커피입니다.'로 '따뜻한 이미지'로 포지셔닝
사용상황 포지셔닝	제품사용의 적절한 상황묘사를 통한 포지셔닝	동아제약 〈가그린〉: '키스할까요' 영화와 함께 광고해 '키스할 상황'에 적절하도록 포지셔닝
사용자 포지셔닝	제품을 사용하는 데 적절한 사용자 집단이나 계층에 의한 포지셔닝	현대차 〈다이너스티〉: '이 시대 진정한 VIP를 위한 품격'으로 '최상류층 소비자들'에게 적절한 것으로 포지셔닝

자료: 이학식 · 현용진, 마케팅

(2) 경쟁적 포지셔닝(Competitive Positioning) – 경쟁자에 초점

① 의미: 경쟁제품과 기능, 이미지를 명시적 혹은 묵시적으로 비교하여 자사제품의 장점이나 차별화된 이미지를 인지시키는 포지셔닝이다.

② 특징

  ㉠ 선도기업의 포지션이 너무 강할 때 2등 기업이 자주 쓰는 포지셔닝 전략이다.

  ㉡ 경쟁제품을 간접적으로 광고하게 되는 역효과가 있다.

  ㉢ 상대회사의 민감한 대응 혹은 보복 위험이 존재한다.

③ 예시

  ㉠ 콜라를 의식한 칠성 사이다의 '무색, 무카페인, 무로열티' 캠페인

  ㉡ 번호이동성 제도를 둘러싼 SK Telecom과 LG Telecom의 광고

  ㉢ 미국 렌터카 1위 업체인 Hertz를 의식한 Avis의 '우리는 일등이 아닙니다. 그래서 우리는 더 열심히 일합니다.' 캠페인

(3) 재포지셔닝(Repositioning)

① 의미: 기존의 포지셔닝이 경쟁우위를 잃거나 그 밖의 이유로 기존의 포지셔닝이 기업이 원하는 방식으로 이루어져 있지 않을 때 마케팅 커뮤니케이션을 통해 바람직한 방향으로 포지션의 위치를 변화시키는 방법이다.

② 특징

  ㉠ 소비자 기호의 변화, 강력한 경쟁제품의 진입이 그 동기가 된다.

  ㉡ 기존의 소비자의 신념과 인상은 쉽게 변화하지 않아 위험이 높다.

  ㉢ 이전 포지션 구축에 든 것보다 더 큰 시간적, 금전적 비용이 요구된다.

③ 예시

  ㉠ 미국 내 현대자동차의 '싸고 성능 나쁜 차' 포지션에서 '적절한 가격 대비 높은 성능의 차' 포지션으로의 재포지셔닝

  ㉡ 하이트진로의 '신선한 물로 만든 맥주 하이트' 포지션으로의 재포지셔닝

1 의미

기업이 시장에서 차지하고 있는 시장점유율에 따른 마케팅 전략으로, 시장점유율은 그 순서에 따라 다음과 같이 시장선도자(Market leader), 도전자(Challenger), 추종자(Follower), 적소자(Nicher)로 나뉜다.

[시장점유율과 전략]

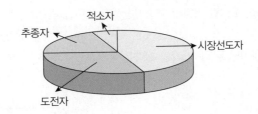

(1) 시장선도자 전략

① 시장점유율이 1위인 기업으로, 현재의 그 시장점유율을 유지하는 것이 마케팅 목표이다.

② 전략: 총수요증대전략, 현재시장 점유율 유지, 시장점유율 확대 등이 있다.

(2) 시장도전자 전략

① 시장점유율 2위인 기업으로, 시장점유율 확대를 위해 항상 리더에 대해 적극적인 경쟁을 펼친다.

② 전략: 시장선도자를 공격, 사업 활동을 잘못하거나 자금압박을 받는 동일한 규모의 기업을 공격, 사업 활동을 잘못하며 또한 자금압박을 받는 소규모 현지법인이나 지역기업을 공격하는 전략 등이 있다.

(3) 시장추종자 전략

① 현재 이상의 시장점유율 확대를 겨냥하지 않고, 리더나 챌린저를 떠받치면서 업계의 안정을 도모한다. 추종자는 도전기업의 주요 공격목표가 되므로 낮은 생산원가, 높은 서비스를 유지해야 한다.

② 전략

ㄱ 완전추종(완전 모방기업): 선도기업의 제품, 유통경로, 광고 등을 모방하는 전략이다.

ㄴ 차별적 추종(모방기업): 선도기업의 일부분은 모방하지만, 포장, 광고, 가격 등에서 어느 정도 차별화를 유지한다.

ㄷ 선택적 추종(적응기업): 선도기업의 특정 제품을 선택하여 개선하는 전략이다.

(4) 시장적소자 전략

① 시장점유율에서 가장 하위를 차지하는 적소자는 틈새시장에서 독자적인 전략을 짜서 독자적인 지위를 구축해 나간다. 이른바 벤처기업의 대부분이 이 적소자에 해당한다.

② 전략: 시장점유율은 낮더라도 독자적인 고부가가치 상품을 취급해서 높은 수익을 올려야 한다.

CHAPTER

05 마케팅 믹스

마케팅 믹스(Marketing Mix)란 기업이 표적시장에서 원하는 반응을 얻을 수 있도록 하기 위해 '4Ps'인 제품(Product), 가격(Price), 유통경로(Place), 촉진(Promotion)을 혼합하여 사용하는 마케팅 도구의 집합을 의미한다. 마케팅 믹스는 4P 각각의 전략을 독립적으로 정하는 것이 아니라 서로의 관계가 균형을 이루도록 해야 한다.

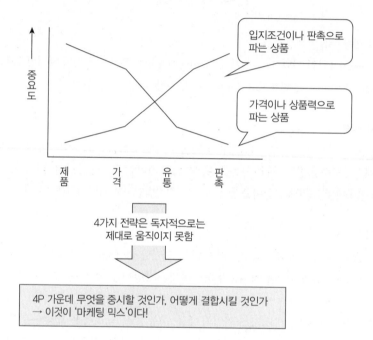

CHAPTER 06 제품관리

01 제품의 의미와 분류

1 제품의 개념

소비자의 욕구(Needs)와 필요(Wants)를 충족시키기 위해 시장에 제공되는 것으로 물리적 재화뿐만 아니라 서비스, 경험, 이벤트, 정보 및 아이디어를 모두 포괄하는 총체제품(Total Product)의 개념이다.

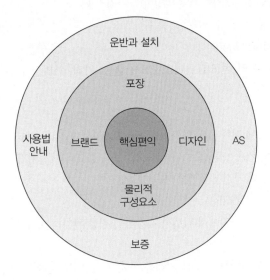

(1) **핵심제품(Core Product):** 고객이 실제로 구매하는 근본적인 서비스나 혜택 그 자체를 의미한다.
　　예 PC 구매 시 핵심제품은 컴퓨터의 정보처리능력(워드프로세서 기능, 계산 기능, 인터넷에 의한 정보 검색 기능 등)

(2) **유형제품(Tangible Product)=실체제품:** 그 편익을 실현하기 위한 물리적 요소들의 집합을 의미한다.
　　예 컴퓨터를 구성하는 CPU, HDD, 모뎀, 키보드, 모니터, 마우스 등의 물리적 제품집합

(3) **확장제품(Augmented Product)=증폭제품:** 물리적 제품에 추가하여 제공되는 서비스나 혜택으로 운반과 설치, 보증, 사용법 안내, 애프터서비스 등을 뜻한다.
　　예 컴퓨터 매뉴얼, 2년간 무상서비스, 운반 및 설치, 사용기본교육

2 제품의 분류

(1) 소비재(Consumer Product)

① 최종소비자가 개인적인 소비를 목적으로 구매하는 상품

② 소비자의 소비습관(Buying Habits)을 기준으로 분류

ㄱ 편의품(Convenience Goods)

- 의미: 고객의 일상생활에 필수적이기 때문에 습관적, 충동적으로 구매하며 근처에서 손쉽게 구매 가능한 제품을 말한다.
- 특징
  - 고객이 제품에 대해 잘 알고 있는 경우가 많으며, 여러 점포를 돌아다니며 비교구매하지 않는다(저관여).
  - 가격이 저렴해 위험부담을 느끼지 않고, 특정한 상표를 꾸준히 구매하지 않는다(고객충성도 낮음).
  - 의사결정의 기준: 가격과 편의성이다(지리적 거리).
    - 예 담배, 치약, 휴지, 커피, 기름 등

ㄴ 선매품(Shopping Goods)

- 의미: 고객이 여러 점포를 돌아다니면서 품질, 가격, 스타일에 관한 제품별 비교 후 구매하는 제품을 말한다.
- 특징
  - 고객이 제품에 대해 충분한 지식을 가지고 있지는 않지만 비교적 가격이 비싸고 위험이 높다.
  - 의사결정의 기준: 점포요소가 상표요소보다 중요하다(선택적 유통).
    - 예 의류, 주요 가전제품, 중고자동차, 가구 등

ㄷ 전문품(Specialty Goods)

- 의미: 고객이 구매과정에서 각별한 시간과 노력을 투자하는 제품을 뜻한다.
- 특징
  - 고객이 제품에 대한 충분한 지식을 가지고 있으며(고관여), 특정상표만을 고집한다(고객충성도 높음). 구매를 위해 상당기간 구매지연이 가능하다.
  - 감정적 애착(Emotional Attachment)을 가지며 대체품을 거부한다.
  - 의사결정의 기준: 브랜드와 제품 이미지가 된다.
    - 예 고급 스테레오, 신모델 자동차, 건강식품, 미식가의 음식점 선택 등

ㄹ 미탐색품(Unsought Goods): 전기자동차, 보험, 백과사전, 장의용품 등과 같이 고객에게 아직 그 제품이 알려지지 않았거나, 알려져 있더라도 잘 찾지 않는 제품으로 인적판매에 주로 의존한다.

구분		편의품	선매품	전문품
특성	구매노력 및 시간	적음	많음	많음
	욕구충족시간	즉시	장시간	장시간
	가격과 품질의 비교	비교존재	비교존재	비교없음
	가격	낮음	높음	높음
	구매빈도	정기적	비정기적	비정기적
	브랜드, 점포의 중요성	브랜드	점포	브랜드, 점포
	포장의 중요성	매우 중요	덜 중요	덜 중요
마케팅 믹스	제품전략	• 대량생산 표준화 • 혁신 및 품질통제 • 재빠른 모방	• 다양한 사양, 보증 • 혁신 및 연구개발	독창적 디자인, 보증, 연구개발, 서비스의 개인화
	가격전략	시장가격	협상가격	고가격, 협상가격
	유통전략	개방적 유통	선택적 유통	전속적 유통
	촉진전략	• 점포 내 광고 • 견본, 무료사용 • 대량광고	• 인적판매 • 대량광고	• 인적판매 • 광고, 홍보 • Direct Mail(DM)

* 미탐색품은 제외함

자료: L. Simon & M. Freimer, Analytical Marketing

(2) 산업재(Industrial Products): 조직이 추가적인 가공처리를 하거나, 사업 활동에 이용하기 위하여 구매하는 제품을 의미하며, 제품을 구매목적에 따라 소비재와 산업재로 구분한다.

예 소비자가 자기 집의 정원을 손질하기 위해 잔디 깎기 기계를 샀다면 이 기계는 소비재에 해당하나, 조경사업에 쓰기 위해 구입한다면 이는 산업재가 된다.

① **자재(Materials)와 부품(Parts)**

  ㉠ 의미: 원자재, 가공재와 부품으로 분류된다.

   • 원자재: 농산물과 천연원료품(어류, 목재, 원류 및 철광석 등)이 포함된다.

   • 가공재와 부품: 구성재료(철, 실, 시멘트, 철선 등)와 구성부품(소형 모터, 타이어 및 주물품 등)으로 구성된다.

  ㉡ 특징: 가격과 서비스가 중요한 마케팅의 요인이 되며, 상표와 광고는 그리 중요하지 않은 경향이 있다.

② **자본재(Capital Items)**

  ㉠ 의미: 구매자가 제품을 생산하거나 운영하는 데 투입되는 산업재로, 설비품과 보조 장비로 구분한다.

   • 설비품: 건물과 고정시설물로 구성된다.

   • 보조 장비: 운반 가능한 소형의 공장용 장비와 공구, 사무실용 장비 등이 있다.

  ㉡ 특징: 보조 장비의 경우 사용연한이 설비품보다 짧으며, 단지 생산과정을 보조한다.

③ 소모품(Suppliers)과 서비스(Service)

     ⊙ 의미: 완제품 생산에 전혀 투입되지 않는 산업재를 의미한다.

     ⓛ 특징: 소모품은 보통 최소한의 노력으로 거의 비교하지 않고 구매되기 때문에 산업재 분야의 편의품이다. 기업 서비스는 수선유지 서비스와 경영자문 서비스가 있으며, 이러한 서비스는 주로 계약을 통해 공급된다.

02   제품계열과 제품믹스

1 제품계열과 제품믹스의 의미

- 제품계열(Product Line): 기업이 생산하는 모든 제품 중에서 물리적 특성, 용도, 구매집단, 가격범위, 유통채널이 비슷한 제품의 집단을 말한다.
- 제품품목(Product Item): 제품계열 내에서 크기, 가격 및 기타 속성에 의하여 구별될 수 있는 최소단위이다.
- 제품믹스(Product Mix): 기업이 소비자에게 제공하는 제품계열과 제품품목들의 집합으로, 제품구색(Product Assortment)이라고도 하며 기업이 취급하는 제품 전체를 나타내는 개념이다.

2 제품믹스의 구성

(1) **제품믹스의 폭(Width):** 제품다양화와 관련이 있으며, 제품계열의 수를 의미한다.

    → '얼마나 다양한 제품계열을 보유하고 있는가?'

(2) **제품믹스의 깊이(Depth):** 제품차별화와 관련이 있으며, 한 제품계열 내의 제품품목의 수를 의미한다.

    → '각 제품계열 내에 얼마나 많은 수의 제품품목을 가지고 있는가?'

(3) **제품믹스의 길이(Length):** 제품믹스 내의 총 품목수를 의미한다.

> 제품믹스의 평균 깊이＝제품믹스의 총길이÷제품믹스의 폭

(4) **제품믹스의 일관성(Consistency):** 제품믹스 내의 여러 제품계열들의 최종용도, 생산요건, 유통경로 그리고 기타 측면에 있어서의 밀접한 관련성, 제품계열 사이의 관련성 및 정합성(整合性)을 뜻한다.

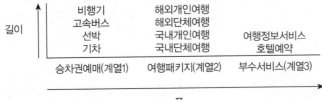
[여행사 제품믹스의 예시]

3 제품믹스 전략

(1) **제품믹스 전략의 의미:** 제품믹스의 3가지 요소(폭, 깊이, 길이)를 상황에 따라 조정하고 수정, 개발하여 변화하는 소비자 욕구와 경쟁상황에 대처하는 전략이다.

(2) **제품믹스 전략의 종류**

① **제품계열 연장:** 하향연장, 상향연장, 양면연장 → 제품믹스의 깊이를 조절
② **제품계열 확장** ——→ 제품믹스의 폭을 조절
③ **제품계열 축소** ——

[제품믹스 전략]

제품믹스 전략		의미	특징	예시
제품계열의 연장	하향연장	고급품만 생산하던 기업이 품질과 가격이 떨어지는 품목을 제품계열에 추가하는 것	• 고급품 시장에서 획득한 이미지를 이용가능 • 이미지 희석 시 고급품 판매량 감소 위험 • 기존유통채널의 판매거부위험	에스콰이어 구두의 저가품인 Miss–Mr. 출시로 하향연장
	상향연장	저급품만 생산하던 기업이 고품질, 고가격 품목을 제품계열에 추가하는 것	• 기존의 저가품 이미지로 고급품 신뢰도 문제 • 고급품 시장의 기존 경쟁자의 cross–perry 위험	동서식품의 맥스웰–맥심–맥심 모카골드로 계열 상향연장
	양면연장	고급품과 저급품 양면으로 제품계열을 연장하는 것	가격인하충격을 흡수 가능해야 하며 기술적으로 선두그룹에 속해야 함	현대차의 포니, 엑셀–쏘나타, 그랜저–아토스로 양면연장
제품계열 확장		기존의 제품계열과 관계가 있거나 혹은 없는 새로운 제품계열을 추가하는 것	제품의 구색을 늘려 다양한 소비자 욕구에 부응하려는 전략	제일제당의 설탕, 조미료, 약품, 생명공학까지로의 계열 확장
제품계열 축소		이익이 낮은 제품계열을 축소하거나 제거하는 것	사업부 독립이나 매각을 통해 수익률 제고	소사장제 도입을 통한 사내창업 등

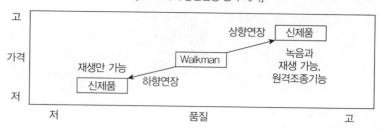

[SONY사의 양면연장 전략 예시]

제품수명주기(PLC ; Product Life Cycle)

1 제품수명주기의 의미와 성격

(1) 의미

① 신제품이 시장에 출시되어 사라지기까지의 시간적 과정이다.

② 제품개발기 → 도입기 → 성장기 → 성숙기 → 쇠퇴기를 거친다.

(2) 성격

① 제품수준이 아니라 대체성 높은 제품들끼리 집단화해 분석하는 것이 바람직하다.

② 신제품이나 기존제품의 개량 등에 관한 적절한 시기와 방향을 제시한다.

③ 시장수요의 변화 및 제품수익성의 추세 등에 대한 정보를 제공한다.

④ 기술혁신의 진전에 따라 제품수명주기가 짧아지는 추세이다.

2 제품수명주기의 단계별 특징 및 마케팅 전략

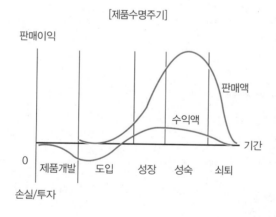

[제품수명주기]

(1) 도입기(Introduction Stage)

① 제품이 시장에 도입되면서 판매가 완만하게 증가하는 기간이다.

② 소비자의 제품인지도, 수용도를 높이기 위한 적극적인 광고, 홍보 및 판촉을 통해 제품존재를 알리는 기간으로 기본수요(Primary Demand)를 자극한다.

③ 제품개발비와 초기시설투자비, 판촉, 홍보비용으로 인해 이익은 거의 없다.

④ 경쟁재의 수, 소비자의 성향에 따라 초기고가정책(Skimming Price), 초기저가정책(Penetration Price)을 추구한다.

(2) 성장기(Growth Stage)

① 신제품의 성공적인 도입으로 수요가 급증하기 시작해 성장률을 체감하기 시작하는 시점까지의 기간이다.

② 시장크기의 확대로 경쟁자들이 진입하므로 시장세분화를 통한 제품차별화 정책, 제품기능품질향상이 필요한 기간이며 선택적 수요(Selective Demand)를 유발한다.

③ 도입기에 비해 매출은 크며, 성숙기에 비해 경쟁강도는 낮아 이익은 급증한다.

④ 경험효과로 인한 가격인하요인이 발생한다.

(3) 성숙기(Maturity Stage)

① 매출이 증가하다가 어느 순간에 줄어들기 시작하여 일정한 수준을 유지하는 기간이다.

② 공급초과로 인한 가격경쟁으로 이익이 정체, 하락하는 기간이다.

③ 신규고객 유치보다 기존고객 유지가 중요하다(성장기–상표선호 강조, 성숙기–상표충성도 강조).

④ 시장 수정 전략, 제품 수정 전략, 마케팅 믹스 수정 전략을 통한 기업체질 개선을 추구한다.

　例 제품 사용자 수 확대, 사용빈도 증가, 제품 성능품질 혁신, 새로운 용도 추가, 획기적인 서비스 개선

⑤ 대체수요, 틈새시장 개발과 R&D 비용이 증가한다.

(4) 쇠퇴기(Decline Stage)

① 소비자욕구의 변화, 신기술 개발, 경쟁, 제반환경의 변화로 인해 제품 매출과 이익이 지속적으로 하락하는 기간이다.

② 비용절감과 이익극대화가 중요한 시기이다.

③ 제품수명을 결정한다.

　例 수확전략, 철수전략, 재활성화 전략(Remarketing)

[제품수명주기의 특징, 목적 및 마케팅 믹스 전략]

구분	특징			
	도입기	성장기	성숙기	쇠퇴기
매출액	낮음	급속성장	최대매출	낮음
고객당 비용	높음	평균	낮음	낮음
이익	적자	증대	높음	감소
주요고객	혁신층	조기수용층	중간다수층	후발수용층
경쟁자의 수	약간	점차 증대	점차 감소	감소
마케팅 목적				
–	제품인지와 사용증대	시장점유율의 극대화	이익극대화와 시장점유율 방어	비용절감과 투자회수

마케팅 믹스 전략				
제품	기초제품의 제공	제품 확대, 서비스, 보증의 제공	상표와 품목의 다양화	취약제품의 폐기
가격	원가가산가격	시장침투가격	경쟁대응가격	가격인하
경로	선택적 유통	집중적 유통 도입	집중적 유통 강화	선택적 유통, 저수익 경로 폐쇄
광고	조기수용층과 판매상의 제품인지 형성	대중시장에서의 인식과 관심 형성	상표차이와 이점 강조	상표충성심이 강한 고객 유지에 필요한 수준으로 최소화
판촉	사용확보를 위한 강력한 판촉 전개	수요 확대에 따른 판촉 감소	상표전환을 유도하기 위한 판촉 증대	최저수준으로 감소

자료: P. Kotler, Principles of Marketing 7th ed.

3 제품수명주기(PLC)의 한계

(1) 일반적으로 PLC를 독립변수로 보아 PLC단계에 따라 사용할 수 있는 마케팅 전략이 제시되어 있으나, 실제적으로는 기업의 마케팅 전략에 따라 PLC단계와 기간이 상이하게 달라진다.

(2) PLC단계에서 제시되는 마케팅 전략은 유일의 최적 전략이 아니다. 즉, PLC단계상에서 제시되고 있는 전략은 제품의 특성, 시장환경, 경쟁상황, 기업능력의 차이를 무시하고 있다.

(3) S곡선 이외의 다양한 PLC유형이 존재하고, 모든 제품이 동일한 PLC단계를 거치는 것은 아니다.

(4) 특정 제품의 단계 예측이 어렵고, 각 단계의 기간 예측도 어렵다.

04 신제품 개발전략

1 신제품의 유형

2 신제품의 확산과 수용과정

(1) 의미

① **확산과정**: 새로운 아이디어나 제품이 사회의 시스템을 통하여 소비자에게 퍼지는 과정이다.

② **수용과정**: 구매자가 새로운 아이디어를 최초로 듣고 이를 수용하기까지 개인이 겪는 정신적인 과정이다.

(2) 시간에 따른 수용자 카테고리

[수용자 카테고리]

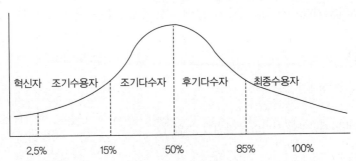

자료: E. Rogers, Diffusion of Innovation

3 신제품 개발절차

아이디어 개발	기업 내·외부, 고객 니즈로부터 새롭고 다양한 아이디어를 창조하고 기업 목적에 맞는 아이디어만 선별하는 과정
아이디어 창출 아이디어 선별	

↓

제품컨셉의 개발과 테스트	제품아이디어를 소비자 입장에서 구체적으로 표현하고 목표고객에 대한 테스트를 실시하는 과정
제품컨셉의 개발 제품컨셉의 테스트	

↓

사업성 분석	제품이 개발된 경우의 표적시장을 잠정적으로 결정하고 현시점에서 고려할 마케팅 믹스 투입 시 예상되는 매출과 이익 등을 추정하는 과정
사업성 검토 마케팅 믹스 개발	

↓

제품개발 및 시험생산	제품컨셉을 구체적인 실물제품으로 개발해 모형제품을 만드는 과정
제품설계 시제품 생산	

↓

시험마케팅	목표시장에서 소수의 소비자를 대상으로 시장테스트를 실시하고 마케팅 프로그램을 수정하는 과정

↓

상업화	신제품 도입의 성공예측 시 목표시장에 신제품을 출시하는 과정

자료: G. Urban and J. Hauser, Design and Marketing of New Products

05 서비스 마케팅

최근 서비스 산업의 급격한 성장으로 인해 서비스에 대한 마케팅의 중요성이 대두되고 있다.

1 서비스의 특징

(1) **무형성**: 서비스는 형태가 없다.

(2) **비분리성**: 서비스 제공자와 서비스는 분리될 수 없다.

(3) **변화성**: 서비스 품질은 제공자나 장소, 시간에 따라 달라진다.

(4) **소멸가능성**: 서비스는 저장이 불가능하다.

(5) 서비스는 이러한 특성 때문에 전통적인 4Ps를 사용하는 외적마케팅 이상의 내적마케팅과 상호작용 마케팅이 필요하다.

2 서비스 마케팅의 유형

[서비스산업의 마케팅 유형]

(1) **내적마케팅(Internal Marketing)**: 서비스를 제공하는 제공자가 고객에게 만족을 제공할 수 있게 하기 위해 교육하고 동기부여하는 활동이다.

(2) **외적마케팅(External Marketing)**: 기업이 고객을 대상으로 벌이는 마케팅으로, 전통적 마케팅의 개념에 해당한다.

(3) **상호작용마케팅(Interactive Marketing)**: 서비스가 제공되는 동안 고객들이 지각하는 서비스의 질이 고객과 제공자의 상호작용의 질에 크게 좌우되는 것을 의미하는 활동이다.

1 브랜드의 의미

브랜드(= 상표)란 특정 판매업자의 제품이나 서비스를 경쟁사의 제품으로부터 식별하고 차별화시킬 목적으로 사용되는 명칭, 말, 기호, 상징, 디자인 또는 이들의 결합을 의미한다.

2 브랜드의 주요용어

(1) **상표명(Brand Name):** 상표 중에서 말로 표현할 수 있는 부분을 말한다.
   예 에버랜드, KBS, 소나타

(2) **상표마크(Brand Mark):** 상표 중에서 상징, 디자인, 색상 등과 같이 눈으로 알아볼 수는 있으나 발음은 할 수 없는 부분을 말한다.

(3) **등록상표(Trade Mark):** 법적인 보호에 의해 독점적, 배타적으로 사용허가 받은 상표이다.

(4) **저작권(Copy Right):** 문학, 음악, 예술작품 등을 독점적으로 제작, 발행, 판매할 수 있는 법적 권한을 말한다.

3 상표화의 주요한 의사결정 과정

상표명 선정		상표주 결정		상표 전략
선정 보호	→	제조업자 상표 사적 상표 라이센스 상표 혼합 상표	→	신상표 계열확대 상표확대 복수상표

(1) **상표명 선정:** 상품의 이름을 상표명이라 하고, 상표명 선정은 마케팅적인 측면이 강하므로 검색노출이나 브랜드 이미지 등 여러 가지 면을 고려해야 한다. 상표명을 정했다고 무조건 사용가능한 것은 아니다. 상표권 침해 문제가 고려되어야 한다.

(2) 상표주 결정: 제조업자에게는 상표주에 대한 네 가지 대안이 있다.

   ① **제조업자 상표(Manufacturer's Brand, National Brand):** 생산자의 상표를 제품에 채택하는 방식이다.

      예 Kellogg, IBM 등

   ② **사적 상표(Private Brand) 또는 유통업자 상표(Distributor Brand):** 유통업체의 상표를 제품에 채택하는 것으로, 마케팅의 주도권이 생산자로부터 유통업체로 넘어가는 현상이 발생한다.

      예 E-Mart사의 휴지, 세제 등

   ③ **라이센스 상표(License Brand):** 이미 다른 제조업자들이 사용한 상표명이나 상징(잘 알려진 유명인사의 이름이나 인기 있는 영화와 책의 주인공의 이름) 등 이미 라이센스된 상표를 붙여 판매하는 것이다.

      예 Calvin Klein, Gucci와 같은 패션디자이너의 이름을 옷이나 가방과 같은 품목에 부착

   ④ **혼합(협동) 상표(Co-brand):** 두 개 이상의 기업들이 연합하여 공동으로 사용하기 위하여 개발된 브랜드로, 특히 국내의 경우 브랜드 파워가 약한 중소기업들이 조합을 통하거나 기업 간 연합형태로 개발하는 경우가 많다.

개념더하기 ▶ **무상표와 공동상표**

- **무상표(No brand or Generic brand):** 상표가 없고 포장자체가 아주 평범하며 저가를 무기로 판매하는 방법
- **공동상표(Family brand)**
  - 한 기업에서 생산하는 전품목에 대해 한 가지 상표만을 부착하는 방법
  - 광고, 판촉비용 효율화 가능
  - **상표연장전략(Brand Extension Strategy):** 상품 하나가 소비자의 신뢰를 구축하면, 후속상품을 개발하여 같은 상표를 붙여 기존상품의 이미지를 후속상품까지 연장시키는 전략(후광전략)
    예 대상식품: 종가집김치, 종가집깍두기, 종가집참기름 등 후속상품에 모두 종가집이라는 같은 상표를 붙여 판매

---

4 브랜드전략

[네 가지 상표전략]

구분		제품 범주	
		기존	신규
상표명	기존	계열 확장	상표 확장
	신규	복수 상표	신상표

(1) 계열 확장(Line Extension) 전략

   ① **개념:** 기업이 동일한 상표명으로 특정한 제품 범주 내에서 추가적인 품목을 도입하는 전략이다.

      예 Dannon사는 일곱 가지의 새로운 요구르트 향, 무지방 요구르트 등을 포함하여 여러 가지 계열 확장을 도입

   ② **장점:** 비용이 적게 소요되며, 상표인식에 대한 위험이 적다.

   ③ **단점:** 상표의 의미를 상실하게 되며, 소비자 혼란을 야기한다.

(2) 상표 확장(Brand Extension) 전략

① 개념: 새로운 범주에 대해 기존의 성공한 상표를 사용하는 전략이다.

② 장점: 상표인식도를 즉각적으로 높일 수 있고, 비용이 적게 소요된다.

③ 단점: 확장된 상표의 실패가 다른 제품들에도 확장될 수 있다.

(3) 복수 상표(Multi branding) 전략

① 개념: 동일한 제품 범주 내에 두 가지 이상의 상표를 사용하는 것이다.

　예 P&G - 세제를 Tide, Bold, Cheer 등 8가지 상표로 판매

② 장점

　㉠ 주요상표를 보호하거나, 기존상표와 상관없이 새로운 고객에게 소구가 가능하다.

　㉡ 위험분산이 가능하고, 세분시장의 이용이 가능하다.

　㉢ 신선한 이미지를 구축할 수 있다.

③ 단점

　㉠ 기업의 재원이 분산되므로, 각 상표별 수익집중이 어려워진다.

　㉡ 상표충성도가 낮은 제품의 경우, 상표전환자(Brand switcher)들을 잡을 수 있으나, 자사상표끼리의 시장잠식 위험을 내포한다.

(4) 신상표 전략

① 개념: 새로운 범주의 제품을 출시할 경우, 새로운 상표를 창조하는 전략이다.

　예 BESPOKE, DIOS

② 장점: 기존 상표의 부정적 이미지를 해소할 수 있으며, 새로운 이미지를 획득할 수 있다.

③ 단점: 비용이 너무 많이 들고, 상표가 너무 많아져 소비자가 차이를 못 느낄 수 있다.

CHAPTER

07 가격관리

01 가격결정 요인

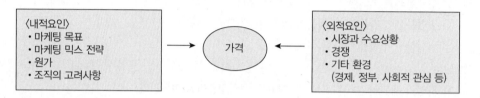

〈내적요인〉
• 마케팅 목표
• 마케팅 믹스 전략
• 원가
• 조직의 고려사항

가격

〈외적요인〉
• 시장과 수요상황
• 경쟁
• 기타 환경
 (경제, 정부, 사회적 관심 등)

마케팅 믹스의 요소들 중 가격은 경쟁에 가장 민감하게 반응하는 특징이 있다. 또한 소비자의 반응도 신속하고 민감하여 즉각적인 효과를 볼 수 있다. 그러나 경쟁사의 즉각적인 모방이 가능하고, 한 번 인하된 가격을 다시 올리기 힘들다는 문제점이 있다. 따라서 가격은 이익이 창출되지 않을 정도로 낮아도 안 되고, 수요가 사라질 정도로 높아서도 안 되기 때문에 여러 요인들을 복합적으로 고려해야 하며, 이러한 가격결정 방법에도 각 요소와 상황에 따라 여러 접근방법들이 있다.

02 가격결정의 일반적 접근방법

[가격결정 시 주요 고려사항]

저가격 이익=0	제품원가	경쟁사의 가격, 기타 내적 요인 및 외적 요인	소비자의 가격지각	고가격 수요=0

위의 그림은 가격결정에 고려되어야 할 중요한 요인들을 요약한 것이다. 제품원가는 가격의 하한선이 되고, 소비자의 제품에 대한 가격의 지각이 상한선이 된다. 기업은 이러한 양극단 사이에서 최상의 가격을 찾아내기 위해 경쟁사의 가격과 기타 외부 요인 및 내부 요인을 고려해야 한다. 기업들은 일반적인 가격결정 접근방법을 선택하여 가격을 결정하는데, 아래에서 원가기준 가격결정법, 수요기준 가격결정법, 경쟁사기준 가격결정법, 심리기준 가격결정법에 대해 검토하겠다.

1 원가기준 가격결정법(Cost-oriented Pricing)

제품의 원가를 기준으로 가격을 결정하는 방법으로, 마케팅에서 중요한 수요와 경쟁을 간과하는 맹점이 존재한다.

(1) 원가가산 가격결정법(Mark-up Pricing)

① 단위당 원가에 일정률의 이폭(Margin)을 가산하여 가격을 결정하는 방법이다.

② 방법이 단순해 적용이 용이하고, 주로 소매상에서 이용한다.

(2) 목표수익률 가격결정법(Target Pricing)

① 예상 표준판매량(예상조업도)에 기초해 총원가에 대한 특정 목표수익률을 가산하여 가격을 결정하는 방법이다.

② 주로 제조업체에서 이용한다.

2 수요기준 가격결정법(Demand-oriented Pricing)

원가보다는 제품에 대한 수요의 강약과 소비자의 지각을 중시하여 가격을 결정하는 방법이다.

(1) 수요공급분석 가격결정법(Demand and Supply Analysis Pricing)

① 한계비용분석법: 한계비용과 한계수입이 일치하는 곳에서 매출예상과 가격결정이 이루어진다.

② 손익분기점분석법: 총수입이 총비용을 상회하는 범위 내에 수요가 최대로 되는 지점에서 결정된다.

(2) 지각가치 가격결정법(Perceived-value Pricing)

① 제품의 가격, 품질 및 서비스와 관련해 미리 특정의 목표시장(Segment)을 염두에 두고 그에 맞는 제품을 개발하는 방법이다.

② 제품의 지각가치를 먼저 결정한 후 그 가격으로 판매할 수 있는 양을 추정하는 것으로 마케팅 지향적인 사고에 가깝다(고객의 욕구에 초점).

3 경쟁기준 가격결정법(Competition-oriented Pricing)

원가나 수요와 무관하게 오로지 경쟁자의 가격전략에 대응해 자사제품의 가격을 결정하는 방법을 말한다.

(1) 모방가격결정법(Going-rate Pricing)

① 현행 시장가격을 기준으로 업계의 가격수준에 자사의 가격을 일치시키는 방법이다.

② 제품차별성이 낮고 가격탄력성이 높은 시장(완전경쟁시장)에서 선도기업의 가격에 동조할 수밖에 없는 경우에 사용한다.

③ 지도가격(Leadership Price): 선도업체가 설정한 가격을 의미하며 후발업체는 이 가격에 자사가격을 연동시켜 일종의 가격카르텔(Price Cartel)을 형성함으로써 가격경쟁을 회피하는 수단이 된다.

(2) 입찰가격결정법(Sealed-bid Pricing)

① 공공사업이나 경쟁 입찰 시 결정하는 가격으로 경쟁자들의 행동을 예측해 자사가 제시할 가격을 결정한다. → 게임이론(Game Theory)

② 가격은 한계비용을 약간 상회하거나 비슷한 수준에서 결정된다.

4 심리기준 가격결정법(Psychological Pricing)

(1) 단수가격결정법(Odd-number Pricing): 단수(單數)로 가격을 책정해 소비자에게 싸다는 인상을 주려는 방법으로 주로 소매업에서 자주 사용된다.

예 5,000원이라고 할 것을 4,999원으로 책정해 가격이 4,000원에 가깝다는 심리적 효과를 유도함

(2) 위신가격결정법(Prestige Pricing)

① 고가격이더라도 그것의 소유가 사회적 지위나 권위를 과시하는 상징으로 보는 상품의 가격설정 방법이다. 예 고급화장품, 고급승용차, 모피, 보석

② 베블렌 효과(Veblen's effect): 일정한 한도까지 가격이 올라도 소비자의 과시욕 때문에 수요가 줄어들지 않고 계속 증가한다는 이론으로서 일반적인 수요곡선과 달리 우상향하는 부분을 보이는 재화의 수요곡선이다.

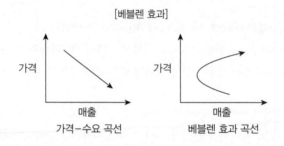

[베블렌 효과]

가격-수요 곡선   베블렌 효과 곡선

(3) 가격라인설정법(Price Lining)

① 소비자는 일정한 가격의 '범위' 내에서는 가격의 차이에 대해 둔감하기 때문에 그 범위 내에서는 가격이 상승해도 판매량은 불변하다는 점을 이용해 허용가격 범위 내에서 최고가격을 설정하는 방법이다.

② 가격단계화, 가격계열화라고도 한다.

[가격라인의 설정과 수요곡선]

(4) 관습가격결정법(Customary Pricing)

① 관습가격(장기간 가격이 일정하게 설정되어 있어서 소비자가 당연하게 생각하는 가격)이 존재하는 제품의 경우 가격 상승 시 강력한 판매저항이 예상된다.

② 가격은 고정시키거나 약간 인상하고, 제품의 품질이나 함량을 조절하는 방법이다.

예 초코파이=100원이라는 인식이 너무 강할 경우, 가격은 그대로 하되 함량과 원료의 질을 떨어뜨림

(5) 복합가격결정법(Multiple Pricing)

① 복수의 제품개수에 대해 가격을 설정해 싼 가격이라는 심리를 이용하는 방법이다.

② 복수가격에 적합한 상품: 1회 구매량이 많은 상품, 보존 가능한 상품, 계절상품, 부피가 작은 상품

(6) 기타 소비자 심리 관련 가격개념

① 촉진가격(Promotional Price): 고객 유인을 위하여 특정 품목의 가격을 대폭 낮게 설정한다.

② 명성가격(Prestige Pricing): 가격−품질 연상효과를 이용하여 가격을 설정한다.

③ 유보가격(Reservation Pricing): 구매자가 어떤 상품에 대해 지불할 용의가 있는 최고가격이다.

④ 최저수용가격: 구매자들이 품질을 의심하지 않고 구매할 수 있는 최저가격이다.

5 신제품 가격결정법

지금까지 설명한 가격결정법 외에 중요한 가격결정법의 하나가 신제품의 가격결정법이다. 신제품 가격결정은 그 목적에 따라 초기고가격정책(Skimming Pricing Policy)과 시장침투 가격결정(Market Penetration Pricing), 손실유도가격정책(Loss Leader Pricing Policy)으로 구분가능하다.

가격결정법	목적	의미	특징
초기고가격정책	고소득계층의 수요 흡수	고소득계층의 수요를 장악한 후 장기적으로 가격을 인하하여 저소득계층도 흡수하는 가격정책	• 제품수명주기 초기단계에서 수요의 상층부는 신제품의 가격에 비탄력적인 점을 이용 • 가격중요성과 경쟁강도 미미 • 하이테크 산업에서 유용
시장침투가격결정	대중시장에 침투	후발업체가 시장진입 시 초기저가격 설정으로 시장점유율을 잠식하려는 가격정책	• 수요의 가격탄력성이 커 가격인하가 매출 급증으로 연결될 경우 유용 • 저가격으로 잠재적 경쟁자를 사전차단하는 역할
손실유도가격정책	기업전체의 이익 증대	특정품목의 가격을 낮게 설정해 이 제품과 관련이 있는 자사 타품목의 매출액 증가로 기업전체의 이익을 늘리려는 가격정책	교차판매(Cross−Selling)가 가능한 제품계열을 가지고 있을 때에만 사용 가능 예 게임기와 게임타이틀

이미 설정된 가격을 특정 상황에 적합 또는 수정하는 것이다.

1 판매촉진을 위한 차별가격전략

일반거래와 비교해 판매비가 절감될 때 그 절감분을 구매자에게 할인해주는 전략이다.

현금할인	대금을 현금으로 즉시 지불하는 고객에게 가격을 인하하여 주는 전략	2/10, 30: 30일 내에 대금을 지불해야 하며 10일 이내에 지불하면 2% 가격할인 적용
수량할인	대량구매 고객에게 판매비 감소분의 한도 내에서 가격을 인하하여 주는 전략	비누적적 수량할인, 누적적 수량할인
거래할인 → 업자할인	도소매상 등의 경로구성기관에 대한 가격할인	–
계절적 할인	비성수기에 구매하는 고객에게 할인을 시행해 조기주문을 촉진하고 이익의 계절성을 최소화하는 전략	여행업체, 숙박업체, 스키장비
공제	특별한 프로그램에 참여할 경우 가격을 할인해 주는 전략	핸드폰 보상판매

2 판매통제를 위한 차별가격전략

(1) **기능적 할인(Functional Discount):** 판매질서 유지를 목적으로 도매업자와 소매업자에게 부과하는 가격에 차별을 두는 방법이다.

(2) **할인환불(Rebate):** 일정 기간의 거래량 목표달성 시 받은 금액의 일부를 환불해주는 것으로 제조업자가 유통업자에게 판매협력을 권장하고 경로지배를 강화하기 위한 수단으로 이용된다.

3 판매상황에 의한 차별가격전략

(1) **지역별 차별가격:** 각 지역의 소득, 인구 및 경쟁 등의 환경이 다르기 때문에 가격에 대한 수요탄력성이 차이가 있을 때 상이한 가격을 책정하는 것이다.
   예 국내시장과 해외시장에서의 가격차별화

(2) **시간별 차별가격:** 시간에 따라 수요탄력성이 차이가 있을 때 구매 시기에 따라 상이한 가격을 책정하는 전략이다.
   예 극장에서 주중과 주말의 요금을 다르게 받는 것

(3) **용도별 차별가격:** 동일제품이 여러 가지 용도로 이용될 때 그 용도에 따라 가격탄력성이 다를 경우 상이한 가격을 책정하는 것을 의미한다.
   예 우유제공업자가 음료용, 아이스크림용, 버터용 가격을 차별화하는 것

4 가격인상

(1) 가격인상의 이유

① 원재료, 임금의 인상으로 제품의 원가가 상승하는 경우

② 과잉수요가 발생하는 경우

③ 자사제품 재포지셔닝 시 원래의 기능이나 속성보다 개량된 경우

④ 시장이 쇠퇴기일 때 경쟁기업의 철수로 독점적 지위를 누릴 경우

(2) 가격인상의 방법

① 할인율을 낮춘다.

② 기존 제품계열에 고가의 제품을 추가한다.

③ 공개적으로 인상한다. 그러나 공개적인 인상은 고객의 외면을 초래할 수 있기 때문에, 효과적으로 인상할 수 있는 방법을 고려해야 한다.

08 유통경로관리

01 유통경로의 의미

생산자로부터 소비자에게로 제품이 이전되거나(물적 유통개념), 소유권이 이전되는 과정 혹은 과정상에 있는 기관을 의미하며 마케팅 목표달성을 위해 유통경로를 적절히 선택하고 관리하는 것을 유통전략이라고 한다. 이 과정에서 전방흐름활동(Forward Flow; 물적 소유, 소유권, 촉진)과 후방흐름활동(Backward Flow; 주문, 지불), 양방향 흐름활동(정보, 협상, 금융, 위험부담)이 존재한다.

02 유통경로의 2대 기능

유통경로의 주된 기능은 필립 코틀러(P. Kotler)의 이론에 따르면 다음과 같은 것이 있다.

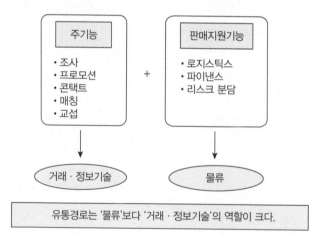

이들 기능 가운데 어떤 기능이 중요한지는 취급하는 상품에 따라 다르다. 또한 소매점이나 유통업자와 같이 외부조직에 각각의 기능을 지니게 하기 위해서는 대부분의 경우, 보다 세밀한 장치가 필요하다.

1 주기능

(1) **조사:** 무엇이 팔리는지 항상 염두에 두고 인기상품을 취급하기 위한 정보수집으로, 그 내용이(결과적으로) 메이커에게 전달된다.

(2) **프로모션:** 광고, 판촉상품의 전시, 인적판매 등을 의미한다.

(3) **콘택트(Contact):** 예상고객을 찾아내는 것이다.

(4) **매칭(Matching):** 고객의 요구에 제품이 일치하도록 아이디어를 짜내는 일로, 포장, 설비공사, 유지, 보수 등이 해당한다.

(5) **교섭:** 판매에 관한 여러 조건의 최종 합의를 성사시키는 일이다.

2 판매지원기능

(1) **로지스틱스(Logistics):** 운송, 재고관리를 말한다.

(2) **파이낸스(Finance):** 매출횟수, 유통에 필요한 자금조달과 융자 등이다.

(3) **리스크 분담:** 유통업무에 따를 리스크를 다루는 일이다.

03 유통경로의 유형

1 직접유통(Direct Distribution)

(1) **의미:** 가장 단순한 형태의 유통경로로서 마케팅 경로상에 중간상이 존재하지 않아 생산자와 소비자가 직접 교환활동을 하는 경우에 해당한다.

(2) **특징**
 ① 경로의 길이가 짧다. 제품과 경로에 대한 통제가 용이하고 대고객 서비스를 원활히 할 수 있다는 장점과 경로기능의 대부분을 직접 수행해야 한다는 단점을 가진다.
 ② 우편판매, 방문판매, 통신판매, 공장판매—산업재

2 간접유통(Indirect Distribution)

(1) 의미: 마케팅 경로상에 전문적인 중간기관이 존재해 생산자와 소비자를 연결해 주는 유통형태이다.

(2) 기능

① **총거래수 최소의 원리(Principle of Minimum Total Transaction):** 중간상이 있을 경우에는 그렇지 않았을 경우에 비해 거래의 절대적인 수가 줄어들어 거래비용 절감분을 소비자의 이익으로 환원할 수 있다는 원리이다.

[총거래수 최소의 원리]

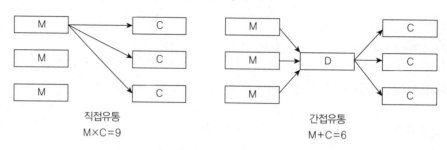

② **위험부담의 분산:** 직접유통할 경우 제조업자가 유통에 따른 위험을 모두 부담하는 반면, 간접유통을 이용해 유통위험을 제조업체, 유통업체, 소비자에게 분산할 수 있다.

③ **마케팅기능의 전문화와 통합:** 유통경로상의 담당자들이 분업을 통해 효율화를 제고할 가능성이 존재한다.

④ **집중저장의 원리:** 유통경로상에 중간상이 개입함으로써 사회전체적인 관점에서 보관의 총량의 감소가 가능해진다.

3 유통경로의 조건(버클린, L. Bucklin)

(1) 시장의 분산(Market Decentralization): 제품을 소비자가 사기 편한 곳에 가져다 놓는 서비스이다.

(2) 구매단위의 적정화(Lot Size): 소비자가 제품을 살 수 있을 만한 단위로 제품 크기를 조절하는 것이다.

(3) 인도시간의 적정화(Delivery Time): 적기에 제품을 소비자에게 인도하는 서비스이다.

(4) 구색 갖추기(Assortment): 소비자가 원하는 품종의 제품을 묶어 공급하는 것이다.

1 수직적 마케팅 시스템(VMS; Vertical Marketing System)

생산자로부터 소비자에게로 흐르는 과정의 수직적 유통단계를 전문적으로 관리하고 집중적으로 계획한 유통망을 말한다. 경로를 하나의 경쟁단위로 인식하고, 규모의 경제, 규모의 시스템, 최대의 시장영향력 행사가 목표이다.

(1) 기업적 VMS(Corporate VMS)

① 의미: 상품의 판매에 있어서 유통경로가 서로 다른 수준에 있는 구성원들(공급업자, 제조업자, 유통업자)을 통합해 하나의 기업조직을 이루는 형태이다.

② 특징
　㉠ 전방통합과 후방통합으로 구분한다.
　㉡ 생산에서 유통에 이르기까지의 철저한 관리가 가능하나 유연성이 결여된다.

(2) 관리적 VMS(Administered VMS)

① 의미: 유통경로 내의 한 경로구성원이 위치, 지위, 명성, 자원에서 타 구성원들을 압도해 그 방침을 따를 수밖에 없게 만드는 형태이다.

② 특징
　㉠ 전체로서의 목표달성을 위해 비공식적인 협력 메커니즘을 형성한다.
　㉡ 경로지도자(Channel Leader): 제조업체 → 유통업체 주도권 전환 경향이 존재한다.

(3) 계약적 VMS(Contractual VMS)

① 의미: 독립적인 경로구성원들이 계약을 통해서 유통시스템의 경제성과 시장에 대한 영향력을 높이려는 형태로, 프랜차이즈 시스템, 체인점, 협동조합 등이 존재한다.

② 프랜차이즈 시스템(Franchise System)
　㉠ 프랜차이즈 본부와 가맹점 사이의 강력한 계약에 의해 형성된 수직적 유통시스템이다.
　㉡ 가맹점에게 일정한 지역 내에서의 독점적인 사업권을 부여한다.
　㉢ 본부는 시장조사, 입지선택, 점포설계, 종업원훈련, 상품제공과 광고 등을 전담하고 특권(독점판매권, 상표사용, 경영방식(노하우))을 제공한다.
　㉣ 가맹점은 가입료, 매출에 따른 수수료를 지급한다.

2 수평적 마케팅 시스템(HMS; Horizontal Marketing System)

(1) 의미: 유통경로상 동일한 단계에 있는 두 개 이상의 무관한 개별기업들이 재원이나 유통프로그램을 결합하는 형태를 뜻한다.

(2) 특징

① 시너지(Synergy) 효과가 중요하다.

② 공생적 마케팅(Symbiotic Marketing): 공동상표·공동구매·공동광고·공동물류·공동판매 등 도·소매업체들끼리 공동으로 마케팅활동을 계획, 실행함으로써 비용절감과 효율화를 의도한다.

③ 복수경로 마케팅 시스템(Multi-channel Marketing System)

(1) 의미: 과거 기업들이 하나의 시장에 하나의 경로만을 사용한 데 반해, 고객의 세분시장이 확대되고, 경로가 확장됨에 따라 두 개 또는 그 이상의 마케팅 경로를 사용하는 최근의 유통경로시스템을 말한다.

(2) 특징

① 장점: 시장범위의 증가, 고객주문화 판매 증가

② 단점: 경로갈등과 통제의 문제, 경로비용의 증가

③ 경로갈등관리: 보다 고차원적이고 장기적인 목표를 설정함으로써 갈등 당사자들을 중재, 조정

④ 유통경로 설계

(1) 서비스 욕구 분석: 소비자들이 원하는 서비스를 균형 있게 설계하기 위해 목표시장 고객들이 중시하는 것이 무엇인지를 발견하는 단계이며, 컨조인트 분석 등을 활용한다.

(2) 경로목표의 설정: 기업의 경로목표는 표적소비자가 원하는 서비스 수준과 관련하여 결정해야 한다. 기업의 경로목표는 기업의 특성, 제품의 특성, 마케팅 중간상의 특성, 경쟁사의 특성 및 환경의 특성 등에 의해 영향을 받는다. 또한 경제상태 및 법적 규제와 같은 환경요인도 경로설계에 영향을 미친다.

(3) 경로대체안 설계: 경로목표를 설정한 후에는 각각의 목표를 달성하기 위해 중간상의 유형이나 수, 그리고 각 경로구성원의 책임관계 등의 관점에서 경로대체안들을 설계해야 한다.

① 유통 커버리지 결정: 기업은 자사의 제품으로 접근하려는 유통경로에 대한 커버리지(Coverage: 생산자가 시장에 제품을 유통시키기 위해 사용하는 유통업자의 숫자)를 결정하게 되는데, 그 정도에 따라 개방형과 선택형, 전속형 세 가지로 나눌 수 있다.

② 유통경로 정책: 제조업자와 소비자 간의 수요, 공급관계에 따라 주로 인적판매를 이용하여 소비자에게 적극적으로 접근하는 푸시(Push)경로정책과 광고나 기타 촉진활동을 통하여 소비자가 스스로 다가올 수 있도록 하는 풀(Pull)경로정책을 결정한다.

커버리지 유형	의미	특성	단점
개방형 (Intensive)	• 소비자들에게 가능한 한 노출수준을 높임으로써 소비자들의 접근성을 최대화하는 전략 • 어떠한 도매상, 소매상도 취급가능하도록 경로를 개방	• 소비자에게 구매 편의성을 제공 – 편의품 • 생산자는 판촉의 책임과 비용을 부담(소매업자의 촉진노력 기대 안 됨) • 도매업자에 의존하는 유통체제, 대규모 판매조직 필요	유통비용의 증가와 유통경로에 대한 통제력 약화
선택형 (Selective)	제품의 노출수준을 의도적으로 제한하기 위해 선택된 중간상인을 통해 제품을 유통하는 전략	• 가격이 비싸고 전율이 낮으며 AS의 중요성이 높은 상품에 적합 – 선매품 • 도매업자와 소매업자의 적극적인 촉진활동 기대가능 • 경로구성원 사이의 협력관계 형성 • 광범위하게 구매자를 흡수할 수 있는 번화가에 입지 • 점포규모가 크고 높은 신용력 요구됨	중간상이 다른 회사의 제품을 취급할 수 있으므로, 경로에 대한 통제력 조정이 어려움
전속형 (Exclusive)	일정지역에 하나의 중간상인을 선택해 자사제품을 독점적으로 판매할 수 있는 권한을 부여해 제품의 노출수준을 엄격하게 제한하는 전략	• 고가품, 저구매 빈도의 전문품, 산업재에 적합 • 유통업에 대한 통제력이 가장 높음 • 독점적 거래중간상인은 사실상 생산자 조직의 일원이 됨	낮은 제품의 노출수준에 의해 매출 확대가 어려울 수 있음

(4) **평가 · 확정**: 경로목표에 따른 경로대체안들이 설계되면 기업은 몇 가지 원칙에 의해 대체안들을 평가해야 한다. 일반적으로 경제성, 통제 및 적용기준에 따라 각 대체안들을 평가해야 한다.

---

05 물적 유통관리

1 물적 유통(Physical Distribution)의 의의

원산지로부터 사용지까지 원재료와 최종제품의 물적 흐름과 관련된 제반활동을 의미하며 주문처리, 재고보유 및 보관, 재고검수, 수송의 하부활동들을 전체적인 시스템의 관점에서 관리하는 것이다.

2 통합물류관리(Integrated Logistics Management)

(1) **의미**: 물류 시스템의 기능을 극대화하기 위해 마케팅 경로선상의 기업 내 · 외부 단체들과의 유기적인 협력을 강조하는 것을 뜻한다.

(2) **특징**
① 과거에는 물적 유통관리에만 초점을 맞추었다.
② 공급사슬관리(SCM ; Supply Chain Management)라고도 한다.
③ 재고감축, 업무절차의 간소화, 개별화된 고객서비스 등의 제공이 가능하다.

(3) 제3자 물류(TPL; Third-Party Logistics)

① 제품을 소비자에게 전달하는 거의 모든 유통단계를 전문적으로 처리하는 독립물류회사를 뜻한다.

② 아웃소싱(Outsourcing): 기업의 핵심업무를 제외한 활동을 외주업체에 이전해 전문성과 비용 효율성을 높이는 것이다.

06 유통기관 종류

1 소매상(Retailers)

유형	내용
전문점 (Specialty Store)	취급하는 제품계열이 한정되어 있지만 계열 내 품목이 매우 다양한 소매상
백화점 (Department Store)	거의 모든 제품계열을 취급하며 소비자들이 일괄구매가 가능한 대규모 점포
슈퍼마켓 (Supermarket)	주로 식료품, 가정용품 등의 제품계열을 가지며 거주지역에 입지하는 소매상
할인점 (Discount Store)	박리다매의 원칙하에 염가로 표준화된 다계열 상품을 판매하는 대규모 소매상으로 주로 지대가 싼 교외에 입지함
편의점 (CVS; Convenience Store)	재고회전이 빠른 편의품 등의 한정된 제품계열만 취급하며 상업지역, 주거지역에 입지하고 주로 24시간 영업
하이퍼마켓 (Hyper Market)	슈퍼마켓, 할인점, 창고소매업 원리를 결합한 형태로 다량묶음 전시와 판매점원의 최소화를 채택
무점포 소매상	직접판매, 직접마케팅, 자동판매기 등

2 도매상(Wholesalers)

상품을 제조업체에서 구매해 소매상이나 산업용으로 재판매하는 사업체를 지칭한다.

(1) 최종소비자를 대상으로 하지 않으므로 촉진, 분위기, 장소에 무관심하다.

(2) 소매거래에 비해 상권이 크고 거래규모도 큰 편이다.

(3) 높은 법적 규제와 세무상의 통제가 존재한다.

09 마케팅 커뮤니케이션(촉진관리)

01 마케팅 커뮤니케이션(Marketing Communication)

1 마케팅 커뮤니케이션의 기초개념

(1) **의미**: 기업이 특별한 목적을 가지고 고객들에게 자사의 제품이 어디서 팔리고 있는지를 알리고 (Inform), 다른 제품과 비교하여 장점을 설득시키고(Persuade), 이를 반복적으로 환기시키는(Remind) 모든 활동을 의미한다.

(2) **커뮤니케이션 믹스(Communication Mix)**: 광고, 판매촉진, 홍보, 인적판매, 직접마케팅 등 다양한 커뮤 니케이션 수단들의 형태와 정도를 결정하고 예산을 배분하는 과정을 말한다.

2 마케팅 커뮤니케이션의 주요수단

(1) **광고(Advertising)**: 특정 광고주가 자신의 아이디어, 재화 또는 서비스에 대해 금전적 대가를 지불하고 비인적 매체(Non-personal Media)를 통해 정보를 전달함으로써 판매를 촉진하는 방법이다.

(2) **판매촉진(Sales Promotion)**: 제품 또는 서비스의 사용이나 구매를 촉진시키기 위해 중간상과 최종소비 자에게 제공하는 단기적이며 다양한 자극책(Incentive)을 뜻한다.

(3) **홍보(Publicity)**: 기업이 비인적 매체에서 자사의 제품이나 서비스를 중요한 뉴스로 다루게 하여 소비자 들에게 알림으로써 기업이미지를 제고하고 구매수요를 자극하는 것이다. 광고와 달리 돈을 지불하지 않는다.

(4) **인적판매(Personal Selling)**: 잠재적인 고객들과 일대일, 혹은 일대다의 대화와 만남을 통해 제품과 서 비스의 판매를 성사시키는 방법이다.

(5) **직접마케팅(Direct Marketing)**: 특별한 고객 및 예상 잠재고객으로부터 직접 반응을 요청하거나, 직접 의사소통을 하기 위해 우편, 전화, 팩스, 이메일, 인터넷을 사용하는 활동이다.

[촉진 믹스의 전략]

구분	범위	비용	장점	단점
광고	대중	보통	• 신속 • 메시지 통제 가능	• 효과측정의 어려움 • 정보의 양이 제한
인적판매	개별고객	고가	• 정보의 양과 질 • 즉각적인 피드백	• 높은 비용 • 느린 촉진속도
판촉	대중	고가	• 주의집중 • 즉시적 효과	• 제품의 비하 • 모방이 쉬움
PR	대중	무료	신뢰도가 높음	• 통제가 곤란 • 간접적 효과

3 커뮤니케이션 믹스 설계 시 고려사항

(1) 제품시장의 유형

[촉진수단별 지출액]

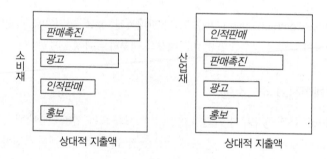

자료: P. Kotler, Principles of Marketing

① **소비재 시장**: 경쟁제품들이 거의 유사하고 구매자들이 가격 지향적이며 위험부담이 적은 소비재 시장에서는 판매촉진의 비율이 가장 높다.

② **산업재 시장**: 복잡한 고가격제품과 위험부담이 큰 제품, 구매자가 소수이고 대량판매를 주로 하는 산업재 시장에서는 인적판매 비율이 가장 높다.

③ 시장이 동질적일수록, 지리적 범위가 넓을수록 광고가 효과적이며 이질적일수록, 지리적 범위가 좁을수록 인적판매가 효과적이다.

(2) 푸시(Push)전략과 풀(Pull)전략

구분	푸시전략	풀전략
개념	중간상 수준의 촉진을 사용해 최종소비자에게 제품구매를 권유하는 전략	기업 수준의 촉진을 사용해 최종소비자가 중간상에게 제품판매를 요구하도록 유인하는 전략
사용가능 제품	• 상표충성심(Brand Loyalty)이 낮음 • 상표선택이 점포에서 이루어짐 • 충동적 제품 • 제품의 혜택이 쉽게 이해되는 제품	• 상표충성심이 높음 • 고관여제품 • 구매 전에 특정 상표를 선택하는 제품
커뮤니케이션 믹스	인적판매, 판매촉진	광고, 홍보

(3) 구매자 준비단계: 구매자 의사결정 단계에 따라 촉진수단의 효과성이 달라진다.

[구매준비단계에 대한 촉진수단별 비용효과성]

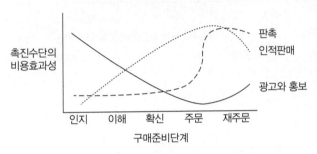

자료: P. Kotler, Principles of Marketing

(4) 제품수명주기 단계

① **도입기:** 광고와 홍보가 효과적이다.

② **성장기:** 모든 촉진도구의 효과성이 하락한다(WOM; 구전효과).

③ **성숙기:** 판매촉진, 광고, 인적판매 순으로 중요하다.

④ **쇠퇴기:** 판매촉진의 강세가 유지되고, 광고와 홍보의 축소가 이루어진다.

(5) 기업의 시장순위

① 시장선도기업은 판매촉진보다는 광고에서 많은 효과가 있다.

② 소규모 경쟁기업은 판매촉진에서 효과가 크다.

---

02 **광고(Advertising)**

1 의미

계약을 맺은 광고주가 아이디어, 재화 또는 서비스를 비인적인 매체를 통해 대중에게 제시하는 커뮤니케이션 활동을 의미한다.

2 특징

(1) 유료형태(Paid Form)로 무료인 홍보와 구별된다.

(2) 비인적 제시(Non-personal Presentation)로 인적판매와 구별된다.

(3) 이름을 명시한 광고주에 의해 수행된다.

(4) 대량판매(Mass selling)의 형태로 인적판매활동을 지원한다.

(5) 사전판매(Pre-selling) 활동의 성격을 띤다.

(6) 동일 메시지의 반복수행으로 높은 침투성을 가진다.

3 광고의 종류

광고의 종류는 기능별, 대상별, 내용별, 형태별 등 다양한 방법으로 구분가능하다.

구분		의미
내용별	상품광고	제품 자체의 속성이나 특징, 서비스 등을 알리는 광고
	기업광고 (PR)	기업에 대한 좋은 이미지를 갖도록 기업의 우수성이나 사회적 공헌도를 알리는 광고 예 애사심 조성광고, 공중관계 기업광고, 공공봉사 기업광고
대상별	소비자광고	최종 소비자를 대상으로 하는 광고로서, 광고주는 소비재 또는 소비용품의 광고주
	거래업자 광고	전국광고주가 소매점에 자사의 광고상품을 구입하도록 하기 위한 광고, 즉 거래업자를 상대로 하는 광고
	전문광고	프로페셔널 광고라고도 불리는데, 건축가, 공인회계사, 기타 전문가들에 대한 광고를 지칭
	생산재 광고	생산재(산업용품 또는 업무용품)를 취급하는 예상 고객, 이용자층을 대상으로 하는 광고로서, 예컨대 기계, 화학제품, 원료, 부속부품 등의 메이커가 행하는 산업광고
지역별	전국광고	전국에 걸쳐 판매망을 갖는 광고주가 전국 매체를 사용하여 광고를 하는 형태
	블록광고	수 개의 도(혹은 주)를 주요 광고 시장으로 하고 그 지역을 커버하는 광고로 지역광고(Local Advertising)라고도 불림
	소매광고	소매점이 자기의 상업권의 범위 내를 커버하는 광고 형태
매체별	-	신문광고, 잡지광고, 라디오 광고, 텔레비전 광고, 유선방송광고, 옥외광고, 교통광고, 영화·슬라이드 광고, 신문삽입광고, POP 광고(점두광고, 구매시점광고), 다이렉트메일(DM) 광고 등
소구 형태별	감성광고	소비자 또는 광고의 수용자가 가지고 있는 감성적인 면을 이용하는 광고
	이성광고	제품 장점이나 자사의 상품이 주는 이점을 이성적, 논리적으로 소구하는 광고

03 판매촉진(Sales Promotion)

1 판매촉진의 의미

소비자나 중간상에게 특정제품이나 서비스를 조기 또는 다량으로 판매하기 위해 단기적 이용을 목적으로 설계된 자극적 도구를 의미한다.

2 판매촉진의 특징

(1) 광고보다 판매에 즉각적이며 측정 가능한 반응을 유발한다.

(2) 할인가격 지향적 소비자만을 유인할 가능성이 존재한다(단기적 효과).

(3) 제품의 품질, 가치 등을 의심하는 품위손상 문제를 유발한다.

3 판매촉진의 종류

(1) **소비자 촉진:** 견본, 쿠폰, 현금환불(rebate), 경품, 무료사용, 끼워팔기, 교차촉진, POP 등이 있다.

> **개념더하기** POP(Point of Purchase; 구매시점 광고)
>
> 판매경로상의 최종단계인 소매상의 점포 내외에서 포스터, 쇼케이스, 간판 등의 수단을 이용해 소비자의 충동적인 구매결정을 유도하는 광고를 말한다.

(2) **중간상 촉진:** 공제(Allowance), 후원금, 거래선 보조, 무료상품 등이 있다.

(3) **판매원 촉진:** 전시회, 판매시연, 특별품 광고 등이 있다.

04 홍보(Publicity)

1 의미와 종류

인쇄물이나 전파매체를 통해 기업의 제품이나 서비스와 관련된 기사를 다루게 하여 금전적인 지불 없이 소비자들의 수요를 자극하는 활동으로 특히 신제품을 출시하거나 성숙제품을 재위치화하는 데 도움을 준다. 홍보에는 제품 홍보, 로비활동, 상담, 기자회견, 공공서비스 활동, 세미나 등이 있다.

2 광고와 비교한 홍보의 특징

(1) 광고는 판매에 직접적인 영향을 미치고자 설계되나 홍보는 교육적인 목적에 초점을 둔다.

(2) 홍보는 뉴스형식으로 전해지므로 광고보다 신뢰성이 있다.

(3) 홍보는 특정사건 발생 시 적시에 활용가능하나 광고는 적시성이 떨어진다.

(4) 광고는 반복가능하나 홍보는 한시적, 1회용이 많다.

(5) 광고에 비해 저비용 혹은 무비용에 수행할 수 있다.

05 　인적판매(Personal Selling)

1 의미

제품이나 서비스를 구매예상고객에게 직접면담을 통해 제시하고 판매를 성사시키는 커뮤니케이션 활동을 뜻한다.

2 특징

(1) **융통성:** 다른 커뮤니케이션 수단과 달리 고객의 욕구와 행동에 맞추어 즉석에서 커뮤니케이션을 달리할 수 있다.

(2) **집중성:** 고객이 될만할 사람에게만 초점을 맞추어 접근 가능함으로써 자원낭비를 최소화한다.

(3) **판매의 완결성:** 다른 커뮤니케이션과 달리 판매행위를 그 자리에서 완결할 수 있다.

(4) 높은 비용과 시간적 제약이 발생한다.

(5) 소비자와 인적인 유대관계를 형성할 수 있다.

06 　직접마케팅(Direct Marketing)

구매자에게는 편리함과 접촉 용이성을, 그리고 판매업자에게는 적은 비용을 통해 다양한 경로의 소비자에게 효과적인 접근을 가능하게 한다. 현재 가장 빠르게 성장하고 있는 마케팅 형태로서 특히나 낮은 원가에 비해 효율성이 크기 때문에 기업체들이 가장 선호하고 있는 마케팅 형태 중 하나이다.

01

기존제품을 이용해 신시장을 개척하려는 성장전략은?

① 시장침투
② 시장개척
③ 제품개발
④ 통합개발

02

후원자의 대금지불이 이루어지지 아니하고 기업, 제품에 관한 내용이 언론매체를 통해 뉴스 등의 형태로 기사화하는 촉진전략은?

① DM 광고
② informercial
③ POP 광고
④ PR 광고

정답 및 해설

01
정답 ②

② 기존제품을 가지고 신시장을 개척해서 판매증대를 도모하는 전략이다.
① 기존시장에서 기존제품의 판매증대를 도모하는 전략이다.
③ 기존시장에 부응하는 신제품을 개발하거나 제품을 개량한다.

02
정답 ④

홍보(Publicity)는 기업이 비인적 매체에서 자사의 제품이나 서비스를 중요한 뉴스로 다루게 하여 소비자들에게 알림으로써 기업이미지를 제고하고 구매수요를 자극하는 것이며, 광고와 달리 돈을 지불하지 않는다.

03

다음 BCG모델과 GE의 신호등모델에 관한 설명 중 틀린 것은?

① BCG모형은 시장성장률과 시장점유율에 의해서 사업의 우선순위를 결정하는 방법이다.
② GE모형은 시장의 매력성과 경쟁적 지위에 의해서 사업의 우선순위를 결정하는 방법이다.
③ BCG모형에서 수익주종산업이란 시장성장률과 시장점유율이 높은 사업부이다.
④ BCG모형에서 개발산업은 고시장성장율, 저시장점유율인 사업부이다.

04

다음 중 시장위치선정의 절차로 옳은 것은?

> a. 소비자 분석 및 경쟁자 확인
> b. 경쟁제품의 포지션 분석
> c. 자사제품의 포지션 개발
> d. 포지션의 확인 및 재포지셔닝

① a – b – c – d
② a – c – b – d
③ a – d – b – c
④ b – a – c – d

05

자본참여로 인한 소유관계로 생산 및 마케팅에 있어서 수직관계에 있는 유통경로기관을 계열화하는 유통계열화를 무엇이라 하는가?

① 기업적 VMS
② 관리적 VMS
③ 계약적 VMS
④ 수평적 유통계열화

06

STP전략에 관한 설명으로 옳지 않은 것은?

① 인구 통계적 세분화는 나이, 성별, 가족규모, 소득, 직업, 교육수준 등을 바탕으로 시장을 나누는 것이다.
② 행동적 세분화는 추구하는 편익, 사용량 등을 바탕으로 시장을 나누는 것이다.
③ 사회심리적 세분화는 제품사용경험, 제품에 대한 태도, 충성도, 종교 등을 바탕으로 시장을 나누는 것이다.
④ 시장표적화는 세분화된 시장의 좋은 점을 분석한 후 진입할 세분시장을 선택하는 것이다.

07

제품수명주기에 관한 설명으로 옳은 것은?

① 도입기는 신제품이 시장에 처음 나타나는 시기로 이때 매출은 적고 상표를 강조하는 광고를 하며 경쟁자가 진입한다.

② 성장기는 시장에서 어느 정도 알려져서 매출이 급상승하는 시기이며, 이때 본원적 수요를 자극하기 위한 광고를 하며 상품을 알리는 데 주력해야 한다.

③ 안정기는 매출도 많지만 안정에 접어든 시기로 이때 이익도 가장 많이 난다.

④ 성숙기는 매출이 최고조에 달하는 시기이며 이때 경쟁이 심하고 상표의 차별성을 강조하며 마케팅 전략의 수정이 필요하다.

08

촉진활동에 대한 설명 중 틀린 것은?

① 기업이 의도적으로 예상고객의 수요욕구를 환기시키고자 하는 모든 활동이다.

② 촉진활동의 종류에는 광고, 인적판매, 홍보, 판매촉진이 있다.

③ 소비용품의 경우에는 광고가 효과적인 촉진수단이다.

④ 산업용품의 경우에는 판매촉진이 가장 효과적인 수단이다.

03

정답 ③

BCG모델에서 수익주종사업은 저성장, 고점유율 SBU로 제품수명주기상 성숙기에 해당된다. 시장점유율 유지에 드는 비용이 적기 때문에 현금유출이 작은 반면 현금유입은 크므로 다른 SBU가 필요로 하는 자금을 공급해 주는 역할을 수행한다.

04

정답 ①

포지셔닝의 절차는 소비자 분석과 경쟁자를 확인하여 경쟁제품의 포지셔닝을 분석하고 자사제품의 포지셔닝을 개발하여 포지셔닝 확인 및 재포지셔닝을 확인한다.

05

정답 ①

기업적 VMS(Corporate VMS)는 상품의 판매에 있어서 유통경로가 서로 다른 수준에 있는 구성원들(공급업자, 제조업자, 유통업자)을 통합해 하나의 기업조직을 이루는 형태이며 전방통합과 후방통합으로 구분한다. 생산에서 유통에 이르기까지의 철저한 관리가 가능하나 유연성이 결여된다.

06

정답 ③

제품사용경험, 제품에 대한 태도, 충성도, 종교 등은 소비자의 심리묘사적 세분화이다.

07

정답 ④

성숙기는 매출이 최고조에서 줄어들기 시작하는 시점으로 시장 수정 전략, 제품 수정 전략, 마케팅 믹스 수정 전략을 통한 기업 체질을 개선하는 시기이다.

08

정답 ④

복잡한 고가격제품과 위험부담이 큰 제품, 구매자가 소수이고 대량판매를 주로 하는 산업재 시장에서는 인적판매 비율이 가장 높다. 시장이 동질적일수록, 지리적 범위가 넓을수록 광고가 효과적이며 이질적일수록, 지리적 범위가 좁을수록 인적판매가 효과적이다.

09

목표시장 세분화의 요건으로 볼 수 없는 것은?

① 측정가능성
② 접근가능성 및 실체성
③ 환류성 및 공공성
④ 유효정당성

10

다음 마케팅 믹스에 관한 설명 중 틀린 것은?

① 전문품은 상점에 나가기 전에 그 제품이나 내용 등에 대하여 잘 알고 있으며, 구매과정에서 상당한 노력을 한다.
② 마케팅 리더는 비공식적 마케팅 경로에서 중요한 역할을 한다.
③ 수명주기는 도입기 – 성장기 – 성숙기 – 포화기 – 쇠퇴기의 과정을 거치게 되는데, 성장기와 성숙기는 특히 매출액이 증가하는 시기이다.
④ 제품믹스란 제품자체의 속성상 유사용도나 특성을 갖는 제품군을 말한다.

11

다음 중 고객관계유지 마케팅에 대한 설명으로 가장 거리가 먼 것은?

① 고객과의 신뢰 형성을 강조한다.
② 데이터베이스 마케팅을 주요 수단으로 한다.
③ 신규고객 유치를 강조한다.
④ 장기적인 마케팅 성과를 지향한다.

12

물적 유통에 대한 설명 중 옳지 않은 것은?

① 자재, 완제품의 생산시점에서 소비시점에 이르는 물적 흐름 계획과 실행에 관련된다.
② 물적 유통결정 시 비용극소화, 고객서비스 극대화의 상충관계를 고려해야 한다.
③ 물적 유통에 대한 결정은 재고수준, 수송방식, 공장, 창고입지 등의 결정과 통합하여 이루어진다.
④ 경로흐름의 전문화를 위해 물적 유통활동을 거래 유통활동과 통합한다.

13

기업의 성장전략에는 후방통합전략, 전방통합전략, 다각화전략 등이 있다. 이에 대한 설명 중 옳지 않은 것은?

① 메모리 반도체 제조회사가 반도체장비 제조업에 진출하는 것은 수직적 통합전략이다.
② 메모리 반도체 제조회사가 컴퓨터 제조업에 진출하는 것은 전방통합전략이다.
③ 철강제련업체가 영화산업에 진출하는 것은 수평적 다각화이다.
④ 오토바이 제조업체가 엔진기술을 바탕으로 자동차 제조업에 진출하는 것은 집중적 다각화이다.

09   정답 ③

시장세분화의 요건(조건)

측정 가능성	세분시장의 규모와 구매력, 특성이 측정가능한 것인가?
실질성	세분시장이 충분히 크거나 수익이 가능한가?
접근 가능성	세분시장에 효과적으로 도달하여 판매가능한가?
차별화 가능성	세분시장별로 상이한 마케팅 믹스와 프로그램에 각각 다르게 반응하는가?
행동 가능성	세분시장을 유인하고 선점할 효과적인 마케팅 프로그램을 수립할 수 있는가?

10   정답 ④

기업이 기대하는 마케팅 목표를 달성하기 위해 마케팅에 관한 각종 전략·전술을 종합적으로 실시하는 것이다. 현대 마케팅의 중심 이론은 경영자가 통제 가능한 마케팅 요소인 제품(Product), 유통경로(Place), 판매가격(Price), 판매촉진(Promotion) 등 이른바 4P를 합리적으로 결합시켜 의사결정하는 것을 말한다.

11   정답 ③

고객관계유지 마케팅(CRM; Customer Relationship Marketing)을 이용해 기업과 고객과의 신뢰관계가 수립되면 거래시간과 거래조건이 개선되어 거래비용이 절감되는 효과가 있다.

12   정답 ④

물적 유통(Physical Distribution)의 의미는 원산지로부터 사용지까지 원재료와 최종제품의 물적 흐름과 관련된 제반활동을 의미하며 주문처리, 재고보유 및 보관, 재고검수, 수송의 하부활동들을 전체적인 시스템의 관점에서 관리하는 것이다.

13   정답 ③

복합적 다각화(Conglomerate Diversification)는 기존의 기술 및 제품과는 전혀 관계가 없는 신제품을 추가하는 기법이다.

14

다음 전략적 사업단위(SBU)에 대한 설명 중 틀린 것은?

① 계획의 집권화와 집행의 분권화를 도모한다.
② 각 사업단위가 독립적인 사업단위이다.
③ 단일제품을 대상으로도 하나의 SBU가 될 수 있다.
④ 회사 내 다른 사업과 종속적으로 연계되어 있다.

16

다음 중 제품의 성숙기에 알맞은 마케팅 방법이 아닌 것은?

① 마케팅 믹스 수정
② 신제품 개발관리
③ 시장 세분화 극대화
④ 품질관리

15

다음 중 제품이 성장기일 때 적합한 마케팅 전략은?

① 시장 침투가격
② 상층 흡수 가격
③ 재판매 유지가격
④ 가격주도제

17

버스운전기사가 회수권을 내는 학생에게 학생증의 제시를 요구하였다. 이는 시장세분화기준으로 어디에 속하는가?

① 지리적 세분화
② 생활스타일의 세분화
③ 인구통계별 세분화
④ 소비자개성 세분화

18

표적시장 선정 및 포지셔닝에 관한 다음의 설명 중 옳지 않은 것은?

① 틈새시장 공략 마케팅 기업(Niche markers)들은 자사가 틈새시장 소비자들의 욕구를 매우 잘 이해하고 있기 때문에 고객들이 자사제품에 대하여 고가격을 기꺼이 지불할 것이라고 생각한다.

② 현지화 마케팅(Local marketing)의 단점은 규모의 경제 효과를 감소시켜 제조 및 마케팅 비용을 증가시킨다는 점이다.

③ 소비자들은 독특한 욕구를 가지고 있기 때문에 각각의 소비자는 잠재적으로 별개의 시장이다.

④ 오늘날의 시장 환경 변화에 발맞추어 대다수의 기업들은 매스 마케팅 전략으로 이행하고 있다.

14
정답 ④

전략적 사업단위(SBU; Strategic Business Unit)는 독립적인 사업목표를 가지고 있는 기업의 구성단위이다. SBU는 기업에 따라 그 기업자체, 하나의 생산라인, 단일제품, 단일 브랜드가 될 수도 있다. 여타 사업부와 구별되는 독특한 임무를 가지며, 자체적으로 경쟁자, 생산자, 소비자를 가진다. 각 SBU가 속한 산업의 매력도(Attractiveness)와 각 SBU별 산업 내 위치(Position) 분석이 선행되어야 한다.

15
정답 ①

성장기(Growth Stage)는 신제품의 성공적인 도입으로 수요가 급증하기 시작해 성장률이 체감하기 시작하는 시점까지의 기간이다. 도입기에 비해 매출은 크며, 성숙기에 비해 경쟁강도는 낮아 이익은 급증하고 경험효과로 인한 가격인하요인이 발생하여 시장 침투가격전략이 필요하다.

16
정답 ②

성숙기(Maturity Stage)에는 여러 수정전략을 통한 기업체질 개선으로 제품사용자 수 확대, 사용빈도 증가, 제품 성능·품질 혁신, 새로운 용도 추가, 획기적인 서비스를 개선하고 대체수요, 틈새시장 개발과 R&D 비용이 증가한다. 신제품 개발관리는 성장기 후반에 적합한 마케팅 방법이다.

17
정답 ③

지리적 세분화	지역, 도시규모, 인구밀도, 기후 등 인구밀도에 따라 대도시, 중소도시, 교외, 시골로 구분
인구통계적 세분화	연령, 성별, 가족규모, 가족생활주기, 소득, 직업, 교육, 종교, 인종, 세대, 사회계층 등 가족생활주기에 따라 독신 청년, 젊은 무자녀 부부, 젊은 유자녀 부부, 중년 유자녀 부부, 장년 무자녀 부부, 장년 독신으로 구분
심리묘사적 세분화	라이프 스타일, 개성 등에 따라 사교적, 개인적, 권위적, 야심적으로 구분
구매행위적 세분화	구매동기, 혜택, 사용자지위, 사용률, 충성도, 구매준비단계, 제품에 대한 태도, 혜택에 따라 품질, 서비스, 가격, 속도로 구분

18
정답 ④

오늘날 대다수 기업들은 개별 마케팅, 1:1 마케팅 전략으로 전환하고 있다.

19

신제품의 개발과정은 다음과 같은 일련의 단계로 이루어진다. (가), (나), (다)에 해당되는 내용이 바르게 연결된 것은?

> 신제품 아이디어의 창출 – 아이디어 스크리닝 및 평가 – (가) – (나) – (다) – 시장생산

	(가)	(나)	(다)
①	사업타당성 분석	제품개발	시험마케팅
②	사업타당성 분석	시험마케팅	제품개발
③	시험마케팅	사업타당성 분석	제품개발
④	시험마케팅	제품개발	사업타당성 분석

20

가격관리와 관련된 설명 중 옳지 않은 것은?

① 명성가격(Prestige Pricing)결정법은 가격이 높으면 품질이 좋은 것이라고 느끼는 효과를 이용하여 수요가 많은 수준에서 고급상품의 가격결정에 이용된다.

② 상층흡수가격정책(Skimming Pricing Policy)은 초기고가격정책으로 신제품을 시장에 도입하는 초기에 고소득층을 대상으로 높은 가격을 받고, 그 뒤 차차 가격을 인하하여 저소득층에 침투하는 전략이다.

③ 침투가격정책(Penetration Pricing Policy)은 신제품을 시장에 도입하는 초기에 저가격을 설정하여 신속하게 시장에 침투하는 전략으로 수요가 가격에 대한 민감하지 않은 제품에 많이 사용된다.

④ 탄력가격정책(Flexible Pricing Policy)은 한 기업의 제품이 여러 제품개열을 포함하는 경우 품질, 성능, 스타일에 따라 서로 다른 가격을 결정하는 것이다.

21

성장 – 점유 매트릭스상에서 시장성장률은 높지만, 시장점유율은 낮은 제품은?

① 성장사업 및 제품(Star)
② 수익주종사업 및 제품(Cash cow)
③ 개발사업 및 제품(Question mark)
④ 사양산업 침체 제품(Dog)

22

기업이 도매상 등의 유통시스템을 소유하거나 통제를 강화하는 것은?

① 전방통합
② 후방통합
③ 수평적 통합
④ 수평적 다각화

23

마케팅 정보 시스템의 필요성을 증대시키는 요인으로 볼 수 없는 것은?

① 마케팅활동 영역의 확대
② 구매자욕구의 다양화
③ 시장변화에 대한 신속대응
④ 가격 경쟁

19 정답 ①

신제품 개발절차에서 아이디어 개발은 아이디어 창출, 아이디어 선별 단계이고, 제품컨셉의 개발과 테스트는 제품컨셉의 개발, 제품컨셉의 테스트가 있다. 사업성 분석은 사업성 검토, 마케팅믹스 개발이고, 제품개발 및 시험생산은 제품설계, 시제품 생산이다. 시험마케팅을 거친 후 상업화로 신제품을 출시한다.

20 정답 ③

침투가격정책은 대중시장에 침투해서 후발업체가 시장 진입 시 초기저가격 설정으로 시장점유율을 잠식하려는 가격정책이고 수요의 가격탄력성이 커 가격인하가 매출 급증으로 연결될 경우 유용하며 저가격으로 잠재적 경쟁자를 사전 차단하는 역할을 한다.

21 정답 ③

물음표(Question Mark, Hope)는 고성장, 저점유율 SBU의 개발사업으로 제품수명주기상 도입부에 해당한다. 시장점유율을 증가시키기 위하여 시설투자가 필요하므로 현금유출이 크다. 경영진은 경영역량을 집중해 별(Star)로 만들 것인지 아니면 퇴출시킬 것인지를 결정해야 한다.

22 정답 ①

전방통합(Forward integration)은 제품의 유통시스템을 매수하거나 그 유통시스템에 대한 지배력을 강화한다.

23 정답 ④

시장정보보고서란, 시장의 현황을 분석하는 시장정보보고서를 작성함으로써 고객의 심리, 만족도 등을 파악할 수 있으며, 향후 구체적인 마케팅 계획의 자료로 이용할 수 있다. 시장정보보고서를 작성할 때에는 실제적인 시장 조사와 면담을 통해 이루어지며, 자재와 소요량, 매입가격, 매입규모 등을 정확하게 기록한다.

24

마케팅 정보 시스템과 마케팅 조사의 특징을 비교한 다음 설명 중 옳지 않은 것은?

① 마케팅 조사가 주로 외부의 정보에 주안점을 두는 데 반해, 마케팅 정보 시스템은 내부정보 자료도 포함한다.
② 마케팅 조사가 문제예방에 관심을 두는 데 반해, 마케팅 정보 시스템은 문제해결에 주안점을 둔다.
③ 마케팅 조사가 과거지향적인 데 반해, 마케팅 정보 시스템은 미래지향적인 경향이 있다.
④ 마케팅 조사는 단속적으로 운영되는 데 반해, 마케팅 정보 시스템은 계속적으로 운영되는 시스템이다.

25

소비자의 욕구를 확인하고 이에 알맞은 제품을 개발하며, 적극적인 광고전략 등에 의해 소비자 스스로가 자사제품을 선택구매하도록 하는 것과 관련된 마케팅전략은?

① 푸시전략
② 풀전략
③ 머천다이징
④ 선현마케팅

26

여러 기업들이 마케팅 자원을 공동으로 활용하거나 마케팅 프로그램을 공동으로 수행하는 경우, 이러한 전략을 무엇이라 하는가?

① 메가 마케팅
② 집중적 마케팅
③ 공생적 마케팅
④ 디마케팅

27

마케팅 조사 절차의 순서를 올바르게 나열한 것은?

a. 조사목적과 문제정립
b. 탐색조사
c. 정식조사기획
d. 실제조사
e. 자료분석 및 보고서 제시

① a − b − c − d − e
② a − b − d − c − e
③ a − d − c − b − e
④ a − d − b − c − e

28

소비자의 구매행동에 영향을 주는 요인 중 가장 중요한 것은?

① 구매자의 특성
② 제품특성
③ 판매자특성
④ 상황특성

24 정답 ②

마케팅 조사는 기업이 직면하고 있는 특수한 마케팅 상황과 관련된 자료와 사실들을 체계적으로 계획하고, 수집·분석하여 보고하는 것이다. 마케팅 정보 시스템과의 차이점은 다음과 같다.

마케팅 조사	마케팅 정보 시스템
외부정보 취급에 역점	내외부의 자료를 모두 취급
문제해결에 치중	문제해결뿐만 아니라 문제예방에도 치중
프로젝트 기준으로 실시되므로 불연속적	지속적으로 존재하는 하나의 시스템
컴퓨터 없이도 가능하고 과거정보에 초점을 두고 마케팅정보시스템에 정보를 제공하는 하나의 자료원	컴퓨터에 기반하고 미래지향적이며, 마케팅조사 이외에도 다른 하위 시스템을 포함

25 정답 ②

풀전략은 기업 수준의 촉진을 사용해 최종소비자가 중간상에게 제품판매를 요구하도록 유인하는 전략으로 상표충성심이 고관여제품이며 구매 전에 특정 상표를 선택하는 제품광고, 홍보 전략이다.

26 정답 ③

수평적 마케팅 시스템(HMS; Horizontal Marketing System)에서 공생적 마케팅(Symbiotic Marketing)은 공동상표, 공동구매, 공동광고, 공동물류, 공동판매 등 도·소매업체들끼리 공동으로 마케팅활동을 계획, 실행함으로써 비용절감과 효율화를 의도하며 시너지 효과를 중시한다.

27 정답 ①

마케팅 조사의 과정은 '문제 및 조사목적의 정립 → 조사계획 수립 → 정보 수집과 분석 → 분석결과 제시'단계를 거친다.

28 정답 ①

소비자의 구매행동에 가장 중요한 영향을 미치는 구매자 특성은 문화적, 사회적, 개인적, 심리적 요인으로 분류할 수 있다.

29

소비자의 결혼 여부, 자녀의 유무, 연령 등의 개념을 모두 통합한 개념을 마케팅에서 무엇이라 하는가?

① 라이프 스타일(Life style)
② 연령주기(Age cycle)
③ 사회적 수명주기(Social life cycle)
④ 가족생활주기(Family life cycle)

30

일정기간에 걸쳐서 특정제품의 마케팅활동에 대한 예상반응이 유사한 예상소비자들을 집단화하는 것은?

① 제품차별화
② 시장세분화
③ 마케팅전략
④ 마케팅 믹스

31

시장세분화를 할 때 사용되는 변수가 아닌 것은?

① 지리적 변수
② 인구통계적 변수
③ 구매자행동 변수
④ 고객규모 변수

32

흔히 '마케팅 믹스'라고 하면 4P를 일컫는데 이에 해당되지 않는 것은?

① 제품(Product)
② 촉진(Promotion)
③ 경로(Place)
④ 포장(Package)

33

다음 중 탐색조사에 속하지 않는 것은?

① 관찰조사
② 패널조사
③ 사례조사
④ 면접조사

34

다음 중 고객의 입장과 가장 가까운 컨셉은 무엇인가?

① 생산 컨셉   ② 제품 컨셉
③ 판매 컨셉   ④ 마케팅 컨셉

29 　정답 ④

소비자의 개인적 요인에서 가족생활주기(Family Life Cycle)는 금전적 상황과 관심제품이 달라지므로 표적시장을 생활주기단계에 기초해 선택하고 마케팅 계획을 수립하고 소비자의 결혼여부, 자녀유무, 연령의 개념을 통합한다.

30 　정답 ②

시장세분화(Segmentation)는 다양한 욕구를 가진 전체시장을 일정한 기준에 따라 동질적인 소비자 집단으로 나누는 과정이다. 시장세분화의 효과는 고객의 욕구를 더 잘 충족해서 경쟁우위 확보가 가능하며 마케팅 기회 또한 확보가 가능하다.

31 　정답 ④

시장세분화를 할 때 사용되는 변수에는 지리적 변수, 인구통계적 변수, 심리묘사적 변수, 구매행동 변수 등이 있다. 고객규모 변수는 해당되지 않는다.

32 　정답 ④

마케팅 믹스(Marketing Mix)란 기업이 표적시장에서 원하는 반응을 얻을 수 있도록 하기 위해 4Ps인 제품(Product), 가격(Price), 유통경로(Place), 촉진(Promotion)을 혼합하여 사용하는 마케팅 도구의 집합이다.

33 　정답 ②

탐색조사는 드러나지 않은 사물이나 현상 따위를 찾아내거나 밝히기 위하여 살피어 찾는 방법이다. 패널조사는 조사대상을 고정시키고 동일한 조사대상에 대하여 동일한 질문을 반복하여 조사하는 것이다.

34 　정답 ④

소비자가 원하는 제품을 생산하여 판매하는 것이 고객 입장에서 마케팅건셉이다.

35

다음 중 경쟁전략 포지셔닝이 아닌 것은 무엇인가?

① 경쟁
② 제품
③ 서비스
④ 이미지

36

다음 중 생산자가 원가를 가장 중요한 기준으로 하여 가격을 책정하는 방식은?

① 지각가격결정
② 목표이익가격결정
③ 원가기반가격결정
④ 입찰참가가격결정

35 정답 ②

포지셔닝에는 경쟁, 서비스, 이미지가 있다. 제품은 4P전략에 속한다. 마케팅과정은 3단계 과정으로 1단계는 전략, 시장기회분석, 2단계는 STP, 3단계는 4P과정이다.

36 정답 ②

② 목표이익가격=총제조원가(1+목표이익율)
③ 원가가산제=단위당 원가(1+이폭율)
  최저가격은 이익=0, 최고가격은 수요=0이다.

조직행위

01 조직행위론의 이해

01 조직행위론의 기초개념

1 조직행위론의 정의

(1) **조직:** 공통의 목적이나 목표를 달성하기 위해 사람들이 모인 집합체로서 주어진 위계구조 속에서 상호작용하는 곳이다.

(2) **조직행위론(Organizational Behavior):** 조직 내 인간의 태도와 행위에 대한 체계적 연구를 통하여 조직의 유효성과 인간복지를 강화하고자 조직 내 인간행동을 연구하는 학문이다.

2 조직행위론의 연구

구분	수준	주요 연구 과제
미시 조직행위론	개인행위의 수준	개인행위, 지각이론과 평가, 학습과 태도, 동기부여의 이론과 실제, 창의성 개발과 스트레스
	집단행위의 수준	집단행위에 대한 이해, 커뮤니케이션의 개선, 의사결정의 질 향상, 권력과 갈등의 관리, 리더십 개발
거시 조직행위론	조직전체의 수준	조직구조와 재무설계, 조직변화와 조직문화

3 조직행위론의 성격

종합학문적 성격	심리학, 사회학, 인류학 등 여러 사회과학 분야에 의존
인간중심성	인간을 중심으로 연구한 학문
성과지향성	조직체의 목적달성, 변화지향성, 조직유효성
상황적합성	여러 상황변수를 고려한 연구와 해결방안의 제시
과학적 방법론	공개성, 개념적 정의, 객관성, 연구 결과의 재검토성, 연결성, 기본목적

(1) 조직유효성

① 개념: 조직의 성과를 평가하는 기준

② 조직유효성의 접근법

구분	목표접근법	시스템접근법
관점	조직에 있어서 목표의 중요성	주어진 상황 아래에서 조직의 장기적 존속을 위한 최선의 방법
조직유효성	조직의 목표달성 과정	조직의 유지, 성장을 위한 하위 지표
측정지표	생산성, 이윤, 매출액, 투자수익률, 매출액이익률	직무만족, 조직몰입, 근로생활의 질, 이직률, 결근율
비판	목표의 불확실성	• 측정지표 정의의 모호성 • 과정의 지나친 강조 • 수단목표로 생각할 수 있음

개념더하기 QWL(Quality of Working Life, 근로생활의 질)

• 의의: 일하는 보람을 지향하는 세계적인 운동으로, 단조로운 노동에서 일어나기 쉬운 인간소외를 극복하고 노동을 통해 정신적인 풍요를 실현코자 1973년에 국제 QWL위원회가 발족, 국제적으로 QWL의 관용(慣用)이 확립되었다.
• QWL의 기준: 충분한 임금, 공평, 작업조건의 안전성, 능력의 개발#활용, 조직 내에서의 권리보장 등

(2) 과학적 방법론

① 개념

공개성	연구의 목적, 과정, 결과의 공개
개념의 정의	변수의 정의와 측정방법의 계량화와 명시
객관성	자료수집에서 중요한 요건
연구결과의 재검성	여러 차례의 반복 연구
연결성	연구 방법 간의 체계적 연결성과 결과의 축적 가능성
기본 목적	명확한 서술과 이해

② 과학적 방법의 과정

```
현실세계에서 현상의 관찰
        ↓
귀납과정을 통한 현상의 설명
        ↓
연역과정을 통한 예측과 가설 설정
        ↓
관찰을 통한 예측이나 가설 검증
```

- 연역추리: 대전제와 소전제를 통하여 결론을 이끌어 내는 것
  예 경영학은 재미있다. (대전제)

  조직행위론은 경영학이다. (소전제)

  조직행위론은 재미있다. (결론)
- 귀납추리: 개개의 특수한 사실로부터 일반적이고 보편적인 법칙을 찾아내는 것
  예 지구는 둥글다.

  수성은 둥글다.

  행성은 둥글다. (결론)

02 조직행위론의 역사

조직행위론은 주로 미국 경영학의 전개과정과 깊은 관련성을 가지고 있다. 과학적 관리법, 인간관계론, 근대적 조직이론, 행동과학, 시스템이론, 상황이론 등은 조직행위론의 전개과정에서 중요한 의미를 갖는다.

1 과학적 관리법

과학적 관리법은 20세기 초 공장관리의 전문가인 테일러(Taylor)가 구성한 이론이다. 과학적 관리법은 산업화 초기의 미국에서 반숙련, 혹은 미숙련 노동을 조직하여 공장제 시스템에서의 능률을 극대화하기 위한 시도라고 볼 수 있다.

(1) 과학적 관리원칙

① 과업관리: 경영자와 이를 실천하는 작업자가 분리되어 경영의 전문화가 이루어진다.

② 과학적 인사: 작업장의 선발과 훈련의 규정이 정해지고 지켜져야 한다.

③ 성과보상: 보상은 생산성이나 업적에 비례하여 주어져야 한다.

④ 기능적 조직: 조직은 각각의 기능별로 전문화되어야 한다.

⑤ 노사화합: 노동자와 사용자는 서로 협력을 통해 조직의 효율성을 도모한다.

(2) 과학적 관리법의 공헌과 문제점

① 공헌: 과학적 관리법은 인적자원의 조직화와 작업의 과학적 관리를 통하여 능률을 높였다.

② 문제점

ⓘ 경제적 인간관을 가지고 인간에 대해 지나치게 단순한 가정을 한다.

ⓛ 능률의 극대화만을 지나치게 강조하여 조직구성원을 마치 얼굴 없는 톱니바퀴처럼 생각한다. 즉, 조직의 인간 목적을 도외시했으므로 후세의 학자들로부터 인간 없는 조직(Organization without People) 이론이라는 비평을 받았다.

2 인간관계론

조직행위론의 성립에 가장 큰 영향을 미친 것은 인간관계론과 행동과학이다. 인간관계론은 1927~1932년에 메이요(E. Mayo) 등이 실시한 호손실험에서 시작되었다.

(1) 인간관계론의 발견사항: 인간관계론은 조직에서 인간의 행동을 이해하는 데 다음과 같은 시사점을 제공해 준다.

　① 기업조직은 경제, 기술적 체계인 동시에 사회심리적 체계이다.

　② 사람은 경제적 요인 외에 사회, 심리적 요인에 의해서도 동기부여가 된다.

　③ 비공식집단은 작업자의 태도와 성과에 중요한 영향을 미친다.

　④ 인간의 정서적 측면은 기업조직의 관리에 있어서 중요한 변수이다.

(2) 인간관계론의 공헌과 문제점

　① 공헌: 인간관계론은 인간을 중시하는 태도를 제공하고 인간에 대한 이해를 제시함으로써 조직행위론의 성립에 기여하였다.

　② 문제점: 기업조직에서 인적요소의 중요성만을 지나치게 강조한 나머지 조직의 목표달성을 무시하였고, 그 결과 1940년대 이후로는 만병통치약으로서의 효험을 잃고 후세학자들에 의하여 조직 없는 인간(People without Organization) 이론이라는 비판을 받게 되었다.

3 근대적 조직이론

버나드(Barnard)와 사이먼(Simon) 및 폴리(Poly) 등에 의해 성립된 근대적 조직이론은 과학적 관리법과 인간관계론을 통합하여 수정이론을 제시하였다.

(1) 폴리의 연구: 폴리는 개인과 집단을 모두 만족시킬 수 있는 통합(Integration)의 중요성을 강조하였다. 즉, 권한은 사람과 사람 사이의 지배나 군림에 의한 명령과 복종을 위한 것이 아니라 모두가 수행하여야 할 직무와 기능이라는 탈개인적인 상황의 필요성에 의해 행사되는 것일 때 비로소 이러한 통합이 가능해진다 하였다. 이것을 권한의 '상황의 법칙(Law of Situation)'이라고 불렀다.

(2) 버나드의 공헌: 버나드는 조직을 2인 이상의 사람들이 힘과 활동을 의식적으로 조정하는 협동체계라고 정의하였다. 조직에서 협동적 관계를 유지하기 위해서는 참여자들의 공헌과 조직에서 실시하는 보상의 균형이 중요하다고 생각하였다. 또한 버나드는 '권위수용설(Acceptance Theory of Authority)'을 제안하였는데, 권위는 상사의 지위에 관련된 것이라기보다는 하급자의 의사에 따라 수용여부가 결정된다는 것이다.

(3) 사이먼의 공헌: 사이먼은 기업조직에서 관리자들의 의사결정행위는 고전경제학의 가정이나 전통적 경영학의 주장처럼 합리적인 것이 아니라 인간의 정보수집과 판독에 한계가 있기 때문에 실제의 관리자들은 제한된 합리성(Bounded Rationality)에 의하여 의사결정을 한다는 만족인 가설을 제시하였다. 사이먼은 구성원의 동의를 얻는 것이 조직에서 가장 중요한 것이며, 이러한 동의를 얻는 방법은 조직 입장에서는 권위이고 개인의 입장에서는 자기통제라고 하였다.

02 개인행위

인간에 관한 관점

1 맥그리거(McGregor)의 X이론과 Y이론

훌륭한 조직관리의 전제조건은 인간에 대한 올바른 이해와 정확한 인간관의 확립여하에 달려있다고 하면서 전통적 인간관을 X이론, 현대적 인간관을 Y이론이라고 명명하였다.

X이론	Y이론
• 대부분의 사람들에게 있어서 일은 싫은 것이다. • 대부분의 사람들은 야망이 없고 책임감도 거의 없으며 지시 받기를 좋아한다. • 대개의 사람들은 조직의 문제를 해결하는 데 창의력을 발휘할 만한 능력을 갖고 있지 못하다. • 동기부여는 물질적 · 경제적 수준에서 이루어진다. • 대개의 사람들은 엄격히 통제되어 조직의 목표를 달성하게끔 강제되어야 한다.	• 조건만 알맞다면 일은 노는 것처럼 자연스러운 것이다. • 사람들은 자신이 책임을 느끼는 목표를 달성하기 위해 자기 지시와 자기통제를 한다. • 조직의 문제를 해결하는 데 필요한 창조적 능력은 인간에게 광범위하게 분산되어 있다. • 동기부여는 물질적 · 경제적 수준에서 뿐만 아니라 심리적 · 사회적인 수준에서도 이루어진다. • 사람들은 적절히 동기가 부여되면 일에 있어 자기통제적일 수 있고 창조적일 수 있다.

2 아지리스(Argyris)의 성숙－미성숙 이론

인간의 퍼스낼리티가 미성숙한 상태에서 성숙한 상태로 진화해 나간다는 가정하에 조직이 개인의 이러한 변화과정을 인식하고 이에 맞는 경영환경을 제시해 주어야만 개인과 조직 간의 갈등이 줄어든다.

미성숙	성숙
• 수동적 · 소극적 활동 • 의존적 상태 • 한정된 단순한 활동 • 얇고 약한 관심 • 단기적 전망 • 종속적 지위에 만족 • 자아의식의 결여	• 능동적 · 적극적 활동 • 독립적 상태 • 다양하고 복잡한 활동 • 깊고 강한 지속적 관심 • 장기적 전망 • 대등 · 우월적 지위에 만족 • 자아의식과 자기통제

3 아지리스의 4구분

구분	A형	B형
X형	〈XA〉 • 관점: 부정적 인간관 • 태도: 지시적	〈XB〉 • 관점: 부정적 인간관 • 태도: 후원적
Y형	〈YA〉 • 관점: 긍정적 인간관 • 태도: 지시적	〈YB〉 • 관점: 긍정적 인간관 • 태도: 후원적

02 개인행위에 대한 이해

1 개인행위의 형성 요인

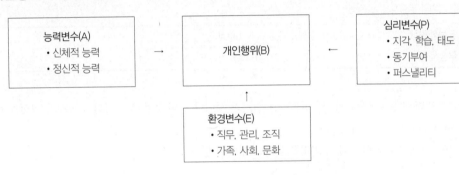

$$B = f(P, E, A)$$
B(Behavior): 개인행위
P(Person): 심리변수
E(Environment): 환경변수
A(Ability): 능력변수

2 부분적 관점과 전체적 관점

부분적 관점	전체적 관점
'행위' 중심 예 과제에서의 성실성, 집안일에서의 성실성	'퍼스낼리티' 중심 예 성실한 성격

3 개인행위에 대한 접근법

(1) 행태론적 접근법

① 왓슨(J. B. Watson)에 의해 주도되었으며, 심리현상의 과학적 연구를 위하여 외부로부터 관찰되고, 측정될 수 있는 현상만을 연구대상으로 삼아야 한다고 주장했다.

②

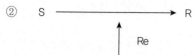

- S(Stimulus): 외부의 자극
- R(Response): 자극에 따른 반응
- Re(Reinforcement): 반응에 영향을 주는 강화요인

> **개념더하기** 강화(Reinforcement)

- 강화란 보상으로 인하여 행위가 반복되는 것이다.
- 긍정적 강화와 부정적 강화

긍정적 강화	특정 반응을 나타낼 때 칭찬을 하거나 보상
부정적 강화	특정 반응을 나타내면 그대로 두고 특정 반응이 아닐 경우 체벌

③ 효과의 법칙(Law of Effect): 행위에 따른 결과가 상이냐 벌이냐에 따라 행위의 형성과 변화가 이루어진다(스키너, B. F. Skinner).

④ 비판: 행위를 야기하는 내적 과정을 취급하지 않고 있다.

(2) 인지적 접근법

① 인간의 행위가 기계적으로 결정된다는 행태론적 접근법에 대한 반발로, 인간의 내적 정신과정을 강조한 이론이다.

② S ────→ O ────→ R

- S(Stimulus): 외부의 자극
- O(Organism): 자극으로부터 반응에 이르는 내적 과정
- R(Response): 자극에 따른 반응

③ 개인의 행위를 결정하는 데 있어서는 내적 심리상태가 매우 중요하다.

④ 비판: 지나치게 주관적일 수 있다.

> **개념더하기** 인지(Cognition)

지각, 기억, 그리고 정보처리 과정 등을 나타내는 정신 과정이다.

1 개념

(1) **퍼스낼리티:** 환경의 조건에 관계없이 비교적 장기적으로 일관되게 행위 특성에 영향을 미치는 한 개인의 독특한 심리적 자질들의 총체이다.

(2) **독특함과 일관성**
   ① **독특함**(Uniqueness): 타인과 구별되는 그 사람만의 독특한 것을 말한다.
   ② **일관성**(Consistency): 환경 조건에 관계없이 장기간 지속적인 것을 말한다.

2 성격결정 요인

성격을 결정하는 주요한 요인으로는 선천적인 요인과 후천적인 요인이 있다.

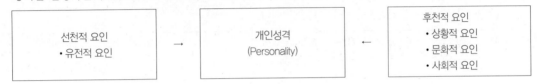

(1) **선천적 요인:** 유전인자와 부모로부터 물려받은 영향에 의하여 형성되는 성격이다.

(2) **후천적 요인**
   ① **상황적 요인**: 살아가면서 환경변화에 적응해 가는 과정을 통해 개인의 성격이 형성되게 된다.
   ② **문화적 요인**: 구성원들 간에 공유가치를 형성하고 자손대대로 계승해 가면서 개인의 성격형성에 영향을 주는 것이다.
   ③ **사회적 요인**: 가족집단이나 사회집단의 영향으로 개인 성격형성에 중요한 요인으로 작용한다.

3 퍼스낼리티 이론

구분	정신역동이론	인본주의적 퍼스낼리티 이론	특질이론
학자	프로이트(Freud), 융(Jung)	매슬로우(Maslow), 로저스(Rogers)	카텔(Cattell)
강조	퍼스낼리티의 동태적 측면	인간은 긍정적인 퍼스낼리티의 측면을 가지고 있음	인간의 성격은 독특한 특성으로 구성되어 있으며 그 구조가 행위를 결정
가정	인간의 행위는 숨겨진 동기와 무의식적 소망에 의하여 지배	인간은 성장, 자기실현, 건강을 향한 강한 경향을 소유	종업원의 자질을 파악

- 개념: 한 개인의 사고나 행위에 일관성이 있으면서 또 다른 사람과 구별되는 독특한 특성을 갖게 만드는 소질
- 기본특질: 카텔이 창안한 16가지의 성격차원

내성적vs개방적	지적인vs지적이지 않은	감정적 - 정서적 안정	복종적vs지배적
신중한vs경솔한	편의주의적vs양심적	겁이 많은vs모험적인	의지가 강한vs감수성이 예민한
잘 믿는vs의심이 많은	현실적인vs상상적인	솔직한vs약삭빠른	자신감 있는vs걱정이 많은
보수적vs실험적인	집단의존적인vs자주적인	통제되지 않는vs통제되는	느긋한vs긴장한

- 표면특질: 기본특질의 다양한 조합

4 퍼스낼리티와 조직의 관리

(1) 통제적 위치(Locus of Control): 개인이 자기의 운명이나 자기 일상생활에서 얻는 결과를 자신이 얼마나 통제할 수 있다고 믿는지를 측정하는 개념이다.

내재론자	• 운명에 있어서 자신들의 행동이 결정적 • 정보수집, 자기통제, 참여적 리더십
외재론자	• 운명은 기회와 운, 제도 등이 더 결정적 • 지시적 리더십

(2) A형과 B형

A형	B형
• 경쟁적이고 조급하다. • 신경질적이고 방해를 받을 때에는 강력하게 반응하는 경향이 있다. • 업무처리속도가 빠르다. • 과도한 경쟁, 공격성, 시간의 압박, 열정적인 언변, 얼굴근육의 긴장 등을 나타낸다.	• 자연스럽고 시간 또는 사람에 대한 갈등의 압력을 느끼지 못하고 정상적인 추진력을 갖는다. • 과업을 성취하기 위해 꾸준히 일을 한다. • 작업속도가 일정하며 시간에 얽매이지 않는다. • 작업시간을 연장시키지 않으며 과업성취를 위해 서두르지 않는다.
시간의 압력, 상충되는 요구, 독립적 과업	복잡한 판단, 정확성, 팀플레이

(3) 마키아벨리적 성향

① 자신의 목표를 달성하기 위하여 다른 사람을 이용하거나 조직하려는 성향을 말한다.

② 조직에 응용하기 곤란하다.

(4) 뉴로티시즘: 환경적 압박에 대한 감수성을 나타내는 것으로 성과를 내기 위한 개인의 동기수준 내지 충동수준이다.

(5) 성취, 친교, 권력욕구

성취욕구 (Need for Achievement)	• 목적을 달성하려는 욕구 • 성과지향적
권력욕구 (Need for Power)	• 타인에 대한 통제 욕구 • 영향력과 통제권
친교욕구 (Need for Affiliation)	• 타인과의 친근하고 밀접한 관계를 추구하는 욕구 • 과업달성보다 동료와의 관계 유지 더 중시

CHAPTER 03 지각이론과 평가

01 지각

1 지각의 의미와 중요성

(1) 의미: 지각이란 외부로부터 들어오는 자극에 대해 의미를 부여하는 것으로, 감각적으로 획득한 정보를 선택(Select), 조직화(Organize), 해석(Interpret)하는 과정이다. 같은 환경이라 할지라도 사람에 따라 서로 다른 의미를 부여한다.

(2) 중요성
① 객관적 현실과 지각된 현실은 다를 수 있다.
② 지각의 차이로 인하여 갈등이 빚어질 수 있다.
③ 인간은 지각된 것에 따라 행위를 한다.

2 지각의 영향 요인

지각자	모든 상황으로부터 영향을 받음
환경	같은 대상을 같은 지각자가 지각하더라도 환경에 따라 달리 지각되기도 함
대상	인지하기 곤란하거나 복잡한 대상은 잘못된 지각이 일어날 수도 있음

3 지각과정모형

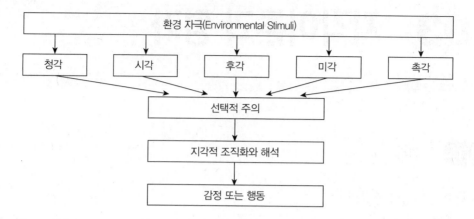

지각은 '선택적 주의 – 조직화 – 해석'이라는 지각과정을 거쳐 환경자극을 이해하고 해석하는 과정이라고 할 수 있다.

(1) 선택적 주의: 우리가 일상생활을 해나감에 있어 수없이 많은 자극이 동시에 주어지게 되지만, 모든 자극을 똑같이 지각할 수 없다. 일반적으로 우리는 접하게 되는 많은 자극들 중에서 한 순간에만 매우 한정된 자극만을 의식하게 되는데 이를 선택적 주의라고 한다. 이러한 현상은 인간이 외부 환경에서 받게 되는 수 없이 많은 자극 중 특정한 것에 대해서만 집중함을 보여준다. 여러 개의 목소리 중 한 개의 목소리에만 선택적으로 주의를 기울일 수 있는 칵테일파티 효과(Cocktail Party Effect)도 선택적 주의의 한 예라고 할 수 있다.

(2) 조직화: 선택적 주의과정을 통해 들어온 여러 감각자극은 이미 있는 감각들로 구성되는데 이를 조직화라고 한다. 여러 감각자극 정보가 애매하지 않다면 조직화의 필요성이 없지만, 대개의 경우 선택적 주의과정을 통해서 들어온 자극들이 너무 많고 애매하기 때문에 조직화가 필요하게 된다.

① **전경과 배경:** 감각기관을 통해서 들어오는 자극은 무수히 많으나 그중에서 주의를 기울이고 있는 자극이 존재하며, 그 자극은 전경이 되고 나머지 자극은 배경이 된다. 이러한 전경과 배경에서 우리가 이해해야 하는 것은 어떠한 자극이든 전경과 배경을 분리해야 하며, 만일 분리할 수 없다면 다음 단계인 해석을 할 수 없게 된다.

② **집단화와 범주화:** 전경과 배경을 분리하고 나면, 우리는 전경을 의미 있는 형태로 조직화하게 되는데, 전경 속에 있는 자극들에 순서나 형태를 부여하기 위해 자극을 집단화 혹은 범주화하게 된다. 형태심리학자들에 의해서 확인된 바에 의하면 지각된 전체는 단순한 부분들의 합과는 다르며, 근접성, 유사성, 연속성, 완결성, 연결성이라는 법칙에 의해 범주화된다.

③ 범주화의 유형

유형	내용
근접성(Proximity)	가까이 있는 자극들을 집단화하려는 성향을 의미
유사성(Similarity)	생김새가 유사한 것끼리 집단화하려는 성향을 의미
연속성(Continuity)	사람들은 연속된 패턴을 지각하는 경향이 있어 자극이 연속되도록 집단화하려는 성향을 의미
완결성(Closure)	자극에 틈이 있다 하더라도 그 빈 곳을 채워서 완전한 대상으로 지각하는 성향을 의미
연결성(Connectedness)	이질적인 것이라 하더라도 연결되어 있는 경우에는 하나의 단위로 지각하려는 성향을 의미

(3) **해석:** 선택된 자극을 조직화한 후에는 이를 해석(Interpret)하게 된다. 옷을 사러 백화점에 들른 두 사람의 동일한 옷에 대한 해석이 다르고, 동일한 강의를 듣는 학생들의 강의에 대한 평가가 다른데, 그러한 차이는 자극에 대한 선택적 지각과 조직화의 영향을 받으며, 동시에 인간이 갖는 해석패턴의 영향을 받게 되는데 그 해석패턴은 대체로 세 가지로 나누어 볼 수 있다.

① **스키마:** 사람의 경험을 통해 특정의 사건이나 자극을 머릿속에 가지고 있는 형태로서 하나 혹은 일련의 관계있는 사건이나 사람에 대한 인지적 그림을 말하는데, 사람들은 자신이 가지고 있는 스키마를 이용하여 모호한 감각을 해석하게 된다.

② **맥락효과:** 동일한 자극이 서로 다른 스키마 때문에 다른 것으로 해석되기도 하지만, 맥락에 의해서도 영향을 받는다. 영어 발음 중에서 'attacks'와 'a tax'를 듣게 되면 거의 똑같이 들리기 때문에 두 개의 단어만 듣다보면 해석상에 혼란이 생길 수 있다. 이러한 경우 문장 전체 맥락에서 주변에 있는 단어들을 이용하여 해석하게 되는데 자극은 전체적 상황 속에서 주변 정보의 맥락에 따라 해석하게 된다.

③ **기대:** 인간의 과거경험은 기억 속에 스키마를 만들어 놓아 자극의 해석에 영향을 미치기도 하고 미래의 어떤 상황이 일어날 것을 기대하고 예측하게 만들며, 그러한 기대가 해석에 영향을 미치게 된다.

02 지각평가이론

1 인상형성이론(Impression Formation Theory)

(1) **정의:** 주어진 한정된 정보 안에서 가장 중요하고 특징 있는 정보를 중심으로 타인에 대한 인상이 광범위하게 형성된다는 이론이다.

(2) **인상형성의 특징**

일관성	단편적인 정보들을 통합하여 일관성 있는 특성을 형성하려는 경향
중심특질과 주변특질	• 중심특질(Central Trait): 한 사람의 인상을 결정해버리는 중심적인 특질 • 주변특질(Peripheral Trait): 부수적인 역할밖에 하지 못하는 특질
합산원리와 평균원리	• 합산원리: 전체인상은 여러 특질의 합계 • 평균원리: 전체인상은 정보들의 무게를 평균한 것

초두효과 (Primacy effect)	순서에 따라 인상형성에서 차지하는 중요도가 다르다는 주장

2 귀인이론

(1) 귀인과정(Attribution Process): 지각 평가의 대상이 되는 행위의 원인을 추리분석하는 과정이다.

(2) 귀인이론(Attribution Theory): 귀인과정을 중심으로 연구한 사회적 지각 이론이다.

(3) 원인의 귀속

내적 귀속	• 행위의 원인을 능력, 동기, 성격 등 내적 요인에 의한 것으로 이해 • 특이성과 합의성이 낮고 일관성이 높은 경우
외적 귀속	• 행위의 원인을 환경 등 외적 요인에 의한 것으로 이해 • 특이성과 합의성이 높고 일관성이 낮은 경우

> **개념더하기** 특이성 · 합의성 · 일관성
>
> • 특이성: 특정 행위의 특이성 여부
> • 합의성: 어떤 상황하에서 모든 사람이 같은 반응을 보이는지의 여부
> • 일관성: 특이성의 지속 여부(켈리, H. H. Kelly)

(4) 귀속과정에서의 편견

행위자-관찰자 편견 (Actor-Observer Bias)	자신의 행위는 외적으로, 타인의 행위는 내적으로 귀속시키려는 성향 ↔ 통제의 환상
자존적 편견 (Self-Serving Bias)	평가자가 자신의 자존심이나 자아를 높이는 방향으로 행위자의 행동 원인을 귀속시키려는 성향

3 인지부조화이론(Cognitive Dissonance)

인지상의 비일관성에서 나타나는 것으로, 태도와 행동 사이에서 부조화가 나타나면 두 가지 사이의 일관성을 회복하려는 경향을 보인다. 인지부조화를 감소시키고자 하는 욕망으로 다음의 세 가지를 들 수 있다.

(1) 부조화가 생기게 된 요소들의 중요성

(2) 개인이 그 요소들에 대해 미칠 수 있다고 생각하는 영향력의 정도

(3) 부조화에 수반된 비용

행동평가는 피평가자의 특성, 평가자의 특성, 평가가 이루어지는 상황 등의 세 가지 요인에 의해 좌우된다.

1 피평가자의 특성

(1) **신체적 특성:** 피평가자의 몸짓, 자세, 얼굴표정, 피부색 등이 포함된다. 있는 자체로 평가나 지각에 영향을 준다.

(2) **사회적 특성:** 음성의 질이나 외양도 평가나 지각에 영향을 미친다. 사회생활에서 타인에게 보이는 모습이 평가나 지각에 영향을 준다.

(3) **역사적 특성:** 성, 나이, 직업, 인종 등도 평가에 영향을 미친다. 나라마다 가장 중요하게 생각하는 요인에 차이가 있다.

2 평가자의 특성

(1) **욕구와 동기:** 평가자의 욕구가 지각에 있어 중요한 역할을 한다.

(2) **과거의 경험:** 과거의 경험이나 학습은 한 사람이나 대상을 어떤 일정한 방식으로 지각할 채비를 갖추게 함으로써 지각에 영향을 미친다.

(3) **자아개념:** 자아개념이란 자신을 지각하는 방식으로서 이것이 우리가 우리 주위의 사물이나 사람을 지각하는 데 사용하는 기본적인 인식체계이다.

3 평가가 이루어지는 상황

피평가자를 만나는 장소가 어디인지, 그가 누구와 같이 있었는지, 모임의 시기가 어느 때였는지 하는 상황 요인들이 그 사람에 대한 평가의 차이를 나게 만든다.

1 오류의 종류

종류	내용
상동적 태도	상대방을 소속집단으로 평가하는 오류 예 지역, 출신학교, 성별 등
현혹효과(Halo Effect)	후광효과라고도 하며, 하나의 특징적 부분의 인상이 전체를 좌우하는 오류 예 얼굴이 예쁘니 마음씨도 고울 거야.
상관적 편견 (내재적 퍼스낼리티 이론)	사람의 특질 간에 연관성이 있다는 오류 예 국어와 영어, 성적과 리더십 등
선택적 지각	외부적 상황이 모호할 경우 원하는 정보만 선택하여 판단하는 오류 예 비슷한 글씨를 익숙한 것으로 착각하는 것 등
대비효과	한 사람에 대한 평가가 다른 사람의 평가에 영향을 주는 오류 예 우수한 답안을 채점한 후 다음 사람의 답안 채점 시 등
유사효과	지각자가 자신과 비슷한 상황의 사람에게 후한 평가를 하는 오류
주관의 객관화(Projection)	자신과 비슷한 기질을 잘 지적하는 오류
기대(Expectation)	자기실현적 예언
지각적 방어	상황이나 사실을 객관적으로 지각하지 못하는 오류
관대화 경향	평가에 있어 가능한 한 높은 점수를 주려는 오류
가혹화 경향	평가에 있어 가능한 한 낮은 점수를 주려는 오류

2 지각오류의 감소방안

(1) **자기이해(Self Understanding)**: 누구나 오류를 범할 수 있다는 것을 인정한다.

(2) **자기인정(Self Acceptance)**: 자신이 완전한 인간이 아니라는 것을 인정한다.

(3) **의식적 정보처리**: 지각과정에서 '사실'을 신중히, 의식적으로 검토한다.

(4) **객관성 테스트**: 자극에 대한 지각해석을 다른 측정치와도 비교하여 정확성을 검토한다.

04 학습과 태도

01 학습

1 학습의 의미와 속성

(1) **의미**: 연습이나 경험의 결과로 나타나는 행위의 비교적 영구적인 변화를 의미한다.

(2) **속성**
① 반드시 행동을 포함해야 한다.
② 학습의 변화가 지속적이어야 한다.
③ 반복적인 연습이나 경험이 필요하다.

2 학습이론

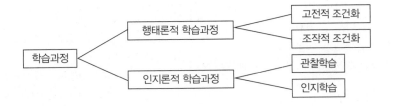

(1) **행태론적 학습과정**
① 자극-반응이론
② 학습을 자극으로부터 어떠한 행위를 이끌어내는 과정으로 인식한다.
③ 고전적 조건화와 조작적 조건화(도구적 조건화)의 비교

고전적 조건화	도구적 조건화
연습의 법칙(Law of Exercise)	효과의 법칙(Law of Effect)
파블로프	스키너

④ 비판: 인간의 내적 요인은 고려하지 않고 보상과 같은 외적 요인만을 강조한다.

(2) 인지론적 학습

① 인간의 내적 인지과정을 고려하여 학습과정을 설명한다.

② 관찰학습과 인지학습의 비교

관찰학습	타인의 행위를 보거나 행위의 결과를 평가함으로써 행위를 학습
인지학습	연습이나 보상의 경험 없이도 개념이나 이론을 학습함으로써, 바람직한 결과가 나올 수 있는 행위를 인식

3 강화이론

조작적 조건화를 동기부여에 도입한 이론이다.

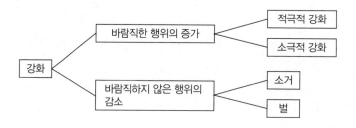

(1) 바람직한 행위의 증가

적극적 강화	소극적 강화	
긍정적 자극을 통하여 구성원들의 바람직한 행위를 유도하는 강화 ㉾ 인정, 칭찬, 보너스 등	불쾌한 자극의 제거를 통하여 구성원들의 바람직한 행위를 유도하는 강화	
	도피학습	개인이 성과를 내면 불쾌한 자극을 끝나게 할 수 있도록 짜여진 학습 ㉾ 90점 이상이면 자율학습 면제
	회피학습	개인의 특정한 행위가 사전에 불쾌한 자극을 끝나게 할 수 있도록 한 학습 ㉾ 대학입시에 떨어지지 않으려면 공부를 열심히 해야 한다. 공부하지 않으면 대학입시에 떨어진다.

(2) 바람직하지 않은 행위의 감소

소거	벌
강화물을 주지 않을 때 반응의 강도가 감소되는 것 ㉾ 봉급인상 철회 등	한 반응에 불편한 자극을 주거나 긍정적 자극을 제거하여 바람직하지 못한 행위를 감소시키는 것 ㉾ 경고 등

4 강화계획

강화의 유효성을 높이기 위하여 강화의 발생요인을 공식적으로 구체화하는 것이다.

(1) 연속강화법

① 올바른 반응이 나타날 때마다 강화요인을 부여하는 방법이다.

② 가장 이상적이고 효과적이지만 비경제적이다.

(2) 부분강화법

① 바람직한 행위에 대하여 간헐적으로 강화요인을 제공하는 것이다.

② 종류

구분	시간	반응
고정	〈고정간격법〉 일정한 시간 간격에 따라 강화요인 제공 예 기본급 제도	〈고정비율법〉 바람직한 행위의 발생횟수에 따라 강화요인 제공 예 성과급 제도
변동	〈변동간격법〉 불규칙한 간격으로 강화요인 제공 예 팝퀴즈	〈변동비율법〉 고정비율법과 같지만, 발생횟수의 기준이 계속 변함 예 복권

5 조직학습과 학습조직: 피터 센게(Peter Senge)

(1) 조직학습: 환경의 영향에 대한 조직 내의 지식증진(창조)과정을 말한다. 조직학습에서 학습이란 개인들의 행위에서부터 시작되는 것이며, 이러한 개별학습행위가 조직 내에 확산되고 공유되어 그 해당 행위가 더 이상 특정 개인에게만 국한되지 않을 때 조직학습이 일어났다고 말한다.

(2) 학습조직: 개인의 행동뿐만 아니라 새로운 능력들에 대해서도 습관적(Routine)으로 조직적 차원에서 학습이 반복되는 수준까지 이르게 되면 이를 '학습조직(학습하는 방법을 알게 된 조직)'이라고 말한다. 학습조직이 되기 위해서는 개인적 숙련, 정신모형, 공유비전, 팀 학습, 시스템 사고 등 5가지 핵심요소가 강조된다.

1 태도의 의미와 중요성

(1) 의미

① 어떤 자극이나 대상에 대하여 특정한 반응을 보이려는 정신적 준비상태이다.

② 태도는 지속적이다.

③ 개인의 태도는 특정대상에 대해 지향적이며, 개인이 어떤 대상에 대하여 가지는 감정이나 신념과 관련되어 있다. 태도의 기본적인 구성요소는 사고, 신념, 감정 및 반응의 경향성으로서 가치관보다는 범위가 좁고 보다 덜 포괄적인 개념으로서, 가치관과는 달리 도덕적인 판단을 포함하지는 않는다.

(2) 중요성

① 개인이 대상에 대하여 보이는 반응에 대한 정보를 제공한다.

② 행위와 관련되어 있다.

2 태도의 구성요소

인지적 요소	대상에 대해 가지고 있는 신념
정서적 요소	대상에 대한 호불호의 느낌
행위적 요소	특정 대상에 대해 행위하려는 의도나 방식

3 태도의 기능(카츠, D. Katz)

도구적 기능	행위자가 욕구의 바람직한 상태를 달성하게 하는 기능
자기방어적 기능	불안이나 위협에서 벗어나 자아를 보호하게 하는 기능
자기표현적 기능	타인에게 자신을 표현함으로써 자아 정체성을 강화하는 기능
환경인식적 기능	외부환경이나 대상을 이해하고 해석하는 기준을 마련해주는 기능

4 태도와 행위의 관계

인지적 관점	태도가 행위에 영향을 준다는 관점
강화이론의 관점	행위를 통해서 태도를 추론할 수 있다는 관점

5 태도변화이론

(1) 행동주의이론: '자극－반응'의 학습원리에 의하여 개인의 태도변화가 가능하다고 보는 것을 말한다. 즉, 자극시키기 위해서 설득을 하거나 어떤 이익을 줌으로써 학습에 의하여 새로운 태도가 형성된다고 하는 것으로 일종의 강화이론을 적용한 것이다.

(2) 장의 이론: 레빈(K. Lewin)에 의해 제창되었다. 개인의 심리상태인 태도는 고정되거나 안정되어 있는 것이 아니라 서로 상충되는 억제하는 힘과 촉진하는 힘에 의해 균형이 유지된다는 것이다. 이러한 장의 이론은 집단의 힘으로 개인과 조직을 변화시키는 집단역학(Group Dynamics)의 발전을 촉진시켰다.
① 촉진하는 힘: 일을 좋아함, 보상, 강압적 방법, 효과적 방법 등
② 억제하는 힘: 피로, 집단의 작업규범, 반발심, 스트라이크, 적개심, 비효과적인 감독 등

(3) 인지부조화이론: 페스팅거(L. Festinger)가 태도와 행동의 관계를 설명한 이론으로, 사람들은 인지부조화에서 오는 불안정으로부터 벗어나기 위해서 부조화를 조화상태로 만들려고 노력한다는 것이다.

6 태도변화의 과정

레빈은 개인행동의 태도변화는 태도형성이라는 동결상태에서 '해빙 → 변화 → 재동결'이라는 과정을 거쳐 이루어진다고 주장했다. 그리고 인간행동의 태도변화는 개인변화, 조직변화, 사회변화의 모든 수준에서 적용될 수 있다고 보았다.

해빙(Unfreezing) → 변화(Change) → 재동결(Refreezing)

(1) 해빙(Unfreezing): 개인이나 집단에 변화를 유발하여 새로운 동기유발을 이끌어내는 것이다.

(2) 변화(Change)

순종(Compliance)	부정적 반응을 피하고 긍정적 반응만을 얻으려 할 때 발생
동일화(Identification)	타인과의 관계나 유발된 태도와 행위가 자아의 일부분을 형성할 때 발생
내면화(Internalization)	유발된 태도와 행위가 가치관과 완전하게 일치할 때 발생

(3) 재동결(Refreezing): 새로 획득된 태도, 지식, 행위가 그 개인의 퍼스낼리티나 계속적인 중요한 정서적 관계로 통합되어 고착화되는 과정으로 지속적 강화가 필요하다.

7 태도변화의 저항

(1) 저항의 종류

주장의 반박	자신의 태도에 상반되는 주장에 대한 반박
정보원의 누락	태도 변화를 유발하는 정보원에 대한 신뢰성의 저하
메시지의 왜곡	메시지의 왜곡된 수용
합리화	상반되는 정보를 교묘히 해석하여 태도변화에 저항
전면저항	아무런 이유도 없이 주장을 단순히 거부

(2) 저항의 관리: 조직에서는 이러한 저항을 설득, 상벌체계, 인지부조화, 권력이양 등으로 관리한다.

8 태도의 일관성이론

균형이론 (Balance Theory)	하이더(F.Heider): 한 사람이 타인에게 갖는 태도와 그들이 하나의 대상이나 주제에 갖는 태도의 불균형 시 동기를 부여하여 균형을 시도한다는 이론
상합이론 (Congruity Theory)	오스굿(Osgood): 좋고 싫음의 상합성을 회복하려는 성질을 가지고 있다는 이론
인지부조화이론 (Congnitive dissonance Theory)	사람들은 인지부조화에서 오는 불안정으로부터 벗어나기 위해서 부조화를 조화상태로 만들려고 노력한다는 이론

CHAPTER

05 동기부여이론

---

01   동기와 동기부여

1 동기

(1) 동기의 의의: 개인이 지닌 욕구나 충동을 자극하여 어떠한 행동을 유도하는 심리적인 힘이다.

(2) 동기의 종류

① 2분법

내재적 동기	• 인간의 심리에 내재되어 있는 동기 • 업무 만족도, 태도, 흥미 등
외재적 동기	• 실제 조직의 관리에서 많이 쓰이는 것으로 물리적이고 환경적 동기 • 급여, 휴가, 승진 등

② 3분법

기본 동기	• 생물학적 동기로, 학습과는 관계없는 동기 • 의식주 등
일반 동기	학습적이지도 않고 생리적인 것도 아닌 동기
이차적 동기	호기심, 조작, 친교욕구 등

2 동기부여

(1) 동기부여의 의의: 조직의 목표를 조직 구성원들에게 내재화시켜 그것을 달성하기 위하여 노력하게 만드는 과정을 말한다. 동기부여는 성과를 결정하는 중요한 요소이다. 즉, 성과(Performance)지향적 행동은 능력(Ability)과 동기부여(Motivation)가 어우러져 이루어진다.

$$P = f(A \times M)$$

(2) 동기부여의 종류

일반적 동기부여	현재보다 더욱 일을 열심히 하도록 하거나 지속적으로 잘 할 수 있도록 하기 위한 동기부여
역 동기부여	일을 잘 해왔던 사람의 의욕을 감퇴시키기 위한 동기부여
변화 수용의 동기	기존의 것을 깨뜨리고 새로운 것을 받아들이게 하기 위한 것
동기의 기준 전이	일의 기준이 바뀌어야 하는 것
규정 준수의 전이	규정을 잘 지키도록 유도하는 것
시민행위의 동기	비공식적이더라도 조직에 도움이 되는 행위를 하도록 하는 것
경쟁몰입의 동기	경쟁에 몰입할 수 있도록 하는 것

(3) 동기부여의 과정: 욕구의 결핍이 동기를 유발시켜 특정한 행위를 하게끔 유도하는 과정이다.

행동의 동기	• 동인을 발생시키고 이를 직접적인 행동으로 이끌어내는 과정 • 동기의 내적 심리작용
행동의 유도	행동의 동기를 조직체의 목적 달성을 위한 직접적이고 구체적인 행위로 실현될 수 있도록 연결
행동의 강화	사후적인 인정과 보상 등을 통하여 이후에도 이러한 행위가 가능하도록 강화시켜주는 것

---

02 동기부여이론

1 동기부여이론의 개요

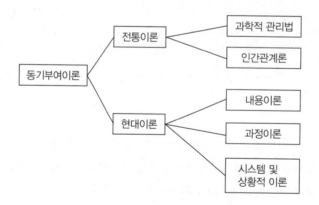

(1) 전통이론

과학적 관리법	• 경제인 가설 • 금전적 보수를 통하여 작업 능력 극대화
인간관계론	• 사회인 가설 • 직무만족을 통하여 작업 능력 극대화

(2) 현대이론

내용이론	• 동기부여에 크게 작용하는 요인들의 규명 • Maslow, Alderfer, McClellad, F. Herzberg 등
과정이론	• 동기유발의 과정에 초점을 맞추는 요인 • J. A. Adams, Vroom, E. A. Locke 등
시스템 및 상황적 이론	• 시스템과 욕구를 발현하기 위하여 상황적 요인의 규명 • K. Lewin

2 동기부여의 내용이론

(1) 매슬로우(A. H. Maslow)의 욕구 5단계 이론

① 내용

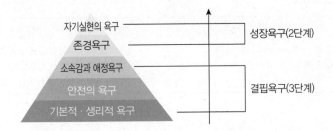

생리적 욕구 (Physiological Needs)	신체적 균형을 이루기 위하여 필요한 욕구 예 허기, 갈증 등
안전의 욕구 (Safety Needs)	신체적 · 정서적 위협으로부터 자신을 보호하려는 욕구
소속감과 애정욕구 (Social Needs)	인간관계에 관련된 욕구
존경욕구 (Self-esteem Needs)	타인들로부터 인정 혹은 존경을 받고 싶은 욕구
자기실현의 욕구 (Self-actualization Needs)	자기 발전을 위하여 잠재력을 극대화시키려는 욕구

② 특징

   ㉠ 욕구는 반드시 화살표 방향을 따라 순차적으로 나타나며, 중간을 건너뛰는 경우는 없다.

   ㉡ 동기를 유발하는 것은 결핍이다.

   ㉢ 결핍욕구는 개인차가 없다.

③ 비판

   ㉠ 욕구에는 단계가 없다.

   ㉡ 조직에서 실제로 활용할 수 없다.

(2) 알더퍼(C. P. Alderfer)의 ERG 이론

① 내용

E(존재욕구: Existence)	• 인간이 존재하기 위하여 필요한 생리적, 물질적 욕구 • 생리적 욕구+안전의 욕구
R(관계욕구: Relatedness)	• 타인과의 관계에 대한 욕구 • 소속감과 애정욕구+외적 존경욕구
G(성장욕구: Growth)	• 자아 성장을 위한 개인의 잠재력 개발 욕구 • 내적 존경욕구+자기실현의 욕구

② 특징

    ㉠ 하위욕구가 충족되면 상위욕구에 대한 욕망이 더욱 커진다.

    ㉡ 상위욕구가 충족되지 않으면 하위욕구에 대한 욕망이 더욱 커진다.

③ 욕구단계이론과의 비교

유사점	차이점
• 하위욕구가 충족 → 상위욕구에 대한 욕망 • 욕구의 계층성 인정	• 계층의 숫자가 적어서 훨씬 포괄적 • 계층별 욕구가 반드시 순차적이지 않음 • 세 가지 욕구가 동시에 나타날 수도 있음

④ 비판

    ㉠ 욕구는 여전히 계층성을 지닌다.

    ㉡ ERG 이론에서 승진이 불가능하면 월급이라도 많이 받자는 심리에서 상위욕구(승진), 하위욕구(월급)로 여전히 계층성을 지닌다.

(3) 맥클랜드(D. G. McClelland)의 성취동기이론

① 내용: 맥클리랜드는 모든 사람들이 공통적으로 비슷한 욕구 계층을 갖고 있다고 주장한 매슬로우의 이론을 비판하며, 욕구는 '학습되는 것'으로 개인마다 차이가 존재한다고 주장하였다. 그는 개인의 욕구 유형으로 성취욕구, 권력욕구, 친교욕구가 존재한다고 보았다.

② 성취, 권력, 친교욕구: 끝없는 욕망으로 채워지지 않는다.

(4) 허츠버그(F. Herzberg)의 2요인 이론

① 내용

동기 유발 요인	위생 요인

• 일에 만족을 주는 요인
• 업무 자체와 관련
  예 성취감, 책임감, 승진, 직무충실 등
	• 불만족을 감소시키는 요인
	• 환경 조건과 관련
	  예 화장실 등 작업환경, 임금, 지위, 안전 등

② 특징

    ㉠ 인간은 이원론적인 욕구구조를 가지고 있다.

    ㉡ 불만을 야기하는 요인과 만족을 주는 요인은 서로 다르다.

    ㉢ 불만요인의 제거는 소극적이며 단기적인 효과를 가진다.

    ㉣ 직무충실화의 이론적 기초이다.

③ 비판

ⓒ 2원적 구조에 대한 문제가 제기된다.

ⓒ 개인차에 대한 고려가 없다.

ⓒ 만족과 동기부여를 같은 것으로 전제한다.

ⓒ 자료 수집에 있어서의 객관성과 보편성이 결여되어 있다.

3 동기부여의 과정이론

(1) 브룸(V. H. Vroom)의 기대이론

① 내용: 개인은 여러 가지 행동 대안을 평가하여 가장 중요시되는 결과를 가져오리라 믿어지는 수단성에 대한 기대감의 복합적 함수에 의해 선택한다.

② 기대이론의 5대 기본변수

기대감(Expectancy) 0≤E≤1	• 행동이 자신에게 가져다 줄 결과에 대한 기대감(확률) • 노력 대 성과의 관계로 0~1 사이로 나타남
수단성(Instrumentality) −1≤I≤1	1차 수준 결과가 2차 수준 결과를 가져오리라는 주관적인 기대감
결과 또는 보상	• 1차 수준 결과: 개인행동에 대한 결과−직무 성과, 생산성 등 • 2차 수준 결과: 1차 수준의 결과에 따른 결과−돈, 승진 등
유의성(Valence)	개인이 결과에 대해 갖는 선호도 • 긍정적 유의성(Positive Valence): 보상, 승진, 인정 등 • 부정적 유의성(Negative Valence): 압력, 벌 등
행동 선택	기대되는 결과와 중요성을 모두 고려하여 적절한 행동 선택

③ 과정

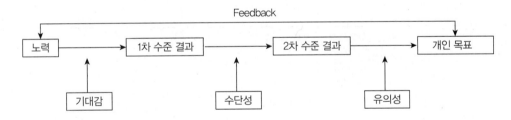

④ 특징

ⓒ 인지적 성격

ⓒ 곱셈 모형

$$MF_i = f(\Sigma(V_i P_{ij}))$$

단 MF_i=동기강도(Motivational Force), i=수단성(행동), j=결과, V=유의성(Valence), P=기대(확률), V_j=결과에 부여하는 가치, P_{ij}=행동이 결과를 가져올 것이라는 기대

(2) 아담스(J. S. Adams)의 공정성이론

① 내용

ㄱ 자신의 투입(Input)과 산출(Output)의 비율을 다른 사람과 비교하여 공정한 대우를 받고 있는지 판단하는 것이다.

ㄴ 공정성과 불공정성

공정성	$\dfrac{O_p}{I_p} = \dfrac{O_o}{I_o}$	만족
과대보상 불공정성	$\dfrac{O_p}{I_p} < \dfrac{O_o}{I_o}$	죄책감
과소보상 불공정성	$\dfrac{O_p}{I_p} > \dfrac{O_o}{I_o}$	불만족

O_o: 자신의 Output
O_p: 타인의 Output
I_o: 자신의 Input
I_p: 타인의 Input

② 과정: 불공정성 지각 → 개인 내 긴장 → 긴장 감소 쪽으로 동기 유발 → 행위

③ 불공정성의 관리

ㄱ 자신의 투입과 산출의 변경

ㄴ 비교대상의 투입과 산출의 변경

ㄷ 인지적 왜곡

ㄹ 비교 대상 변경

ㅁ 이직

(3) 목표설정이론(Goal Setting Theory)

① 로크(E. A. Locke): 목표가 인간의 동기를 형성하는 가장 중요한 요인으로 목표에 따라 실제 행동과 성과가 결정된다. 즉, '의사(Intention)'가 중요하다.

② 목표의 특성

난이도	능력 범위 내에서 어려울수록 효과적
구체성	구체적일수록 도전적
수용성	강요가 아니라 동의한 것
참여성	당사자가 목표 설정 시에 참여한 것
단순성	단순할수록 효과적

③ 환경

피드백	목표달성에 대한 피드백이 성과를 유발
보상	목표달성에 따른 합리적 보상
경쟁	적당한 경쟁은 효과적

4 동기부여의 상황이론: 레빈(K. Lewin)의 장의 이론

(1) 특정 시점의 행위를 이해하기 위해서 개인과 시스템, 환경을 모두 고려하여 동기를 부여해야 한다.

(2) 생산활동을 촉진하는 힘과 억제하는 힘

촉진하는 힘	억제하는 힘
일의 선호, 보상, 효과적인 감독 등	피로, 집단의 규범, 비효과적 감독 등

03 동기부여 기법

1 경제적 보상

월급과 상여금 등으로 동기부여를 하고 있다.

능률급	성과급
육체 근로자	정신 근로자
• 생산의 품질과 불량률을 고려하여 생산량에 따라 임금 지급 • 성과가 자신의 노력 외의 외부적 요인에 의하여 영향을 받으면 동기 유발 효과가 나지 않음	• 일반적으로 기본급에 추가 지급 • 성과급의 비율이 너무 적으면 동기 유발 효과가 나지 않음 • 분배 결과의 공개 → 갈등 유의

2 직무 충실화

직무의 수직적 확대(허즈버그의 2요인 이론에 근거)를 통해 동기부여를 하고 있다.

3 목표관리(MBO)

(1) **내용:** 목표 설정 시 종업원들이 참여하도록 하여 생산 목표를 명확하고 체계적으로 설정 · 활용하며, 공식적 목표를 실체화하는 과정이다.

(2) **목표관리의 과정**
① **목표의 설정:** 활동 영역과 구체적인 목표를 설정한다.
② **평가:** 목표 추구의 과정과 성취도를 측정, 평가, 피드백한다.

(3) **비판**
① 모든 과업이 목표 설정이 용이한 것은 아니다.
② 질보다 양을 추구한다.
③ 조직 내외의 상황이 안정적이어야 한다.

CHAPTER

06 창의성과 스트레스 관리

01 창의성

1 창의적에 대한 정의

(1) **창의적 행위:** 타인이 가치를 느낄 만한 새롭고 유용한 아이디어를 산출하는 행위를 말한다.

(2) **창의적 능력:** 창의적 행위를 할 수 있는 능력을 말한다.

2 창의성의 측정방법

RAT (Remote Associates Test: 원격연상검사법)	토란스검사법 (Torrance Test of Creative Thinking)
• 창의성: 간단하고 일원적인 것 • 상호거리가 있는 연상요소들을 제시하여 새로운 조합을 유도 예 한 단어에서 여러 단어의 연상	• 창의성: 특별하고 복잡한 것 • 평가대상자의 능력, 유연성, 독창성, 정교성 등의 적성을 파악 예 그림의 해석

3 창의성 개발기법

(1) **자유연상법:** 자유롭고 창의적인 사고를 발휘하도록 훈련을 하면서 나온 대안으로 문제를 해결한다.

브레인스토밍 (Brainstorming)	• 리더가 제시하는 하나의 사안에 대하여 연상되는 아이디어를 무작위로 제공 • 질보다 양을 중시하는 방법
고든법 (Gordon Technique)	• 문제를 구상화시켜 주제를 모른 채 광범위한 아이디어를 제공 • 양보다 질을 중시하는 방법

(2) **분석적 기법:** 연극에서 무대, 조명, 연기자를 바꿔서 달리 생각해본다. 한 문제와 그 문제의 여러 요소를 철저하게 논리적으로 공격하는 기법이다.

① 대상의 주요 특성이나 속성들을 분리시킨 뒤 이 분리된 속성을 고려해서 생각나는 대로 변화시켜 조립한다.

② 목적과 사용될 투입요소를 고정한 후, 투입요소로부터 목적을 이끌어 낼 수 있는 가능한 모든 방법을 탐색한다.

③ 문제를 규정한 후, 가능한 대안들을 하나하나 분석한다.

(3) 강제적 관계 기법: 관계가 없는 둘 이상의 물건이나 아이디어를 강제적으로 관계 맺어 보는 것이다.

시네틱스	• 직접적 유추(Direct Analogy): 실제로 전혀 닮지 않은 두 개의 개념을 객관적으로 유추 　예 전화기 & 귀와 입 • 의인유추(Person Analogy): 자신이 문제 자체라고 생각하고 통찰하는 유추 　예 연필깎이 입장에서 생각 • 상징적 유추(Symbolic Analogy): 두 대상물의 관계에서 상징을 활용하는 유추 　예 대지 & 어머니

02　스트레스

1 스트레스의 정의

자극개념	작업자의 특성과 상호작용하는 작업의 조건
반응개념	억눌린 상황 조건하에서 나타나는 개인의 반응
자극-반응개념	개인이 추구하는 바가 여러 제약 조건에 의해서 해결이 불투명한 상태

2 스트레스의 순기능과 역기능

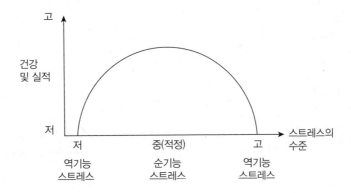

3 스트레스 유발 요인

물리적 환경 요인	조명, 소음 등 작업 환경
직무관련 요인	개인이 행하는 직무와 관련한 요소
경력 개발 요인	승진 등 미래에 대한 압박과 불확실성
대인관계 요인	조직 내 수직·수평적 대인 관계
집단 수준 요인	집단 간 갈등이나 압박 등
조직 수준 요인	조직의 문화, 커뮤니케이션 등

4 스트레스 대처 방안

(1) 개인 차원: 스포츠, 이완훈련, 감정의 표출 등

(2) 조직 차원

과업재설계 (Task Redesign)	조직원의 적성과 능력을 고려하여 주어진 업무를 재설계
참여관리 (Participative Management)	권한을 이양하고 의사결정에의 참여를 확대
역할분석 (Role Analysis)	개인의 역할을 명확히 정의
경력 개발 (Career Development)	경력 개발 과정을 통하여 조직원이 느끼는 불안감의 경감
융통성 있는 작업계획 (Flexible Work Schedule)	개인의 재량권과 자율권의 확대
목표설정 (Goal Setting)	직무에 대한 구체적인 목표의 설정
팀 형성 (Team Building)	작업 집단에서 일어나는 대인관계 과정 매개 방법

07 집단 행위에 대한 이해

CHAPTER

01 집단의 정의와 구성요소

1 집단의 정의

공동목표를 가지고 상호작용을 하며, 역할과 규범을 공유하고 있는 두 사람 이상의 조직화된 집합체이다.

2 집단의 구성요소

(1) **공동목표**

(2) **구성원들의 헌신**

(3) **역동적 상호작용**

(4) **집단의 규범**

(5) **자기지도의 능력**

3 집단의 목적

집단 차원	과업 달성	집단의 일차적 목표
	문제 해결	제한된 합리성하에서 문제의 해결을 위해서 조직 구성
개인 차원	소속감과 친밀도	비공식조직 안에서의 대인관계
	사회심리적 욕구충족	집단의 가입을 통하여 사회적 명예 획득

> **개념더하기** 시너지 효과
>
> • 둘 이상의 서로 다른 개체가 힘을 합쳐 단순한 두 힘의 합 이상의 힘을 발휘하는 것을 말한다.
> • 1+1=2 이상이 되는 효과이다.

1 공식집단과 비공식집단

(1) 공식집단: 능률, 비용의 원리에 입각하여 공식적 과업이나 목표를 달성하기 위해 의도적으로 형성된 집단이다.

기능집단(Functional Group) = 명령집단(Command Group)	과업집단(Task Group)
계층 구조를 지니는 조직도상 부, 과, 계 등	구체적 과업 달성을 위한 임시적인 프로젝트팀, 과업팀 등

(2) 비공식집단: 감정의 논리에 입각하여 공동의 관심사나 인간관계에 따라서 형성된 자연발생적 조직이다.

이해집단(Interest Group)	우호집단(Leadership Group)
구성원들이 자신의 이익을 얻기 위하여 형성한 집단 예 노동조합	유사성을 지닌 사람들끼리의 모임 동호회(공통점), 동창회(유사성)

(3) 공식집단과 비공식집단 비교

구분	공식(인위적) 집단	비공식(자연적) 집단
가입 동기	지명 또는 선발	자연적 또는 자의적
과업	한정	다양
존속 기간	미리 정해짐	구성원들 의도에 달려있음
규범	능률의 법칙	감정의 법칙

> **개념더하기** 소시오메트리(Sociometry)
>
> - 개념: 집단구성원들 간의 선택, 거부를 측정함으로써 구성원 간의 인간관계 혹은 집단 구조를 분석하는 기법이다.
> - 소시오그램(Sociogram): 소규모 집단의 비공식 관계
> - 소시오메트리 매트릭스(Sociometry Matrix): 대규모 집단의 비공식 관계

2 1차 집단과 2차 집단

1차 집단(Primary Group)	2차 집단(Secondary Group)
• 자발적이고 무의식적으로 형성 • 비공식적, 친밀함, 개인적 　예 가족, 이웃, 동료 등	• 특정목적을 지닌 사람들이 인위적으로 형성 • 공식적, 비인격적, 도구적 　예 학술모임, 종교모임, 노동조합 등

3 성원집단과 준거집단

성원집단(Membership Group)	준거집단(Reference Group)
개인이 속해있는 집단	개인이 가치관을 결정하는 데 준거기준으로 삼는 집단

4 희구집단과 회피집단

희구집단(Aspirational Group)	회피집단(Dissociative Group)
개인이 소속을 바라는 집단	개인이 소속을 꺼리는 집단

5 자발적 집단과 비자발적 집단

자발적 집단(Voluntary Group)	비자발적 집단(Involuntary Group)
가입과 탈퇴가 자유로운 집단	가입과 탈퇴가 개인의 의지와는 상관없는 집단

03 개인의 집단 참가 동기

안정(Security)	외부 위협으로부터의 보호 예 노동조합
사회적 욕구(Social Needs)	타인과의 관계 형성 및 소속감
자존욕구(Self Esteem Needs)	집단에의 소속을 통한 사회적 명예 획득 예 프리빌리지 클럽
경제적 욕구(Economic Needs)	경제적 요인 예 공동구매 클럽
집단의 목표(Group Goals)	집단의 목표가 개인적 목표와 일치 예 동아리

04 집단의 분석

집단 구조	집단 과정
• 집단의 정태적 측면 • 특정집단을 구별 짓는 그 집단만의 독특한 성격	• 집단의 동태적 측면 • 목표 달성을 위한 집단의 구체적 행위

1 지위(Status)

(1) **정의**: 집단과 그 구성원들에게 부여되는 상대적인 사회적 지위 혹은 서열이다.

(2) **지위의 종류**

공식적 지위	비공식적 지위
조직 내에서 개인의 계층 수준이나 직위 등을 반영하는 차별화된 요소 예 개인 사무실, 직함 등	공식적으로 주어지는 것은 아니지만 집단 내에서 구성원들의 암묵적인 동의에 의하여 주어지는 특권 예 직위가 낮더라도 나이가 많으면 높은 지위

2 역할(Role)

(1) **정의:** 집단 내에서 구성원에게 기대되는 일련의 행위이다.

(2) **역할 갈등:** 개인에게 동시에 행해질 수 없는 두 가지 이상의 역할이 주어지는 경우이다.

(3) **역할 모호성:** 개인에게 주어진 역할이 명확히 규정되어 있지 않은 경우이다.

> **개념더하기** 지위와 역할의 불일치
>
> • 공식적 조직: 부정적
>   예 과대평가: 지위는 팀장인데 실제 행하는 역할은 팀원일 경우
>   과소평가: 지위는 팀원인데 실제 행하는 역할은 팀장일 경우
> • 비공식적 조직: 긍정적 효과가 나타날 수도 있음

3 규범(Norm)

(1) **정의:** 집단의 구성원들 간에 비공식적으로 공유된 행위의 기준이다.

(2) 사회화 과정을 통해 체득되며, 집단의 행위에 적용한다.

4 집단응집성(Cohesiveness)

(1) **정의:** 집단 구성원들이 집단의 일원으로 남아 있으려 하는 정도이다.

(2) **영향 요인**

공통된 목표	공동으로 추구하는 정도에 따라
집단의 크기	집단이 작을수록 응집성이 높을 가능성이 큼
공유된 문화	공유한 태도와 가치관에 따라
외부의 위협	일반적으로 응집성은 커지지만 집단사고의 위험성 증대

08 커뮤니케이션과 의사결정

01 커뮤니케이션

1 커뮤니케이션의 정의와 기능

(1) 정의: 정보의 전달과 공유뿐만 아니라 조직 내 구성원 간의 공감대 형성을 위한 의사소통 활동이다.

(2) 기능

정보전달기능	개인과 집단 또는 조직에 정보를 전달해 주는 기능
동기유발기능	구성원들의 동기유발을 촉진시키는 기능
통제기능	구성원의 행동을 조정하고 통제하는 기능
정서기능	구성원들이 자신의 감정을 표현하고 사회적 욕구를 충족시켜주는 기능

2 커뮤니케이션의 과정

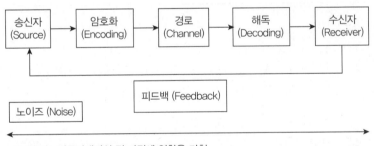

* 노이즈는 커뮤니케이션 전 과정에 영향을 미침

3 집단조직 내의 의사소통

(1) 공식적 의사소통

① 수직적 의사소통

하향적 의사소통	상향적 의사소통
명령이나 지시 등 상사가 부하에게 정보를 전달하는 의사소통	성과의 보고 등 부하가 상사에게 정보를 전달하는 의사소통

② **수평적 의사소통:** 위계수준이 같은 조직원이나 부서 간의 의사소통이다.

③ **대각적 의사소통:** 조직 구조상 동일한 수평적 위계나 수직적 명령 계통에 속하지 않는 조직원이나 부서 간의 의사소통이다.

(2) 비공식적 의사소통: 비공식적 체계를 따라 전달되는 의사소통으로 대표적으로 그레이프 바인이 있다.

> **개념더하기** 　 그레이프 바인(Grape Vine)
>
> 미국의 남북전쟁 당시 전보체계에서 비롯된 말로 비공식적 커뮤니케이션을 지칭한다.

4 집단조직 내 의사소통망

(1) 의사소통망의 형태

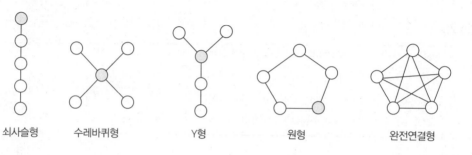

쇠사슬형　　　수레바퀴형　　　Y형　　　원형　　　완전연결형

(2) 의사소통망의 특성

쇠사슬형	공식적 명령 체계
수레바퀴형	• 공식적 작업 집단 • 중심인물이 존재 • 간단한 작업일 경우에만 유효 • 상황파악과 문제해결의 즉각성
Y형	• Line–staff 집단 • 확고하지는 않으나 리더의 존재가 있음
원형	• 위원회 조직 • 지역적으로 분리되었거나 자유방임적 조직 • 종합적 문제해결 능력은 떨어지지만 구성원 만족도는 높음
완전연결형	• 비공식적 조직 • 구성원들의 창의성을 최대한 발휘할 수 있는 상태 • 구성원 만족도가 가장 높음

(3) 의사소통망의 비교

구분	쇠사슬형	수레바퀴형	Y형	원형	완전연결형
커뮤니케이션의 속도	중간	빠름	중간	빠름	빠름
커뮤니케이션의 정확도	높음	높음	높음	중간	중간
권한집중	보통	높음	중간	낮음	낮음
구성원 만족도	보통	낮음	중간	높음	높음
집단의 몰입도	낮음	중간	중간	중간	높음

5 수직적 의사소통의 개선

상향적 커뮤니케이션의 개선	하향적 커뮤니케이션의 개선
• 의견 태도 설문조사 • 참여제도: 제안제도, 노사협의회 • 위원회(고충처리절차) • 사내보 • Open door policy • 퇴직면접	• 중복성의 이용 • 대면적 커뮤니케이션 • 명확한 언어의 사용 • 피드백 • 신뢰적 분위기의 조성

개념더하기 조하리의 창(Johari's Windows)

구분	내가 나를 알고 있다	내가 나를 모르고 있다
남이 나를 알고 있다	〈Public Window〉 공개의 영역(Open Area)	〈Blind Window〉 감춰진 영역(Blind Area)
남이 나를 모르고 있다	〈Private Window〉 숨겨진 영역(Hidden Area)	〈Unknown Window〉 모르는 영역(Unknown Area)

02 의사결정

1 의사결정의 정의와 중요성

(1) 정의: 목적을 달성하기 위하여 이용 가능한 많은 대안 중에서 가장 합리적인 대안을 선택하는 의식적 과정이다.

(2) 중요성

① 경영의 모든 상황에서 필요하다.

② 경영의 모든 과정에 수용된다.

③ 결정된 사항은 다수에게 영향을 미친다.

2 개인 의사결정

합리적 경제인 모형	관리인 모형(사이먼, Simon)
• 완전한 정보의 수집 • 가능한 모든 대안의 탐색과 평가 • 최적의 의사결정 • 규범적 모형	• 불완전한 정보의 수집 • 최대한 많은 대안의 탐색과 제한된 합리적 평가 • 만족스러운 의사결정 • 기술적 모형(상황별 적용되는 규칙)

3 집단 의사결정

(1) 집단 의사결정의 특징

① 신속성은 떨어지나 정확성은 높다.

② 구성원들의 상호작용을 통하여 많은 정보를 활용할 수 있다.

③ 문제 해결 과정이 복잡하여 적정성 여부를 판단할 수 없다.

④ 창의성이 떨어진다.

(2) 집단 의사결정의 장점과 단점

장점	단점
• 많은 정보의 활용 • 다양한 시선의 교차 • 선택안에 대한 높은 지지 • 커뮤니케이션 기능 수행 • 결정에 대한 참여도의 증대 • 응집력과 교육적 효과 • 합법성과 정당성의 증대	• 즉각성의 상실 • 집단사고의 가능성 • 동조화 현상 • 갈등의 우려 • 정치적 힘의 작용 • 시간과 비용의 낭비 • 특정인의 지배가능성

4 집단 의사결정의 문제점

(1) 집단사고(Groupthink)

① 개념: 집단의 응집성이 너무 높을 경우, 의사결정의 합의 욕구가 지나쳐서 잘못된 대안을 선택할 가능성이 높아진다.

② 원인

　㉠ 외부로부터의 고립

　㉡ 비민주적 리더십

　㉢ 토의 절차상 합리적 방법의 부재

　㉣ 구성원 간의 동질성

(2) 집단 양극화 현상(Group Polarization)

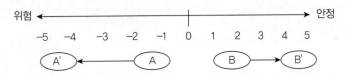

① 토의를 하기 전에는 A와 B에 위치했던 구성원들이 토의 후에는 A'(Risk shift), B'(Caution shift) 의 양극단으로 몰리는 현상이다.
② 원인
    ㉠ 책임 회피의 성향
    ㉡ 자신의 의사에 대한 과도한 자신감
    ㉢ 일부 구성원들의 의견 선도

(3) 동조화(Confirmity) 현상

① 한 개인이 옳은 의견을 지녔다 하더라도, 집단의 압력으로 인하여 의견을 표출하지 못하는 현상이다.
② 집단사고와는 달리 응집성이 낮은 집단에서도 나타난다.

5 집단 의사결정 기법

(1) 명목집단기법

① 명목집단: 명목상으로는 집단이나, 실질적인 상호작용은 이루어지지 않는다.
② 토의 없이 독립적인 의사결정을 하며, 자신의 아이디어는 쪽지에 의하여 공개한다.

(2) 델파이기법

① 여러 명의 전문가에게 의견을 물은 뒤, 서로의 의견을 숙지하게 한 후 다시 의견을 묻는 과정을 통하여 합의를 도출한다.
② 한 자리에 모일 필요 없이 타인의 영향을 받지 않은 독립적 의사결정이다.

(3) 데블스 애드보카시(Devil's Advocacy)

① 천주교에서 성인으로 추천받은 사람의 심사과정에서 유래하였다.
② 한 사람이 지속적으로 반박하는 과정을 통하여 철저한 검토 과정을 거친다.

6 집단 의사결정 기법 간의 유효성 비교

비교기준	집단 의사결정 기법				
	상호작용	브레인스토밍	명목집단	델파이기법	통계통합
아이디어 수	적음	중간	많다	많다	적용불가능
아이디어 질	낮음	중간	높음	높음	적용불가능
구성원 간 압력	높음	낮음	중간	낮음	없다
시간 · 비용	중간	낮음	낮음	높음	낮음
과업지향성	낮음	높음	높음	높음	높음
갈등유발 가능성	높음	낮음	중간	낮음	낮음
성취감	다양	높음	높음	중간	낮음
해결책 추구노력	높음	관련 무	중간	낮음	낮음
집단응집력	높음	높음	중간	낮음	중간

개념더하기 명목집단법과 통계통합기법

- 명목집단법(NGT ; Nominal Group Technique): 명목집단이란 명목상 집단일 뿐 구성원 상호 간의 대화나 토론이 이루어지지 않는 집단을 의미한다. 모든 구성원들이 다른 사람의 영향력을 받지 않고 독립적으로 문제를 생각해 볼 수 있고 의사결정 시 시간이 적게 드는 반면, 명목집단을 이끌어 나갈 수 있는 자질을 갖춘 리더가 필요하고, 한 번에 한 문제 밖에 처리할 수 없는 문제가 있다.
- 통계통합기법: 계량적인 판단이 필요할 때, 약간 명의 참가자에게 독립적 판단을 하게 하고 이를 통계적으로 통합하는 방법이다.

09 권력과 갈등

---

01 권력

1 권력의 정의와 개념의 비교

(1) **정의:** 개인이나 집단이 다른 개인이나 집단의 의사결정과 자원통제에 영향을 미치는 잠재력과 능력이다.

(2) **권력, 권한, 영향력의 비교**

권력	한 개인이나 집단이 다른 개인이나 집단에 대하여 지배력을 확보하는 것
권한	한 개인이 조직 내에서 차지하고 있는 위치로 인하여 갖게 되는 공식적인 힘
영향력	한 개인이 다른 개인이나 집단에 변화를 일으킬 수 있는 힘

2 권력의 분류(프렌치와 레이븐, J. French & B. Raven)

권력은 타인 또는 조직단위의 행태를 좌우할 수 있는 능력을 말한다.

보상적 권력	타인에게 긍정적 강화를 제공할 수 있는 경우
강제적 권력	타인에게 부정적 강화를 제공할 수 있는 경우
합법적 권력	권한을 가지는 경우
준거적 권력	상사에게 주관적인 충성심을 가지고 있는 경우 예 상사를 존경해서 따름
전문적 권력	특정 분야에서 전문적 지식을 가지고 있는 경우

3 권력에 대한 반응

복종 (Compliance)	• 관리자의 보상이나 처벌에 대한 하급자들의 반응 • 보상의 확대+처벌의 최소화 • 행위적 복종, 태도적 복종
동일화 (Identification)	• 하급자가 상급자를 존경하여 상급자의 요구에 따르는 경우 • 준거적 권력과 관계
내면화 (Internalization)	• 상급자의 요구와 하급자의 가치가 일치하는 경우 • 전문적 권력이나 정보의 확보와 관계(피고인에게 변호사의 조력)
분열화 (Alienation)	• 상급자가 강압적 권력을 사용하고자 할 경우 • 하급자들 간의 연합을 주의(노사분규)

1 조직정치의 개념

조직에서 인정되지 않는 목적을 달성하려 하거나 혹은 인정되지 않는 수단을 동원하는 것이다.

2 조직정치의 발생원인

자원	자원의 필요성과 희소성
의사결정	불명확하고 장기적인 의사결정
목표	목표의 불명확성과 복잡성
기술과 외부환경	기술의 복잡성과 외부환경의 동태성
변화	조직 내외부적으로 변화가 일어나는 경우

3 조직정치의 관리방법

(1) 제도의 불확실성을 줄인다.

(2) 조직 내부의 경쟁을 줄인다.

(3) 조직 내 역기능적인 역할을 하는 결탁세력을 제거 또는 분열시킨다.

(4) 결탁세력을 미연에 방지하도록 한다.

03 　　갈등

1 갈등의 개념과 기능

(1) **개념:** 조직 내에서 둘 이상의 구성원이 상호작용을 하던 중에 발생하는 불화나 의견의 불일치를 말한다.

(2) **기능**

순기능	역기능
• 창의적 아이디어의 유도 • 조직의 변화와 활기 부여 • 개인과 조직의 일치 계기 • 문제해결 촉구	• 조직의 불안정성 유발 • 자원낭비 • 업무로부터의 이탈 • 집단응집력 파괴

(3) 갈등의 수준과 집단의 유효성

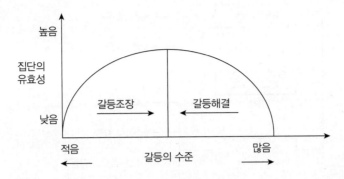

갈등과소	적정수준	갈등과다
적응력 둔화	변화지향	혼란, 분열
획일성	창조적, 다양성	투쟁, 비협조
무사안일	도전적	불안, 위협
포기, 침체	목표실천 행동	목표의식 결여

2 갈등의 유형

(1) 갈등의 유형

수직적 갈등	조직 내 수직적 계층 간에 발생하는 갈등
수평적 갈등	조직 내 동일한 계층의 부문 간에 발생하는 갈등
라인-스태프 갈등	서로 간의 간섭으로 인해 방해받거나 서로 업무의 성격을 이해하지 못할 때 발생
역할 갈등	여러 가지의 역할이 각각 양립할 수 없이 대립할 때 발생
기능적 갈등	각기 기능이 다른 집단 간에 생기는 갈등
경쟁적 갈등	한 조직 내에서 유사한 기능을 수행하는 집단 사이에 생기는 갈등

(2) 주체를 기준으로 한 갈등의 유형(루단스, F. Luthans)

개인 간 갈등	둘 이상의 개인이 동일한 사안에 대하여 상충되는 요구와 기대 등을 가질 때 발생
집단 간 갈등	• 기능적 갈등: 기능이 다른 집단 간의 갈등 • 계층적 갈등: 조직 계층 간의 갈등 • 경쟁적 갈등
조직 간 갈등	• 경쟁 기업과의 갈등 • 정부와의 갈등 • 부품 업체와의 갈등 등

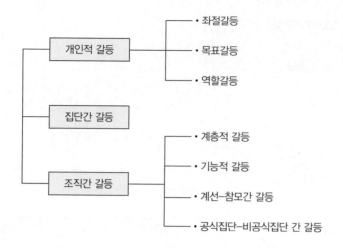

3 갈등의 원인

상호의존성	자원을 공유하지만 업무상 분리되어 있는 경우
집단 간 불균형	한 조직 내의 두 집단이 추구하는 목표와 행동방향이 다를 경우
자원의 제한성	제한된 자원을 차지하기 위한 경쟁의 과열
영역 모호성	서로 담당하는 영역이 명확하지 않을 경우

4 갈등의 관리

통일된 목표	통일된 상위 목표의 동시 추구
자원의 확충	부족한 자원의 확충
조직구조의 변경	조직구조의 변경을 통해 갈등 해소
상부의 명령	권위 있는 명령에의 복종
갈등에의 적극적 개입	문제 해결을 위해 적극적 개입
제3자의 조정	이해관계가 없는 제3자의 조정

CHAPTER

10 리더십 이론

01 리더십의 정의와 구성요소

1 리더십의 정의

집단행위에 영향력을 행사하여 조직의 유효성을 증대시키는 지도력이다.

2 리더십의 구성요소

(1) **리더(Leader):** 집단 전체에게 영향력을 발휘하고 있거나 발휘하려 하는 구성원

(2) **부하(Follower):** 리더가 영향을 발휘하는 대상이 되는 구성원

(3) **상황적 요소(Situation Factor):** 리더와 부하 간의 영향 과정을 둘러싼 환경 요소

3 리더십 이론

특성이론	• 1940~1950년대 • 성공적인 리더의 특성 연구
행동이론	• 1950~1960년대 • 리더와 부하 간의 관계를 중심으로 리더의 행동 연구
상황이론	• 1970년대 이후 • 리더와 환경적인 상황의 관계 연구

02　리더십의 특성이론

1 가정

리더가 고유한 개인적인 특성만 가지고 있으면 그가 처해있는 상황이나 환경에 관계없이 항상 리더가 될 수 있다.

2 리더의 자질

(1) 신체적 특성

(2) **지능(Intelligence):** 문제해결 및 인지적 반응을 나타내는 개체의 총체적 능력

(3) **성격과 감성:** 개인을 특징짓는 지속적이며 일관된 행동양식과 자극의 변화를 느끼는 성질

(4) 과업에 대한 높은 성취욕구와 책임감

(5) 원만한 대인관계 등의 사회적 특성

3 비판

(1) 리더의 특성은 그가 처한 환경마다 다르게 나타난다.

(2) 리더의 특성을 판단하기가 어려워 성공한 리더와 실패한 리더의 차이가 모호하다.

03　리더십의 행동이론

1 아이오와 대학 연구

(1) 리더십의 유형

권위적 리더	리더가 의사결정을 하고 구성원들에게 통보
민주적 리더	• 그룹 구성원들이 스스로 의사결정 • 리더는 보조적 역할
자유방임적 리더	• 그룹 구성원과 리더 간 상호작용관계가 독립적 • 구성원들은 자율적 의사결정

(2) 리더와 구성원 간의 관계

리더의 의사결정 영역

구성원의 의사결정 영역

권위적 리더십	민주적 리더십	자유방임적 리더십
• 수동적 집단 • 리더 부재 시 좌절	• 리더에게 호의적 • 응집력이 크고 안정적 집단 • 리더 부재 시에도 안정적	• 리더에게 무관심 • 지속적인 불만족

(3) 리더십의 유효성: 복합적 측면에서 민주적 리더십이 가장 바람직하다.

2 미시간 대학 모형

(1) 리더십의 유형

직무 중심적 리더십	• 생산과업을 중요시하고 생산방법과 절차 등 세부적인 사항에 관심 • 공식권한과 권력에 비교적 많이 의존 • 부하를 치밀하게 감독
조직원 중심적 리더십	• 조직 구성원과의 관계를 중요시 • 구성원에게 많은 권한을 위임, 지원적 환경 조성 • 부하의 개인적 발전과 성장에 관심을 보임

(2) 리커트(Likert)의 연구

System 1	System 2	System 3	System 4
부하들을 거의 신뢰하지 않음	부하들을 신뢰	상당한 신뢰감	완전한 신뢰감
• 착취 독재형 • 벌	• 온정적 권위형 • 상벌	• 상담적 • 상	참여적
하향식 커뮤니케이션	쌍방향 커뮤니케이션	쌍방향 커뮤니케이션	쌍방향 커뮤니케이션
최고경영층의 의사결정권	• 중간관리자까지 의사결정권 • 상층부의 통제	전반적 의사결정권	전반적 의사결정권

(3) 리더십의 유효성: 리커트의 연구를 고려해 볼 때 조직원 중심적 리더십이 가장 바람직하다.

3 오하이오 주립대학 모형

(1) 리더십의 유형 – 구조주도와 배려에 따른 리더십의 유형

① **구조주도:** 리더가 부하들의 역할을 명확히 정해주고 그들에게 기대하는 것이 무엇인지 알려주는 행동이다.
② **배려:** 리더가 부하들의 복지와 안녕, 지위, 공헌 등에 관심을 가져주는 행동이다.

(2) 리더십의 유효성: 구조주도 高, 배려 高가 가장 바람직하다.

4 관리격자 모형(Managerial Grid)

(1) 개념: 블레이크와 머튼(Blake & Mouton)에 의한 이론으로 생산과 인간에 대한 관심을 변수로 보고 계량화한 리더십이다.

(2) 리더십의 유형

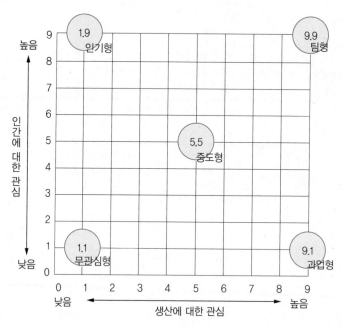

무관심형(1.1형)	• 인간과 생산성 모두에 무관심 • 자기 직무에 최소한의 관심
인기형(1.9형)	• 생산성에는 무관심, 오로지 인간에 대한 관심 • 쾌적하고 우호적인 작업환경
과업형(9.1형)	• 오로지 효율적인 과업달성에만 관심 • 매우 독재적인 리더
중도형(5.5형)	과업의 능률과 인간적 요소를 절충하여 적당한 성과 추구
팀형(9.9형)	• 바람직한 리더의 모델로 기업의 생산성 욕구와 개인의 욕구에 관심 • 모두 만족시킬 수 있고, 가장 바람직한 모델

5 PM리더십

미스미(三隅) 교수는 성과지향은 효과적 리더십에 필수적이지만 유지지향 성향이 동반되지 않으면 리더의 성과지향적 행위를 집단구성원들이 압력 또는 통제로 해석하게 된다. 반면에 성과에 대한 강조와 함께 유지노력이 주어지면 추종자들은 리더의 성과지향적 행동을 지시나 압력으로 해석하기 보다는 계획수립을 도와주고 전수해 주기 위한 행동으로 평가한다.

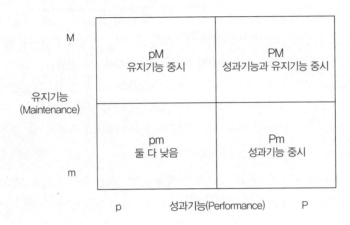

6 Big5 성격(성격의 5대 특성)

Big5에서 인간의 성격이란 다양한 시간과 상황에 거쳐 어느 정도 안정적이고, 타인과의 구별되는 특징적인 사고방식, 감정 및 행동의 양식을 의미한다. 5가지 요인은 다음과 같다

(1) **외향성**: 타인과의 상호작용

(2) **호감성**: 타인과의 조화관계

(3) **성실성**: 사회 규범을 지키려는 정도

(4) **개방성**: 새로운 개방에 대한 관심 수용정도

(5) **정서적(불)안정선**: 정서적 안정된 정도

7 집단발달의 5단계

(1) **형성기**: 사람들이 목적을 정해 구조적으로 조직을 결성하는 집단발달의 단계

(2) **격동기**: 집단이 결정되고 나서 주로 초기에 갈등이 발생하는 집단발달의 단계

(3) **규범기**: 갈등을 해소하고 목적을 달성하기 위해 규범을 정하여 응집력이 생기는 집단발달의 단계

(4) **수행기/성과달성기**: 목표를 달성하여 집단이 재기능 발휘하는 집단발달의 단계

(5) **해체기**: 집단이 해체되는 단계이나 집단발달에는 포함되지 않을 수 있음

8 가치사슬(Value Chain)

(1) 가치사슬: 고객에게 가치를 제공함에 있어서 부가가치 창출에 직·간접적으로 관련된 일련의 활동·기능·프로세스의 연계를 의미한다.

(2) 가치창출 활동

① **본원적 활동(Primary Activities)**: 물류투입(IL; Inbound Logistics), 운영/생산(OP; Operations), 물류산출(OL; Outbound Logistics), 마케팅 및 영업(M&S; Marketing & Sales), 서비스(Services) 활동이 이에 포함되며, 제품/서비스의 물리적 가치창출과 관련된 활동들로써 직접적으로 고객들에게 전달되는 부가가치 창출에 기여하는 활동들을 의미한다.

② **지원 활동(Support Activities)**: 회사 인프라(Firm Infrastructure), 인적자원관리(HRM), 기술개발(Technology Development), 구매조달(Procurement)이 이에 포함되며, 본원적 활동이 발생하도록 하는 투입물 및 인프라를 제공한다. 지원활동들은 직접적으로 부가가치를 창출하지는 않지만, 이를 창출할 수 있도록 지원하는 활동들을 의미한다.

(3) 가치사슬분석: 가치사슬분석은 회사의 경쟁하는 방법을 검증하는 중요한 기법으로서, 가치사슬분석에 있어서 각 가치활동들을 상호 독립적 활동들로 분리하여 분석해서는 아니되며, 상호의존적 활동으로 연계(Linkages)를 통한 시너지 효과를 고려하여 분석해야 한다.

9 암묵지와 형식지

(1) 암묵지와 형식지

① **암묵지(Tacit knowledge)**: 겉으로 드러나지 않는, 개인이 습(체)득한 지식으로 주관적이다.

② **형식지(Explicit knowledge)**: 글이나 그림 등으로 표현된 지식으로 지식의 전달이나 공유 이해가 비교적 쉽다.

(2) 특징

① 암묵지와 형식지의 상호작용을 통해 지식이 발전된다.

② **암묵지와 형식지 상호작용**: 내면화 – 표출화 – 공통화 – 연결화 개인의 (내면화된) 지식을 표출화하여 형식지처럼 표현하여 공통화를 한다. (지식의 공유 가능)이렇게 표출화된 지식을 개인이 자신의 지식과 연결화하여 지식을 저장한다. 내면화과정 → 표출화 → 공통화 → 연결화 → / 내면화 → 다시 표출화 → 공통화 → 연결화. 이러한 순환작용을 통하여 지식이 상호작용되며 증대된다.

(3) 노니카(野中)의 지식과 정보창출

① **암묵지**: 언어 문장으로 표현하기 어려운 주관적, 내재적 지식으로 개인의 경험과 숙련된 기능 등을 말한다.

② **형식지**: 책이나 문서, 인터넷등 외부로 표현되어 형식화되어 구조화된 지식을 의미한다.

③ 암묵지와 형식지의 상호작용에 의한 지식창출 과정은 다음과 같다.

구분	암묵지		형식지
암묵지	(2단계 사회화=표준화)	→	(3단계 외부화=공통화)
형식지	(1단계 내면화)	→	(4단계 종합화=연결화)

내면화–사회화(표준화)–외부화(공통화)–종합화(연결화)의 순서로 진행된다.

1 가정

리더십의 유효성은 리더의 행동 유형과 환경 요소에 의하여 결정된다.

2 피들러(F. Fiedler)의 상황 모형

(1) 내용

① 리더의 분류(LPC; Least Preferenced Coworker)

피들러는 리더의 리더십 스타일을 분류하기 위해서 '가장 좋아하지 않는 동료(LPC)'라는 설문을 개발하여 LPC 점수가 높으면 종업원 지향적, LPC 점수가 낮으면 과업지향적이라고 하였다.

ⓐ 과업지향적: LPC 점수가 낮은 리더, 즉 상황이 아주 유리하거나 아주 불리한 경우에는 과업지향적 리더가 성공적이다.

ⓑ 관계지향적: LPC 점수가 높은 리더, 즉 상황이 그리 불리하지도 그리 유리하지도 않은 중간 정도의 상황에서는 관계지향적 리더가 성공적이다.

② 상황변수

리더–부하관계	집단 구성원들의 리더에 대한 호의적 태도와 신뢰성
과업구조	업무의 체계성
지위권력	리더가 구성원들에게 영향을 미치는 정도

③ 모델

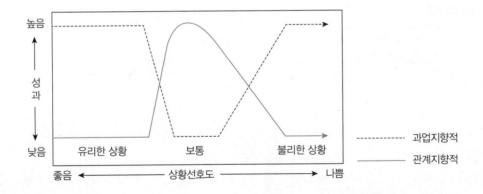

범주	Ⅰ	Ⅱ	Ⅲ	Ⅳ	Ⅴ	Ⅵ	Ⅶ	Ⅷ
리더–부하관계	좋음	좋음	좋음	좋음	나쁨	나쁨	나쁨	나쁨
과업구조	높음	높음	낮음	낮음	높음	높음	낮음	낮음
지위권력	강함	약함	강함	약함	강함	약함	강함	약함

(2) 리더-상황 적합성

① 리더-부하: 관계-좋음 / 나쁨
② 과업구조: 일의 업무-고(체계적) / 저(비체계적)
③ 지위권력: 리더의 영향 - 강 / 약

(3) 의의

① 리더십 이론에 상황을 도입하였다.
② 상황변수를 이용하여 상황을 세분화하였다. 그러나 변인이 복잡하고 측정하기 어렵다.

3 하우스(House)의 경로-목표 이론

(1) 내용

① 부하들의 동기부여에 초점을 맞추고 있다.
② 리더는 부하들이 목표를 달성할 수 있도록 보조적인 역할을 한다.
③ 브룸의 기대이론의 연장선상에 놓여 있다.

(2) 리더십의 유형

지시적 리더십	부하들에게 과업을 명확하게 제시
지원적 리더십	부하들에게 후원적 태도를 취함
참여적 리더십	부하들을 의사결정 과정에 포함시킴
성취지향적 리더십	도전적 목표의 설정

(3) 상황변수

부하특성(성숙도)	통제의 위치, 능력, 경험, 욕구 등
과업특성(환경)	과업구조, 공식적 권한 체계, 작업집단 등

(4) 모형

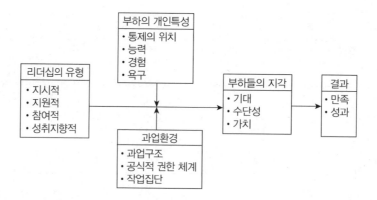

(5) 의의와 비판

    ① 의의: 리더십과 동기부여를 체계적으로 통합한 최초의 이론이다.

    ② 비판: 변수의 측정이 너무 복잡하고 어렵다.

4 허시와 블랜차드(Hersey&Blanchard)의 상황론적 리더십

(1) 내용

    ① 부하들의 자발적 참여 정도와 능력에 따라 리더의 유형을 변화시켜야 한다.

    ② 피들러 이론을 바탕으로 하였다.

(2) 리더의 유형

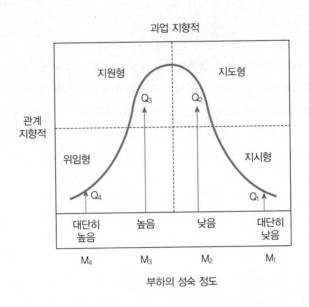

개념더하기   준비성

- 개념: 특정 업무를 달성하려는 구성원의 능력과 의지의 정도를 말한다.
- 능력: 특정 업무에 동원하는 지식, 경험, 기술 등
- 의지: 특정 업무를 달성하기 위한 몰입, 자신감 등

1 현행 리더십 이론의 한계점

현행의 리더십 이론 중에서 가장 지배적인 이론은 브룸 등의 기대이론에 기초한 교환적 리더십 이론이다. 1차적 변화(First-order Change)에 초점을 두고 계약한 성과에 합치되었을 때 보상과 교환하는 리더십을 강조해왔다. 이러한 리더십 이론은 다음과 같은 한계가 있다.

(1) **리더십의 과소사용:** 연구에 의하면 교환적 리더십 훈련을 받은 경영자들은 상사나 상황이 필요하더라도 교환적 리더십을 과소 활용하는 경향이 있다는 것이다. 시간적 제한, 평가방법의 빈약, 리더와 부하에 대한 불안감, 적극적 강화의 유효성에 대한 의문, 리더십 기술과 자신감의 부족 등이 교환적 리더십이 실패하도록 만드는 요인이다.

(2) **적극적 예외 경영의 회피:** 적극적 예외 경영은 부하의 수행에서 기준에 미달되는 행동을 사전에 조사하여 교정하는 것이며, 소극적 예외경영은 문제가 발생해야 부하의 행동에 개입하는 것이다. 예를 들어 어떤 교환적 리더는 적극적인 예외 경영 대신에 소극적인 예외 경영에 의한 리더십에만 의존하기도 한다. 자신의 부하가 낮은 성과를 달성하였을 때, 자기의 상사에게 부정적인 피드백을 하지 않고 왜곡하여 보고함으로써 자기부하의 행동을 교정해야 할 필요성을 낮춘다.

(3) **피드백의 불일치:** 상사는 부하에게 임금인상, 승진, 추천 등보다 흥미 있는 피드백을 하는 것을 선호하지만, 부하는 자신의 과업자체에 대한 피드백을 선호하기 때문에 양자의 피드백에 대한 욕구는 일치하지 않는다.

(4) **상황적합적 보상의 의도하지 않은 효과:** 상황적합적 보상은 기대한 성과가 발생했을 때 약속한 보상을 제공하는 것이다. 리더가 상황적합적인 보상을 실시할 경우와 그렇지 못할 경우 양자의 효과가 동일한 경우도 있다. 조직 구성원들이 성과에 적합한 보상 때문이 아니라 의무감 때문에 좋은 성과를 달성하는 경우도 있는데, 일본 조직이 대표적인 예이다.

(5) **보상자원의 불일치와 기대-보상의 부적절:** 교환적 리더는 임금, 승진, 칭찬 등을 통하여 부하의 필요를 충족시킴으로써 리더의 명성을 유지하려고 하지만 보상자원이 부족하고, 기대-보상 간의 관계를 합치시키지 못하기 때문에 교환적 리더의 효율성 확보는 방해를 받게 된다.

(6) **부정적인 상황적합적 보상의 부작용:** 상황적합적인 강화를 부정적으로 장기간 사용하면 효율성의 확보가 곤란해진다. 꾸중, 불인정, 처벌을 계속 사용하면 성과와 만족에 별 도움을 줄 수 없다는 연구들이 많다.

(7) **교환적 리더십의 전반적 부작용:** 교환적 리더십은 과업에 순응하는 것과 보상을 교환하기 때문에 이것만을 실천하게 되면 사람들은 지름길만을 택하고, 철저하게 감독하지 않으면 문제를 발생시키거나 게임플레이를 할 수 있다. 조직 강화에 건설적이기보다 방어적으로 반응하여 반작용, 철회, 적개심 등을 발생시킬 수도 있다.

(8) 이상과 같은 한계점을 극복하여 개인과 조직의 2차적 변화보다 고차원의 변화(Higher−order Change)를 위해서는 리더십에 대한 새로운 패러다임인 변화주도적 리더십이 필요하다.

2 새로운 리더십 패러다임

심즈와 로렌지(H. P. Sims&P. Lorenzi)는 종래의 리더십 이론을 정리하고 새로운 리더십 패러다임을 다음과 같이 4가지로 제시하였다.

구분	강자형 리더 (Strong Man)	거래적 리더 (Transactor)	비전제시형 리더 (Visionary Hero)	슈퍼리더 (Super Leader)
초점	명령	보상	비전제시	스스로 리드함
경력의 종류	• 지위 • 권한 • 강제	보상	• 관계적 • 영감적 • 분배적	–
방향설정의 원천	리더	리더	리더	대부분 부하&리더
전형적 리더의 행동	• 지시 • 명령 • 성과와 관계없는 질책	• 목표달성 • 성과에 따른 보상 • 성과에 따른 질책	• 비전제시 • 현상변화 • 설득	자기스스로의 목표설정과 자기스스로의 보상 등의 행동을 부하에게 보임

개념더하기 ▶ 거래적 리더십과 변혁적 리더십 및 슈퍼리더십

• 거래적 리더십과 변혁적 리더십

거래적 리더십	변혁적 리더십
• 전통적 리더십 이론 • 현상유지, 안정 지향성 • 즉각적이고 가시적인 보상 체계 • 단기적 관점	• 거래적 리더십에 대한 비판 • 현상탈피, 변화 지향성 • 내재적 보상의 강조 • 장기적 관점

• 슈퍼리더십
  – 슈퍼리더의 정의: 부하들의 역량이 최대한 발휘되어 셀프리더가 될 수 있도록 환경을 조성해주고 동기부여를 할 줄 아는 리더이다.
  – 슈퍼리더의 요건: 리더가 먼저 셀프리더가 되어야 한다. 부하들을 셀프리더로 이끌어야 한다. 자율경영의 분위기를 조성해 주어야 한다.

11 조직구조와 직무설계

01 조직구조

1 조직구조의 정의와 구성요소

(1) 조직구조의 정의: 조직구조란 조직구성원들 간의 상호관계(권력관계 역할 배분, 관리관계 등)의 전반적 내용을 지칭한다.

(2) 조직구조의 구성요소

복잡성	조직 내에 존재하는 분화의 정도
공식화	조직의 직무가 표준화되어 있는 정도
집권화	조직 내 의사결정 권한의 집중 정도

2 복잡성

수직적 분화	• 명령 계통 • 조직 내 계층의 수
수평적 분화	• 과업이 하부 단위로 세분화된 상태 • 상이한 직위의 수
지역적 분화	조직의 자원과 하위 단위가 지리적으로 분산되어 있는 정도

3 공식화

(1) 누가 언제 어떻게 과업을 수행할 것인가에 대한 규칙과 규제이다.

(2) 공식화의 필요성

① 구성원 행동의 변이성 감소와 통제의 용이성

② 불확실성의 감소로 혼란 방지

③ 공식화에 따른 경제성

④ 공평성의 유지

4 집권화

(1) 집권화된 의사결정은 공식적인 권한에만 적용된다.

(2) 자유재량권과 관계가 있다.

(3) 정보의 여과과정에 따라 집권화의 정도가 달라진다.

(4) 지역적 분화와 연관이 있다.

---

02 조직구조의 이론

1 고전 조직이론

전문화의 원칙	1인 1과업 원칙
권한과 책임의 원칙	구성원의 직무와 책임의 명확성 원칙
권한 위양의 원칙	직무 수행의 위임 시 권한도 동반 위임
계층제의 원칙	• 피라미드형 조직 구조 • 명령 일원화의 원칙 • 감독 범위의 원칙
계층 단축화의 원칙	가능한 적은 수의 조직 계층화 원칙
기능화의 원칙	계획과 작업의 분리
스태프 조직의 원칙	스태프와 라인의 구별 원칙

2 뷰로크라시 이론과 애드호크라시 이론

뷰로크라시(Bureaucracy) 이론[베베(Weber)의 관료제]	애드호크라시(Adhocracy) 이론(탈관료제)
규율, 계층, 분업 및 확고한 절차에 의존하는 하나의 시스템	탈관료화 현상에서 나온 이론으로 계층제가 완화된 임시적인 시스템
• 과업의 분화와 전문화 • 권한의 정의 • 공식적 규칙 • 공평한 대우 • 경력제도	• 기능 중심적 • 분권적 조직(낮은 복잡성, 공식성, 집권성) • 높은 전문성 • 유동성과 잠정성

3 상황이론(Contingency Theory)

고전 조직이론의 이론적 관점	+	상황적 요소

조직의 구조적 특성은 특정 상황에서 조건적으로(Contingent) 이루어진다.

1 라인 조직

(1) 상부에서 하부로 이르는 명령 체계가 직선적인 구조를 가지는 조직(= 직계조직, 군대식 조직)이다.

(2) 업무의 부서화가 이루어지지 않은 단순한 형태의 조직이다.

(3) 기업의 규모가 커지면 핵심적 활동과 이를 지원하는 활동으로 분화한다(라인-스태프 조직).

라인	생산이나 판매와 같이 조직의 목표 달성에 필요한 핵심적 활동을 수행
스태프	전문적 지식이나 기술을 제공하여 라인의 활동에 보조적 역할을 담당

2 기능식 조직

(1) 기능식 조직의 개념과 특징

① 테일러의 기능별 직장제도에서 유래한다.

② 기능별 전문화의 원리에 따라 전문적 지식을 가진 관리자가 존재한다.

③ 하급자가 여러 명의 상급자에게 명령을 조달받을 수 있다.

(2) 기능식 조직의 장단점

장점	단점
• 전문화의 촉진을 통한 능률 향상 • 종업원 양성기간 단축	• 명령일원화 원칙에 위배 • 갈등과 책임 회피의 가능성 • 대규모 조직에는 적용이 어려움

3 사업부제 조직

(1) 사업부제 조직의 개념과 특징

① 기업 규모 증대와 상황의 복잡화에 따라 제품, 시장, 지역 등을 한 단위로 하여 구성되는 조직형태이다.

② 다국적 기업들의 가장 보편적 조직 형태이다.

③ 사업부는 자주적이고 독립적으로 특정 분야에 관련한 대부분의 권한을 가진다.

(2) 사업부제 조직의 성공 요인

분권화	사업부가 존재할 수 있는 분권화가 이루어져 있어야 함
권한 위임	사업부에게 일정 부분의 독립적 권한이 위임되어야 함
이익책임단위	작은 부분까지 이익책임의 단위화
종합적 시야	복잡한 조직을 종합적으로 파악하고 조정할 수 있어야 함
업적 평가제도	사업부 업적의 객관적 평가 기준과 시스템을 갖추어야 함
보상제도	사업부의 동기부여

(3) 사업부제 조직의 장단점

장점	단점
• 시장 요구에 즉각적 대응 가능 • 책임 소재의 명확성	• 중복 업무로 인한 자원의 낭비 • 지나친 경쟁으로 인한 상위목표의 달성 난항

4 매트릭스 조직

(1) 매트릭스 조직의 개념과 특징

① 사업부의 단점을 보완하기 위하여 고안되었다.

② 기능별 부문과 프로젝트별 부문의 조합적인 조직 형태이다.

③ 종업원들은 기능식 조직과 프로젝트 조직에 동시에 속하게 된다.

(2) 매트릭스 조직의 장단점

장점	단점
• 인적 자원의 효율적 활용 • 시장의 변화에 융통성 있게 대응 가능	• 두 명 이상의 상급자 존재에 따른 명령일원화 원칙 위배 • 기능 부서와 프로젝트 부서 간의 갈등

5 팀 조직

(1) 팀 조직의 개념과 특징

① 동태적 경영환경에서 보다 유연한 대처를 위해 고안되었다.

② 상호보완적 지식이나 기술을 가진 구성원들이 자율권을 가지고 특정 과업을 수행하는 조직 형태이다.

③ 임시적이고 유연한 조직이다.

④ 수평적 관계이다.

(2) 팀 조직의 장단점

장점	단점
• 신속한 의사결정 체계 • 매트릭스 조직의 이중적 명령 체계 탈피 • 수직적 위계질서를 건너뜀 • 성과에 대한 평가와 피드백의 용이성	• 유능한 구성원들의 필요성 • 구성원들의 능력 신장에 많은 비용과 투자 • 조직의 단결 저해

(3) 팀의 유형

업무단위형	• 사업부제 조직 안에 업무단위로 형성 • 지속적 운영
프로젝트형	• Task Force 조직 • 단기적 운영

6 위원회 조직

(1) 갈등의 해소와 조정 기능을 수행하기 위한 조직

(2) 프로젝트 조직과의 비교

구분	위원회 조직	프로젝트 조직
지속성	장기	단기
구성원	역할 조직	전문성, 기술
구성원의 안정성	안정적	유동적
업무에 대한 구성원의 태도	수동적	적극적

7 네트워크 조직

(1) 아웃소싱, 전략적 제휴 등을 통하여 핵심역량에만 집중하는 조직 형태이다.

(2) 상호협조를 통해 시너지 효과를 창출한다.

(3) 환경 변화에 유연하게 적응 가능하다.

8 그 외의 조직

(1) 맨트립 조직: 관리자만 정해져 있고 구성원들은 유동적인 조직 형태이다.

(2) 자유형 조직: 이익 중심점을 축으로 하는 고도의 신축성을 가진 조직 형태이다.

(3) 가상조직: 기업들이 상호보완적인 네트워크를 형성하고 이를 활용하는 조직 형태이다

04 직무설계

1 직무설계의 정의와 관점

(1) **직무설계의 정의:** 조직의 목표를 달성하고 구성원의 욕구를 만족시키기 위한 조직구성원의 직무관련 활동을 설계하는 과정이다.

(2) **직무설계의 관점**

전통적 관점	현대적 관점
직무 중심	인간 중심

2 직무설계의 접근 방법

(1) 전통적 접근 방법

스미스(A. Smith)의 국부론	• 기계론적 인간관 – 기술과 생산요건 • 분업에 의한 전문화의 원리 강조
테일러(Taylor)의 과학적 관리법	• 기계론적 인간관 – 직무 • 동작연구와 시간연구 • 분업에 의한 전문화와 과업의 표준화
인간관계론	• 인간의 심리적 요소에 주목 • 직무 재설계에 무관심

(2) 현대적 접근 방법

① 직무순환(Job Rotation)

  ㉠ 다른 종류의 일로 옮겨 가며 근무하는 제도

  ㉡ 폭 넓은 경험과 기능 다양성

  ㉢ 제너럴리스트의 양성

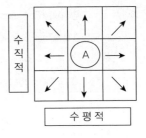

② 직무확대(Job Enlargement)

  ㉠ 직무의 수평적 확대

  ㉡ 과업의 수 증가로 인한 만족도 향상

  ㉢ 직무확대의 장단점

장점	단점
• 업무에 대한 만족도 향상 • 이직률, 결근율 감소	• 단조로운 직무의 확대는 만족도 향상과 관련 없음 • 비용의 증가

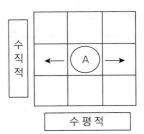

③ 직무충실화(Job Enrichment)

  ㉠ 직무의 수직적 확대

  ㉡ 허즈버그(Herzberg)의 2요인 이론에 근거

  ㉢ x형 종업원은 싫어함

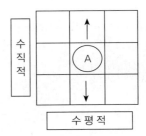

④ 직무 특성이론(해크만과 올드햄, Hackman & Oldham)

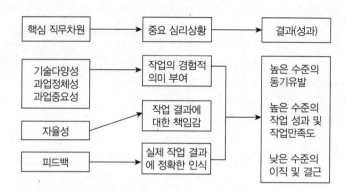

기술다양성(Skill Variety)	직무가 다양한 기술을 요구하는 정도
과업정체성(Task Identity)	직무 내용의 완전성 정도
과업중요성(Task Significance)	직무의 영향력 정도
자율성(Autonomy)	직무 수행에 있어서 작업자의 자율성 정도
피드백(Feedback)	작업 결과에 대한 정확한 피드백

12 조직변화와 조직문화

01 조직변화

1 조직변화의 개념

조직을 둘러싼 동태적 환경 변화에 대응하여 조직을 변화시키는 것이다.

2 조직변화의 유형

구분	계획된 변화(미시)	계획되지 않은 변화거시)
내부적인 변화 (제품)	• 상품 혹은 서비스 변화 • 관리시스템의 변화	• 인구통계학적 변화 • 성과차이
외부적인 변화 (환경)	• 새로운 기술의 도입 • 정보처리와 의사소통방법의 변화	• 정부의 법규 • 외부경쟁

3 조직변화에 대한 저항의 이유

불확실성	익숙하지 못한 불확실한 상황에 대한 저항
새로운 지식의 습득	기존의 지식을 바꿔야 한다는 것에 대한 부담
변화의 필요성을 인식하지 못함	안정적인 현실에 안주하려는 경향
실패 경험	실패에 대한 두려움

02 조직 개발

1 조직 개발의 내용

종업원들의 개인적인 개발을 강화하고 조직적인 기능의 효과성을 개선하기 위하여 조직의 변화를 체계적으로 이끌어 내는 조직 개발 기법이다.

2 조직 개발의 기법

개인 수준	감수성 훈련, 그리드 훈련(개인 수준), 교류분석, 스트레스 수용능력개발, 생애-경력계획, 교육훈련프로그램, 직무충실화, 역할연기
집단 수준	팀 구축, 집단내면, 과정자문법, 제3자 조정법, 서베이 피드백, 조직체 거울, 감수성 훈련, 그리드 훈련(집단 수준)
조직 수준	그리드 훈련(조직 수준), 관리자 대면기법, 시스템 4이론, 목표관리, QWL, 서베이 피드백, 스캔론 플랜, 인적자원회계, 종업원지주제, 보상프로그램

(1) 개인 수준의 기법

① 감수성 훈련

ㄱ 감수성 훈련의 내용

- 대인관계의 감수성 증대를 통하여 인간관계 능력과 조직유효성을 향상시키려는 기법이다.
- 잘 알지 못하는 구성원들과의 집단생활을 통하여 자신의 행동이 타인에게 어떠한 영향을 주는지를 파악하고 자신에 대한 인식을 높여 감수성을 증진시킨다.

ㄴ 감수성 훈련의 효과

- 자신에 대한 타인의 영향력과 타인에 대한 자신의 영향력 지각
- 원활한 의사소통 기법의 터득
- 타인의 의견 경청 방법의 습득
- 상황에 따른 대응 방법의 습득

② 관리 그리드 훈련

ㄱ 매니지얼 그리드 상의 9.9형 리더가 되기 위한 훈련 기법

ㄴ 조직개발과 경영개발이 동시에 활용

③ 일반적 교육 훈련 프로그램

OJT(On-the-job-training)	Off-JT(Off-the-job-training)
종업원들이 자신들이 담당하고 있는 구체적인 직무에 대하여 직속 상사로부터 수행방법이나 내용에 대해서 교육받는 것	조직이 아닌 별도의 장소에서 이루어지는 과정

(2) 집단 수준의 기법

① 팀 구축

ㄱ 레빈(Lewin)의 해빙-변화-재동결의 과정으로 팀들을 개선하여 조직의 유효성 증진을 위한 협조적 관계를 구축한다.

ㄴ 가정

- 구성원들이 공동목표를 달성하기 위하여 서로 협조할 때 작업집단의 효율성은 증대된다.
- 구성원들의 정서적인 안정이 충족되고 복지가 향상되어야만 작업집단의 유지와 효율성 증진이 가능하다.

② 과정자문법(Process Consultation Technique)

ㄱ 조직 문제의 해결을 위하여 외부의 전문가에게 조언을 요청하는 방법이다(사외이사).

ㄴ 초점: 조직 내의 인간적 과정 교육

(3) 조직 수준의 기법

① 시스템 기법

㉠ 리커트(Likert)의 시스템 4이론에서 유래되었다.

㉡ 경영자의 집단 중심적 리더십과 참여적 의사결정을 통해 조직의 성과를 올리는 방법이다.

② MBO : 목표설정 시 종업원들을 참여시켜 생산목표를 명확, 체계적으로 설정하여 실행한다.

③ 근로생활의 질(QWL ; Quality of Work Life)

㉠ 직무를 재구성하여 구성원들의 만족을 유도하고 자기 개발의 기회를 제공하는 것이다.

㉡ 문제점

- 시간과 인력의 부족
- 변화 담당자에게의 권력 이양이 어려움

개념더하기 　변화 담당자(Change Agent)

- 변화에 대한 촉매로서의 역할을 수행하는 사람이나 그룹
- 그룹의 구성원 혹은 외부 전문가

03　조직문화

1 조직문화의 개념과 중요성

(1) **조직문화의 개념** : 조직 내 구성원의 행동에 영향을 미치는 공유된 가치와 신념의 시스템이다.

(2) **조직문화의 중요성**

① 조직의 운영과정에 영향을 미친다.

② 경쟁력의 원천이 될 수 있다.

③ 조직의 성과에 영향을 미친다.

2 조직문화의 기능

일체감과 정체성	조직문화를 통해 습득되는 구성원의 일체감과 정체성은 응집력을 높여준다.
헌신도	조직문화의 수용과 공유된 의식은 조직의 유지를 위한 헌신도를 높여준다.
안정성	응집력이 강해지므로 조직의 안정성도 견고해진다.
가이드라인	구성원들의 가치로 내재화되어 행동의 지침으로 자리한다.

3 조직문화의 유형 – 맥킨지(Mckinsey)

공유가치 (Shared Value)	다른 조직문화의 형성에서 가장 중요한 요소
전략(Strategy)	조직의 장기적인 방향과 기본성격을 결정하고 다른 조직문화 형성에 영향
조직구조(Structure)	조직의 목표 달성에 요구되는 구성원들의 역할과 상호관계를 지배하는 구성요소
제도(System)	조직의 의사결정과 운영과 관계되는 모든 시스템
구성원(Staff)	조직의 인력자원
관리기술(Skill)	조직의 운영에 활용되는 각종 경영기법
리더십 스타일 (Leadership Style)	조직을 이끌어 나가는 리더의 유형

01

동기부여이론에 관한 설명으로 옳지 않은 것은?

① 매슬로우(A. Maslow)의 욕구단계이론에 의하면 자아실현이 최상위의 욕구이다.

② 허즈버그(F. Herzberg)의 2요인이론에 의하면 금전적 보상은 위생요인에 속한다.

③ 알더퍼(C. Alderfer)의 ERG이론은 존재욕구, 관계욕구, 성장욕구로 구분하여 설명하였다.

④ 맥클리랜드(D. McClelland)는 성취욕구, 권력욕구, 갈등욕구로 구분하여 설명하였다.

02

해크먼(R. Hackman)과 올드햄(G. Oldham)의 직무특성모형에서 직무가 다른 사람의 작업이나 생활에 실질적인 영향을 미칠 수 있는 정도를 의미하는 것은?

① 기술다양성

② 과업정체성

③ 과업중요성

④ 자율성

정답 및 해설

01
정답 ④

맥클리랜드(D. McClelland)는 성취, 권력, 친교욕구를 거시적 관점에서 끝없는 욕망으로 같이 설명하였다.

02
정답 ③

직무특성모형에서 과업의 중요성은 직무가 다른 사람의 작업이나 생활에 실질적인 영향을 미칠 수 있는 정도를 의미한다. 기술다양성, 과업정체성, 과업중요성은 직무의 의미를 부여한다.

03

다음 중 리더십 이론이 아닌 것은?

① 허시와 블랜차드의 상황적 리더십이론
② 아지리스의 성숙 – 미성숙 이론
③ 블레이크와 머튼의 관리격자 이론
④ 리커트의 관리시스템 이론

04

다음 중 버나드의 조직이론에 대한 설명으로 틀린 것은?

① 권한은 명령에 응하는 하급자의 수용의사에 달려 있다는 권위수용설을 주장하며, 권위가 조직의 직능에서 유래함을 설명한다.
② 협동체계로서 사회는 참여자의 공헌과 만족 간에 균형을 유지해야 하고, 이때의 만족은 심리적인 보상만 영향을 준다.
③ 조직을 2명 이상이 힘과 활동을 의식적으로 조정하는 협동체계라고 정의한다.
④ 조직이 균형을 유지하고 또한 조직과 조직구성원 간의 균형유지를 위한 협력관계에 따라서 조직의 유효성이 결정된다.

05

다음의 동기부여이론에 대한 설명 중 틀린 것은?

① 블레이크 머튼의 관리격자이론에서 9.1형은 Y이론에 의한다.
② 매슬로우의 욕구단계설은 강압적 지도자에 의한 모델이다.
③ 허즈버그의 2요인이론은 만족요인을 중요시한다.
④ ERG이론은 좌절, 퇴행의 요소가 포함된다.

06

리커트의 4시스템 이론 중 시스템 4에 대한 매개변수 중 틀린 것은?

① 종업원의 신뢰감
② 협력적 태도
③ 높은 집단 목표의식
④ 낮은 결근율과 이직률

07

아담스의 공정성이론에 관한 설명 중 틀린 것은?

① 페스팅거의 공정성이론을 동기부여와 관련해서 체계화한 이론이다.
② 다른 종업원에 대해 사회적인 비교과정에서 동기부여가 된다.
③ 불공정이 지각되면 공정성을 회복하기 위해 긴장이 유발된다.
④ 자신의 투입물과 자신의 산출물의 성과물을 비교한다.

08

다음 중 집단사고의 발생가능성이 가장 큰 상황은?

① 집단 의사결정 기법으로 델파이기법을 사용할 때
② 집단 의사결정 형태로 위원회 형태일 때
③ 집단 의사결정 기법으로 명목집단법을 사용할 때
④ 집단응집성이 높을 때

---

03 정답 ②

아지리스의 성숙 – 미성숙 이론은 조직이 구성원의 형태에 미치는 영향을 분석한 이론으로 리더십 이론에는 해당하지 않는다.

04 정답 ②

버나드는 조직을 2명 이상의 사람들이 힘과 활동을 의식적으로 조정하는 협동체계라고 정의하고 조직에서 협동적 관계를 유지하기 위해서는 참여자들의 공헌과 조직에서 실시하는 보상이 균형을 이루는 것이 중요하다고 생각하였다.

05 정답 ①

9.1형은 X이론에 해당된다.

06 정답 ④

리커트(Likert)의 4시스템 이론에서 시스템 1은 부하들을 거의 신뢰하지 않으며 착취, 독재형이고, 시스템 2는 부하들을 신뢰하고 온정적, 권위형이다. 시스템 3은 상당한 신뢰감을 가지며 상담적이다. 시스템 4는 완전한 신뢰감을 가지며 참여적이다.

07 정답 ④

자신 또는 타인의 투입물이나 산출물에 대한 지각을 왜곡시키고 합리화한다.

08 정답 ④

집단사고는 집단의 응집성이 너무 높을 경우, 의사결정 합의 욕구가 지나쳐서 잘못된 대안의 선택 가능성이 높아진다. 원인으로는 외부로부터 고립, 비민주적 리더십, 토의절차상 합리적 방법의 부재, 구성원 간의 동질성 등이 있다.

09

최신 리더십 이론에 관한 다음의 설명 중 가장 적절한 것으로 구성된 것은?

ㄱ. 변혁적 리더십을 발휘하는 리더는 부하에게 이상적인 방향을 제시하고 임파워먼트(Empowerment)를 실시한다.

ㄴ. 거래적 리더십을 발휘하는 리더는 비전을 통해 단결, 비전의 전달과 신뢰의 확보를 강조한다.

ㄷ. 카리스마 리더십을 발휘하는 리더는 부하에게 높은 자신감을 보이며 매력적인 비전을 제시하지만 위압적이고 충성심을 요구하는 측면이 있다.

ㄹ. 슈퍼리더십을 발휘하는 리더는 부하를 강력하게 지도하고 통제하는 데 역점을 둔다.

① ㄱ, ㄷ
② ㄱ, ㄴ
③ ㄴ, ㄷ
④ ㄴ, ㄹ

10

의사결정에 관한 설명 중 가장 부적절한 것은?

① 합리적 의사결정 모형은 완전정보와 일관적인 선호체계를 가정한다.

② 제한된 합리성 모형은 결과의 최적화보다는 만족화를 추구한다.

③ 쓰레기통 모형은 의사결정이 합리적 과정을 통하기보다는 예기치 않은 상황에 의해 이루어진다고 설명한다.

④ 일반적으로 개인의 의사결정은 집단적 의사결정에 비하여 효과성은 낮지만 시간적 효율성은 높다.

11

Vroom의 기대이론 내용이 아닌 것은?

① 경영자는 종업원들이 노력하면 성과가 있다는 믿음을 주어야 한다.

② 성과−보상 연결을 분명히 해야 한다.

③ 보상은 종업원에게 가치 있는 것이어야 한다.

④ 종업원 역할 기대는 분명히 하여야 한다.

12

L. Festinger의 인지부조화이론에 바탕을 두고 있는 이론은?

① 공정성이론
② 기대이론
③ 성취동기이론
④ 욕구단계이론

13

다음 중 Y이론의 가설에 대한 설명으로 옳지 않은 것은?

① 동기부여는 생리적 욕구, 안전욕구 계층에서만 가능하다.
② 조직의 문제를 해결하기 위한 창의력은 누구에게나 있다.
③ 일이란 작업조건만 잘 정비되면 놀이를 하거나 쉬는 것 같이 극히 자연스러운 일이다.
④ 사람은 적절한 동기가 부여되면 일에 자율적이고 창의적이다.

14

조직에서 인간행위를 다음과 같이 가정할 때, P와 E의 구성요소에 해당하지 않는 것은?

$$B=f(P, E)$$

① 능력
② 학습
③ 지각
④ 태도

09 〉정답〈 ①

거래적 리더십은 전통적 리더십 이론으로 현상유지적, 안정 지향성, 즉각적이고 가시적인 보상체계, 단기적 관점이 특징이다. 변혁적 리더십은 거래적 리더십에 대한 비판으로 현상탈피, 변화 지향성, 내재적 보상의 강조, 장기적 관점이다. 한편 슈퍼리더십은 부하들의 역량이 최대한 발휘하여 셀프 리더가 될 수 있도록 환경을 조성해 주고 동기부여를 할 줄 아는 리더이다.

10 〉정답〈 ②

제한된 합리성 모형은 결과의 최적화가 아니라 대안의 만족화를 추구한다.

11 〉정답〈 ④

기업은 종업원의 결과에 대한 기대를 분명히 제시해주어야 한다.

12 〉정답〈 ①

인지부조화이론은 페스팅거가 태도와 행동의 관계를 설명한 이론으로, 사람들은 인지부조화에서 오는 불안정으로부터 벗어나기 위해서 부조화를 조화상태로 만들려고 노력한다는 것이다.

13 〉정답〈 ①

동기부여는 물질적·경제적 수준뿐만 아니라 심리적·사회적인 수준에서도 이루어진다. 사람들은 적절히 동기가 부여되면 일에 있어 자기통제적일 수 있고 창조적일 수 있다.

14 〉정답〈 ①

개인행위의 형성요인에서 능력변수(A)는 신체적 능력, 정신적 능력이고, 심리변수(P)는 지각, 학습, 태도, 동기부여, 퍼스낼리티이며, 환경변수(E)는 직무·관리·조직·가족·사회·문화이다. 이 중 개인행위의 가장 중요변수는 심리변수이다.

15

자극과 반응 간의 반복적인 연상에 의해서 행위가 학습될 수 있다는 것으로 인간의 비자발적, 반응적 행위의 유발과정을 이해할 수 있게 해주는 학습과정은?

① 고전적 조건화
② 조작적 조건화
③ 관찰학습
④ 인지학습

17

조직에서 사용하는 태도변화방법 중 가장 널리 사용되는 것은?

① 무시
② 공포 유발
③ 인지부조화의 유발
④ 여론지도자로서의 역할

16

학교 강의실에서 이루어지는 학습의 대부분은 다음 중 어디에 해당되는가?

① 고전적 조건화
② 조작적 조건화
③ 관찰학습
④ 인지학습

18

다음 퍼스낼리티 차원 중 내재론자(Internals)와 외재론자(Externals)를 구분하는 기준이 되는 것은?

① 뉴로티시즘(Neuroticism)
② 성취, 친교, 권력욕구
③ 통제적 위치(Locus of control)
④ 마키아벨리적 성향

19

개인에 대한 모티베이션의 정도를 행위의 결과에 대한 유의성, 행위의 결과에 대한 수단성, 행위의 결과에 대한 기대의 함수로 보는 이론은?

① 공정성이론
② 기대이론
③ 욕구단계이론
④ 직무특성이론

20

의사소통 네트워크에 대한 설명 중 옳지 않은 것은?

① 완전연결형은 비공식조직이다.
② 원형은 의사소통 속도가 빠르다.
③ 라인조직과 스텝조직이 혼합된 조직에 적합한 유형은 Y형이다.
④ 쇠사슬형과 원형이 만족도가 가장 높다.

15
정답 ①

고전적 조건화에 대한 설명으로 연습의 법칙(Law of Exercise), 파블로프 이론이 그 예이다.

16
정답 ④

인지론적 학습은 관찰학습과 인지학습으로 구분한다. 관찰학습은 타인의 행위를 보거나 행위의 결과를 평가함으로써 행위를 학습하고, 인지학습은 연습이나 보상의 경험 없이도 개념이나 이론을 학습함으로써 바람직한 결과가 나올 수 있는 행위를 인식한다. 강의실 수업은 인지학습에 해당한다.

17
정답 ③

태도변화의 저항에는 주장의 반박, 정보원의 누락, 메시지의 왜곡, 합리화, 전면저항이 있는데, 조직에서는 이러한 저항을 설득, 상벌체계, 인지부조화, 권력이양 등으로 관리한다.

18
정답 ③

통제적 위치(Locus of control)는 통제의 위치에 따라 내재론자는 운명에 있어서 자신들의 행동이 결정적이라고 생각하는데 정보수집, 자기통제, 참여적 리더십이 적합하고, 외재론자는 운명은 기회와 운, 제도 등이 더 결정적이라고 생각하는데 지시적 리더십이 적합하다.

19
정답 ②

브룸(V. H. Vroom)의 기대이론은 개인은 여러 가지 행동대안을 평가하여 가장 중요시되는 결과를 가져오리라 믿어지는 행동대안을 선택하는 것이다.

20
정답 ④

쇠사슬형은 공식적 명령체계이고, 군대식 조직이다. 원형은 위원회조직이다. 구성원의 만족도가 가장 높은 유형은 완전연결형이다.

인사관리

01 인사관리론의 이해

01 인사관리론의 개념

1 인사관리론의 정의와 중요성

(1) 인사관리의 정의

① 인적자원: 종업원을 기업의 능동적 구성요소인 인적자원으로 인식한다.

② 인적자원관리론: 종업원의 잠재능력을 최대한으로 발휘하게 하여 그들의 만족감과 기업의 생산성을 동시에 충족시킬 수 있는 일련의 체계적인 경영활동을 뜻한다.

(2) 인사관리와 노무관리의 구분: 우리나라 기업에서는 대체로 인사관리라는 용어가 노무관리의 내용을 포함한 광범위한 개념으로 널리 사용되고 있다. 그러나 그 관리대상이나 관리직능 면에서는 양자를 엄격하게 구분하여 사용해 온 경우도 적지 않다.

구분	관리대상	관리직능
인사관리	사무직원 등의 사무관리직 종업원(White Collar)	종업원의 채용, 배치, 이동, 승진, 퇴직 관리 등의 고용관리직능과 교육훈련, 능력개발 등의 인력개발관리직능
노무관리	공원작업원 등의 생산현장직 종업원(Blue Collar)	임금 및 근로조건의 개선직능과 노사관계의 안정 및 유지발전을 위한 노사관계관리직능

(3) 인사관리의 중요성

① 기업의 성과를 좌우하는 활동이다.

② 사람을 관리하는 활동이다.

③ 기업 자체의 목적 달성뿐만 아니라 구성원과 사회의 목적 달성에 기여할 수 있다.

2 현대적 인사관리론

(1) 현대 인사관리의 목적

질적 목표 (이념)	• 경제-사회 시스템으로서의 기업 • 합리성(임금) 존중+인간성(인격) 존중=성과적 공동체
양적 목표 (목표)	• 생산성 목표: 과업 그 자체를 달성하려는 목표 • 만족성 목표: 인간적 측면과 관계된 목표 • $P=f(\overline{A}, M, E)$ 　(P=Performance, A=Ability, M=Motivation, E=Environment)

(2) 전통적 인사관리론과 현대적 인사관리론

전통적 인사관리론	현대적 인사관리론
엽관주의	실적주의
직무 중심	경력 중심
X이론	Y이론
인사부서 중심	현장 중심
조직 목표	조직+개인 목표
획일적, 일방적, 단기적, 제도적	목적별, 쌍방적, 장기적, 운영적

(3) 인사관리부서 역할의 변화

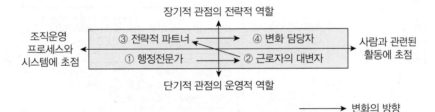

① **행정전문가**: 기업이 최대한의 효율을 내기 위하여 효율적인 인프라를 구축하고, 인사관리제도의 관리를 주목적으로 하는 역할을 한다. 구체적으로는 불필요한 비용들을 제거하고 효율적인 직무수행 방법을 연구하고 구축하는 일들을 한다.

② **근로자대변자**: 근로자들의 고충을 해결하고 근로자들의 헌신과 역량을 일깨우며 동기부여 시키는 역할을 주목적으로 한다. 그들의 needs를 이해하고 조력자의 역할을 하는 것이 목표이다.

③ **전략적 파트너**: 장기적 전략에 초점을 두되, 시스템적 구축이 주목표이다. 즉 기업의 전략과 인적자원전략을 통합시키는 것이 핵심이라고 할 수 있다. 현대사회 기업들의 인사관리부서들은 대부분 전략적 파트너로써의 역할을 담당한다.

④ **변화 담당자**: 조직의 쇄신과 조직변화를 관리하는 역할로써 장기적인관점에서 종업원들의 동기부여를 극대화할 수 있도록 조직전반의 변화를 관리하고 담당할 수 있는 것이 주목적이다.

내부환경	• 노동력 구성의 변화: 고령자층의 증가, 전문직의 증가, 계약직의 증가 등 • 가치관의 변화: 개인주의의 발달 등 • 조직규모의 확대: 인사관리의 전문화, 집중화
외부환경	• 정부개입의 증대: 고용기회 균등, 노사화합 등 • 경제여건의 변화: 기업활동의 국제화 등 • 노동조합의 발전: 인사관리의 제도화, 체계화 • 정보기술의 발전: 인사관리의 정보화

02 인사관리의 기본체계

1 체계도

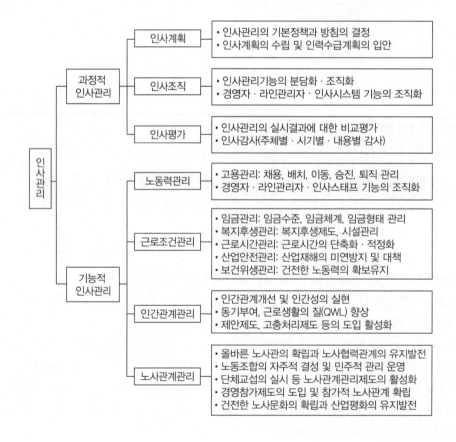

- 인사관리
  - 과정적 인사관리
    - 인사계획
      - • 인사관리의 기본정책과 방침의 결정
      - • 인사계획의 수립 및 인력수급계획의 입안
    - 인사조직
      - • 인사관리기능의 분담화 · 조직화
      - • 경영자 · 라인관리자 · 인사시스템 기능의 조직화
    - 인사평가
      - • 인사관리의 실시결과에 대한 비교평가
      - • 인사감사(주체별 · 시기별 · 내용별 감사)
  - 기능적 인사관리
    - 노동력관리
      - • 고용관리: 채용, 배치, 이동, 승진, 퇴직 관리
      - • 경영자 · 라인관리자 · 인사스태프 기능의 조직화
    - 근로조건관리
      - • 임금관리: 임금수준, 임금체계, 임금형태 관리
      - • 복지후생관리: 복지후생제도, 시설관리
      - • 근로시간관리: 근로시간의 단축화 · 적정화
      - • 산업안전관리: 산업재해의 미연방지 및 대책
      - • 보건위생관리: 건전한 노동력의 확보유지
    - 인간관계관리
      - • 인간관계개선 및 인간성의 실현
      - • 동기부여, 근로생활의 질(QWL) 향상
      - • 제안제도, 고충처리제도 등의 도입 활성화
    - 노사관계관리
      - • 올바른 노사관의 확립과 노사협력관계의 유지발전
      - • 노동조합의 자주적 결성 및 민주적 관리 운영
      - • 단체교섭의 실시 등 노사관계관리제도의 활성화
      - • 경영참가제도의 도입 및 참가적 노사관계 확립
      - • 건전한 노사문화의 확립과 산업평화의 유지발전

2 인사관리의 발전단계 비교

발전단계 \ 비교측면	이론적 원천	강조측면	인적자원관리 기능
구조적 접근 (기계론적 접근, 1930년대 이전)	• 과학적 관리법 • 초기 산업공학 • 초기 인간공학	능률, 생산성, 경제적 동기, 합리적 직무구조, 작업조건, 공식 조직구조, 방침, 권한	직무설계, 성과급제, 과학적 선발, 훈련, 기능적 조직구조
인간적 접근 (가부장적 접근, 1930~1950년대)	• 호손공장실험 • 인간관계 • 사회학, 심리학	만족감, 인적요소, 사회적 동기, 규범, 자생적 조직	커뮤니케이션, 상담제안제도, 조직민주적 리더십
인적자원 접근 (시스템적 접근, 1960년대~현재)	• 행동과학 • 시스템일반 • 노사관계	성과, 만족감, 개발, 종합 학문적 접근	조직체계획, 인력자원계획, 조직개발, 인력개발, 경력개발

---

03   인사관리의 주요 개념

1 인사철학과 인사전략

(1) 인사철학(HR Philosophy)
① 인사제도의 상위 개념으로 암묵적이고 가치관적인 요소에 해당한다.
② 기업의 목표와 문화에 걸맞는 종업원 상, 종업원의 역할과 문화적 특성이 반영된 가치체계이다.
③ 기업의 비전과 전략에서 자연스럽게 기업 문화로 자리 잡는 경우가 많다.

(2) 인사전략(HR Strategy)
① 명시적, 적극적 요소에 해당한다.
② 인사제도 수립 시 실질적 지침 역할을 수행한다.
③ 인사철학을 바탕으로 기업의 문화적 특성과 수익성의 연결 고리 역할을 담당한다.

2 인사관리의 실시원칙

(1) 직무중심주의 원칙
① 직무기술서, 직무명세서 등의 직무정보자료에 적합한 유능한 인재를 확보하고, 교육훈련, 배치, 이동, 승진, 승격, 승급 등의 인사관리활동을 이룩해 가는 인사관리의 기본원칙이다.
② 종래의 사람의 연고관계를 중시해온 정실주의 인사관리시책에 대응한다.
③ 인사관리기능의 합리적 실시를 위한 선행과제에 해당한다.

(2) 전인주의 원칙
① 종업원의 인간적 측면 중시 및 인간성 실현에 중점을 두고 있다.
② 인간적 처우의 보장을 통한 근로생활의 질(QWL) 향상 및 노동의 인간화를 실현하기 위해 요구되는 주요 원칙이다.
③ 종래의 몰인간적, 권위주의 인사관리에 대응한다.

(3) 능력주의 원칙

① 종업원의 학력, 연령, 근속연수, 성별 등의 속인요소나 연공요소보다는 종업원의 직무능력 정도나 수준에 따라 공정하게 배치, 이동, 승격, 승진, 승급 등의 인사처우를 실천하고 보장하는 신인사관리의 기본원칙이다.

② 종업원 연공서열 및 연고관계를 중시하는 종래의 전통적 연공주의 인사제도에 대응한다.

(4) 성과주의 원칙

① 종업원의 개인별 성과 및 업적에 대한 평가를 통하여 공정한 승진, 승급 등의 인사처우를 실시하는 성과주의 인사관리제도이다.

② 최근 우리나라의 많은 기업에서 연봉제의 도입 및 성과배분제의 실시 등 성과중심의 인사처우를 통하여 종업원의 동기부여 및 조직의 목표달성에 크게 기여하고 있다.

(5) 공정성 원칙

① 인사관리의 실시과정 및 실시결과에 대한 공정한 평가와 함께 인사처우의 공정화를 이룩해 가는 인사관리의 원칙이다.

② 특히 노사 간의 공정성 지각과 신뢰감의 증대를 위해 요구되는 인사관리의 기본 원칙이다.

(6) 정보공개주의 원칙

① 인사관리의 실시운영과 관련된 인사정보자료의 공개원칙이다.

② 직무자료와 인사자료의 공개화를 통해 인사관리의 공정화를 실천해 가는 인사제도의 합리적 운영원칙이다.

③ 인사관리의 합리화와 종업원의 불만해소에 기여할 수 있다.

(7) 참가주의 원칙

① 인사관리의 기본방침 결정 및 인사계획의 수립과정을 비롯한 인사관리제도의 구체적 실시과정에 종업원의 적극적 참여와 의견수렴을 통하여 경영의 민주화와 노사협력관계를 이룩해 가는 인사관리 원칙이다.

② 종업원의 동기부여 및 조직의 활성화와 기업 내 민주적 노사관계의 정립에 기여한다.

3 인사통제

(1) 인사통제의 의미: 인사활동에서 계획했던 목표와 실제의 결과를 비교·평가하여 차후의 인사활동에 반영할 수 있도록 하는 과정이다.

(2) 인사통제의 유형

<table>
<tr>
<td rowspan="5">ABC 감사</td>
<td colspan="2">일본 노무연구회의 노무감시위원회에서 개발한 인사감사의 방식</td>
</tr>
<tr>
<td>A(Administration): 내용감사</td>
<td>경영적 측면</td>
</tr>
<tr>
<td>B(Budget): 예산감사</td>
<td>경제적 측면</td>
</tr>
<tr>
<td>C(Contribution): 효과감사</td>
<td>효과적 측면</td>
</tr>
<tr>
<td colspan="2">• 통제과정: A → B → C
• 성과측정 과정: C → A → B → C</td>
</tr>
<tr>
<td>인사정보 시스템
(Personal Information System)</td>
<td colspan="2">• MIS의 하위 시스템
• 인사관리와 관련된 유용한 정보의 제공
• 계량화된 자료
• 이용자 중심</td>
</tr>
</table>

02 직무관리

01 직무관리의 종류

직무분석	직무의 내용과 그 직무를 담당할 자격 요건의 분석
직무평가	직무분석 자료를 바탕으로 하여 직무의 상대적 가치를 체계적으로 결정
직무설계	조직의 목적을 효율적으로 달성함과 동시에 개인의 욕구도 충족시킬 수 있는 직무 내용의 설계

02 직무분석

1 직무와 직무분석의 개념

(1) 직무의 정의와 특성

① 직무의 정의

㉠ 조직에서 재화나 서비스를 산출하도록 의도적으로 설계, 조직화된 것을 의미한다.

㉡ 조직 내 개인들 간의 관계를 체계적으로 형성하고 연계시키는 단위기준이다.

② 직무의 특성

㉠ 합리적 사고의 산출물

㉡ 직무 간의 동태적 연관성

㉢ 환경과의 상호작용

㉣ 자연발생적 요소의 개입

개념더하기 ▶ 직무 관련 개념 정리

• 직무 관련 개념

과업(Task)	독립적인 목적으로 수행되는 하나의 명확한 작업 활동 예 하역 작업
직위(Position)	• 한사람에게 부과된 과업의 집단 • 종업원의 수＝직위의 수
직무(Job)	동일하거나 유사한 직위들의 집합
직종(Job Family)	동일하거나 유사한 직무들의 집합
직업(Occupation)	동일하거나 유사한 직종들의 집합

• 과업＜직위＜직무＜직종＜직업

(2) 직무분석의 정의와 목적

① 직무분석의 정의: 직무와 관련된 모든 정보를 체계적으로 수집, 분석, 정리하는 과정이다.

② 직무분석의 목적

　　㉠ 합리적, 과학적인 인사관리의 기초가 된다.

　　㉡ 직무기술서와 직무명세서의 작성을 통한 직무평가가 가능해진다.

2 직무분석의 주요 내용

수행업무 분석	• 수행하고 있는 일에 대한 사실을 정확하게 표시하는 것 • 체계적으로 수립하고 접근하기 위한 것 • 작업목적, 작업내용, 작업방법, 작업시간, 작업장소
수행요건 분석	• 수행업무 분석의 결과를 바탕으로 직무수행 담당자에게 요구되는 책임능력과 기능 작업조건 등이 어떠한 것인가를 알아내는 것 • 작업조건의 항목을 설정하고 정의한 후, 정의에 따른 사실의 확인 • 업무책임 · 감독책임, 신체적 · 정신적 능력과 기술, 작업조건

3 직무분석의 절차

분석목적 결정 → 분석범위 결정 → 직무분석표 작성 → 직무분석과 선발 · 훈련 → 예비조사 본조사 → 직무기술서, 직무명세서 작성

4 직무정보의 수집 방법

관찰법(Observation)	관찰을 통해 작업자의 활동 정보 수집
설문지법(Mailed Questionnaire)	문서로 작성된 도구의 응답에 의한 정보 수집
면접법(Interview)	정보원천과의 대화를 통한 정보 수집
일지작성법(Employee Log)	종업원이 기록한 일지를 통한 정보 수집
경험법(Empirical Method)	직접 경험을 통한 정보 수집

5 직무분석과 인사관리

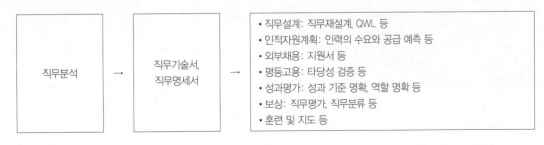

직무분석 → 직무기술서, 직무명세서 →
• 직무설계: 직무재설계, QWL 등
• 인적자원계획: 인력의 수요와 공급 예측 등
• 외부채용: 지원서 등
• 평등고용: 타당성 검증 등
• 성과평가: 성과 기준 명확, 역할 명확 등
• 보상: 직무평가, 직무분류 등
• 훈련 및 지도 등

6 직무분석표의 예시

직무담당자명_____ 소속_____
직무명_____ 근속연수_____ 현직무의 재직기간_____

직무의 목적과 내용	직무의 목적:_____ 직무의 개요:_____ 수행방법:_____ 근무시간:_____ 작업장소:_____ 작업자세:_____	정신적 조건	기획력:_____ 판단력:_____ 독창력:_____ 섭외력:_____ 지도감독력:_____ 적응력:_____
직무요건	필요한 교육정도:_____ 필요한 경험:_____ 필요한 자격면허:_____	육체적 조건	피로도:_____ 긴장감:_____ 단조감:_____ 체력:_____
책임	지휘감독에 대한 책임:_____ 타인의 안전에 대한 책임:_____ 작업방법에 대한 책임:_____ 현금에 대한 책임:_____ 원재료에 대한 책임:_____ 대외관계에 대한 책임:_____	환경 조건	조명:_____ 환기:_____ 방음:_____ 습도:_____ 위험도:_____ 온도:_____
의무	매일 발생하는 의무:_____ 주기적으로 발생하는 의무:_____ 불규칙적으로 발생하는 의무:_____		

03 직무기술서와 직무명세서

1 직무기술서(Job Description)

(1) **정의:** 직무분석을 통하여 직무 수행과 관련된 과업 및 직무행동을 일정한 양식에 의하여 기술한 문서이다.

(2) **직무기술서의 내용**

직무표지(Job Identity)	직무명칭, 부서, 부호
직무개요(Job Summary)	직무목적, 내용
직무내용(Job Content)	직무수행방법, 기간관계, 활동사항
직무요건(Job Requirement)	기술 및 숙련

(3) **직무기술서의 이용**

① 채용

② 직무평가

③ 인력계획 및 모집

④ 신입사원 교육

⑤ 성과표준 개발

[직무기술서 예시]

직무번호		직 무 명	생산 계획 관리	소 속	생산관리 1, 2부
직 군	생산 관리	직 종	생 산	등 급	6, 7, 8 등급

직무개요	설정된 생산 정책에 따라 세부 일정관리의 일환으로 재고 조사 및 단기적 생산 일정, 공정 관리 업무를 수행함

1. 직무기술

2. 작업 일람표

책 무	No	작 업 명	작업의 난이도	작업의 중요도	작업빈도
A	1		① ② ③ ④ ⑤	① ② ③ ④ ⑤	① ② ③ ④ ⑤
	2		① ② ③ ④ ⑤	① ② ③ ④ ⑤	① ② ③ ④ ⑤
	3		① ② ③ ④ ⑤	① ② ③ ④ ⑤	① ② ③ ④ ⑤
B	1		① ② ③ ④ ⑤	① ② ③ ④ ⑤	① ② ③ ④ ⑤
	2		① ② ③ ④ ⑤	① ② ③ ④ ⑤	① ② ③ ④ ⑤
	3		① ② ③ ④ ⑤	① ② ③ ④ ⑤	① ② ③ ④ ⑤
	4		① ② ③ ④ ⑤	① ② ③ ④ ⑤	① ② ③ ④ ⑤
C	1		① ② ③ ④ ⑤	① ② ③ ④ ⑤	① ② ③ ④ ⑤
	2		① ② ③ ④ ⑤	① ② ③ ④ ⑤	① ② ③ ④ ⑤
	3		① ② ③ ④ ⑤	① ② ③ ④ ⑤	① ② ③ ④ ⑤

3. 핵심 작업(KEY TASK)

책 무	No	작 업 명	교육훈련 필요도			교육훈련 적용방법			
			1순위	2순위	3순위	교실훈련	직무보조 자료	현장훈련	재훈련
A	1								
	2								
	3								

4. 장비 및 공구(사무용 기계) 일람표

품 명	소 요 장 비		소 요 공 구	
	주장비	보조장비	비소모성	소모성

2 직무명세서(Job Specification)

(1) 정의: 직무분석 결과에 의하여 직무 수행에 필요한 종업원의 인적 요건을 일정한 양식에 의하여 기술한 문서이다.

(2) 직무명세서의 이용

① 생산집단 토론의 기초

② 성과표준 개발

③ 직무평가

[직무명세서 예시]

일반 요건	남녀별적성	남	최적연령범위	28세−33세 정도
	기초학력	초대, 고졸 정도	특수자격	
	전공계열	전 계열	전공학과	전 학과
	필요 숙련기간		전환 가능부서 /직무	
	기 타			
소요 능력	지 식	종 류	세부내용 및 소요정도	
	학술적 지식	경영학	품질관리 : 품질계획과 설계를 위한 통계적 이론 및 생산공정과 품질 보증 계획	
	실무적 지식	−	작업관리 및 동작분석에 의한 공정관리 기법 생산관리 기법 자동화 상식 품질관리 기법 회사 제반 각 규정 이해	

04 직무평가

1 직무평가의 개념

(1) 직무평가의 정의와 목적

① **직무평가의 정의:** 각각의 직무가 지니는 상대적 가치를 결정하는 업무 과정을 뜻한다.

② **직무평가의 목적**

㉠ 직능형 임금제도 실현

㉡ 성과급 인사제도 실현

㉢ 직급제도의 확립

㉣ 직급별 직무 조정의 기준 설계

㉤ 조직원들의 자기 개발 의욕 촉진

③ **직무평가의 요소**

㉠ 숙련: 지능적 · 육체적 숙련도, 교육, 지식, 경험 등

㉡ 노력: 정신적 · 육체적 노력

ⓒ 책임: 인적 · 물적 책임

　　ⓔ 작업 조건: 불쾌도, 위험도 등의 작업환경

2 직무평가의 방법

양적 평가방법 (Quantitative Method)	• 평가요소별 분석을 통한 계량적 평가 • 총 직무수가 25개 이하인 소규모 기업에 주로 적용
	• 점수법(Point Rating Method) • 요소비교법(Factor – comparison Method)
질적(비계량적) 평가방법 (Non – Quantitative Method)	• 포괄적 기준 • 직무의 상대적 가치평가
	• 서열법(Ranking Method) • 분류법(Job – classification Method)

(1) 양적 평가방법

평가방법	내용	장단점	
점수법	직무와 관련된 각 요소들을 구분하여 중요도에 따라 특정값을 매긴 후, 합계값으로 평가하는 방법	장점	• 평가척도의 선정 용이 • 다양한 항목평가 가능 • 상대적 가치평가 용이 • 높은 신뢰성
		단점	• 평가요소 및 가중치 산정 어려움 • 직무단위별 배점 어려움 • 많은 준비시간과 비용의 소요
요소 비교법	직무에 대한 평가기준을 순위별 등급으로 구분한 후, 구분된 등급에 평가 요소 항목을 적용하여 평가하는 방법	장점	• 직무별 객관적 평가 가능 • 평가척도를 각 항목에 공통 사용 • 평가결과의 높은 활용성
		단점	• 대상 직무 선정의 어려움 • 등급기준 설정의 주관성 • 많은 준비시간과 비용의 소요

(2) 질적 평가방법

평가방법	내용	장단점	
서열법	직무별 중요도와 난이도 등을 포괄적이고 전체적으로 평가하여 상대적 기준에 따라 순위를 결정하는 방법(=순위법)	장점	• 간단명료 • 서열구분 용이
		단점	• 평가자의 주관 개입 우려 • 서열배분의 낮은 신뢰성 • 다수의 직무에는 적용 곤란
분류법	직무를 등급 기준에 따라 분류한 후, 해당내용을 그 등급에 따라 구분하여 평가하는 방법(=등급법)	장점	• 간단명료 • 평가기준의 이해 용이 • 비용이 적게 소요
		단점	• 등급 분류 기준의 신뢰성이 낮음 • 한 직무가 부서에 따라 여러 등급기준에 적용될 수 있음 • 다수의 직무에는 적용 곤란

03 인적자원계획

01 인적자원계획(HRP; Human Resource Planning)

1 인적자원계획의 정의와 내용

(1) 정의: 조직의 인적자원 수요를 예측하고 실천계획을 개발하는 과정이다.

(2) 인적자원계획의 내용

예측 (Forecast)	조직의 내·외부 환경 및 사업계획 등에 기초하여 미래 인적자원의 수요량과 공급량을 예측하는 것
실천계획 (Action Plan)	조직의 목적 달성을 위하여 인적자원 활동의 프로그램을 개발하고 실행하는 것

2 인적자원계획과 활동

(수요 = 일자리, 공급=인원)

수요가 공급보다 많을 경우	채용, 교육, 승진
수요와 공급이 같을 경우	현상유지
수요가 공급부다 적을 경우	다른 업무로의 교육, 해고

02 확보관리

1 외부 충원

모집	조직 외부의 노동시장으로부터 조직의 신규 종업원으로 선발할 사람들을 식별하고 유인하는 일련의 활동
선발	고용제의(Employment Offer)를 하기 위하여 지원자의 정보를 수집하고 평가하는 과정
배치	해당 직무에 종업원을 배속시키는 것

(1) 모집

① 모집의 특성

㉠ 쌍방적 의사소통 과정에 해당한다.

㉡ 외부환경적 요인을 많이 받는다.

(2) 모집 방법

내부모집	• 기술목록을 이용한 적격자 탐색 • 추천에 의한 적격자 탐색 • 공개모집제도를 통한 적격자 탐색
외부모집	• 모집원천: 광고, 추천, 교육기관과의 연계, 노동조합, 고용 알선기관, 인터넷, 채용박람회, 직접지원 등 • 선택기준: 노동력의 양, 노동력의 질, 모집방법의 가용성, 과거의 경험, 예산 등

개념더하기 기술목록과 피터의 원리

• 기술목록(Skill Inventory): 인사고과 결과 각 종업원의 직무수행 능력 등을 기술한 인사기록부를 말한다.
• 피터의 원리: 내부인력에 너무 의존하다 보면 기업의 구성원은 무능해진다는 원리이다.

③ 평가
　㉠ 성공적인 원천의 평가: 시간, 비용, 노력
　㉡ 기준
　　　• 지원자의 수
　　　• 입사제안 수락 여부의 수
　　　• 채용의 수
　　　• 성공적인 배치의 수

(2) 선발

① 선발도구의 종류

바이오 데이터 (Bio-data)	• 입사원서의 항목: 대학성적, 군복무, 결혼여부 등 개인의 전기적 자료 • 성차별, 학력 차별 등의 결과 유발
선발시험	• 인지능력검사(Cognitive Ability Test) • 성격 및 흥미도 검사(Personality Test) • 지능 검사(Intelligence Test) • 정직성 검사(Integrity Test)
선발면접	• 구조적 · 비구조적 면접 • 스트레스 면접 • 패널 면접 • 집단 면접
평가센터법	• 다수의 지원자들을 일정 기간 동안 합숙을 통하여 평가 • 다양한 선발도구의 동원

② 선발도구의 평가

신뢰성 (Reliability)	동일한 환경에서 동일한 시험을 반복하여 보았을 때 결과가 일치하는 정도(일관성, Consistency)	
	• 시험−재시험방법 • 대체형식법 • 양분법	
타당성 (Validity)	측정하고자 하는 내용을 정확하게 측정하는 정도	
	기준 타당성	• 동시 타당성: 현 종업원의 시험성적과 직무성과 • 예측 타당성: 선발시험 후 합격자의 시험성적과 고용 후의 직무성과
	내용 타당성	선발도구가 측정하고자 하는 바를 얼마나 잘 나타내는가의 정도
	구성 타당성	선발도구가 무엇을 측정하는지를 설명

③ 선발도구의 오류

채용 후 직무성과

Type 1 Error	• 좋은 성과를 낼 지원자를 탈락시키는 오류 • 선발활동의 비용 증가 • 특정 범위의 지원자가 거부될 경우 발생
Type 2 Error	• 만족스럽지 못한 성과를 낼 지원자를 선발하는 오류 • 선발 후 비용 증가

2 내부 충원

(1) 배치이동(수평적 이동)

① 정의: 종업원을 필요에 따라 현재의 직무에서 다른 직무로 배치시키는 것을 말한다.

② 목적

　㉠ 다양한 직무 경험과 새로운 기술의 습득

　㉡ 적재적소의 인재 배치

　㉢ 상황변화에 따른 부서 간 인원 수급 조정

③ 원칙

적재적소주의	종업원이 자신의 능력을 최대한 발휘할 수 있는 최적의 위치에 배치
실력주의	실력을 발휘할 수 있는 직무의 제공과 올바른 평가
인재육성주의	기업에 필요한 인재의 육성
균형주의	공평성의 유지

(2) 승진(수직적 이동)

① 정의: 종업원의 기업 내에서의 지위 상승과 함께 이루어지는 보수, 권한, 책임의 상승을 의미한다.

② 중요성

    ⊙ 개인의 목표와 조직의 목표의 합일점

    ⓒ 의사소통의 수단

    ⓒ 인사정체의 방지

③ 연공주의와 능력주의

연공주의(Seniority)	능력주의(Competence)
• 근속기간 • 사람 중심 • 연공승진제도 • 이해자 집단: 노동조합 • 동양사회 • 일반직종 • 하위층 • 집단 중심의 연공질서 형성 • 적용 용이 • 안정성과 객관성	• 직무수행능력 • 직무 중심 • 직계승진제도 • 이해자 집단: 경영자 • 서구사회 • 전문직종 • 상위층 • 개인 중심의 경쟁질서 형성 • 적용 어려움 • 불안정성과 주관성

④ 승진제도의 종류

속인 기준	연공승진제도	• 사람 중심 • 학력, 근무연수, 연령 등
	직능자격승진제도	• 직무수행능력 기초 • 현재적 · 잠재적 능력 평가 • 연공주의+능력주의
속직 기준	역직승진제도	• 자리 기준 • 조직 구조의 편성과 조직 운영의 원리
	직계승진제도	• 직무요건 기준 • 직무분석 평가 완료 후
기타 기준	대용승진제도	• 형식적 승진 • 승진은 시켜야 하나 해당 직책이 없는 경우 • 보수나 지위의 상승 • 직무의 내용 변화 없음
	OC 승진제도 (Organization Change)	조직 변화를 통한 승진 기회의 확대

3 이직관리

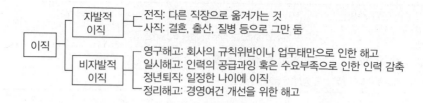

※ 경영자 입장에서는 자발적 이직이 더 중요(필요할 때 인재를 제때 쓰지 못함)
※ 직무업적이 우수한 인력이 조직을 떠나는 것을 역기능 이직(Dysfunctional Turnover)이라고 함

(1) 이직의 의미: 종업원이 현재 속한 조직으로부터 이탈하는 것이다.

(2) 종류

전직	다른 직장으로 옮겨가는 것
사직	회사를 그만두는 것
영구해고	회사의 규칙위반이나 업무태만으로 인한 해고
일시해고	인력의 공급과잉 혹은 수요부족으로 인한 인력 감축

(3) 관리: 전직에 대한 관리가 필요하다.

03 개발관리

1 개발관리의 기초개념

(1) 개발의 개념과 중요성

① 개발의 개념

㉠ 기업 내에서 종업원의 자질을 개발하고 직무에 대한 적응성을 높임으로써, 보다 나은 자격을 갖출 수 있도록 조직적·체계적으로 유도하는 활동을 의미한다.

㉡ 종류에는 교육과 훈련이 있다.

② 개발의 중요성

기업	• 국제 경쟁의 시대 • 인력의 고도화, 전문화의 필요성 • 인재 육성을 통한 생산성 향상
개인	• 자아실현 • 자기 가치의 향상
사회	생애교육의 대두와 기업 역할의 중요성 증대

(2) 개발관리의 이슈

　① 인재를 키울 것인가, 사올 것인가?

　② 인재 양성 비용은 투자인가, 비용인가?

2 교육훈련

(1) 교육훈련의 개념

　① 교육과 훈련

교육	훈련
• 보편적인 지능, 기능, 태도의 육성 • 장기적 · 체계적 · 객관적 과정 • 정규교육제도 • 개인 목표 강조 • 특정결과를 기대하지 않음 • 일반적인 지식과 기초 이론	• 특정직무의 지식과 기능의 습득 • 개별적 · 실제적 · 구체적 과정 • 단기 프로그램 • 조직 목표 강조 • 특정결과 기대 • 특정한 직무와 관련한 지식과 실무

　※ 개발은 양자를 모두 행하는 것을 말한다.

　② 교육훈련의 원리

학습곡선 (Learning Curve)	• 학습자가 일정한 교육훈련을 받은 후에 도달하는 숙련의 수준을 나타냄 • 직무와 사람에 따라 효과가 다름 • 학습이 항상 일어나는 것은 아님 • 명확한 비율도 없음
전이 (Transfer)	• 교육훈련에서의 학습이 실제 작업환경에서 발휘되는 것 • 동일요소이론(Identical Element Theory) • 원리에 의한 전이(Transfer Through Principle)
보존 (Retention)	• 학습환경에서 동기가 유발되면 장기간 유지 가능 • 강화가 되면 장기간 유지 가능

　③ 교육훈련의 필요성

　　㉠ 필요성의 정도

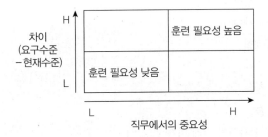

　　㉡ 필요성의 원천

　　　• 직무분석, 인사고과

　　　• 조사방법: 설문지, 면접 등

　　　• 기록분석: 생산량, 품질, 비용, 사고, 이직 등

(2) 교육훈련의 방법

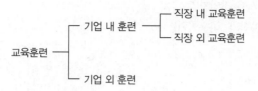

최고경영층	• 개념적 자질 • ATP(Administrative Training Program) • AMP(Administrative Management Program) • CCS(Civil Communication Selection)
중간관리층	• 인간적 자질 • JIT(Job Instruction Training) • TWI(Training Within Industry) • MTP(Management Training Program)
하위종업원층	• 기술적 자질 • 기능훈련, 노동교육, 일반교양교육 등

① 직장 내 교육훈련(OJT; On the Job Training)

ㄱ 개념: 구체적인 직무를 수행하는 과정에서 직속상사가 부하에게 직접적으로 개별지도를 하고 교육훈련을 시키는 라인담당자 중심의 교육훈련방식을 뜻한다.

ㄴ 장점과 단점

장점	단점
• 실제 업무에 바로 적용 가능 • 실제적 업무 능력 신장 • 저비용 • 교육의 필요성 파악 용이 • 결과 평가 용이 • 상사−부하의 신뢰관계 두터워짐	• 막대한 회사 손실 가능성 • 전문적 교육 능력 없음 • 다수의 종업원에게 동시 훈련 불가능 • 일과 훈련 병행의 어려움 • 동일한 내용의 교육훈련을 할 수 없음

ㄷ OJT의 성공요건

• 인적자산에 대한 철학과 비전

• 자아실현 지향적 가치관

• OJT 제도의 규정화

ㄹ OJT의 실패원인

• 부하의 참여가 적음

• 미숙한 교육 기술

• OJT 실시 이후 인사와의 연계 미흡

• 제도적 불합리성

OJT	멘토링
• 업무 중심 • 생산성 향상이 목적 • 업무에 국한 • 수직적 · 일방적 관계	• 인간관계 중심 • 정서적 측면 반영 • 개인적 생활 중시 • 수평적 · 쌍방적 관계

② **직장 외 교육훈련(Off JT; Off the Job Training)**: 교육훈련을 담당하는 전문스태프의 책임하에 집단적으로 실시하는 방식을 뜻한다.

③ **자기개발(SD; Self-Development)**: 스스로 자기 개발의욕을 지니고 자기 훈련을 하는 방식이다.

④ 비교

Off JT	OJT	SD
• 조직차원 • 교육부서 중심 • 교육부서의 협조 • 본인의 참여 • 계층, 직능, 어학, 국제화	• 부서차원 • 상사 중심 • 상사의 협조 • 부하의 참여 • 실무 중심의 교육	• 개인차원 • 본인 중심 • 교육부서의 지원 • 상사의 지원

⑤ 기타 훈련

㉠ 신입자 훈련

오리엔테이션 (Orientation)	• 회사에 관한 제반사항, 직무 요건, 근무태도 등에 대한 교육 • 견습기간 중이나 채용 직후 실시
멘토 시스템 (Mentor System)	• 역할 모델을 해주는 선임자를 선정 • 도전적 직무 부여, 상담 및 조직에 대한 지식 제공 등

㉡ 종업원 훈련

기능훈련 (Skill Training)	• 직업학교훈련: 외부의 직업학교에 파견 • 도제훈련: 숙련공의 작업 보조를 통한 교육 • 실습장 훈련: 회사의 실습장에서 교육 • 프로그램 훈련: 기본 내용에 대한 설명 후 정해진 프로그램을 통한 훈련
노동교육 (Labor Training)	• 자신의 경제적 · 사회적 지위 인식 • 사원으로서의 필요한 자질과 지식 교육
일반교양교육 (General Education Training)	인격, 일반지식, 교양에 관한 교육

㉢ 중간관리층 훈련

JIT (Job Instruction Training)	• 미국 전시노동력위원회에서 고안 • 일선 감독자의 미숙련공 훈련 방식 • 교육의 준비, 작업방식의 설명, 작업 수행, 사후 검토
TWI (Training Within Industry)	• 작업지시법(JIT; Job Instruction Training) • 작업개선법(JMT; Job Method Training) • 부하통솔법(JRT; Job Relation Training)

(3) 교육훈련의 결과 평가(커크 패트릭, Kirkpatrick)

반응(Reaction)	프로그램에 대한 피훈련자의 인상, 감정의 측정
학습(Learning)	훈련을 통하여 이루어진 학습에 대한 측정
행위(Behavior)	직무에서 실제 학습 내용에 따라 행하는 행위에 대한 측정
결과(Result)	• 조직 목적 달성에 있어서 훈련 프로그램의 효용성에 대한 측정 • 비용 감소, 이직, 생산량, 품질 등

04 인사고과

1 인사고과의 기초개념

(1) 인사고과의 의미와 성격

① 인사고과의 의미
  ㉠ 조직구성원의 행위를 조직 목적에 적합하게끔 유도하기 위하여 의식적으로 재정하여 실시하는 인사평가제도를 뜻한다.
  ㉡ 조직 내부의 인력을 대상으로 하여 그들의 조직에 대한 기여도 및 기여 가능성을 객관적인 수치로 평가하는 것이다.

② 인사고과의 성격
  ㉠ 직무를 수행하는 종업원의 상대적 가치의 평가 성격을 띤다.
  ㉡ 객관성을 높이기 위하여 특정목적에 적합하도록 조정되는 경향이 있다.
  ㉢ 직무평가는 인사고과의 선행절차에 해당한다.

(2) 인사고과의 원칙

① 공정성의 원칙
② 합리성의 원칙
③ 성장성의 원칙

(3) 인사고과의 실시원칙과 목적

① 인사고과의 실시원칙
  ㉠ 직무기준의 원칙: 인사고과자는 피고과자의 담당직무 내용 및 자격요건 등 직무기준에 비추어 일정 기간의 직무수행상태(태도능력업적 등)에 대하여 정확하게 평가를 실시해야 된다는 원칙이다.
  ㉡ 공정성의 원칙: 인사고과는 피고과자의 직무수행상태에 대한 공정한 평가가 이루어져야 한다는 원칙으로, 인사고과의 핵심적 실시원칙이다.
  ㉢ 독립성의 원칙: 인사고과는 피고과자에 대한 인사고과의 실시과정에 있어 결코 외부의 압력이나 간섭 없이 인사고과자의 독립적 판단에 의하여 공정한 평가가 이루어져야 한다는 원칙이다.
  ㉣ 납득성의 원칙: 인사고과의 실시과정 및 실시결과의 자료에 대해서는 고과자와 피고과자가 납득해야 함은 물론 기업 내 모든 구성원들이 납득할 수 있는 인사고과가 실시되어야 한다는 원칙이다.

ⓜ 인사고과자의 추측배제 및 고과불소급의 원칙: 피고과자의 특성 및 직무수행상태에 관한 인사고과의 실시과정에 있어 명확한 사실근거 없이 인사고과의 단순한 관행이나 추측에 의해 실시하는 고과는 배제되어야 한다는 원칙이다. 또한 동일한 피고과자에 대한 인사고과의 실시결과에 대해 다시 소급해서 인사고과를 실시해서는 안 된다는 원칙이다.

ⓗ 고과오차·오류경향 배제의 원칙: 인사고과의 실시과정에 있어 인사고과자가 범하기 쉬운 오차나 오류의 병행은 반드시 배제되어야 한다는 원칙이다. 특히 인사고과의 실시과정에서 범하기 쉬운 인사고과자의 오류로는 현혹효과, 관대화 경향, 가혹화 경향, 대비오차 경향 등을 들 수 있다.

② 인사고과의 목적

능력고과	• 무엇을 어느 정도 할 수 있는가 • 조직원의 배치 및 이동, 직능개발 및 육성, 승격 및 승진 등
업적고과	승급, 상여 등
태도고과	

③ 통제지향적 인사고과와 개발지향적 인사고과

통제지향적 인사고과(전통적)	개발지향적 인사고과(현대적)
• 실적결과 중시 • 평가자 중심 • 상대고과 중심 • 비공개 지향 • 개인적 고과 • 임금관리를 위한 고과 • 추상적 기준	• 과정결과 중시 • 본인 참가에 의한 고과 • 절대고과 중심 • 공개 및 피드백 • 조직적 고과 • 능력개발을 위한 고과 • 구체적 직무 기준

(4) 인사고과의 저해요인

① 직무분석의 미시행

② 평가자의 편견

③ 연공서열제에 대한 집착

2 평가자

(1) 평가자의 자격요건

① 성과를 관찰할 수 있는 기회

② 관찰을 유용한 평가로 전환할 수 있는 능력

③ 평가를 하고자 하는 동기

(2) 평가 유형별 정보 접근성

구분		본인	상사	동료	부하	고객
과업	행위	가장 많음	적음	많음	거의 없음	많음
	결과	많음	많음	많음	적음	많음

대인관계	행위	가장 많음	적음	많음	많음	많음
	결과	많음	적음	많음	많음	많음

(3) 평가자의 목표

과업성과 (Task Performance)	피평가자의 성과수준을 향상시키거나 유지시키기 위한 목적
대인관계 (Interpersonal)	평가자와 피평가자의 대인관계를 향상시키거나 유지시키려는 목적
조직 내 위상 (Strategic)	조직 내에서 자신과 업무집단의 위상을 향상시키려는 목적
평가자 특성 (Internalized)	평가자의 가치관이나 신념을 반영한 결과

③ 인사고과의 방법

(1) 전통적 인사고과 방법

서열법 (Ranking Method)	피고과자의 능력과 업적에 대하여 순위를 매기는 방법
강제할당법 (Forced Distribution Method)	미리 정해놓은 비율에 따라 피고과자를 강제로 할당하는 방법
등급할당법 (Grading Method)	• 등급을 나누어 각 범주에 피평가자를 할당하는 방법 • 주관적이고 오류 발생확률이 높음
표준인물비교법	• 판단의 기준이 되는 종업원을 선정하고 그들을 기준으로 피고과자를 평가하는 방법 • 구체적이고 평가가 쉬우나, 표준인물의 설정이 주관적
기록법 (Filling out Method)	종업원의 근무 성적의 기준을 객관적으로 정해놓고 이를 기록하는 방법
평정척도법 (Rating Scale Method)	사전에 마련된 척도를 근거로 피고과자의 자질을 평가하는 방법
대조표법 (Checklist Method)	설정된 평가세부일람표에 체크하는 방법
업무보고법 (Performance Report Method)	피고과자가 작업 업적을 구체적으로 적어서 평가받는 방법
성과기준고과법 (Performance Standard Method)	• 피고과자의 직무수행 결과가 사전의 성과기준에 도달하였는가의 여부에 의하여 평가하는 방법 • 직무 범위가 표준화되어 있고 성과기준이 설정되어 있는 직무 이외에는 적용 어려움

① 서열법

㉠ 서열법의 종류

단순서열법 (Simple Ranking Method)	단순한 서열 결정
교대서열법 (Alternative-ranking Method)	가장 잘한 사람과 가장 못한 사람을 번갈아 가며 서열 결정

쌍대비교법 (Paired Comparison Method)	임의의 2명에 대한 비교를 되풀이하여 서열 결정

ⓛ 장점과 단점

장점	단점
• 규칙적 오류의 예방 • 간단하고 실시가 용이 • 저렴한 비용	• 동일한 직무에 대해서만 적용 가능 • 피고과자가 많아질 경우 어려우며, 적을 경우 무의미 • 구체적인 고과기준 없음

② 강제할당법

장점	단점
규칙적 오류의 예방	• 피고과자의 수가 적을 경우 무의미 • 실제 능력과 비율이 일치하지 않는 경우 존재

③ 대조표법

㉠ 프로브스트 방법과 오드웨이 방법

프로브스트 방법(Probst Method)	오드웨이 방법(Ordway Method)
체크만 하는 방법	체크와 함께 이유를 적는 방법

ⓛ 장점과 단점

장점	단점
• 판단의 용이성 • 높은 신뢰성과 타당성 • 부서 간의 상호비교 가능	• 전반적인 직무에 대한 표준 선정의 어려움 • 점수화 절차의 복잡성

(2) 현대적 인사고과 방법

서술법 (Essay Method)	평가자가 피고과자의 행위의 강약점을 진술하고 해결방안 제시
중요사건 서술법 (Critical Incidents Method)	• 기업 목표 달성의 성패에 영향을 미치는 주요 사건을 중점적으로 서술 • 직무태도와 업무 능력 개선 유도
인사평정센터법 (HACM; Human Assessment Center Method)	합숙과정에서 특별 선정된 라인관리자들이 복수의 평정절차를 통하여 하는 인사고 과 방법
행위기준 척도법 (BARS; Behaviorally Anchored Rating Scale)	피고과자의 구체적인 행위에 근거하여 평가하는 방법
자기고과법 (Self-rating)	피고과자가 자신의 능력과 희망을 서술함으로써 고과하는 평가방법
목표관리(MBO)	결과에 대한 평가에 피고과자가 참여하여 평가하는 방법
토의식 고과법 (Committee Nomination)	현장 토의법, 면접법, 위원회 지명법
인적자원회계	인적자산을 대차대조표와 손익계산서에 나타내는 과정을 통한 평가방법

① 서술법

장점	단점
• 구조화되어 있지 않음 • 성과와 관련된 특질에 대한 평가 가능 • 평가기준과 방법의 유연성	• 운영상의 난점과 많은 시간의 소요 • 주관성 개입 여지가 큼

② 중요사건 서술법

장점	단점
• 중요 행위에 대한 정보 제공 • 사건 발생 시점에서 토의를 통한 효과적인 평가 가능	• 많은 시간의 소요 • 계량화의 어려움

③ 인사평정센터법

  ⊙ 인사평정센터법의 역사

    • 제2차 세계대전

      – 독일 육군에 의하여 고안

      – 영국 장교 선발에 이용

    • 미국의 첩보원 선발에 이용

    • 1956년 미국전화전신공사에서 인사고과에 활용

  ⓛ 인사평정센터법의 방법

    • 비슷한 조직계층의 평가대상자 6~12명이 인사평정센터에서 3일간 합숙훈련을 한다.

    • 개인면접, 심리검사, 비즈니스 게임 등의 다양한 방법을 통한 평가가 이루어진다.

  ⓒ 인사평정센터법의 특징

    • 개인의 미래에 대한 예측에 이용된다.

    • 주로 중간관리층의 능력 평가를 위하여 실시한다.

④ 행위기준 척도법

  ⊙ 행위기준 척도법과 행위관찰 척도법의 예시

    • 행위기준 척도법(BARS; Behaviorally Anchored Rating Scales)

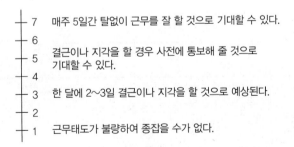

자료: Gary P. Latham, Kennetk N. Wexely

    • 행위관찰 척도법(BOS; Behaviorally Observation Scale)

변화에 대한 저항을 관리하는 능력					
질문	결코 하지 않음				항상 실천함
부하들이 변화해야 할 부분을 자세히 설명한다.	1	2	3	4	5
왜 변화가 필요한지를 설명한다.	1	2	3	4	5
변화가 종업원에게 어떤 영향을 주는지 토론한다.	1	2	3	4	5
종업원의 관심사에 귀를 기울인다.	1	2	3	4	5
종업원이 변화를 하도록 도움을 준다.	1	2	3	4	5
종업원의 관심사 해결을 확인할 일정을 잡는다.	1	2	3	4	5
점수					

등급	보통 이하 6-10	보통 11-15	만족 수준 16-20	우수함 21-25	아주 우수함 26-30

자료: Gary P. Latham, Kennetk N. Wexely

ⓛ 행위기준 척도법과 행위관찰 척도법의 비교

행위기준 척도법	• 구체적인 근무 태도 행위가 기준 • 서스톤(Thurstone)의 접근법	
	장점	육성형 기능
	단점	• 모든 평가내용 포괄하기 어려움 • 척도개발과정에 주관성 개입 여지 • 피고과자 행위의 지속적 관찰 곤란
행위관찰 척도법	• 주요 실천항목을 제시한 후, 실천 정도에 따라서 배점 • 리커트(Likert)의 접근법	
	장점	• 척도에 대한 이해와 사용 용이 • 직무에서 요구되는 행위 제공 • 피고과자의 강약점에 대한 피드백 • 높은 타당성과 신뢰성
	단점	• 평가자의 자질에 대한 의문 • 수치 판단의 비현실성

⑤ 토의식 고과법

현장토의법 (Field Review)	감독자들과의 토의를 통해 얻은 정보를 이용한 평가	
	장점	• 구체적 정보 수집 가능 • 진지한 고과 수행 가능 • 고과기준의 안정화
	단점	• 많은 시간과 비용의 소요 • 피고과자의 불신감 야기
면접법 (Interview)	• 피고과자의 업적분석, 고과력과의 토의, 상담 등에 이용 • 보충적 기법	
위원회 지명법 (Committee Nomination)	고과 위원회에서 토의를 통한 고과	

4 인사고과상의 오류

(1) **규칙적 오류(Systematic Error):** 일반적으로 일어나기 쉬운 가치판단상의 심리적 오류에 해당한다.

  ① 종류

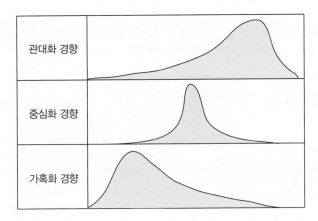

  ② 대처 방안: 강제할당법, 서열법 등

(2) **논리적 오류(Logical Error):** 고과 요소 간에 상관관계가 있을 때 하나를 통하여 다른 하나를 미루어 짐작하는 오류이다.

(3) **유사효과(Similar to me Effect):** 자신과 유사한 사람을 후하게 평가하는 오류이다.

(4) **대비효과(Contrast Error):** 한 사람에 대한 평가가 다른 사람의 평가에 영향을 주는 오류(예 우수한 답안을 채점한 후 다음 사람의 답안 채점 시 영향을 줌)이다.

(5) **기타**

  ① 상동적 태도
  ② 주관의 객관화
  ③ 현혹효과

05 임금관리의 개념

01 임금(보상)관리의 기초 개념

1 임금의 의의

사용자 관점	생산요소의 구입비용, 노무비
노동자 관점	노동력의 대가
	소득, 보수
	기본적 욕구의 충족
	심리적 · 합리적 보상

2 임금관리의 내용

구분	의의	내용		적용원리
임금 수준	종업원에게 지급하는 임금의 평균 수준	• 승급 • 승격 • 베이스 업		적정성
임금 체계	각 종업원에게 임금을 배분하는 구성내용	기준 내 임금	• 연공급 • 직무급 • 직능급 • 자격급	공정성
		기준 외 임금		
임금 형태	임금의 계산 및 지급 방식에 관한 것	• 시간급 • 성과급 • 특수임금형태		합리성

3 임금관리의 중요성

(1) **근로자**: 생계를 유지하는 소득 원천이며 사회적 신분과 위신을 나타내므로 높은 임금지급을 요구한다.

(2) **기업**: 제품의 원가를 구성하는 비용(노무비)이므로 낮은 임금지급을 희망한다.

(3) 근로자와 기업은 서로 상반된 이해관계를 보이기 때문에 합리적인 임금관리가 필요하다.

4 임금관리 방침 설정 시 고려사항

(1) 근로자의 최저생계비를 보장한다.

(2) 대내 · 외적 균형을 유지한다.

(3) 기업의 지불 능력을 고려해야 한다.

(4) 노사관계의 원활화를 도모해야 한다.

(5) 다른 인사관리 제도와 상호 보완적 운용이 이루어져야 한다.

02 임금 수준 관리

1 임금 수준(Wage Level)의 의의

(1) 기업 전체의 평균임금을 의미한다.

(2) 일정 기간 동안 한 기업 내의 종업원에게 지급되는 평균임금액을 말한다.

(3) 임금수준＝지급임금총액÷종업원 수이다.

2 임금 수준의 결정

(1) 결정 요소

생계비	• 노동자 가족의 생계비 • 이론 · 실태 · 표준 생계비
지불 능력	• 기업의 안정된 성장을 전제 • 생산성 기준법, 노동분배율법, 인건비 비율법 등
동업타사 수준	우세임률
노동시장의 수급	노동력의 수요와 공급에 따른 결정
노사관계	노조의 교섭력
정부	최저 생계비, 근로기준법

(2) 결정 원리: 임금 수준은 적정성의 원리에 따라 결정되어야 한다.

(3) 결정 구조

상한선	기업의 지불 능력
조정요인	다른 회사 수준 등 사회적 임금 수준 및 기타 결정 요소
하한선	생계비 또는 최저임금

(4) 조정: 물가변동, 연공, 인사고과의 결과에 따라 임금 수준을 조정

승급 · 승격 · 승진	• 승급: 미리 정해진 임금곡선을 따라 연령, 근속연수 등에 의해 기본급이 증대 • 승격: 직무의 질이 향상된 것에 의한 임금 상승
베이스 업 (Base up)	• 임금곡선 자체의 상향이동 • 근속연수, 연령, 직무수행능력 등이 그대로인 자에 대한 임금의 증가

03 임금체계의 관리

1 임금체계(Wage or Compensation Structure)의 의의

(1) 개별 임금을 결정하는 기준 또는 사내 개별임금 간의 격차를 결정하는 기준이 된다.

(2) 기본급이 어떠한 원리로 지급되어야 하는지를 규정한다.

2 임금체계의 결정 구조

임금 결정의 기본사고	고려해야 할 요소	임금체계 결정 요인	관련된 기본급
생계보장의 원칙	연령, 근속, 학력	필요기준	연공급
	업무	직무기준	직무급
노동 대응의 원칙	보유능력	능력기준	직능급
	발휘된 능력	성과기준	성과급

3 임금체계의 결정 요인

필요기준	수령자의 필요를 중시한 임금 결정 기준
직무기준	종업원의 직무 내용에 따라 임금 결정
능력기준	종업원의 능력에 따른 임금 결정
성과기준	종업원의 조직에 대한 기여도, 즉 업적(성과)에 따라 임금 결정

4 임금의 체계

(1) **기준임금(본봉):** 정상적 작업조건에서 노동하는 노동자의 정상적 노동에 대해 지급되는 임금이다.

(2) **기준 외 임금:** 정상적 노동 이외의 노동에 대해 지급되는 것이다.

종류		결정기준
기준임금	연공급 · 연령급	생계비
	연공급 · 근속급	근속연수
	직무급	직무가치
	직능급	연공급+직무급
	자격급	연공급+직무급+자격급
기준 외 임금	상여금	성과
	수당	성과
	퇴직금	근속연수

5 기준임금

(1) 연공급

① 연공급의 의의

㉠ 연령, 근속기간, 학력, 성별, 경력 등 인적요소를 중심으로 임금을 결정하는 것이다.

㉡ 보통 연령급과 근속급으로 나뉜다.

연령급	• 구성원의 연령이 주요 평가기준 • 생활급적 형태가 강한 임금체계
근속급	구성원의 근속연수 기준에 따라 임금을 지불하는 임금체계

② 연공급의 유형: 정액 승급형, 체증 승급형, 체감 승급형, S자 승급형

③ 연공급의 장점과 단점

장점	단점
• 생활보장, 고용안정 • 기업에 대한 귀속의식 확대 • 연공 존중, 동양적 질서 확립 • 지휘체계의 안정 • 가족주의적 인간관계	• 소극적, 종속적 근무태도 • 능력 있는 젊은 층의 사기 저하 • 전문인력의 확보 곤란 • 동일노동 동일임금의 실시 곤란 • 인건비 부담의 가중

(2) 직무급

① 직무급의 의의

㉠ 직무의 중요도, 난이도, 기여도에 따라 직무의 질과 양에 대한 상대적 가치를 평가하고 그 결과에 따라 임금을 결정하는 것이다.

㉡ 동일직무에 대하여 동일임금의 지급(Equal Pay for Equal Work)이 가능하다.

㉢ 직무분석과 직무평가가 선행되어야 한다.

② 직무급의 유형: 개별 직무급, 단일 직무급, 범위 직무급

③ 직무급의 장점과 단점

장점	단점
• 공정한 임금지급, 능력주의 • 직무를 기준으로 하여 합리적 인사관리 가능 • 연공 존중, 동양적 질서 확립의 반대 개념 • 개인별 임금 차 불만해소 • 비합리적 인건비 과다지출 방지	• 절차 복잡 • 연공 중심 풍토의 저항 • 종신고용 풍토 혼란 • 융통성 결여

(3) 직능급

① 직능급의 의의

ⓐ 직무급＋연공급을 결합한 형태이다.

ⓑ 직무수행 능력에 따라 개별임금을 결정하는 임금체계이다.

② 직능급의 유형: 병존형, 순수형

③ 직능급의 장점과 단점

장점	단점
• 근로자 능력 신장 • 유능한 인재 확보 • 능력에 따른 임금결정과 불평 해소 • 완전한 직무급 도입이 어려운 동양적 기업 풍토에 적합	• 직무수행능력에 치우쳐 일상업무의 소홀 • 직무수행능력이 떨어지는 자의 근무의욕 상실 • 직무표준화, 직무분류의 미비로 인한 혼란

(4) 자격급

① 자격급의 의의

ⓐ 직무급＋연공급＋자격급을 결합한 형태이다.

ⓑ 자격제도를 바탕으로 한 임금체계로서 직능급을 제도화한 것이다.

ⓒ 종업원의 자격취득 기준을 정해놓고 자격취득에 따라 임금의 차이를 두는 제도이다.

② 자격급의 장점과 단점

장점	단점
• 자아발전의 욕구충족 • 근로의욕의 향상 • 연공에 따른 자동승급의 지양 • 직무중심의 경직성 탈피	• 형식적 자격기준에 치우칠 우려 • 자격취득에 요청되는 시험제도로 인한 인간관계 저해의 우려

6 기준 외 임금 – 수당

(1) 의의: 연공급적 임금체계하에서 기본급이 반영할 수 없는 직무의 특성이나 종업원의 능력을 고려하고 생계비를 보전한다는 차원에서 기본임금이 지니는 한계를 보완하는 의미에서 출발한 것이다.

(2) 수당의 종류

법적 강제성 여부에 따라	• 법적수당 • 임의수당	
수당이 갖는 내용적 의미에 따라	• 근무수당 • 생활수당	
기준의 유무에 따라	기준 내 수당	직무수당, 장려수당, 생활보조수당
	기준 외 수당	초과근무, 특별근무, 비취업, 생산업적 수당

04　　임금 형태의 관리

1　임금 형태의 의의

종업원에 대한 임금산정방법, 임금지급방법, 임금지급제도 등을 총괄하는 표현이다.

2　생애임금관리의 원칙

(1) 의의: 학교를 졸업하고 바로 입사한 표준적인 근로자가, 취직 시부터 퇴직 시까지의 정기 및 특별급여, 퇴직금을 합산한 총 임금 수입을 뜻한다.

(2) 생애임금관리

① 연공급＋능력급＋성과급＋자격급

② 기본 원칙: 근속연수에 맞는 능력과 능력에 맞는 업무를 할당한다.

③ 고임금하의 저노무비 전략에 적합한 기술지향적 임금관리가 이루어진다.

3　임금 형태의 분류

(1) 시간급제

① 의의: 수행한 작업의 양과 질에는 관계없이 단순히 근로시간을 기준으로 하여 임금을 산정, 지불하는 방식이다.

② 종류

단순 시간급제	임금＝실제 작업 시간×시간당 임률
복률 시간급제	• 표준과업량 미만인 경우: 임금＝실제 작업 시간×낮은 시간 임률 • 표준과업량 이상인 경우: 임금＝실제 작업 시간×높은 시간 임률

(2) 성과급제

① 의의: 근로자의 작업에 대한 노력 및 능률의 정도를 고려하여 높은 능률의 근로자에게는 높은 임금을 지급하여 그들의 생활을 보장하고 생산성을 향상하고자 하는 임금형태이다.

② 장점과 단점

장점	단점
• 합리성, 공평감 • 작업능률 자극, 소득증대효과 • 직접노무비 일정으로 인한 원가계산 용이	• 표준단가결정, 작업량 측정 곤란 • 심신과로, 수입 불안정 • 제품품질 저하, 기계설비 소모

③ 성과급제도의 도입 시 전제조건

  ㉠ 생산단위가 측정 가능하다.

  ㉡ 노력과 생산량 관계가 명확하다.

  ㉢ 직무 표준화, 정규적인 작업흐름이 존재한다.

  ㉣ 생산의 질이 일정하다.

  ㉤ 작업자들에 대한 감독이 철저하다.

  ㉥ 노무비의 사전 결정이 이루어져 있다.

④ 성과급제의 종류

개인 성과급제	단순 성과급제	
	복률 성과급제(차별 성과급제)	• 일급보장 성과급제 • 테일러식 차별적 성과급제 • 메리크식 복률 성과급제
집단 성과급제	• 스캔론 플랜: 매출액을 기준으로 성과를 측정 • 럭커 플랜: 부가가치를 기준으로 성과를 측정 • 카이저 플랜: 재료나 노무에서 발생하는 비용의 절약 • 프렌치 시스템: 모든 절약분 • 링컨: 이윤분배+성과급	

[단순 성과급제]

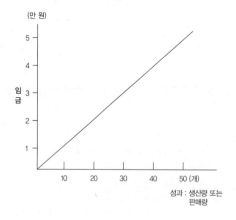

[차별 성과급제]

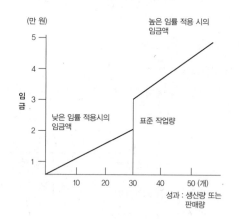

(3) 추가급제

① 의의: 시간급제와 성과급제를 절충하여 보다 합리적인 임금형태를 마련한 것이다.

② 종류: 할증급제(절약임금 분배제), 할시식 할증급제, 로완식 할증급제, 비도우식 할증급제, 간트식 할증급제

(4) 상여급제(보너스)

① 의의: 상여금은 명절이나 기업의 결산기 등에 기업의 업적이나 종업원의 근무성적에 따라 근로의욕 향상을 위해서 지급되는 임금의 형태에 해당한다.

② 상여금의 본질

　ⓐ 은혜적인 것

　ⓑ 이윤 분배적인 것

　ⓒ 개인 업적에 대한 급여적인 것

　ⓓ 기본급의 후불적인 것 등

③ 종류: 간트식, 에머슨식 등

(5) 특수임금제: 위의 어느 형태에도 속하지 않는 특수한 임금제도를 지칭한다.

집단자극임금제 (집단자극제)	• 개인임금제도에 대립되는 개념 • 일정한 근로자집단별로 임금을 산출하여 지급하는 제도 • 근로자 상호 간의 긴밀한 연결 및 조화와 팀워크가 잘 이루어져야 함 • 작업 또는 공장 전체의 능률을 올리는 데에 효과적임
순응임금제	• 임금결정에 대한 영향요인을 정하고, 이 요인의 변동에 따라 임률도 순응하는 제도 • 생계비순응 임금률제, 판매가격순응 임금률제, 이윤순응 임금률제
이익분배제	미리 정해진 기본적 보상 이외에, 각 영업기간마다 결산 이익의 일부를 부가적으로 지급하는 방식

1 복리후생의 의의

종업원 및 그의 가족의 생활수준 향상을 위하여 시행하는 임금 이외의 간접적인 모든 급부이다.

2 복리후생과 임금의 비교

복리후생(부가급)	임금(당위급)
• 노동의 질, 양, 능률과 무관	• 노동의 질, 양, 능률에 따라 차이
• 집단적 보상	• 개별적 보상
• 필요에 입각한 지급	• 당위에 입각한 지급
• 구체적 내용에 따라 용도 한정	• 지출용도는 종업원의 의사
• 다양한 형태로 지급(현물, 서비스 등)	• 현금 지급
• 종업원의 생활수준을 안정화하는 기능	• 종업원의 생활수준을 직접 향상시키는 기능

3 효율적 복리후생제도의 구체적 설계 및 운용 방안

(1) 기본 방향 설정: 복리후생은 기업이 제공하는 대표적인 비임금성 보상으로 기업이 임금과 기본 노동조건 이외에 추가적으로 기업 부담하에 제공하는 편의이다.

(2) 도입 목적 규명: 조직이 달성하고자 하는 목표와의 연계성을 고려해야 한다.
  ① 필요성 및 도입 시 효과 분석: 개인 및 조직 측면에서 고찰한다.
  ② 적용대상 및 범위 설정: 직무 중심, 인적 중심으로 나누어 제도를 설계한다.
  ③ 조직문화 및 특성 고려: 조직의 특유한 문화와 가치에 따라 도입효과가 상이하다.

(3) 새로운 복리후생제도의 대안 고려
  ① 카페테리아(Cafeteria) 복리후생제도: 종업원의 욕구를 반영하여 설계된 다양한 제도를 선택한다.
  ② 라이프 사이클(Life Cycle) 복리후생 제도: 종업원의 연령에 따른 다양한 욕구를 고려한다.
  ③ 통합적(Wholistic) 복리후생 제도: 가정, 조직, 개인의 삼위일체를 통한 삶의 질 향상을 강조한다.
  ④ 종업원 후원 프로그램제도(EAP): 개인적 사생활 문제와 관련하여 그 문제를 분석, 해결하는 과정의 전문적 상담프로그램을 의미한다.

4 카페테리아식 복리후생제도(선택적 복리후생제도)

(1) 의의: 사전에 설계된 다양한 복지 메뉴 중 일정 금액이나 점수 한도 내에서 종업원 개인의 필요성에 맞춰 항목과 수준을 선택할 수 있게 한 복리후생제도를 의미한다.

(2) 필요성
  ① 다양한 노동력에 대한 동기유발
  ② 종업원의 다양한 욕구와 선호
  ③ 보상비용의 효율성 증대

(3) 유형

① **선택항목 추가형**: 필수적으로 필요한 복지항목과 보상수준을 핵심복리후생으로 제공하고, 추가적으로 개인별 필요성에 따라 복리후생 항목들을 선택하게 하는 유형이다.

② **모듈형(패키지형)**: 다양한 복지항목들을 골고루 섞어 여러 패키지를 구성한다.

③ **선택적 지출계좌형(소비계정형)**: 종업원 개인에게 할당된 복리후생의 예산범위 내에서 항목을 선택하게 한다.

06 　 퇴직금 관리

1 퇴직금의 의의

(1) 한 조직에 일정 기간 근무한 종업원이 퇴직할 때 미리 정해진 기준에 따라 지급받는 금전적 혹은 비금전적 급부를 의미한다.

(2) 노후생활을 위한 수단으로서의 역할을 수행한다.

(3) 기업의 임금제도를 구성하는 한 부분과 동시에 한 나라의 사회보장제도의 한 부분을 이룬다.

2 퇴직금의 성격

(1) **공로보상설**: 계속근로를 통한 기업에의 공로를 보상하기 위한 급여로 보는 견해이다.

(2) **사회(생활)보장설**: 퇴직 후의 생활안정을 보장하기 위한 급여로 보는 견해이다.

(3) **임금후불설**: 재직중의 전체 근로에 대하여 퇴직시에 일시에 지급하는 임금으로 보는 견해이다.

3 퇴직금제도의 기능

(1) **인사관리의 기능**: 장기 근속자에게 높은 퇴직금을 지급하여 장기근속을 장려함으로써 기업에 대한 정착성을 높이는 반면 고령자의 정년퇴직을 용이하게 하여 근로자의 신진대사를 촉진, 종업원 구성을 적정화하고 종업원의 승진을 원활히 해준다.

(2) **노사관계 안정화의 기능**: 합리적인 퇴직금제도의 운영으로 노사분규의 소지를 줄이고 노사협력의 향상과 노사관계 안정화에 기여할 수 있다. 즉 종업원 측의 지지를 받는 것은 노사분규의 원천을 없애는 것이 되므로 노사관계를 안정화 시키는 것이다.

(3) **생활보장의 기능**: 종업원의 노령화 추세로 인하여 갈수록 비중이 커지는 노후생활의 보장은 퇴직일시금 내지 퇴직연금으로 해결함으로써 보다 안전한 노후를 보장할 수 있다. 복지국가로가고 있는 우리나라에서는 더욱 중요한 기능이다.

(4) **금융 및 자본축적 기능**: 퇴직금제도가 연금화 되는 경우 연금제도를 건전하게 운영하기 위해서 그 기금을 적립할 필요가 있다. 미국의 경우 기업연금의 적립분이 공적연금을 오히려 상회하고 있다. 우리나라도 퇴직금의 연금화가 확대 실시되면 자본적 기능이 더욱 커질 것으로 예상된다.

4 퇴직금의 재원조달

적립금제도	매 결산기 또는 일정 기간마다 기업이익의 일부 또는 기타의 재원에서 일정 금액을 퇴직금의 준비금으로서 적립하는 제도
생산비 처리	• 회계처리 할 때 생산비중에 임금총액의 일정 비율(%)을 퇴직금으로 처리하는 방법 • 경제적인 여건이 안정된 경우에만 유효한 방법임

5 퇴직금 산정 방법

일반적으로 종업원의 근속연수 또는 임금액에 비례하거나 별도의 퇴직금규정 및 단체협약에 의거하여 퇴직금을 산정한다.

기본방정식	산정기준×지급률
산정기준	기본급, 평균임금, 표준월임금, 월수총액 등 고려
지급률	기업의 지급능력, 노사 간의 협약, 사회의 일반 통례 등에 의해 결정

6 퇴직금 관련 법규

근로자퇴직급여 보장법
제8조(퇴직금제도의 설정 등) ① 퇴직금제도를 설정하려는 사용자는 계속근로기간 1년에 대하여 30일분 이상의 평균임금을 퇴직금으로 퇴직 근로자에게 지급할 수 있는 제도를 설정하여야 한다. **제4조(퇴직급여제도의 설정)** ① 사용자는 퇴직하는 근로자에게 급여를 지급하기 위하여 퇴직급여제도 중 하나 이상의 제도를 설정하여야 한다. 다만, 계속근로기간이 1년 미만인 근로자, 4주간을 평균하여 1주간의 소정근로시간이 15시간 미만인 근로자에 대하여는 그러하지 아니하다.

06 인간관계관리

01 인간관계관리의 기초개념

1 인간관계관리(Human Relations Management)의 의의

조직구성원들(경영자와 종업원)이 상호이해와 신뢰의 바탕 위에서 일체감을 형성하고, 호의와 열의를 가지고 기업의 유지발전에 기여하고자 하는 정신태도를 형성하기 위한 계획적이고 조직적인 일련의 시책을 뜻한다.

2 인간관계관리의 성립배경

(1) 테일러의 과학적 관리법에 대한 비판: 생산과정에서 인간성을 배제하고 인간을 기계처럼 취급하였다.

> **개념더하기** 테일러의 과학적 관리법
>
> 테일러는 노동자의 작업에 대한 연구를 통해 작업을 요소별로 세분화하고, 각각 표준시간을 결정함으로써 불필요한 동작을 최소화하려 하였다(시간연구, 동작연구). 즉, 과학적 관리법은 조직과 인간관리의 과학화를 주장함으로써 능률을 극대화하려는 경영관리 기법이다.

(2) 호손(Hawthorne) 실험

① 작업능률은 근로조건(임금, 근로시간)이나 작업환경(조명, 환기) 등의 물리적 조건보다 종업원이 자기의 직무, 동료, 상사 및 회사 전체에 대하여 갖는 태도와 감정 등의 심리적 요소에 의해 크게 좌우된다.

② 종업원의 태도와 감정을 좌우하는 것은 개인적·사회적 환경, 사내의 세력관계, 그가 속해 있는 비공식집단의 힘 등이다.

> **개념더하기** 호손(Hawthorne) 실험
>
> 하버드대학의 메이요(Mayo) 등은 1924~1932년에 미국 시카고 교외에 있는 유수의 전화기 회사인 웨스턴 일렉트릭 사의 호손 공장에서 실험을 행했다. 연구자들은 한 작업실 안에서는 조명의 밝기를 다양하게 조절했고, 다른 작업실에서는 조명을 계속 일정하게 유지했다. 그런 뒤 두 집단의 작업성과를 비교해 보았다. 그러나 결과적으로 두 집단 모두 성과가 증가했고, 심지어 조명의 밝기를 낮추었음에도 불구하고 생산성은 양쪽에서 모두 향상되었다. 이것이 바로 유명한 호손 실험이다.
>
> 이 실험이 시사하는 바는 작업능률 내지 생산성 향상에는 물적 조건(임금, 환경)도 관계되지만 그것보다 더욱 결정적인 요인은 종업원의 심리적 태도(사기, 감정)와 비공식조직에 의한 경영 내 사회적 관계(개인의 사회적 환경, 사내 세력관계 등)라는 것이다.

1 샤인(Schein)의 모형

인간의 유형을 경제인, 사회인, 자기실현인, 복합인의 4가지로 분류하였다.

2 맥그리거(Mcgregor)의 X이론·Y이론

X이론	• 가정: 비관적, 정태적, 경직적, 외재적 통제 – 인간은 일하기를 싫어하며, 가능하면 일을 회피하려 한다. – 인간은 지휘받기를 좋아하고, 책임회피를 원하며, 야망도 없고 안전을 원한다. – 조직목표의 달성을 위한 구성원의 노력을 유발시키려면 처벌로 강제하고, 통제, 지휘, 위협해야 한다. • 관리적 행동에 미치는 영향 – 계획수립: 상위자는 목표설정과정에서 지시적·권위적 역할을 수행한다. 즉, 부하에게 참여의 기회를 부여하지 않고, 상위계층에서 수립하여 하위계층에 전달한다. – 지휘: 독재적 리더십으로 권한과 명령에 의한 지휘를 한다. 상위자에게 하위자로의 일방적 의사소통이 이루어지고 피드백이 없으며, 자기통제의 기회를 부여하지 않는다. – 통제와 평가: 외재적으로 부과된 표준에 의한 경직적 통제평가를 하며, 과거의 잘못을 발견하는 데 중점을 둔다.
Y이론	• 가정: 낙관적, 동태적, 유동적, 자기지시적 통제 – 인간은 일하는 것을 자연스러운 것으로 받아들인다. – 인간은 적절한 조건하에서는 책임을 수락하며 책임을 추구한다. – 자신에게 부과된 목표를 위하여 봉사하는 과정에서 자기지시적이다. • 관리적 행동에 미치는 영향 – 계획수립: 부하에게 참여의 기회를 부여하여 함께 계획을 수립한다. – 지휘: 참여적 리더십으로 팀워크를 강조한다. 다양한 의사소통이 이루어지며, 피드백을 통해 전달된 정확한 정보를 확보할 수 있다. – 통제와 평가: 내재적 자기통제를 하며, 환경의 변화에 따른 표준의 조정이 가능하다. 미래의 편차를 방지하기 위한 문제해결을 강조한다.

3 인간관계관리제도

제안제도 (Suggestion System)	조직 운영이나 직무수행에 관련된 여러 개선안을 조직구성원이 제안하도록 하고, 우수한 제안에 대해서는 적절하게 보상하는 제도
인사상담제도 (Personnel Counseling)	종업원의 불평불만이나 신상에 관한 상담에 응하여 이를 해결하여 주는 제도
사기(Morale)조사	종업원들이 조직에 대하여 갖는 긍정적 태도나 만족도와 조직에 대한 충성심을 파악하여 조직의 건강상태를 파악하는 제도
고충(Grievance)처리제도	• 기업에서 근로조건이나 대우에 대한 종업원의 불평이나 불만을 접수하여 처리하는 제도 • 원만한 노사관계의 발전을 위해서도 활용되고 있으며 우리나라에서는 법으로 강제되고 있음
의사소통 (Communication)	조직의 목적을 효과적으로 달성하기 위해 조직구성원의 노력이 공통의 목적을 향하여 통합, 조정되도록 촉진하는 것
기타	• 소시오메트리(Sociometry): 모레노(Mereno) • 브레인스토밍(Brainstorming): 오스본(Osborn) • 종업원지주제도(Employee Stock Ownership System) • 감수성훈련(Sensitivity Training)

CHAPTER

07 노사관계관리

01 노사관리의 기초

1 노사관계의 의의와 기본 성격

(1) 노사관계의 의의: 노사가 집단적인 힘을 배경으로 대등한 입장에서 임금, 복지후생 및 근로조건에 대하여 교섭하는 거래관계를 뜻한다.

> **개념더하기** 던롭(J. T. Dunlop)의 주장
>
> 산업사회는 필연적으로 노사관계를 창출한다. 그러한 노사관계는 경영자, 근로자 및 정부 기관들 사이의 상호복합체라고 규정할 수 있다.

(2) 노사관계의 기본 성격(양면성)

① 개별적 노사관계와 집단적 노사관계

개별적 노사관계	종업원 개인과 사용자와의 관계로 개별적 고용계약에 그 바탕을 둠 예 취업규칙, 근로계약
집단적 노사관계	노동조합과 사용자와의 관계로 집단적인 고용계약에 그 바탕을 둠 예 단체협약

② 대립적 관계와 협력적 관계

대립적 관계	노사관계는 기본적으로 대립적 관계에서 출발했다고 가정
협력적 관계	사용자는 경제성 원리에 입각하여 이익의 극대화를 원하고, 노동자들은 임금을 많이 받아서 여유 있는 생활을 원함

③ 경제관계와 사회관계

경제관계	사용자는 생산경제를 영위할 목적으로, 노동자는 소비경제를 영위할 목적으로 기업체라는 장소에서 만난 것
사회관계	사용자와 종업원은 인간적 욕구의 만족을 얻음

④ 종속관계와 대등관계

종속관계	업무 진행 차원에서의 관계
대등관계	노사교섭과 인격 존중의 측면에서의 관계

2 노사관계의 당사자와 발전과정

(1) 노사관계의 당사자

노동조합	합법적 단체로서 근로자의 이익을 도모
사용자와 사용자단체	• 개별사용자는 기업 내부 노사관계업무를 담당하는 노사담당자와 최고경영자 • 사용자단체는 노사관계에서 사용자의 이익과 사회적 지위를 위하여 조직된 공적인 단체
정부	노사관계의 '준 당사자'

(2) 노사관계의 발전과정

전제적 노사관계	사용자의 일방적 의사결정, 인간적 요소 무시
온정적 노사관계	가부장적 온정주의에 입각
근대적 노사관계	• 경영과 자본의 분화 • 노동의 조직력이 자본과 대등한 지위까지 이르지 못함
민주적 노사관계	노사의 대등한 지위 인정
항쟁적 노사관계	고용조건이 오직 노사의 실력항쟁에 의해 결정

3 노사관계관리의 의의와 방향

(1) 의의: 노사 간의 관계가 양호하도록 사전에 쌍방의 행동을 관리하고 긴장이나 분쟁을 예방, 해결하여 상호 간의 협력관계를 증진하고 기업과 국가경제의 건전한 발전을 기한다.

(2) 방향

① 노동조합을 인정한다.

② 노동조합을 경영에 적극 활용한다.

③ 올바른 이념을 정립한다.

④ 노사질서를 확립한다.

⑤ 노사관계를 안정화한다.

02 　 노동조합

1 노동조합의 의의와 발전과정

(1) 노동조합의 의의: 노동자가 주체가 되어 자주적으로 단결한 근로조건의 유지 · 개선 및 근로자의 경제적 · 사회적 지위의 향상을 목적으로 한다.

숍 제도 (Shop System)	양적인 파워 신장면에서 조합원 확보를 뒷받침해 주는 제도로서 근로자들의 조합가입문제를 중점적으로 다룬 부분이다.
체크오프 제도 (Check-off System)	질적인 파워 신장면에서 자금 확보를 뒷받침해 주는 제도로서 조합원 2/3 이상의 동의가 있으면 노조는 세력 확보 수단으로서 체크오프조항을 둘 수 있다.

(2) 노동조합의 발전과정

영국	• 1720년: 노동조합 결성 • 1800년: 단결금지법 공표 등으로 노동자 탄압 • 1871년: 노동조합법 제정 • 1895년: 노사관계법 제정
독일	• 1869년: 영업조례에 따른 단결권 인정 • 1918년: 바이마르헌법에 의해 시현
미국	• 1790년: 직업별 조합 발생 • 1886년: AFL(American Federation of Labor) 결성 • 1935년: 국가노동관계법(와그너법) 제정

2 노동조합의 형태와 기능

(1) 노동조합의 형태

직종별 노동조합	동일직업에 종사하던 숙련 노동자들이 자신들의 직업안정과 지위향상을 위해 조직한 배타적 노동조합 형태
산업별 노동조합	동일산업의 전 근로자를 하나로 조직하는 노동조합 형태
일반 노동조합	어떤 하나의 산업이나 두 개 이상의 산업에 걸쳐 종사하는 일반 근로자들이 조직한 노동조합 형태
기업별 노동조합	동일기업에 종사하는 근로자들이 직종, 직능의 차이, 숙련의 정도 등을 불문하고 조직하는 노동조합 형태

(2) 노동조합의 단결강제 형태

질적인 측면의 단결강제	조합비 또는 조합비 공제
양적인 측면의 단결강제	숍 제도

(3) 노동조합의 기능

경제적 기능	가장 기본적 기능으로 단체교섭과 경영 참가가 대표적
공제적 기능	조합원 상호 간에 수행되는 대내적 기능으로 조합이 기금을 설치하여 그것을 가지고 상호 공제하는 활동 전개
정치적 기능	국가나 사회단체가 그 상대이며 교섭이라는 형식을 취하지 않음

(4) 노동조합의 가입 방법(Shop System)

오픈숍 (Open-shop)	사용자가 조합원 또는 비조합원의 여부에 상관없이 아무나 채용할 수 있으며, 근로자 또한 노동조합에 대한 가입이나 탈퇴가 자유로운 제도
유니온숍 (Union-shop)	• 사용자에게 조합원 또는 비조합원의 여부에 상관없이 종업원을 고용할 자유는 있으나, 일단 고용된 후 일정기간 이내에 종업원은 노동조합에 가입하여야 하는 제도 • 유니온숍하에서 근로자가 노동조합을 탈퇴하게 되면 원칙적으로 사용자는 해당 근로자를 해고할 의무를 지게 됨
클로즈드숍 (Closed-shop)	• 사용자가 조합원만을 종업원으로 신규 채용할 수 있는 제도 • 비조합원은 원칙적으로 신규 채용할 수 없음

에이전시숍 (Agency-shop)	종업원들 중에서 조합가입의 의사가 없는 자에게는 조합가입이 강제되지 아니하나 조합가입에 대신하여 조합비를 조합에 납입하여야 하는 제도
기타	• 조합원자격유지제도(Maintenance of Membership) • 조합원우대제도 등

개념더하기 노동 3법(노동관계기본법)

- 근로기준법: 근로조건의 기준을 정함으로써 근로자의 기본적 생활을 보장, 향상시키며 균형 있는 국민경제의 발전을 꾀하는 것을 목적
- 노동조합법: 노동조합의 설립, 관리, 해산, 단체협약, 부당 노동 행위에 대한 규정
- 노동쟁의조정법: 쟁의 행위의 제한, 금지, 알선, 조정, 중재, 긴급 조정 등에 관한 규정
※ 노동조합법과 노동쟁의조정법은 노동조합 및 노동관계조정법으로 통합되어, 이제는 노동 2법이 되었다.

03 단체교섭제도(Collective Bargaining)

1 단체교섭의 의의와 기능

(1) 단체교섭의 의의: 경영자와 노동조합의 대표가 노동협약을 체결하기 위하여 교섭하는 과정으로 주로 영미에서 사용한다.

(2) 단체교섭제도의 의의: 단체교섭권은 근로자에게 사용자와 집단적으로 교섭을 할 권리를 보장하여 사용자에게 정당한 이유 없이 이를 거부할 수 없는 의무를 지우는 것을 내용으로 한다. 집단적으로 교섭을 한다는 것은 근로자가 노동조합 또는 그 밖의 근로자단체를 조직하여 그 조직을 통해 교섭하는 것을 뜻한다.

개념더하기 노동 3권(노동 기본권)

- 단결권(조합결성권)
- 단체교섭권
- 단체행동권(쟁의권)

(3) 단체협약

① 단체교섭에 의하여 노사 간에 의견일치를 본 사항을 뜻한다.
② 법률에 저촉되지 않는 한 취업규칙이나 개별 근로계약에 우선하여 적용된다.
③ 주로 임금과 고용조건에 관한 사항이다.

(4) 단체교섭의 기능

① 근로조건을 통일적이고 일률적으로 개선한다.
② 근로자의 QWL(Quality of Working Life, 근로생활의 질)을 향상시킨다.
③ 근로자의 불만을 조정한다.
④ 경영에 건전한 자극 및 충격을 주는 기능을 한다.
⑤ 노사관계를 대등한 관계로 발전시킴과 동시에 협동적인 관계로 발전하는 데 공헌한다.

2 노동쟁의와 조정

(1) 노동쟁의의 의의: 임금, 근로시간, 복리후생, 채용, 해고 등의 근로조건에 관한 노사 간 주장의 불일치로 인한 분쟁상태(단체교섭이 단체협약을 체결하지 못하고 깨진 경우)를 의미한다.

(2) 노사분쟁의 분류

이익분쟁	단체교섭과정에서 노사 간 이해관계의 불일치로 나타나는 분쟁
권리분쟁	협약체결 후 그 해석이나 성실한 이행 여부와 관련하여 노사 간의 주장의 불일치로 발생하는 분쟁

(3) 쟁의행위

노조의 쟁의행위	• 파업(Strike) • 태업(Sabotage) • 불매운동(Boycott) • 시위(Picketing)
사용자 측의 쟁의행위	• 직장폐쇄(Lock out) • 노조 측의 쟁의행위에 대한 대항수단
노동쟁의 조정	알선, 조정, 중재, 긴급조정

(4) 노조 측의 쟁의행위과정

쟁의의 신고	행정관청과 노동위원회에 신고, 노동위원회의 적법판결을 받아야 함
냉각기간	조합원의 무기명투표에 의한 과반수 찬성으로 결정
쟁의행위의 결의	국가나 사회단체가 그 상대이며 교섭이라는 형식을 취하지 않음
사용자의 채용 제한	쟁의기간 중에는 쟁의와 관계없이 근로자 채용, 제3자의 대신직무 등을 할 수 없음

(5) 노동쟁의의 조정

알선	당사자의 자주적인 해결책을 촉진함으로써 쟁의를 해결하려고 하는 방법
조정	제3자의 개입을 통한 문제해결 방법
중재	중재위원회에서 내리는 중재재정이 관계당사자를 구속한다는 점에서 당사자의 자주적 해결의 원칙이 적용되지 않는 조정방법
긴급조정	중앙노동위원회에 의한 강제적인 쟁의조정 제도

3 부당노동행위

(1) 부당노동행위의 의의: 사용자가 노동조합의 정당한 권리를 침해, 혹은 노동조합이 사용자의 정당한 권리를 침해할 때 나타나는 일체의 행위를 뜻한다.

(2) 부당노동행위의 종류

불이익 대우	근로자가 조합원이라는 것을 이유로 근로자를 다른 근로자와 차별대우하여 해고하거나 불이익을 주는 행위
반조합 계약 또는 황견계약 (Yellow Dog Contract)	근로자가 노동조합에 가입하지 아니할 것 또는 탈퇴할 것을 고용조건으로 하거나 특정한 노동조합의 조합원이 될 것을 고용조건으로 하는 행위
단체교섭거부	노동조합 측으로부터의 단체협약 체결이나 기타의 단체교섭을 정당한 이유 없이 거부하거나 해태하는 행위
지배개입 및 경비원조	근로자가 노동조합을 조직 또는 운영하는 것을 지배하거나 이에 개입하는 행위와 노동조합의 운영비를 원조하는 행위
보복적 불이익 대우	근로자가 정당한 단체행동에 참가한 것을 이유로 하거나 또는 노동위원회에 대하여 사용자의 부당노동행위를 신고증언하거나, 기타 행정관청에 증거를 제출한 것을 이유로 그 근로자를 해고하거나 불이익을 주는 행위

04 경영참가제도

1 경영참가의 의의

(1) 의의: 근로자 또는 노동조합이 경영자와 공동으로 기업의 경영관리 기능을 담당, 수행하는 것을 의미하며, 독일에서 주로 사용한다.

(2) 경영참가의 목적

① 어느 정도의 기업권력 공유
② 노동의 비인간화 문제 극복
③ 노사 간의 협력 증대
④ 생산성 향상
⑤ 사회정의 구현

2 경영참가제도의 유형

자본참가제도	• 종업원 지주제도: 근로자에게 자기 회사의 주식을 소유하게 하여 소속감, 애사심을 갖게 하는 제도 • 노동주제도
이익참가제도	이윤분배제도
경영참가제도 (협의제)	• 노사협의제 • 공동결정제

3 경영참가제도의 문제점과 최근 동향

(1) 경영참가제도의 문제점
① 경영권 침해의 문제가 발생한다.
② 조합 약체화의 문제가 발생한다.
③ 근로자의 경영참가 능력 문제가 발생한다.

(2) 경영참가제도의 최근 동향
① 노사협의회의 역할과 기능이 대폭 강화되고 있다.
② 참가수준이 공동협의, 공동결정의 방향으로 나아가고 있다.
③ 근로자의 경영참가제도가 다양화되고 있다(안전위원회, 생산위원회).
④ 외부에 새로운 조직을 설치하여 특정문제를 공동협의하여 결정하는 방법도 등장하고 있다.
⑤ 적용범위가 확대되고 있다.

개념더하기 노사협의회와 단체교섭 비교

구분	노사협의회	단체교섭
목적	노사 공동의 이익 증진, 산업 평화	근로조건의 유지·개선
배경	노동조합의 성립여부와 관계없이 쟁의행위라는 위협의 배경 없이 진행	노동조합 및 기타 노동단체의 존립을 전제로 하고 자력구제로서의 쟁의를 배경
당사자	근로자의 대표자 및 사용자	노동조합의 대표자와 사용자
대상사항	기업의 경영이나 생산성 향상 등과 같이 노사 간 이해가 공통	임금, 근로시간, 기타 근로조건에 관한 사항처럼 이해가 대립
결과	법적 구속력 있는 계약 체결이 이루어지지 않음	단체교섭이 원만히 이루어진 경우 단체협약 체결

08 유지관리

01 안전보건관리

1 의미

각종 산업재해의 원인을 분석, 제거, 해결함으로써 각종 사고를 미연에 방지하려는 체계적인 인사관리 활동 영역을 의미한다.

2 안전관리

(1) 안전의 개념: 위험이나 상해로부터 자유로운 상태를 가리킨다.

(2) 사고의 제원인

① 인적 요인: 개인의 선천적 · 후천적 소질요인, 부주의, 무모한 행동에서 오는 요인, 종업원의 피로 등
② 물적 요인: 불안전한 화학적 · 물리적 · 기계적 상황 등
③ 환경적 요인: 물리적 요인(작업장, 작업대, 통로, 채광, 조명, 환기시설, 복장 등)
④ 화학적 요인: 고열, 먼지, 소음, 진동, 감전 등

(3) 사고의 예방

① 인적 요인에 대한 예방

㉠ 채용 시 선천적 소질 및 신체적 결핍 조사
㉡ 채용 후 수시로 신체검사, 건강진단, 직무분석 등 실시

② 물적 요인에 대한 예방
③ 환경적 요인에 대한 예방
④ 법제도에 의한 예방: 산업안전보건법에 의거한 작업안전 이행과 유해작업 규제

3 보건관리

(1) 보건의 개념: 신체적으로나 정신적으로 건강한 상태를 뜻한다.

(2) 보건상의 위험

① 화학적 위험: 공기오염원, 유해물질에 의한 오염 등
② 물리적 오염: 작업장의 온도, 습도, 통풍, 채광, 조명, 화상 및 감전 등
③ 기타 위험: 세균 등 각종 병원체에 의해 발생하는 질병 등

4 직업병

계속해서 반복되는 작업생태에서 각종 오염물질, 긴장 유발물 등에 노출됨으로써 점진적으로 발생되는 병을 의미한다.

02 근로시간 관리

1 근로시간의 의미

종업원이 경영자의 지휘, 감독하에 있는 시간을 말한다.

2 근로시간 유연화 제도

(1) 선택적 근로시간제도
  ① 의미: 미리 정한 총 근로시간 범위 내에서 근로자가 출퇴근시간 및 1일 근무시간을 자유롭게 정할 수 있는 제도이다.
  ② 목적
    ㉠ 종업원의 욕구를 최대한 반영한다(생체리듬).
    ㉡ 자율성을 부여하고, 근로의욕을 고취시킨다.
    ㉢ 근무시간 결정에 작업자가 참여하여 노동의 인간화를 추구한다.

(2) 토요격주 휴무제: 탄력적 근로시간제도의 한 방법이다.

(3) 집중근무제: 1주일에 수행할 총 근로시간을 근무자가 원하는 기간에 원하는 시간만큼 집중적으로 근무하여 근로 일수를 단축하는 방식이다.

(4) 부분근무시간 제도(Part-time Work)
  ① 의미: 정규근무시간보다 적게 일을 하며 이에 상응하는 낮은 급여가 지급된다.
  ② 증가 원인: 취학아동을 가진 기혼여성들의 사회진출 증가, 대학생들의 아르바이트, 정년 퇴직자 또는 고령자의 선호 등을 원인으로 들 수 있다.

(5) 교대근무제: 근로자를 2개조 이상으로 편성하여 교대로 작업하게 하는 제도이다.

3 근로 장소의 유연화 기법

(1) 재택근무제

① 의미: 자택에서 컴퓨터, 팩스, 전화 등을 이용하여 근무하는 방식이다.

② 도입배경: 통신 및 기업정보 네트워크의 발달, 여가 선호, 교통 혼잡

(2) 모바일 오피스

① 의미: 사무실에 출퇴근하지 않고 휴대폰, 노트북 등으로 자택, 자동차, 고객사무실 등에서 주로 정보 처리 서비스를 제공하는 방식이다(재택근무와 사무실근무의 중간).

② 도입배경: 고객과의 시간을 최대한 늘려 기업 능률 극대화, 사무실 공간 절약

---

03 인간관계관리의 제기법

1 인간관계관리 개념

조직 내 구성원 상호 간에 좋은 인간관계를 형성하도록 구성원들을 잘 통솔하여 근로의욕을 고취하고자 하는 인적자원관리의 한 영역에 해당한다.

2 제안제도

구성원들로 하여금 개선안을 제안하도록 하고, 그 개선안을 심사하고 우수 제안에는 보상하는 제도이다.

3 인사상담제도

어려움에 처한 근로자를 회사 차원에서 상담하고 더불어 문제해결을 도모하는 제도이다.

4 사기조사

(1) 사기의 개념: 공통의 목적을 달성하기 위해 행동하려는 개인 또는 집단의 계속적인 의지를 뜻한다.

(2) 사기조사의 방법

① 통계적 방법: 작업현장의 문제점의 빈도수를 파악하여 구성원의 사기를 측정한다.

　예 이직률, 결근율, 지각률, 사고율, 고충 및 불평의 빈도 등

② 태도조사: 종업원들의 심리적 · 감정적 상태를 조사하는 방법이다.

　㉠ 면접법: 특별훈련을 받은 조사원들이 종업원을 직접 면담한다.

　㉡ 질문지법: 파악하려고 하는 여러 가지 질문사항을 기술하여 이를 토대로 조사한다.

5 의사소통

하향식 의사소통, 상향식 의사소통, 수평적 의사소통이 있다.

09 인사관리의 현대적 이슈들

01 전략적 인적자원관리

1 의미

성장전략, 경쟁전략의 형성 및 집행과정에서 인사과정을 통합시키는 것이다.

2 전통적 인사관리와 전략적 인사관리의 차이

구분	전통적 인사관리	전략적 인사관리
계획 및 전략형성	기능적 계획에만 관여	전체적인 조직전략, 계획형성에 인사전략 통합
권한	중간 정도의 지위와 권한	최고 인사 관리자가 높은 지위와 권한 소유
범위	작업층, 사무직 종업원	모든 관리자가 종업원 담당
의사결정	기능적 의사결정에만 참여	전략적 의사결정에 참여
통합	다른 조직의 기능과 비교적 적게 통합	다른 조직의 기능들과 충분히 통합
조정	×	모든 인적자원활동 조정

3 기업의 국제화 단계별 경영전략

제1기	국내기업	국내지향	국내시장 점유율 증대 전략
제2기	수출기업	해외지향	• 해외시장 개척에 의한 국내생산 규모의 경제단위화 전략 • 본국 경영자의 해외 파견 시작
제3기	다국적 기업	현지지향	• 현지생산에 의한 수입통제 국가의 시장 확보 • 현지 자회사 경영의 상당부분이 현지경영자에 의해 운영 • 마케팅과 생산이 본격적으로 해외에서 수행 • 본사직원의 해외 파견이 활발히 진행
제4기	세계기업	세계지향	• 다각적 생산판매의 네트워크를 통한 경영의 적정화 • 제3국 경영자가 등장 • 본사와 자사의 구분이 희미 • 공용어 사용

(1) 한국기업의 대표적 해외활동

① 수출: 자국 내 생산요소들을 자국 내에서 결합하여 제품의 형태로 해외 이전한다.

② 자국 내 생산요소(자본, 생산기술, 경영기술) 등을 해외로 이전하여 그 나라의 생산요소(노동, 토지) 등과 결합하여 생산 및 판매를 한다.

③ 제3기 다국적 기업 단계부터 국제 인적자원관리가 시행된다(예 해외직원의 모집, 선발, 교육훈련, 파견 등).

(2) 국제 인적자원관리 시 고려해야 할 점: 파견 국가, 지역의 언어, 문화, 법, 관습에 따라 적용할 인적자원관리가 달라진다.

---

02 여성의 인력개발을 위한 대안적 노동형태

1 여성의 단시간 근로

(1) 단시간 근로 활성화의 배경: 단시간 근로를 원하는 노동공급의 증가와 가사, 학업 등의 이유로 전일 근로제를 하기 어려운 여성들이 점차 증가하고 있다.

(2) 단시간 근로자 활용의 긍정적 효과: 기업의 인력배치 유연성을 제고하고, 적재적소에 필요한 인력을 배치할 수 있다.

(3) 단시간 근로자 활용의 문제점: 근로조건의 악화 및 고용불안이 심화된다.

(4) 단시간 근로제의 올바른 도입을 위한 방안
① 모성보호를 위한 한시적 전환제도로 활용한다.
② 육아 등의 사유로 정규직 근로가 곤란한 경우 단시간 근로자로 근무 후 다시 정규직으로 전환할 수 있는 기회를 부여한다.

2 여성의 재택근무

(1) 재택근무의 필요 요건
① 사용자나 과업의 위탁자로부터 지리적으로 떨어져서 업무를 수행한다.
② 정보, 통신기기의 도움을 받아 업무를 수행한다.
③ 하루일과의 대부분이 재택근무로 수행되어져야 한다.

(2) 재택근무가 여성근로자에게 주는 장점
① 가사, 출산, 육아 등 가정적인 사유로 정식출근 근무가 어려운 여성에게 적합하다.
② 가정적인 사유로 직업생활 영위가 어려운 유능한 여성근로자의 능력을 계속 활용할 수 있다.
③ 여성근로자의 책임감과 의사결정 권한을 높일 수 있다.

(3) 재택근무의 문제점

    ① 회사와 격리된 상태에서 근무하므로 승진 등 인사처우에 있어서 불이익을 받게 된다.

    ② 업무분야의 한정: 여성이 핵심과업을 수행할 기회가 제한되면서 주변적 인력으로 전락한다.

    ③ 개인 사생활의 침해: 회사직원이나 감사요원의 가정 방문 등으로 개인의 사생활이 침해될 우려가 있다.

03   비정규직 인력관리 이슈

1 비정규직의 의의

(1) 정의: 임시계약직, 단시간 근로, 재택근무, 파견근무 등 다양한 고용형태를 모두 포괄하는 근무 형태이다.

(2) 확대 배경: IMF 외환 위기 이후 기업 환경의 급변화 및 노동시장의 유연화로 기업의 비정규직 선호 관행이 급격히 증가하였다.

2 정규직과 비정규직 노동의 특징 비교

정규직 노동의 특징	비정규직 노동의 특징
• 고용계약은 기간을 정하지 않고, 피고용자의 해고는 피고용자에게 귀책사유가 있을 시 가능하다. • 노동시간은 전일제(Full-time)이다. • 임금의 수준은 기술과 기업 내 근속연수에 의한다. • 피고용자의 지위는 고용주와의 계약을 통해 결정된다.	• 고용안정이 확보되지 않는다(불안정한 고용). • 근로계약기간 제한으로 장기 고용에 대한 기대가 불확정적이다. • 근로시간이 불확정적인 방법으로 변동할 수 있다.

01

다음 중 종업원의 생활안정을 위해 가장 바람직한 임금형태는?

① 판매가격순응임금제
② 생계비순응임금제
③ 이익순응임금제
④ 소비자물가지수순응임금제

02

노사관계에서 체크오프(Check-off) 시스템이란?

① 출근시간을 점검하는 것이다.
② 작업성적을 평가하여 임금결정 시 보완하려는 제도이다.
③ 종합적 근무성적을 인사고과에 반영하는 것이다.
④ 회사급여계산 시 노동조합비를 일괄 공제하여 노조에 인도하는 것이다.

03

다음 중 집단 성과급에 해당하지 않는 것은?

① 스캔론 플랜
② 카이저 플랜
③ 럭커 플랜
④ 슬라이딩 스케일 플랜

04

인력선발도구의 평가기준으로 신뢰성과 타당성이 있다. 이에 대한 설명으로 가장 부적절한 것은?

① 신뢰성은 어떤 시험을 동일한 환경에서 동일한 사람이 몇 번 다시 보았을 때 그 결과가 서로 일치하는 정도를 말한다.
② 양분법과 대체형식법은 신뢰성의 측정기법이다.
③ 예측타당성은 선발시험합격자의 시험 성적과 입사 후 직무성과 간의 상관관계에 의해서 형성된다.
④ 동시타당성은 선발시험의 예측타당성과 내용타당성을 동시에 검사하는 것이다.

05

바람직한 복리후생제도에 대한 설명 중 틀린 것은?

① 집단적 보상의 성격이 강하다.
② 이전적 효과보다는 창출적 효과를 강조한다.
③ 구성원들의 욕구에 부합되어야 한다.
④ 노동의 질, 양, 능률 등에 따라 지급한다.

06

다음 임금체계와 임금형태에 대한 설명 중 틀린 것은?

① 직능급(Skill-based Pay)은 종업원이 맡은 직무의 중요성과 난이도에 따라 임금을 결정하는 방식이다.
② 직무급(Job-based Pay)을 적용할 때에는 차별적 임금격차에 대한 공정성을 확보해야 한다.
③ 성과급(Performanc-based Pay)은 종업원이 달성한 업무성과를 기초로 임금수준을 결정하는 방식이다.
④ 연공급(Seniority-based Pay)은 유연한 조직 변화가 필요한 조직에서는 불합리한 임금제도로 다른 제도와 병행이 필요하다.

---

01 정답 ②

생계비순응임금제는 인플레이션일 때 근로자의 실질임금의 저하를 방지하기 위하여 사용되므로 생활안정을 위해 가장 바람직한 임금형태이다.

02 정답 ④

체크오프(Check-off) 시스템은 사용자가 근로자에게 임금을 지급하기 전에 미리 임금에서 조합비를 공제하여 조합에 일괄 납부하는 노동조합의 조합비 징수방법의 하나를 말한다.

03 정답 ④

슬라이딩 스케일 플랜은 특수임금제도로서 임금결정에 대한 영향요인을 정하고, 이 요인의 변동에 따라 임률도 순응하는 제도로, 생계비순응 임금률제, 판매가격순응 임금률제, 이윤순응 임금률제가 있다

04 정답 ④

동시타당성은 현 종업원의 시험성적과 직무성과를 비교하는 것이고, 예측타당성은 선발시험 후 합격자의 시험성적과 고용 후의 직무성과를 비교하는 것이다. 내용타당성은 선발도구가 측정하고자 하는 바를 얼마나 잘 나타내는가의 정도이다.

05 정답 ④

복리후생제도는 기업이 종업원 또는 종업원 가족의 소비생활을 신체적 정신적으로 또는 경제적으로 직접 원조하여 복리를 꾀하는 일체의 체계를 말한다. 임금은 개별임금이며 기본적 근로 조건인데 대해 복리후생은 집단임금이며 부가적 근로조건이라고 할 수 있다.

06 정답 ①

직능급은 직무급과 연공급의 결합이며, 연공급은 연령, 근속기간, 학력, 성별, 경력 등 인적 요소 중심이고, 직무급은 직무의 중요도, 난이도, 기여도에 따라 직무의 질과 양에 대한 상대적 가치평가이다.

안심Touch

07

고과대상자들을 합숙시키면서 각종 의사결정 게임이나 토의를 하게하고 이를 여러 명의 고과자 등을 통해 평가받는 기법으로 주로 부장, 차장 등을 대상으로 실시하는 인사고과방법은?

① 평정척도법
② 행위기준고과법
③ 자기신고법
④ 인사평정센터법

09

노동조합의 결의로 노동자들이 법의 테두리 안에서 기본적인 업무만 소극적으로 수행하여 노동의 효율성을 저하시킴으로써 사용자 측에 대항하는 쟁의방법은?

① 파업(Strike)
② 불매운동(Boycott)
③ 준법투쟁
④ 태업(Sabotage)

08

종업원들이 기업이 제공하는 복리후생제도나 시설 중에서 자신이 원하는 것을 선택할 수 있는 제도는?

① 프렌치 시스템(French System)
② 카페테리아 복리후생
③ 링컨 플랜
④ 부가급여(Fringe Benefit)

10

다음의 직무분석에 대한 설명으로 틀린 것은?

① 특정직무의 내용과 성질을 체계적으로 조사, 연구하여 조직에서 인사관리에 필요한 직무정보를 제공하는 과정이다.
② 조직이 요구하는 직무수행에 필요한 지식, 능력, 책임 등의 성질과 요건을 명확히 하는 일련의 과정이다.
③ 직무명세서는 직무분석을 통해서 얻어진 직무에 관한 여러 자료와 정보를 직무의 특성에 중점을 두고 기록, 정리한 문서이고, 직무기술서는 직무의 인적 요건에 비중을 두고 기록한 문서이다.
④ 직무분석이 먼저 이루어지고 다음에 직무평가, 그리고 인사고과의 순서로 진행된다.

11

직무분석의 방법에 관한 설명 중 틀린 것은?

① 직무분석가가 직무정보를 얻는 가장 좋은 방법은 그 자신이 직접 임무를 수행해보는 경험법이다.

② 가장 보편적인 방법은 실제로 그 직무에 종사하는 사람의 직무수행상태 및 과정을 분석자가 관찰하여 정보를 수집, 정리하는 관찰법이다.

③ 직무수행기간이 길어 관찰법을 사용할 수 없는 경우에는 직무담당자의 대화를 통해 그로부터 직접 직무정보를 얻을 수 있는 면접법을 사용하면 편리하다.

④ 면접담당자가 필요 없고 시간과 노력이 많이 절약되며 심층적이고 질적인 자료를 얻을 수 있는 것이 질문지법이다.

12

다음 중 인사고과에서 나타날 수 있는 오류가 아닌 것은?

① 상동적 태도
② 현혹효과
③ 대비오류
④ 알파오류

07 `정답 ④`

인사평정센터법은 비슷한 조직계층의 평가대상자 6~12명이 인사평정센터에서 3일간 합숙훈련하면서 개인면접, 심리검사, 비즈니스 게임 등의 다양한 방법으로 평가받는 방법이다. 개인의 미래에 대한 예측에 이용하고 주로 중간관리층의 능력 평가를 위하여 실시한다.

08 `정답 ②`

카페테리아 복리후생은 종업원의 욕구를 반영하여 설계된 다양한 제도 중에서 자신이 원하는 것을 선택할 수 있는 제도이다.

09 `정답 ④`

태업은 표면적으로는 작업을 하면서 집단적으로 작업능률을 저하시켜 사용자에게 손해를 주는 쟁의행위이다.

10 `정답 ③`

직무분석은 직무와 관련된 모든 정보를 체계적으로 수집, 분석, 정리하는 과정이고 직무분석의 목적은 합리적, 과학적인 인사관리의 기초이며 직무기술서와 직무명세서의 작성을 통한 직무평가이다.

11 `정답 ④`

면접법(Interview)은 정보원천과 대화를 통한 정보수집 방법이다.

12 `정답 ④`

알파오류란 생산관리에서 합격 처리할 상품을 불합격 처리한 오류이다.

13

고과자가 피고과자를 평가함에 있어서 피고과자가 속한 사회적 집단에 대한 지각을 기초로 평가하려는 경향이 있는데, 이를 무엇이라고 하는가?

① 상동적 태도
② 현혹효과(Halo Effect)
③ 대비오류
④ 논리적 오류

15

다음 중 전문 스태프(Staff) 중심의 교육훈련과 관계가 깊은 것은?

① OJT
② SD
③ Off JT
④ JIT

14

교육(Education)과 훈련(Training)에 대한 설명으로 옳지 않은 것은?

① 교육, 훈련 둘 다 인간의 변화와 학습이론이 적용된다는 점에서는 차이가 없다.
② 교육은 조직 목표를 강조하는 데 반해, 훈련은 개인의 목표를 강조한다.
③ 교육은 훈련보다 다양한 기초능력의 습득을 가능하게 해준다.
④ 훈련은 비교적 단기적인 목표를, 교육은 장기적인 목표를 달성하고자 한다.

16

다음의 교육훈련방법을 구분한 것 중 그 성격이 다른 하나는?

① 신입자 훈련
② 감독자 훈련
③ 일반 종업원 훈련
④ 직장 내 훈련

17

신입사원들이 정신적으로나 업무적으로 행동의 모델이 되는 상사로부터 영향을 받아 스스로 깨우쳐 교육이 되는 것은?

① OJT
② 역할연기 프로그램
③ 감수성훈련
④ 멘토식 교육(Mentoring)

18

승진대상에 비해 직위가 부족한 경우 조직변화를 통하여 종업원에게 승진의 기회를 확대시키려는 것은?

① 직계승진
② OC승진
③ 대용승진
④ 자격승진

19

다음 중 직무급제도와 가장 관련이 깊은 것은?

① 임금조사
② 직무평가
③ 시간급제도
④ 성과급제도

13 　　　　정답 ①

상동적 태도는 피고과자를 그가 속한 소속집단으로 평가하는 오류이다.

14 　　　　정답 ②

교육은 개인 목표를 강조하고, 훈련은 조직 목표를 강조한다.

15 　　　　정답 ③

직장 외 교육훈련(Off JT)은 교육훈련을 담당하는 전문 스태프의 책임하에 집단적으로 실시하는 방식이다.

16 　　　　정답 ④

교육훈련의 방법을 훈련의 대상자에 따라 구분하면 신입자 훈련, 감독자 훈련, 일반 종업원 훈련, 자기개발로 나눌 수 있고, 교육훈련 장소에 따라 구분하면 직장 내 훈련과 직장 외 훈련으로 나눌 수 있다.

17 　　　　정답 ④

설명은 멘토식 교육에 해당하는 내용이다. 멘토링은 수평적·쌍방적 관계의 교육으로 인간관계중심이고 정서적 측면이 반영되며 개인적 생활을 중시한다.

18 　　　　정답 ②

OC승진제도(Organization Change)는 조직변화를 통한 승진 기회의 확대이다.

19 　　　　정답 ②

직무급은 직무의 중요도, 난이도, 기여도에 따라 직무의 질과 양에 대한 상대적 가치를 평가하고 그 결과에 따라 임금을 결정하는 것이다. 동일직무에 대하여 동일임금을 지급하고 직무분석과 직무평가가 선행되어야 한다.

생산관리

01 생산관리의 기초개념

01 생산관리의 개념

생산목표를 달성하기 위하여 유형인 재화의 생산이나 무형인 서비스의 공급을 담당하는 생산시스템을 관리하는 활동을 의미한다(생산관리 목표: 품질, 납기, 원가, 유연성).

02 시스템 이론

1 시스템의 개념

특정한 목적을 달성하기 위하여 여러 개의 독립된 구성인자가 유기적으로 연결되어 상호작용하는 것이다.

2 시스템의 속성

(1) 목적의 존재

(2) 하위시스템의 유기적 구조

(3) **변화상자로서의 역할**: 투입된 이용 가능한 자원, 정보, 에너지를 산출물로 변화시키는 장치로서의 역할 수행

(4) **전체적 개념**: 시너지 효과의 발생, 거시적 접근법

(5) **Negative Entropy 현상**: 제품은 계속해서 사라지지만 다른 제품의 생산·개발로 인해 전체에서 보면 변혁적으로 발전한다.

(6) 환경에의 적응성(개방 시스템)

(7) 시스템을 유지 존속시키기 위한 정보의 피드백을 통한 자기 통제적 수단

3 시스템적 접근방법

(1) 개념: 어떤 문제해결을 시도하는 과정에서 시스템 개념에 근거하여 접근하는 것이다.

(2) 전제조건

① 전체가 그의 개별적인 합보다 크다는 것이다.

② 전통적인 접근방법에서 발생하는 부문최적화(Sub-optimization)의 문제를 해결하기 위하여 등장한다.

4 시스템적 접근방법의 내용

(1) 시스템 철학(System Philosophy)

① 어떤 현상이나 사물을 단일체로 보고자 하는 사고방식이다.

② 복잡한 현실세계를 분석하기 위한 하나의 합리적인 사고를 제공한다.

(2) 시스템 경영(System Management)

① 개념: 조직을 하나의 시스템으로 구축할 경우, 어떻게 설계하고 운영할 때 가장 효과적이고 능률적인 조직이 될 것인가를 분석하는 데 있어 시스템 철학을 활용하는 기법이다.

② 기본원칙

㉠ 목표중심제

㉡ 전체시스템 중심제

㉢ 책임중심제

㉣ 인간중심제

(3) 시스템 분석(System Analysis): 체계적인 분석방법을 적용하여 문제의 해결을 위한 최선의 방안을 모색해가는 과학적 문제해결 방법이다.

구분	시스템 철학	시스템 경영	시스템 분석
관점	개념적	실용적	문제해결
방법	체계적 사고	자원의 배분	모형화

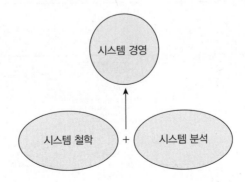

1 생산시스템의 기본유형

(1) 판매시스템: 재화를 생산하는 부분이 포함되어 있지 않고, 타 기업이나 다른 조직에서 만들어 놓은 것을 판매하는 시스템이다.

(2) 생산 – 판매 시스템: 소품종의 제품을 대량생산하여 판매하는 시스템으로 표준화된 규격품을 대량생산하는 시스템이다.

(3) 폐쇄적 주문생산시스템: 사전에 제품의 규격을 정해 놓고, 이 제품에 한해서만 주문에 의한 생산 활동을 하는 시스템이다.

(4) 개방적 주문 시스템: 수요처에서 요구하는 명세서대로 공급해 주는 시스템이다.

(5) 대규모 1회 프로젝트: 건설공사나 조선업과 같이 대규모적이고 1회에 한하는 프로젝트의 생산시스템이다.

2 생산시스템의 세부적 유형

생산시스템의 유형은 획일적 기준으로는 예외적 사항을 모두 설명할 수 없으나, 일반적으로 다음과 같이 정리해도 큰 무리는 없다.

(1) 생산형태의 분류

수주 및 생산시기	주문생산	시장생산
생산의 반복성	개별생산	연속생산
품종 및 생산량	다품종 소량생산	소품종 대량생산
생산의 흐름	단속생산	계속생산
생산 공정	기능별 배치	제품별 배치
작업조직	기계별 작업조직 만능작업조직	품종별 작업조직 유동작업조직
주요목표	납기	원가
운영상의 주요 문제	생산 활동의 관리	수요예측 및 재고관리

(2) 여러 가지 특징 비교

구분	주문생산	시장생산
단위당 생산원가	높음	낮음
기계 설비	범용 설비	전용 설비
설비투자	소액	거액
노동력	숙련	미숙련
제품변화	신축성	적응 부족
운반설비	자유경로형 운반설비	고정경로형 운반설비

1 집단관리기법(GT; Group Technology)

(1) 의의: 부품을 생산하는 데 있어서 이들이 갖는 기술적 유사성에 따라 몇 개의 집단으로 구분해서 각 그룹에 공동의 공구, 기계 및 작업 방법을 이용하여 생산함으로써 표준부품의 대량생산에서 기대되는 경제적 이점을 실현하려는 방법이다.

(2) 특징

① 다품종 소량생산체제하에서 대량생산과 같은 원가절감, 생산성 향상을 추구한다.
② 다품종 소량생산시스템의 최적화를 위한 방식이다.

(3) 이점

① 부품을 그룹화 함으로써 가공로트를 확대할 수 있다.
② 생산 작업의 통제가 용이하고, 생산준비시간이 절감된다.
③ 설계의 합리화로 인해 설계비가 감소된다.

(4) 단점

① 수요변동에 대한 유연성이 작다.
② 부품분류가 복잡하여 이에 따른 업무가 증대된다.
③ 기계설비가 중복 투자되고, 기계설비의 전용이 어렵다.

2 모듈러 생산(MP; Modular Production)

(1) 의의: 최소종류의 부품, 즉 호환성이 있는 부품을 통하여, 최대종류의 제품을 생산하고자 하는 기법이다.

(2) 모듈(Module): 다양한 제품을 제공하기 위해 여러 가지 조합으로 조합이 가능한 표준화된 호환부품을 말하는데, 모듈화에 의해 제품의 다양화와 표준화를 동시에 달성할 수 있다.

(3) 특징

① 소품종 대량생산시스템하에서의 문제점, 즉 고객의 다양한 욕구를 충족시키기 위한 생산방식이다.
② 소품종 대량생산시스템의 최적화를 실현하기 위한 방식이다.

(4) GT와의 공통점

① 생산의 향상과 원가절감을 가하고자 하는 방식이다.
② 고객욕구의 충족과 경제적인 생산이 가능하다.

3 유연생산시스템(FMS; Flexible Manufacturing System)

(1) 의의: 유연생산시스템이란 컴퓨터에 의해 통제되는 자동화된 설비를 갖추고 생산시스템에 주문생산의 유연성과 대량생산시스템의 생산성을 동시에 고려할 수 있도록 창출된 생산시스템을 말한다. 즉, 동일

한 생산라인에서 용이한 공정변화를 통해 다양한 종류의 제품을 생산하여 부가가치를 높이려는 자동생
산시스템이다.

(2) 성격

① 로봇과 컴퓨터를 이용한 무인화 지향의 공장시스템이다.

② 컴퓨터에 의해 통제되는 산업용 로봇과 NC기계 등이 하나의 생산시스템 내에서 통합된 공장자동화
형태를 띤다.

③ 셀(Cell)형 제조방식을 형성하고 GT 개념을 도입한다.

    ㉠ 동일한 생산라인에서 용이한 공정변화를 통하여 다양한 제품종류를 생산한다.

    ㉡ 신속한 생산량 변화를 통하여 아주 적은 묶음(Batch)로부터 대량생산까지 추구한다.

    ㉢ 품질향상에 의한 고객에 대한 신뢰성 제고의 확보가 이루어진다.

(3) 장점

① 단위당 비용이 감소하고, 생산량이 증가하므로 생산성 향상을 가져온다.

② 프로그램화된 자동화기계의 품질이 향상된다.

③ 기계의 이용률이 높아진다.

④ 필요한 것을 필요한 때에, 필요한 양만큼 생산하므로 리드타임(Lead Time)과 재공품 재고가 극소
화된다.

⑤ 무인화 운전을 지향하므로 관리원의 수가 줄어든다.

⑥ 생산시간이 감소된다.

(4) 단점

① 비용이 많이 소모된다.

② 정교한 소프트웨어 시스템이 필요하다.

③ 제품 및 제품믹스 변경에 한계점이 존재한다.

4 셀형 제조방식(CMS)

(1) 의의

① 셀형 제조방식 또는 셀룰라 제조방식(Cellular Manufacturing System)은 GT의 개념을 생산공정에 연결시켜 유연성을 높이고 생산성을 향상시키는 기법 중 하나이다.

② CMS는 한 가지 종류 또는 많은 종류의 기계가 하나의 셀을 단위로 해서 집단화되는 공정의 한 형태로 각 셀은 사용설비나 공구 또는 가공내용이 유사한 부품군별로 생산하도록 설계된다.

(2) 특징: 셀형 공정은 기계가 유사부품군에 필요한 모든 작업을 처리할 수 있도록 배치되어 있어서, 모든 부품들이 동일 경로를 따르게 되어 있다.

(3) 장점

① 생산시간이 단축되고, 준비시간과 공정재고가 줄어든다.

② 자재 흐름이 단순화되고, 운반비용이 감소되며, 공구의 사용이 감소된다.

(4) 단점

① 투자액이 증대된다.

② 셀의 균형화가 쉽지 않다.

5 NC가공

(1) 의의

① 수치제어가공(Numerically Controlled Machine)이란 수치제어 기술을 공작기계에 적용해서 기계가공을 자동으로 수행하는 것으로 NC공작기계가 중심이 된다.

② 수치제어란 디지털 정보에 의하여 기계를 제어하는 방식으로서 컴퓨터에 기억된 프로그램에 의해서 수행된다.

(2) 적용분야: NC공작기계는 다양한 가공작업을 수행할 수 있도록 개발되었기 때문에 다품종 소량 생산 시스템에서 주로 이용된다.

02 수요예측

01 수요예측의 기초개념

1 수요예측의 개념

(1) 과거의 역사적 · 객관적 자료에 통계적 또는 경영과학적 기법을 사용하여, 특정제품이 언제 얼마나 고객으로부터 수요가 있을 것인가를 미리 추정하는 것이다.

(2) 다음 기의 생산량 결정을 위하여 중요한 자료를 제공한다.

02 수요예측기법

1 수요예측의 질적 방법

(1) 개념: 정성적 방법 또는 주관적 방법이라고도 하는데, 이는 조직 내외의 전문가들의 경험이나 견해와 같은 주관적인 요소에 의존해서 예측하는 것이다.

(2) 성격

① 일반적으로 예측자료가 불충분할 때 이용하므로 과거의 수요패턴에 대한 고려가 부족하다.

② 장기예측의 경우에 주로 사용된다.

2 질적 방법의 종류

(1) 델파이기법(Delphi Method)

① **내용:** 랜드연구소에서 개발된 것으로, 브레인스토밍(Brainstorming)이나 패널동의법(Panel Consensus) 등과는 달리 전문가들을 한자리에 모으지 않고 서신에 의하여 전문가들의 일치된 예측치를 얻기 위하여 실시하는 순환적인 집단질문과정을 뜻한다.

② **특징**

㉠ 인간의 직관력을 이용하여 장래를 예측하는 직관적 예측기법의 일종이다.

㉡ 원래 기술적 예측을 위하여 개발되었으나 근래에는 관련 자료가 불충분한 장기예측에 많이 사용한다.

㉢ 설득력 있는 한 특정인에 의해 결과가 영향 받지 않으며 대면회합이 없다는 장점이 있으나, 시간과 비용이 많이 소모된다.

(2) 시장조사법(Market Survey): 제품이나 서비스를 출시하기에 앞서 소비자의 의견조사 내지, 시장조사를 행하여 시장 및 수요예측을 하는 방법이다.

(3) 자료유추법(Historical Analogy): 기존 제품과 아주 유사한 새로운 제품을 시판하고자 할 때 그 제품의 성공여부를 예측하기 위하여 기존 제품과 관련된 자료를 사용하는 방법이다.

(4) 라이프사이클 유추법(Life-cycle Analogy): 제품의 라이프사이클 단계를 토대로 미래의 수요를 예측하는 방법이다.

(5) 위원회에 의한 방법(패널동의법; Panel Consensus): 수요예측을 위한 위원회를 구성하고, 이 전문가 위원회로부터 공개적으로 자유롭게 의사를 표시하고 토의하여 전문가들의 의견을 종합하여 수요예측을 하는 방법으로 패널동의법이라고도 한다.

(6) 판매원을 이용하는 방법: 판매원들이 시장에서 점원, 소비자 반응을 조사한 결과의 여론을 참고한다.

(7) 경영자 의견법(Executive Opinion): 경영자들이 오랜 경험에 의한 추세 분석 기법을 반영한다.

3 수요예측의 양적 방법

(1) 시계열분석(Time Series Analysis)방법

① 개념: 과거의 자료로부터 얻은 시계열에 대해 그 추세나 경향을 분석함으로써 장래의 상태를 예측하는 방법이다.

② 기본전제

    ㉠ 미래수요가 과거에 발생하였던 패턴대로 결정된다는 전제이며, 따라서 시계열분석은 장기예측보다는 단기예측을 수행하는 데 적절하다.

    ㉡ 과거의 수요량이 종속변수이고, 시간이 독립변수가 된다.

③ 시계열의 구성요소

    ㉠ 추세변동(T; Trend Movement): 평균수요량의 장기적, 점진적 변동을 뜻한다.

    ㉡ 순환변동(C; Cyclical Movement): 1년 이상의 기간을 두고 유사한 진동의 양상이 반복되는 변동이다.

    ㉢ 계절변동(S; Seasonal Movement): 1년을 주기로 일정한 패턴으로 되풀이되는 변동이다.

    ㉣ 불규칙변동(I; Irregular Movement): 돌발적인 원인이나 불명의 원인에 의해서 일어나는 우연변동으로서 일반적으로 시계열의 고려대상에서 제외된다.

④ 종류

    ㉠ 전기수요법(Last Period Method): 가장 단순한 시계열분석기법으로 가장 최근의 실제치를 바로 다음기의 예측치로 사용하는 기법이다.

    ㉡ 단순이동평균법(Simple Moving Average Method): 평균의 계산기간을 순차적으로 1기간씩 이동시켜 나가면서 기간별 평균을 계산하여 수요를 예측하는 기법이다.

    ㉢ 가중이동평균법(Weighted Moving Average Method): 단순이동평균법에서처럼 각 실제치에 동일한 가중치를 부여하는 것이 아니라 가까운 실제치에는 높은 가중치를, 먼 과거로 갈수록 낮은 가중치를 부여하여 수요를 예측하는 기법이다.

ⓔ 지수평활법(Exponential Smoothing)
  - 현시점에서 가까운 실제치에는 큰 비중을 주고, 과거로 거슬러 올라갈수록 비중을 지수적으로 적게 주어 예측하는 방법이다.
  - 회귀분석법이나 이동평균법에 비해 최근의 단기자료만으로도 수요예측이 가능하다.

(2) 횡단면분석(Casual Analysis)방법

① 예측하려는 제품에 대한 수요와 이에 영향을 미치는 요인들과의 관계를 분석해서 장래의 수요를 예측하는 방법으로 인과형 예측기법이라고도 한다.

② 시계열분석방법과의 관계

  ㉠ 미래의 예측을 위하여 과거의 데이터를 이용한다는 점과 이로 인하여 표본오차가 발생한다는 점에서는 동일하다.

  ㉡ 원인변수를 시간으로 하느냐, 다른 특정변수로 하느냐에 따라 시계열분석과 횡단면분석으로 구분된다.

  ㉢ 두 방법 모두 최소자승법이 이용된다.

  ㉣ 시계열분석기법은 일반적으로 단기예측에, 횡단면분석기법은 중기예측을 위해서 이용된다.

③ 종류

  ㉠ 회귀분석(Regression Analysis): 수요에 중대한 영향을 미치는 변수를 찾아 최소자승법을 이용하여 이 변수와 수요량의 관계를 나타내는 회귀식의 계수 및 상수를 추정한 후, 추정된 회귀식을 이용하여 수요량을 예측하는 방법이다.

$$Y = a + bX \ (\text{단, } Y = \text{수요량, } X = \text{수요에 영향을 미치는 변수})$$

  ㉡ 상관관계분석(Correlation Coefficient Analysis) = 상관관계분석(Correlation Analysis) + 상관계수(Correlation Coefficient): 두 변수의 상호 연관성 분석기법이다.

  ㉢ 선도지표방법(Leading Indicator): 경제지표로 주식시장의 흐름으로 작성한다.

  ㉣ 계량경제모형(Econometrics Model): 경제관계에 적합한 이론들을 고려하여 계량경제학 목적에 적합한 형태로 개발된 것이다.

  ㉤ 투입-산출모형(Input-output Model): 투입변인이 산출변인에 어느 정도 영향을 주는가를 분석하는 기법이다.

03 생산시스템의 설계

01 생산시스템의 설계과정

제품결정 및 설계	→	공정설계	→	설비배치	→	방법연구	→	작업측정

02 제품결정 및 설계

1 제품결정

(1) 제품 아이디어를 창출한다.

(2) 제품 아이디어의 수집과 심사를 통해 개발대상이 될 수 있는 대안들을 창출한다.

(3) 제품을 선정한다.

(4) 사업성 분석 및 타당성 검토를 통해서 최적의 제품 아이디어를 결정한다.

2 제품설계

개발대상으로 선정된 제품을 공정에서 제조하기 위하여 해당 제품의 기술적 기능을 구체적으로 규정하는 것이다.

(1) 예비설계

① 개념: 제품개념(Product Concept)을 개발하고, 제품에 대한 특성을 부여하는 단계이다.

② 고려요소: 신뢰성, 유지가능성을 잠정적으로 명시한다.

(2) 최종설계

① 개념: 원형제품(Prototype)을 개발하고 시장실험을 거쳐서 최종설계안으로 구체화하는 단계이다.

② 내용

㉠ 기능설계: 제품의 성능 또는 기능에 초점을 맞추는 설계이다.

㉡ 형태설계: 제품의 색채, 크기, 모양 등 제품의 외관과 관련된 설계로 제품의 기능과 유기적인 연관하에 결정한다.

㉢ 생산설계: 낮은 비용으로 높은 품질의 제품을 설계하는 데, 즉 경제적 생산에 초점을 맞추는 설계이다.

03 가치분석 및 가치공학

1 의의

제품, 공정, 원재료, 부품의 설계변경이나 수정을 통하여 불필요한 기능이나 비용을 발견하고 제거함으로써 제품의 가치를 증대하고 기업의 경쟁력을 제고하고자 하는 방법이다.

2 목적

(1) 제품 등의 기능을 감소시키지 않고 원가를 절감한다.

(2) 일정한 원가로 제품 등의 기능을 향상시킴으로써 고객에게 가치 있는 제품을 제공하고 기업의 경쟁력을 높이고자 한다.

3 가치분석과 가치공학

(1) 가치분석(Value Analysis)은 원자재나 부품의 경제적인 면을 중시하는 기법이다.

(2) 가치공학(Value Engineering)은 제품이나 부품의 원가분석, 즉 기술적인 면을 중시하는 기법이다.

(3) 구매원료나 부품의 원가분석은 제품이나 공정의 설계에 중요한 영향을 미치므로 가치분석과 가치공학은 동시에 추진된다.

04 동시공학

1 의의

동시공학은 전통적인 순차공학(Sequential Engineering)이 제품개발시간이 길고 제품개발단계가 각각 독립적으로 수행되던 문제점을 극복하기 위해서 제품개발과정에 관련되는 모든 주요부서의 전문가가 동시에 참여하여 제품설계, 생산방법, 공정설계, 생산계획 등을 수행하게 함으로써 제품을 고객의 요구와 기대에 완전히 만족시키도록 하는 방법이다.

2 특징

(1) 다기능 팀으로 구성된다.

(2) 의사소통, 팀워크, 정보공유의지, 협조의지가 절대적으로 필요하다.

3 효과

(1) 제품개발시간과 개발비용이 감소한다. 즉, 원가절감, 신속한 제품출시를 통해 경쟁력이 향상된다.

(2) 팀워크와 품질이 향상된다.

(3) 설계변경의 횟수가 감소된다.

1 의미

(1) 제품설계가 완료된 후 효율적으로 생산할 수 있도록 생산공정을 구체적으로 계획하는 것으로 공정계획이라고도 한다.

(2) 공정(Process)은 원재료를 투입하여 제품을 산출하는 데까지 필요한 모든 작업의 유기적 집합체를 뜻한다.

2 생산공정의 결정

(1) **연속생산공정(Continuous Process)**: 표준화된 제품을 대량생산하기 위하여 설계된 생산공정으로 특정 제품의 생산만을 목적으로 하는 특수목적의 기계설비를 필요로 한다.

(2) **단속공정(Intermittent Process)**: 다양한 제조공정을 갖는 상이한 제품을 소량으로 생산하기 위하여 설계된 공정으로 일반목적의 기계설비를 필요로 한다.

(3) **프로젝트공정(Project Process)**: 1회에 한 제품을 생산하기 위하여 설계된 공정이다.

(4) **생산흐름 분석**: 작업공정 간의 작업흐름을 분석하는 것으로 방법연구(Methods Study)와 작업측정(Work Measurement)으로 연결된다.

(5) **생산설비 선정**: 생산흐름 분석에 따라 가장 적합한 생산설비를 선정하는 것으로 시설의 배치와 연결된다.

1 의미

생산공정의 공간적 배열, 즉 공장 내에 필요한 기계설비 등을 공간적으로 적절히 배치하여 생산활동의 최적흐름을 실현하고자 하는 것이다.

2 설비배치의 형태

(1) 제품(라인)별 배치(Product Layout or Flow-line Layout)

① 개념: 특정제품을 생산하는 데 필요한 기계설비를 제조과정의 순서에 따라 배치하는 유형이다.

② 특징

  ㉠ 계속생산시스템에서 흔히 볼 수 있는 배치형태이다.

  ㉡ 소품종 대량생산방식에 적합하다.

③ 라인밸런싱(Line-balancing)

  ㉠ 내용: 공정 내의 각 작업장별로 과업들을 수행하는 데 거의 동일한 시간이 소요되도록 하는 것으로, 각 작업장에서 생산주기시간(Cycle Time)에 거의 가까운 시간이 소요되도록 과업을 할당함으로써 유휴시간(Idle Time)을 극소화하여 작업자와 설비의 이용도를 높이고자 한다.

  ㉡ 성격: 제품별 배치에서는 생산물의 흐름이 일정하므로 각 공정 간의 생산능력과 공정의 흐름이 균형을 이루지 못할 때에는 공정의 정체현상이 발생한다. 따라서 제품별 배치의 초점은 공정균형(Line-balancing)의 문제임에 유념해야 한다.

④ 장단점

장점	단점
• 전용생산공정에서 생산하므로 생산율이 높다.	• 다양한 주문에 대응하여 생산할 수 있는 융통성이 낮다.
• 표준품의 대량생산으로 단위당 생산비용이 낮다.	• 설비고장이나 작업자의 결근 시 전체효율이 떨어진다.
• 운반거리가 짧고, 운반시간이 적게 소요된다.	• 전용화된 고가의 설비가 투자된다.
• 노동과 설비의 이용률이 높다.	• 예방정비, 수리, 재고조사 등에 비용이 많이 소요된다.
• 미숙련된 노동력의 투입이 가능하도록 감독이 용이하다.	• 소량생산에는 단위당 원가가 오히려 높다.

(2) 공정(기능)별 배치(Process Layout or Functional Layout)

① 개념: 동일공정의 작업을 한 곳에 집합시키는 배치유형, 즉 같은 기능을 수행하는 기계설비끼리 한 곳에 집중시키는 배치형태이다.

② 특징

  ㉠ 단속생산시스템에서 흔히 볼 수 있는 배치형태이다.

  ㉡ 다품종 소량생산방식에 적합하다.

③ 초점: 공정별 배치에서는 대부분 상호교류가 빈번한 작업장들을 인접한 위치에 배치함으로써 자재의 운반비를 최소화하는 것이 주된 관심사항이 된다.

제품별 배치	공정별 배치
• 소품종 대량생산	• 다품종 소량생산
• 라인밸런싱(Line – balancing)	• 자재취급비의 최소화
• 고가의 전용설비	• 저가의 범용설비
• 환경변화에 대한 적응 곤란	• 환경변화에 신축적 적용
• 작업자의 감독 용이	• 작업자의 감독 곤란
• 생산물의 흐름 일정	• 생산물의 흐름이 가변적
• 고정경로형 운반설비	• 자유경로형 운반설비

(3) 고정위치형 배치(Fixed – position Layout)

① **개념**: 제품은 한 곳에 고정시키고, 생산에 필요한 자재와 설비를 현장에 이동시켜서 생산하는 배치 유형이다.

② **적용**: 비행기, 선박, 기관차 등의 생산에 적합하다.

③ **장단점**

　㉠ 장점

　　• 주요한 자재를 한 곳에 고정시켜 놓았기 때문에 자재의 운반비용이 절감된다.

　　• 작업이 한 장소에 집중되어 있기 때문에 프로젝트의 작업통제가 쉽다.

　㉡ 단점

　　• 작업자와 기계 간의 유동거리가 길다.

　　• 동일한 기계가 한 작업장에 여러 대 필요하므로 기계투입 비용이 높다.

　　• 숙련된 노동력이 요구된다.

04 방법연구와 작업측정

01 방법연구

1 의미

방법연구 또는 작업연구는 작업 중에 포함된 불필요한 동작을 제거하기 위하여 작업을 과학적으로 분석해서 필요한 동작만으로 구성된 합리적인 작업방법을 모색하고 이를 작업표준으로 설정하려는 기법이다.

2 방법연구의 체계

(1) 공정분석: 작업물의 흐름의 관점에서 공정순서에 따라 작업자의 활동, 작업순서, 제품, 원료, 기계, 공구 등을 집중적으로 조사, 분석함으로써 공정상의 낭비나 비합리적 요소를 제거하고 개선방법을 모색하는 기법이다.

(2) 작업분석: 작업자의 작업방법 또는 작업내용에 중점을 두고 작업자에 의해서 행해지는 개개의 작업내용 개선에 초점을 두는 분석기법이다.

(3) 활동분석

① 의의: 인간-기계시스템(Human-machine System)이라고도 하는 것으로, 작업자와 기계가 불필요하게 대기하는 시간을 최소화할 목적으로 사용되는 기법이다.

② 내용: 작업자의 직접노무비와 기계사용비용을 고려하여 비싼 요소일수록 상대적으로 지체하는 유휴시간이 최소화되어 상대적 이용도가 높아지도록 작업을 설정하고, 이 결과로 제품단위당 비용이 최소화되도록 하는 것에 목적이 있다.

(4) 동작분석(동작연구, Motion Study)

① 개념: 작업자가 한 작업장소에서 실시하는 특정 작업을 가장 경제적으로 수행할 수 있는 방법을 개발하여 표준화하고자 하는 것이다.

② 성격

㉠ 작업측정 또는 시간연구(Time Study)의 전제조건이다.

㉡ 한 작업장소를 대상으로 한다는 점에서 작업분석도표(Operation Chart)와 동일하나, 한층 세밀한 요소동작 또는 서어블릭까지의 미세동작으로 분류한다.

㉢ 과학적 관리법의 기초가 되는 것으로, 길브레스(Gilbreth) 부부에 의해 창안되었다.

1 의미

방법연구(Methods Study)의 결과 개선된 작업내용을 토대로 하여, 작업자가 그 작업을 수행하는 데 필요한 시간을 어떤 표준적인 측정여건하에서 측정하여 합리적인 표준시간을 설정, 유지하고자 하는 것이다.

2 표준시간의 측정

표준시간＝정상시간(또는 기본시간)＋여유시간

(1) **정상시간(Normal Time)**: 특정작업을 수행하는 데 필요한 숙련도를 갖춘 작업자가 정해진 방법과 설비를 이용하여 정해진 작업조건하에서 보통의 작업속도로 일할 때, 한 단위 완성에 필요한 작업시간을 뜻한다.

(2) **여유시간(Slack Time)**: 비생산적인 시간으로서 작업과 관련하여 불가피하게 발생하는 시간을 의미한다 (예 기계의 고장, 작업자의 휴식).

1 의미

가장 널리 이용되고 있는 기법으로 스톱워치나 여러 가지 기록 장치를 사용해서 표준시간을 측정하는 방법이다. 스톱워치법, 필름분석법, VTR분석법 등이 있다.

2 특징

(1) 직접관찰법의 일종이다.

(2) 반복적이고, 규칙적이며, 짧은 주기를 갖는 작업에 적합하다.

(3) 일정한 장소에서 작업을 하는 경우, 즉 작업 반경이 작은 경우에 유용하다.

3 적용절차

(1) 대상작업의 관찰

(2) 요소작업별 실제 소요시간 측정

(3) 평균주기시간(Cycle Time)의 측정

> 평균주기시간＝실제소요시간 합계÷관찰횟수

(4) 정상시간(Normal Time)의 산정

$$정상시간 = 평균주기시간 \times 작업자\ 평정계수 \times \frac{1}{1-d}\ (d: 작업난이도)$$

① **작업자 평정(Performance Rating)**: 작업자의 작업속도가 정상적인 작업자가 수행하는 작업속도에 비하여 어느 정도인가를 평정하여 측정시간을 정상시간으로 조정하는 절차로 작업자 평정에 주관이 개입될 가능성이 많다.

② **작업난이도(Difficulty)**: 각종 요인에 의한 작업속도의 저항요인으로 작업이 어려울수록 1에 가까운 값을 가진다.

4 여유시간(Slack Time)의 고려

(1) 개념: 작업과 관련해서 불가피하게 부가되는 시간으로서 비생산적인 시간을 의미한다.

(2) 내용

① 작업자 여유(Personal Allowance): 작업 중 물 마시기, 화장실 가기 등 개인적 필요를 충족시킬 경우를 말한다.

② 불가피한 지체(Unavoidable Delay): 기계고장, 원료부족, 정전, 사고 등으로 인한 피할 수 없는 지연을 말한다.

5 표준시간(Standard Time)의 산정

(1) 정상시간의 일정률로 여유율(Allowance in Percent)이 주어진 경우

$$표준시간 = 정상시간 + 정상시간 \times 여유율$$
$$= 정상시간(1 + 여유율)$$

(2) 전체작업시간이 일정률로 여유율이 주어진 경우

$$표준시간 = 정상시간 \times \frac{1}{1 - 여유율}$$

04 견적법(PTS; Pedetermined Time Standard)

1 의의

모든 작업을 기본동작으로 분해하여 미리 정해진 시간 표준치에 의해 그 작업의 표준시간을 산출하는 방법을 의미한다.

2 특징

(1) 시간연구(Time Study)법이나 워크샘플링(Work Sampling)법과는 달리 간접관찰법의 일종이다.

(2) 작업측정에 있어 특수기구를 필요로 하지 않으며, 거의 수작업에 적용된다.

(3) 비반복적이고 긴 주기를 갖는 작업뿐만 아니라 아직 수행되지 않은 작업에도 이용 가능하다.

(4) 기계시간이나 인간의 사고판단을 요하는 작업측정에는 곤란하다.

(5) 작업 방법만 알고 있으면 그 작업을 수행하기 전에도 작업의 수행에 필요한 표준시간을 정할 수 있다.

3 적용절차

(1) 작업을 기본요소 동작으로 분해한다.

(2) 각 요소 동작별로 시간표준치를 적용하여 소요시간을 구한다.

(3) 작업의 정상시간을 소요시간 합계로써 산출한다.

(4) 정상시간에 여유시간을 가산하여 표준시간을 산정한다.

4 종류

(1) 방법시간측정법(MTM법; Methods Time Measurement)
① 작업 소요시간을 시간측정이 아닌 작업 방법분석 중심으로 측정한다.
② 10개의 인체동작별 성질에 따라 10가지 표로 산정된 시간값을 사전에 연구개발한 MTM표에 의해서 표준시간을 산정하는 방법이다.
③ 기본요소 동작의 시간은 TMU표로 측정되는데, 1TMU는 0.0006분에 해당한다.

(2) 작업요소법(WF법; Work Factor)
① 10개의 동작, 5개의 신체부위, 5개의 작업요소를 기준으로 미리 작성된 WF표에 의해서 표준시간을 산정하는 방법이다.
② 기본요소 동작의 시간은 WFU로 측정하는데, 1WFU는 0.0001분에 해당한다.

05 워크샘플링법(WS법)

1 의의

작업자 또는 기계가 근무시간 중 실제로 여러 가지 과업을 수행하는 데 소요되는 시간의 비율을 확률적 표본관찰을 통하여 추정하고 이를 근거로 그 과업들의 시간표준을 설정하는 기법이다.

2 특징

(1) 시간연구(Time Study)법과 함께 직접관찰법의 일종이다.
(2) 비서직, 백화점 점원, 사무직원의 업무 등과 같이 여러 가지 다양한 활동을 수행하는 비반복적이고 비연속적인 관리 작업에 적합하다.

3 적용절차

(1) 조사대상작업을 선정한다.
(2) 예비적 작업비율(전체 작업시간에 대한 특정 활동의 소요시간 비율: P)을 추정한다.
(3) 경험이나 과거의 자료 또는 예비 표본조사를 이용한다.
(4) 표본관찰횟수(작업비율, 허용오차 또는 신뢰수준을 고려)를 결정한다.
(5) 관찰결과를 이용하여 타당한 작업비율과 표준시간을 산정한다.

1 의의

(1) 개념: 동일한 작업에 대하여 경험의 양과 효율 사이에는 일정한 관계가 존재하게 되는데, 이와 같이 생산량의 증가에 따른 효율(생산성)의 향상을 학습효과라 하며, 이들의 관계를 나타낸 곡선을 학습곡선이라 한다.

(2) 성격: 학습곡선은 생산공정이 안정되기 전에 일반적으로 이용되고 있으며 공정이 안정된 후 대량생산이 이루어지는 시점에서는 적용되지 않는다.

2 특징

(1) 작업자들의 작업태도, 숙련도, 기계화 등에 의해 영향을 받는다.

(2) 작업내용이 복잡하거나 반복적인 작업의 경우에 학습효과가 크게 나타난다.

(3) 학습곡선의 추정은 시계열분석의 일종이다.

(4) 학습효과는 자동적으로 이루어지는 것이 아니며, 경영자와 종업원의 의식적인 노력이 요구된다.

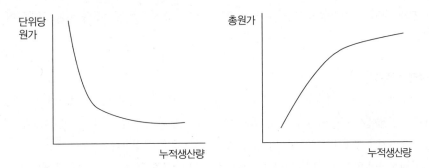

05 생산능력과 시설입지

01 생산능력계획

장기수요 예측에 근거하여 시설규모와 같은 기업의 전반적인 생산능력 또는 생산규모의 크기를 결정하고 자 하는 전략적 의사결정이다.

02 시설입지

1 입지선정의 의미

(1) 입지선정의 개념: 공장입지의 대안들을 생산 활동을 하는 데 장소적 적합성을 분석, 평가하여 최적입지를 선택하는 것이다.

(2) 입지선정의 중요성

① 시설의 입지 선정은 제조−운송−분배의 총괄적 시스템과 유기적으로 연결되어 있으므로 총괄적 시 스템의 관점에서 파악되어야 하며, 입지결정의 근본문제는 제품의 최종소비자에 대한 수송과 저장 창고의 입지 등을 고려하여 시설의 위치, 개수, 규모 등을 결정한다.

② 일단 결정되면 막대한 설비투자가 소요되므로 장기적, 전략적 의사결정문제에 해당한다.

(3) 입지선정의 관심사항: 시설의 위치(Location), 개수(Number) 및 규모(Size)를 결정하는 것이다.

(4) 입지선정의 목적: 총괄적 시스템의 관점에서 고객에 대한 서비스를 최소의 총비용으로 제공해야 한다.

2 질적 요인의 고려

시설의 입지문제는 장기적, 전략적 의사결정문제에 해당되기 때문에 양적 요인뿐만 아니라 다음과 같은 질적 요인도 고려하여야 한다.

(1) 경제적 요인: 원재료, 수송비용과 편의성, 노동력 및 임금 수준, 시장의 근접성, 외주의 이용가능성, 토지가격 등이다.

(2) 자연적 요인: 지형과 지질, 기후와 풍토 등이다.

(3) 사회적 요인: 지역사회의 수용태도, 국토계획, 도시계획, 지역개발계획, 법규, 복지시설 등이다.

3 입지선정기법

(1) 개념: 시설의 위치, 개수, 규모의 결정을 총괄적 시스템의 관점에서 총 유통비가 최소로 되는 방식으로 접근하는 것이다.

(2) 양적 요인에 의한 기법
- ① 단일시설의 입지선정
  - ㉠ 중위량(Median)모형: 원자재의 공급과 시장의 위치가 주어진 것으로 보고 공장의 위치를 결정한다.
  - ㉡ 그리드(Grid)모형: 공장의 위치와 시장의 위치가 주어진 것으로 보고 저장소의 위치를 결정한다.
- ② 복수시설의 입지선정
  - ㉠ 총비용비교법: 입지후보지별로 입지선정에 수반되는 비용을 비교하여 총비용이 최소가 되는 곳을 공장입지로 선정하는 방법이다.
  - ㉡ 입지분기점분석법: 입지후보지별로 입지선정에 수반되는 비용을 고정비와 변동비로 구분하고, 조업도의 변화에 따른 비용의 변화를 입지분기도표로 작성하여 분석하는 방법이다.
  - ㉢ 운송계획법(Transportation Method): 가장 전형적인 방법이다.
  - ㉣ 시뮬레이션(Simulation Technique), 휴리스틱기법(Heuristic Technique): 논리적으로 가장 타당한 방법이다.
  - ㉤ 동적계획법: 입지를 선정하기 위해 동적으로 이동하며 비교하는 방법이다.

(3) 질적 요인에 의한 기법

① 단순서열법: 금액으로 나타낼 수 없는 여러 가지 질적 입지요인들을 파악하여 이들을 중요도에 따라 평가하고 서열을 부여함으로써 입지를 선정하는 방법이다.

② 점수법(요인평정법): 여러 가지 입지요인들을 파악하여 요인별로 가중치를 부여한 다음, 입지후보지별로 요인별 점수를 합산하여 입지를 선정하는 방법이다.

(4) 브라운과 깁슨(P. S. Brown & D. F. Gibson)의 모형

① 의의: 양적 요인과 질적 요인을 동시에 고려해 요인별로 가중치를 부여한 다음, 입지후보지별로 점수를 합산하여 입지를 선정하는 방법이다.

② 평가기준

ㄱ 필수적 기준(Critical Criteria): 그 시스템의 복수공장의 입지분석모형

ㄴ 객관적 기준(Objective Criteria): 노무비, 원재료비, 용수비, 세금 등 화폐가치로 평가할 수 있는 경제적 기준

ㄷ 주관적 기준(Subjective Criteria): 근로자의 성실성, 지역사회의 민심 등 추상 비용으로 표시할 수밖에 없는 질적 입지 요인

06 총괄생산계획

01 총괄생산계획의 기초개념

1 의미

(1) 개념: 보통 2개월에서 1년까지의 중기 또는 중·단기 계획으로서 기업의 생산능력을 거시적으로 파악하여 총괄적 관점에서 시간적으로 제품의 수량적 조정을 시도하는 방법으로 수요나 주문의 시간적, 수량적 요건을 만족시킬 수 있도록 생산시스템의 능력(생산율, 고용수준, 재고수준 등)을 조정해 나가는 계획을 뜻한다.

(2) 성격

① 공장과 같은 유형의 시설은 일정한 것으로 전제하므로 수요의 변동은 작업자의 고용과 해고, 잔업 또는 조업단축, 재고의 증감 및 하청 등 통제가능한 변수에 의존한다.

② 생산능력계획과 같은 장기계획결정에 제한을 받고, 일정계획이나 자재소요계획(MRP)같은 단기계획결정에 제한을 가한다.

③ 변동하는 수요에 대응하여 통제가능한 변수를 최적 결합하는 것이므로 만약 수요 변동이 없다면 총괄생산계획은 의미가 없다.

2 총괄생산계획의 목적

이용가능한 자원의 한계 내에서 가장 합리적으로 수요를 만족시키는 전략을 수립하고자 하는 것으로 중·단기수요예측에 입각하여 최소의 생산비용으로 이용가능한 기업에 적합하다.

3 총괄생산계획의 절차

총괄생산계획은 계획대상기간 동안의 각 기간별 수요예측량이 주어졌을 때 계획대상기간 동안의 총생산비용을 최소로 하는 각 기간별 생산율, 재고수준, 고용수준, 하청수준을 결정하는 것이므로 일반적으로 네 단계를 거친다.

1 선형결정기법(LDR; Linear Decision Rule)

(1) 개념: 총괄생산계획기간에 걸쳐 최적생산율 및 작업자 수를 결정하는 두 개의 선형방정식, 즉 선형결정규칙을 도출하고자 하는 기법이다.

(2) 장점: 수학적 최적해를 보장해 주는 기법이다.

(3) 단점

① 비용함수가 1차함수가 아니면 적용할 수가 없다.
② 결정변수의 값에 아무런 제약을 가하지 않기 때문에 음수의 생산율이나 작업자 수를 초래할 수 있다.
③ 비용에 대한 정확한 자료를 수집하기가 어렵다.

2 휴리스틱 기법(Heuristic Technique)

(1) 개념: 자기발견적 기법이라고도 하는 것으로, 의사결정의 대안이 많거나 상황이 너무 복잡하여 수학적인 기법의 사용이 현실적으로 불가능할 때 인간의 사고 기능을 통하여 경험을 살려 스스로 해결방안을 강구하면서 점차로 최적해에 접근해 가는 기법이다.

(2) 특징: LDR과 같은 수리적 모형의 경우 비용의 성격에 제한을 가한다는 결점이 있는 데 반해, 휴리스틱 기법은 비용의 성격에 아무런 제한을 가하지 않고 경험에 바탕을 둔 탐색적 방법을 적용한다.

(3) 경영계수이론(Management Coefficient Theory)

① 개념: 경영자의 과거 경험과 경영환경에 대한 민감성 때문에 총괄생산계획에 있어 아주 좋은 결정을 내린다는 가정하에 같은 상황하에서 경영자가 행한 의사결정결과를 다중회귀분석(Multiple Regression Analysis)하여 최적에 가까운 생산율 및 작업자 수를 결정하고자 하는 기법이다.
② 특징
　㉠ 경영자의 무의식적인 의사결정규칙을 계량화할 수 있다.
　㉡ 경영자와 의사결정규칙 사이에 피드백(Feedback)이 가능하다.
　㉢ LDR의 2차비용 함수가 갖는 제약으로 인한 한계를 극복할 수 있으며, 경영자의 경험, 판단을 활용함으로써 의사결정과정에서 참신한 통찰력을 부여할 수 있다.

(4) 매개변수에 의한 생산계획(Parameter Production Planning): 생산율과 작업자 수를 위한 두 개의 의사결정규칙을 구조화하고, 휴리스틱(Heuristic) 기법을 사용하여 의사결정규칙의 매개변수의 값을 변화시킴으로써 최소비용을 가져오는 작업자 수를 찾고자 하는 기법이다.

(5) 생산전환탐색법(Production Switching Heuristic): 수요예측 내지 재고수준을 토대로 하여 생산율이나 고용수준을 결정하는 휴리스틱 기법으로 생산수준을 상 · 중 · 하로 정해놓고, 예상되는 생산소요량(= 수요예측치＋재고수준)이 상보다 크면 상만큼 생산하고, 하보다 작으면 하만큼 생산하며, 상과 하 사이에 있을 때는 중만큼 생산하도록 생산율과 고용수준을 계획하는 방법이다.

3 탐색결정기법(SDR; Search Decision Rule)

(1) 개념: 최소비용의 총괄생산계획을 수립할 생산율과 작업자 수 같은 결점변수들을 미리 결정된 컴퓨터 탐색 결정규칙에 따라 찾는 기법이다.

(2) 특징

① 비용감소를 가져오는 점을 체계적으로 탐색하기 위하여 패턴 검색 프로그램(Pattern Search Program)을 이용한다.

② 현실적인 비용과 이익모형을 컴퓨터 서브루틴(Computer Subroutine)의 형태로 나타내서 의사결정규칙을 발견한다.

(3) 장점

① 수학적 모형과 같은 제한된 가정이 없으므로 보다 현실적인 분석이 가능하다.

② 어떠한 비용함수에도 적용가능하다.

(4) 단점: SDR에 대한 전체적인 최적해를 제공하지 못할 수도 있다.

07 생산일정계획

01 기초개념

1 일정계획의 의미

(1) 개념: 총괄생산계획(Aggregate Production Planning)을 기초로 해서 그 내용을 보다 구체적으로 제시한 것이다.

(2) 성격

① 총괄생산계획이 시스템의 생산능력을 회사전체의 관점에서 거시적으로 파악하는 것인 데 반하여, 일정계획(개별생산계획)은 제품별로 수요나 주문량을 파악하여 이에 필요한 생산능력을 개별적으로 할당하는 미시적 방법에 의한 계획에 해당한다.

② 작업순서의 관점에서 주일정계획과 세부일정계획으로 구분

㉠ 주일정계획(Master Scheduling): 수요예측 및 고객의 주문에 근거해서 제품별 생산순위와 생산수량을 결정하는 것이다.

㉡ 세부일정계획(Operation Scheduling): 주일정계획에 근거하여 각 공정별 및 설비별로 구체적인 작업을 제시하기 위한 운영계획을 의미한다.

02 생산시스템과 일정계획

1 연속생산시스템(Continuous Production System)

표준화 제품이 대량으로 생산되므로, 제품이 시설을 통하여 흐르는 생산율을 통제하는 것이 근본목적이기 때문에 일정계획이 간단하다. 즉, 조립공정균형(Line-balancing)의 문제가 주된 관심사이다.

2 배치생산시스템(Batch Production System)

(1) 개념: 표준화된 제품이 대량으로 생산된다는 점에서는 연속생산시스템과 일치하나, 동일한 품목이 조립공정을 통하여 계속적으로 생산되는 것이 아니고, 동일한 제품라인에 속하는 몇 가지 품목이 같은 라인을 통하여 생산되는 것이다.

(2) 초점

① 경제적 로트 크기(Economic Production Lot Size)와 제품의 생산순서가 주된 관심사이다.

② 제품의 생산순서 결정에 재고소진기간법(ROT; Runout Time)을 이용한다.

(3) 재고소진기간법(ROT): 현 재고를 단위기간당 수요량으로 나눈 재고소진기간의 값이 가장 적은 제품에 생산우선순위를 부여하는 방법이다.

$$\text{ROT} = \frac{\text{현 재고}}{\text{단위기간 수요량}}$$

3 주문생산시스템(Job Shop Production System)

(1) 개념

① 소량생산으로 고객 주문 시마다 납기준수가 관점인 생산형태이다.

② 수많은 독립된 주문을 취급하므로 일정계획문제는 매우 복잡하다.

③ 여러 가지 서로 다른 작업들을 어떤 순서로 수행하느냐 하는 작업순위결정의 문제가 된다.

(2) 초점: 각 기계에 작업을 어떻게 할당할 것인가 하는 부하(Loading)의 문제가 주된 관심사이다.

4 작업순위결정

(1) 우선순위규칙(Priority Rule): 작업의 순서를 결정하는 데 사용되는 간단한 지침을 재고하는 탐색적 기법이다.

(2) 긴급률(CR; Critical Ratio) 기법

① 개념

㉠ 작업 배열의 순위를 작업을 완성할 수 있는 시간 대 납품시점과의 대비로 결정하는 기법을 긴급률 기법이라고 부른다.

㉡ 최소 긴급률 기법에 의해 긴급률이 가장 작은 것부터 먼저 처리한다.

② 의미

$$\text{CR} = \frac{\text{납기일} - \text{현재일(잔여납기일)}}{\text{작업완료예정일} - \text{현재일(잔여진업일수)}}$$

㉠ CR > 1: 작업이 예정보다 빨리 진행

㉡ CR = 1: 작업이 예정대로 진행

㉢ CR < 1: 작업이 예정보다 지체

③ 특징

　　㉠ 수요 및 작업내용의 변동에 따라 우선순위를 계속해서 갱신하는 동태적인 기법이다.

　　㉡ 주문생산과 재고생산작업을 공통기준으로 처리한다.

(3) 존슨의 방법(Johnson's Rule)

① 개념: 연속적인 n개의 제품을 2개의 기계(작업)를 거쳐서 생산하는 경우의 작업우선순위결정 기법이다.

② 방법

　　㉠ 작업장 1, 2에서 가장 짧은 시간을 갖는 작업을 찾는다.

　　㉡ 작업장 1이면 제1의 순서로, 작업장 2이면 제일 뒤의 순서로 결정한다.

③ 조건

　　㉠ 모든 주문이 반드시 두 대의 기계에 대해서 동일한 작업순서를 이루는 경우에만 가능하다.

　　㉡ 재공품 재고의 문제가 없고, 모든 작업이 동등한 작업순서를 이루는 경우에만 가능하다.

(4) 잭슨의 방법(Jackson's Rule)

① 개념: 제품의 작업순서가 다른 경우와, 작업해야 할 개수가 반드시 두 개가 아니고 하나인 것도 허용되는 조건하에서의 일정계획 기법이다.

② 방법: 여러 작업 중 우선작업순서가 동일한 작업별로 그룹화하고 그룹 내의 작업에 대해서는 존슨의 원리에 의해 해결한다.

03　일정계획 및 통제기법

1 간트 차트(Gantt Chart)

(1) 개념: 도표에 의한 일정계획 및 통제기법의 일종으로 시간의 차원에서 생산할 양을 작업별, 기계별, 작업자별 등 여러 가지 관점에서 작업의 순위와 할당 결과를 나타내어, 이들을 실적과 대비하여 통제할 수 있게 한 기법이다.

(2) 일반적 원리

① 계획량과 실적량을 모두 직선으로 표시한다.

② 직선으로 시간의 길이와 작업의 진척도를 표시한다.

③ 직선 하나로 시간의 동일성, 작업계획량의 변화, 작업실적량의 변화를 나타낼 수 있다.

2 LOB(Line Of Balance)법

(1) **개념**: 부분품과 반제품의 생산실적을 도표화하여 작업진척별 예정납기일을 최종제품의 납기일과 비교함으로써 납기 지체를 발생시킨 작업장에 대해 조치를 취하려는 기법이다.

(2) **특징**

① 연속생산시스템에 유용한 통제기법이다.

② 최종 제품의 수량만을 기준으로 공장 전체를 통제하는, 즉 모든 작업자에게 균일하게 납기 지체의 책임과 원인을 찾는 종래의 통제기법의 모순을 해결한다.

③ 납기불이행의 원인을 제공한 작업장(통제점)에 대하여 중점관리하고자 하는 기법이다.

3 단기간일정법(SIS; Short Interval Scheduling)

(1) **개념**: 작업자와 작업장의 업무를 효과적으로 결합시키고, 그때그때 일어나는 변동을 짧은 기간을 토대로 분석, 검토함으로써 사전 또는 동시통제가 가능하도록 일정계획과 결과를 효율적으로 일치시키려는 관리방법이다.

(2) **특징**

① 한 작업장의 일은 한 작업자에게 맡긴다.

② 작업량을 특정의 짧은 시간을 기준으로 책정하여 목표관리가 이루어지도록 한다.

③ 모든 작업부하는 사전에 작성한다.

④ 결과의 평가를 규칙적으로 실시하여 변화에 대한 대책을 신속하게 마련한다.

08 재고자산관리

01 재고관리의 기초개념

1 개요

재고란 미래에 생산하거나 판매할 목적으로 보유하고 있는 원자재, 재공품, 완제품, 부품, 소모품 등을 말한다. 이때 재고자산관리는 재고투자액에 대한 최적수준을 결정하고 유지하는 것을 중심으로 이루어지는 관리활동이다.

2 재고관련비용

(1) **재고매입비용**: 재고자산을 매입하기 위하여 발생한 매입원가로서 구입수량에 단위당 구입원가를 곱하여 산출하므로 구입수량에 비례하여 발생한다.

(2) **재고유지비용(Holding Costs, Carrying Costs)**: 재고자산을 일정수준으로 유지하고 보관하는 데 발생하는 비용으로서 재고자산에 대한 평균 투자액에 비례하여 발생한다. 이에는 재고자산에 투자된 자금의 기회원가, 보험료, 보관료, 재고자산 감모손실, 진부화로 인한 재고자산평가손실 등이 해당된다.

(3) **주문비용(Ordering Costs)**: 필요한 재고를 주문하여 창고에 입고시켜 이용 가능한 상태에 도달할 때까지 구매와 관련하여 발생한 모든 비용으로서 통신비, 운송비, 선적 및 하역료 등이 해당된다.

(4) **재고부족비용(Shortage Costs, Stockout Costs)**: 재고가 고갈되어 발생하는 판매기회의 상실과 이로 인한 고객들로부터의 불신, 생산계획의 차질 등에 의하여 발생하는 기회비용을 말한다.

1 의미

경제적 주문량 모형은 1회에 얼마만큼 주문할 것인가의 확정적 의사결정모형으로 재고매입비용과 재고부족비용은 고려하지 않는다. 따라서 경제적 주문량은 재고유지비용과 주문비용의 합을 최소화시키는 1회 주문량을 말한다.

2 가정

(1) 연간사용량(D)은 일정하다.

(2) 단위기간의 사용률(1일 사용량: d)은 일정하다.

(3) 재고를 주문해서 회사에 도착할 때까지의 기간인 조달기간(LT)은 일정하다.

(4) 수량할인은 없다. 즉, 구입량에 관계없이 단위당 구입가격은 일정하다.

(5) 재고부족은 없다. 즉, 재고부족비용을 총재고관련비용에 포함시키지 않는다.

(6) 주문량은 모두 일시에 배달된다.

(7) 단위당 재고유지비용과 횟수당 주문비용은 일정하다.

3 경제적 주문량의 결정

EOQ 모형에서는 수요의 조달기간이 확정적이므로 안전재고는 필요치 않으며, 재고부족과 대량 구입 시 수량할인은 없다고 가정하므로 총비용은 재고유지비용과 주문비용으로 구성된다.

(1) 재고유지비용: 재고수준은 최대 Q로부터 최소 0까지 일정한 율로 감소하므로 평균재고는 $\frac{Q+0}{2}=\frac{Q}{2}$ 이다. 따라서 단위당 재고유지비용은 C라고 하면 재고유지비용은 다음과 같이 구할 수 있다.

$$재고유지비용 = \frac{Q}{2} \times C$$

(2) 주문비용: 연간사용량과 1회 주문량이 알려져 있으므로 연간 주문횟수는 연간 사용량을 1회 주문량으로 나누어 구할 수 있다. 따라서 횟수당 주문비용을 O라고 하면 주문비용은 다음과 같이 구할 수 있다.

$$재고주문비용 = \frac{D}{Q} \times O$$

(3) EOQ결정

$$TC = 재고유지비용 + 주문비용$$
$$= \frac{Q}{2} \times C + \frac{D}{Q} \times O$$

경제적 주문량은 재고유지비용과 주문비용의 합을 최소화 시키는 1회 주문량이므로 TC를 최소화시키는 Q를 구하기 위하여 TC를 Q에 대하여 1차 미분하여 0으로 두면 경제적 주문량은 다음과 같다.

$$Q = \sqrt{\frac{2DO}{C}}$$

03 재고관리모형

1 고정주문량모형(Fixed Order Quantity Model)

고정주문량모형(Fixed Order Quantity Model)은 앞에서 살펴본 일반적인 재고관리모형으로서, 1회 주문량(정량, EOQ)을 적정하게 정해 놓고 현 보유재고가 일정 수준(재주문점)에 도달하면, 고정주문량만큼을 주문하는 방법이다.

(1) 수요의 변동이 있더라도, 주문량은 일정하므로 주문 사이의 기간은 변동한다.

(2) 재고수준이 재주문점에 언제 도달하는가를 알기 위해서는 계속적인 실사가 필요하다.

(3) 정량주문모형, 계속실사시스템, Q시스템이라고도 한다.

2 고정주문기간모형(Fixed Time Period Model)

고정주문기간모형(Fixed Time Period Model)은 고정주문량모형에 대비되는 개념으로 주문 사이의 기간(예컨대 2주마다 또는 매월 1일마다)은 일정하고 주문량이 계속해서 변화하는 모형이다.

(1) 주문할 시점에서 얼마를 주문할 것인가를 알기 위하여 재고수준의 정기적인 실사가 필요하다.

(2) ROP 대신에 요구되는 최대재고수준이 사용되며, 주문량(최대재고 – 현 재고)이 수요에 따라서 변동하므로 정량(EOQ) 개념은 없다.

(3) 정기주문모형, 정기실사시스템, P시스템이라고도 한다.

[고정주문량모형과 고정주문기간모형]

구분	고정주문량모형	고정주문기간모형
주문량	정량(EOQ)	부정량(최대재고 – 현 재고)
주문시점	부정기적	정기적
수요정보	과거의 실적에 의존 → 수요는 연속적이고 균일하다고 가정	장래의 수요에 의존 → 수요는 계속적으로 변한다고 가정
재고조사	계속실사	정기실사

적용목적	• 가격과 중요도가 높은 품목 • 수요변동의 폭이 작은 품목	• 가격과 중요도가 낮은 품목 • 수요변동의 폭이 큰 항목 • 동일 공급자로부터 많은 물품을 공급받는 경우
안전재고	작음	큼

① 주문시간의 기간이 긴 고정주문기간모형은 저가품목에 적용한다.

② 고정주문량모형은 조달시간(LT)의 수요변동에 대비하여 안전재고를 보유하는 데 비해 고정주문기간모형은 조달기간을 포함하여 전체주문 사이의 기간 동안의 수요변동에 대비하여 안전재고를 보유한다.

3 투빈 시스템(Two-bin System)

(1) 의의: 투빈 시스템(Two-bin System)은 재고를 2개의 용기(Bin)에 나누어 놓고, 이 중 한 용기에 들어 있는 재고가 고갈되는 즉시 주문을 하고 조달기간 동안에는 다른 용기에 들어있는 재고로 수요를 총괄하는 재고관리기법이다.

(2) 특징

① 고정주문량모형의 변형으로 재고수준에 대한 계속적인 실사의 필요성을 제거한 재고관리시스템이다.

② 부피가 작고 수요가 적은 저가품에 적용한다.

4 단일기간 재고모형(Single Period Model)

(1) 의의: 생선, 채소, 꽃, 과일, 신문, 김밥 등과 같이 시간이 경과함에 따라 부패하거나 가치가 급격히 하락하는 재고는 장기간 보유목적으로 구입할 수 없다. 단일기간의 재고모형은 물품의 수요가 1회적이며 수명이 짧은 1회성 재고의 주문량이나 재고수준을 결정하는 모형이다.

(2) 특징

① 단일기간 재고모형과는 달리 EOQ모형이나 EPQ모형은 연속수요를 전제로 한다.

② 당장 전부 판매되지 않으면 쓸모없게 되는 재고에 대한 중요한 문제는 적정재고구입량이다.

> 주문량<수요량 → 재고부족으로 인한 기회손실
> 주문량>수요량 → 재고과잉으로 인한 손실

따라서 단일기간 재고모형의 핵심은 재고부족비와 재고과잉비의 합이 최소가 되는 주문량이나 재고수준을 결정하는 것이다.

5 절충모형

(1) 의의: s, S 재고시스템(s, S system)이라고도 하는 것으로 고정주문기간모형과 같이 정기적으로 재고 수준이 검토되지만 사전에 결정된 재주문점(ROP) 이하에 이를 때만 주문하는 모형이다.

(2) 특징

① 고정주문량모형과 같이 주문량이 고정되어 있는 것은 아니며 현 재고가 재주문점 이하일 때 미리 정 해진 최대재고수준에 이르도록 '최대재고 − 현 재고' 만큼을 주문하는 방식이다.

② 고정주문량모형과 고정주문기간모형을 결합한 모형이다.

(3) 한계

① 고정주문량모형에 비하여 주문량의 계산이 복잡하다.

② 주문량이 변하기 때문에 많은 양의 안전재고가 필요하다.

04 　 ABC 관리방식

1 의의

회사가 취급하는 품목이 매우 많은 경우 품목별로 엄격한 재고관리를 한다면 거기에서 얻는 효익보다 비 용이 더 많을 것이다. ABC 관리방식은 자재의 중요도나 가치를 중심으로 자재의 품목을 분류해서 차별적 으로 관리하는 방식을 말한다.

2 재고의 구분

ABC 관리방식은 다수의 저가품목보다는 소수 중요품목을 중점관리하고자 하는 방식으로 재고의 분류는 파레토분석(Pareto Analysis)을 통하여 행해진다.

3 품목별 관리방법

품목	내용	사용량 비율	가치비율	모형
A	가치는 크지만 사용량이 적은 품목	10~20%	70~80%	정량주문모형
B	가치와 사용량이 중간에 속하는 품목	20~40%	15~20%	절충형주문모형
C	가치는 적지만 사용량이 많은 품목	40~60%	5~10%	정기주문모형

09 자재소요계획 및 적시생산시스템

01 자재소요계획(MRP; Material Requirement Planning)

1 자재소요계획의 의미

(1) 개념: 재고의 종속성을 이용한 일정계획 및 재고통제기법이다.

(2) 성격

① 완제품의 생산수량 및 일정을 기초로 하여 그 제품생산에 필요한 원자재, 부품 등의 소요량 및 소요시기를 역산하여 자재조달계획을 수립함으로써 일정관리와 더불어 효율적인 재고통제관리를 기하고자 하는 컴퓨터 정보시스템이다.

② 종속수요의 재고관리를 위하여 개발된 기법이다.

③ 생산일정계획, 완제품재고관리, 자재계획을 연결하는 일련의 생산시스템을 말한다.

(3) 독립적 수요와 종속적 수요: 독립적 수요는 어떤 품목의 생산 활동이 다른 품목과 독립적인 수요를 갖는 것인 데 비해, 종속적 수요는 재고로 받아들여지는 대부분의 품목이 최종생산품의 부품이거나 중간조립품이며 그들의 수요가 완제품 수요에 대하여 종속적인 것을 말한다.

2 MRP 시스템의 특징

(1) 특징

① 전통적 재고관리에서 발생하는 재고과잉과 재고부족현상을 제거함으로써 재고비용을 극소화하고자 하는 것이다.

② 자재 각각에 대한 별도의 수요예측이 필요치 않다.

③ 모든 재고품의 리드타임(Lead Time)이 알려져 있다.

④ 이론상 안전재고(Safety Stock)의 문제는 필요하지 않다.

⑤ 독립수요품의 생산일정을 고려한 종속수요량의 소요시간에 맞추어 조달시간을 차감하는 시간차감법(Time Phasing Method)에 의해 발주된다.

⑥ 사전 납기통제가 용이하다.

⑦ 컴퓨터의 지원이 필수적이며 여건변화에 민감한 자재계획의 수립이 가능하다.

(2) 기타사항

① MRP 시스템의 단점: 컴퓨터시스템의 도입 및 유지에 많은 비용이 소요된다.

② Synchro MRP: MRP와 JIT생산시스템을 절충한 방식으로서, 자재소요계획은 MRP로 하고 생산현장관리는 JIT시스템에 따른다.

---

02 적시생산시스템(JIT; Just In Time System)

1 개념

적시생산시스템은 일본의 도요타자동차에서 개발한 기법으로 필요한 부품을 필요한 시간에 필요한 양만큼 공급함으로써 생산 활동에서 모든 낭비의 근원이 되는 재고를 없애고 작업자의 능력을 완전하게 활용함으로써 생산성 향상을 달성하고자 하는 풀시스템(Pull System)이다.

2 근본원리

(1) 생산공정에서 발생하는 비능률과 비생산적 요소를 제거함으로써 비용 절감(원가 절감)과 제품품질의 향상을 통하여 투자수익을 증대시키고자 하는 시스템이다(Zero Inventory).

(2) 생산에 필요한 부품을 필요한 때에 필요한 양만큼 생산한다.

(3) 작업자의 능력을 완전활용한다.

3 적시생산시스템의 구성요소

주일정계획으로부터 시작하여 생산공정을 통하여 납품업자에 이르도록 모든 과정에 관계를 갖고 있는 구조를 가진다.

(1) 주일정계획(MPS)의 안정화: 안정된 주일정계획과 이로 인한 생산의 평준화(Smoothing of Production)는 선행 작업장과 납품업자들이 일정한 수요에 대비할 수 있게 함으로써 재고를 줄이는 데 기여한다.

(2) 로트크기와 생산준비시간의 축소

① 반복생산에 있어서 수요변동에 대응하는 생산평준화에는 소로트 생산이 뒷받침되어야 한다.

② 소로트 반복생산에서는 수요의 변동에 적응이 쉬운 반면에 생산준비횟수가 증대되므로 생산준비시간의 축소에 많은 관심이 있다. → 린 생산방식(Lean Production Methods)

(3) 설비배치 – 집단관리(GT)기법: 생산시간의 축소를 위해서 JIT시스템에서는 GT기법을 사용한다. GT는 여러 가지 상이한 기능을 수행하는 개별적인 기계들을 한 곳에 배치하여 그들이 하나의 조립라인처럼 운영되도록 하는 것이다.

(4) 칸반(Kanban)방식

① 의미: 시스템 내에서 생산 및 자재의 운반을 허가함으로써 자재의 흐름을 통제하기 위해 사용되는 엽서모양의 카드를 가리킨다.

② 특징

    ㉠ 생산허가와 부품운반의 기능을 담당한다.

    ㉡ JIT를 지원하는 정보시스템으로서 JIT의 하위시스템에 속한다.

    ㉢ 후속공정이 생산에 필요한 자재를 필요로 할 때에 선행공정으로부터 끌어당겨 받는 시스템(Pull System)에 해당한다.

    ㉣ 칸반 카드와 컨테이너에 의해서 작업장 간을 통제한다.

4 JIT와 MRP시스템의 비교

구분	JIT시스템	MRP시스템
재고	부채	자산
로트크기	즉시 필요한 양의 크기	일정계획에 의거한 경제적 로트
납품업자	인간적 관계	기능적 관계
조달기간	짧게 유지	길수록 좋음
생산준비시간	최소	무관심
전략	요구에 의한 Pull시스템	계획에 의한 Push시스템
생산계획	안정된 MPS	변경이 잦은 MPS
관리방식	눈으로 보는 관리(Kanban)	컴퓨터 처리
품질	무결점	불량품 인정
적용	반복생산	비반복생산

10 품질관리

01 품질관리의 기초개념

1 품질관리의 개념

소비자가 요구하는 품질의 제품이나 서비스를 경제적으로 산출하기 위한 모든 수단과 활동의 시스템이다.

2 품질관리의 변천과정

단순한 품질관리(Q.C) → 총괄적 품질관리(T.Q.C) → 종합적 품질관리(T.Q.C.S) → 종합적 품질경영(T.Q.M.S)

02 품질비용의 기초개념

1 품질비용의 개념

제품을 애초부터 잘 만들지 않음으로써 발생하는 비용, 즉 제품규격을 지키지 않은 부적합비용(Cost of Non Conformance)을 의미한다.

2 품질비용의 구성

(1) 통제비용(Control Cost)

① 개념: 생산흐름으로부터 불량품을 제거하는 활동과 관련된 비용이다.

② 종류

　㉠ 예방비용(P-cost; Prevention cost)

　　• 실제로 제품이 생산되기 전에 불량품질의 발생을 미연에 방지하기 위하여 발생하는 비용이다.

　　• 품질계획, 품질교육, 품질자료의 수집, 신제품 설계의 검토 등에 소요된 비용을 뜻한다.

　㉡ 평가비용(A-cost; Appraisal cost)

　　• 생산이 되었지만 아직 고객에게 인도되지 않은 제품 가운데서 불량품을 제거하기 위하여 검사하는 데 소요되는 비용이다.

　　• 원자재 수입검사, 공정검사, 완제품검사 등에 소요된 비용을 뜻한다.

(2) 실패비용(Failure Cost)

　① 개념: 품질이 일정수준에 미달함으로써 발생하는 비용이다.

　② 종류

　　㉠ 내적 실패비용: 폐기물, 등외품 등 생산공정상에서 발생하는 비용을 뜻한다.

　　㉡ 외적 실패비용: 클레임, 반품 등 제품이 출하된 후에 발생하는 비용을 뜻한다.

(3) 최적적합품질수준의 결정: 통제비용과 실패비용의 합이 최소가 되는 점에서 최적적합품질이 결정된다.

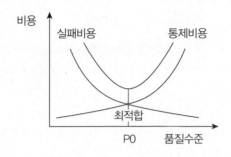

03　총괄적 품질관리(TQC)

1 총괄적 품질관리의 등장배경

종전의 불량품을 양품으로 선별하는 검사위주의 품질관리를 통해서는 급증하는 고급품질에 대한 수요증가, 품질관리로 인한 원가급증 등 효율적인 품질관리체제를 확립할 수 없다는 데서 기인한다.

2 총괄적 품질관리의 개념

고객에게 최대의 만족을 주는 가장 경제적인 품질을 생산하고 서비스할 수 있도록 사내 각 부문의 활동을 품질개발, 품질유지, 품질향상을 위해 전사적으로 조정, 통합하는 시스템으로 종합적 품질관리라고도 한다.

3 총괄적 품질관리의 특성

(1) 품질은 품질관리부서만의 책임이 아니라 기업 내 모든 구성원들의 책임이며, 특히 제품생산현장에서의 품질보증을 강조한다.

(2) 종전의 품질관리와 같이 생산된 제품에 대한 사후검사가 아니라 제품생산현장에서의 불량품 발생을 미연에 방지하고자 하는 예방 측면을 강조, 즉 전사적 품질관리와 사후품질보증이라는 행동적 측면을 중시한다.

(3) 품질과 경영관리의 양 측면을 결합한 것으로 생산시스템 내의 모든 단계에서 수행되는 품질관리이다. 즉, 제품뿐만 아니라 납기, 원가, 서비스 등도 대상으로 한다.

(4) 통계적 기법뿐만 아니라 모든 수단을 활용하는 품질관리이다.

(5) 동기부여에 의한 품질향상운동에 대한 내용을 다루고 있다.

04　동기부여에 의한 품질향상운동

1 무결점(ZD; Zero Defect) 운동

(1) 개념

작업자에게 지속적으로 동기를 부여함으로써 업무수행상 결점을 영(Zero)으로 하고 제품의 품질향상, 신뢰성 제고, 납기 엄수, 원가 절감 등의 목적을 달성하려는 노력을 뜻한다.

(2) 구성요소

① 자기제안제도(ECR; Error Cause Removal): 직접 작업에 종사하는 작업자 자신이 각자의 부주의 및 오류 발생 원인을 제거하도록 제안을 하는 제도이다.

② 동기부여

　㉠ 종업원 각자가 자발적으로 자신들의 개선목표를 설정하도록 자주성을 부여한다.

　㉡ 관리자는 동종 작업을 수행하는 종업원들끼리 ZD집단을 편성하도록 자주성을 부여한다.

③ **표창**: ZD목표를 달성한 집단이나 목표달성에 공헌한 종업원들에게 표창을 내린다.

(3) 특징

① 종업원 각자에게 자주성을 부여하고 종업원의 동기부여를 강조함으로써 불량품이 발생할 가능성을 사전에 예방하고자 하는 것이다.

② 인간의 고차원적인 욕구를 만족시키는 인간존중의 경영이념에 입각하고 있다.

(4) 전통적 품질관리와 무결점 운동의 비교

구분	전통적 품질관리	무결점 운동
허용불량률	불량품 발생에 의한 손실과 품질관리 비용의 균형을 고려하여 표준치에 대한 불량률을 인정	불량률을 허용하지 않아 불량품 발생을 0으로 함
강조점	작업장과 설비의 기능 및 품질의 물적 변동요인을 중시하여 처음부터 작업을 올바르게 할 수 있는 방법을 부여	종업원의 기술과 작업의욕 및 품질의 인적 변동요인을 중시하여 처음부터 올바르게 작업할 수 있는 동기를 부여
성격	논리적이고 수리적	심리적이고 비수리적

2 품질분임조(QC Circle)

같은 부서 또는 같은 작업장에서 근무하는 보통 8~10명이 생산과 관련된 문제, 예컨대 품질, 생산성, 원가, 기타 작업환경 등의 문제를 분석하고 상호 해결하기 위하여 정기적으로 모임을 갖는 소집단을 지칭한다.

통계적 품질관리란 표본을 사용하여 그들이 속한 모집단의 규격에의 적합성 여부를 추출하기 위한 통계적 기법으로서, 다음과 같은 종류가 있다.

1 허용발취검사법(Acceptance Sampling)

(1) 개념: 원재료나 완제품의 모집단 로트으로부터 무작위로 표본을 추출하여, 이 검사결과에 의해서 모집단 전체의 채택 또는 기각여부를 판정하는 기법이다.

(2) 성격: 허용발취검사법은 구입한 원재료나 생산된 완제품으로부터 표본을 추출하여 입고 및 출하 품질을 관리하는 기법이다. 즉 공정개시 전이나 공정완료 후에 실시하는 통계적 품질관리기법이다.

2 검사특성곡선(OC; Operation Characteristic Curve)

(1) 개념: 어떤 로트의 품질(불량률)과 그 로트가 합격 또는 불합격될 확률의 관계를 나타낸 곡선이다.

(2) 성격

① 로트의 품질수준과 로트의 합격률 간에는 우하향의 관계가 성립한다.

② 전수검사에서는 하나의 이상적인 직선형태를 띤다.

③ 하나의 특정 발취검사법은 하나의 OC 곡선을 갖는다.

3 합격품질수준(AQLA; Acceptable Quality Level)

(1) 개념: 경영자가 이 정도 품질수준이면 합격이라고 보는 수준을 의미한다.

(2) 성격

① 소비자 입장: 양질의 로트라고 판단하여 받아들이고자 하는 합격품질수준, 즉 합격 처리될 불량품의 상한선이다.

② 생산자 입장: 자기가 인정하는 생산자 위험 α하에서 제출된 로트가 불합격 판정받기를 원치 않는 한계불량률을 뜻한다.

③ 생산자 위험(Producer's Risk): 제1종 오류(Type 1 Error)가 발생할 확률로서 α로 표시한다.

④ 제1종 오류: AQL 수준 또는 그보다 좋은 로트가 받아들여져야 함에도 불구하고 표본오차(Sampling Error)로 인해서 거부될 위험을 의미한다.

4 로트허용불량률(LTD; Lot Tolerance Defective)

(1) 개념: 경영자가 이 정도 이하의 품질수준이면 불합격이라고 보는 품질수준을 의미한다.

(2) 성격

① 소비자 입장: 불합격시키고 싶은 불합격 품질수준, 즉 불량 로트로 판정하여 합격시키지 않으려는 한계불량률을 뜻한다.

② 생산자 입장: 특정 소비자 위험 β하에서 제출된 로트가 합격되는 것을 허용하는 최악의 허용불량률을 가리킨다.

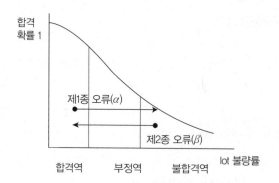

③ 소비자 위험(Consumer's Risk): 제2종 오류(Type 2 Error)가 발생할 확률로서, β로 표시한다.

④ 제2종 오류: LTD 수준 또는 그보다 나쁜 로트는 거부되어야 함에도 불구하고 표본오차(Sampling Error)로 인해서 받아들여질 위험을 의미한다.

5 실제생산불량률에 따른 영역구분

(1) **합격역(Acceptance Range)**: 좋은 품질로 판단하여 허용할 수 있는 품질수준의 범위로 원점에서 AQL까지의 범위를 말한다.

(2) **불합격역(Rejection Range)**: 불량품으로 인정하여 수용할 수 없는 품질수준의 범위로 LTD 이상의 불량률 범위를 말한다.

(3) **부정역(Indifference Range)**: 무차별역이라고도 하는데, 수용할 수도 있고, 수용하지 않을 수도 있는 품질수준의 범위로서 AQL과 LTD 사이의 범위를 말한다.

---

06 종합적 품질경영

1 개념

품질경영(QM; Quality Management)이라고도 하는 것으로 경영자가 소비자 지향적인 품질방침을 세워 최고경영진은 물론 모든 종업원들이 전사적으로 참여하여 품질향상을 꾀하는 활동을 말한다. 이는 최고경영자가 중심이 되어 우수품질 및 고객만족도의 확보를 통해 기획, 설계, 생산, 판매 등 경영활동 전반에 걸쳐 경쟁적 우위를 갖추도록 모든 구성원이 참여하는 전사적, 종합적, 경영관리체계이다.

2 특징

종전의 품질관리가 생산현장 중심의 품질관리인 데 비해 QM은 최고경영자의 품질방침에 따라 국제적으로 경쟁력 있는 품질을 확보하는 것을 목표로 생산현장에서부터 최고경영층에 이르는 고객 위주의 전사적인 품질향상운동이며, 고객지향의 제품개발 및 품질보증체계의 확보를 중요시한다.

3 전사적 품질관리(TQC)와 종합적 품질경영(TQM)의 비교

TQC와 TQM은 전사적으로 품질관리활동을 추진하고 전원이 참가한다는 점에서는 유사하지만 다음과 같은 차이점이 있다.

TQC	TQM
• 단위(Unit) 중심 • 생산현장 근로자의 공정관리 개선에 초점 • 생산현장 중심 • QC전문가의 관리통제기능 중시	• 시스템 중심, 경영전략지원 • 제품의 계획 설계에서부터 제조, 검사, 판매과정에까지 기업의 전부문을 상호 유기적으로 보완, 발전시켜 품질 제고를 노리는 것
• 사내규정 제정 • 설비원, 부자재 및 공정관리 개선	• 사내규격 제정 • 품질전략수립 • 고객지향의 제품설계, 소비자 만족도 관리
• 기업이익 우선의 공정관리 • 품질요구를 만족케 하는 기법과 활동	고객의 만족을 얻기 위해 최고경영자의 품질방침에 따라 실시하는 모든 부문의 총체적 활동
공정 및 제품의 불량감소를 목표로 일정한 품질규격을 설정하고 이에 대한 적합성을 추구하는 수단	설계, 공정, 제품, 업무, 사람 등을 포함하는 총체적 품질향상을 통해 경영목표를 달성하기 위한 수단
기업자체의 필요성에 따라 자율적으로 추진	ISO에 의해 국제규격으로 정해져 있으며 강제성은 없으나 구매자가 요구하면 이행해야 함(반강제적)
생산 중심적 또는 제품 중심적 사고와 관리기법을 강조하는 개념	고객지향의 기업문화와 구성원의 행동의식도 요구
공급자 위주	구매자 위주(고객중시)

4 ISO 9000 시리즈

(1) **의미**: 품질보증에 관한 국제 표준으로, 제품 자체에 대한 품질을 보증하는 것이 아니라 제품 생산과정 등의 프로세서(품질관리시스템)에 대한 신뢰성 여부를 판단하기 위한 것이다. 이 시리즈는 공산품은 물론 소프트웨어, 서비스 등 산업 전체에 적용될 수 있는 범용적인 규격이다.

(2) **성격**: ISO 9000은 생산자 중심의 규격이 아닌 구입자(User) 중심의 규격으로, 구입자가 외부로부터 제품을 구입했을 경우 그 품질을 신뢰할 수 있는 판단기준을 제공한다. 이때 신뢰할 수 있는 판단기준을 제공하는 것은 생산자나 구입자가 아닌 제3자(인증기관)이며, 제3자의 개입으로 판단기준의 객관성을 더욱 높일 수 있다.

01

제품 P의 연간 수요는 10,000개로 예상한다. 이 제품의 연간 재고유지비용이 단위당 100이고, 주문1회당 주문비용은 200원이다. 이 경우 경제적 주문량 EOQ는?

① 100
② 150
③ 200
④ 250

02

다음은 어떤 생산공정에 관한 설명인가?

> • 고객의 주문에 따라 일정기간 동안에 정해진 제품만을 생산한다.
> • 이 공정의 예로는 건축, 선박제조, 신제품 개발 등이 있다.

① 프로젝트공정
② 대량생산공정
③ 유연생산공정
④ 자동생산공정

03

지난달의 수요예측치가 300개이고, 실제수요치가 250개로 나타났다. 평활계수가 0.1인 경우 단순 지수평활법을 이용하여 계산한 이번 달의 수요 예측치는?

① 280개
② 285개
③ 290개
④ 295개

04

공장입지 분석방법 중 질적 분석방법으로 가장 객관적인 것은?

① 점수법
② 총비용 최소화법
③ 손익분기점 분석
④ 수송법

05

다음 중 총괄생산관리의 통제가능변수가 아닌 것은?

① 하청수준
② 수요량
③ 재고수준
④ 고용수준

06

생산시스템의 설계 시 원재료나 부품의 원가분석을 통해 불필요한 비용을 제거하여 제품의 가치를 증대시키고자 하는 것은?

① 가치공학
② 가치분석
③ 공정설계
④ 설비배치

01 정답 ③

$$\sqrt{\frac{2DO}{C}} = \sqrt{\frac{2 \times 10,000 \times 200}{100}} = 200$$

02 정답 ①

프로젝트공정은 아파트건설, 선박, 항공기 등 특수생산 시스템에 적합한 공정이다.

03 정답 ④

이번달수요＝지난달수요예측－(수요예측－실제수요)× 평활계수이다.
∴ $300 - (300 - 250) \times 0.1 = 295$개

04 정답 ①

점수법(요인평정법)은 여러 가지 입지요인들을 파악하여 요인별로 가중치를 부여한 다음, 입지 후보지별로 요인별 점수를 합산하여 입지를 선정하는 방법이다.

05 정답 ②

총괄생산관리는 보통 2개월에서 1년까지의 중기 또는 중·단기 계획으로서 기업의 생산능력을 거시적으로 파악하여 총괄적 관점에서 시간적으로 제품의 수량적 조정을 시도하는 방법으로 수요나 주문의 시간적, 수량적 요건을 만족시킬 수 있도록 생산시스템의 능력(생산율, 고용수준, 재고수준, 하청수준)을 조정해 나가는 계획이다.

06 정답 ②

가치분석(Value Analysis)은 원자재나 부품의 경제적인 면을 중시하는 기법으로 원재료나 부품의 원가분석을 통해 최소비용으로 제품의 가치는 상승시킬 수 있다.

07

다음 중 고객지향의 품질관리 활동을 품질관리 책임자뿐만 아니라 마케팅, 엔지니어링, 생산, 노사관계 등 기업의 모든 분야로 확대하여 실시하는 것은?

① 종합적 품질관리(TQC)
② 종합적 품질경영(TQM)
③ 전사적 자원관리(ERP)
④ 품질분임조(QC circle)

08

다음 품질비용에 관한 설명 중 틀린 것은?

① 통제비용은 불량품을 제거하는 것과 관련된 비용이다.
② 통제비용은 품질수준이 높을수록 증가한다.
③ 실패비용에는 예방비용과 평가비용이 있다.
④ 실패비용은 품질수준이 높을수록 감소한다.

09

수요예측기법에 대한 다음의 설명 중 틀린 것은?

① 시계열분석방법은 과거의 자료를 이용해서 미래의 단기수요예측을 하려는 기법이다.
② 횡단면분석방법은 예측하려는 제품의 수요와 이에 영향을 미치는 요인들 간의 상관관계를 분석해 수요를 예측하는 기법이다.
③ 전기수요법은 가장 최근의 실제치로 바로 다음 기를 예측하는 시계열분석방법이다.
④ 회귀분석법은 수요를 예측하는 시계열분석방법의 일종이다.

10

다음 자재소요계획(MRP)에 대한 설명 중 틀린 것은?

① 종속수요의 재고관리를 위해 도입된 일정계획 및 재고통제기법이다.
② 각 자재에 대한 별도의 수요예측을 전제로 한다.
③ 이론상 안전재고의 문제가 불필요하다.
④ 전통적인 재고관리에서 발생하는 재고부족 및 재고과잉문제 해결이 가능하다.

11

컴퓨터를 이용하여 비용함수의 반응 모습을 관찰함으로써 최소비용을 가져오는 결정을 파악하고자 하는 총괄생산계획기법은?

① 선형결정기법(LDR)
② 탐색결정기법(SDR)
③ 경영계수이론
④ 휴리스틱(heuristic) 기법

12

부분품과 반제품의 생산실적을 도표화하여 작업진척별 예정납기일을 최종제품의 납기일과 비교함으로써 일정을 통제하는 기법은?

① Gantt Chart
② LOB
③ CRP
④ SIS

07 정답 ②

경영자가 소비자 지향적인 품질방침을 세워 최고경영진은 물론 모든 종업원들이 전사적으로 참여하여 품질향상을 꾀하는 활동을 말한다. 이는 최고경영자가 중심이되어 우수품질 및 고객만족도의 확보를 통해 기획, 설계, 생산, 판매 등 경영활동 전반에 걸쳐 경쟁적 우위를 갖추도록 모든 구성원이 참여하는 전사적, 종합적 경영관리체계이다.

08 정답 ③

예방비용과 평가비용은 통제비용(Control Cost)의 한 종류이다. 실패비용(Failure Cost)은 품질이 일정 수준에 미달함으로써 발생하는 비용으로 내적 실패비용과 외적 실패비용이 있다.

09 정답 ④

회귀분석은 수요에 중대한 영향을 미치는 변수를 찾아 최소자승법을 이용하여 이 변수와 수요량의 관계를 나타내는 회귀식의 계수 및 상수를 추정한 후, 추정된 회귀식을 이용하여 수요량을 예측하는 방법이다. 시계열 분석방법에 해당하지 않는다.

10 정답 ②

MRP시스템은 자재 각각에 대한 별도의 수요예측이 필요치 않다.

11 정답 ②

탐색결정기법(SDR; Search Decision Rule)은 최소비용의 총괄생산계획을 수립할 생산율과 작업자 수 같은 결점변수들을 미리 결정된 컴퓨터 탐색 결정규칙에 따라 찾는 기법이다.

12 정답 ②

LOB는 납기 지체를 발생시킨 작업장을 중점관리하는 기법이다.

13

경제적 주문량(Economic Order Quantity)의 목표는?

① 재고유지비용을 최소화하는 연간주문량 결정
② 재고주문비용을 최소화하는 연간주문량 결정
③ 재고유지비용과 재고주문비용의 합을 최소화하는 연간주문량 결정
④ 재고유지비용과 재고주문비용의 합을 최소화하는 1회 주문량 결정

14

품질비용은 통제비용(Control cost)과 실패비용(Failure cost)으로 구분된다. 이 중 품질비용과 관련된 다음 설명으로 옳지 않은 것은?

① 통제비용은 생산흐름으로부터 불량품을 제거하는 활동과 관련된 비용이다.
② 실패비용은 품질이 일정수준에 미달함으로써 발생하는 비용이다.
③ 통제비용은 예방비용(Prevention cost)과 평가비용(Appraisal cost)으로 나누어진다.
④ 내적 실패비용은 클레임, 반품 등 제품이 출하된 후에 발생하는 비용을 말한다.

15

다음 중에서 무결점(ZD) 운동에 관한 설명이 아닌 것은?

① 품질의 인적 변동요인을 중시한다.
② 종업원에게 처음부터 올바르게 작업을 할 수 있게 하는 방법을 가르친다.
③ 심리적이고 비수리적이다.
④ 표준치에 대한 불량률을 인정하지 않는다.

16

플랫폼(Platform)은 다양한 상품을 생산하거나 판매하기 위해 공통적으로 사용하는 기본 구조로 여러 참여자가 참여할수록 부가가치는 기하급수로 상승하는 효과를 낸다. 다음 중 플랫폼 비즈니스 사례와 가장 거리가 먼 것은?

① 소셜네트워크서비스(SNS)
② 온라인 쇼핑몰이나 앱스토어
③ 인쇄업체나 광고물 제작업체
④ MS 윈도, 안드로이드 등 운영체제(OS)

17

다음은 월별 철강수요자료이다. 지수평활법에 따라 5월에 예측되는 철강수요는?(단, 평활상수 a는 0.4로 한다)

(단위: 톤)

월	철강수요	지수평활법 수요예측
1	18,000	
2	17,000	
3	16,000	
4	14,000	16,700
5	12,000	?

① 15,600

② 15,620

③ 15,640

④ 15,660

18

적시생산시스템(JIT)과 자재소요계획(MRP)의 차이에 대한 설명으로 옳지 않은 것은?

① JIT는 푸쉬방식, MRP는 풀방식이다.

② JIT의 재고는 부채, MRP의 재고는 자산입니다.

③ JIT의 납품업자 관계는 인간적 관계, MRP의 납품업자와 관계는 기능적관계이다.

④ JIT는 일본의 도요타자동차에서 개발한 기법이다.

13
정답 ④

경제적 주문량은 주문비용와 재고유지비가 최소가 되게 하는 1회 주문량을 구하는 것을 목표로 하고 있다.

14
정답 ④

내적 실패비용은 폐기물이나 등외품 등의 생산공정상에서 발생하는 비용을 말하고, 설명은 외적 실패비용에 해당하는 내용이다.

15
정답 ②

ZD 운동은 종업원의 기술과 작업의욕 및 품질의 인적 변동요인을 중시하여 처음부터 올바르게 작업할 수 있는 동기를 부여하고 있다.

16
정답 ③

플랫폼 양면 마케팅은 게임기와 게임소프트웨어 개발, 여행사와 숙박 호텔 연계, 영어 학원과 피트 학원 연계 운영 등 판매자와 구매자 사이의 상호 작용으로 서로 연계된 마케팅 활동으로, 상호 연계 영업 활동이다.

17
정답 ②

$C = \alpha \times$ 전기의 실적치 $+ (1-\alpha) \times$ 전기의 예측치
(C: 지수평활법 수요예측치, α: 평활상수)
평활상수 α는 0.4이므로
$\therefore C = 0.4 \times 14,000 + (1-0.4) \times 16,700 = 15,620$

18
정답 ①

JIT는 요구에 의한 Pull시스템, MRP는 계획에 의한 Push시스템이다. MRP는 미국 IBM회사의 자재소요계획을 컴퓨터에 의한 통제기법이다.

I wish you the best of luck!

군무원 합격은
SD에듀가 답이다!

1 탄탄한 기본기로 군무원 합격의 길을 열다!

군무원 시험 출제경향을 완벽하게 반영한, 군무원 시험만을 위한 수험서
ALL-IN-ONE으로 합격의 길을 여세요.

기본서 ALL-IN-ONE 군무원 국어 / ALL-IN-ONE 군무원 행정법 / ALL-IN-ONE 군무원 행정학 /
ALL-IN-ONE 군무원 경영학 / ALL-IN-ONE 군무원 국가정보학 / ALL-IN-ONE 군무원
심리학 / ALL-IN-ONE 군무원 사이버직렬 / ALL-IN-ONE 군무원 정보보호론

종합서 유튜브와 함께하는 기출로 끝 시리즈
기출로 끝내는 군무원 국어 / 행정법 / 행정학

2 군무원 수험생들이 선택한, 믿을 수 있는 기출복원문제집!

군무원 기출 분야 최장기간 1위!(2016.12~2019.03, 2019.07~, Yes24 기준)
가장 많은 수험생들이 선택한, 믿을 수 있는 군무원 기출복원문제집으로 학습하세요.

**기출
문제집** 기출이 답이다 군무원 기출복원문제집 국어
기출이 답이다 군무원 기출복원문제집 행정법
기출이 답이다 군무원 기출복원문제집 행정학
기출이 답이다 군무원 기출복원문제집 군수직
기출이 답이다 군무원 기출복원문제집 통신공학

3 실전에 강한 FINAL 합격 전략!

올해 군무원은 내 차례!
실전 전략까지 책임지는 SD에듀의 도서로 시험에서 합격하세요.

모의고사 FINAL 실전 봉투모의고사 시리즈
군무원 행정직 / 군수직 / 전기직 / 전산직 / 기계직 / 정보직 /
차량직·전차직 / 행정직·군수직 / 수사직

면접 면접관이 공개하는 군무원 면접 합격의 공식

※ 도서 구성 및 세부 이미지는 변동될 수 있습니다.

합격을 위한 모든 것을 담은 단 한 권

2023 SD에듀

적중률×합격률 UP!

군무원 15주 ALL-IN-ONE

경영학

1권

26년 합격의 노하우!

NO.1
합격의 공식

success 2023

SD에듀
(주)시대고시기획

발행일 2023년 1월 10일(초판인쇄일 2019 · 11 · 15)
발행인 박영일
책임편집 이해욱
편저 김성만
발행처 (주)시대고시기획
등록번호 제10-1521호
주소 서울시 마포구 큰우물로 75 [도화동 538 성지B/D] 9F
대표전화 1600-3600
팩스 (02)701-8823
학습문의 www.sdedu.co.kr

향균+ 99.9%

2023

SD에듀_군무원

편저 김성만

합 격 을 위 한 **모 든 것**을 담 은 **단 한 권**

ALL IN
ONE

군무원 15주 ALL-IN-ONE
경영학 2권

★ 군무원 수험생을 위한 맞춤 기본서
★ 단원별 FULL수록 합격

SD에듀
(주)시대고시기획

본 도서는 **항균잉크**로 인쇄하였습니다.

군무원

경영학 제2권

SD에듀
(주)시대고시기획

이 책의 차례

계량의사결정론

CHAPTER 01 확실한 상황하의 의사결정

01 계량의사결정론의 개요

1 계량의사결정의 의미

(1) **의사결정(Decision Making)**: 기업의 소유자 또는 경영자가 기업 및 경영상태 전반에 대한 방향을 결정하는 일로서 주어진 문제에 직면해 선택할 수 있는 여러 대안 중 목적에 가장 적합한 대안을 선택하는 과정이다.

(2) **계량의사결정**: 어떠한 문제에 직면했을 때 두 개 이상의 선택 가능한 해 중 요구되는 목적에 가장 적합한 해를 수리적인 방법으로 도출하는 의사결정기법을 말한다.

2 계량의사결정의 과정

(1) 문제의 인식 및 정의(문제의 목적과 제약조건들을 검토)

(2) 모형의 설정(Formulation)

(3) 모형의 해 도출(Excel, 심플렉스법 등을 이용해 해 도출)

(4) 목적에의 타당성 검토(목적에 맞는 최적해인가?)

(5) 모형의 수정 및 보완

(6) 최적해의 실행

3 계량의사결정의 종류

(1) **의사결정의 성격에 따른 분류(사이먼, Simon)**: 의사결정의 성격에 따라 정형적 의사결정과 비정형적 의사결정으로 구분한다.
  ① **정형적 의사결정**: 반복적으로 발생하는 일상의 의사결정이다. 대표적으로 선형계획법이 있으며, 프로그램화가 가능하다.
  ② **비정형적 의사결정**: 경영자의 창의력이나 직관에 의존하며, 비반복적이어서 프로그램화가 불가능하다.

(2) **의사결정의 수준에 따른 분류**: 기업 등의 특정조직에서의 의사결정수준은 계층에 따라 달라지는데, 최고경영층은 전략적 의사결정을, 중간관리자는 관리적 의사결정을, 하위관리층은 업무적 의사결정을 수립한다.

① **전략적 의사결정**: 기업의 기본적인 성격에 영향을 주는 의사결정으로 기업의 내부와 외부환경에 관한 의사결정이다. 장기적이고 거시적 성격을 갖는다.

② **관리적 의사결정**: 전략적 의사결정을 구체화하기 위해 중간관리층에 의해 이루어지는 의사결정이다. 인적·물적 자원을 조달하여 주어진 목적에 가장 적합한 대안을 선택하고, 그에 맞는 자원 배분을 하기 위한 의사결정이다.

③ **업무적 의사결정**: 일상적으로 행하는 업무에 관한 의사결정으로, 기업자원의 전환과정에서 능률과 수익성을 최대로 하는 데 그 목적이 있다.

(3) 의사결정의 환경에 따른 분류

① **확실한 상황하의 의사결정(DMUC; Decision Making Under Certainty)**: 미래의 상황전개를 확정적으로 알고 있다는 가정하의 의사결정을 뜻한다.

② **위험한 상황하의 의사결정(DMUR; Decision Making Under Risk)**: 미래의 각 상황의 발생가능성을 확률적으로 추정이 가능한 상황하의 의사결정을 뜻한다. 대부분의 의사결정자들이 현실적으로 직면한다.

③ **불확실한 상황하의 의사결정(DMUU; Decision Making Under Uncertainty)**: 미래 상황발생에 대해 전혀 정보가 없는 상황에서의 의사결정을 뜻한다. 각각의 의사결정 대안에 따른 출현 가능 결과는 알고 있으나, 각각의 결과가 나타날 확률을 추정할 수는 없다.

④ **상충하의 의사결정(Decision Making Under Conflict)**: 자신의 의사결정뿐 아니라 상대방의 의사결정을 함께 고려해야 하는 상황이다. 대표적으로 게임이론(Game Theory)이 있다.

[상황에 따른 의사결정기법]

상황구분	의사결정기법	
DMUC	• 고전적 최적화기법 • 수송 및 할당법 • 정수계획법	• 선형비선형 계획법 • 목표계획법 • 동적계획법
DMUR	• 사전사후확률 이용 • 대기행렬이론 • 시뮬레이션	• 의사결정수 • 마르코프 연쇄 모형 • PERT/CRM
DMUU	• Laplace 기준 • Maximax 기준 • 유감 기준	• Maximin 기준 • 후르비츠 기준
상충상황	게임이론	

02　선형계획법(LP; Linear Programming)

1 선형계획법의 의미

선형계획법은 주어진 자원(제약조건)하에서 목적(목적함수)에 적합한 최적해를 도출하여 최적의 자원배분을 달성하는 계량적 기법이다. 1차 부등식 또는 1차 방적식의 형태로 표현되는 제약조건하에서 1차식으로 표현되는 목적함수의 최대화 또는 최소화를 달성할 수 있는 최적의 자원배분 기법에 해당한다.

2 선형계획법의 가정

(1) 1차성 또는 선형성(Linearity)

① 비례성: 소요되는 자원과 산출량 사이에 정비례 관계가 존재한다.

② 가산성(= 가법성): 모든 활동으로부터의 총이익 또는 총비용은 개별 활동에서의 이익 또는 비용합계와 일치한다.

(2) 확실성(= 확정성, Certainty): 목적함수의 계수, 기술계수, 자원가용량을 포함한 모든 계수는 확정적인 값으로 알려진다.

(3) 분할성(= 가분성, Divisibility): 의사결정변수는 연속적이다. 즉, 소수 또는 분수값을 가질 수 있다.

(4) 유한성(Finiteness): 의사결정변수와 그 대안은 유한하며, 변수 간에는 상호관련성이 존재한다.

3 선형계획법의 구성요소

(1) 목적함수(Objective Function): 의사결정의 목적을 나타낸 것으로, 1차식으로 표현되는 이익극대화 혹은 비용최소화를 표현한 함수를 말한다.

(2) 제약조건(Constraints): 제한된 물적 자원, 노동시간 등의 의사결정변수 상호 간의 제약을 나타낸 것으로, 1차 방정식 혹은 1차 부등식으로 표현된다.

(3) 비음조건(Non-negativity): 모든 의사결정변수와 여유변수, 잉여변수, 인공변수는 0보다 크거나 같아야 한다는 제약조건이다.

4 LP모형의 작성

(1) 최대화 문제: n개의 의사결정변수와 m개의 제약조건으로 구성된 최대화 문제를 아래와 같은 수학적 모형으로 표현 가능하다.

- 목적함수: Maximizing $Z = C_1 \cdot X_1 + C_2 \cdot X_2 + \cdots + C_n \cdot X_n$
- 제약조건: Subject To (s.t.)
$$\sum_{j=1}^{n} a_{ij} \cdot X_j \leq b_i \ (i = 1, 2, 3, \cdots, m)$$
- 비음조건: $X_j \geq 0$

단, C_j: 기여도/단위(시장가격), a_{ij}: 기술계수
X_j: 의사결정변수, b_j: 이용가능한 자원의 양

(2) 최소화 문제: n개의 의사결정변수와 m개의 제약조건으로 구성된 최소화 문제를 아래와 같은 수학적 모형으로 표현 가능하다.

> • 목적함수: Minimizing $Z = C_1 \cdot X_1 + C_2 \cdot X_2 + \cdots + C_n \cdot X_n$
> • 제약조건: Subject To (s.t.)
> $$\sum_{j=1}^{n} a_{ij} \cdot X_j \geq b_j \ (i = 1, 2, 3, \cdots, m)$$
> • 비음조건: $X_j \geq 0$
>
> 단, C_j: 기여도/단위(비용), a_{ij}: 기술계수
> X_j: 의사결정변수, b_j: 이용가능한 자원의 양

5 선형계획법의 해법

(1) 그래프 해법

① 의미: 그래프 해법은 의사결정변수가 2개인 문제에 적용 가능하다.

② 그래프 해법의 과정

ⓒ 제약조건을 그래프상에 표시하여 실행가능영역(Feasible Region)을 도출한다.

ⓒ 목적함수 표현: 목적함수를 그래프상에서 동일한 기울기로 평행이동시키면서 최적해를 찾는다. 최대화 문제의 경우 목표함수가 원점에서 가장 먼 y축 절편(등이익선)과 접하는 꼭짓점이 최적해가 되고, 최소화 문제의 경우 원점에서 가장 가까운 y축 절편에 접하는 꼭짓점이 최적해가 된다.

ⓒ 복수해: 목적함수의 기울기가 실행가능영역의 가장자리(Boundary)를 형성하고 있는 제약식의 기울기와 같을 때 복수해가 된다.

> **개념더하기** ▶ 실행가능해 및 실행가능영역과 블록집합
>
> • 실행가능해(Feasible Solution): 제약조건과 비음조건을 만족시키는 모든 해로, 실행가능영역의 내부와 경계 안에 있는 모든 점을 포함한다.
> • 실행가능영역(Feasible Region)과 블록집합(Convex Set): 실행가능 영역은 블록집합이며, 블록집합은 두 점을 연결하는 직선이 이 집합 내에 존재하는 경우를 말한다.
>
> [블록집합(Convex Set)]
>
>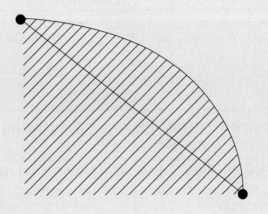

(2) 심플렉스법

① 의미: 1947년 단치히(G. B. Dantzig)에 의해 개발된 방법으로, 선형계획문제의 최적해가 실행가능영역의 꼭짓점에서 실현된다는 사실을 이용하여 원점에서 출발해 실행가능영역의 꼭짓점을 옮겨가며 목적함수의 값을 개선해 나가는 대수적 절차를 의미한다.

② 조건

　　㉠ 모든 제약조건의 우변 상수들이 0보다 크거나 같다.

　　㉡ 모든 제약조건식이 등식이다.

　　㉢ 제약조건식의 좌변 계수행렬 속에 그 식에서는 계수가 1이고, 다른 제약조건식에서는 계수가 모두 0인 변수가 있다.

　　㉣ 모든 변수들에 대해 비음제약조건을 포함한다.

③ 과정

　　㉠ 부등식으로 표현된 제약조건을 여유변수(Slack Variable) 혹은 잉여변수(Surplus Variable)를 이용해 등식으로 바꾼다.

$$\text{Max. } Z = 3X_1 + 2X_2 \qquad \text{Max. } Z - 3X_1 - 2X_2 = 0$$
$$\text{s.t. } 2X_1 + X_2 \leq 7 \quad \Rightarrow \quad \text{s.t. } 2X_1 + X_2 + S_1 = 7$$
$$X_1 + 4X_2 \leq 14 \qquad\qquad X_1 + 4X_2 + S_2 = 14$$
$$X_1 \geq 0, \ X_2 \geq 0 \qquad\qquad X_1, \ X_2, \ S_1, \ S_2 \geq 0$$

※ 원래 식의 제약식이 2개이고 미지수는 4개로 이의 해는 부정이므로 유일해를 구하기 위해 미지수의 개수와 제약식의 개수를 동일하게 만든다. 따라서 제약식의 개수에 해당하는 변수(X_1, X_2) 이외에 0의 값을 부여하여 나온 해를 기저해(Basic Solution)라 하고, 여기서 0의 값을 부여받은 변수를 비기저변수, 나머지 변수는 기저변수라고 한다.

※ 위의 식에서 가능한 기저해의 개수는 $_4C_2 = 6$가지이고, 기저해들 중 비음제약까지 만족시키는 것은 실행가능기저해(Basic Feasible Solution)이다.

　　㉡ 심플렉스표(Simplex Tableau) 작성

목적함수	변수				목적함수값
	목적함수계수				목적함수값
기저변수	좌변행렬 계수				우변상수
Z	X_1	X_2	S_1	S_2	RHS
1	−3	−2	0	0	0
S_1	2	1	1	0	7
S_2	1	4	0	1	14

• 표준 심플렉스표에서 목적함수식의 계수가 모두 0 이상이면 최대화 문제의 최적해를 구한 것이다.

• 심플렉스 해법에서는 기존의 비기저변수와 기존의 기저변수의 대체가 한 번에 한 개씩 이루어진다.

ⓒ 진입기저변수와 탈락기저변수의 결정

Z	X_1	X_2	S_1	S_2	RHS
1	−3	−2	0	0	0
S_1	2	1	1	0	7
S_2	1	4	0	1	14

- 진입기저변수: X_1을 1단위 증가시킬 경우 Z가 3만큼 증가한다.

  X_2를 1단위 증가시킬 경우 Z가 2만큼 증가한다.

  → X_1을 진입기저변수로 삼는다.
- 탈락기저변수: 최소비율기준(첫 번째 제약식을 X_1의 제약식으로 삼을 경우 RHS(제약조건우변상수)가 7/2만큼 증가, 두 번째 제약식을 X_1의 제약식으로 삼을 경우 RHS가 14만큼 증가)에 따라 RHS 증가 값이 작은 것을 선택한다. → S_1을 탈락기저변수로 삼는다.

ⓓ 추축연산 및 새 심플렉스표 작성

Z	X_1	X_2	S_1	S_2	RHS
1	0	−1/2	3/2	0	21/2
X_1	1	1/2	1/2	0	7/2
S_2	0	7/2	−1/2	1	21/2

X_1이 진입기저변수가 되면 원래 계수 2가 축이 되어 이것이 1이 되고 나머지 식에서 X_1의 계수가 0이 되도록 선형연산된다.

- 첫 번째 제약식에서 X_1의 계수인 2를 1로 만들기 위해 첫 번째 제약식에 1/2을 곱한다. 변수 X_1의 계수가 첫 번째 제약식을 제외한 식에 대해서는 0이어야 하므로 첫 번째 제약식에 −1/2을 곱해 두 번째 제약식에 더해주고 또한 첫 번째 제약식에 3/2을 곱해 목적함수식에 더한다.
- 추축연산결과 목적함수식의 X_2의 계수가 음수이므로 목적함수식이 개선될 여지가 있다. 새로운 진입기저변수와 탈락기저변수를 선정하고 추축연산을 통해 새 심플렉스표를 작성한다.
- 진입기저변수는 X_2, 최소비율기준에 의해 탈락기저변수는 S_2가 된다.

ⓔ 최적해 도출

Z	X_1	X_2	S_1	S_2	RHS
1	0	0	10/7	1/7	12
X_1	1	0	4/7	−1/7	2
X_2	0	1	−1/7	2/7	3

앞에서의 연산과 마찬가지로 X_2가 진입기저변수가 되면 원래 계수 7/2이 축이 되어 이것이 1이 되고 나머지 식에서 X_2의 계수가 0이 되도록 선형연산을 한다.

→ 목적함수의 계수가 모두 양수이므로 목적함수식이 개선될 여지가 없다(최적해: $X_1 = 2$, $X_2 = 3$, S_1, $S_2 = 0$, 목적함수값 $Z = 12$).

- 여유변수(Slack Variable): '≤' 형태의 제약조건식을 등식으로 만들어 주기 위해 좌변에 더해주는 변수
- 잉여변수(Surplus Variable): '≥' 형태의 제약조건식을 등식으로 만들어 주기 위해 좌변에 빼주는 변수

(3) 특수한 상황

① 복수해(Alternate Optimal Solutions): 제약식의 기울기와 목적함수의 기울기가 같아 실행가능영역 (Feasible Region)의 경계선에서 복수의 가능해가 도출되는 상황을 뜻한다.

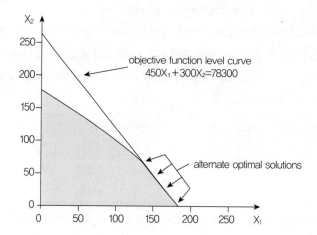

② 여분의 제약조건(Redundant Constraint): 이미 주어진 제약식으로 형성된 실행가능영역이 어떠한 제약 식의 내부에 있어서, 그 제약식이 실행가능영역을 설정하는 데 아무런 의미가 없을 경우를 의미한다.

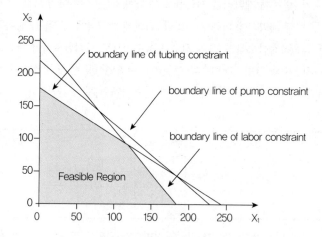

③ 무한 최적해(Unbounded Solution): 제약식을 통해 형성된 실행가능영역의 경계가 형성되지 않고 무한할 경우 최적해의 범위가 한정되지 않을 경우에 해당한다.

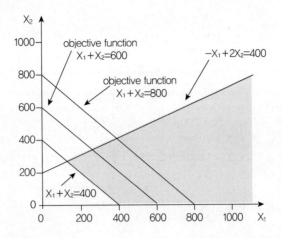

④ 실행 불가능(Infeasibility): 실행가능영역이 형성되지 않아 최적해를 도출할 수 없는 경우를 말한다.

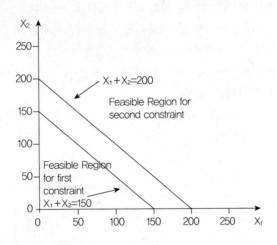

6 선형계획의 쌍대문제

(1) 쌍대문제

① 모든 선형계획모형은 그에 대응하는 쌍대문제가 존재한다.

② 원본문제와는 다른 의미로 분석될 수 있다.

(2) 원본문제와 쌍대문제의 예시

① 원본문제: 박씨의 식단문제

㉠ 비타민 A와 C에 대해서 필요한 1일 최소 요구량을 섭취하여야 한다.

㉡ 식품 종류별 비타민 포함량과 가격은 다음과 같다(아래표 참조).

㉢ 어떻게 식단을 구성하면 1일 최소 요구량의 비타민을 섭취할 수 있는가?

비타민	식품 1kg에 포함된 비타민 단위 수 및 가격						1일 최소 요구량 (단위수)
	식품1	식품2	식품3	식품4	식품5	식품6	
비타민 A	1	0	2	2	1	2	9
비타민 C	0	1	3	1	3	2	19
식품가격	35	30	60	50	27	22	–

ⓔ 모형화

Min. $35X_1 + 30X_2 + 60X_3 + 50X_4 + 27X_5 + 22X_6$ (구입비용최소)
s.t. $X_1 + 2X_3 + 2X_4 + X_5 + 2X_6 \geq 9$ (비타민 A 기준치 제한)
　$X_2 + 3X_3 + X_4 + 3X_5 + 2X_6 \geq 19$ (비타민 C 기준치 제한)
　$X_1, X_2 \geq 0$ (비음 조건)

(단, X_n은 식품n의 단위 수)

② 쌍대문제: 제약 회사의 비타민 알약 가격 결정

ⓐ 비타민 알약을 섭취하여 필요한 1일 최소 요구량 섭취가 가능하다.

ⓑ 제약 회사에서는 아래 표에 나와 있는 6종류의 식품에서만 비타민 A, C를 추출한다고 가정한다.

ⓒ 비타민 알약 가격이 식단 구성비보다 비싸면 사지 않을 것이다.

ⓓ 판매 수입을 최대로 하는 비타민 알약 가격은 어떻게 결정하는가?(단, 비타민 A, C 알약 1개에는 각각 비타민 A, C를 1단위씩 포함)

ⓔ 모형화: 각 식품 1kg에 포함된 비타민을 알약으로 대신하는 비용 ≤ 식품가격이 되어야 소비자들은 비타민 알약을 사게 된다.

Max. $9Y_{11} + 19Y_2$ (알약 판매 수입)
s.t. $Y_1 \leq 35$ (식품1 제한)
　$Y_2 \leq 30$ (식품2 제한)
　$2Y_1 + 3Y_2 \leq 60$ (식품3 제한)
　$2Y_1 + Y_2 \leq 50$ (식품4 제한)
　$2Y_1 + 2Y_2 \leq 27$ (식품5 제한)
　$2Y_1 + 2Y_2 \leq 22$ (식품6 제한)
　$Y_1, Y_2 \geq 0$ (비음조건)

③ 원본문제와 쌍대문제: 쌍대 관계

구분	식단문제 (원본문제)	비타민 알약 가격 결정 문제 (쌍대문제)
최적해에서	• 목적함수(최소화): 179(백 원) • 의사결정변수(식단구성 식품량): (0, 0, 0, 0, 5, 2) • 제한조건 잠재가격(비타민): (3, 8)	• 목적함수(최대화): 179(백 원) • 의사결정변수(알약가격): (3, 8) • 제한조건 잠재가격(식품): (0, 0, 0, 0, 5, 2)
수학적 모형에서	• 목적함수: Minimize • 계수: 35, 30, 60, 50, 27, 22 • 제약식 방향: ≥ • 제약식 우변: 9, 19	• 목적함수: Maximize • 계수: 9, 19 • 제약식 방향: ≤ • 제약식 우변: 35, 30, 60, 50, 27, 22

㉠ 모든 선형계획 문제에는 쌍대문제가 존재하나 그것이 모두 의미를 가지는 것은 아니다(위 문제에서 제약회사가 없다면 쌍대문제의 이해 불가).

㉡ 대부분의 선형계획의 쌍대문제는 현실적 의미를 알 수 없다.

개념더하기 잠재가격(Shadow Price)

- 특정제약조건의 우변 상수가 1단위 증가하는 경우 증가하는 공헌이익을 말한다.
- 자원 1단위를 추가 구입하는 데 지불할 수 있는 최대 금액이다.

03 수송법

1 의의

공급지로부터 수요지까지 최소의 비용으로 수송하는 데 대한 의사결정 기법으로, 제약식은 모두 등식이다(제약식이 모두 등식인 것: 수송법, 할당법, 목표계획법).

2 사례

(1) 산업용 가스 회사에서의 네트워크 모형 응용(Air Product and Chemical, Inc. 사의 성공사례)

① 산소, 질소, 아르곤, 일산화탄소 등 산업용 가스 생산-공급 회사

② 340대의 트럭으로 미국 전역 3,500개의 고객회사에 공급

③ 컨설팅 팀에 생산-분배 체제 개선의뢰

㉠ 미국 전체 고속도로망을 네트워크로 표현(4만 노드, 6만 5천 아크)

㉡ 두 지점 간 거리, 소요시간, 통행료를 수송비용에 반영

㉢ 최단경로 문제로 모형화

㉣ 최단경로를 차량배치시스템(ROVER)에 연결하여 효율적인 차량배차계획 수집(10~30대 차량으로 150~400개 고객회사를 방문)

④ 연간 44만 5천 달러의 물류비용을 절감

⑤ 인터페이스(Interfaces, 1983)에 발표

(2) Frontier Airlines 사의 성공 사례

① 미국은 70년대 말 항공회사의 마케팅 영업활동에 대한 규제를 완화하였다.

② 항공회사들은 여행요금 차등화 및 조정, 승객의 항로 배정, 항공기 배정 등으로 경쟁하였다.

③ 덴버에 기지를 두고 있는 Frontier Airlines은 경쟁상황을 최소비용 네트워크 흐름문제로 표현하였다.

㉠ 600개의 항공노선과 요금 차등화를 반영한 3만 개의 여행경로를 표현하였다.

㉡ 1,800~2,400개의 특별제약조건을 추가하였다.

④ 좌석수 요구에 맞게 항공기를 배정하고 승객들의 출발과 귀향을 차질없이 서비스할 수 있었다.

⑤ 항공기 스케줄 수립 뿐 아니라 여행요금 차등화의 조정으로 경쟁할 수 있게 되었다.

3 예제 – 생산 · 배분 문제(DEC)

(1) DEC 컴퓨터 회사는 미국과 영국, 독일에서 CPU칩을 생산한다.

(2) 캐나다, 타이완, 멕시코에서 마더보드를 조립한다.

(3) CPU칩은 마더보드 조립 공장으로 수송되어야 한다.

(4) 1주일 단위의 생산능력, 수요량 및 단위당 수송비용은 아래 표와 같다.

(5) 수송비용이 최소가 되는 수송방법은?

마더보드 조립공장 (수요지) / CPU 칩공장(공급지)	캐나다(I)	타이완(II)	멕시코(III)	생산능력(천개) = 공급량
미국(A)	8	5	6	120
영국(B)	15	10	12	80
독일(C)	3	9	10	80
수요량(천개)	150	70	60	280

(6) 풀이

① 모형: 이 모형을 통해 심플렉스법으로 풀이가 가능하나 매우 복잡해지므로 아래에 소개하는 수송법으로 간단한 풀이가 가능하다.

$$\text{최소화 } Z = 8x_{11} + 5x_{12} + 6x_{13} + 15x_{21} + 10x_{22} + 12x_{23} + 3x_{31} + 9x_{32} + 10x_{33}$$

$$x_{11} + x_{12} + x_{13} = 120$$
$$x_{21} + x_{22} + x_{23} = 80$$
$$x_{31} + x_{32} + x_{33} = 80$$
$$x_{11} + x_{21} + x_{31} = 150$$
$$x_{12} + x_{22} + x_{32} = 70$$
$$x_{13} + x_{23} + x_{33} = 60$$

② 북서코너법: 운송표의 좌측상단으로부터 우측하단에 이르기까지 가능한 한 최대의 양을 각 란에 할당해 나가는 방법이다. 위쪽, 왼쪽 셀부터 차례로 할당하고, 최초해를 쉽게 얻을 수 있으나 최적해와 거리가 멀다.

공급지 \ 수요지	I	II	III	공급량
A	8 1) 120	5	6	120
B	15 2) 30	10 3) 50	12	80
C	3	9 4) 20	10 5) 60	80
수요량	150	70	60	280

③ **최소비용법**

　㉠ 최소의 단위당 운송비를 가진 칸에 가능한 한 최대의 양을 할당하는 방법으로 최소비용을 가진 칸이 복수일 경우 더 많은 양을 수송할 수 있는 칸을 선택한다.

　㉡ 북서코너법보다 효율적이다.

공급지＼수요지	I	II	III	공급량
A	8 2) 70	5 3) 50	6	120
B	15	10 4) 20	12 5) 60	80
C	3 1) 80	9	10	80
수요량	150	70	60	280

④ **보겔의 기회이용법**: 각 행과 열에 있어서 최소의 단위당 운송비 대신 차선의 단위당 운송비로 수송할 경우에 생기는 기회비용을 계산하여 기회비용이 최소가 되도록 할당하는 방법이다. 비용이 최소인 칸에 할당하지 못할 때 추가로 발생하는 비용이 최대인 칸부터 우선적으로 할당하며, 산출법이 다소 까다로우나, 최적해에 가깝다.

공급지＼수요지	I	II	III	공급량
A	8 2) 70	5	6 3) 50	120
B	15	10 4) 70	12 5) 10	80
C	3 1) 80	9	10	80
수요량	150	70	60	280

04　할당법

1 의미 및 특징

할당법은 수송문제의 해의 성질을 이용한 것으로 기계에 대한 작업할당 문제 등에 이용될 수 있다. n개의 작업을 n개의 기계에 할당해야 하는 경우, 총비용이 최소가 되도록 각 작업을 각 기계에 할당하는 데 적합하도록 개발된 기법이다. 기회비용의 사고방식을 적용하면 쉽게 해결할 수 있다.

2 헝가리 방법을 통한 최적해 도출

(1) 기계의 준비시간 줄이기 문제

① 4개의 기계에 4개의 작업을 할당하려 한다.

② 각 기계는 한 개의 작업만 수행한다.

③ 기계는 작업을 시작할 때 준비작업(Set-up Operation)이 필요하다.

④ 어떻게 작업을 기계에 할당할 때 총 준비작업 시간을 최소화하는가?

[할당 비용표]

	작업1	작업2	작업3	작업4	공급량
기계1	9	7	5	10	1
기계2	10	6	10	3	1
기계3	9	5	7	4	1
기계4	7	2	8	6	1
수요량	1	1	1	1	

⑤ 헝가리 방법

　㉠ 기회비용표 작성: 현재 할당비용표의 각 행에서 그 행의 최소비용을 뺀 뒤, 각 열에서 그 열의 최소비용을 빼어 기회비용표로 만든다.

　㉡ 최적성 검사: 현재 기회비용표의 모든 0을, 행과 열을 따라 최소 개수의 직선으로 지운다. 이들 직선의 개수가 행(또는 열)의 수와 같으면 D로 가고, 행의 수보다 적으면 C로 간다.

　㉢ 기회비용표 수정: 직선으로 지워지지 않은 기회비용 중에서 최소값을 찾아, 직선으로 지워지지 않은 값에서는 빼고, 직선으로 두 번 지워진 값에는 더한 뒤, 모든 직선을 없애고 단계 2로 간다.

　㉣ 최적할당: 현재의 기회비용이 0인 것으로 일대일 대응하면 최적할당이다.

	작업1	작업2	작업3	작업4	공급량
기계1	9	7	5	10	1
기계2	10	6	10	3	1
기계3	9	5	7	4	1
기계4	7	2	8	6	1
수요량	1	1	1	1	

	작업1	작업2	작업3	작업4	공급량
기계1	4	2	0	5	1
기계2	7	3	7	0	1
기계3	5	1	3	0	1
기계4	5	0	6	4	1
수요량	1	1	1	1	

	작업1	작업2	작업3	작업4	공급량
기계1	0	2	0	5	1
기계2	3	3	7	0	1
기계3	1	1	3	0	1
기계4	1	0	6	4	1
수요량	1	1	1	1	

	작업1	작업2	작업3	작업4	공급량
기계1	0	3	0	6	1
기계2	2	3	6	0	1
기계3	0	1	2	0	1
기계4	0	0	5	4	1
수요량	1	1	1	1	

	작업1	작업2	작업3	작업4	공급량
기계1	0	3	0	6	1
기계2	2	3	6	0	1
기계3	0	1	2	0	1
기계4	0	0	5	4	1
수요량	1	1	1	1	

	작업1	작업2	작업3	작업4	공급량
기계1	0	3	0	6	1
기계2	2	3	6	0	1
기계3	0	1	2	0	1
기계4	0	0	5	4	1
수요량	1	1	1	1	

$\therefore$ 총 작업시간 $= 9 + 2 + 5 + 3 = 19$

05 동적계획법

1 동적계획법의 개념과 모형화

(1) 동적계획법(DP; Dynamic Programming)

① 의사결정상황을 시간적·공간적으로 여러 단계로 나누어 취급한다. 따라서 결정변수의 값도 한꺼번에 결정하는 것이 아니라 각 단계마다 결정한다.

② 단계적 결정이라는 특성 때문에 다단계계획법(Multistage Programming)이라고도 한다.

(2) 최적성의 원리(Principle of Optimality): 동적계획법은 선형계획법에 비해 현실을 더 잘 반영할 수 있는 반면에 뚜렷한 해법이 없다. 따라서 문제에 따라 해법이 서로 다른데, 모든 경우에 적용되는 개념이 최적성의 원리이다.

(3) 순환식(Recursive Equation): 최적성의 원리가 반영되어 모형의 해를 단계적으로 구할 수 있게 하는 수식이다.

(4) 예제모형

① **자원배분문제:** 예산 범위(Q) 내에서 총이익을 최대로 하기 위한 예산배정방법 결정이며, 일반적인 수리계획모형으로 수식화한다.

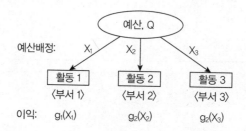

- 의사결정변수(각 활동에 배정되는 예산 금액): X_1, X_2, X_3
- 목적함수(총이익의 최대화)
  Max. $R = g_1(X_1) + g_2(X_2) + g_3(X_3)$
- 제약조건(예산범위)
  s.t. $X_1 + X_2 + X_3 \leq Q$
  X_1, X_2, $X_3 \geq 0$

만약 $g_i(X_i)$가 1차 함수라면 이는 전형적인 선형계획법 문제가 된다. 선형계획법에서의 접근방법은 제약조건을 만족시키면서 목적함수값을 더 이상 향상시킬 수 없을 때까지 벡터 (X_1, X_2, X_3)의 값을 결정해 나가는데, 동적계획법에서는 이 문제를 세 단계의 부분문제로 나누어 단계적으로 접근한다.

- 1단계: 활동 1만을 고려할 때의 최적해를 구한다.
- 2단계: 1단계의 결과를 바탕으로 하여, 활동 1과 활동 2를 고려할 때의 최적해를 구한다.
- 3단계: 2단계의 결과를 바탕으로 하여 활동 1, 2, 3을 모두 고려할 때의 최적해를 구한다.

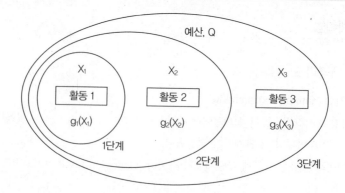

② **최단경로문제**: ①번 마디에서 ⑩번 마디까지의 최단경로를 찾는 문제를 4단계로 나누어 접근한다.

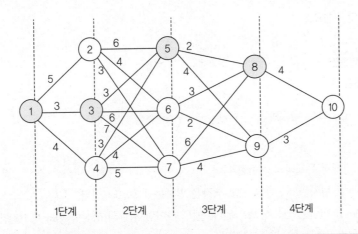

- 1단계: ①번 마디에서 ②, ③, ④번 마디까지의 최단경로를 구한다.
- 2단계: ②, ③, ④번 마디에 각각 위치하였다고 가정한 상태에서 ⑤, ⑥, ⑦번 마디까지의 최단경로를 찾는다.
- 3단계: ⑤, ⑥, ⑦번 마디에서 ⑧, ⑨번 마디까지의 최단경로를 찾는다.
- 4단계: ⑧, ⑨번 마디에서 ⑩번 마디까지의 최단경로를 찾는다.

06 목표계획법

1 목표계획법(GP; Goal Programming)

(1) 이익 최대화나 비용 최소화라는 단 하나의 목표 이외에 서로 상충되는 여러 개의 목표가 있는 경우의 수리계획법이다.

(2) 여러 개의 목표 중 우선순위가 높은 목표부터 만족시켜 나간다(상위의 목표가 충족되지 않은 상황에서는 하위의 목표도 충족될 수 없다고 가정).

(3) 목표에 미달하거나 초과하는 값을 표시하는 편차변수를 도입하여 편차합의 최소화를 목적함수로 하는 최소화 문제로서, 결정하고자 하는 직접적인 변수는 편차변수이다.

2 이익을 최대화하는 경우 선형계획법과 목표계획법의 개념

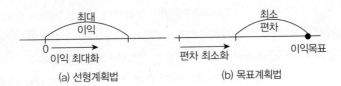

3 목표계획법의 모형화

(1) 목표계획모형의 구성요소
① 편차변수
② 시스템 제약조건
③ 목표 제약조건
④ 목적함수

(2) 편차변수
① 편차: 미리 정해진 목표와의 차이를 나타내는 값이다.
② 목표 값보다 큰 편차는 d^+, 목표 값보다 작은 편차는 d^-로 표시한다.
③ 두 편차변수 중 하나는 반드시 0이 된다. 예로서 어떤 제품의 생산량 목표가 100단위인데, 실제 생산이 90단위라면 $d^- = 10$, $d^+ = 0$이다.

(3) 시스템 제약조건: 선형계획모형에서의 제약조건과 같은 의미의 환경적, 시간적, 물질적 제약 등 외부적으로 주어진 제약을 말하며, 이 제약조건은 반드시 만족되어야 하는 절대적인 제약을 의미한다.

(4) 목표 제약조건
① 목표들의 희망수준을 나타내기 위한 식으로 예로서, 어느 회사에서 제품 A의 생산량(X_1)을 최소 100단위 이상 생산하는 경우
② 선형계획법의 관점: $X_1 \geq 100$(절대적인 제약)
③ 목표계획법의 관점: $X_1 + d_1^- - d_1^+ = 100$(목표 달성여부를 표시)

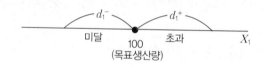

(5) 목적함수
① 목표들로부터의 편차를 최소화한다.
　　㉠ 목표의 성격상 설정된 값보다 커야 좋은 경우: 미달을 나타내는 편차변수(d_i^-)를 최소화한다.
　　㉡ 설정된 목표값보다 작아야 좋은 경우: 초과를 나타내는 편차변수(d_i^+)를 최소화한다.
② 목표들의 우선순위를 표시하는 편차변수의 계수를 결정한다.
　　㉠ 목표들의 우선순위가 고정되어 높은 우선순위의 목표부터 차례로 만족이 되어야 하는 경우: 편차변수의 계수를 부호화하여 표시한다. 즉, 차례대로 p_1, p_2, p_3 …와 같이 부여하며, 여기서 $p_1 > p_2 > p_3$ …(단순히 숫자적으로는 비교할 수 없을 정도의 차이를 표시)이다.
　　㉡ 목표들의 우선순위가 순차적으로 정해져 있지 않은 경우: 각 목표에 대한 가중치를 부여하여 편차들의 가중합을 최소로 한다.
③ 선형계획법의 목적함수와 근본적으로 같기 때문에 일반 심플렉스법으로 최적해를 구한다.

1 정수계획법의 의미

의사결정변수가 정수의 값만을 갖는 수리계획법을 의미한다. 정수선형계획법(ILP)은 IP 중에서도 목적함수와 제약조건이 모두 1차식인 경우를 말한다.

2 정수계획모형의 종류

(1) 순수정수계획모형(Pure Integer Programming Model): 모든 변수가 정수인 모형이다.

(2) 혼합정수계획모형(Mixed Integer Programming Model): 변수 중 일부가 정수인 모형이다.

(3) 0-1 정수계획모형(0-1 Integer Programming Model): 모든 변수가 0 또는 1인 모형이다.

3 중요성

(1) 실제 의사결정 상황이 정수인 해를 요구하는 경우가 많다.

(2) 의사결정문제 중 정수계획모형으로 모형화하면 보다 쉽게 해결되는 경우가 있다.

4 예제모형 – 유통회사인 Y사의 유통판매점 및 물류센터 신설계획

정수계획법의 모형화는 변수가 정수이어야 한다는 조건만 추가하면 선형계획법과 같다.

(1) 개요

① 38(억 원)의 예산으로 유통판매점과 물류센터를 신설 계획

② 신설비용: 판매점 5(억 원), 물류센터는 10(억 원)

③ 월간 예상수익: 판매점 4(천만 원), 물류센터 6(천만 원)

④ 물류센터는 한 개 이상을 반드시 신설해야 하며, 두 시설을 합하여 5개가 넘지 않아야 한다.

(2) 모형화 가이드

① 의사결정변수: 신설 유통판매점과 물류센터의 수이므로 정수계획모형이다.

X_1: 신설할 판매점의 수, X_2: 신설할 물류센터의 수, X_1과 X_2는 음이 아닌 정수

② 목적함수: 월간 예상총이익을 최대화한다.

$$\text{Max. } Z = 4X_1 + 6X_2 \text{ (월간 예상총이익)}$$

③ 제약조건

s.t. $5X_1 + 10X_2 \leq 38$ (예산제약)
$X_1 + X_2 \leq 5$ (총 시설 수 제약)
$X_2 \geq 1$ (물류센터 수 제약)
X_1, X_2 는 음이 아닌 정수

④ 완성 모형

Max. $Z = 4X_1 + 6X_2$ (월간 예상총이익)
s.t. $5X_1 + 10X_2 \leq 38$ (예산 제약)
$X_1 + X_2 \leq 5$ (총 시설 수 제약)
$X_2 \geq 1$ (물류센터 수 제약)
X_1, X_2 는 음이 아닌 정수

(3) 해법의 종류

① 열거법: 최적해가 될 수 있는 실행가능해를 모두 열거하여 최적해를 찾는 방법이다.

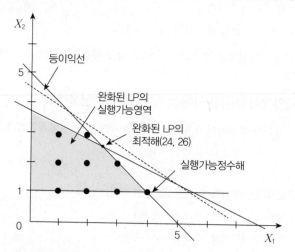

② 선형계획법의 해를 이용한 근사법: 변수의 정수제약조건을 완화한 선형계획모형(LP Relaxation)의 해를 구하여, 그 값을 반올림, 반내림하거나 절삭하여 정수해를 구하는 방법이다. 매우 쉬운 방법이기는 하지만 최적해를 얻지 못하거나 실행불가능한 해를 얻을 수도 있다.

③ 절단평면법(Cutting Plane Method): 새로운 제약식(절단평면)을 추가하여 기존의 실행가능영역 중 정수해를 포함하지 않는 부분을 제외시키는 과정을 반복함으로써 결국 최적정수해를 구하는 방법이다. 선형계획법의 민감도분석 기법을 적용하는 것으로 개념적으로는 우수하지만 계산상의 효율성이 적은 한계가 있다.

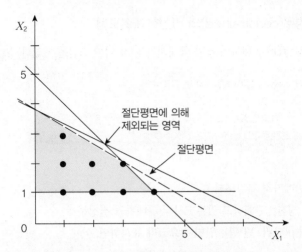

④ 분단탐색법(Branch and Bound Method): 해의 집합을 열거해 가면서 최적해의 가능성을 검토하고, 가능성이 없는 집합은 고려대상에서 제외시켜 검토 영역을 좁혀나감으로써 최적정수해를 찾는 방법이다. 해의 집합을 열거하기 때문에 부분적인 열거법이라고도 할 수 있으며, 다른 해법에 비해 개념상으로나 계산상으로 가장 우수하다.

08 비선형계획법

1 비선형계획법(NLP; Non-linear Programming)의 의미

목적함수나 제약조건이 1차식이 아닌 함수(비선형함수)로 표시되는 수리계획법이다. 현실의 비선형성을 선형계획법에서는 민감도분석에 의해 보완하지만, 근본적인 방법은 비선형계획모형으로 수식화하여 최적해를 구하는 것이다. 비선형계획법은 선형계획법의 심플렉스법과 같은 효율적인 해법이 존재하지 않는다.

[최대(소)치와 극대(소)치의 개념]

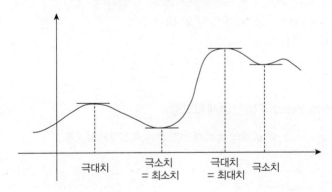

2 등식제약이 없는 경우(constrained)의 비선형계획모형

(1) 미분가능 비선형함수 $f(x)$에 대하여 해가 극대치가 되기 위한 조건을 가진다.

> 필요조건: 함수 $f(x)$가 $x=\overline{X}$에서 극대치를 가지면, $f'(\overline{X})=0$
> 충분조건: $f(x)$가 $x=\overline{X}$에서 2차 미분가능하고,
> $\qquad f'(\overline{X})=0$, $f''(\overline{X})<0$이면 $\overline{X}$는 $f(x)$의 극대치이다.
> ※ 극소치의 경우: 필요조건은 같고, 충분조건은 $f''(\overline{X})>0$이다.

(2) 예제 모형: E사의 판매가격 결정문제

가정용 요리기구를 생산·판매하고 있는 E사의 판매가격 결정문제

신제품에 대한 가격 p(단위: 만 원), 월별 수요 d라 표시하면,

$$d = 1,200 - 100p$$

제품의 단위당 원가가 5만 원일 때, 이익을 최대로 하는 판매가격을 결정하는 문제

> ※ 풀이
> 이익함수를 $f(p)$로 나타내면,
> $$\begin{aligned} f(p) &= p \cdot d - 5 \cdot p \\ &= p(1,200-100p)-5(1,200-100p) \\ &= -100p^2+1,700p-6,000 \end{aligned}$$
> 따라서 최적판매가격 $\overline{X}$는 다음의 두 조건을 만족해야 한다.
> (1) $f'(\overline{X})=0$
> (2) $f''(\overline{X})<0$
> (1)을 만족하는 $f'(p)=-200p+1,700$에서 $p=8.5$(만 원)
> 충분조건을 확인하기 위하여, $f(p)$를 2차 미분하면 $f''(p)=-200<0$
> 즉, $p=8.5$는 $f(p)$를 최대화하기 위한 필요조건과 충분조건을 모두 만족시키므로 신제품에 대한 E사의 최적결정가격은 8만 5천 원, 예상 총이익은 1,225만 원이다.
>
> ※ 변수가 여러 개인 경우
> 제약조건이 없는 경우 변수가 여러 개인 비선형함수의 극대(소)치에 대한 필요조건
> 함수 $f(x_1, x_2, \cdots, x_n)$가 $(x_1, x_2, \cdots, x_n)$에서 극대(소)치를 가지면,
> n개의 편미분 함수, $\dfrac{\partial f(x_1, x_2, \cdots x_n)}{\partial x_i}=0$이다.

3 등식제약하(Constrained)의 비선형계획모형

n개의 결정변수 $x_1, x_2, \cdots, x_n$과 m개의 등식제약을 갖는 비선형계획모형

> Max.(또는 Min.) $f(x_1, x_2, \cdots, x_n)$
> s.t. $\qquad g_1(x_1, x_2, \cdots, x_n)=0$
> $\qquad\qquad g_2(x_1, x_2, \cdots, x_n)=0$
> $\qquad\qquad\qquad \vdots$
> $\qquad\qquad g_m(x_1, x_2, \cdots, x_n)=0$

- 원래의 모형에 대해 라그랑지 승수를 도입하여 목적함수와 등식의 제약식을 연결하는 라그랑지 함수(Lagrange Function)를 만들어 제약이 없는 비선형계획모형으로 변환한 후 극치를 찾는 방법이다.
- i 번째 제약식에 대응하는 라그랑지 승수를 λ_i라 하면, 라그랑지 함수는

$$L(x_1, x_2, \cdots, x_n, \lambda_1, \lambda_2, \cdots, \lambda_m)$$
$$= f(x_1, x_2, \cdots, x_n) + \lambda_1[g_1(x_1, x_2, \cdots, x_n)]$$
$$+ \lambda_2[g_2(x_1, x_2, \cdots, x_n)]$$
$$\vdots$$
$$+ \lambda_m[g_m(x_1, x_2, \cdots, x_n)]$$

- 등식제약하에서 라그랑지 승수법의 필요조건: $(x_1, x_2, \cdots, x_s)$가 원래 모형의 최적해가 되려면 라그랑지 함수 L에 대하여 다음의 조건을 만족하여야 한다(필요조건).

$$\frac{\partial L}{\partial x_j} = 0 \ (j = 1, 2, 3, \cdots, n)$$
$$\frac{\partial L}{\partial \lambda_j} = 0 \ (j = 1, 2, 3, \cdots, m)$$

CHAPTER

02 위험한 상황하의 의사결정

01 의사결정수

1 의사결정수(Decision Tree)

여러 단계를 거치는 확률적인 대안들의 구조를 고려하여 여러 가지 갈래의 가지와 마디를 가지는 나무의 형태로 표현한 것이다. 상황과 대안, 각 대안별로 기대되는 성과들로 구성된다.

2 주식회사 MENDOZA의 기계선택 문제

(1) 문제 개요: 주식회사 MENDOZA는 신제품 생산의 공정과정에서 필요한 기계장치를 어떤 종류로 선택할지에 대한 의사결정을 내려야 한다. 모형 X는 구식모형으로 이 모형에 대해서는 경험이 많기 때문에 이 모형을 설치하여 신제품을 생산할 경우 10억의 이익을 낼 수 있음을 알고 있다. 모형 Y는 최근에 개발된 것으로 모형 X보다 효율이 더 높을 것으로 예상은 되지만 확실하지는 않으며, 전문가의 의견에 따르면 성공적으로 운전될 가능성이 70%, 문제가 발생할 가능성은 30%이다. 모형 Y가 성공적으로 운전될 경우에는 16억의 이익을, 문제가 발생한다면 6억의 이익을 낼 수 있다. 단, 모형 X, Y의 설치비용은 동일하다. 그런데 모형 Y를 설치하기 전에 성능을 테스트해 보는 방법이 있어서 이 성능테스트 결과 모형 Y의 성공과 실패여부를 확실하게 알 수 있으며 이 테스트의 비용은 1억이라 하자. 따라서 이 문제에서는 테스트를 할 것이냐 안할 것이냐와 어느 모형을 설치할 것이냐를 결정해야 한다.

(2) 의사결정수

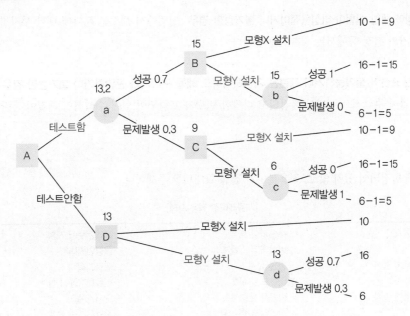

---

02 시뮬레이션

1 시뮬레이션

수리적인 방법의 적용이 곤란하거나 불가능할 때 최후적인 수단으로 이용되는 기법이다. 경영과학의 여러 기법 중에서 통계분석과 함께 가장 많이 이용된다. 최적해를 도출하는 기법이라기보다는 시스템의 상태를 파악하는 묘사적인 방법이다.

2 종류

(1) **아날로그 시뮬레이션(Analog Simulation)**
  ① 실제 시스템의 모형을 제외하고 이를 통해 시스템의 연속적인 과정을 분석·평가한다.
  ② 아날로그량을 이용하는 시뮬레이션으로 아날로그 컴퓨터에 의해 실현되며, 진동 현상의 시뮬레이션 등에 유용한 방법이다. 전기적 시스템을 이용해서 실제 시스템을 묘사해 시험하는데, 두 시스템의 특성을 나타내는 변수들이 수학적으로 대응된다는 점에서 실제 시스템과 전기적 시스템은 유사한 관계에 있다.

(2) **디지털 시뮬레이션(Digital Simulation)**: 컴퓨터를 이용하여 시스템을 수치적으로 분석·평가하는 방법이다(경영과학에서 수행하는 대부분의 시뮬레이션).

(3) **몬테칼로 시뮬레이션(Monte-Carlo Simulation)**: 확률변수를 표현하기 위해 난수(Random Number)를 도입하는 시뮬레이션이다.

3 필요성

(1) 실제상황에 대한 실험이 비실용적이거나 불가능한 경우: 기업에서 새로운 분야에 대한 투자결정이라든지 적대국 간의 전쟁 등에서는 실험이 곤란하다.

(2) 수학적인 표현이 불가능하거나 표현은 가능하더라도 해를 구하기가 곤란하거나 불가능한 경우: 현실의 많은 문제들이 수학적으로 너무 복잡하고 다양한 변수가 포함되어 있어 수식적인 해결이 곤란하다.

4 적용분야

특정 분야에 한정되어 있지 않고, 적용분야가 점점 확대되는 추세이다.

[시뮬레이션 적용 사례]

항공교통의 통제	수송과정 제작	쓰레기수거 계획
공항설계	비상대피소 설계	공항인력비치
비상차량의 위치 결정	병원 설계	철로계획
은행출납계의 계획	버스노선 설계	석유화학공정 설계
식료품점 고용인 일정	항공사 운영계획	도서관 설계
재고통제	설비유지계획	정보시스템 설계
자료네트워크 설계	설비배치	공구상자의 배치
음성네트워크 설계	재무예측	비행승무원 일정계획
컴퓨터시스템 설계	항구설계	합동계약의 협상
도매상 위치 결정	공장설계	

5 장단점

(1) 장점
① 과학적인 다른 방법으로 다룰 수 없는 복잡하고 동적인 현상을 모형화할 수 있다.
② 다른 방법으로는 불가능하거나 실행하기 곤란한 실험이 가능하다.
③ "만약에(What if)"라는 질문이 쉽게 적용될 수 있다.
④ 시스템과 여러 변수들의 상대적인 중요성에 대해 중요한 통찰력을 제공한다.
⑤ 실제 사건을 압축할 수 있다(1년간의 상태를 불과 몇 분이나 몇 초에 실행 가능).
⑥ 복잡한 수학적 지식이 없어도 이용 가능하다(경영진들의 의사결정도구로 적합).

(2) 단점
① 최적해를 찾는 방법이 아니다.
② 많은 비용이 요구된다.
③ 표본오류(Sampling Error)가 존재한다(표본의 크기나 실행시간 확대로 축소 가능).
④ 통계적 이론 등 배경지식이 필요하다.
⑤ 문제에 대한 분석·평가만 가능하다(의사결정은 별도로 이루어짐).

1 마르코프 모형

미래에 전개되는 상황이 확률적인 과정을 따르면서 변화되는 상황을 뜻한다.

> **개념더하기** 마르코프 체인과 마르코프 프로세스
>
> • 마르코프 체인(Markov chain): 다음 단계의 상황이 과거 상태에는 영향을 받지 않고, 현재 상태에서 한 단계 전이를 거쳐 정해지는 과정을 말한다.
> • 마코브 프로세스(Markov process): 연속적인 시간 흐름에 따라 변화하는 경우이다.

2 예제 – 자동차 시장의 점유율 변화

자동차 시장을 S, H, F 세 회사가 모두 점유하고 있다.

(1) 상태전이 다이어그램

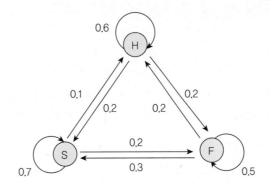

예 H사 차를 산 사람이

다음 기에 S사 차를 살 확률: 0.2

다음 기에 F사 차를 살 확률: 0.2

다음 기에 다시 H사 차를 살 확률: 0.6

(2) 상태전이 확률 행렬

		미래상태		
		S사	H사	F사
현재상태	S사	0.7	0.1	0.2
	H사	0.2	0.6	0.2
	F사	0.3	0.2	0.5

(3) 안정된 상태의 시장점유율

> • (안정상태 점유율)×(상태전이 행렬)＝(안정상태 점유율)
> • 현재 시장 점유율이 [S사, H사, F사]의 순서로
>   [0.1, 0.5, 0.4] 라면, 다음 기의 S사의 시장 점유율은,
> $(0.1\ 0.5\ 0.4) \times (0.7\ 0.2\ 0.3)T = 0.29$
> • 안정된 상태의 S사, H사, F사의 시장점유율을 각각 π_1, π_2, π_3이라고 하면, 다음과 같은 식이 성립된다.
>
> $$(\pi_1\ \pi_2\ \pi_3)\begin{pmatrix} 0.7 & 0.1 & 0.2 \\ 0.2 & 0.6 & 0.2 \\ 0.3 & 0.2 & 0.5 \end{pmatrix} = (\pi_1\ \pi_2\ \pi_3)$$
>
> $0.7\pi_1 + 0.2\pi_2 + 0.3\pi_3 = \pi_1$
> $0.1\pi_1 + 0.6\pi_2 + 0.2\pi_3 = \pi_2$
> $0.2\pi_1 + 0.2\pi_2 + 0.5\pi_3 = \pi_3$
> $\quad \pi_1 + \quad \pi_2 + \quad \pi_3 = 1.0$
>
> • 위 연립방정식을 풀면 안정된 상태의 시장점유율 (0.4571 0.2571 0.2857)이 구해진다.

---

04 대기행렬이론

1 대기행렬모형

확률이론을 적용하여 고객과 서비스 시설과의 관계를 모형으로 작성한 것으로 고객의 도착상황에 대응할 수 있는 경제적 규모를 결정하는 방법이다. 총 대기비용(고객의 대기시간에서 오는 고객 상실 등의 대기비용+서비스 시설의 확장에 따른 추가 서비스 비용)을 최소화시키는 최적 서비스 시설의 수를 결정한다.

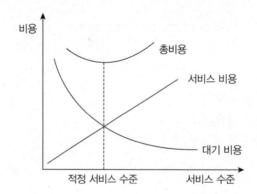

2 적용분야

병원에서의 환자대기	음식점의 좌석 수 결정문제
은행창구에서의 고객대기	세차장의 종업원 수 결정문제
톨게이트에서의 고객대기	PC방의 컴퓨터 수 결정문제

3 의사결정 변수가 되는 항목

서버의 수, 서버의 유형과 일처리속도, 대기행렬 규칙, 서비스 설비의 물리적인 수용능력 등이 있다.

4 구성요소와 기본구조

(1) 구성요소

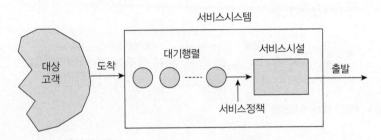

① 대상고객
  ㉠ 고객의 규모
    • 유한고객(Finite Calling Unit): 공장 가동 설비, 전산실의 PC 등
    • 무한고객(Infinite Calling Unit): 역광장 공중전화, 백화점의 고객 등
  ㉡ 고객의 도착유형
    • 고객의 도착간격시간 분포
    • 한 번에 도착할 수 있는 고객의 크기
    • 고객이 어떠한 규칙이나 패턴을 가지고 도착하는가 등
  ㉢ 고객의 태도: 고객이 얼마만큼의 인내심을 가지고 있는가
② 도착분포
  ㉠ 포아송분포(Poisson Distribution): 불규칙한 고객의 도착을 표현해 주는 이산확률분포를 뜻
    한다.
  ㉡ 지수분포(Exponential Distribution): 포아송분포에서 도착하는 고객들의 시간간격을 나타내
    주는 연속확률분포이다.
③ 대기행렬 길이: 대기행렬의 허용길이가 유한인가 무한인가의 문제에 대한 것이다.
④ 서비스 정책
  ㉠ 선입선출(FCFS)
  ㉡ 후입선출(LCFS)
  ㉢ 무작위 규칙(SIRO)
  ㉣ 우선순위(Priority)에 의한 규칙
    • 선점규칙: 서비스 중인 고객의 서비스 중단
    • 비선점규칙: 서비스 중인 고객의 서비스는 완료

(2) 기본구조(서비스시설)

① 단일채널–단일단계 대기시스템

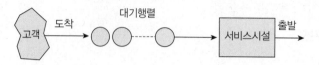

② 단일채널–다중단계 대기시스템

③ 다중채널–단일단계 대기시스템

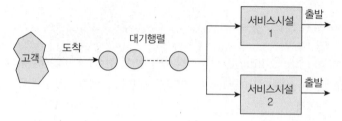

④ 다중채널–다중단계 대기시스템

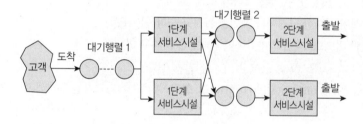

05   PERT/CPM

1 PERT/CPM

대형 프로젝트의 일정관리(Scheduling)에 활용되는 기법으로 대형 프로젝트는 수백~수천 개의 활동 (Activity)으로 구성되어 있으며 수행 순서가 있다.

(1) **PERT(Program Evaluation and Review Technique)**: 활동의 소요시간을 확률적으로 추정하며, 미해군 과 Lockheed사 등이 폴라리스 잠수함 공동 제작과정에서 개발하였다.

(2) **CPM(Critical Path Method)**: 활동의 소요시간이 확정적인 경우에 적용하며, DuPont사에서 개발하였다.

빌딩, 경기장, 고속도로 등 대형 토목공사, 건축공사 고급 의료기가 있는 병원 이전 연구 실험 기자재가 설치된 연구소 이전	선박 건조, 비행기 조립 기업의 인수, 합병 슈퍼 컴퓨터의 설치 월드컵 유치

3 네트워크로의 표현

(1) 과정

① 프로젝트를 구성하는 활동을 열거한다.

② 각 활동별 소요시간을 열거한다.

③ 각 활동의 선행활동(Predecessor)을 파악한다.

(2) AOA(Activity on Arc) 네트워크: 활동을 아크(가지)에 표시한다.

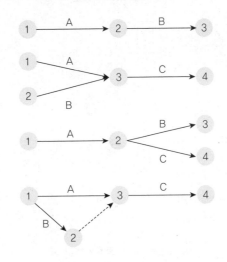

(A, B, C: 활동)

(3) 네트워크의 활동과 노드시간: 활동－노드 관계식: $t_i + d_a \leq t_j$ (또는 $t_j - t_i \geq d_a$)

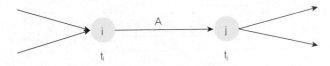

t_i: 노드시간(노드 i에서 시작하는 활동들의 시작가능시간)

d_a: 활동 A의 활동시간

> **개념더하기** ▶ CPM의 목표
>
> • 프로젝트 완료시간은 언제인가?
> • 어떤 활동을 중점 관리할 것인가?

4 예제 – 신차 개발 프로젝트(CPM)

(1) 신차 개발 프로젝트의 활동과 소요시간 및 선행활동 관계(아래표 참고)

(2) 신차 개발을 최대한 빨리 끝내려면 얼마나 시간이 걸리는가?

[신차개발 프로젝트 소요시간 및 선행활동]

활동	선행활동	활동시간(月)
수요파악, 개념설계	–	4
신규기술 개발	–	16
플랫폼 개발	A	9
차체 디자인	A	12
현행기술 개량	B, C	8
생산공정 준비	D, E	6

[네트워크와 주요경로]

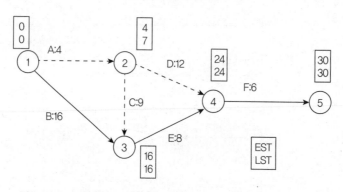

※ EST : Earliest Starting Time(최대한 일찍 활동을 시작하는 시간)
　　LST : Lastest Starting Time(최대한 늦게 활동을 시작하는 시간)

[간트 차트로 본 주요활동]

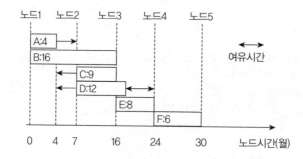

03 불확실한 상황하의 의사결정

01 불확실성

미래에 발생할 수 있는 상황과 그 상황이 발생하는 경우 얻게 되는 결과에 대해서는 추정할 수 있으나, 각 상황들에 대한 정보, 즉 각 상황들이 발생하는 확률은 전혀 추정할 수 없는 경우를 말한다.

02 의사결정기준

1 낙관자와 비관자

정보가 충분하지 않거나 정보가 전혀 없는 불확실한 상황이라면 의사결정자의 주관적 태도가 중요하다. 의사결정자의 태도는 의사결정자의 현재 재산 상태나 처한 상황에 따라서 달라질 수 있다.

예 재정상태가 충분하다면 아주 과감한 의사 결정, 회사 전체의 형편이 어렵다면 아주 보수적인 의사 결정

(1) **Maximin 기준**: 각 대안에 대하여 불리한 상황에서 얻어지는 최소의 이득(Minimum)을 정한 다음, 그 중에서 최대 이득(Maximum)을 주는 대안을 선택하는 기준으로서 불리한 상황이 전개될 것에 대비하는 주관적 기준을 뜻한다.

(2) **Maximax 기준**: 각 대안별로 아주 유리한 상황에서 얻어지는 최대의 이득(Maximum)을 주는 대안을 선택하는 기준으로서 상황이 유리하게 전개될 것을 기대하는 낙관적 기준을 의미한다.

(3) **후르비츠(Hurwicz) 기준**: Maximax 기준을 $\alpha(0 \leq \alpha \leq 1)$만큼 반영하고 Maximin 기준을 $(1-\alpha)$만큼 반영하는 기준이다. α값이 0이면 Maximin 기준과 일치, α값이 1이면 Maximax 기준과 일치한다.

(4) **Minimax 후회 기준(유감 기준)**: 각 상황별로 최선의 선택을 정하고 그 최선의 선택과의 차이를 기회상실 비용으로 적은 후 각 대안별로 얻어지는 기회상실 비용 가운데 제일 큰 값을 가대안의 최대 기회상실 비용으로 평가한다. 의사결정은 최대 기회상실 비용을 최소화하는 대안을 선택하는 기준으로 이루어진다.

(5) **Laplace 기준**: 각 상황별로 동일한 확률을 적용하여 최대이익을 가져다주는 대안을 선택한다.

2 예제-S자동차의 생산능력 확보 방안

(1) 문제 개요: S자동차의 수요 증가(프랑스 R사와의 합병 후)에 대한 생산능력 확보 방안을 검토한다.

① 마케팅 담당자의 상황전개 예측

㉠ 판매 20% 증가

㉡ 판매 5% 감소

② 생산 담당자가 제시한 대안

㉠ 라인증설(R사의 유휴설비이전)

㉡ 임시근로자 고용

㉢ 잔업으로 대처

③ 회계 담당자는 라인증설 투자비용, 원자재 비용, 임시근로자 및 잔업근무 시의 인건비를 고려하여 성과이득표를 제시한다.

[성과 이득표]

(단위: 억 원)

구분	수요 증가 예측	
	S1 수요 증가	S2 수요 감소
A1 라인증설	440	260
A2 임시근로자 고용	420	280
A3 잔업	340	300

(2) 대안 선택

① 비관적 태도: 미래의 상황이 불리하게 전개되더라도 회사의 안정적인 성장을 계속 유지할 수 있도록 하는 태도로, 수요 감소 시를 고려하여 Maximin 기준으로 선택한다. 따라서 수요 감소 시 가장 이득이 큰 "A3 잔업"을 선택한다.

② 낙관적 태도: 회사가 매우 안정되어 있고 이번의 의사결정으로 불리한 상황이 전개되더라도 크게 영향을 받지 않을 것이라는 판단에 따른 태도로, 수요 증가 시를 고려하여 Maximax 기준으로 선택한다. 따라서 수요 증가 시 가장 이득이 큰 "A1 라인증설"을 선택한다.

③ 이 두 가지 기준을 결합한 태도(후르비츠 기준): 낙관적인 의사결정에서 얻어지는 결과를 α만큼 반영하고, 비관적인 의사결정의 결과를 $(1-\alpha)$만큼 반영하여 얻어지는 결과를 비교하여 선택하는 태도로, 후르비츠 기준으로 선택한다.

예 A1 라인증설의 경우 기대 이익: $\alpha \times 440 + (1-\alpha) \times 260$

④ 기회자체를 중시하는 태도

㉠ 한번 선택하면 다시 선택할 수 없기 때문에 선택에서의 후회를 최소로 하려는 태도로 유감 기준을 선택한다.

㉡ A1 라인증설을 선택한 후, 실제 수요가 감소하는 상황이 전개되면 차라리 A3 잔업활용을 선택하였으면 하고 후회하게 된다. 그 후회량을 수치로 적는다면 $300-260=40$이 된다. 이는 선택기회를 상실함에 따른 비용으로 기회비용(Opportunity cost)이라 하고, 이 기회비용 중 제일 큰 값을 최소화하는 것으로, 이것이 제일 작은 A2 임시근로자 고용을 선택하게 된다.

04 상충하의 의사결정

01 상충하의 의사결정

상충하의 의사결정은 곧 게임에서의 의사결정으로 두 사람 또는 여러 사람의 성과(이득)를 다루는 것이다. 나의 전략과 경쟁자의 전략에 따라 성과(이득)가 결정되며, 서로는 상대방의 선택을 완전히 알고 있다(전략과 이득을 이해).

02 2인 영합게임

1 순수전략

S자동차와 H자동차의 중형차 시장에서의 신차 개발 경쟁을 예시로 알아보자.

[게임 성과이득표(수익: S자동차 기준)]

		H자동차		
구분		안정성	실용성	승차감
S자동차	안정성	5	4	6
	내구성	6	0	−2
	승차감	−3	−2	−3

Maximin 기준적용 :

S자동차 → 안전성 선택, H자동차 → 실용성 선택

균형점/안정점: (S자동차 전략, H자동차 전략)=(안정성, 실용성)

(1) 균형점(Equilibrium Point)이 있는 경우

S자동차 전략 vs H자동차 전략

S: 내구성 → H: 승차감 → S: 안정성 → H: 실용성 → S: 안정성 → H: 실용성 → ⋯

∴ 균형전략 (S자동차 전략, H자동차 전략)=(안정성, 실용성)

게임 값=4

(2) 균형점(Equilibrium Point)이 없는 경우

[성과이득표(시장점유율%: S자동차 기준)]

	구분	H자동차 안정성	실용성	승차감
S자동차	안정성	35	30	25
	내구성	40	25	30
	승차감	10	35	40

S자동차 전략 vs H자동차 전략

S: 안정성 → H: 승차감 → S: 승차감 → H: 안정성 → S: 내구성 → H: 실용성 → S: 승차감 → H: 안정성 → ⋯ (반복)

∴ 균형전략 없음

2 혼합전략(Mixed Strategy)

위의 예에서 S자동차의 경우 (안정성, 내구성, 승차감)에 (0.4, 0.4, 0.2)의 비중을 두는 전략을 선택하고, H자동차가 안정성 전략을 선택했을 경우,

기대 시장 점유율 $= 0.4 \times 35 + 0.4 \times 40 + 0.2 \times 10 = 32(\%)$

※ H자동차의 전략에 관계없이 기대 시장점유율을 최대로 하는 혼합전략
- 문제의 게임 값 V를 상정
- H자동차가 어떤 전략을 선택하든 이 게임 값보다 기대 시장 점유율이 작지 않게 혼합전략을 결정
- X_1, X_2, X_3: 각 전략의 비중(의사결정변수)

Max $Z = V$(목표 기댓값)

s.t. $35X_1 + 40X_2 + 10X_3 \geq V$

$\quad 30X_1 + 25X_2 + 35X_3 \geq V$

$\quad 25X_1 + 30X_2 + 40X_3 \geq V$

$\quad X_1 + X_2 + X_3 = 1$

$\quad X_1, X_2, X_3 \geq 0$

※ H자동차의 혼합전략은 S자동차 문제의 쌍대문제가 됨

1 1회적 2인 비영합게임: 범법자의 고민의 의사결정수와 성과행렬

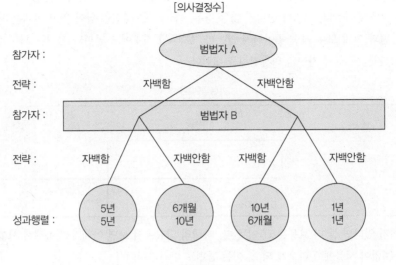

[의사결정수]

참가자 :	범법자 A
전략 :	자백함 자백안함
참가자 :	범법자 B
전략 :	자백함 자백안함 자백함 자백안함
성과행렬 :	5년 5년 6개월 10년 10년 6개월 1년 1년

[성과행렬]

범법자 A \ 범법자 B	자백함	자백안함
자백함	5년 / 5년	6개월 / 10년
자백안함	10년 / 6개월	1년 / 1년

(1) **우위 전략**: 게임이론에 입각해 두 범법자는 모두 자백을 하는 전략을 취한다(5년, 5년).

(2) **범법자의 고민**: 둘 다 자백을 하지 않음으로써 1년의 형량만을 받을 수도 있다.

(3) 전략선택의 기회가 단 한번뿐인 1회적 2인 비영합게임에서는 두 참가자 모두에게 좋은 결과를 가져다 주는 이상적 전략(1년, 1년)이 있음에도 불구하고 두 참가자 모두에게 나쁜 결과를 가져다주는 전략을 선택하게 하는 경우도 있다.

2 반복적 2인 비영합게임: 성의 대결(Battle of Sex)

다정한 신혼부부가 있다. 그런데 이 부부는 서로의 직장 때문에 남편은 부산에서 아내는 서울에서 각각 향후 1년 동안 헤어져 살아야 한다. 남편과 아내는 매주 일요일에 한 번씩 만나기로 결정을 했는데 만나는 장소는 서울과 부산 둘 중의 한 곳이 된다. 물론 두 장소 중 남편은 부산에서 만나기를 좋아하고 아내는 서울에서 만나는 것을 좋아한다. 그러나 만나지 않는 경우, 즉 남편은 부산에 남아 있고 아내는 서울에 남아 있는 경우를 남편과 아내 모두 가장 좋아하지 않는다. 물론 이 경우에도 남편과 아내는 서로 상대방이 어떤 결정을 내리는지를 모른 채 자신의 의사결정을 내린다.

[성과행렬]

남편＼아내	서울		부산	
서울	1	2	0	0
부산	0	0	2	1

(1) 서로 떨어져 있다면 둘 다 효용은 '0'이 된다. 아내의 입장에서 보면 아내가 계속해서 서울에 있으면 남편은 할 수 없이 서울에 올라오게 되고, 이는 남편도 마찬가지이다.

(2) 남편과 아내가 서로 협력(Cooperation)하여 한 주는 서울에서 한 주는 부산에서 만나기로 한다면 평균효용은 '1.5'이다.

(3) 전략선택의 기회가 1회적인 것이 아니라 반복적인 경우에는 두 참가자가 전략선택할 수 있는 조합이 무수히 많으므로 하나의 유일한 혼합전략은 존재할 수 없다.

01

대규모 건설공사, 연구, 개발사업 등과 같이 비반복적이고, 한 번만 하는 프로젝트를 효율적으로 계획, 통제하기 위한 네트워크모델은?

① LOB
② FMS
③ MAPI
④ PERT

02

시뮬레이션에 대한 설명 중 적절하지 않은 것은?

① 문제에 대한 유일한 최적해가 아니라 근사값이 도출된다.
② 일반화된 문제풀이를 위한 모의실험 방법으로 일련의 연산과정을 통해 해를 구하게 되는데 그 연산과정은 표준화되어 있다.
③ 모형을 개발하는 과정에서 시간과 비용이 많이 소요된다.
④ 실제실행에 위험이 따르거나 실행이 불가능한 경우에 이용된다.

│ 정답 및 해설

01
정답 ④

PERT/CPM는 비반복적인 프로젝트를 위한 네트워크 모델이다. 예시로 빌딩, 경기장, 고속도로 등 대형 토목 공사, 건축공사 등이 있다.

02
정답 ②

시뮬레이션은 수리적인 방법의 적용이 곤란하거나 불가능할 때, 최후적인 수단으로 이용되는 기법이다. 최적해를 도출하는 기법이라기보다는 시스템의 상태를 파악하는 묘사적인 방법이다.

안심Touch

03

다음 중 계량의사결정 과정에 속하지 않는 것은?

① 최적해의 실행
② 모형의 설정(Formulation)
③ 문제의 인식 및 정의
④ 목표달성 검토

04

다음 목표계획법에 대한 설명 중 틀린 것은?

① 상충된 목표달성을 위한 기법이다.
② 목표의 중요도를 고려한 우선순위에 따라 만족시킬 수 있는 최적해를 구할 수 있다.
③ (+)와 (−)의 편차가 목적함수에 포함된다.
④ 목적함수의 최대화문제의 해결에만 적용되는 개념이다.

05

다음 중 각 대안에 대한 확률을 알고 있는 상황에서 최적대안을 결정하는 데 가장 적합다고 생각되는 의사결정기법은?

① 선형계획법
② 비선형계획법
③ Hurwicz기준
④ 마르코프 분석

06

선형계획법에 대한 설명으로 옳지 않은 것은?

① 1차식을 사용하여 일정한 제약조건하에서 주어진 목적을 달성하고자 하는 것이다.
② 제한된 자원의 합리적 배분을 통하여 최적해를 구하는 기법이다.
③ 선형계획법의 요소에는 목적함수, 제약조건, 비음조건이 있다.
④ 비례성이라 함은 단위당 이익, 비용, 제조시간 등이 생산수준에 정비례함을 의미한다.

07

다음 중 위험한 상황에서의 의사결정 기법이 아닌 것은?

① 의사결정수
② 마르코프 연쇄 모형
③ 대기행렬이론
④ 선형계획법

08

다음 중 불확실성하의 의사결정기법인 것은?

① 후르비츠 기준
② 대기행렬이론
③ 정수계획법
④ 게임이론

03　　　정답 ④

계량의사결정의 과정은 문제의 인식 및 정의, 모형의 설정, 모형의 해 도출, 목적에의 타당성 검토, 모형의 수정 및 보완, 최적해의 실행이다.

04　　　정답 ④

이익을 최대화하는 경우 선형계획법과 목표계획법의 개념은 편차의 최소화이다.

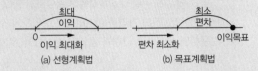

(a) 선형계획법　　　　(b) 목표계획법

05　　　정답 ④

마르코프 분석 미래에 전개되는 상황이 확률적인 과정을 따르면서 변화되는 상황이다. 마르코프 체인(Markov chain)은 다음 단계의 상황이 과거 상태에는 영향을 안 받고, 현재 상태에서 한 단계 전이를 거쳐 정해지는 과정이고, 마르코프 프로세스(Markov process)는 연속적인 시간 흐름에 따라 변화하는 경우이다.

06　　　정답 ④

비례성이란 소요되는 자원과 산출량 사이에 정비례 관계가 존재한다는 의미이다.

07　　　정답 ④

위험한 상황하의 의사결정은 미래의 각 상황의 발생가능을 확률적으로 추정가능한 상황하의 의사결정으로 대부분의 의사결정자들이 현실적으로 직면한다. 의사결정수, 대기행렬이론, 마르코프 연쇄 모형, 시뮬레이션, PERT/CRM 등이 있다.

08　　　정답 ①

후르비츠 기준은 Maximin 기준과 Maximax 기준을 절충하는 것으로 의사결정자에게 낙관계수를 선택하게 한다. 0이면 완전히 비관적인 경우, 1이면 완전히 낙관적인 경우이다.

09

다음은 시장의 특성에 대한 설명이다. 옳은 내용끼리 짝지어진 것은?

> ㄱ. 독점적 경쟁시장에서 장기에는 기업의 이윤이 존재하지 않는다.
> ㄴ. 죄수의 딜레마 게임에서는 항상 협력하지 않는 것이 더 좋은 보수를 가져다준다.
> ㄷ. 완전경쟁시장에서는 기업들이 가격수용자이므로 기업 간의 전략적 상호작용이 중요하지 않다.
> ㄹ. 자연독점시장에 가격을 한계비용과 동일하게 적용하면 완전경쟁 균형과 동일한 생산량을 유지할 수 있다.
> ㅁ. 복점기업이 독점처럼 행동하기로 담합하였을 경우 두 기업의 생산량은 쿠르노-내시 균형을 유지할 수 있다.

① ㄱ, ㄴ
② ㄴ, ㅁ
③ ㄱ, ㄷ
④ ㄷ, ㄹ

10

계량의사결정환경에 따른 분류에서 미래 상황전개를 확정적으로 알고 있다는 가정하의 의사결정을 뜻하는 것은?

① 확실한 상황하의 의사결정(DMUC; Decision Making Under Certainty).
② 위험한 상황하의 의사결정(DMUR; Decision Making Under Risk)
③ 불확실한 상황하의 의사결정(DMUU; Decision Making Under Uncertainty)
④ 상충하의 의사결정(Decision Making Under Conflict)

09 　　　정답 ③

ㄴ. 죄수의 딜레마 게임이 1회 게임일 경우에는 협력하지 않는 것이 우월 전략이지만 이 게임을 반복하게 되면 둘이 협력하는 균형을 달성할 수 있다.
ㄹ. 자연독점시장에서 평균비용이 한계비용보다 항상 더 높으므로 가격을 한계비용과 동일하게 적용하게 되면 기업이 손실을 보게 되어 이와 같은 상태는 유지 불가능하다.

10 　　　정답 ①

② 위험한 상황하의 의사결정(DMUR; Decision Making Under Risk)은 미래의 각 성황의 발생가능성을 확률적으로 추정가능한 상황하의 의사결정. 대부분의 의사결정자들이 현실적으로 직면한다.
③ 불확실한 상황하의 의사결정(DMUU; Decision Making Under Uncertainty)은 미래 상황발생에 대해 전혀 정보가 없는 상황에서의 의사결정. 각각의 의사결정 대안에 따른 출현 가능 결과는 알고 있으나, 각각의 결과가 나타날 확률을 추정할 수 없다
④ 상충하의 의사결정(Decision Making Under Conflict)은 자신의 의사결정뿐 아니라 상대방의 의사결정을 함께 고려해야 하는 상황. 대표적으로 게임이론(Game Theory)이 있다.

PART 02

경영정보시스템

www.edusd.co.kr

CHAPTER

01 경영정보시스템의 기초 개념

01 정보시스템의 등장 배경

1 정보화 사회의 도래

(1) 정보화 사회란 정보, 지식 및 첨단 기술이 힘의 원천이 되는 사회를 일컬으며, 앨빈 토플러(A. Toffler)는 그의 저서인 『제3의 물결』에서 정보화 사회의 도래를 예측하였다.

(2) 정보화 사회에 있어서 컴퓨터 사용자는 크게 하드웨어, 소프트웨어 등을 개발하는 컴퓨터 전문가와 업무 혹은 취미 생활을 위해 컴퓨터를 사용하는 최종 사용자(End-user)로 구분된다.

2 정보화 사회의 승자와 패자

정보화 사회의 승자	정보화 사회의 패자
• 컴퓨터 분야 종사자, 혁신자 • 빌 게이츠 등	• 컴퓨터의 등장으로 일자리가 사라지는 사람 • 주산부기학원, 카세트 테이프 제조업자 등

3 디지털 경제 시대의 새로운 경제원칙

(1) **전통적인 경제법칙-수확체감의 법칙**: 생산요소를 투입할수록 비용은 늘고 수익이 그에 비례해서 증가하지 않는 것을 뜻한다.

　예 노래방 기계 1대 증가 → 수익 100만 원 증가, 노래방 기계 2대 증가 → 수익 50만 원 증가

(2) **신 경제법칙-수확체증의 법칙**: 생산요소를 투입할수록 비용은 줄고 수익은 증가하는 것을 의미한다.

　예 윈도우 1개 생산 → 비용 500만 달러, 윈도우 2개 생산 → 비용 시디(CD) 1장 값

4 정보시스템의 필요성

(1) **정보의 급증**

① 정보화 사회는 정보의 홍수 시대를 의미한다.

② 이러한 상황에서 경영자들은 꼭 필요한 정보만 선별하여 의사결정에 이용해야 한다.

(2) **경영환경의 급격한 변화**

① 과거와 같이 안정적이고 연속적인 경영환경에서는 미래 예측이 용이하였다.

② 현재는 제품의 수명주기 단축, 소비자들의 기호 다양화 등으로 인해 불연속적인 변화를 겪고 있으며, 미래 예측을 위한 신속한 정보 수집이 필요하다.

(3) 기업 내 각 부서 간 상호의존성 증대
① 오늘날 기업은 거대해지고 전 세계에 넓게 퍼져 경영활동을 수행하고 있다.
② 부서 간·조직 간 의견조정 및 통제의 수단으로서 정보시스템의 역할이 중요하다.

(4) 생산성 향상
① 제조기업에서는 정보시스템을 이용한 공장자동화를 실시하여 생산성을 제고한다.
② 유통기업에서는 거래의 기록 및 처리에 정보시스템을 활용하여 효율성을 제고한다.

(5) 경쟁우위 원천으로서의 정보시스템
① 보다 능률적이고, 비용을 절감하며, 노동력을 줄이기 위해 정보시스템을 활용한다.
② 경영혁신을 촉진시킬 수 있는 수단이 된다.

02 　정보시스템의 정의와 구성요소

1 정보시스템의 정의
특정 목적을 위해 정보를 수집·처리·저장·분석·배포하는 관련 요소들의 집합을 말한다.

2 정보시스템의 구성요소
(1) **하드웨어(Hardware)**: 입력, 처리, 출력 활동을 수행하기 위해 사용되는 컴퓨터 장비를 뜻한다.
　예 키보드, 마우스, 스캐너 등이 있다.

(2) **소프트웨어(Software)**: 컴퓨터의 작업을 지시하는 프로그램으로서 컴퓨터 운영을 통제하는 시스템이다.
　예 워드프로세서나 스프레드시트와 같은 특정 업무지향적인 응용 소프트웨어가 있다.

(3) **데이터베이스(Database)**: 조직화된 사실 및 정보들의 집합이다.
　예 고객, 종업원, 재고 등에 관한 내용들이 있다.

(4) **통신 및 네트워크(Telecommunications and Network)**: 통신은 지리적·시간적 장벽을 극복하여 조직의 컴퓨터 시스템을 연결시켜 주며, 네트워크는 한 건물 내에 있는 컴퓨터 및 주변장치들을 서로 연결시켜준다.
　예 사람들의 의사전달을 지원하는 이메일이나 음성 녹음 등이 있다.

(5) **사람(People)**: 컴퓨터 시스템을 관리·운영하는 전산 전문가를 가리킨다.
　예 개발된 정보시스템을 사용하는 인사, 재무, 마케팅 등의 경영자 및 관리자를 포함한 조직구성원 등이 있다.

(6) 절차(Procedure): 정보시스템을 개발·활용하기 위한 전략, 정책, 방법, 규칙, 순서에 대한 것이다.

　　예 프로그램의 실행 절차, 데이터베이스 접근 권한, 재난 대비 사항 등이 있다.

③ 정보시스템의 발달과정

시기	내용
1950~1960년대	전자적 자료 프로세싱
1960~1970년대	경영정보시스템
1970~1980년대	의사결정지원시스템
1980~1990년대	전문가시스템, 전략정보시스템
1990~2000년대	e 비즈니스, 전자상거래

03　기업경영과 정보시스템

① 경영정보시스템의 정의

경영정보시스템(MIS; Management Information System)이란 고객 가치를 증대시키기 위해 기업의 생산성과 효율성을 높일 수 있도록 활용되는 정보시스템이다.

② 기업경영에서 정보시스템의 역할

(1) 업무처리방식의 효율화

① 생산업무, 조정업무, 관리업무에 있어서 각각에 필요한 정보기술을 활용한다.

② 이를 통해 조직의 성과를 개선시키고, 업무의 성격을 변화시킨다.

(2) 의사결정의 정확성·신속성 증가

① 정보기술의 적절한 활용은 효과적인 의사결정을 가능케 한다.

② 특히, ERP와 같은 정보시스템을 활용함으로써 의사결정의 합리성을 제고시킬 수 있다.

(3) 공급자 및 소비자와의 밀착화

① 사회적 생산 네트워크의 구성요소로는 공급업자, 소비자, 경쟁업체 등이 있다.

② 경쟁력 있는 기업들의 경우 공급업자와의 관계는 SCM을 통해 강화하고, 소비자와의 관계는 CRM을 통해 강화하고 있다.

(4) 조직과 업무분담의 재정비

① 집중식 조직구조와 분산형 조직구조의 장점을 고루 갖춘 조직운영이 가능하다.

② 아웃소싱을 시도함에 있어 외부화한 기능들을 적절하게 계획하고 통제할 수 있다.

(5) 세계화에의 대응

① 해외의 지점망이나 국제적인 정보 네트워크를 구축할 수 있다.

② 장소적 · 시간적 장애를 극복하고 세계 어느 곳에서 언제든지 경영활동을 수행할 수 있다.

(6) 경영전략의 혁신

① 경쟁우위 확보를 위해 경영전략의 실천력을 배가시킬 수 있는 정보시스템(SIS)을 활용한다.

② 정보기술을 전담하는 정보관리 총책임자(CIO)를 두어 정보기술의 활용과 계획을 체계적으로 관리한다.

(7) 새로운 분야로의 진출

① 정보시스템의 발전으로 인해 IT관련 신사업이 등장하였다.

② 개별 기업의 입장에서도 기존 자원의 결속을 통한 새로운 제품 및 서비스를 제공할 수 있어 새로운 사업 영역에 진출 가능하다.

3 경영정보시스템의 계층 구조에 따른 유형

(1) 지식업무지원

- 사무정보시스템(OIS; Office Information System): 사무실 지식근로자들의 업무와 활동을 효율적으로 지원하는 시스템이다.

(2) 운영지원

- 거래처리시스템(TPS; Transaction Processing System): 반복적이고 일상적인 거래처리활동을 기록하는 시스템이다.

(3) 관리지원

① 경영보고시스템(MRS; Management Reporting System): 경영자에게 과거 및 현재의 상태에 대한 정보를 제공한다.

② 의사결정지원시스템(DSS; Decision Support System): 비구조적 · 반구조적이고 특별하거나 자주 변하며 사전에 쉽게 정의내릴 수 없는 의사결정 문제들을 다룰 수 있도록 지원한다.

③ 중역정보시스템(EIS; Executive Information System): 고위경영층의 비구조화된 의사결정을 지원하도록 설계된 전략적 수준의 정보시스템이다.

02 정보시스템의 전략적 활용

01 전략정보시스템의 개관

1 개념

(1) 전략정보시스템(SIS; Strategic Information System)이란 단순히 자료처리와 의사결정을 지원하는 측면을 넘어서 기업의 경쟁력 유지, 신사업 진출, 조직의 경영혁신 등을 지원하는 정보시스템을 말한다.

(2) 기업의 경쟁 우위 획득을 위해 정보시스템과 기업의 전략을 연계시켜 전략적으로 추진함으로써 지속적인 경쟁우위를 확보하고자 하는 시스템이다.

2 전략정보시스템 활용을 통한 경쟁우위 확보 방법

새스와 키프(Sass & keefe)는 전략정보시스템을 활용하여 경쟁우위를 획득할 수 있는 5가지 방법을 제시하였다.

(1) 높은 진입장벽을 구축한다.

(2) 고객의 전환비용을 높이고 종속성을 강화한다.

(3) 새로운 제품 및 서비스를 제공한다.

(4) 사업의 본질 또는 환경을 변화시킨다.

(5) 컴퓨터와 자동화된 프로세스를 도입한다.

02 정보시스템의 전략적 활용

1 정보시스템 활용을 통한 전략적 기회 탐색

포터와 밀러(Porter & Miller)는 정보기술을 활용하여 전략적 기회를 탐색하기 위해 다음의 단계를 거쳐야 한다고 주장하였다.

(1) 정보의 집약도를 점검한다.

(2) 산업구조 내 정보기술의 역할을 결정한다.

(3) 정보기술에 의한 경쟁적 기회를 규명한다.

(4) 평가 및 선택을 한다.

(5) 새로운 사업의 전개가능성을 점검한다.

(6) IT를 활용하기 위한 계획을 작성한다.

2 전략정보시스템 활용의 예

(1) 저원가 전략
① 경쟁사보다 낮은 비용구조 확보를 위해 정보시스템을 활용한다.
② 월마트의 경우 POS 시스템을 도입하여 적기에 재고를 보충함으로써 가격을 낮게 유지한다.

(2) 차별화 전략
① 제품이나 서비스의 차별화를 위해 정보시스템을 활용한다.
② 오티스 엘리베이터는 엘리베이터에 유지보수를 위한 자가진단기능과 무료 전화를 설치하여 제품의 차별화를 시도하였다.

(3) 집중화 전략
① 매출액 및 마케팅 기법을 향상시키기 위해 정보시스템을 활용한다.
② 시어즈 백화점은 목표 고객별로 진행할 마케팅 정보를 추출하기 위해 자사가 보유하고 있는 소매 고객들에 대한 데이터베이스를 지속적으로 발굴하였다.

(4) 고객과 공급업자의 연결
① 고객과 공급업자의 연계를 강화시키기 위해 정보시스템을 활용한다.
② 백스터 인터내셔널의 경우 무재고 주문시스템을 이용하여 자사 고객과의 관계 결속을 강화했다.

3 CIO(Chief Information Officer, 정보관리 총책임자)

(1) 역할
① 회사의 경영전략에 부합하는 중장기 정보전략을 수립하고 집행한다.
② 정보전략 수립 집행을 위한 자원을 배분 · 조정 및 통제한다.
③ 부서 간 업무 및 갈등 조정을 담당한다.
④ 어플리케이션을 유지하고 개발한다.
⑤ 정보기술 하부구조의 향상 및 유지를 수행한다.
⑥ 사용자들을 위한 교육훈련 계획 수립 및 실시를 한다.

(2) 자질
① 정보통신기술에 대한 광범위한 지식
② 정보기술이 제공하는 기회를 사업과 연결시킬 수 있는 사업적 능력
③ 정보화에 수반되는 변화에 대한 저항을 무마시키기 위한 커뮤니케이션 능력과 지도력

03 비즈니스 리엔지니어링

01   비즈니스 리엔지니어링의 의의와 필요성

1 의의

(1) 비즈니스 리엔지니어링(BPR; Business Process Reengineering)이란 기업이 경쟁우위 확보를 위해 기존의 프로세스를 변경하는 것이다.

(2) 프로세스를 근본적으로 개선하고, 고객만족의 효과를 고려한 프로세스 운영의 효율성 극대화를 목표로 한다.

2 필요성

(1) **내적 측면**: 경영환경의 변화

(2) **외적 측면**: 조직의 복합성 증대와 효율성 저하

02   비즈니스 리엔지니어링의 방법

1 추진단계

(1) 경영비전과 프로세스의 목적을 확정한다.

(2) 재설계할 프로세스를 선택한다.

(3) 현재 프로세스에 대한 이해와 측정을 한다.

(4) IT 기반 요인을 파악한다.

(5) 프로세스 원형을 설계하고 구축한다.

2 비즈니스 리엔지니어링 기반 기술로서의 IT 예

(1) **공유된 데이터베이스**: 많은 사람들이 필요한 정보를 동시에 사용할 수 있도록 해준다.

(2) **전문가시스템**: 일반인도 전문가의 일을 수행할 수 있도록 해준다.

(3) **통신 네트워크**: 기업이 집중화와 분산화의 이점을 동시에 누릴 수 있도록 해준다.

(4) **의사결정 지원도구**: 접근 가능한 정보가 이용하기 쉬운 분석 및 모델링 도구와 결합됨으로써 일선 작업자도 의사결정 능력을 지닐 수 있다.

(5) **무선 데이터 통신과 휴대용 컴퓨터**: 현장 사원들은 장소에 구애받지 않고 정보를 주고받을 수 있다.

CHAPTER 04 품질경영과 정보시스템

01 품질경영

1 품질경영의 정의

소비자가 요구하는 품질의 제품이나 서비스를 경제적으로 산출하기 위한 모든 수단과 활동을 가리킨다.

2 품질에 대한 접근법

쥬란(Juran)은 품질에 대한 접근법으로써 다음의 세 가지 관점을 제시하였다.

(1) **품질설계**: 제품의 사용 목적을 다하기 위해 구비해야 할 성질 즉, 유용성을 정하는 단계이다.

(2) **품질통제**: 표준을 설정하여 이 표준에 도달하는 데 이용되는 모든 수단의 체계이다. 그 때문에 품질 통제란 소비자가 만족하게 하는 단계이다.

(3) **품질개선**: 통제에서 문제가 발생시 수정하는 단계이다.

02 전사적 품질경영(TQM; Total Quality Management)

1 전사적 품질경영의 개념

(1) 고객만족을 목적으로 한 조직적인 관리 방법이다.

(2) 제품 및 서비스의 지속적인 개선을 통해 높은 품질을 제공한다.

(3) 경쟁력 확보를 위해 전직원이 체계적으로 노력한다.

2 전사적 품질경영의 특징

(1) 고객만족을 강조한다.

(2) 인간성을 중시한다.

(3) 사회에의 공헌을 중시한다.

(4) 고객, 종업원, 관리자 등 기업 활동에 관련된 모든 사람을 존중한다.

3 전통적 품질경영과 전사적 품질경영의 차이

전통적 품질경영	전사적 품질경영
• 경영자 중심 • 이익 우선 • 일차원 품질 • 노동자 불참	• 소비자 중심 • 품질 우선 • 다차원 품질 • 노동자의 참여 중시

4 전사적 품질경영의 활동

(1) 지속적인 종업원 교육을 한다.

(2) 제품 및 서비스를 제공하는 프로세스의 연속적인 개선을 추구한다.

(3) 미래에 발생할 수 있는 문제를 예방한다.

(4) 기업문화 창달과 기술개발 등을 통해 기업의 경쟁력을 제고함으로써 장기적인 성장을 도모한다.

03 품질경영을 지원하는 정보시스템

1 품질처리시스템(QPS; Quality Process System)

품질업무의 전산화를 가능하게 하고 품질정보의 기초자료 수집을 가능하게 하는 활동이다.

2 품질정보시스템(QIS; Quality Information System)

프로세스의 통제, 프로세스의 관리를 가능하게 하는 활동이다.

3 품질전략시스템

프로세스와 기업성과와의 관계를 분석할 수 있는 관리 활동이다.

CHAPTER 05 텔레커뮤니케이션 네트워크

01 인트라넷

1 인트라넷의 개념

(1) 한 조직의 내부를 네트워크로 연결한 것이다.

(2) 전 세계 어느 곳에서도 회사 네트워크로 접속 가능하다.

(3) 정보공유, 커뮤니케이션, 협업, 업무 프로세스를 지원한다.

(4) 이메일, 팩스, 토론그룹, 채팅, 화상회의 등이다.

2 인트라넷의 용도

(1) 의사결정을 위한 플랫폼으로 사용한다.

(2) 기업 운영을 지원하는 핵심 어플리케이션 개발과 배치를 위한 플랫폼으로 이용한다.

3 인트라넷의 전사정보포털(EIP; Enterprise Information Portal)

(1) 기업에서 쓰는 전용 포털 사이트이다.

(2) 일상적인 기업 업무의 디지털 대시보드로 사용한다(디지털 대시보드: MS에서 나온 업무용으로 사용되는 게시판 프로그램).

4 인트라넷의 효과

(1) 생산원가를 절감할 수 있다.

(2) 수입이 증가한다.

02   엑스트라넷

1 엑스트라넷의 개념

자사의 인트라넷과 타사의 인트라넷을 연결한 것이다.

2 엑스트라넷의 효과

(1) 파트너 간 커뮤니케이션의 개선이 가능하다.

(2) 고객과 기업 간의 즉각적인 상호작용이 가능해져 의견을 즉각적으로 반영할 수 있다.

03   e 비즈니스 어플리케이션

1 전사적 커뮤니케이션과 협업 어플리케이션

(1) 팀과 작업그룹에 속한 직원들끼리의 의견교환, 협업 등을 지원한다.

(2) 게시판, 채팅, 메신저 등이 있다.

2 전자상거래 어플리케이션

(1) 제품 구매, 판매, 서비스, 정보 등을 제공한다.

(2) 자사 제품 판매 사이트 등이 있다.

3 내부 업무 시스템 어플리케이션

(1) 기업 내부의 업무 프로세스와 작업을 지원한다.

(2) 업무용 게시판, 주소록 등이 있다.

06 전자상거래

01 전자상거래의 정의 및 유형

1 정의

사이버 공간상에서 수행되는 모든 상거래 행위와 이를 위해 필요한 정보의 비교 검색이나 커뮤니케이션 지원, 의사결정 지원 등 거래를 보다 효율적이고 신속하게 수행할 수 있도록 지원하는 활동을 뜻한다.

2 특징

(1) 재화와 용역의 거래를 전자문서교환(EDI) 등 전자적 방식에 의해 거래한다.

(2) **전자문서교환(EDI)**: 수·발주 장부 및 지불청구서 등 기업 서류를 컴퓨터 간에 교환할 수 있도록 제정된 기준을 말한다.

3 유형

(1) **기업-기업 거래(B2B; Business to Business)**: 가치 창출이 이루어지는 활동을 기업 간 거래에 초점을 둔 것이다.

(2) **기업-고객 거래(B2C; Business to Customer)**: 기업이 고객에게 제품 및 서비스를 전달하는 수단으로서 전자상거래를 이용하는 것이다.

(3) **고객-기업 거래(C2B; Customer to Business)**: 소비자가 개인적으로 혹은 단체를 구성하여 제품의 공급자나 생산자에게 가격이나 수량, 서비스 등에 관한 조건을 제시함으로써 거래가 이루어지는 것이다.

(4) **고객-고객 거래(C2C; Customer to Customer)**: 경매나 벼룩시장 같이 소비자 간에 일대일 거래가 전자적으로 이루어지는 것이다.

1 전자거래기본법

(1) 1999년 7월 1일부터 시행되었다.

(2) UN의 국제상거래법위원회의 전자상거래에 관한 모델법(1996년)을 기초로 만들어졌다.

(3) 전자상거래에 대한 개념을 정립하고 있다.
  ① **전자거래**: 재화나 용역을 거래할 때 그 전부 또는 일부가 전자문서에 의해 처리되는 거래를 말한다.
  ② **전자상거래**: 데이터 메시지 형태의 정보를 통한 상거래행위를 의미하며, 판매, 구매, 건설, 은행, 운송 등의 모든 상거래행위를 포함한다.

(4) '전자문서 및 전자거래 기본법'으로 2012년 6월 1일에 개정되었다.

2 전자상거래의 발달

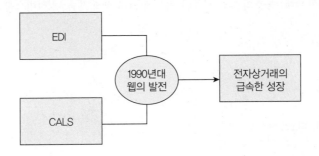

(1) 전자문서교환(EDI)
  ① 1970년대 미국에서 시작하였다.
  ② 국제 운송회사들이 운송서류를 신속히 전달할 목적으로 전자문서를 표준화하여 사용한 것이 시초이다.
  ③ 서류 없이 전자문서의 형태가 컴퓨터로 전달된다.
  ④ 활용 형태
    ㉠ 직접 연결 EDI: 거래 상대자와 직접 연결하는 형태이다.
    ㉡ 제3자 연결 EDI: 통신망 서비스를 제공하는 중개회사를 통해 연결하는 형태이다.
    ㉢ 인터넷 연결 EDI: 인터넷을 통한 연결 형태이다.

(2) 광속상거래(CALS; Commerce At Light Speed)
  ① 상품의 라이프사이클 정보를 디지털화하여 제조업체와 협력업체 등 관련 기업들이 공유하며 경영에 활용하는 기업 간 정보시스템이다.
  ② 군 내부업무를 개선할 목적으로 개발되었다.
  ③ 초기에는 물류통합 시스템의 모습을 보였으나 점차 확대되어 현재는 전반적인 기업활동을 포함한다.

3 전자상거래 성장 요인

(1) 전자상거래의 성장 요인
① **하드웨어 기술의 발전**: PC용량의 증가(성능의 향상)
② **통신망의 발전**: 인터넷의 발전

(2) 인터넷 전자상거래의 확산 이유: 고객관계, 공급사슬, 구매 및 판매 등의 기업 전 분야에 활용 가능

03 전자상거래와 경영환경의 변화

1 고객 관점에서의 경영환경 변화

(1) 인터넷 공동체(카페, 클럽)의 출현

(2) **고객집단의 급격한 확대**: 동호회 등을 만들어 회사에 여러 가지 제품 및 서비스를 요구

(3) 공동구매, 역경매

(4) 잠재시장의 출현

(5) 동일 제품의 가격 비교 용이

(6) 사이트 간 제공 서비스 비교 용이

2 기업 관점에서의 경영환경 변화

(1) **시장 확대**: 오프라인 시장에서 온라인 시장으로 확대

(2) **가시성의 확보**: 고객 및 시장에 대한 파악 용이

(3) 고객요구에 대한 신속한 대응 가능

(4) 고객이 요구하는 제품을 신속히 파악하여 제품에 반영 가능

(5) **새로운 대고객 서비스 강화**: 기업 홈페이지, 고객센터의 등장

(6) 타기업과 비즈니스 관계 강화

(7) **비용절감**: 인터넷 뱅킹 등

3 **전자상거래의 문제점**

(1) 기술진보가 빠르므로 적응이 어려움

(2) **채널 간의 갈등 발생**: 인터넷 서점과 오프라인 서점의 할인율 전쟁

(3) **저작권 및 보안문제**: 유료 MP3 파일

(4) **전자지불제도의 문제**: 현금 거래의 복잡함에 따른 전자지불 방식 시스템의 도입 필요

4 **인터넷에 의한 경영 패러다임의 변화**

(1) **일대일(One-to-One)경영의 실현**: 개별고객과의 관계마케팅 가능
　　예 아웃백의 생일 할인 쿠폰

(2) **역동적인 가격체계의 구축**: 고객이 원하는 가격에 맞춘 제품의 제공 가능
　　예 맞춤 제작 컴퓨터

(3) **공급자에서 고객에 이르는 모든 정보를 웹을 통해 파악 및 통제 가능**: 고객대응, 고객의 요구 파악 등에서
　　유용하게 활용 가능
　　예 관리자용 웹페이지

(4) **쌍방향 커뮤니케이션의 가능**: 시장동향, 고객 요구변화를 쉽게 파악 가능
　　예 은행의 채팅을 통한 고객 상담

1 인터넷 쇼핑몰

(1) 가상의 쇼핑몰이다.

(2) 실제로 물품을 만져볼 수 없다.

(3) 인증전문기관에서 상점 운영자와 소비자의 신원을 보증한다. 예 공인인증서

2 정보중간상(Informediary)

(1) 과거의 전통적인 유통체계에서는 없었던 새로운 형태의 중간상인이다.

(2) 업체에 정보나 데이터(고객의 이메일 주소 등)를 판매하는 업체를 뜻한다.

(3) 프라이버시의 문제가 생길 수 있다.

3 역경매

전통적 경매	역경매
• 판매자 : 구매자＝1:n • 최저가로 시작 • 더 이상 높은 가격이 제안되지 않으면 최고가에 낙찰 • 구매자가 경쟁	• 판매자 : 구매자＝n:1 • 구매자가 제품구매 의사를 밝힘 • 다수의 판매자가 저렴한 가격이나 높은 품질의 제품 또는 좋은 제품을 제안 • 판매자가 경쟁

4 전자상거래의 성공전략

코틀러(P. Kotler)는 전자상거래의 성공을 위한 4가지 방안을 제시하였다.

(1) 고객의 데이터베이스를 구축하고 적극적으로 관리하라.

(2) 인터넷의 장점을 이용할 방법에 대한 명확한 컨셉을 개발하라.

(3) 배너광고를 관련 웹사이트에 게재하라.

(4) 쉽게 접근할 수 있는 웹사이트를 구축하고, 고객의 질의에 빠르게 대응하라.

1 전자상거래의 보안에서 고려해야 할 4가지 차원

(1) 기밀성: 수신자 외 다른 사람의 데이터 접근 차단

(2) 인증: 송신자와 수신자의 진위 파악

(3) 무결성: 데이터의 왜곡없는 전달

(4) 부인 방지: 거래에 대한 부인 방지

2 보안문제별 관련 기술 및 해결책

발생문제	관련 기술	해결책
처리 중인 데이터를 가로채 허가 없이 변경할 때	• 관용키 알고리즘 • 공개키 알고리즘	암호화
사용자가 부정행위를 위해 신분위장을 할 때	전자서명	인증
허가받지 않은 자가 네트워크에 접근할 때	방화벽	방화벽

3 암호화

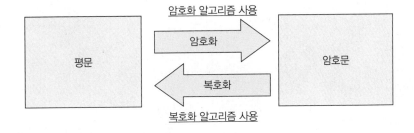

(1) 암호와 관련 용어
① **평문**: 암호화하지 않은 일반문서
② **암호화**: 평문을 암호문으로 변경
③ **복호화**: 암호문을 평문으로 변경
④ **암호화 알고리즘**: 암호문을 만드는 데 사용되는 규칙
⑤ **복호화 알고리즘**: 복호문을 만드는 데 사용되는 규칙
⑥ **암호문**: 암호화된 문서

(2) 암호화 알고리즘

① 키 방식: '암호화 알고리즘+키' 형식이다.

구분	관용 암호 알고리즘	공개키 암호 알고리즘
방식	• 대칭키 암호화 방식 • 단일키 암호화 방식	공개키 암호화 방식
키	암호화 키=복호화 키	암호화 키≠복호화 키
알고리즘	암복호화에 동일 알고리즘 사용	암복호화에 동일 알고리즘 사용
비밀여부	비밀키	• 암호화: 공개키 • 복호화: 비밀키(개인키)
배분	키 배분이 어려움	공개키는 공개
디지털 서명	디지털 서명 불가능	디지털 서명 가능
속도	속도가 빠름	속도가 느림
종류	DES, SKIPJACK, IDEA, SEAL, RC4	RSA, ECC

② 비밀키 방식: 암호화 알고리즘만 사용한다.

4 우리나라의 인터넷 보안

(1) **국가공인 인증기관**: 금융결제원, 한국증권전산, 한국전산원, 한국정보인증, 한국전자인증, 한국무역정보통신 등이 있다.

(2) **전자서명의 효력**: 1999년 전자거래법이 통과된 이후 전자서명은 법적 효력을 가진다.

07 e 비즈니스 시스템 모델과 구성요소

01 e 비즈니스 시스템 모델

1 고객관련활동

(1) **고객관계관리(CRM; Customer Relationship Management)**: 고객과 관련된 기업의 내외부 자료를 분석, 통합하여 고객 특성에 기초한 마케팅 활동을 계획하고, 지원하며, 평가하는 과정이다.

(2) **CRM 솔루션**
① **프런트오피스 솔루션**: 마케팅, 판매, 고객서비스 업무에 직접 적용하여 고객들의 요구사항을 보다 효과적으로 충족시키고 잠재고객을 발굴함으로써 고객 확보능력 및 신규고객 창출 기회를 향상시키는 시스템이다.
② **백오피스 솔루션**: 기업전산시스템의 근간을 이루는 네트워크, DBMS 등의 소프트웨어 및 하드웨어 인프라와 이것을 기반으로 동작하는 그룹웨어, 워크플로우, 웹서버, 메일 서버 등의 기간정보시스템을 의미한다.

(3) **CRM 기술**
① **서비스 기술**: 판매관리기술, 고객지원기술, 개인화 기술 등
② **지원 기술**: 데이터웨어하우스 기술, 데이터마트 기술, 데이터마이닝 기술 등

2 기업내부활동

(1) **거래 처리 정보 시스템(TIPS; Transaction Processing System)**: 자재의 입고, 제품의 출고 등에서 이루어지는 거래들을 처리하도록 하는 시스템으로서 ERP 패키지를 구축하여 구현한다.
① ERP를 실현하기 위해 공급되는 소프트웨어이다.
② 모든 사내 자료들이 통합적으로 운영되므로 한 곳에서 자료를 입력하면 전사적으로 적용된다.
③ 신기술 도입 시 적용이 쉽다.

(2) **경영정보시스템(MIS; Management Information System)**: 기업 내외부의 모든 정보를 관리하는 시스템으로서 DW(Data Warehouse) 구축을 통해 구현된다.

① 고객, 시장, 기업 내부의 정보 등 기업의 모든 활동에 대한 정보를 공통된 형식으로 변환하여 하나로 통합하여 관리하는 것이다.

② 외관상 아무런 관련이 없어 보이는 데이터에서 어떤 관계를 찾아내는 것이 주요 이슈이다.

(3) **전략기업경영(SEM; Strategic Enterprise Management)**: 기업의 전략과 성과 등을 관리하기 위한 시스템으로서 BSC(Balanced Score Card) 구축을 통해 구현한다.

① 조직의 사명과 전략을 측정하고 관리할 수 있도록 포괄적인 측정지표로 바꾸어주는 시스템이다.

② 재무, 고객, 내부 프로세스, 학습과 성장 등 4개의 분야로 나누어 각각의 목표를 측정하고 전체적인 기업의 사명과 전략을 관리한다.

3 협력업체와 관련된 활동

(1) **공급망 관리(SCM; Supply Chain Management)**: 물자, 정보, 및 재정 등이 공급자로부터 생산자에게, 도매업자에게, 소매상인에게, 그리고 소비자에게 이동함에 따라 그 진행 과정을 통합적으로 관리하는 것이다.

(2) **목표**: 재고 감소를 목표로 한다.

(3) **EDI/CALS 구축을 통해 구현**

① 전자문서교환(EDI; Electronic Data Interchange): 수 · 발주 장부 및 지불청구서 등 기업 서류를 컴퓨터 간에 교환할 수 있도록 제정된 기준이다.

② 광속상거래(CALS; Commerce At Light Speed): 상품의 라이프사이클 정보를 디지털화하여 경영에 활용하는 기업 간 정보시스템으로서, 제조업체와 협력업체 등 관련 기업들이 공유하며 경영에 활용한다.

02 e 비즈니스 시스템 모델의 구성요소

1 전사적 자원관리(ERP; Enterprise Resource Planning)

(1) **개념**

① 가트너 그룹에서 최초로 정의하였다.

② 인사, 재무, 생산 등 기업의 전 부문에 걸쳐 독립적으로 운영되던 인사정보시스템, 재무정보시스템, 생산관리시스템 등을 하나로 통합한다.

③ 기업 내의 인적 · 물적 자원의 활용도를 극대화하고자 하는 경영 혁신기법이다.

(2) 특징

① 범용성

② 실시간 처리

③ 사용자 편의성

④ 개방성

⑤ 국제성

2 지식경영시스템(KMS; Knowledge Management System)

(1) 개념

① 지식경영이란 기업 내의 여러 지식들을 활용하여 업무처리가 가능하도록 프로세스를 구축하는 활동이다.

② 이러한 지식경영이 가능하도록 하는 시스템으로서 기업은 지식자원의 활용도를 높이기 위해 지식자원을 체계적으로 관리한다.

(2) 구축 방안

① 비즈니스 핵심 파악: 기업의 성장과 경쟁능력의 핵심을 파악한다.

② 고객 요구 파악: 마케팅과 판매에 들어가는 비용을 효과적으로 사용하도록 구축한다.

③ 업무 프로세스 파악: 기업의 핵심역량과 경쟁우위를 강화할 수 있도록 구축한다.

④ 관리대상 지적자산 파악: 특허, 기술, 운영방식, 고객관계에 대한 지식을 구축한다.

⑤ 지식 재사용과 우수 사례(Best Practice) 전달 강조: KMS와 실제 경험을 포괄하도록 구축한다.

3 고객관계관리(CRM; Customer Relationship Management)

(1) 개념

① 마케팅 전략이 '대면 → 매스 → 세그먼트 → 1:1'로 진화되었다.

② 고객과 관련된 기업의 내외부 자료를 분석, 통합하여 고객 특성에 기초한 마케팅 활동을 계획하고, 지원하며, 평가하는 과정이다.

(2) e-CRM의 개념

① 인터넷을 활용한 CRM 활동을 의미한다.

② 웹사이트, 접속 고객, 접속 시의 여러 가지 활동들로 구성된다.

4 균형성과지표(BSC; Balanced Score Card)

(1) 개념

① 기업의 성과를 재무, 고객, 내부프로세스, 학습과 성장(학습효과)의 4가지 분야로 구분하여 평가 및 관리한다.

② 4가지 분야의 측정 결과를 바탕으로 전체적인 기업의 경영전략 및 사업부조직 단위별 전략을 관리한다.

(2) 의의

① 조직의 비전과 전략에 대한 성과를 확인한다.

② 조직의 전략적 방향을 제시한다.

③ 변화의 방향을 제시한다.

④ 의사결정의 기초 자료로 사용된다.

(3) 활용법

① 전략적 목표를 분명하게 설정한다.

② 목표에 대한 구체적인 측정지표를 설정한다.

5 공급사슬관리(SCM; Supply Chain Management)

(1) 개념

① 물자, 정보, 및 재정 등이 공급자로부터 생산자에게, 도매업자에게, 소매상인에게, 그리고 소비자에게 이동함에 따라 그 진행 과정을 통합적으로 관리하는 것이다.

② 재고 감소를 통한 비용절감 및 생산성 제고를 목표로 한다.

(2) SCM 구축 방법: EDI, CALS를 통해 구축한다.

08 인터넷 마케팅과 광고

01 마케팅의 변화

1 전통적 마케팅

(1) 개념: 판매지향적, 고객지향적

(2) 특징: 대량생산에 따른 매스 마케팅

(3) 패러다임

① **고객화**: 모든 사람들의 고유한 니즈(Needs)에 맞는 상품과 서비스를 제공한다.

　예 간편하게 마실 수 있는 건강 음료 → 비타 500

② **관계 마케팅**: 시장점유율(Market Share)보다 고객점유율(Customer Share)을 중시하며, 한번 제품을 파는 것보다 장기적으로 같은 고객에게 자사의 제품을 파는 것을 중시한다.

> **개념더하기** 　시장점유율과 고객점유율
>
> • 시장점유율(Market Share): 단기적으로 특정 제품군에 대해 특정기업의 제품이 차지하는 비율
> • 고객점유율(Customer Share): 기업의 입장에서 장기간 동안 한 고객이 다른 회사 제품이 아닌 자사의 제품을 구입하는 비율

③ 데이터베이스 마케팅

　㉠ 프리퀀시 마케팅: 마일리지 제공

　　예 SK Telecom 마일리지 제도

　㉡ 다이렉트 마케팅: 카탈로그(이벤트, 결제 안내문 등) 제공

　　예 홈쇼핑 카탈로그

　㉢ 텔레마케팅: 전화를 통한 판매활동

　　예 해피콜(A/S 후 만족에 대한 의사 전화)

　㉣ 통합 콜센터(CTI)

　　• 컴퓨터와 전화를 통합한 시스템

　　• 컴퓨터로 필요 정보를 검색해 고객이 기다리지 않게 하면서 전화를 통해 정보 제공

2 인터넷 마케팅

(1) e-mail 마케팅: 전자 카탈로그, 온라인 설문, 온라인 제품설명서 등을 e-mail로 발송한다.

(2) 전염성 마케팅: 이용자가 의식적 또는 무의식적으로 서로 알리면서 퍼져나가게 한다.
　예 입소문 마케팅(동호회)

(3) 퍼미션 마케팅: 고객의 동의를 받고 메일을 통해 정보를 제공한다.

(4) 협력 마케팅: 웹사이트 간의 목표가 유사하고 상생을 위해 서로 도와가며 고객을 모으고 유지한다.
　예 아웃백 스테이크와 SK Telecom

02　　인터넷 광고

1 인터넷 광고의 장점

(1) 홈페이지 업데이트, 새로운 내용의 메일 등 갱신이 용이하다.
(2) 기존 광고 수단에 비해 비용이 저렴하다.
(3) 하루 방문자 수 체크, 페이지뷰 측정, 클릭 수 측정 등 효과 측정이 용이하다.

2 인터넷 광고 용어

브라우저 카운트	웹사이트에 접속한 컴퓨터의 수
배너	인터넷 사이트의 네모난 이미지 광고
CPM (Cost Per Mill)	1,000부당 광고요금(인쇄물에서 사용되는 지표)을 의미하며, 웹에서는 배너가 1,000번 노출되었을 때의 가격을 말함
클릭스루(클릭률) (CTR; Click Through Rate)	온라인 광고 노출 대비로 클릭한 횟수 또는 퍼센트
노출빈도	광고가 있는 특정 웹페이지가 방문객에게 보여진 횟수
세션	특정 웹사이트 내에서 한 방문객이 들어간 후부터 완전히 마칠 때까지의 가상의 연결 통로
트래픽	웹사이트가 수용할 수 있는 방문객의 수

3 인터넷 광고 효과의 측정 방법

(1) 히트 수

① 웹서버에 저장도나 파일이 인터넷 사용자에게 노출되는 수

② 광고 단가 결정용으로는 많이 활용하지 않음

③ 예를 들어, 배너광고 이미지가 3개라면 웹서버(1번)+배너광고이미지(3개)=히트 수 4번

(2) 방문횟수

① 홈페이지의 방문횟수

② 광고 단가 결정용으로는 많이 활용하지 않음

(3) 방문자 수

① 홈페이지의 방문자 수

② 광고 단가 결정용으로 사용

(4) 클릭 수

① 배너광고를 클릭하는 횟수

② 광고 단가 결정용으로 사용

(5) **사용자**: 해당 사이트의 사용자 수

4 인터넷 배너가격의 결정방식

CPM(Cost Per Mill)	배너의 노출횟수에 따라 광고가격을 산정한다.
CPC(Cost Per Click)	배너의 클릭횟수에 따라 광고가격을 산정한다.
고정요금	일정기간 동안 균일한 요금을 받는 방식이다.
Flat Fee(기간모델, 일정금액)	일정기간 동안 일정액을 지불하는 방식이다.

01

다음 중 전자상거래에 대한 설명으로 틀린 것은?

① 전자상거래기본법은 UN의 국제상거래법위원회의 전자상거래에 관한 모델법(1996년)을 기초로 만들어졌다.
② 재화나 용역의 거래에 있어 그 전부 또는 일부가 종이문서에 의해 처리되는 거래를 의미한다.
③ 하드웨어 기술의 발전으로 인해 전자상거래가 성장하였다.
④ 인터넷의 발전은 전자상거래 확산에 중요한 계기가 되었다.

02

다음 중 전자상거래에 대한 문제점으로 옳은 것은?

① 채널 간의 갈등 감소
② 기술진보에 대한 대응 용이
③ 저작권 및 보안문제
④ 전자지불제도의 편리함

03

다음 중 역경매에 대한 설명으로 옳은 것은?

① 더 이상 높은 가격이 제안되지 않으면 최고가에 낙찰된다.
② 구매자가 제품 구매 의사를 밝힌다.
③ 구매자가 경쟁한다.
④ 판매자는 1명이고 구매자는 다수이다.

04

다음 중 물자, 정보 및 재정 등이 공급자로부터 생산자에게, 도매업자에게, 소매상인에게, 그리고 소비자에게 이동함에 따라 그 진행 과정을 통합적으로 관리하기 위해 구축하는 정보시스템은?

① CRM
② TPIS
③ MIS
④ SCM

05

전자 제조업체들의 역량이 집중되고 있는 거래방식을 올바르게 표현한 것은?

① B2B
② B2C
③ B2G
④ C2C

06

다음 중 정보시스템의 필요성에 대한 설명으로 틀린 것은?

① 경영환경의 급격한 변화
② 기업 내 각 부서 간 상호의존성의 감소
③ 글로벌 시대 생존과 성장의 전제조건으로 신속한 정보 수집이 필요
④ 경쟁우위의 원천

01 정답 ②

전자문서교환(EDI)은 국제 운송회사들이 운송서류를 신속히 전달할 목적으로 전자문서를 표준화하여 사용한 것이 시초이고 서류 없이 전자문서의 형태를 컴퓨터로 전달한다.

02 정답 ③

전자상거래는 기술진보가 빠르므로 적응의 어려움과 채널 간의 갈등이 발생한다. 또한 저작권 및 보안문제와 전자지불제도의 문제가 있다.

03 정답 ②

역경매는 '판매자:구매자=n:1'이며, 구매자가 제품 구매 의사를 밝힌다.

04 정답 ④

SCM은 공급자로부터 생산자에게, 도매업자에게, 소매상인에게로 물자정보의 흐름인 공급자 사슬관리이다.

05 정답 ①

B2B는 기업과 기업 사이에 이루어지는 전자상거래를 일컫는 경제용어이다. 인터넷을 기반으로 하는 전자상거래의 유형 가운데 하나로, '기업 간 거래' 또는 '기업 간 전자상거래'라고도 한다.

06 정답 ②

정보시스템의 필요성으로 정보의 급증, 경영환경의 급격한 변화, 기업 내 각 부서 간 상호의존성 증대, 생산성 향상, 경쟁우위 원천으로서의 정보시스템 등이 있다.

07

다음 중 기업경영에 있어서 정보시스템의 역할에 대한 설명으로 틀린 것은?

① 업무처리방식의 효율화 증가
② 의사결정의 정확성이 증가하는 반면, 신속성은 저해
③ 조직과 업무분담의 재정비
④ 새로운 사업분야로의 진출 가능

08

다음 중 고위경영층의 비구조화된 의사결정을 지원하도록 설계된 전략적 수준의 정보시스템은?

① 사무정보시스템
② 거래처리시스템
③ 경영보고시스템
④ 중역정보시스템

09

전사적 자원관리(ERP)의 장점으로 옳지 않은 것은?

① 경영자원의 통합적 관리
② 자원의 생산성 극대화
③ 차별화된 현지 생산
④ 즉각적인 의사결정 지원

07 정답 ②

기업경영에서의 정보시스템의 역할은 업무처리방식의 효율화, 의사결정의 정확성·신속성 증가, 공급자 및 소비자와의 밀착화, 조직과 업무분담의 재정비, 세계화에의 대응, 경영전략의 혁신, 새로운 분야로의 진출 등이다.

08 정답 ④

중역정보시스템(EIS; Executive Information System)은 고위경영층의 비구조화된 의사결정을 지원하도록 설계된 전략적 수준의 정보시스템이다.

09 정답 ③

ERP는 국제성을 띠고 있어, 공간의 제약없이 업무를 진행할 수 있다.

합격의 공식
온라인 강의

국제경영과 국제경제

www.edusd.co.kr

01 무역계약

01 해외시장조사와 신용조사

1 해외시장조사(Overseas Market Research or Survey)

수출입거래를 시작하려고 하는 무역업자에게 제일 먼저 부딪히는 문제는 어느 국가에 수출하고 어느 국가로부터 수입하느냐 하는 점이다. 해외시장조사란 수출입거래를 하기 위한 최초의 단계로서 거래처를 발굴하기 위한 사전단계이다. 이는 특정 상품의 특정 지역에 대한 판매 또는 구매가능성을 조사하는 것을 말한다.

2 신용조사(Credit Inquiry)

무역거래의 양 당사자는 서로의 다른 점을 정확하게 인지하기가 어려울 뿐만 아니라, 상대방의 능력이나 성실성을 제대로 파악하기 힘들기 때문에 거래상대방을 잘못 선택했을 경우 이로 인한 피해를 사후에 바로잡기 또한 쉽지 않다. 따라서 신용조사는 시장조사 후 구체적으로 거래할 상대방을 물색하여 본격적으로 거래를 시작하기 전에 거래상대방에 대한 정보를 입수하여 신용을 확인한 후 거래여부를 결정하는 과정이다.

3 신용조사의 3C's

거래상대방에 대한 신용조사사항으로는 Character(경영자의 상도의), Capital(대금지불능력), Capacity(재무상태) 3C를 들 수 있다.

(1) **Character(경영자의 상도의)**: 거래상대방의 개성, 성실성, 평판, 영업태도 등 계약이행과 관련된 도의심을 말한다. 이는 신용조사 시 가장 중요한 조사대상으로서 이에 대하여 제대로 파악할 경우 마켓클레임(Market Claim)을 예방할 수 있다.

(2) **Capital(대금지불능력)**: 해당업체의 재무상태 즉, 수권자본금과 납입자본금, 자기자본과 타인자본, 기타 자산상태 등 지불능력과 관련된 사항으로서 대차대조표사항에 대한 조사이다.

(3) **Capacity(재무상태)**: 해당업체의 연간매출액, 기업의 형태, 연혁, 영업권 등 영업능력에 관한 사항으로서 손익계산서항목에 대한 조사이다.

(4) 이외에 신용조사대상으로 Condition(거래조건), Collateral(담보능력), Currency(거래통화), Country (소속국가) 등이 있다.

02　청약(Offer)

통상 수출자가 수입자에게 승낙을 위한 유효기간을 정하여 상품의 품질조건, 가격조건, 수량조건, 선적조건 및 결제조건을 확정적으로 제시하고, 유효기간 내에 상대방이 승낙할 경우 구속되겠다는 의사표시를 말한다.

청약의 종류에는 먼저, 청약하는 사람에 따라 매도인 오퍼(Selling Offer)와 매수인 오퍼(Buying Offer)가 있다. 이때 매수인 오퍼를 통상 주문(Order)이라고 한다. 또한 청약의 확정력 여부에 따라 확정 오퍼(Firm Offer)와 불확정 오퍼(Free Offer)가 있다. 일반적으로 오퍼라 함은 확정 오퍼를 말하는데, 불확정 오퍼는 유효기간을 명시하지 않은 오퍼나 계약내용이 확정되지 않는 조건부 오퍼를 말한다.

1 확정 오퍼(Firm Offer)

청약은 청약자가 피청약자와 일정한 조건으로 계약을 체결하고 싶다는 의사표시이다. 즉 오퍼는 상대방이 무조건 절대적으로 승낙(Acceptance)하면 즉시 일정한 내용의 계약을 성립시킬 것을 목적으로 하는 확정적인 의사표시이다. 확정 오퍼는 통상 특정인 앞에서 발행하며, 청약자는 오퍼의 승낙 또는 거절의 회신기간으로 오퍼의 유효기간(Validity)을 정하고, 그 기간 내에 승낙, 회답하도록 한다. 확정 오퍼는 피청약자의 승낙 또는 철회기간이 정해져 있으므로 그 한정된 기간이 경과하면 오퍼가 자동적으로 소멸된다. 오퍼의 효력 발생 시기는 무역거래가 격지자 간의 거래임에 따라 대부분의 국가에서 원칙적으로 도달주의를 채택하고 있다.

2 반대 오퍼(Counter Offer)

매도인이 확정 오퍼에서 제시한 가격, 수량, 선적일 등 제반 거래조건 중 일부를 수정하여 매수인이 제시하는 오퍼를 말한다. 승낙은 완전일치의 원칙에 따라 청약의 모든 조건을 그대로 수락하는 경우에만 성립된다. 따라서 반대 오퍼(Counter Offer)는 오퍼에 대한 거절을 의미하며 이를 새로운 오퍼로 간주한다. 실제로 계약은 통상 매도인과 매수인 간에 몇 차례의 반대 오퍼가 오간 후에 성립되며, 합의에 이르지 못하면 무산된다.

3 주문서(P/O; Purchase Order)

구매자 측에서 제시하는 오퍼로서 'Purchase Note'라고도 한다. 이는 통상 매매계약이 성립된 경우 내용을 확인하기 위하여 수입상이 작성하여 수출상에게 송부한다. 수입업자가 먼저 주문(Order)을 한 경우 수출업자가 이를 승낙하는 것을 주문승낙(Acknowledgement)이라고 한다.

03 승낙(Acceptance)

청약자로부터 오퍼를 받은 피청약자가 청약에 응하여 합의를 성립시키기 위하여 청약자에게 행하는 의사표시이다. 승낙은 합의를 성립시키는 것을 목적으로 하기 때문에 반드시 청약의 내용과 완벽하게 일치하여야 한다. 즉, 승낙은 절대적이고 무조건적일 것을 조건으로 한다.

04 계약조건

1 품질조건(Quality Terms)

(1) 견본매매(Sale by Sample): 견본은 실제 매매될 상품의 일부를 취하여 그 전부의 품질을 대표시키고, 이에 의하여 매수인이 수령할 상품의 품질, 상태를 알리기 위하여 매도인이 제시하는 것이다. 대부분의 무역거래가 견본에 의하여 이루어지고 있다.

(2) 표준품매매(Sale by Standard): 농수산물과 같이 수확이 예상되는 물품과 목재 등과 같이 정확한 견본제공이 곤란한 물품에 대하여는 그 표준품을 정하여 거래를 실시하고 실제 인도된 물품과 표준품의 차이가 있을 경우에는 거래계약조건 또는 관습에 따라 물품대금의 증감에 의하여 조정하는 거래를 말한다. 표준품의 표시방법으로 평균중등품질(FAQ; Fair Average Quality)조건과 판매적격품질(GMQ; Good Merchantable Quality)조건이 있다.

(3) 명세서매매(Sale by Specification or Dimension): 기계류, 선박, 의료기구 기타 고가의 물품의 거래에는 견본을 사용할 수 없으므로 재료, 구조, 능률 등에 관하여 상세히 설명한 명세서에 의하여 이루어지는 매매를 말한다.

(4) 상표매매(Sale by Brand or Trade Mark): 세계시장에 널리 알려진 경우 견본이나 품질에 관한 설명 없이 상표에 의하여 이루어지는 거래를 말한다.

(5) 규격(등급)매매(Sale by Type or Grade): 규격이 국제적으로 정해져 있거나 수출국의 공적 규제에 의하여 정해진 물품의 거래에 이용되는 매매이다.

(6) 점검매매(Sale by Inspection): 매수인이 현품을 실제로 점검하고 그 현품을 매도하는 매매이다.

② 수량조건(Quantity Terms)

수량은 중량(Weight), 용적(Measurement, Volume), 개수(Piece), 길이(Length) 등으로 표시하고, 개체화물이나 포장(Package)화물은 구체적인 수량으로 약정한다. 그러나 대용량(Bulk) 화물은 정확한 수량을 인도하기 어렵거나, 운송과정에서 불가피하게 손모나 손실이 발생할 수 있으므로 일반적으로 과부족용인약관(More or Less Clause)이나 계산수량조건(Approximate Term)으로 약정한다.

③ 가격조건

매매계약조건 중 가격조건은 결제조건과 함께 매매당사자의 관심도가 가장 높은 계약조건이다. 무역거래 시에는 필연적으로 국내거래에서 발생하지 않는 부대비용이 발생하는 바, 이와 같은 부대비용은 운송비, 보험료 등 물류비용, 허가(추천)비용, 통관비용, 검사비용 등 행정비용 그리고 은행에서 발생하는 금융비용과 수수료 등이 포함되는데, 이 중에서 물류비용이 차지하는 비중이 가장 높다. 무역계약 체결 시는 통상 인코텀스(INCOTERMS)상의 정형거래조건(Trade Terms)을 이용하여 가격조건을 약정한다. 이에 따라 수출입거래 시 발생하는 각 항목의 부대비용을 수출자 또는 수입자 중 누가 부담할 것인가를 결정한다.

④ 선적조건(Shipment Terms)

인도조건(Delivery Terms)과 동의어이다. 선적은 물품의 인도 그 자체이거나 인도하는 방법으로 파악할 수 있으며, 이는 단지 본선에 적재하는 것(Loading on Board)만을 의미하지 않고, 항공기나 철도 화물차 등 운송수단에 적재(Loading), 우편일 경우 발송(Despatch), 복합운송일 경우 수탁(Taking in Charge)을 포괄하는 의미이다. 선적방법에 관하여는 인코텀스상의 정형거래조건별로 묵시되어 있으므로 계약 체결 시 약정하는 선적조건은 일반적으로 선적시기(Shipping Date), 선적방법(분할선적, 환적 가능 여부), 선박지정(Nomination)여부와 선적일 입증방법 등이다.

⑤ 결제조건(Payment Terms)

무역계약 체결 시 특히, 수출자 입장에서 보면 물품대금결제조건은 가격조건과 함께 가장 관심 있는 무역거래조건으로서, 양자는 독자적으로 또는 상호 관계하에 주요한 협상대상이다. 결제조건에 포함되는 사항은 결제기간과 결제통화 그리고 결제방법 등이다. 결제기간은 선불, 즉불 및 후불로 나눌 수 있고, 결제방법은 어음이 개입되지 않고 환 또는 현금에 의해 결제하는 송금방식과 어음을 개입시켜 결제하는 추심결제방법과 신용장방법이 있다. 결국 결제조건은 은행의 신용을 활용하는 정도 즉, 결제 시 은행의 역할과 책임이 클수록 수출자는 결제위험이 완화됨에 따라 안심하게 될 것이고, 이에 따라 가격조건 약정 시 보다 융통성을 가질 수 있을 것이다.

(1) AP or CWO(Payment in advance or Cash with Order): 선불, 주문불
사전송금방식 또는 단순송금방식이라고도 하는데, 통상 T/T(전산환)나 M/T(우편환)를 이용한다.

(2) CAD(Cash Against Documents; 서류상환방법): 선화증권(B/L; Bill of Lading) 등의 운송서류 및 기타 부속서류를 수입상의 대리인이나 은행에 제시하면 서류와 상환으로 현금을 지급받는 결제방법을 말한다. 해당 방법은 통상 수출국에 수입자의 지사나 대리점이 있는 경우에 활용하며 수입자의 지사나 대리점이 없는 경우에는 은행이 수입자에게 서류를 전달하는 역할을 수행한다.

(3) COD(Cash On Delivery; 현물상환방법): 주로 귀금속 등 고가품을 거래할 때 사용하는 방법으로서 수출물품이 목적지에 도착하면 수입상이 직접 상품과 상환으로 현금을 지급하는 결제방식을 말한다. 해당 방법은 통상 수입국에 수출자의 지사나 대리점 등 대리인이 있는 경우에 활용하며, 수출자는 수입국에 있는 대리인에게 수출물품을 송부하고 수입자는 물품을 확인한 후에 대금을 결제한다.

(4) Progressive Payment or Installment Payment(누진불, 분할지급): 매수인이 주문과 동시에 대금의 일정비율을, 선적이 끝난 후에 일정비율을, 그리고 화물이 도착한 후에 잔액을 지불하는 것처럼 물품대금을 선적 전후로 분할하여 지불하는 결제방식을 말한다.

(5) Deferred Payment(연불): 외상거래(Sales on Credit)를 말하며, 매수인이 물품을 인수하고 일정기간 후에 대금을 결제하는 것을 말한다.

(6) Open Account(장부결제, 상호계산, 청산계정): 수출입거래가 빈번한 경우 대금결제를 장부상에 상쇄 정리한 다음 일정한 계산(청산)기간 말에 그 차액만을 결제하는 방법으로서 주로 외국인투자기업이나 대형 상사의 본 지사 사이에 이용되고 있다.

(7) D/P(Documents Against Payment; 지급인도조건): 수출상이 상품을 선적한 후 관련서류가 첨부된 일람불환어음(Document Sight Bill)을 수입상을 지급인(Drawee)으로 발행하여 자신의 거래은행에 추심을 의뢰하면 수출상의 거래은행은 그러한 서류가 첨부된 환어음을 수입상의 거래은행으로 보내어 추심을 의뢰하고, 수입상의 거래은행은 환어음의 지급인인 수입상이 대금을 결제하고 나서 서류를 인도하고 추심을 의뢰하여 온 은행으로 물품대금을 송금하여 결제하는 방법을 말한다.

(8) D/A(Documents Against Acceptance; 인수인도조건): 수출물품을 선적한 후, 수출상이 선화증권, 상업송장 등 선적서류를 첨부하여 수입상을 지급인으로 하는 연지급환어음(Documentary Usance Bill)을 발행하여 자신의 거래은행에 추심을 의뢰하면, 수출상의 거래은행은 그러한 서류가 첨부된 환어음을 수입상의 거래은행으로 보내어 추심을 의뢰하고, 수입상의 거래은행(추심은행)은 환어음의 지급인인 수입상으로부터 어음을 인수 받은 후 서류를 인도하고 환어음의 만기일에 대금을 결제 받아 추심을 의뢰하여 온 은행으로 송금하여 결제하는 방법이다.

6 보험조건(Insurance Terms)

무역계약 체결 시 보험조건에는 보험금액(보험비율)과 보험조건이 포함되며, 부가조건이나 보험금지급지와 지급통화 등을 추가하기도 한다. 보험료를 납부하고 보험계약을 체결하여야 하는 당사자는 무역계약 체결 시 채택한 정형거래조건에 따라 결정된다. 즉, FOB 조건에서는 수입자가, CIF조건에서는 수출자가 보험계약을 체결한다.

7 포장조건(Terms of Packing)

포장은 물품을 보호하고 판매를 촉진하는 기능을 하는 바, 수출자는 물품의 종류나 특성에 적합한 포장을 하여야 하는 의무를 부담한다. 만일 운송도중 포장부적합으로 인하여 사고가 발생할 경우 이에 대한 책임은 전적으로 수출자가 부담한다. 즉, 해상보험에 부보(Cover)하고 보험조건을 전위험담보(A/R; All Risk)조건으로 채택한 경우에도 보험회사는 포장으로 인한 손해에 대해서는 책임지지 않으며 운송인에게도 그 책임을 물을 수 없다.

---

05 클레임조항과 중재조항

1 클레임조항(Claim Clause)

무역 거래 시 당사자 중 일방이 고의나 과실에 따라 계약을 위반할 경우 그로 인하여 손해를 입은 당사자는 손해를 구제받기 위하여 계약위반으로 손해를 유발한 당사자에게 무역 클레임을 제기할 수 있다. 무역 클레임은 무역거래 당사자 간에는 주로 거래물품의 품질, 수량, 포장 등 상품자체에 대한 계약조건을 위반한 경우에 발생하며, 계약의 이행과 관련해선 제3자가 개입되므로 물품의 인도와 관련해서 운송인과의 운송계약, 보험자와의 보험계약에 따라 클레임을 제기한다. 대금결제와 관련하여 신용장 방식인 경우는 은행과의 환 계약 외국환 거래약정에 따라 매수인의 거래 은행인 신용장개설은행이 대금결제를 거절하기 위한 신용장 클레임을 제기하고, 무신용장방식인 경우는 무역계약에서 정하는 바에 따라 매수인이 물품대금을 결제하지 않을 경우 매도인이 매수인에게 직접 클레임을 제기한다.

2 중재조항(Arbitration Clause)

무역 거래 시 만약에 발생할지도 모르는 클레임은 예방하는 것이 최선이나 불가피하게 클레임이 발생한 경우 그 해결방법은 제3자의 개입에 의한 해결보다는 청구권의 포기나 화해 등과 같은 방법으로 당사자 간에 해결하는 것이 낫다. 그러나 불가피하게 제3자가 개입하여 해결하여야 하는 경우도 소송(Litigation)보다는 중재(Arbitration)에 의하여 해결하는 것이 낫다. 중재란 당사자 간의 중재 합의에 따라 법원 이외에 제3자인 중재인이게 클레임의 해결을 부탁하고 중재인의 중재판정에 복종함으로써 최종적으로 클레임을 해결하는 방법을 말한다. 이와 같은 중재는 법원에 의한 소송절차를 배제하는 것이므로, 중재에 의하여 클레임을 해결하기 위해서는 반드시 당사자 간에 이에 합의하여야 한다. 그런데 분쟁이 발생한 후에 중재에 합의하는 것은 현실적으로 어렵기 때문에 무역계약 체결 시 계약서에 중재조항을 삽입하는 방법에 의하여 사전에 중재합의를 해두는 것이 좋다.

1 정형거래조건(Trade Terms)

무역거래는 쌍무계약에 의한 거래이므로 수출자와 수입자가 각각 부담하여야 하는 의무가 있다. 이러한 무역거래당사자의 의무는 매우 다양하기 때문에 무역계약 체결 시 이를 일일이 나열하는 것은 어렵다. 따라서 실무적으로 FOB나 CIF와 같은 정형거래조건을 이용하여 무역계약 체결 시 구체적으로 나열하기 어려운 무역거래 당사자의 의무를 해석할 수 있도록 함으로써 무역계약 사항을 보완하고 있다.

그런데 정형거래조건은 국가나 지역별로 서로 다른 상관습과 실정법체계로 인하여 서로 다르게 해석될 수 있고, 결과적으로 무역거래당사자 간에 무역 분쟁을 야기할 수 있다. 따라서 정형거래조건의 해석에 있어서 국제적으로 통일성을 부여함으로써 무역거래 당사자들이 이를 임의로 채택할 수 있도록 하기 위하여 국제상업회의소(ICC; International Chamber of Commerce)에서는 정형거래조건의 해석에 관한 국제규칙(International Rules for the Interpretation of Trade Terms)을 제정하였다.

2 인코텀스(INCOTERMS)

무역거래에 사용되는 가격조건(Price Terms) 또는 정형거래조건(Trade Terms)의 해석에 관하여 통일성을 부여하기 위하여 ICC가 제정한 국제규칙을 가리킨다. 인코텀스는 아래의 11가지를 무역의 정형적 가격조건으로 규정하고 있다. 이들은 계약품의 인도장소, 즉 소유권의 이전과 위험부담의 분기가 이루어지는 장소가 선적지(Place of Shipment)인지 목적지(Place of Destination)인지에 따라서 선적지조건과 해상인도조건으로 구분할 수 있다. 무역에서 가격을 표시할 때에는 CIF New York과 같이 무역조건(Trade terms) 다음에 선적지 또는 목적지를 함께 표시한다.

GROUP		정형거래조건(Trade Terms)
모든 운송수단 및 방법에 사용될 수 있는 조건 (7종류)	EXW	Ex Works(Named Place of Delivery) 공장인도
	FCA	Free Carrier(Named Place of Delivery) 운송인인도
	CPT	Carriage paid To(Named Place of Destination) 운송비지급인도
	CIP	Carriage and Insurance Paid to(Named Place of Destination) 운송비 · 보험료 지급인도
	DAT	Delivered at Terminal(Named Terminal at Port or Place of Destination) 도착지 터미널인도
	DAP	Delivered at Place(Named Place of Destination) 도착지인도
	DDP	Delivered Duty Paid(Named Place of Destination) 관세지급인도
해상 또는 내수로운송에만 사용할 수 있는 조건 (4종류)	FAS	Free Alongside Ship(Named Port of Shipment) 선측인도
	FOB	Free on Board(Named Port of Shipment) 본선인도
	CFR	Cost and Freight(Named Port of Destination) 운임포함인도
	CIF	Cost, Insurance and Freight(Named Port of Destination) 운임 · 보험료포함인도

자료: Incoterms 2010

(1) **공장인도(EXW)**: 매도인이 수출지의 공장에서 매수인이 지정한 운송인에게 수출품을 인도함으로써 비용과 위험에 대한 책임을 면하는 정형거래조건으로 매도인의 책임은 가장 가벼운 반면 매수인의 책임이 가장 무거운 정형거래조건이다.

(2) **운송인인도(FCA)**: 매도인은 매수인이 지정한 수출국 내의 지점 또는 장소에서 수출통관을 마친 계약물품을 운송인의 보관하에 인계할 때 의무가 완료된다. 본 조건은 복합 운송조건으로서 해상운송, 항공운송, 철도·트럭운송 등 어떠한 운송형태에도 이용될 수 있다.

(3) **선측인도(FAS)**: 매도인이 선적항에서 부선 또는 본선의 선측에서 매수인이 지정한 운송인에게 계약물품을 인도하면 매도인의 인도의무가 완료된다. 따라서 매수인은 선측에서 물품이 인도된 이후 물품에 대한 손실 및 손상에 대한 위험과 물품의 운송과 관련하여 발송하는 제반비용을 부담한다. 본 조건은 주로 대용량 화물이나 중량화물 등 본선적재비용이 많이 드는 원목, 원면, 곡물 등 대량의 화물에 이용된다.

(4) **운송비지급인도(CPT)**: 매도인은 지정목적지까지 물품의 운반비용을 부담하여야 한다. 그러나 물품에 대한 위험부담은 물품을 운송인의 창고에 인도하는 시점에 매도인으로부터 매수인에게로 이전된다.

(5) **운송비·보험료지급인도(CIP)**: 매도인의 의무는 CPT 조건과 동일하다. 그러나 운송 중에 발생하는 물품의 손실 및 손상위험을 커버하기 위한 화물보험에 부보하여야 하는 의무가 추가된다.

(6) **본선인도(FOB)**: 대양을 건너 목적항까지 물품의 운송을 담당하는 본선에 적재되어야만 매도인의 의무가 완료되는 조건이다. 이때 본선적재라 함은 물품이 반드시 본선에 적재되는 것만을 의미하고, 본선에 적재하기 위하여 부선에 적재하는 것은 포함하지 않는다. 구체적으로 보아 물품이 본선의 난간(Ship's Rail)을 통과한 때를 본선적재가 이행된 것으로 간주한다.

비용부담측면에서 FOB가 FAS와 다른 점은 물품을 본선에 적재하는 데 소요되는 적재비용을 수출자가 부담한다는 점이다. FOB 조건에서 매도인은 수출물품을 수출지의 본선에 적재함으로써 위험부담과 비용부담의무를 완료하므로, 비용부담에 있어서 CIF 조건에서와 같이 목적항까지의 운임과 보험료를 부담하지 않으므로 운송계약과 보험계약을 체결하여야 하는 적극적인 행위가 없다.

(7) **운임포함인도(CFR)**: 목적항까지의 운송비용을 매도인이 부담하는 조건이다. 그러나 물품에 대한 위험부담은 FOB 조건에서와 마찬가지로 물품이 본선의 난간을 통과한 시점에서 매도인으로부터 매수인에게 이전된다. CFR 조건에서는 비용부담의 분기점과 위험부담의 분기점이 각각 다르다. 그리고 CFR 조건에서 매도인은 물품의 수출통관의무를 이행하여야 한다.

(8) **운임·보험료포함인도(CIF)**: 매도인이 도착항까지의 운임과 보험료를 부담하는 조건으로서 이는 국제무역거래 시 FOB 조건과 더불어 가장 많이 이용되고 있는 정형거래조건이다. 따라서 CIF 가격이란 FOB 가격에 목적항까지 수출입상품의 운임보험료를 포함한 가격 즉, 도착항가격이다.

(9) 관세지급인도(DDP): 매도인은 수입국의 지정된 장소에 물품을 도착시키면 의무가 완료된다. 이때 매도인은 물품의 인도에 따른 관세, 세금, 기타 비용을 포함한 모든 비용과 위험을 부담하여야 한다. 즉, EXW 조건이 매도인의 부담의무가 최소화된 조건이라면 DDP 조건은 매도인의 부담의무가 최대화된 조건이다.

(10) 도착지터미널인도(DAT)

① 물품을 도착 운송수단으로부터 양륙된 상태로 도착지의 기명된 항구나 도착지의 기명된 터미널에서 매수인의 임의처분하에 놓이는 때에 매도인이 인도한 것으로 되는 것을 의미한다.

② '터미널'은 지붕의 유무를 불문하며 부두, 창고, 컨테이너 장치장(CY) 또는 도로, 철도, 항공화물 터미널과 같은 일체의 장소를 포함한다. 매도인은 목적지의 지정된 항구 또는 장소에 있는 터미널까지 화물을 이동하고 그들을 하역하는 것을 포함한 모든 위험을 부담한다.

③ 이론적으로나 현실적으로 볼 때, DAT도 DAP에 포함시킬 수 있을 것이다. 그러나 모든 물품이 일단 수입지의 터미널에 도착하게 된다는 의미에서 터미널(Terminal) 인도조건과 기타 장소(Place) 인도조건의 두 가지로 이원화하여, 종전의 DEQ는 DDT에 흡수시키고, DAF, DES, DDU 조건은 DAP에 흡수시켰다. 원래 개정 논의 초기에는 이 모두를 DAP에 포함시켰으나, 후에 복합운송을 위한 기명된 도착지 육상인도를 전제한 포괄적 의미의 도착지의 기명된 인도장소를 규정하는 DAP와 해상운송을 위한 도착지의 부두라는 터미널을 전제한 DAT로 분리하여 규정하였다.

(11) 도착지인도(DAP)

① 매도인이 기명된 도착지에 도달된 운송수단에서(물품을 운송수단에서 양하하지 않은 상태에서) 화물을 양하할 준비가 된 상태로 매수인의 임의처분 상태로 인도하는 것을 의미한다. 매도인은 기명된 장소까지 운송하는 데 수반하는 모든 위험을 부담한다.

② 당사자들은 합의된 목적지 내의 지점을 가급적 정확하게 만족하는 내용으로 운송계약을 체결하는 것이 바람직하다. 그러한 지점까지의 위험은 매도인이 부담하기 때문이다. 매도인은 이러한 선택에 정확하게 일치하는 운송계약을 체결하는 것이 바람직하다. 만약에 매도인이 운송계약에 따라 도착지에서 양하와 관련된 비용을 부담하였고 당사자 사이의 별도의 합의가 없다면 매도인은 그러한 비용을 매수인에게 배상받을 권리가 없다.

02 결제 및 신용장

01 결제

1 현물상환방식(COD; Cash On Delivery)

수입자가 물품을 인수 확인 후에 물품대금을 송금하는 결제방법으로서, 물품대금 결제 시 신용장이나 환어음을 사용하지 않는다. 이는 주로 귀금속과 같은 고가품을 거래할 때 사용하는 결제방법으로서 수입자가 물품을 직접 확인하여야만 품질수준을 인정할 수 있는 물품을 항공기를 이용하여 운송하는 경우에 채택한다.

2 서류상환방식(CAD; Cash Against Documents)

D/P, D/A방식 거래와 유사한 거래로서 D/P, D/A방식 거래 시에는 환어음을 발행하여 물품 대금을 결제받으므로 선화증권 등 선적서류를 환어음에 첨부하여 반드시 은행을 경유하여 수입자에게 제시하여야 한다. 그러나 CAD방식으로 거래할 경우 수출자는 선하증권 등 운송서류와 기타 부속서류를 직접 수입자에게 또는 수출국에 소재하는 수입자의 대리점이나 거래은행에 제시하고 서류와 상환으로 물품대금을 송금받는 결제방법을 말한다.

3 서류지급도(D/P; Documents against Payment)

D/A방식과 더불어 신용장이 개입되지 않고 이루어지는 대표적인 무역거래 방식이다. D/P방식은 수출자가 수입자와의 매매계약에 따라 화물을 자기 책임하에 선적하고 선적서류를 구비하여 이를 수출자가 발행한 일람출급 화환어음(At Sight Bill of Exchange)에 첨부하여 자기의 거래은행 즉, 추심의뢰은행(Remitting Bank)을 통하여 수입자의 외국환은행 앞으로 추심을 의뢰하면, 추심의뢰를 받은 수입국 측 은행 즉, 추심은행(Collecting Bank)은 수입업자에게 어음을 제시하고 수입자가 어음금액을 결제한 후 수입자에게 선적서류를 인도하는 거래방식을 말한다.

이는 신용장방식 거래처럼 수입자의 은행에서 대금지급을 확약한 것이 아니기 때문에 일반적으로 수출자는 선적과 동시에 거래은행에 환어음매입을 의뢰함으로써 즉시 수출대금을 회수하는 것이 아니라, 선적 후 환어음을 추심하는 과정을 거쳐 수출대금을 회수하므로 선적일로부터 수입자가 대금을 결제할 때까지 결제에 따른 모든 위험은 수출자가 부담한다.

4 서류인수도(D/A; Documents against Acceptance)

화환거래를 통한 화물인도조건의 하나로서 수출자의 은행으로부터 기한부화환어음을 송부받은 수입자의 은행 즉, 추심은행이 어음지급인인 수입자가 어음을 인수함과 동시에 선적서류를 인도하는 조건을 말한다. 여기서 어음의 인수란 외상어음을 어음상의 지급일자에 지급하겠다는 약속을 말한다.

수입자는 D/A어음을 제시받았을 경우 어음대금을 지급하지 않고 어음인수 즉, 지급약속만 함으로써 선적서류를 인도받으면, 수입자는 어음기일 이내에 수입물품을 매각하고 그 대금으로 어음을 결제할 수 있기 때문에 수출자로부터 금융상의 편의를 받는 것이다. 그러나 수출자의 입장에서 보면 어음상의 지급인인 수입자가 환어음상에 어음인수를 추가하였다는 어음상의 권리 이외에 물적 담보가 없고, 수입자가 어음의 만기일에 어음대금을 결제하지 않아 어음이 부도날 경우 손해를 회복할 길이 없기 때문에 상당한 위험을 부담하게 된다.

5 D/P At Sight, D/P Usance

D/P거래 시 수입지의 추심은행은 선적서류가 도착하면 통상의 경우에는 수입자에게 즉시 서류를 인도하여야 하지만, 선적서류가 도착한 뒤 일정 기간이 지난 후에 수입자에게 선적서류를 인도하여야 하는 경우가 있다. 전자를 D/P At Sight라 하고, 후자를 D/P Usance라고 한다.

02 신용장

1 배경

무역거래는 거래상대방의 신용상태의 변화에 따른 위험이 매우 크므로 수출업자로서는 선적을 하고도 대금회수가 불능하게 되는 위험(신용위험: Credit Risk)과 수입업자로서는 대금을 지급하고도 상품입수가 불능하게 되는 위험(Mercantile Risk)을 해소함으로써 무역거래가 원활하게 수행되도록 하는 것이 신용장제도이다. 신용제도의 정비를 위하여 ICC총회는 '화폐신용장에 관한 통일규칙 및 관례(Uniform Customs and Practice for Documentary Credits)'를 채택하여 국제규칙의 역할을 하게 하였다.

2 의의

신용장은 영어로 Letter of Credit 또는 단순히 Credit이라고도 하며 통상 약해서 L/C라고 부르고 있다. 무역거래에서 사용되는 것은 보통 상업신용장(Commercial L/C)으로서, 이는 무역거래의 대금지급 및 상품의 수입을 원활히 하기 위하여 수입상의 수출지거래은행이 자기의 거래처인 수입상을 위하여 자기 은행의 신용을 대외에 제공하고, 일정 기간 및 일정 조건하에서 수출상이 수입상 앞으로 화환어음을 발행하면 그 어음의 인수(Acceptance)나 지급(Payment)에 대하여 보증을 행하거나 또는 자기 앞으로 어음을 발행하게 하여 그 어음의 인수 지급에 대하여 보증하는 증서 또는 보증장이다. 즉 신용장은 수입상의 요청에 따라 수입상의 거래은행(개설은행)이 수출상(수익자) 앞으로 개설하는 것으로 수익자가 발행한 환어음이 신용장에 명기된 조건에 부합하기만 하면 개설은행이 틀림없이 그 환어음을 인수 지급하겠다는 거래은행의 약정이다.

3 역할

(1) 대금지급수단: 수출상이 수입상에 대하여 계약불이행에 대한 상사중재나 소송을 제기하면 대단히 번거로우며 시간과 비용도 많이 소요되나 일단 신용장이 개설되면 그 대금에 대한 지급을 거래은행이 보증하므로 수출대금의 회수가 확실하기 때문에 신용장은 대금결제의 가장 확실한 수단이 되고 있다.

(2) 금융수단: 신용장에 의한 수출의 경우에는 상대방 거래은행이 그 대금의 지급 등을 보증한 것이기 때문에 매입을 의뢰받은 은행은 환어음이 신용장조건에 일치하는 한 안심하고 매입을 해준다. 따라서 신용장은 수출상에게 유리한 금융수단이 되고 있다.

4 당사자 – 신용장거래에 관계되는 자

(1) 개설의뢰(신청)인(Applicant for the Credit or Opener): 매매계약의 당사자인 매수인(Buyer)은 매매계약에 의한 대금지급조건이 신용장결제조건인 경우 수입상(Importer)으로서 자기거래은행에 신용장의 개설을 신청하게 된다.

(2) 개설은행(Credit Writing Bank or Grantor): 신용장개설의뢰인의 신청과 지시에 따라 매매계약의 당사자인 수출상 앞으로 신용장을 개설하는 은행을 신용장개설은행(Opening Bank) 또는 신용장발행은행(Issuing Bank)이라고 한다.

(3) 수익자(Beneficiary): 신용장의 수취인이 수익자 또는 수혜자가 되며, 수출상이 신용거래 시 수익자가 된다. 국제무역거래에 있어서 수익자는 상품을 파는 쪽인 매도인(Seller)이며 상품을 적출하는 송화인(Shipper)이다. 신용장을 받은 수익자는 수출대금을 회수하려면 상품을 선적한 후에 신용장에서 요구한대로 환어음을 발행하고 이에 신용장에서 요구하는 선적서류를 첨부하여 수출지에 소재하는 외국환은행에 제시하여 매입받게 된다.

(4) 통지은행(Notifying Bank): 수출지에 있는 신용장개설은행은 신용장을 개설하면 그 사실과 내용을 외국에 있는 수출상에게 통지하여야 한다. 통지은행은 전달해주는 신용장에 대해서 어떠한 책임을 지거나 약정을 하는 것은 아니다.

(5) 확인은행(Confirming Bank): 신용장에 의하여 발행되는 환어음에 대하여 인수 또는 지급을 틀림없이 이행하겠다는 신용장개설은행의 확약에 추가하여 거래은행의 요청에 따라 그 환어음에 대한 인수 지급 혹은 매입을 틀림없이 이행하겠다는 추가적인 확약을 하는 제2의 은행이다.

(6) **매입은행(Negotiating Bank)**: 수익자는 상품선적을 완료한 후 신용장에서 규정하고 있는 바에 따라 거래은행 앞으로 환어음을 발행하고 신용장에서 요구하는 있는 선적서류를 첨부하여 자기의 거래은행에 환어음의 매입(Negotiation)을 신청하는데 이에 따라 수출환어음을 매입하는 은행이다.

(7) **지급은행(Paying Bank)**:신용장에서 매입은행에 의한 수출환어음의 매입을 인정하지 않고 특정은행이 화환어음과 상환으로 수익자에게 지급할 것을 규정하고 있는 신용장을 지급신용장이라고 하는데, 이와 같은 지급신용장에 의거 지급행위를 위탁받는 은행이다.

(8) **인수은행(Accepting Bank)**: 신용장에 의하여 발행된 어음이 기한부어음의 것을 조건으로 하는 신용장을 기한부신용장이라고 하는데, 이와 같은 기한부신용장에 의거하여 발행된 기한부어음을 인수하는 은행이다.

(9) **결제은행(Settling Bank)**: 신용장에 의한 결제 시 그 통화가 수출국이나 수입국의 통화가 아닌 제3국의 통화일 경우 제3국에 있는 거래은행의 예치환거래은행이 그 신용장의 결제은행이 되는 경우가 있으며, 이를 상환은행이라고도 한다.

5 종류

(1) **화환신용장(Documentary Credit)**: 신용장에 의하여 발행된 환어음에 선화증권(Bill of Lading) 등 선적서류(Shipping Documents)를 첨부할 것을 요구하는 신용장을 말한다.

(2) **무화환신용장(Clean Credit)**: 화환신용장에 대응되는 것으로 신용장에 의해서 발행되는 환어음에 선적서류를 첨부하지 않고, 그 대신 간이영수증(Simple Receipt)이나 증명서(Certificate) 또는 일정한 진술서(Statement)를 첨부하는 것을 조건으로 그 어음의 지급, 인수 또는 매입을 확약하는 신용장을 말한다.

(3) **취소불능신용장(Irrevocable Credit)**: 신용장조건과 완전히 합치하는 선적서류를 제시하기만 하면 개설은행이 아무런 조건 없이 대금을 지급하겠다는 확약과 함께 일단 개설하여 통지한 신용장은 신용장의 관계당사자 전원이 동의하지 않는 한 변경이나 취소가 불가능한 신용장을 말한다. 오늘날 국제상거래에서 사용되는 대부분이 취소불능신용장이다.

(4) **내국신용장(Local L/C)**: 무역업체가 국내에서 수출용 완제품을 구매하여 직수출하거나, 수출물품 제조업자가 수출물품을 제조하는 데 소요되는 수출용 원자재를 국내에서 구매하여 이를 제조가공한 후에 직수출하거나 직수출업자 등에게 공급하고자 하는 경우 국내에서 물품을 구매하고자 하는 업체의 의뢰에 따라 외국환은행이 국내의 완제품 또는 원자재 공급업체를 수혜자로 하여 개설하는 신용장을 말한다. 이와 같이 내국신용장은 본연의 기능인 은행의 물품대금 지급확약 이외에도 수출신용장 등과 마찬가지로 무역금융 융자대상 증빙으로도 인정되어 수출물품을 제조·가공하는 데 소요되는 생산자금뿐만 아니라 수출용 원자재 조달 시 소요되는 원자재자금을 지원받을 수 있다. 뿐만 아니라 내국신용장에 의하여 수출물품을 공급하는 경우 국내거래임에도 불구하고 이를 수출로 인정하여 물품대금을 외화기준으로 결제하며, 부가가치세법상 부가가치세 영세율을 적용한다.

03 운송 및 보험

01 운송 및 보험

1 선적신청서(S/R; Shipping Request)

화주는 선주와 구두로 선박예약을 한 후 해당 선박회사의 선적신청서양식에 선적사항을 기재한 후 이를 선사에 송부하여 서명을 받는다. 이와 같은 선적신청서는 통상 운송실무상 운송계약에 갈음하여 사용하고 있다. 즉, 선적신청서는 운송계약을 체결하기 위하여 화주가 선박회사에 선박을 요청하는 청약에 해당하며, 선박회사가 이에 대하여 승낙하면 확약서(Booking Note)를 교부한다. 이와 같이 화주의 선적신청과 선박회사의 확약서 교부로 운송계약이 성립한다.

2 화물인도지시서(D/O; Delivery Order)

수입대금을 결제한 후 선화증권 원본을 수취한 수입자가 이를 선박회사에 제시하면 선박회사 또는 그 대리인이 수입화주에게 화물을 인도할 것을 지시하기 위하여 본선의 선장 또는 보세창고관리인 앞으로 발행하는 서류이다. 수입자는 수입통관절차를 완료한 후 화물인도지시서를 선장 또는 보세창고관리인에게 제시한 후 수입물품을 수령한다.

3 선화증권(B/L; Bill of Lading)

선화증권은 해상운송 운송인이 수출화주로부터 화물을 수령하여 선박에 적재한 후에 화물을 수령하였음을 입증하면서 발급하는 서류이다. 이는 해상운송 후 선화증권의 정당한 소지인에게 운송화물을 인도할 것을 약속하는 화물의 인수증(Receipt of Goods)이다. 그리고 해상운송 시에는 항공운송에 비하여 상당한 운송기간이 소요되므로 선화증권을 화물을 대표하는 권리증권으로 하여 여기에 배서를 추가하는 방식으로 유통되도록 하는 유가증권이기도 하다. 또한 선화증권은 화주의 운송청구에 따라 선주 또는 그의 대리인이 발행하는 것으로서 운송업자와 화주 간의 운송조건을 약정한 운송계약의 증빙이기도 한다. 이러한 선화증권의 정당한 양수인은 지정된 도착지에서 이를 제시한 후에 화물을 인수하게 되며, 선화증권을 타인에게 양도하는 것은 물품을 양도하는 것과 동일하므로, 이는 도착물품이나 미착물품을 매매할 때에 많이 사용된다. 선화증권의 종류에는 다음과 같은 것들이 있다.

(1) **용선계약선화증권(Charter Party B/L)**: 화주가 대량화물을 운송하기 위해 특정항로 또는 일정 기간 부정기선을 용선하는 경우, 화주와 선박회사 사이에 체결된 용선계약(Charter Party)에 따라 발행되는 선화증권을 말한다. 즉, 이는 선박을 소유하고 있지 않은 운송인이 선박회사로부터 선박을 용선하여 자기 책임 하에 운송을 담당하면서 발급하는 선화증권이다.

(2) 운송중개인선화증권(Forwarder's B/L): 운송중개인이 발행한 선화증권으로서, 동일한 선화증권에서는 송화인과 운송계약을 체결하는 계약운송인은 운송중개인이나, 물품을 운송하는 운송인은 보통 운송중개인을 대리점으로 지정하는 선박회사이므로 양자가 서로 다르다. 한편 송화인이 선박회사와 운송계약을 체결한 후 발급 받은 선화증권을 선사선화증권이라고 하는데 이 경우는 계약운송인과 실제운송인이 일치한다.

(3) 무고장(무사고)선화증권(Clean B/L): 선화증권상의 물품명세란에 상품 및 포장에 하자가 있다고 표시하고 있는 부가조항이나 단서가 없는 선화증권을 말한다. 반대로 선화증권상에 하자표시가 있으면 고장부(사고부)선화증권(Dirty B/L or Foul D/L)이라고 한다.

4 화물도착통지서(Arrival Notice)

수출상이 화물을 선적한 다음 선박회사는 화물을 적재한 본선이 수입항에 도착하면 선화증권상의 통지처(Notify Party)에 기재된 수입자에게 화물이 도착하였다는 통지를 하는 바, 이를 화물도착통지서 또는 착화통지서라고 한다. 이는 선적서류가 은행에 도착한 다음 은행이 수입자에게 선적서류의 도착을 통지하는 선적서류도착통지와 대비된다. 수입자는 화물도착통지서를 접수한 이후 수입통관절차를 거쳐 수입물품을 인수한다.

5 해상보험(Marine Insurance)

해상운송과정에서 발생할 수 있는 각종 위험을 담보하는 보험이다. 해상보험은 해상자산의 종류에 따라 선박에 관한 보험(선박보험, 운임보험)과 적화에 관한 보험(적화보험, 희망이익보험)으로 분류된다. 이와 함께 선원 등 선박 내에 있는 사람의 건강 및 생명은 해상보험계약의 목적이 될 수 없으며 이들은 생명보험, 상해보험, 선원보험의 영역에 속한다.

6 수출보험(Export Insurance)

해상보험이나 화재보험 등과 같이 보통의 민간보험으로는 구제될 수 없는 수출 등 대외 거래상 대상결제 위험으로부터 수출업자나 수출품제조자를 보호하기 위하여 마련된 제도이다. 수출보험은 수출자 또는 선적 전후에 무역금융을 제공한 금융기관이 수입자의 대금지급 지체나 파산, 수입국의 외환사정 악화 등에 따른 수입국 정부의 대외송금 제한조치, 수입국에서의 전쟁·내란 등에 따라 수출대금 회수불능사태의 발생, 또는 만기일에 수출대금을 회수하지 못하게 됨으로써 손실을 입게 되는 경우, 이에 대한 보상으로써 궁극적으로 수출진흥을 도모하고자 하는 비영리정책보험이다.

수출보험의 종류에는 단기수출보험, 수출어음보험, 중장기수출보험, 해외공사보험, 수출보증보험, 해외투자보험, 농수산물수출보험, 시장개척보험, 중소기업수출신용보증 등이 있다. 수출보험은 크게 보아 수입국 정부에 의한 비상위험(Political Risk)과 수입자에 의한 신용위험(Commercial Risk)으로 나뉘는데, 수출보험은 그 기능상 근본적으로 비상위험을 커버하는 데 1차적인 목적이 있다.

04 관세 및 비관세 장벽

01 관세

1 의의

관세란 관세선을 통과하는 상품에 대하여 부과하는 조세를 의미한다. 역사적으로 볼 때 관세는 수량할당 (Quota)과 더불어 가장 오랫동안 널리 사용되어 온 무역정책수단이다.

2 종류(관세를 부과하는 목적에 따라)

(1) 반덤핑관세: 특정국가의 상품이 정상가격 이하로 수입되는 덤핑행위에 대하여 부과하는 관세이다.

(2) 상계관세: 수출국에서 직접 및 간접적으로 생산 또는 수출에 대하여 장려금이나 보조금을 지급하였을 때 이를 상쇄하기 위하여 부과하는 관세이다.

(3) 보복관세: 상대국의 자국 상품에 대한 관세부과에 대항하기 위해 부과하는 관세이다.

(4) 긴급관세: 국내산업의 보호를 위하여 긴급한 조치가 필요하거나, 긴급히 특정상품의 수입을 억제하기 위하여 특정수입품에 대해 부과하는 고율의 관세이다.

(5) 재정관세: 국가의 관세수입을 증대시키기 위하여 부과하는 관세이다.

(6) 보호관세: 국내산업을 보호하기 위하여 부과하는 관세이다.

(7) 특혜관세: 특정국가에 대하여 관세를 특별히 낮은 세율로 부과하거나 관세를 아예 폐지하는 것이다.

(8) 할당관세: 특정상품의 수입에 대하여 일정량을 정해놓고 수량 이내의 수입품에 대하여는 낮은 관세를 부과하지만, 정해진 수량 이상의 수입에 대하여는 고율의 관세를 부과하는 것이다.

3 관세의 경제적 효과

(1) 국내가격 상승

(2) 국내생산 증가

(3) 국내소비 감소

(4) 수입 감소 - 무역수지개선(교역조건 개선, 교역량 감소)

(5) 관세수입 증가

(6) 소비자잉여 감소

(7) 생산자잉여 증가

(8) 관세부과에 따른 사회적 후생 손실

02 비관세 장벽

1 비관세 장벽(NTB; Non-tariff Barrier)의 종류

(1) **수량할당(Quota)**:특정상품의 수입을 일정량 이상은 금지시키는 제도로, 비관세 장벽 중에서 가장 많이 이용되고 있다.

(2) **수출자율규제**: 수출국들이 자율적으로 수출물량을 일정 수준에서 제한하는 것이다.

(3) **수입과징금**: 수입억제를 위하여 수입상품의 일부 내지는 전부를 대상으로 일종의 조세를 부과하는 것이다.

(4) **수출보조금**: 수출재 생산에 대하여 보조금을 지급하는 것이다.

(5) **수입허가제**: 수입품목에 대하여 정부의 허가를 받도록 하는 제도이다.

2 수량할당과 관세

관세를 부과하는 경우와 수량할당을 실시하는 경우 모두 수입량이 감소하는 효과를 가져 오고 따라서 수입품의 국내가격 상승, 국내소비 감소, 소비자잉여 감소, 국내생산 증가의 효과는 동일하다. 단, 관세부과의 경우에는 관세수입이 정부로 귀속되나, 수량할당의 경우는 수입허가권을 얻은 사람에게 초과이윤이 발생한다. 보호효과는 관세보다 수량할당이 더 확실하다.

3 국제경제통합

(1) 국제경제통합의 유형

통합유형	가맹국 간의 관계	비가맹국 간의 관계
자유무역지대	관세 및 비관세 장벽 철폐	각국이 독립적으로 관세 및 비관세 장벽 유지
관세동맹	관세 및 비관세 장벽 철폐	비가맹국에 대하여 공동관세 부과
공동시장	• 관세 및 비관세 장벽 철폐 • 역내에서의 생산요소의 자유 이동	
경제동맹	• 관세 및 비관세 장벽 철폐 • 역내에서의 생산요소의 자유 이동 • 경제정책에 있어서의 협조	
완전경제통합	경제면에서 한 국가로 행동	

(2) 경제통합의 현황

명칭	주요 내용
유럽연합(EU)	• 유럽경제공동체(EEC) 등을 기반으로 유럽공동체(EC)의 이름으로1967년 창설 • 지역경제협력의 차원을 넘어 완전한 경제통합을 목표로 함 • 통화의 통합(EURO) • 마스트리히트 조약발효 이후 1994년 1월부터 공식명칭이 유럽연합(EU)으로 변경
북미자유무역지대 (NAFTA)	• 1994년 창설 • 미국, 캐나다, 멕시코 3개국으로 구성
아태자유무역지대 (APEC)	• 아시아, 태평양지역 정부 간 공식협의체 • 완전한 자유무역지대로 출발하지는 못하고 있음

(3) GATT: 자유무역의 확대를 통하여 세계경제의 발전을 도모하기 위하여 맺어진 '관세 및 무역에 관한 일반협정'으로 1947년 미국의 주도하에 성립되었다.

① GATT의 기본원칙

　　㉠ GATT는 자유무역의 촉진을 위하여 '무차별원칙'을 기본으로 '최혜국 대우조항', '내국민 대우원칙' 등 몇 가지의 기본원칙을 추구한다.

　　㉡ 관세동맹, 자유무역지역 등에 대해서는 예외를 인정한다.

② 다자간 무역협상: GATT에서는 그동안 여러 차례에 걸친 다자간 무역협상을 통하여 관세 및 비관세 장벽의 철폐에 기여하였다.

　　㉠ 케네디라운드: 제6차 관세인하협정(1964~1967년), 평균 35%의 관세율 인하

　　㉡ 동경라운드: 제7차 관세인하협정(1973~1979년), 평균 33%의 관세율 인하

ⓒ 우루과이라운드: 제8차 협상(1986~1993년), 관세 및 비관세 장벽의 철폐, 이전의 협상라운드에서 제외되었던 농산물, 서비스, 지적소유권 등 포함 → WTO 성립

(4) 남북문제와 UNCTAD

① 남북문제: 1960년대에 들어와 선진국과 후진국 사이의 경제력 격차문제가 심각한 국제경제문제로 대두되었다.

② UNCTAD(UN무역개발회의): 선, 후진국들 간의 무역문제가 심각해짐에 따라 이를 해결하기 위한 국제기구, 남북문제를 남측(후진국) 입장에서 해결하고자 하는 국제무역기구

   ⓐ 무상이나 장기저리원조 등을 통하여 선진국들이 후진국들의 경제개발에 적극 참여

   ⓑ 후진국들의 수출품인 농산물의 가격안정화 및 후진국들로부터 수입하는 상품에 대한 특혜관세제도의 실시

(5) GATT와 WTO

① GATT의 문제점: GATT는 국제무역에 관한 일반협정에 불과하여 국제기구로서의 성격이 미약하였다. 따라서 협정위반국에 대한 제재조치가 거의 불가능하였다. 이에 따라 GATT를 대체할 무역기구의 필요성이 대두되었다.

② WTO의 성립: 우루과이라운드에서 각국이 GATT를 대체하여 UR협정을 관할하고 국제무역분쟁을 해결할 국제기구로서 세계무역기구(WTO; World Trade Organization) 설립에 합의함으로써 WTO가 탄생했다.

③ GATT와 WTO의 차이점

구분	GATT	WTO
설립	1947년	1995년
특징	단순한 국제무역에 관한 협정(Agreement)	구속력을 보유한 국제무역기구(Organization)
권한	위반국에 대한 제재능력 미비	위반국에 대한 강제적 집행능력 보유
대상품목	주로 공산품	공산품, 농산물, 서비스, 지적재산권 등 거의 모든 교역품목

CHAPTER

05 환율, 환율제도

01 환율의 개념 및 결정요인

1 환율의 정의

자국통화와 외국통화의 교환비율을 뜻한다.

2 환율의 표시방법

(1) **지불계정표시방법**: 외국통화 1단위를 수취하기 위하여 지불하여야 하는 자국통화의 크기로 표시하는 방법이다($1=₩1,200).

(2) **수취계정표시방법**: 자국통화 1단위를 지불할 경우 수취할 수 있는 외국통화의 크기로 나타내는 방법이다(₩1=1/$1,200).

(3) 대부분의 국가에서는 지불계정표시방법을 이용한다.

3 균형환율의 결정

외환의 수요와 공급이 일치하는 점에서 균형환율이 결정된다.

4 환율변화의 효과

평가절상(환율인하)	평가절하(환율인상)
$1 = ₩1,000 ← $1 = ₩1,200 → $1 = ₩1,400	
• 수입증가 • 수출감소 • 국내경기침체 가능성 • 외채부담감소 • 국제수지악화	• 수출증가 • 수입감소 • 인플레이션발생 가능성 • 외채부담증가 • 국제수지개선

02　환율제도

1 고정환율제도

중앙은행이나 정부가 외환시장에 개입하여 환율을 일정수준에서 유지시키는 제도이다. 환율이 고정되어 있으므로 환위험이 제거되어 국제무역과 국제 간 자본거래가 확대되며, 환투기를 노린 국제 간 단기자본 이동이 제거된다는 장점이 있으나, 국제수지 불균형이 자동적으로 조정되지 않고, 고정환율제도하에서는 충분한 외환준비금이 필요하다는 단점도 있다.

2 변동환율제도

외환시장에서 외환의 수요와 공급에 의하여 환율이 결정되도록 하는 제도이다. 국제수지 불균형이 환율변동에 의해 자동적으로 조정되고, 국제수지를 고려하지 않고 재정 금융정책의 실시가 가능하다는 장점이 있으나, 환율변동에 따른 환위험 때문에 국제무역과 국제투자가 저해되고, 인플레이션에 대한 저항이 약하다는 단점이 있다.

3 우리나라의 현행 환율제도

우리나라는 전일자 외국환은행들이 외환시장에서 거래한 환율을 가중 평균하여 당일의 시장평균환율이 결정되도록 하는 시장평균환율제도(Market Average Exchange Rate System)를 1990년 3월부터 시행하였다. 시장평균환율은 환율을 제한적이나마 시장기능에 의해 결정되도록 함으로써 국내금융시장과 국제금융시장을 연계하는 기능을 하고, 급작스럽게 환율변동으로 인하여 발생할 수 있는 혼란과 충격을 막기 위해 변동폭을 제한하여 환율의 안정화를 도모하며, 시장기능을 반영함으로써 대외 통상마찰을 완화시킬 수 있도록 한다.

시장평균환율을 결정할 때 사용하는 외환시장의 은행 간 거래가격은 전일 시장평균환율의 ±2.25%범위 이내로 운용하여 오다가, 1997년 10월 이후 외환위기에 따라 외환시장이 붕괴될 위기에 처하자 1997년 11월 20일 이를 ±10%로 확대하였다. 그러다가 IMF의 권고에 따라 12월 16일부터 미국달러화에 대한 원화환율의 1일 변동폭 제한을 폐지하여 자유변동환율제도로 전환하였다. 그러나 우리나라의 자유변동환율제도는 미국, 일본 등의 완전자유변동환율제도와 달리 외환당국이 매일 매매기준율을 고시하는 관리자유변동환율제도이다. 미국, 일본 등에서는 매일 아침 선발은행들이 매매기준을 정한다.

03　현물환과 선물환

1 현물환(Spot Exchange)

매매계약일로부터 제2영업일 이내에 인도되어야 하는 환을 말한다. 대고객거래 시 매매계약과 동시에 환이 인도되는 경우가 보통이다. 그러나 은행 간 거래는 금액이 거대한 관계로 자금마련에 시간적 여유가 필요하므로 제2영업일까지 인도하는 것을 인정하고 있다. 일반적으로 현물환은 거래적 동기에서 거래되어, 대부분의 경우 무역거래에 수반하여 수요되고 공급된다. 즉, 수입거래에 따라 현물환의 수요가 발생하고 수출거래에 따라 현물환의 공급이 발생한다.

2 선물환(Forward Exchange)

매매계약일로부터 제2영업일 이후에 수도되는 환율을 말한다. 수출거래를 할 때 금일 매매계약을 체결하나 실제대금이 회수되기까지는 상당한 시간적 간격이 개제되므로 이 기간 동안 환율변동위험에 노출되게된다. 그러나 선물환을 이용할 경우 환율을 일정한 가격으로 고정시키기 때문에 환율변동위험을 헤지(Hedge)할 수가 있는 것이다.

3 환포지션(Exchange Position)

외국환을 상품의 하나로 볼 때 상품매매가격에 해당하는 환율로 외국환을 매매한 후 파악한 외환상품 또는 외화채권의 재고량이라 할 수 있다. 이를 외화포지션표에 의하여 파악하면 외환채권합계액의 차액이다. 환포지션은 외화채권이 채무보다 큰 경우를 매입초과포지션(Long Position)이라 하고, 외화채무가 외화채권보다 큰 경우를 매출초과포지션(Short Position), 외화채권과 채무가 일치하는 균형상태를 Square Position이라 한다. 오늘날 환포지션을 중요시하는 이유는 외국환은행에서 첫째 환리스크를 최소화하여 매매손을 방지하고, 둘째 외화자금조정을 위한 자료로 삼고, 셋째 외환매매차익을 파악하기 위한 것이기 때문이다.

4 헤징(Hedging)

환시세의 변동으로 인해 그 가치가 영향 받은 자산이나 부채로부터 발생하는 환리스크를 회피하기 위한 일체의 거래를 헤징이라고 한다. 특히 현물환과 선물환 간의 커버를 보험적인 의미에서 행하는 경우를 헤징이라 한다. 현물과 선물은 서로 반대 포지션을 취함으로써 헤징을 하게 된다.

06 국제경영전략

01 국제경영전략의 의미와 수립 과정

1 국제경영전략의 의미

(1) 국제경영전략이란 기업이 국제 경영을 함에 있어서 목표를 설정하고 이를 달성하기 위해 하는 의사결정이라고 할 수 있다. 제품 계획, 마케팅, 생산, 연구개발 등에 관한 전략이다.

(2) 국제경영전략은 해외 국가별로 이루어지는 국가별 전략과 전 세계를 하나의 시장으로 보는 글로벌 경영 전략으로 분류할 수 있다.

2 국제경영전략의 수립 과정

기업의 목표 설정 → 경쟁 환경 분석 → 기업의 특징 분석 → 핵심 전략 개발 → 전략의 실행 → 전략 평가

02 국제경영전략의 유형 및 다국적 기업

1 국제경영전략의 유형

(1) 국제경영전략

① 해외 시장 진입 전략: 수출 방식, 계약 방식, 해외 직접 투자 방식이다.

② 해외 시장 철수 전략: 수동적 철수 전략, 능동적 철수 전략이다.

(2) 수출 전략

① 직접 수출: 제조업체가 직접 국제 마케팅, 제반 수출 절차, 서류 작성 등의 업무를 수행하는 방식이다.

② 간접 수출: 직접 수출할 능력이 부족한 경우 무역 대리업자나 기타 중개인을 통해 하는 간접 수출 전략이다.

(3) 국제 라이센싱 전략

① 무상 라이센싱: 플랜트 수출과 같은 기술 지원 형태로서 설비 설치부터 가동까지 사용 기술을 무상으로 이전하는 방식이다.

② 유상 라이센싱: 법률적 보호를 받는 산업 재산권과 법률적 보호를 받지 않는 비산업 재산권이 있다.

(4) 국제 프랜차이징 전략

① 경영에 관련된 모든 것을 이전하고 사용료를 받는 방식이다.

② 국제적으로 표준화된 제품 또는 서비스 산업에서 활용한다.

(5) 해외 투자 전략

① 해외 직접 투자(FDI; Foreign Direct Investment)

   ㉠ 수출 유발: 현지 법인에 의한 본국으로부터의 수입(본국 수출 증가)

   ㉡ 수출 대체: 현지 법인의 생산품이 본국 수출품을 대체(국제 수지 악화)

   ㉢ 역수입: 현지 법인의 생산품이 국내로 수입(국제 수지 악화)

② 해외 간접 투자(FII; Foreign Indirect Investment)

   ㉠ 자금 대여에 의한 투자: 이자 수익을 목적으로 하는 자금 대여

   ㉡ 단기 주식 취득에 의한 투자: 시세 차익을 목적으로 하는 해외 증권 투자

(6) 단독 투자와 합작 투자

① 단독 투자(Solo Venture): 기업을 완전 소유 형태로 투자하는 방식(의결권주의 95% 이상 단독 소유)
→ 제품, 기술, 노하우의 통제, 자사의 경영 방침으로 독자적 운영

② 합작 투자(Joint venture): 두 개 이상 기업이 자본을 공동으로 투자하여 경영에 참여하는 형태로서 소유권과 경영을 분담하여 자본, 기술 등 상대방의 강점을 이용할 수 있는 장점이 있다.

(7) 국제 컨트랙팅과 해외 자원 개발

① 국제 컨트랙팅: 외국의 대규모 건설 사업, 해외 자원 개발 사업 등에 참여할 때 국제 계약을 통하는 방법이다.

② 해외 자원 개발: 해외 현지에 자본, 인력, 기술을 투입하여 자원을 탐사, 개발, 생산, 수송하는 일련의 과정을 통해 자원을 확보하는 사업을 말한다.

2 다국적 기업(MNE; Multinational Enterprise)

(1) 다국적 기업이란 세계 각지에 자회사, 지사, 합병회사, 공장 등을 확보하고 생산·판매 활동을 국제적 규모로 수행하는 기업을 말한다.

(2) 해외 직접 투자의 한 방식으로 단순히 지점이나 자회사를 둔 것이 아니라 현지 국가의 국적을 취득하고 현지의 실정과 본사의 경영 전략에 따라 움직이는 국제적 조직망을 갖는 기업 형태이다.

(3) 기업이 다국적화하는 이유

① 원자재, 노동력 등 원가가 가장 저렴한 국가에서 생산

② 가장 유리한 가격에 판매하고 무역 마찰 완화

③ 주문자 상표 부착 방식(OEM)의 생산

(4) 다국적 기업의 경영 전략

① 범세계적 저원가 전략: 저원가를 바탕으로 가격 경쟁을 한다.

② 범세계적 차별화 전략: 차별화된 기술과 품질로 세계 시장을 공략한다.

01

환율을 하락시키는 요인이 아닌 것은?

① 국내 시장 금리의 증가
② 국내 국고채 수요 감소
③ 국내 외국인 관광객 증가
④ 외국인의 국내 주식 매각 증가

02

다음은 국제경영전략에 대한 설명이다. 설명과 유형이 바르게 짝지어진 것은?

> ㄱ. 자사의 상표를 사용할 수 있도록 허용하고 사용료를 받는다.
> ㄴ. 경영에 관련된 모든 것을 가맹점에 이전하고 사용료 및 운영 사용료를 받는다.
> ㄷ. 외국에 사업체를 신설하거나 인수함으로써 직접 경영에 참여한다.
> ㄹ. 국제 계약을 통하여 외국의 대형 건설 사업 등에 참가한다.

① ㄱ - 국제 컨트랙팅
② ㄴ - 국제 프랜차이징
③ ㄷ - 해외 자원 개발
④ ㄹ - 해외 간접 투자

03

현지 값싼 노동력을 이용하기 위하여 해외에 생산 공장을 설립하는 해외 직접 투자의 유형은?

① 자연 자원 조달형
② 현지 시장 접근형
③ 해외 생산 거점형
④ 선진 기술 습득형

04

다음 중 신용장에 대한 설명으로 잘못된 것은?

① 수입상의 요청으로 수입상의 거래 은행이 발급한다.
② 은행이 발행한 지급 확약서이므로 수출상은 안심하고 수출할 수 있다.
③ 대금 결제 수단이며 금융 수단이 된다.
④ 특별한 명시가 없는 한 거래은행이 임의로 취소나 변경이 가능하다.

05

다음은 국제무역 인코텀스 내용 중 일부로서 수출상과 수입상의 책임에 관한 것이다. 어떠한 가격 조건에 관한 설명인가?

- 매도인은 운송 중 물품의 멸실 또는 손상에 대한 매수인의 위험에 대한 해상 보험 계약을 체결하고 보험료를 지급한다.
- 물품의 인도 장소는 본선의 선상 갑판이 되며, 본선의 난간을 통과하면 위험 부담이 매도인으로부터 매수인에게로 이전된다.
- 매도인은 지정된 목적항까지 물품을 운반하는 데 필요한 비용 및 운임을 지급한다.
- 매도인이 물품의 수출 통관을 이행하고 비용을 부담해야 한다.

① 본선인도 가격
② 운임포함 가격
③ 착선인도 가격
④ 운임·보험료포함 가격

01 　　정답 ④

환율의 상승 또는 하락에 영향을 미치는 요인으로는 물가, 경제성장, 통화량, 금리 등 경제적 요인과 정치사회적 요인, 외환투기 등을 꼽을 수 있다. 기본적으로 국내에 외국화폐가 많아지면 환율은 하락하게 된다.

02 　　정답 ②

국제 컨트랙팅	외국의 대규모 건설 사업, 해외 자원 개발 사업 등에 참여할 때 국제 계약을 통하는 방법
해외 자원 개발	해외 현지에 자본, 인력, 기술을 투입하여 자원을 탐사, 개발, 생산, 수송하는 일련의 과정을 통해 자원을 확보하는 사업
해외 간접 투자	이자 수익을 목적으로 하는 자금 대여나 시세 차익을 목적으로 하는 해외 증권 투자

03 　　정답 ③

해외 생산 거점형은 생산요소가격이 상대적으로 저렴한 지역진출로 노동집약적 산업이며 예로는 동남아, 중남미 등 개도국 합작 투자가 있다.

04 　　정답 ④

신용장은 수입상의 거래은행이 수출상에게 수입상의 신용을 보증하는 증서이고 발행방법에는 은행입금이 100%인 풀마진제와 70%~80%인 파셜마진, 0%인 노마진제도가 있으며 수출에 중요한 서류로서 화환과 더불어 대금결제에 중요한 역할을 한다.

05 　　정답 ④

운임·보험료포함(CIF) 가격은 매도인이 도착항까지의 운임과 보험료를 부담하는 조건으로서 이는 국제무역거래 시 FOB 조건과 더불어 가장 많이 이용되고 있는 정형거래조건이다. 따라서 CIF 가격이란 FOB 가격에 목적항까지 수출입상품의 운임보험료를 포함한 가격 즉, 도착항 가격이다.

06

수출입 대금 결제 조건에는 현물상환방법(COD), 지급인도조건(D/P), 인수인도조건(D/A) 등이 있는데 수출무신용장 방식 중 지급인도조건(D/P)에서 사용되는 어음은?

① 기한부어음
② 일람불환어음
③ 무역어음
④ 일람 후 60일 출급 어음

07

GATT 체제를 대신해 세계 무역 질서를 지키고 우루과이 라운드의 이행을 감시하는 국제기구는?

① 세계 무역 기구
② 국제 통화 기금
③ 경제 협력 개발 기구
④ 국제 부흥 개발 은행

06 정답 ②

지급인도조건은 수출상이 상품을 선적한 후 관련서류가 첨부된 일람불환어음을 수입상을 지급인으로 발행하여 자신의 거래은행에 추심을 의뢰하면 수출상의 거래은행은 그러한 서류가 첨부된 환어음을 수입상의 거래은행으로 보내어 추심을 의뢰하고, 수입상의 거래은행은 환어음의 지급인인 수입상이 대금을 결제하고 나서 서류를 인도하고 추심을 의뢰하여 온 은행으로 물품대금을 송금하여 결제한다.

07 정답 ①

세계 무역 기구(WTO)는 무역자유화를 통한 전 세계적인 경제발전을 목적으로 하는 국제기구이다. 관세 및 무역에 관한 일반협정인 GATT 체제를 대신하여 국제무역질서를 바로 세우고 우루과이 라운드(UR) 협정의 이행을 감시하는 국제기구이다.

회계학

01 회계의 순환과정과 거래의 기록

CHAPTER

01 회계정보 시스템

1 회계의 의의

회계(Accounting)는 기업의 경제활동에 대해 기록하고 분류하며 요약하는 활동(재무제표의 작성)과 이를 이용해 정보이용자에게 유용한 정보를 제공하는 활동(회계정보의 활용)으로 구성되며 여러 이해관계자들의 의사소통 수단이 된다.

2 회계정보 시스템(Accounting Information System)

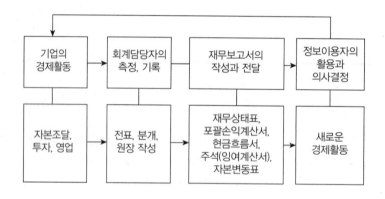

자료: 이창우, 조형득, 회계원리

회계정보 시스템은 기업의 회계정보를 측정하여 정보이용자에게 전달하는 과정을 의미한다. 부기(Bookkeeping)와 달리 회계정보의 생산적 측면뿐만 아니라 이러한 정보가 기업 내·외부 정보이용자들의 합리적 의사결정에 영향을 끼칠 수 있다는 정보의 활용 측면을 동시에 가지는 통일적인 구조를 가진다.

02 회계상의 거래

1 거래의 의미

회계상의 거래(Accounting Transactions)는 기업의 활동결과로서 기업의 자산, 부채, 자본의 구조, 즉 재무상태에 변화를 일으키는 경제적 사건(Economic Eevents)을 의미한다. 회계상의 거래는 일상생활의 거래와 일치할 수도 있고, 일치하지 않을 수도 있다.

일반적인 거래(○), 회계상의 거래(×)	일반적인 거래(×), 회계상의 거래(○)
건물의 임대차계약, 상품의 매매계약, 상품 주문서 발송, 건물·토지 등의 담보설정	상품의 화재, 도난, 파손, 상품가격의 하락 등
자산, 부채, 자본에 아무런 증감변화가 일어나지 않으므로 회계상 거래가 아님	일반적인 거래는 아니지만 회계상의 자산이 그만큼 감소한 것으로 보기 때문에 거래가 성립함

2 거래의 이중성과 거래요소의 결합

(1) 거래의 이중성(Duality of Transactions)

① 의미: 회계상의 거래의 결과, 거래의 8요소들 중 반드시 둘 이상이 서로 결합하여 기업의 재무상태에 영향을 미치는 것을 의미한다.

  예 기업이 은행에서 100만 원을 차입함 → 자산의 증가(현금의 증가) - 부채의 증가(차입금의 증가)

② 복식부기의 원리: 거래의 이중성에 따라 어떠한 회계상의 거래가 발생하더라도 동일한 금액으로 차변과 대변에 이중 기입해야 하는 원리로 대차평균의 원리가 성립한다.

(2) 거래요소의 결합

거래의 이중성과 복식부기의 원리에 따라 회계상 모든 거래는 8개의 거래로 구분할 수 있는데, 이를 거래의 8요소라고 하며, 이들 요소가 결합 및 조합을 이루는 관계를 거래요소의 결합관계라고 한다.

[거래요소와 결합관계]

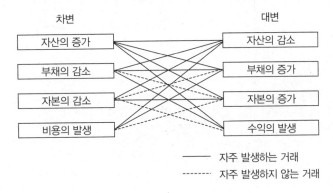

03 계정(Account)

1 계정의 의의

기업의 거래를 기록하는 최소단위로서, 반복적으로 수행되는 거래에 공사 기록의 편의를 위해 거래를 분류하여 모아놓은 것이다. 기업의 자산, 부채, 자본, 수익, 비용 등의 증가와 감소를 분류하고 요약하기 위하여 사용되는 것이라고 할 수 있다.

2 계정의 분류

[재무상태표계정과 포괄손익계산서계정]

구분		계정
재무상태표 계정	자산계정	현금 및 현금성자산, 매출채권, 상품, 토지, 건물, 영업권 등
	부채계정	매입채무, 단기차입금, 사채 등
	자본계정	자본금, 주식발행초과금, 이익준비금 등
포괄손익계산서 계정	비용계정	매출원가, 판매비와 관리비, 영업외비용, 법인세비용 등
	수익계정	매출액, 영업외수익, 계속사업손익 등

3 계정의 형식

계정의 형식은 여러 가지가 있을 수 있으나, 보통 연습용으로 T−계정을 많이 사용한다. T−계정의 왼쪽은 차변(Debt)으로, 오른쪽은 대변(Credit)으로 부르는데, 어떤 계정이 증가한 경우에는 차변이나 대변중 한쪽에 적고, 감소한 경우에는 그 반대편에 적음으로써 한 계정의 증감에 대해 전체적으로 파악할 수 있게 한다.

(1) T−계정의 기본적 형태

(차변)	계정과목	(대변)

(2) T−계정의 예시

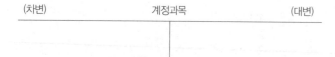

(차변)	현금계정	(대변)	(차변)	매출계정	(대변)
10/15	10,000			10/15	10,000

4 계정기입의 원칙

모든 거래는 거래의 이중성이라는 복식부기의 기본원리에 따라 증가와 감소, 발생과 소멸이라는 대립되는 두 가지의 측면을 가지고 있다. 따라서 자산, 부채, 자본계정과 수익, 비용계정의 증감변화를 각 계정의 차변과 대변에 기록한다.

(1) 재무상태표계정

① **자산계정**: 증가를 차변에, 감소를 대변에 기입한다.
② **부채계정**: 증가를 대변에, 감소를 차변에 기입한다.
③ **자본계정**: 증가를 대변에, 감소를 차변에 기입한다.

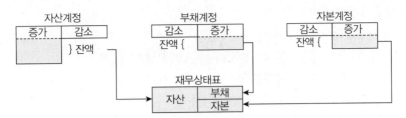

[재무상태표계정의 기입법칙]

(2) 포괄손익계산서계정

① 비용계정: 발생을 차변에, 소멸을 대변에 기입한다.

② 수익계정: 발생을 대변에, 소멸을 차변에 기입한다.

[포괄손익계산서계정의 기입법칙]

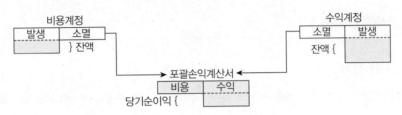

04   분개와 전기

1 분개(Journalizing)

(1) 분개: 기업에서 발생하는 거래는 시시각각 끊임없이 발생하기 때문에 거래가 발생한 경우 직접 각 계정의 차변 또는 대변에 기입하면 기록의 오류 또는 누락이 발생할 가능성이 있다. 따라서 거래를 각 계정에 기입하기 전에 다음의 사항 등을 미리 결정하는 절차이다.

① 어느 계정에 기입할 것인가

② 그 계정의 차변 또는 대변 어느 쪽에 기입할 것인가

③ 기입할 금액은 얼마인가

(2) 분개장(Journal Book): 분개를 기입하는 장부로 주요장부에 해당하며, 발생한 거래가 최초로 기록되는 장부이기 때문에 원시기입장이라고도 한다. 분개원칙은 계정기입의 원칙과 동일하다.

일자	회계처리			
x월 x일	(차) 현금	XXX	(대) 자본금	XXX

2 전기(Posting)

(1) 전기: 분개장에 분개한 기록을 각 해당 계정에 옮겨 적는 과정이다.

(2) **총계정원장**(G/L; General Ledger:): 전기한 계정이 설정되어 있는 장부로 원장(Ledger)이라고도 한다. 총계정원장에 전기하는 방법은 다음과 같다.

① 분개장에 기록된 분개의 해당계정을 찾는다.

② 분개된 차변계정의 금액을 총계정원장의 해당계정의 차변에 기입한다.

③ 분개된 대변계정의 금액을 총계정원장의 해당계정의 대변에 기입한다.

④ 총계정원장의 적요란에는 상대계정과목을 기입한다.

3 대차평균의 원리(Principle of Equilibrium)

거래의 이중성에 의해 계정 전체를 놓고 볼 때 차변금액 합계와 대변금액 합계가 반드시 일치하게 되는 원리이다. 기록, 계산의 정확성 여부를 자동으로 검증 가능하나 고의로 인한 부정과 오류는 적발할 수 없다.

05 결산(Closing)

1 결산의 의의와 절차

(1) **결산의 의의**: 회계기간 말에 각종 장부를 정리, 마감하여 회계기간 말의 재무상태를 명확히 파악하는 활동이다.

(2) **결산의 절차**: 수정 전 시산표 작성 → 기말수정분개 → 수정 후 시산표 작성 → 장부 마감 → 포괄손익계산서와 재무상태표 작성

2 시산표(T/B; Trial Galance)

(1) **시산표의 의의**: 분개장에 기입된 모든 거래의 분개가 총계정원장에 정확하게 전기되었는가를 조사하기 위하여 작성하는 표이다. 대차평균의 원리에 의해 차변합계액과 대변합계액은 반드시 일치해야 한다.

(2) **시산표의 종류**: 합계시산표, 잔액시산표, 합계잔액시산표

(3) **잔액시산표 등식**: 자산＋비용＝부채＋자본＋수익

잔액시산표

차변	원면	계정과목	대변
160,000	1	현　　금	
100,000	2	상　　품	
	3	외상매입금	40,000
	4	자　본　금	200,000
	5	상품매출이익	60,000
40,000	6	급　　여	
300,000			300,000

3 기말수정분개와 수정 후 시산표

(1) 기말수정분개: 각 계정의 기말계정이 기업의 정확한 재무상태와 경영성과를 반영하기 위해서 자산, 부채, 자본 및 수익, 비용을 수정해주는 과정이다.

(2) 수정 후 시산표: 기말수정사항을 분개장에 분개하고, 이를 총계정원장에 전기한 뒤에 수정 후 시산표를 작성한다.

4 장부 마감

기말수정분개를 하고 난 후 총계정원장의 각 계정들을 마감하여 다음 회계기간의 경영활동을 기록하기 위한 준비를 하는 단계이다.

(1) 포괄손익계산서계정의 마감

① 수익계정과 비용계정의 마감을 위해 총계정원장에 집합손익계정을 새로 설정한다.

② 수익계정잔액은 대변에 나타나므로 이를 "0"으로 만들어 주려면 차변에 수익계정잔액을 기록하고 대변에 집합손익계정을 기록한다(수익계정잔액을 집합손익계정의 대변에 대체).

(차) 수익	×××	(대) 집합손익	×××

③ 비용계정잔액은 차변에 나타나므로 비용계정잔액을 대변에 대체한다.

(차) 집합손익	×××	(대) 비용	×××

④ 집합손익계정의 차변에는 당기에 발생한 모든 비용, 대변에는 모든 수익을 기록하게 되므로 집합손익계정의 잔액을 계산하면 당기순손익이 산출된다(차변<대변이면 당기순이익, 차변>대변이면 당기순손실).

⊙ 당기순이익 발생 시

(차) 집합손익	×××	(대) 자본	×××

ⓛ 당기순손실 발생 시

(차) 자본	×××	(대) 집합손익	×××

⑤ 집합손익계정 역시 결산분개를 마친 후 잔액이 0이 된다.

(2) 재무상태표계정의 마감

① **자산계정의 마감**: 자산계정은 차변에 잔액이 남게 되므로 대변에 차변잔액만큼 기입해 차변과 대변을 일치시켜 마감시킨 후 그 잔액만큼을 다시 차변에 기입해 다음 회계기간으로 이월시킨다.

자산계정

증가	×××	감소	×××
	×××	차기이월	×××
전기이월	×××		×××

② **부채 및 자본계정의 마감**: 부채 및 자본계정은 대변에 잔액이 남게 되므로 차변에 대변잔액만큼 기입해 차변과 대변을 일치시켜 마감시킨 후 그 잔액만큼을 다시 대변에 기입하여 다음 회계기간으로 이월시킨다.

부채계정

감소	×××	증가	×××
차기이월	×××		×××
	×××	전기이월	×××

자본계정

감소	×××	증가	×××
차기이월	×××		×××
	×××	전기이월	×××

5 포괄손익계산서와 재무상태표 작성

잔액시산표상의 포괄손익계산서 계정잔액과 재무상태표 계정잔액들을 기초로 일정 기간 동안의 경영성과를 나타내는 포괄손익계산서와 일정시점의 재무상태를 나타내는 재무상태표를 작성하는 단계이다.

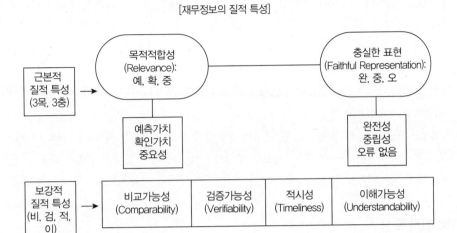

[재무정보의 질적 특성]

※원가제약(cost constraint) 조건 하에서

1 근본적 질적 특성

정보가 유용하기 위해서는 목적적합하고 충실하게 표현되어야 한다.

(1) 목적적합성: 의사결정에 목적적합한 정보란 이용자가 과거, 현재 또는 미래의 사건을 평가하거나 과거의 평가를 확인 또는 수정하도록 도와줄 수 있는 특성을 갖고 있는 정보를 말한다. 목적적합한 재무정보는 정보이용자의 의사결정에 차이가 나도록 할 수 있다.

① **예측가치:** 미래에 대한 예측을 돕는 정보의 질적 특성으로, 정보이용자들이 미래 결과를 예측하기 위해 사용하는 절차의 투입요소로 재무정보가 사용될 수 있다면 그 재무정보는 예측가치를 갖는다. 재무정보가 예측가치를 갖기 위해서는 그 자체가 예측치 또는 예상치일 필요는 없다.

② **확인가치:** 과거의 기대치를 확인 또는 수정함으로써 정보이용자의 의사결정에 영향을 미칠 수 있는 질적 특성으로, 과거 평가에 대해 피드백을 제공한다면(과거 평가를 확인하거나 변경시킨다면) 확인가치를 갖는다. 재무정보에 예측가치나 확인가치 또는 이 둘 모두가 있다면 그 재무정보는 의사결정에 차이가 나도록 할 수 있다. 재무정보의 예측가치와 확인가치는 상호 연관되어 있어서 예측가치를 갖는 정보는 확인가치도 갖는 경우가 많다.

③ **중요성:** 정보가 누락되거나 잘못 기재된 경우 특정 보고기업의 재무정보에 근거하여 정보이용자의 의사결정에 영향을 줄 수 있다면 그 정보는 중요한 것이다. 중요성은 개별 기업 재무보고서 관점에서 해당 정보와 관련된 항목의 성격이나 규모 또는 이 둘 모두에 근거하여 해당기업에 특유한 측면의 목적적합성을 의미한다.

(2) 충실한 표현: 재무정보가 유용하기 위해서는 목적적합한 현상을 표현하는 것뿐만 아니라 나타내고자 하는 현상을 충실하게 표현해야 한다. 완벽하게 충실한 표현을 하기 위해서는 서술은 완전하고, 중립적이며, 오류가 없어야 할 것이다. 그러나 충실한 표현 그 자체가 반드시 유용한 정보를 만들어내는 것은 아니다.

① **완전한 서술:** 필요한 기술과 설명을 포함하여 정보이용자가 서술되는 현상을 이해하는 데 필요한 모든 정보를 포함하는 것이다.

② **중립적 서술:** 재무정보의 선택이나 표시에 편의가 없는 것이다. 중립적 정보는 목적이 없거나 행동에 대한 영향력이 없는 정보를 의미하지 않는다.

③ **오류없는 표현:** 충실한 표현은 모든 면에서 정확한 것을 의미하지는 않는다. 오류가 없다는 것은 현상의 기술에 오류나 누락이 없고, 정보를 생산하는 데 사용되는 절차의 선택과 적용 시 절차상 오류가 없음을 의미한다.

2 보강적 질적 특성

(1) 비교가능성: 정보이용자가 항목 간의 유사점과 차이점을 식별하고 이해할 수 있게 하는 질적 특성이다.

① 비교가능성은 통일성이 아니다. 정보가 비교가능하기 위해서는 비슷한 것은 비슷하게 보여야 하고 다른 것은 다르게 보여야 한다.

② 일관성은 한 보고기업 내에서 기간 간 또는 같은 기간 동안에 기업 간, 동일한 항목에 대해 동일한 방법을 적용하는 것을 말한다. 일관성은 비교가능성과 관련은 되어 있지만 동일하지는 않다.

(2) 검증가능성: 합리적인 판단력이 있고 독립적인 서로 다른 관찰자가 어떤 서술이 충실한 표현이라는 것에 대해 비록 반드시 완전히 일치하지는 못하더라도 의견이 일치할 수 있다는 것을 의미한다. 계량화된 정보가 검증가능하기 위해서 단일 추정치이어야 할 필요는 없다. 가능한 금액의 범위 및 관련된 확률도 검증될 수 있다.

(3) 적시성: 의사결정에 영향을 미칠 수 있도록 의사결정자가 정보를 제때에 이용가능하게 하는 것을 의미한다. 일반적으로 정보는 오래될수록 유용성이 낮아지지만 일부 정보는 보고기간 후에도 오랫동안 적시성이 있을 수 있다.

(4) 이해가능성: 정보를 명확하고 간결하게 분류하고, 특징지으며, 표시하면 이해가능하게 된다.

(5) 보강적 질적 특성의 적용

① 보강적 질적 특성은 가능한 한 극대화되어야 한다. 그러나 보강적 질적 특성은 정보가 목적적합하지 않거나 충실하게 표현되지 않으면, 개별적으로든 집단적으로든 그 정보를 유용하게 할 수 없다.

② 보강적 질적 특성을 적용하는 것은 어떤 규정된 순서를 따르지 않는 반복적인 과정이다. 때로는 하나의 보강적 질적 특성이 다른 질적 특성의 극대화를 위해 감소되어야 할 수도 있다.

개념더하기 ▶ 계정과목분류론

구분				설명	종류
자산	1년 기준 원칙 (One Year Rule)	유동 자산	당좌 자산	판매활동 없이도 즉시 현금화 가능한 자산	현금 및 현금 등가물, 단기금융상품, 매출채권(외상매출금, 받을 어음), 단기대여금, 미수금, 미수수익, 선급금, 선급비용 등
			재고 자산	판매활동을 해야만 현금이 가능한 자산	상품, 제품, 원재료, 반제품, 재공품, 소모품
		비유동 자산	투자 자산	다른 기업을 지배하거나 통제할 목적으로 투자	장기금융상품, 투자유가증권, 투자부동산
			유형 자산	장기간 영업활동에 사용하기 위해 투자	토지, 건물, 구축물, 기계장치, 선박, 차량운반구
			무형 자산	외형형태는 없지만 법률적 권리, 경제적 가치가 있는 자산	영업권, 광업권, 어업권, 차지권, 지상권, 창업비, 개발비
		기타비유동		장기대여금, 장기성 매출채권, 이연법인세자산, 보증금	
부채	1년 기준 원칙	유동부채		매입채무, 단기차입금, 미지급금, 선수금 예수금, 미지급비용, 미지급법인세, 미지급배당금, 선수수익	
		비유동부채		사채, 장기차입금, 장기성 매입채무, 장기부채성충당금, 이연법인세대 등	
자본	자본 거래 손익 거래	자본금		본래의 사업주(주주)가 투자한 돈 ▲보통주 자본금 ▲우선주 자본금	
		자본잉여금		기업 자본 거래를 통한 자본 증가분 ▲주식발행 초과금 ▲감자차익 ▲기타자본잉여금	
		이익잉여금		기업 손익 거래를 통한 자본 증가분 ▲이익준비금 ▲기타법적적립금 ▲임의적립금 ▲미처분 이익잉여금	
자본조정				주식할인발행차금, 자기주식, 감자차손, 자기주식처분손, 미교부주식배당금	
기타포괄 손익누계액				매도가능증권포괄손익, 현금흐름위험회피, 파생상품평가손익, 해외사업환산차(대)	

		매출액 (영업수익)	순매출액	총매출액－매출에누리와 환입－매출할인
I/S 계정	수익	영업외수익	이자류계통, 비경상적, 비반복적, 영업외이익	이자수익, 배당금수익, 임대료, 유가증권처분이익, 유가증권평가이익, 투자자산처분이익, 사채상환이익, 자산수증이익, 채무면제수익, 보험차익
		S.B.U	–	
	비용	매출원가	기초재고(A) ＋순매입액(B) －기말재고(C)	기초상품재고액＋당기매입상품매입액－기말상품재고액 (당기상품매입액＝총매입액－매입에누리－매입할인－매입환출)
		판매비와 일반관리비	판매비 → 변동비 일반관리비 → 고정비	급여, 퇴직급여, 복리후생비, 임차료, 감가상각비, 접대비, 세금과공과, 광고선전비, 대손상각비 등
		영업외비용	이자류계통, 비경상적, 비반복적, 발생한 영업외 손실	이자비용, 유가증권처분손실, 유가증권평가손, 재고자산평가손, 투자자산처분손, 재해손실
		법인세비용	기업(법인)이 내는 세금	
		S.B.U	–	

02 회계의 기초이론

01 회계의 기초개념

1 회계의 정의

회계는 회계정보이용자가 합리적인 판단이나 의사결정을 할 수 있도록 기업실체에 관한 유용한 정보를 식별, 측정, 전달하는 과정이다.

(1) 경영자, 주주, 채권자 등 기업의 이해관계자들은 그들이 직면한 문제에 공사 합리적인 의사결정을 하기 위해 기업실체에 관한 경제적 정보를 요구하게 되는데, 회계는 이러한 정보이용자들의 의사결정에 유용한 정보를 제공하는 기능을 수행한다.

(2) 회계는 하나의 정보시스템(Information System)이다. 즉, 회계는 단순히 경제적 사건을 기록하여 회계정보를 산출하는 것뿐만 아니라 산출된 회계정보가 정보이용자에게 유용한 정보가 되도록 산출된 정보를 분석하고 전달하는 기능까지 포함하는 정보전달 과정이다.

(3) 오늘날 대부분의 회사는 주식회사(Corporation)의 형태이므로 현대회계는 주식회사 형태를 주요대상으로 하고 있다.

2 기업의 이해관계자(회계정보이용자)

(1) **경영자**: 합리적인 기업경영을 수행하기 위해서 회사의 재산상태와 경영성과를 파악하고 예산과 실적의 차이를 분석하여 과거활동에 공사 성과 평가에 회계정보 이용, 신제품 개발, 설비투자 등의 의사결정 과정에서 재무정보를 이용한다.

(2) **주주**: 현재 소유하고 있는 주식을 처분할지 보유할지 의사결정 시 기업의 재무정보를 이용하며, 미래에 투자할 때도 의사결정 과정에서 재무정보를 이용한다.

(3) **채권자**: 자금대여 의사결정 시 자금을 대여해줄 것인지의 여부, 이자율의 정도, 채권기간의 연장여부, 대여의 조건 등을 재무정보를 토대로 결정한다.

(4) **정부기관**: 세금부과와 규제 시 재무정보를 이용한다.

(5) **종업원과 노조**: 기업의 안정성과 임금지급능력을 평가하는 데 재무정보를 이용한다.

3 회계의 사회적 역할

(1) 사회적 자원(Social Resource)의 효율적 배분: 투자의사결정과 신용의사결정 시 생산성이 높은 기업에 투자하도록 유도함으로써 사회적 자원을 효율적으로 배분한다.

(2) 수탁책임(Stewardship Responsibilities)에 공사 보고: 경영자가 주주나 채권자로부터 수탁 받은 자본을 효과적이고 효율적으로 관리·경영하고 있는지를 보고하기 위한 수단으로 이용된다.

(3) 사회적 통제의 합리화: 노사 간의 임금협상, 국가정책 수립 시, 세금이나 공공요금의 책정 시 회계정보를 이용한다.

02 회계의 분류

1 재무회계(Financial Accounting)

외부정보이용자에게 재무정보를 제공하는 회계를 의미한다. 일반적으로 인정된 회계원칙(GAAP; Generally Accepted Accounting Principles)의 형식에 따라 일반목적의 재무보고서를 작성한다(현 IFRS 적용).

2 관리회계(Managerial Accounting)

내부정보이용자에게 재무정보를 제공하는 회계를 의미한다. 의사결정의 특성에 따라 다양한 방법으로 정보를 제공하므로 반드시 지켜야 할 일반적인 규범이 존재하지 않는다.

3 세무회계(Tax Accounting)

기업이 세법에서 정하는 바에 따라 이익에 공사 납부세액을 산출하는 회계를 의미한다. 재무회계와 세무회계의 차이를 조정하기 위한 세무조정 과정을 거쳐 작성한다.

4 원가회계(Cost Accounting)

기업의 이익계산 시 고려해야 하는 제품원가를 계산하는 회계를 의미한다. 내부·외부이용자 모두에게 필요한 정보를 다루므로 재무회계와 관리회계 모두 원가회계를 포함한다.

내용	재무회계	관리회계
사용목적	기업 외부정보이용자의 의사결정에 유용한 정보 제공	기업 내부정보이용자의 의사결정에 유용한 정보 제공
주이용자	외부이용자(주주, 채권자와 미래의 투자자 및 정부)	내부이용자(경영자)
작성기준	기업회계기준과 같이 일반적으로 인정된 회계원칙	일정한 형식이 없으며, 의사결정에 목적적합한 방법
정보의 특성	과거관련 정보	미래지향 정보

자료: 이창우, 조형득 회계원리

03　회계원칙과 외부감사제도

1 일반적으로 인정된 회계원칙(GAAP) → 국제회계기준(IFRS)

(1) **의미**: 기업실체에 영향을 미치는 경제적 사건을 재무제표 등에 보고하는 방법을 기술하는 것으로 회계처리를 할 때 따라야 할 지침이다.

(2) **특징**
　① 다수 권위의 지지와 일반적 수용성을 갖는다.
　② 보편타당해야 하며, 이해관계자들의 상반된 이해를 조정한다.
　③ 영구불변이 아니라 경제적 환경에 따라 변화하는 사회적 제도이다.

(3) **우리나라의 일반적으로 인정된 회계원칙**
　① 제정권한: 금융감독위원회
　② 제정단체: 사단법인 한국회계기준원
　③ 절차: 금융감독위원회는 한국회계기준원이 제정한 회계기준을 인정하고 한국회계기준원이 제정한 회계기준이 적절치 않다고 판단될 경우 수정을 요구할 수 있으며, 이 경우 한국회계기준원은 정당한 사유가 없는 한 수정해야 한다.

2 외부감사제도(External Auditing)

(1) **목적**: 기업의 경영자가 제시한 기업의 재무상태와 경영성과, 기타 재무정보가 일반적으로 인정된 회계원칙에 따라 작성되었는지를 독립적인 전문가가 의견을 표명함으로써 재무제표의 신뢰성을 높이고 재무제표의 이용자가 회사에 관하여 올바른 판단을 할 수 있도록 한 제도이다.

(2) **적용**
　① 주식회사 등의 외부감사에 관한 법률의 규정에 의해 자산총액 120억, 부채 70억 이상 주식회사는 공인회계사(CPA; Certified Public Accountants)로부터 회계감사를 받도록 의무화하였다.

② 추가조건
  ㉠ 상장회사
  ㉡ IPO(기업공개) 추진
  ㉢ 종업원 100명 이상 기업에 적용

04 재무회계 개념체계(Conceptual Framework For Financial Accounting)

1 재무회계 개념체계의 의의

(1) 재무회계 개념체계는 기업회계기준의 원천이 되는 것으로 모든 회계현상을 논리적으로 설명하고, 미래의 회계현상을 예측하도록 하는 기본적인 틀(Framework)을 제공하는 기능을 한다.

(2) 재무회계 개념체계의 구조

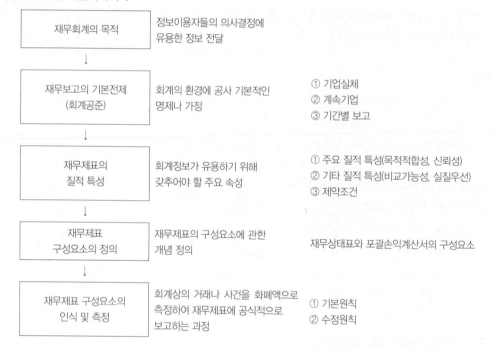

2 재무보고의 기본전제(회계공준)

회계이론을 논리적으로 전개하기 위한 기본적인 가정 또는 근본적인 명제로 회계가 이루어지는 환경으로부터 귀납적으로 도출된 것이다.

(1) 기업실체(Economic Entity)의 전제(공준)

① 기업은 그 자체가 인격을 가진 실체로 존재하며 그 소유주나 다른 기업과도 별개의 관계에 있다는 가정이다.

② 법적인 실체보다 경제적 실체를 중시한다.

　　예 연결재무제표의 작성

③ 재무제표에 포함될 내용이 무엇인지 명확히 해주는 정보의 범위 지정이다.

(2) 계속기업(Going Concern)의 전제(공준)

① 기업은 충분히 긴 기간 동안 계속하여 존속한다는 가정이다.

② 역사적 원가의 평가근거, 유동성 순위로 자산과 부채 구분의 근거이다.

③ 유형자산의 감가상각의 근거이다.

(3) 기간별 보고(Periodicity)의 전제(공준)

① 기업실체의 지속적인 경제적 활동을 일정 기간 단위로 인위적으로 분할해 각 기간마다 수탁책임을 보고할 것을 가정한다.

② 주로 1년을 회계단위로 채택한다(상장법인과 등록법인은 분기별 보고의무).

③ 발생주의 회계를 채택하는 근거이다(vs 현금주의 회계).

　　※ 화폐단위측정(Monetary Measurement)의 전제는 기본전제에서 제외되었다.

3 재무제표의 질적 특성

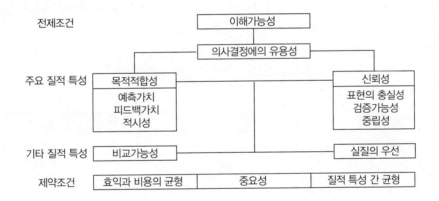

(1) 이해가능성(Understandability): 정보이용자들이 쉽게 이용할 수 있는 방법으로 회계정보를 제공해야 한다.

(2) 목적적합성(Relevance): 회계정보는 정보이용자가 의도하고 있는 의사결정목적과 관련이 있어야 하며, 정보를 이용할 경우와 그렇지 않을 경우에 의사결정 차이를 발생시킨다.

목적적합성의 하위개념	의미
예측가치	정보이용자의 미래예측능력을 증대시키는 자질
피드백가치	정보이용자가 과거의 기대치를 확인, 수정할 수 있게 하는 자질
적시성	정보로서 영향력을 상실하기 전에 회계정보가 제공되어야 한다는 원칙

(3) 신뢰성(Reliability): 회계정보가 오류나 편의에서 벗어나 표현하고자 하는 바를 충실히 표현하고 있음을 보증하는 정보의 자질이다.

신뢰성의 하위개념	의미
표현의 충실성	표현하고자 하는 경제적 현상의 속성과 그 측정치가 일치하는 정도
검증가능성	독립된 측정자들이 동일한 경제적 사건을 측정하더라도 동일한 결과를 얻을 수 있어야 한다는 원칙
중립성	회계정보가 의도적으로 특정 결과나 행동을 유발해서는 안된다는 원칙

(4) 기타의 질적 특성

비교가능성	두 개의 서로 다른 경제현상에 대해 정보이용자가 유사점과 차이점을 식별할 수 있어야 한다는 원칙 • 기간별 비교가능성: 일관성, 계속성 • 기업별 비교가능성: 통일성
실질의 우선	재무제표 작성 시 거래나 사건을 형식보다는 경제적 실질에 따라 회계처리해야 한다는 원칙

(5) 제약조건: 지금까지 언급한 질적 특성은 회계정보의 유용성을 증대시키기 위해 제한될 수 있으며, 이러한 제약조건에는 효익과 비용 간의 균형, 중요성, 질적 특성 간의 균형이 있다. 단, 중요성은 인식 및 측정의 수정원칙으로 취급하는 것이 일반적이다.

① 효익과 비용 간의 균형: 정보의 제공에 소요되는 비용(Cost)보다 이용자가 정보를 제공받음으로써 얻는 효익(Benefit)이 더 커야 한다는 원칙이다(Cost<Benefit).

② 질적 특성 간의 균형: 질적 특성 간에 상충관계가 일어나는 경우에는 의사결정에 보다 유용한 정보를 산출, 보고할 수 있는 정보를 우선적으로 고려해야 한다는 원칙이다.

예 목적적합성과 신뢰성의 상충관계

구분	목적적합성	신뢰성
자산의 평가	시가	역사적 원가
공시	분기나 반기	1년
장기건설 공사의 수익인식	진행기준	완성기준
개발비	자산처리	비용처리
중대한 영향력을 끼칠 수 있는 지분의 평가	지분법	취득 원가

4 재무제표 구성요소의 정의

재무제표의 구성요소는 기업의 자원(자산), 그 자원에 대한 공사 청구권(부채와 소유주 지분), 이들의 공사 변화를 초래하는 거래나 기타 경제적 사건의 영향(수익, 비용, 이득, 손실)으로 구성된다.

(1) 재무상태표의 구성요소

① 자산(Assets): 과거의 거래나 사건의 결과로서 현재 기업실체에 의해 지배되고 미래에 경제적 효익을 창출할 것으로 기대되는 자원이다.

② 부채(Liabilities): 과거의 거래나 사건의 결과로서 현재 기업실체가 부담하고 그 이행에 자원의 유출이 예상되는 의무이다.

③ 자본(Equity): 기업실체의 자산에서 부채를 차감한 잔여액 또는 순자산으로서 자산에 공사 잔여청구권이다.

(2) 포괄손익계산서의 구성요소

① 수익(Revenue): 주요 경영활동으로서의 재화의 생산, 판매, 용역의 제공 등에 따른 경제적 효익의 유입으로 이는 자산의 증가 또는 부채의 감소 및 그 결과에 따른 자본의 증가로 나타난다.

② 비용(Expenses): 주요 경영활동으로서의 재화의 생산, 판매, 용역의 제공 등에 따른 경제적 효익의 유출, 소비로 이는 자산의 감소 또는 부채의 증가 및 그 결과에 따른 자본의 감소로 나타난다.

③ 이득(Gains): 주요 경영활동 이외의 부수적인 거래나 사건의 결과로 발생하는 경제적 효익의 유입으로서 이는 자본의 증가로 나타난다.

④ 손실(Losses): 주요 경영활동 이외의 부수적인 거래나 사건의 결과로 발생하는 경제적 효익의 유출로서 이는 자본의 감소로 나타난다.

5 재무제표 구성요소의 인식 및 측정

(1) 인식 및 측정의 기본원칙(Basic Principles)

① 역사적 원가의 원칙(Historical Cost Principle)

　㉠ 모든 자산·부채는 그것의 취득 또는 발생시점의 교환가치(취득원가)로 평가한다는 원칙이다.

　㉡ 취득 후에 가치가 변동하더라도 취득 당시의 교환가치(Exchange Price)를 그대로 유지한다는 것을 의미한다.

② 수익인식의 원칙(Revenue Recognition Principle)

　㉠ 수익(Revenue): 제품의 판매나 생산, 용역제공 등 경제실체의 중요한 영업활동으로부터 일정 기간 동안 발생하는 이익의 증가요인, 즉 순자산의 증가를 의미한다.

　㉡ 실현요건(측정요건)과 가득요건(발생요건)이 충족되는 시점에서 수익을 인식한다.

　　• 실현요건: 실현되었거나 실현가능해야 하고, 수익금액이 합리적으로 측정 가능해야 한다.

　　• 가득요건: 수익창출활동을 위하여 결정적이며 대부분의 노력이 발생하여야 한다.

③ 수익 · 비용 대응의 원칙(Matching Principle)=비용인식의 원칙

    ㉠ 비용(Expenses): 경제실체의 중요한 영업활동으로부터 일정 기간 동안 발생하는 이익의 감소요인으로 순자산의 감소를 의미한다.

    ㉡ 일정 기간 동안 인식된 수익과 그 수익을 획득하기 위해 발생한 비용을 결정하여 이를 서로 대응시킴으로써 당기순이익을 결정한다는 원칙이다.

④ 완전공시의 원칙(Full Disclosure Principle)

    ㉠ 정보이용자의 의사결정에 영향을 미칠 수 있는 중요한 경제적 정보는 모두 공시되어야 한다는 원칙이다.

    ㉡ 재무제표상의 사항을 주기나 주석을 통해 보다 자세히 설명하고, 부속명세서나 보충설명을 통해 주기적으로 공시해야 한다는 의미이다.

    ㉢ 공시의 종류

적정공시 (Adequate Disclosure)	회계정보가 정보이용자를 오도하지 않도록 최소한도의 범위 내에서 공시하자는 개념 – 소극적 공시개념
공정공시 (Fair Disclosure)	모든 정보이용자를 균등히 대우하자는 윤리적 목적에 의한 공시개념
완전공시 (Full Disclosure)	관련된 모든 정보를 공시하자는 개념 – 적극적 공시개념

(2) 인식 및 측정의 수정원칙(Accounting Conventions)

① 중요성(Materiality): 회계정보가 정보이용자의 의사결정에 영향을 미치는가의 여부이다.

② 보수주의(Conservatism)

    ㉠ 어떤 거래에 대해 두 개의 측정치가 있을 때 재무적 기초를 견고히 하는 관점에서 이익을 낮게 보고하는 방법을 선택하는 것이다.

       예 유형자산의 조기상각, 재고자산 평가 시 원가와 시가 중 저가로 평가, 물가 상승 시 재고자산을 후입선출법(LIFO)으로 평가

    ㉡ 장점: 기업의 재무적 기초를 견고히 한다.

    ㉢ 단점: 논리의 일관성이 결여되고, 이익조작의 가능성이 발생한다. 또한 기간별 비교가능성이 저하된다.

③ 업종별 관행(Industry Practice): 특정 기업이나 산업에서 정상적인 회계원칙으로는 처리할 수 없는 사항에 대하여 특수하게 인정되어야 할 회계실무를 의미한다.

    예 금융, 증권, 보험업, 철도산업, 광업 등에서는 특수한 회계실무를 인정한다.

03 재무제표

01 재무제표의 의의

1 재무제표(F/S; Financial Statements)

기업의 외부 정보이용자들에게 기업실체에 관한 정보를 제공하는 일정한 수단이다.

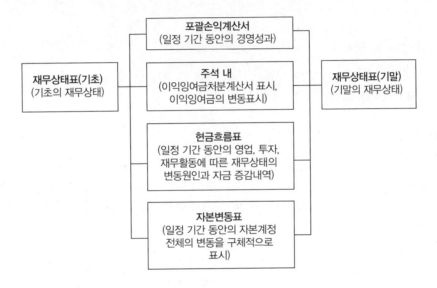

2 재무제표 구성요소의 인식의 기준 – 발생주의 원칙(Actual Basis)

거래나 사건의 경제적 효과를 현금의 수입·지출시점이 아닌 근원적으로 현금의 수입·지출이 일어나게 하는 거래나 사건이 발생한 시점에서 인식하는 것이다.

(1) **미래 경제적 효익의 발생가능성**: 당해 항목과 관련된 미래의 경제적 효익이 기업실체에 유입되거나 유출될 가능성이 매우 높아야 한다.

　　예 매출채권의 회수가 확실하고 채무불이행 가능성이 전무할 경우 매출채권 모두를 자산으로 인식하나, 일부분이 대손될 것으로 예측될 경우 일부를 경제적 효익의 감소로 보아 비용으로 인식한다.

(2) **측정의 신뢰성**: 당해 항목에 공사 측정기준이 존재하며 이를 이용해 거래의 금액이 신뢰성 있게 측정가능해야 한다.

예 소송으로부터 예상되는 수입액이 자산과 수익의 정의에 부합하고 발생가능성 기준을 충족시키더라도 그 금액을 신뢰성있게 측정할 수 없을 경우에는 자산 또는 수익으로 인식하지 못하며 주석이나 기타 설명자료로 공시하여야 한다.

02 재무상태표(B/S; Balance Sheet)

1 재무상태표의 의의

재무상태표는 특정시점에서 기업의 재무상태를 나타내는 정태적 재무제표로서 기업이 소유하고 있는 경제적 자원(자산), 그 경제적 자원에 공사 의무(부채) 및 소유주지분(자본)에 관한 정보를 제공한다.

자산＝부채＋자본

2 자산의 정의 및 평가

(1) 자산의 정의: 자산(Assets)이란 과거의 거래나 사건의 결과로서 현재 기업실체에 의해 지배되고 미래에 경제적 효익을 창출할 것으로 기대되는 자원이다.

(2) 자산의 평가

① 역사적 원가의 원칙: 자산을 취득할 때의 대가로 지불한 현금 또는 현금등가액으로 평가하며, 취득 후에 그 가치가 변동하더라도 취득 당시의 교환가격(Exchange Price)을 그대로 유지한다.

② 시가 평가: 예외적으로 당해 자산, 부채의 보유목적이나 특성을 고려하여 시가로 평가하는 것을 인정한다.

3 자산의 분류

유동자산	당좌자산	판매과정을 거치지 않고 현금화할 수 있는 자산
	재고자산	판매과정을 거침으로써 현금화할 수 있는 자산
비유동자산	투자자산	다른 회사를 지배할 목적이나 유휴자금의 장기적인 이윤을 얻을 목적으로 보유하고 있는 자산
	유형자산	영업활동에 사용할 목적으로 장기적으로 보유하고 있는 실물자산
	무형자산	영업활동에 사용할 목적으로 장기적으로 보유하고 있는 물리적 실체가 없는 자산
	기타비유동자산	비유동자산 중 투자, 유형, 무형자산에 해당하지 아니하는 기타의 비유동자산

(1) 유동자산

① 당좌자산: 재고자산을 제외한 유동자산으로 판매과정을 거치지 않고 1년 이내에 현금으로 전환될 수 있는 자산이다.

예 현금 및 현금성자산, 단기금융상품, 유가증권, 매출채권, 단기대여금, 미수수익, 선급비용 등

② 재고자산: 영업상 판매를 목적으로 구입하거나 자체적으로 생산한 재화를 의미하며 판매과정을 통하여 현금으로 전환되는 자산이다.
　　예 상품, 제품, 원재료, 재공품, 저장품 등

(2) 비유동자산

① 투자자산: 타회사를 지배하거나 통제할 목적, 또는 장기적인 투자이윤을 얻을 목적으로 보유하는 자산이다.
　　예 장기금융상품, 투자유가증권, 장기대여금, 보증금 등

② 유형자산: 영업활동에 사용할 목적으로 장기적으로 보유하고 있는 실물자산으로 감가상각의 대상이다.
　　예 토지, 건물, 구축물, 비품, 기계장치, 선박, 차량운반구, 건설 중인 자산 등

③ 무형자산: 기업이 장기적인 영업 또는 생산활동에 이용할 목적으로 보유하고 있는 물리적 형태가 없는 자산이다.
　　예 영업권, 산업재산권, 광업권, 어업권, 개발비 등

④ 기타비유동자산: 비유동자산 중 투자자산, 유형자산, 무형자산으로 분류할 수 없는 항목들을 포함한다.
　　예 임차보증금, 이연법인세자산(유동자산으로 분류되는 부분 제외), 장기매출채권 및 장기미수금 등

(3) 대손충당금과 감가상각누계액

① 대손충당금

　㉠ 매출채권, 대여금 등의 채권이 채무자의 파산, 행방불명, 재해 등으로 회수 불가능해질 때 이를 대손(Bad Debt)이라고 하며, 기말 현재 채권잔액 중 회수불능채권이 존재한다면 '채권의 실제가치 = 명목상의 가액 - 회수불능채권'이 된다.

　　예 기말 현재 매출채권의 명목상 가액이 ₩1,000,000이고, 예상되는 대손액이 채권잔액의 1%로 추정될 경우에 기말 결산시점에서의 회계처리이다.

(차) 대손상각비	10,000	(대) 대손충당금	10,000

　㉡ 차감적 평가계정: 대손예상액만큼 채권계정을 직접 감액하지 않고 차감계정을 사용해 간접 감액함으로써 명목상의 가액과 실제 가치를 알 수 있게 한다.

② 감가상각누계액

      ㉠ 토지를 제외한 유형재산들은 시간의 경과에 따라 일정 후에는 그 가치가 소멸해 기업에 더 이상의 경제적 효익을 제공하지 못하므로 유형기간의 사용기간 동안 취득원가를 일정한 방법에 의해 감소시키고 그 가치소멸액은 당 회계기간의 비용으로 처리해야 한다(감가상각: Depreciation).

(차) 감가상각비	×××	(대) 감가상각누계액	×××

      ㉡ 차감계정을 사용해 취득원가와 감가상각누계액을 파악하도록 한다.

      ㉢ 무형자산은 유형자산과 달리 해당 자산계정에서 직접 감액한다.

4 자산의 측정기준

자산의 평가(Asset Valuation)란 기업이 소유하고 있는 자산에 화폐가치를 부여하는 과정을 의미한다.

[자산평가방법]

시장 ＼ 시간	과거가격	현재가격	미래가격
투입시장	역사적 원가	현행투입가격	
산출시장		현행산출가격	미래현금흐름의 현가

(1) 역사적 원가(Historical Cost)

  ① 의미: 자산을 취득할 때 지불한 현금액 또는 현금등가액을 의미한다(＝취득원가). 현금등가액이란, 자산을 외상으로 구입하거나 주식을 발행하고 취득한 경우 등 현금을 지급하지 않고 취득한 경우에 현금을 지급하고 취득하였다면 지급할 대가를 의미한다.

  ② 장점

      ㉠ 측정이 용이하다.

      ㉡ 객관적이다.

      ㉢ 검증가능성이 크다.

  ③ 단점

      ㉠ 자산가치의 변화를 고려하지 않으므로 공정가치를 반영하지 못한다.

      ㉡ 현재의 수익에 과거의 원가가 대응되므로 수익 · 비용 대응이 비합리적이다.

      ㉢ 물가변동으로 인한 손익을 반영하지 못한다.

(2) 현행투입가격(Current Input Price)

  ① 의미: 현재의 시점에서 자산을 다시 구입할 경우 지급하여야 할 현금이나 현금등가액을 의미한다(＝현행원가).

  ② 장점

      ㉠ 현재수익과 현행원가를 대응시켜 합리적인 수익 · 비용 대응이 가능하다.

      ㉡ 실물자본유지에 필요한 정보를 제공한다(현행원가에 의한 영업이익은 기존의 생산능력을 유지하면서 주주에게 배당할 수 있는 최대금액을 의미한다).

      ㉢ 영업활동으로 인한 이익과 보유손익을 구분한다.

③ 단점

　　㉠ 보유자산의 시장이 존재하지 않을 경우가 있다.

　　㉡ 보유손익의 비현실성이 존재한다.

　　㉢ 개별자산의 현행원가가치의 합과 기업전체가치가 다를 수 있다(무형자산 제외).

(3) 현행산출가격

① 의미: 자산을 현재 시점에서 판매한다고 가정할 경우 수취할 수 있는 금액을 의미한다.

현행산출가격	의미
순실현가능가치	정상적인 판매과정에서 수취할 수 있는 판매가격－판매비용으로 평가
현행현금등가액	정상적인 청산과정에서 수취할 수 있는 판매가격으로 평가
청산가치	강제적인 청산과정에서 수취할 수 있는 판매가격으로 평가

② 장점

　　㉠ 자산의 가치변동에 의한 기업의 이익을 명확히 표현한다.

　　㉡ 정보이용자에게 기업자산의 현행시장가격에 관한 정보를 제공한다.

③ 단점

　　㉠ 보유자산의 시장이 존재하지 않을 경우가 있다.

　　㉡ 기업의 특수한 목적을 위해 고안된 유형자산의 사용가치와 교환가치의 괴리가 존재한다.

　　㉢ 개별자산의 현행산출가치의 합과 기업전체가치가 다를 수 있다(무형자산 제외).

(4) 미래현금흐름의 현가(Present Value of Future Cash Flows)

① 의미: 자산이 미래에 경제적 효익을 유발하는 능력을 현재가치로 평가하는 방법으로 미래순현금흐름액, 기간, 할인율 세 가지 요소에 의해 결정된다.

② 장점

　　㉠ 자산의 현재가치를 정확히 평가하며 이론적으로 타당하다.

　　㉡ 기초와 기말시점에 자산의 경제적 가치를 비교해 당기순이익을 산출하는 경제학적 이익개념에 부합한다.

③ 단점

　　㉠ 세 가지 요소를 결정하는 것이 주관적이다.

　　㉡ 각 자산을 개별 분리해서 각각의 경제적 효익을 측정하는 것은 무의미하다.

(5) 저가법: 원가와 시가를 비교해 낮은 금액을 자산의 가치로 평가하는 방법으로 보유손실은 인식하고, 보유이익은 인식하지 않으므로 보수주의 관점과 부합하다.

5 부채

(1) 부채의 정의: 부채(Liabilities)란 과거의 거래나 사건의 결과로서 현재 기업실체가 부담하고 그 이행에 자원의 유출이 예상되는 의무이다.

(2) 분류: 재무상태표일로부터 1년 이내에 도래하는 유동부채와 1년 이상인 비유동부채로 분류된다.

유동부채	매입채무	상품 등을 매입하거나 어음을 발행한 경우 발생하는 채무
	단기차입금	타인이나 은행으로부터 현금을 빌린 경우 발생하는 채무로 상환기일이 재무상태표일로부터 1년 이내인 것
	미지급비용	당기에 발생한 비용으로서 아직 지급하지 않은 비용
	선수수익	당기에 수익으로 이미 현금으로 받은 금액 중 다음 회계기간에 속하는 부분
비유동부채	장기차입금	타인이나 은행으로부터 현금을 빌린 경우 발생하는 채무로 상환기일이 재무상태표일로부터 1년 이상인 것
	퇴직급여충당금	장래의 종업원의 퇴직 시에 지급되는 퇴직금을 대비해 설정한 준비액
	사채	주식회사가 장기자금을 조달하기 위해 계약에 따라 일정이자를 지급하며, 일정시기에 원금상환을 계약하고 차입한 채무

6 자본

(1) 정의: 자본(Capital)이란 자산총액에서 부채총액을 차감한 잔액(= 순자산)이다.

(2) 의미

① 기업의 자산 중 주주 또는 출자자에 의해 제공된 부분이다.

② 기업 자산에 공사 청구권을 뜻한다.

③ 일정시점에서 회계주체의 소유자에게 귀속되어야 하는 소유주지분(Owner's Equity) 또는 주주지분(Stockholder's Equity)을 의미한다.

(3) 분류: 소유주가 납입한 납입자본(자본금, 자본잉여금)과 영업활동의 결과로 발생한 이익을 유보시킨 이익잉여금, 회계상의 자본구조 변경인 자본조정으로 구성된다. 또한 포괄손익에 해당하는 기타 포괄손익누계액이 있다.

① **자본금**: 발행주식의 액면가액 × 발행주식 수

② **자본잉여금**

㉠ 주주 또는 출자자에 의하여 제공된 금액 중 자본금을 초과한 부분이다.

㉡ 기업활동으로 인해 증가한 자본금 이외의 순자산이다.

㉢ 계정: 주식발행초과금, 감자차익, 자기주식처분이익 등이다.

③ 이익잉여금

　㉠ 영업활동이나 재무활동 등 기업의 이익창출활동에 의하여 축적된 이익으로서 주주에게 배당금을 지급하고 남은 부분이다.

　㉡ 이익잉여금의 종류

		사외배당	배당금
당기순이익	사내유보	상법	이익준비금
		기타법령	기타법정적립금
		정관 등 임의	임의적립금
		적립하지 않음	처분 전 이익잉여금

7 재무상태표의 양식

(1) 기업회계기준에서는 보고식을 원칙으로 하되, 계정식도 사용가능하다.

(2) 자산, 부채, 자본으로 구분하고 유동성원칙에 의해 배열한다.

(3) 총액에 의한 기재를 원칙으로 하고 차감항목도 기재한다.

보고식 재무상태표

XX 회사 2021년 12월 31일

자산

Ⅰ. 유동자산

　(1) 당좌자산　　　　　XXX

　(2) 재고자산　　　　　XXX

Ⅱ. 비유동자산

　(1) 투자자산　　　　　XXX

　(2) 유형자산　　　　　XXX

　(3) 무형자산　　　　　XXX

　(4) 기타비유동자산　　XXX

　자산총계　　　　　　　XXX

부채

Ⅰ. 유동부채　　　　　　XXX

Ⅱ. 비유동부채　　　　　XXX

　부채총계　　　　　　　XXX

자본

Ⅰ. 자본금　　　　　　　XXX

Ⅱ. 자본잉여금　　　　　XXX

Ⅲ. 이익잉여금　　　　　XXX

계정식 재무상태표

XX 회사 2021년 12월 31일

자산		부채	
Ⅰ. 유동자산		Ⅰ. 유동부채	XXX
(1) 당좌자산	XXX	Ⅱ. 비유동부채	XXX
(2) 재고자산	XXX	부채총계	XXX
Ⅱ. 비유동자산			
(1) 투자자산	XXX	자본	
(2) 유형자산	XXX	Ⅰ. 자본금	XXX
(3) 무형자산	XXX	Ⅱ. 자본잉여금	XXX
(4) 기타비유동자산	XXX	Ⅲ. 이익잉여금	XXX
		Ⅳ. 자본조정	XXX
		Ⅴ. 기타포괄손익누계액	XXX
자산총계	XXX	자본총계	XXX
		부채와 자본총계	XXX

Ⅳ. 자본조정	XXX
Ⅴ. 기타포괄손익누계액	XXX
자본총계	XXX
부채와 자본총계	XXX

03 포괄손익계산서(I/S; Income Statement, P/L; Profit and Loss statement)

1 포괄손익계산서의 의의

포괄손익계산서란 일정 기간 동안 기업의 경영성과를 보고하는 동태적 재무제표이다. 기업의 경영성과는 이익의 크기로서 측정되는데 이익을 측정하는 목적과 용도는 다음과 같다.

(1) 투하자본과 이익을 명확히 구분하여 투하자본의 감소를 방지한다.

(2) 경영자의 경영능률을 측정한다.

(3) 주주나 채권자가 기업의 미래현금흐름을 예측하게 한다.

(4) 경영자들이 경영의사결정에 사용하게 한다.

(5) 과세당국의 과세기초자료로 사용한다.

> 포괄손익계산서 등식: 이익=수익−비용 또는
> 손실=비용−수익

2 수익과 비용

(1) 수익(Revenues)

① 정의: 주요 경영활동으로서의 재화의 생산·판매, 용역의 제공 등에 따른 경제적 효익의 유입으로서, 이는 자산의 증가 또는 부채의 감소 및 그 결과에 따른 자본의 증가로 나타난다.

② 수익인식기준=실현주의

㉠ 실현요건(= 측정요건): 수익이 인식되기 위해서는 수익금액이 합리적으로 측정 가능해야 한다.

㉡ 가득요건(= 발생요건): 수익창출 노력을 위해 결정적이며 대부분의 노력이 발생하여야 한다.

(2) 비용(Expenses)

① 정의: 주요 경영활동으로서의 재화의 생산·판매, 용역의 제공 등에 따른 경제적 효익의 유출로서, 이는 자산의 감소 또는 부채의 증가 및 그 결과에 따른 자본의 감소로 나타난다.

② 비용인식기준=수익·비용 대응의 원칙

㉠ 원인과 결과의 직접대응: 수익획득과 인과관계가 성립할 때 수익인식시점에서 비용을 인식하는 것이다.

예 매출−매출원가, 매출−판매비

ⓛ 합리적이고 체계적인 방법에 의한 기간배분: 특정 수익과 인과관계를 명확히 알 수 없을 때 일정 기간 동안 발생한 원가를 해당기간에 합리적이고 체계적으로 배분하는 것이다.

예 감가상각비의 기간배분

ⓒ 당기에 즉시 인식: ㉠, ⓛ에 의한 방법으로 비용을 인식할 수 없을 때, 즉 당기에 발생한 원가가 미래에 경제적 효익을 제공하지 못하거나 미래 효익의 가능성이 불확실한 경우에 발생, 즉시 비용으로 인식하는 것이다.

예 일반관리비나 광고선전비의 즉시 비용 인식

(3) 수익 · 비용과 이득 · 손실의 비교

① 이득과 손실

㉠ 이득(Gains): 주요 경영활동 이외의 부수적인 거래나 사건의 결과로 발생하는 경제적 효익의 유입으로서, 이는 자본의 증가로 나타난다.

ⓛ 손실(Losses): 주요 경영활동 이외의 부수적인 거래나 사건의 결과로 발생하는 경제적 효익의 유출로서, 이는 자본의 감소로 나타난다.

② 비교

구분		수익 · 비용	이득 · 손실
차이점	발생요인	경영활동과 관계된 거래활동	부수적인 거래활동
	보고방식	총액법	순액법
공통점		자본의 증감에 영향을 끼침	

3 포괄손익계산서 구성요소

매출액	기업의 주된 활동인 상품 · 제품 및 용역의 제공에 따른 총매출액에서 매출에누리와 환입, 매출할인 등을 차감한 금액
매출원가	매출액에 대응되는 원가로서 판매된 상품의 매입원가 또는 제품의 제조원가
판매비와 관리비	상품 · 제품의 판매활동과 기업의 관리활동에서 발생하는 비용으로서 매출원가를 제외한 모든 영업비용 예 급여, 퇴직급여, 복리후생비, 감가상각비, 광고선전비, 임차료, 대손상각비 등
영업외수익	영업활동이 아닌 재무 및 투자활동에서 발생하는 수익 · 이득 예 이자수익, 배당금수익, 임대료, 유형자산처분이익 등
영업외비용	영업활동이 아닌 재무 및 투자활동에서 발생하는 비용 예 이자비용, 임차료, 유형자산처분손실 등
계속사업손익 법인세비용	계속사업부분에 공사 법인세 등에 의해 당해연도 기준으로 부담하여야 할 법인세
계속사업손익	계속사업손익의 모든 손익항목의 반영 후 나온 당기 실제 발생성과
중단사업손익	중단사업에 해당하는 손익을 별도로 모아놓은 항목(세금효과 반영)
당기순이익	계속사업손익과 중단사업손익까지 반영된 당기의 경영성과

4 포괄손익계산서의 양식

(1) 계정식: 포괄손익계산서를 차변과 대변으로 나누어 차변에는 그 기간에 발생한 비용을, 대변에는 그 기간에 발생한 수익을 기입하여 당기순손익을 표시하는 양식이다.

(2) 보고식: 포괄손익계산서를 상하 차감하는 형식으로 구분별 수익에 대응되는 비용을 차례로 차감하여 당기순손익을 표시하는 양식이다.

(3) 기업회계기준에서는 포괄손익계산서를 보고식으로 표시하도록 규정하고 있으며 총수익에서 총비용을 차감하여 당기순이익만 보고하지 않고 여러 유형의 이익으로 구분하여 표시하도록 규정하고 있다.

매출총이익	매출액 − 매출원가
영업이익	매출총이익 − 판매비와 관리비
법인세비용차감전계속사업손익	영업이익 + 영업외수익 − 영업외비용
계속사업손익	법인세비용차감전계속사업손익 − 법인세비용(계속사업 해당 부분)
중단사업손익	중단사업부분에 해당하는 손익(세금효과반영)
당기순이익	계속사업손익 + 중단사업손익

포괄손익계산서
(제조업, 판매업, 건설업)

XX회사 2021.1.1~2021.12.31

매출액	XXX
매출원가	(XXX)
매출총이익	XXX
판매비와 관리비	(XXX)
영업이익	XXX
영업외수익	XXX
영업외비용	(XXX)
법인세비용차감전계속사업손익	XXX
계속사업손익법인세비용	(XXX)
계속사업손익	XXX
중단사업손익	(XXX)
당기순이익	(XXX)

포괄손익계산서
(금융업, 보험업, 부동산임대업)

XX회사 2021.1.1~2021.12.31

영업수익	XXX
영업비용	(XXX)
영업이익	XXX
영업외수익	XXX
영업외비용	(XXX)
법인세비용차감전계속사업손익	XXX
계속사업손익	XXX
중단사업손익	(XXX)
당기순이익	(XXX)

5 당기업적주의와 포괄주의

포괄손익계산서에 포함되는 이익의 결정요소에 대하여 이상적·임시적 항목을 이익계산에 포함시켜서는 안 된다는 입장과 이들을 포함시켜야 한다는 입장이 상존하며 각각 당기업적주의와 포괄주의라고 지칭한다.

(1) 당기업적주의(Current Operating Performance Concept)

① 의미: 기업의 정상적인 경영활동에서 경상적·반복적으로 발생하는 손익항목만을 포괄손익계산서에 포함시키고, 당해 기간의 업적과 직접 관련 없는 이상적·임시적 항목은 이익잉여금의 증감항목으로 표시하여 포괄손익계산서에는 포함시켜서는 안 된다는 주장이다.

② 근거

    ㉠ 정상적인 영업활동에서 경상적·반복적으로 발생하는 손익항목만을 가지고 당기순이익을 산정하여야 정보이용자들이 기업의 이익력(Earning Power)을 올바르게 파악할 수 있다.

    ㉡ 이상적·임시적 항목들을 포괄손익계산서에 포함시키게 되면 기간별·기업 간의 비교가능성이 저해된다.

    ㉢ 많은 정보이용자들이 경상적 항목과 비경상적 항목의 구분에 익숙하지 못하므로 정보이용자들을 잘못된 방향으로 이끌 수 있다.

(2) 포괄주의(All-Inclusive Concept)

① 의미: 당기업적주의와 달리 기간순이익의 결정에 경상항목·비경상항목을 막론하고 기간 중에 발생한 모든 수익과 비용을 포함시켜야 한다는 주장이다.

② 근거

    ㉠ 기업이 존속하는 전 기간에 걸쳐 매기의 포괄손익계산서에 나타난 순이익의 합계액은 기업이 존속하는 전 기간을 한 회계기간으로 보았을 때 계산한 순이익의 금액과 일치하여야 한다.

    ㉡ 현실적으로 경상항목과 비경상항목의 구분이 불명확해 이익조작가능성이 있다.

    ㉢ 기업의 장기적 이익창출능력을 평가하기 위해서는 기업활동에 영향을 미치는 모든 요소가 고려되어야 한다.

    ㉣ 기간 중에 모든 손익변동사항을 완전히 공시하는 것이 정보이용자의 개별적인 정보욕구에 비추어 볼 때 더 적절하다.

순자산 증감원인		당기업적주의	포괄주의
자본거래		미반영	미반영
손익거래	경상항목	반영	반영
	비경상항목	미반영	반영

(3) 우리나라 기업회계기준에서는 비경상적·비반복적 항목을 포괄손익계산서의 특별항목으로 표시하도록 하고 있어 포괄주의를 채택하고 있다.

① 비경상성: 영업환경에 비추어 볼 때 당해 손익을 발생시키는 거래나 사건이 기업의 경상적인 활동과 명백하게 관련이 없다고 인정되는 것을 말한다.

② 비반복성: 영업환경에 비추어 볼 때 당해 사건이나 거래가 예측가능한 장래에 다시 발생될 가능성이 거의 없는 것을 말한다.

주석(이익잉여금처분계산서, Statement of Appropriation of Retained Earnings)

1 이익잉여금처분계산서의 의의

일정 기간 동안 기업의 이익잉여금의 총 변동사항을 명확히 보고하기 위하여 작성하는 재무제표를 의미한다. 영업활동으로 벌어들인 이익을 주주에게 배당금으로 분배하거나 미래의 예기치 못한 손실에 공사 대비, 시설규모 확장을 위해 유보시키기도 하는데, 이는 주주의 유보이익에 공사 사항이므로 중요하며 주주총회의 결의를 거친 이후에 처분하게 된다. 만약, 결손이 누적된 회사는 결손금처리계산서(Statement of Disposition of Deficit)를 작성하게 된다.

2 이익잉여금공식

기초이익잉여금＋당기순이익－배당금 등 처분액＝기말이익잉여금
(처분 전 이익잉여금)   (처분 후 이익잉여금)

3 이익잉여금처분계산서 양식

이익잉여금처분계산서
2021.1.1.~2021.12.31.

XX회사   처분확정일 2022.2.25.

Ⅰ. 처분 전 이익잉여금		
1. 전기이월이익잉여금 (전기이월결손금)	1,000,000	
2. 당기순이익	800,000	1,800,000
Ⅱ. 임의적립금이입액		200,000
합계		2,000,000
Ⅲ. 이익잉여금처분액		
1. 이익준비금	100,000	
2. 현금배당	1,000,000	
3. 임의적립금	400,000	1,500,000
Ⅳ. 차기이월이익잉여금		500,000

05 현금흐름표(Cash Flow Statement)

1 현금흐름표의 의의

일정 기간 동안 기업의 영업활동 및 투자와 재무활동으로 인한 현금의 변동내용을 나타내는 동태적 보고서이다. 포괄손익계산서의 기능을 보완(현금주의에 입각)하며, 기업의 자산, 부채 및 자본의 변동을 가져오는 자금흐름에 관한 정보를 제공해 줌으로써 재무상태표의 기능도 보완한다.

2 현금흐름표의 기능

현금흐름표를 작성하는 목적은 일정 기간 동안 현금의 수입과 지출을 나타내 줌으로써 기업의 영업, 투자 및 재무활동에 관한 정보를 제공해주며 다음과 같은 의문점에 대한 해답을 제공한다.

(1) 현금은 어디에서 얼마만큼 조달되었는가?(현금의 조달원천)

(2) 현금은 어디에 얼마만큼 사용되었는가?(현금의 사용내역)

(3) 현금은 기중에 얼마만큼 변동하였는가?(현금의 증감액)

3 현금흐름표의 양식

현금흐름표

XX회사		2021.1.1.~2021.12.31.
I. 영업활동으로 인한 현금흐름		XXX
II. 투자활동으로 인한 현금흐름		
1. 투자활동으로 인한 현금유입액	XXX	
2. 투자활동으로 인한 현금유출액	XXX	XXX
III. 재무활동으로 인한 현금흐름		
1. 재무활동으로 인한 현금유입액	XXX	
2. 재무활동으로 인한 현금유출액	XXX	XXX
IV. 현금의 증가(감소)		XXX
V. 기초의 현금		XXX
VI. 기말의 현금		XXX

06 자본변동표

1 자본변동표의 의의

자본변동표는 자본의 크기와 그 변동에 관한 정보를 제공하는 재무보고서로서, 자본을 구성하고 있는 자본금, 자본잉여금, 자본조정, 기타포괄손익누계액, 이익잉여금(또는 결손금)의 변동에 공사 포괄적인 정보를 제공한다.

2 자본변동표의 구조

자본변동표에는 자본금, 자본잉여금, 자본조정, 기타포괄손익누계액, 이익잉여금(또는 결손금)의 각 항목별로 기초잔액, 변동사항, 기말잔액을 표시한다.

3 자본변동표의 양식

자본변동표

제×기 20××년×월×일부터 20×년×월×일까지
제×기 20××년×월×일부터 20×년×월×일까지
회사명 (단위: 원)

구 분	자본금	자본잉여금	자본조정	기타포괄손익누계액	이익잉여금	총 계
20××.×.×(보고금액)	×××	×××	×××	×××	×××	×××
회계정책변경누적효과					(×××)	(×××)
전기오류수정					(×××)	(×××)
수정후이익잉여금					×××	×××
연차배당					×××	×××
처분후이익잉여금					×××	×××
중간배당					(×××)	(×××)
유상증자(감자)	×××	×××				×××
당기순이익(손실)					×××	×××
자기주식 취득			(×××)			(×××)
해외사업환산손익				(×××)		(×××)
20××.×.×	×××	×××	×××	×××	×××	×××
20××.×.×(보고금액)	×××	×××	×××	×××	×××	×××
회계정책변경누적효과					(×××)	(×××)
전기오류수정					(×××)	(×××)
수정후이익잉여금					×××	×××
연차배당					(×××)	(×××)
처분후이익잉여금					×××	×××
중간배당					(×××)	(×××)
유상증자(감자)	×××	×××				×××

당기순이익(손실)					×××	×××
자기주식취득			(×××)			(×××)
매도가능증권평가손익	___	___	___	×××		×××
20××.×.×	×××	×××	×××	×××	×××	×××

07 기타의 재무정보

1 주기(Parenthetical Disclosure)

재무제표상의 해당 과목 다음에 그 회계 사실의 내용을 간단한 문자 또는 숫자로 괄호 안에 표시하여 설명하는 방법이다.

예 포괄손익계산서상의 당기순이익에 1주당 경상이익과 1주당 순이익을 주기표시

   XII. 당기순이익   <u>XXX</u>

     (주당경상이익: xxx원)

     (주당순이익: xxx원)

2 주석(Foot Note) – IFRS에서는 재무제표(잉여금계산서 내역 포함하는 F/S)

재무제표상의 해당 과목 또는 금액에 기호나 번호를 붙이고 난외 또는 별지에 동일한 기호나 번호를 표시하여 그 내용을 간결하게 설명하는 방법이다. 기업회계기준에서는 주석으로 기재할 사항에 대해서 필수적 주석사항과 보충적 주석사항으로 구분하여 자세히 규정하고 있다.

3 부속명세서(Supplementary Schedules)

재무제표에 첨부되는 서류로서 재무상태표나 포괄손익계산서에 기재된 항목 중에서 중요한 항목에 공사 보조적인 자료를 내용으로 한다. 주기와 주석이 재무제표의 일부인 데 반해 부속명세서는 재무제표의 일부는 아니다.

CHAPTER

04 자산

01 자산의 화폐성에 따른 분류(화폐성 자산, 비화폐성 자산)

구분	화폐성 자산	비화폐성 자산
정의	시간의 경과, 화폐가치의 변동에 무관하게 항상 일정한 화폐액으로 표시되는 자산	시간의 경과, 화폐가치의 변동에 따라 화폐평가액이 변동되는 자산
종류	• 대부분의 당좌자산 • 투자자산	• 재고자산 • 유형자산 • 무형자산

02 당좌자산

유동자산 중 판매과정을 거치지 않고 현금화 할 수 있는 자산을 뜻한다.

1 현금 및 현금성자산(Cash and Cash Equivalent)

현금 및 현금성자산＝현금＋요구불예금＋현금성자산

(1) **현금(Cash):** 현금이란 유동성이 가장 높은 자산으로서 재화나 용역을 구입하는 데 사용하는 교환의 대표적인 수단이며, 현재의 채무를 상환하는 데 쉽게 이용할 수 있는 지불수단으로 무수익자산(Non-Profit Assets)이다. 회계상 현금으로 취급되는 것은 통화뿐만 아니라 통화와 언제든지 교환 가능한 통화대용증권을 포함한다.

> **개념더하기** 통화와 통화대용증권
>
> • 통화: 지폐, 동전
> • 통화대용증권: 자기앞수표, 타인발행 당좌수표, 가계수표, 여행자수표, 송금환, 우편환, 만기가 도래한 공사채이자표, 기한이 도래한 약속어음·환어음, 정부의 지급통지서, 배당이 결정된 주식의 배당권 등

(2) 요구불예금(Demand Deposit: 입출금이 자유로운 예금)

① 당좌예금: 기업과 은행이 당좌계약을 맺고 은행에 현금을 예입한 후 필요에 따라 수표를 발행함으로써 현금을 인출할 수 있는 예금을 말한다. 일정한 한도 내에서 예금잔액을 초과하여 수표나 어음을 발행해도 은행이 지급 가능하도록 당좌차월계약을 맺는 것이 일반적이다.

② 보통예금: 은행에 통장으로 자유롭게 인출 가능한 예금이다.

(3) 현금성자산(Cash Equivalent)

(3) 현금성자산(Cash Equivalent): 현금성자산이란 큰 거래비용 없이 현금으로 전환이 용이하고 이자율 변동에 따른 가치변동의 위험이 중요하지 않은 유가증권 및 단기금융상품으로서 취득 당시 만기(또는 상환일)가 3개월 이내에 도래하는 것을 의미한다.

① 취득당시 만기가 3개월 이내에 도래하는 국공채 및 사채

② 취득당시 상환일까지의 기간이 3개월 이내인 상환우선주

③ 취득당시 만기가 3개월 이내에 도래하는 양도성예금증서(CD; Certificate of Deposit)

④ 3개월 이내의 환매조건을 가지는 환매채(RP; Repurchase Agreement)

⑤ 초단기 수익증권(MMF; Money Market Fund)

> **개념더하기** 현금 및 현금성자산에 포함되지 않는 자산
>
> • 우표와 인지: 현금으로의 전환을 위해 보유하는 것이 아니라 요금이나 대금이라는 비용을 선급한 것이므로 선급비용으로 분류하거나 소모품 또는 소모품비로 분류
> • 선일자수표(Postdated Check): 수표에 표시된 발행일이 실제 발행일보다 앞선 수표로 지급기일 전까지 은행에 제시하여 현금화하지 않는 것이 관례이므로 미수금이나 매출채권 등으로 분류
> • 보통주 등의 주식: 매일매일 가격변동이 심하기 때문에 현금성자산에 포함되지 않고 유가증권으로 분류
> • 만기까지 남은 기간이 3개월 이상인 자산: 단기금융상품으로 분류
> • 가불증: 종업원에게 급여를 선급한 경우 종업원단기대여금으로 분류

2 단기금융상품(Short-Term Financial Instruments)

(1) 의미: 단기금융상품이란 금융기관이 취급하는 정기예금 · 정기적금과 사용이 제한되어 있는 예금 및 기타 정형화된 금융상품 등으로 단기적 자금운용목적으로 소유하거나 기한이 1년 내에 도래하는 당좌자산을 의미한다(사용이 제한되어 있는 예금에 대해서는 그 내용을 주석으로 기재).

> 단기금융상품=정기예금, 정기적금+사용제한 예금+정형화된 금융상품(3개월 이상 1년 미만)

(2) 단기금융상품의 종류

① 정기예금, 정기적금: 당초에 정해진 만기일이 1년이 넘는 경우 장기금융상품으로 분류되지만, 만기가 재무상태표일 현재 1년 이내에 도래하면 단기금융상품으로 재분류한다.

    예 불입기간이 3년인 정기적금

• 가입 시

| (차) 장기금융상품(만기 1년 이상) | ××× | (대) 현금 | ××× |

• 재무상태표일 이후 1년 이내 만기 도래 시 – 단기금융상품으로 재분류

| (차) 단기금융상품 | ××× | (대) 장기금융상품 | ××× |

② **사용이 제한된 예금**: 양도예금, 감채기금

③ **기타 정형화된 금융상품**

ㄱ 양도성예금증서(CD): 은행이 정기예금에 대해 발행하는 무기명의 예금증서로 자유로운 양도가 가능하다.

ㄴ 어음관리구좌(CMA; Cash Management Account): 투자금융회사나 종합금융회사가 고객으로부터 받은 예탁금을 어음이나 양도성예금증서, 국공채 등에 투자하고 관리하여 고객에게 실적배당을 하는 금융상품이다. 만기는 180일 이내이고, 입출금이 자유로우며, 이자 후불지급조건을 가진다.

ㄷ 기업어음(CP; Commercial Paper): 신종기업어음이라고도 하며, 신용도가 높은 우량기업이 종합금융회사에 발행하는 어음으로서 금융회사가 할인하여 매입한 후 고객에게 매출하는 금융상품이다. 어음기간은 180일 이내이며, 변동금리가 적용된다.

ㄹ 환매조건부 채권(RP): 금융기관이 일정기간 후 확정금리를 보태어 되사는 조건으로 발행하는 채권이다. 주로 금융기관이 보유한 국공채나 특수채, 신용우량채권 등을 담보로 발행되므로 환금성이 보장된다.

ㅁ 기업금전신탁: 금융기관이 금전을 신탁받아 유가증권투자나 신탁대출 등으로 운용하고, 그 신탁이익과 원금을 금전신탁자에게 지급하는 금융상품이다.

재무상태표일	취득일	계정분류
만기 1년 이내	3개월 이내	현금성자산
	3개월 이후	단기금융상품
만기 1년 초과	—	장기금융상품
당좌예금, 보통예금	—	현금

3 유가증권

(1) **의미**: 현금은 기업의 영업활동을 위해 항상 적정량을 보유하고 있어야 하는 자산이지만, 무수익자산이기 때문에 효율적인 관리가 요구된다. 기업은 초과현금을 주식이나 국채, 공채, 사채 등의 유가증권에 투자해 단기투자수익을 얻고자 하는데, 이때 재산적 가치를 가지고 있는 증권을 유가증권이라 한다(지분증권과 채무증권).

구분	의미	예시
지분증권	타기업의 자본, 기금에 공사 소유지분	보통주, 우선주, 수익증권, 자산유동화증권
	소유지분을 취득할 수 있는 권리	신주인수권, 콜옵션
	소유지분을 처분할 수 있는 권리	풋옵션
채무증권	발행자에 대하여 금전을 청구할 수 있는 권리를 표시한 증권	국채, 공채, 사채, 자산유동화채권

(2) 유가증권의 분류

투자의 목적	시장성 유무	회계상 분류
단기투자	시장성 유관	단기매매증권(당기손익인식 금융자산: 시장성 상실시 매도가능증권으로 분류
장기투자	시장성 무관	• 만기보유증권(상각후원가측정 금융자산): 채무증권에 대해서만 • 매도가능증권(기타포괄손익인식 금융자산) • 지분법 적용투자주식

① **단기매매증권(당기손익인식 금융자산):** 단기간 내의 매매차익을 목적으로 취득한 유가증권으로서 매수와 매도가 적극적이고 빈번하게 이루어지는 유가증권이다.

② **만기보유증권(상각후원가측정 금융자산):** 만기가 확정된 채무증권으로서 상환금액이 확장되었거나 확정가능한 채무증권을 만기까지 보유할 적극적인 의도와 능력이 있는 유가증권이다.

③ **매도가능증권(기타포괄손익인식 금융자산):** 단기매매증권이나 만기보유증권으로 분류되지 않는 유가증권을 뜻한다.

④ **지분법적용투자주식:** 피투자회사에 중대한 영향력을 행사할 수 있는 투자주식을 의미한다.

　→ 이 중 당좌자산으로 분류되는 유가증권은 ① 단기매매증권만 해당, 나머지 ②, ③, ④는 투자자산 (비유동자산)으로 분류

(3) 단기매매증권(당기손익인식 금융자산)의 취득

> 단기매매증권(당기손익인식 금융자산)의 취득원가=매입가액+부대비용

① **매입가액:** 단기매매증권(당기손익인식 금융자산)의 시장가격이다.

② **부대비용:** 취득하는 과정에서 발생하는 매입수수료, 이전비용, 증권거래세 등의 매입부대비용을 뜻한다.

③ 동일종목의 단기매매증권(당기손익인식 금융자산)을 수차에 걸쳐 구입단가가 다르게 취득하는 경우 개별법, 총평균법, 이동평균법 또는 기타 합리적인 방법을 적용하되 동일한 방법을 일관성 있게 적용해 단가를 산정한다.

(4) 단기매매증권(당기손익인식 금융자산)의 보유

① **지분증권(주식)보유로 인한 배당금 수취 시:** 배당금수익(영업외수익)

② **채무증권(채권)보유로 인한 이자 수취 시:** 이자수익(영업외수익)

(5) 단기매매증권(당기손익인식 금융자산)의 평가 – 공정가액법(시가법): 기업회계기준에서는 재무상태표상 단기매매증권 금액을 표시할 때 주식과 채권 모두를 회계연도 말의 공정가액으로 표시하도록 규정하고 있다. 공정가액은 합리적인 판단력과 거래의사가 있는 독립된 당사자 간에 거래될 수 있는 교환가격을 의미한다(강매나 출혈판매, 비정상적인 시가는 공정가액으로 간주하지 않음).

① 공정가액＞취득가액(장부가액): 단기매매증권 평가이익(영업외수익) 발생
② 공정가액＜취득가액(장부가액): 단기매매증권 평가손실(영업외비용) 발생

(6) 단기매매증권(당기손익인식 금융자산)의 처분

> 단기매매증권 처분손익＝단기매매증권 처분가액 – 처분시점의 단기매매증권 장부가액

4 수취채권과 지급채무

(1) 의미

① 수취채권: 기업이 재화와 용역을 외상으로 판매, 제공하거나 자금을 대여해주고 그 대가로 미래의 현금을 수취하기로 하는 권리를 가지는 채권으로 발생원천에 따라 매출채권과 기타채권으로 분류한다.
② 지급채무: 기업이 재화와 용역을 외상으로 구매, 제공받거나 자금을 차입하고 그 대가로 미래의 현금을 지급하기로 하는 의무를 가지는 채무로 발생원천에 따라 매입채무와 기타채무로 분류한다.

구분	수취채권		지급채무	
	유동자산	비유동자산	유동부채	비유동부채
일상적 상거래	매출채권	장기매출채권	매입채무	장기매입채무
현금의 대여·차입	단기대여금	장기대여금	단기차입금	장기차입금
일상적 상거래 이외	미수금	장기미수금	미지급금	장기미지급금

(2) 종류

매출채권	일반적 상거래에서 발생한 외상매출금과 받을 어음
단기대여금	회수기간이 1년 내에 도래하는 대여금
미수금	일반적 상거래 이외에서 발생한 미수채권
미수수익	당기에 속하는 수익 중 미수액
선급금	상품·원재료 등의 매입을 위해 선지불한 금액
선급비용	선급된 비용 중 1년 내에 비용으로 되는 것
매입채무	일반적 상거래에서 발생한 외상매입금과 지급어음
단기차입금	금융기관으로부터의 당좌차월액과 1년 내에 상환될 차입금
미지급금	일반적 상거래 이외에서 발생한 채무
미지급비용	발생된 비용으로서 아직 지급되지 않은 것
선수금	수주공사·수주품 및 기타 일반적 상거래에서 발생한 선수액
선수수익	받은 수익 중 차기 이후에 속하는 금액
예수금	일반적 상거래 이외에서 발생한 일시적 제예수액

1 재고자산의 의미

재고자산이란 정상적인 영업활동과정에서 판매목적으로 보유하고 있는 자산(제품, 상품)과 판매를 목적으로 생산과정에 있는 자산(재공품) 및 판매할 자산을 생산하는 데 사용되거나 소모될 자산(원재료, 저장품)을 지칭하고, 기업이 영위하는 영업활동에 따라 재고자산으로 분류될지를 결정한다.

[예] 토지 – 일반적으로 유형자산, 부동산매매기업은 재고자산으로 분류

　　주식 – 일반적으로 유가증권, 증권회사는 재고자산으로 분류

2 재고자산의 분류 – 기업회계기준

상품	판매를 목적으로 구입한 상품, 미착상품, 적송품 등(부동산매매업에 있어서 판매목적으로 소유하는 토지 · 건물 등도 포함)
제품	판매를 목적으로 제조한 생산품 · 부산물 등
반제품	자가 제조한 중간제품과 부분품 등으로 판매가 가능한 것
재공품	제품의 제조를 위해 재공과정에 있는 것으로 판매가 불가능한 것
원재료	제품의 제조를 위해 투입하는 원료 · 재료 · 미착원재료 등
저장품	소모품 · 소모공구기구비품 · 수선용부분품 등

3 재고자산 취득원가의 결정

자산의 취득원가에는 그 자산을 취득하여 자산이 목적하는 활동에 사용되기까지 소요된 모든 현금지출액 또는 현금등가액이 포함되어야 한다. 따라서 재고자산의 취득원가는 재고자산을 판매 가능한 상태로 만들기까지 소요된 모든 지출액이어야 하므로 매입가액뿐만 아니라 매입부대비용(매입수수료, 운반비, 하역비 등)까지 포함되어야 한다.

(1) **매입운임**: 매입운임은 매입부대비용이므로 재고자산의 취득원가에 포함시키는데, 매입운임을 누가 부담해야 할 것인지에 관해서는 선적지 인도기준과 도착지 인도기준에 따라 달라질 수 있다.

F.O.B 선적지 조건 (Shipping Point)	자산의 소유권이 선적지에서 이전됨(매출완료)	구매자의 재고자산
F.O.B 도착지 조건 (Destination Point)	자산의 소유권이 도착지에서 이전됨(매입미완)	판매자의 재고자산

(2) **매입에누리와 매입환출(Purchase Allowance and Purchase Returns)**: 매입에누리와 매입환출은 당기매입액에서 차감되므로 재고자산의 취득원가에서는 차감하지 않는다.

① **매입에누리**: 판매자가 값을 깎아 주는 것이다.

② **매입환출**: 매입한 상품이나 제품에 파손 · 결함으로 판매자에게 반환하는 것이다.

(3) 매입할인(Purcase Discounts): 구입자가 외상매입금을 조기에 지급한 경우 판매자가 현금할인을 해주는 것을 의미하며, 순액법과 총액법 모두 기업회계기준에서 인정된다. 당기매입액에서 차감하며 취득원가에서는 차감하지 않는다.

(4) 이연지급계약(Deferred Payment Contracts): 자산을 구입하고 그 대금은 장기성지급어음 등을 발행해줌으로써 자산에 공사대금지급을 이연시키는 자산구입방법을 의미하며, 이때 재고자산의 취득원가는 공정가치 혹은 지급할 부채의 현재가치로 평가해야 한다.

(5) 건설자금이자: 일반적으로는 수익·비용 대응 원칙에 의해 이자비용을 당기간에 비용으로 처리하지만 기업이 장기간에 걸쳐 재고자산을 제조하는 경우에는 재고자산으로부터 수익이 발생하지 않으므로 기업회계기준에서는 다음과 같이 규정하고 있다.

> "재고자산의 제조, 매입 또는 건설에 장기간이 소요되는 경우에 당해 자산의 제조 등에 사용된 차입금에 대하여 당해 자산의 제조, 매입 또는 취득완료 시까지 발생한 이자비용, 기타 유사한 금융비용은 당해 자산의 취득원가에 산입하고 그 금액과 내용을 주석으로 기재한다."

(6) 취득원가 결정 시 주요항목

구분	매입액에서 차감	재고자산 취득원가에 가산
매입운임		○
매입에누리와 매입환출	○	
매입할인	○	
건설자금이자	특수한 경우에 한해 취득원가에 가산	

4 재고자산에 포함될 항목의 결정

일반적으로 자산으로 보고할 수 있으려면 기업이 해당 재화를 자신의 위험부담하에 보유하고 그 가치를 향유할 수 있는 통제권을 가져야 하는데 재고자산의 경우 실물의 보유여부가 통제권의 존재여부와 일치하지 않는 경우가 발생할 수 있다.

(1) 미착상품(Goods in Transit): 상품을 주문하였으나 현재 운송 중에 있어 아직 주문한 회사에 도착하지 않은 상품으로 판매자와 매입자 중 실물에 공사 통제권을 누가 행사하느냐에 따라 재고자산의 귀속을 결정한다.

선적지 조건 (Shipping Point)	자산의 소유권이 선적지에서 이전됨	구매자의 재고자산
도착지 조건 (Destination Point)	자산의 소유권이 도착지에서 이전됨	판매자의 재고자산

(2) **위탁상품(Consignment Goods, 적송품)**: 자신(위탁자)의 상품을 타인(수탁자)에게 위탁하여 판매하는 것을 의미하며 위탁품은 수탁자가 점유하게 되지만 수탁자가 고객에게 위탁품을 판매하기 전까지는 위탁품의 공사 소유권이 위탁자에게 있다. 왜냐하면 적송비용 · 판매비용 · 기타위험을 위탁자가 부담하며, 수탁자는 소유권을 이전받은 것은 아니기 때문이다.

→ 판매되지 않은 위탁품은 기말재고에 포함되며, 수탁자가 위탁품을 판매한 날에 수익이 인식된다.

(3) **시용품(Sales on Approval)**: 주문을 받지 않고 상품을 고객에게 인도하여 고객이 그 상품을 보고 매입하겠다는 의사표시를 함으로써 판매가 성립되는 특수한 판매방식을 의미한다.

→ 매입의사표시가 없는 시용품은 창고에 없다 하더라도 기말재고에 포함되며 구매자가 매입의사표시를 한 날에 수익이 인식된다.

(4) **할부판매상품(Installment Sales)**: 매입대금을 일정한 기간에 걸쳐 나누어 지급하는 상품을 판매하는 경우를 의미한다.

→ 장단기 구분 없이 인도시점(판매시점)에 매출이 인식된다.

5 재고자산의 원가배분

재고자산의 취득원가(판매가능상품＝기초재고액＋당기순매입액)는 기간손익을 결정하기 위해서 판매된 부분(매출원가)과 미판매된 부분(기말재고)으로 배분하여야 한다.

기초재고액   ×××
당기순매입액   ×××
판매가능상품   ××× → 판매된 부분: 매출원가   ××× → 포괄손익계산서
                    미판매된 부분: 기말재고 ××× → 재무상태표
※ 매출원가와 기말재고액은 "수량×단가"로 결정됨

(1) 재고자산의 수량결정 방법

① 계속기록법(Perpetual Inventory Method)

㉠ 의미: 상품의 입 · 출고 시마다 수량을 계속적으로 기록하는 방법이다.

기초재고수량＋당기매입수량－매출원가＝기말재고수량
(계속기록에 의해 산출)

㉡ 장점
- 어느 시점에서나 쉽게 매출원가와 재고자산가액을 구할 수 있다.
- 기말에 따로 분개할 필요가 없다.
- 회계기간 중의 재고자산 통제에 유용하다.

ⓒ 단점
- 판매시점마다 상품의 원가를 일일이 파악해야 하는 번거로움이 존재한다.
- 부패나 도난에 의한 재고자산감모손실이 발생해도 재고자산에 남아있는 것으로 과대계상된다.

② 실지재고조사법(Periodic Inventory Method)

ⓐ 의미: 회계기간 중에는 매출원가와 재고자산을 파악하기 위한 기록을 하지 않고, 회계기간 말에 재고실사를 실시하여 보유하고 있는 재고자산수량을 결정하는 방법이다.

기초재고수량+당기매입수량−기말재고수량＝매출원가

(기말재고실사로 확정)

ⓑ 장점: 매출원가를 간접적으로 계산하므로 회계정보의 처리비용이 적고 비교적 간단한 방법이다.

ⓒ 단점: 도난, 분실 등으로 인한 재고자산감모손실을 파악하지 못하고 이는 모두 매출원가에 포함되어 매출이 과대계상된다.

③ **혼합법**: 계속기록법과 실지재고조사법을 병행하는 방법으로서 계속기록법에 의해 상품재고장의 기록을 유지하고, 일정시점에서 실지재고조사도 실시하는 방법이다.

기초재고수량 100개, 당기매입수량 1,000개, 매출원가(당기판매수량) 800개, 기말실지재고수량이 250개일 경우 각 방법에 따른 수량 파악
- 계속기록법: 기초재고(100)+당기매입(1,000)−당기판매(800)＝기말재고(300)
- 실지재고조사법: 기초재고(100)+당기매입(1,000)−기말실지재고(250)＝당기판매(850)
- 혼합법: 기초재고(100)+당기매입(1,000)−당기판매(800)＝재고자산감모손실(50)+기말재고(250)

(2) 재고자산의 단가결정방법

개념더하기 ▶ 원가흐름의 가정(Cost Flow Assumption)

구입시점마다 다른 단위원가로 재고자산을 구입했을 때 기말재고자산 전체에 적용할 수 있는 단위당 원가를 구하는 것이 어려우므로 재고자산의 물리적 흐름(Physical Flow)과 무관하게 원가흐름에 대해 별도로 하는 가정이다.

① 개별법(Specific Identification Method)

ⓐ 의미: 재고자산에 가격표 등을 붙여 매입상품별로 매입가격을 알 수 있도록 함으로써 매입가격별로 판매된 것과 재고로 남은 것을 구별하여 매출원가와 기말재고로 구분하는 방법이다.

ⓑ 장점
- 원가흐름과 실제물량흐름이 일치하므로 가장 이상적인 방법이다.
- 실제수익에 실제원가가 대응되어 수익·비용 대응의 원칙과 부합한다.

ⓒ 단점
- 재고자산의 종류와 수량이 많고 거래가 빈번한 경우 실무적용이 불가능하다.
- 매출원가에 포함시킬 항목을 임의로 선택해 이익을 조작할 가능성이 존재한다.

② 선입선출법(FIFO; First-In First-Out Method)
  ㉠ 의미: 실제물량의 흐름과는 관계없이 먼저 취득한 자산이 먼저 판매된 것으로 가정하여 매출원가와 기말재고로 구분하는 방법이다. 매출원가는 오래전에 구입한 상품의 원가로 구성되고, 기말재고는 최근에 구입한 상품의 원가로 구성된다.
  ㉡ 장점
    • 원가흐름의 가정이 실제물량흐름과 대체로 부합된다.
    • 기말재고는 최근에 구입한 상품이 되므로 재무상태표상 재고자산가액은 시가에 가까운 공정가액이다.
  ㉢ 단점
    • 물가상승 시(Inflation) 현재수익에 과거원가가 대응되므로 수익·비용 대응의 원칙과 어긋나고 매출원가가 과소계상된다.
    • 이익의 과대평가(매출원가의 과소계상)로 인해 이 이익에 근거한 법인세와 배당금지급은 실물자본유지를 불가능하게 한다.
③ 후입선출법(LIFO; Last-In First-Out Method)
  ㉠ 의미: 실제물량흐름과는 무관하게 가장 최근에 매입한 상품이 먼저 판매된 것으로 가정하여 매출원가와 기말재고로 구분하는 방법이다. 매출원가는 최근에 구입한 상품의 원가로 구성되고, 기말재고는 오래 전에 구입한 상품의 원가로 구성된다.
  ㉡ 장점
    • 현재의 수익에 현재의 원가가 대응되므로 수익·비용 대응의 원칙에 부합한다.
    • 물가상승 시 기말재고수량이 기초재고수량과 같거나 증가하는 한 다른 방법보다 이익을 적게 계상하므로 법인세이연효과 혜택이 발생한다.
    • 보수주의 회계와 일맥상통한다.
  ㉢ 단점
    • 기말재고자산이 오래 전에 구입한 원가로 구성되므로 현재가치를 표시하지 못한다.
    • 원가흐름과 실제물량흐름이 불일치한다.
    • 물가상승 시 재고자산의 수량이 감소하게 되면(기말재고수량 < 기초재고수량) 오래된 재고가 매출원가로 계상되어 이익을 과대계상하게 되므로 과다한 법인세 및 배당을 부담하는 역효과(LIFE Liquidation : 후입선출법 청산)가 발생한다.
④ 평균법(Average Cost Method)
  ㉠ 의미: 일정 기간 동안의 재고자산원가를 평균한 평균원가로 판매가능상품을 매출원가와 기말재고에 배분하는 방법으로 이동평균법(계속단가기록법)과 총평균법(기말실지재고조사법)으로 구분 가능하다.
  ㉡ 이동평균법: 구입이 이루어질 때마다 가중평균단가를 구하고 상품출고 시마다 출고단가를 계속 기록하는 방법으로 화폐가치의 변동을 단가에 민감하게 반영시킨다는 장점이 있으나, 거래가 빈번할 경우 계산이 복잡하다는 단점이 있다.

$$\text{이동평균단가} = \frac{\text{매입직전 재고금액} + \text{매입금액}}{\text{매입직전 재고수량} + \text{매입수량}}$$

ⓒ 총평균법: 일정 기간 동안의 판매가능상품총액을 판매가능상품수량으로 나눈 단가를 매출원가와 기말재고에 배분하는 방법이다. 기말에 가서야 평균단가를 산출할 수 있으므로 기중에는 상품의 출고 시마다 출고단가를 기록할 수 없으나 간편하다는 장점이 있다.

$$총평균단가 = \frac{기초재고금액 + 당기순매입액}{기초재고수량 + 당기순매입수량}$$

⑤ 단가결정방법의 비교

㉠ 계속단가기록법과 실지재고조사법에 의한 단가차이

구분	계속단가기록법		실지재고조사법
개별법		=	
FIFO		=	
LIFO		≠	
평균법	이동평균법	≠	총평균법

㉡ 당기순이익에 끼치는 영향(일반적인 인플레이션 상황하에서)

기말재고자산	FIFO>이동평균법>총평균법>LIFO
매출원가	FIFO<이동평균법<총평균법<LIFO
매출총이익	FIFO>이동평균법>총평균법>LIFO
당기순이익	FIFO>이동평균법>총평균법>LIFO
법인세	FIFO>이동평균법>총평균법>LIFO

※ 개별법은 상황에 따라 결과가 상이하며 디플레이션 상황하에서는 효과가 반대로 나타난다.

⑥ 기타 단가결정방법(특수한 방법으로 추정에 의한 배분)

㉠ 기준재고법(Base Stock Method): 정상적인 영업활동을 위해 항상 일정한 재고량을 유지한다는 가정하에 이 기준재고량에 대하여는 항상 일정한 금액으로 평가하는 방법이다. 초과분에 대해서는 FIFO, LIFO, 평균법 등을 적용해 평가한다.

㉡ 화폐가치 후입선출법(Dollar-Value LIFO Method): 여러 종류의 재고자산을 한데 묶어서 하나의 재고자산으로 보고, 이 재고자산 집합의 기말현행원가를 구한 다음 물가지수로 수정하여 LIFO의 가정과 동일한 결과를 가져오게 하는 방법이다.

㉢ 매출총이익률법(Gross Margin Method): 과거의 매출총이익률을 이용하여 판매가능상품을 매출원가와 기말재고에 배분하는 방법으로 검증가능성이 떨어지기 때문에 기업회계기준에서 인정하지 않으나 내부통제와 재고자산의 타당성 검증 시, 화재나 도난으로 인해 정상적인 정보의 이용이 불가능할 때에 한하여 사용가능하다.

ⓔ 소매재고법(Retail Inventory Method): 소매가(판매가)로 표시된 기말재고액에 당기원가율을 곱하여 기말재고(원가)를 구하는 방법으로 매출가격환원법이라고도 한다. 백화점이나 슈퍼마켓 등 재고자산의 종류가 다양하고 단가가 낮으며, 거래의 발생 빈도수가 높아 상품재고장의 기록과 기말재고실사가 불가능할 경우에 사용하는 방법이다.

04 투자자산

1 투자자산의 의미

투자자산은 다른 기업을 지배·통제하거나 영향력을 행사할 목적, 또는 장기간의 이자수익이나 배당수익을 얻을 목적으로 취득한 자산으로 여기서의 장기간이란 1년 이상의 기간을 의미한다.

2 투자자산의 종류

기업회계기준상의 투자자산은 다음과 같으며, 이 중 유가증권 회계(만기보유증권, 매도가능증권, 지분법 적용투자주식)가 핵심이라고 할 수 있다.

장기금융상품	유동자산에 속하지 않는 금융상품
만기보유증권 (상각후원가측정 금융자산)	만기가 확정된 채무증권으로서 만기까지 보유할 적극적인 의도와 능력이 있는 경우
매도가능증권 (기타포괄손익인식 금융자산)	유가증권 중에서 단기매매증권과 만기보유증권으로 분류되지 않는 경우
지분법적용투자주식	피투자회사에 중대한 영향력 행사를 목적으로 취득한 지분증권
투자부동산	투자의 목적 또는 비영업용으로 소유하는 토지와 건물 등

3 유가증권의 분류

투자의 목적	유가증권의 종류	회계상 분류
단기투자	지분증권, 채무증권	단기매매증권(당기손익인식 금융자산): 유동자산 중 당좌자산에 해당
장기투자	지분증권	• 매도가능증권(기타포괄손익인식 금융자산) • 지분법 적용투자주식
	채무증권	• 매도가능증권(기타포괄손익인식 금융자산) • 만기보유증권(상각후원가측정 금융자산)

- 단기매매증권
  - 1년 내에 매매차익을 얻을 목적으로 취득한 상장회사 A의 주식
  - 6개월 후에 처분할 목적으로 취득한 상장회사 E의 주식
- 매도가능증권
  - 만기까지 보유할 의도가 없는 만기 2년의 B회사 발행 회사채
  - 단기간 내에 처분할 의도가 없는 코스닥 등록회사 C의 주식
- 만기보유증권
  - 만기까지 보유할 의도와 능력이 있는 D회사가 발행한 만기 3년의 회사채
- 지분법 적용투자주식
  - M&A를 목적으로 취득한 상장회사 F의 주식

4 지분증권(매도가능증권, 지분법 적용투자주식)의 회계처리

(1) 매도가능증권

① **취득 시:** 취득원가(매입가액+취득부대비용)로 기록

② **현금배당 시:** 배당수익(영업외수익)으로 기록

→ 무상증자나 주식배당 시 수익인식을 하지 않는다.

③ **기말평가 시**

목적	단기매매	장기보유		중대한 영향력	
지분율	20% 미만	20% 미만		20% 이상	
시장성	유	유	무	유	무
평가방법	공정가액법	공정가액법	원가법	지분법	
기초와 기말의 차액 (매도가능증권평가 손익)	당기순이익	자본조정	무	당기순이익	

④ **처분 시:** 매도가능증권처분손익(영업외손익)으로 기록한다. 처분하는 주식의 장부가액을 산정하는 방법에는 개별법, 총평균법, 이동평균법이 있다.

(2) 지분법 적용투자주식

① **중대한 영향력:** 피투자회사의 재무 및 영업에 관한 의사결정에 실질적인 영향을 미칠 수 있는 능력이다. 단, 지분율이 20% 이상일 때에는 명백한 반증이 없는 한 중대한 영향력이 있는 것으로 간주한다.

② **지배력:** 지분율이 50% 이상일 경우 지배-피지배의 관계를 가지며 두 회사의 재무제표를 합산해 연결재무제표(Consolidated Financial Statements)를 작성한다.

③ **피투자회사의 당기순손익 발표 시:** 지분율에 해당되는 부분만큼 투자주식을 증감시키고 지분법평가손익계정을 사용해 당기영업외손익에 반영한다.

예 피투자회사가 당기순이익 보고 시 투자회사의 회계처리

(차) 지분법 적용투자주식	×××	(대) 지분법 평가이익	×××

④ **피투자회사의 현금배당 시:** 배당수익의 발생으로 처리하지 않고 지분법 적용투자주식을 감소시킨다 (이익조작의 가능성 배제 목적).

예 피투자회사가 현금배당 시 투자회사의 회계처리

| (차) 현금 | ××× | (대) 지분법 적용투자주식 | ××× |

05 유형자산

1 유형자산의 의의

유형자산은 기업의 영업활동에 사용할 목적으로 취득한 형체가 있는 물적 자산으로 토지, 건물, 구축물, 기계장치, 비품 및 차량운반구 등을 의미한다.

2 유형자산의 특징

(1) 정상적인 영업활동에 사용할 목적으로 취득: 투기목적으로 취득 시 투자자산으로 분류하고, 판매목적으로 취득 시(**예** 부동산매매업) 재고자산으로 분류한다.

(2) 여러 회계기간에 걸쳐 용역잠재력(service power)을 지닌 자산: 내용연수 동안 수익창출활동에 이용됨에 따라 당기에 소모된 용역잠재력을 감가상각비로 비용인식한다.

(3) 물리적 실체가 있는 유형의 자산: 무형자산(**예** 상표권, 특허권)과의 차이가 있다.

3 유형자산의 종류

분류	내용	감가상각 여부
토지	대지, 임야, 전답 등	×
건물	건물, 냉난방, 전기, 통신 및 기타 건물부속설비	○
구축물	교량, 궤도, 갱도, 정원설비 및 기타의 토목설비 또는 공작물 등	○
기계장치	기계장치, 운반설비 및 기타의 부속설비	○
건설 중인 자산	유형자산의 건설을 위한 재료비, 노무비 및 경비로 하되, 건설을 위하여 지출한 도급금액 또는 취득한 기계 등을 포함	×
기타자산	차량운반구, 선박, 비품, 공기구 등	○

※ 업종의 특성을 감안해 계정을 신설하거나 통합가능

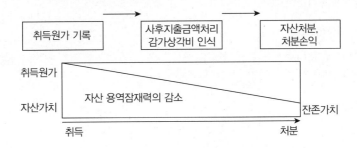

4 취득원가의 결정

취득원가=구입원가 혹은 제작원가+취득부대비용-매입할인 등

> **개념더하기** 취득부대비용
>
> - 설치장소를 위한 지출
> - 외부운송 및 취급비
> - 설치비
> - 설계와 관련해 전문가에게 지급하는 수수료
> - 자본화 대상인 금융비용
> - 취득세, 등록세 등 유형자산의 취득과 직접 관련된 제세공과금
> - 유형자산의 사용이 종료된 경우 부지 등을 복구하는 데 소요되는 복구비용
> - 유형자산의 취득과 관련하여 국·공채 등을 매입하는 경우 매입가액과 공정가액의 차이

5 자본적 지출과 수익적 지출

(1) 의미

자본적 지출	가장 최근에 평가된 성능수준을 초과하여 미래 경제적 효익을 증가시키는 지출	새로운 생산공정의 채택, 기계장치의 생산능력 증대, 내용연수 연장, 원가절감이나 품질향상을 가져오는 지출
수익적 지출	해당 자산의 성능수준을 회복하거나 유지하기 위한 수선·유지를 위한 지출	공장설비에 공사 유지·보수, 수리를 위한 지출

(2) 회계처리

① **자본적 지출**: 해당 유형자산의 가액이 증가한다.
② **수익적 지출**: 당기의 비용으로 처리한다.

6 감가상각

(1) 의미: 유형자산의 취득원가는 자산을 사용함으로써 얻을 수 있는 미래의 효익에 대해 선지급한 원가이다. 따라서 수익·비용 대응 원칙에 따라 유형자산의 사용에 따라 수익을 창출하는 기간 동안에 걸쳐 자산의 취득원가를 비용으로 전환하여야 할 필요성이 뒤따른다. 이때 유형자산의 사용으로 인해 감소된 가치를 정확히 측정하기는 불가능하므로 이를 직접 측정하는 것이 아니라 유형자산의 사용기간 동안 인위적인 배분기준을 선택, 적용해서 그 기간 동안 비용으로 인식한다.

> **개념더하기** 감가상각(Depreciation)
>
> 유형자산의 자산가치에 대한 감소 또는 취득원가의 소멸을 나타내는 것으로서 어떤 자산으로부터 효익을 얻는 기간 동안 그 취득원가를 체계적이고 합리적인 방법을 사용해 비용으로 배분하는 과정을 말한다.

(2) 감가상각의 원인

물리적 퇴화 (Physical Deterioration)	자산을 사용하거나 시간의 경과에 따른 마모, 손상, 훼손, 부식 등이 발생해 가치가 감소하는 것
미래 요구에 대한 부적응 (Inadequacy of Future Needs)	규모의 확장이나 생산방법의 변경, 시장상황의 변화 등으로 자산이 본래의 사용목적에 맞지 않거나 계속 사용하는 것이 부적절한 경우
진부화 (Obsolescence)	새로운 발명이나 기술적인 진보로 인해 종전에 사용하던 자산의 유용성이 저하되는 것

(3) 감가상각비의 계산요소 – 취득원가, 내용연수, 잔존가액, 감가상각방법

① 감가상각기준액(Depreciation Base): 내용연수 기간 동안 인식할 감가상각비의 총액을 뜻한다.

$$감가상각기준액 = 취득원가 - 잔존가액$$

② 내용연수(Useful Life): 수리유지노력이나 생산기술변화 등을 고려할 때 해당 유형자산을 경제적으로 사용할 수 있다고 판단되는 기간을 말한다. 감가상각의 대상기간으로 일반적으로 물리적 수명보다 짧다.

③ 잔존가액(Scrap Value or Salvage Value): 내용연수가 종료되는 시점에서 자산을 처분할 때 회수될 것으로 추정되는 금액에서 그 자산의 철거비나 판매비 등을 차감한 금액이다.

④ 감가상각방법(Depreciation Methods): 유형자산의 원가배분방법으로, 우리나라 기업회계기준에서는 정액법, 정률법, 이중체감법, 연수합계법, 생산량비례법을 인정한다.

(4) 감가상각의 회계처리

• 감가상각비의 인식

(차) 감가상각비	10,000	(대) 감가상각누계액(기계)	10,000

→ 유형자산의 가치감소분은 감가상각비라는 계정의 비용으로 기록
유형자산의 가치감소분 누적액은 감가상각누계액으로 유형자산에서 차감

• 재무상태표상의 표시

기계장치   50,000 (취득원가)
감가상각누계액 (10,000) (가치감소분 누적액)
장부가액   40,000 (미상각잔액)

(5) 감가상각방법

① 정액법(Straight – Line Method)

㉠ 유형자산의 가치감소가 시간의 경과와 비례해 발생한다는 가정에 의한다.

㉡ 감가상각기준액을 내용연수 기간 동안 균등하게 할당해 감가상각비로 인식한다.

$$감가상각비 = \frac{감가상각기준액}{내용연수} = \frac{취득원가 - 잔존가액}{내용연수}$$

② **정률법(Fixed Percentage Method)**: 매 회계기간의 기초장부가액(미상각잔액)에 일정한 상각률(정률)을 곱해 각 회계기간의 감가상각비를 계산한다.

$$감가상각비 = 기초장부가액 \times 상각률$$
$$= (취득원가 - 감가상각누계액) \times 상각률$$
$$※ \ 상각률 = 1 - \sqrt[n]{\frac{잔존가액}{취득원가}} \ (n = 내용연수)$$

③ **이중체감법(DDB; Double Beclining Balance Method)**: 정률법 계산과 동일하며 상각률을 정액법에 의한 상각률의 두 배로 산정한다.

$$감가상각비 = 기초장부가액 \times 상각률$$
$$= (취득원가 - 감가상각누계액) \times 상각률$$
$$※ \ 상각률 = (\frac{1}{내용연수}) \times 2$$

④ **연수합계법(SYD; Sum of the Year's Digits Method)**: 감가상각기준액에 상각률을 곱해 매기 감가상각비를 구하되 상각률의 분모는 내용연수의 합계를, 분자는 내용연수의 역순으로 표시하여 상각하는 방법이다.

$$감가상각비 = 감가상각기준액 \times \frac{잔여내용연수}{내용연수의 \ 합계}$$

⑤ **생산량비례법(Units of Production Method)**: 유형자산으로부터 발생하는 효익이 생산량 또는 조업도에 비례하여 발생하므로 그에 맞게 가치가 감소한다는 가정이다.

$$감가상각비 = 감가상각기준액 \times \frac{당기 \ 실제 \ 생산량}{추정 \ 총예정 \ 생산량}$$

7 유형자산의 평가와 처분

(1) 유형자산의 평가

① 기본적으로 원가법에 의한 평가가 이루어진다.

② 진부화 또는 시장가치의 하락으로 인한 미래 경제적 효익의 급감 예상 시 유형자산감액손실(영업외손실), 감액손실누계액 차감을 통해 장부가액을 회수가능가액으로 조정한다.

(2) 유형자산의 처분: 유형자산처분손익(영업외손익)은 처분가액과 장부가액의 차이다.

1 무형자산의 의의

무형자산이란 영업활동을 위한 목적으로 기업이 장기간 보유하고 있으며 물리적인 형체가 없지만 식별가능하고, 기업이 통제하고 있는 미래 경제적 효익이 있는 비화폐성자산을 의미한다(예외적으로 식별 불가능한 무형자산인 영업권이 존재하고, 우리나라 기업회계기준에서는 매수영업권만을 인정).

2 무형자산의 특징

(1) 물리적 실체(Physical Substance)가 없는 자산이다.

(2) 법률상의 권리 또는 경제적인 권리를 나타내는 자산이다.

(3) 불완전 경쟁하에서 나타나는 자산으로서 독점적 권리나 초과이익의 원천이 된다.

(4) 특정한 기업에만 가치가 있는 자산으로서 기업과 분리가 불가능한 자산이다.

(5) 미래의 경제적 효익의 크기와 지속기간이 불확실한 자산이다.

3 무형자산의 종류

분류	식별가능 무형자산		식별불가능 무형자산
	법률적, 계약적 권리	경제적 실질	
종류	• 산업재산권 • 라이센스, 프랜차이즈 • 저작권 • 임차권리금 • 광업권, 어업권	• 개발비 • 소프트웨어	영업권

산업재산권	일정 기간 독점적 · 배타적으로 이용할 수 있는 권리로서 특허권, 실용신안권, 의장권, 상표권, 상호권 및 상품명 등
라이센스, 프랜차이즈	기술이나 특허 등을 사용하거나 체인가맹점에 가입하여 영업하기 위해 지출한 금액
저작권	학술, 문학, 예술 등의 생산과 관련된 권리
임차권리금	건물임차 시 보증금 이외에 추가적으로 지급하는 권리금
광업권, 어업권	광구에서 광물을 채굴하여 취득할 수 있는 권리와 수면에서 어업을 독점적 · 배타적으로 경영할 수 있는 권리
개발비	신제품, 신기술 등의 개발과 관련하여 발생한 비용으로서 개별적으로 식별가능하고 미래의 효익을 확실하게 기대할 수 있는 것
소프트웨어	외부에서 구입하여 사용하는 소프트웨어의 구입비
영업권	합병이나 영업양수 등의 경우에 유상으로 취득한 것

4 무형자산의 상각

(1) 상각(Amortization)의 원인

무형자산을 자산으로 계상한 이유는 미래에 경제적 효익을 제공하거나 미래에 발생할 비용을 감소시킬 것으로 예상되기 때문이므로, 시간의 흐름에 따라 경제적 예상 효익이 감소하게 되면 자본화한 무형자산의 원가를 상각처리한다.

(2) 상각의 계산요소

① 상각기간

ㄱ 독점적이고 배타적인 권리를 부여하고 있는 관계법령이나 계약에 의해 정해진 경우 그 기간으로 결정한다.

ㄴ 관련계약이 있을 경우 계약기간으로 결정한다.

ㄷ 사용가능한 시점부터 20년을 초과할 수 없다.

ㄹ 법률상 내용연수와 경제적 내용연수 중 짧은 것으로 결정된다.

② 잔존가액

ㄱ '잔존가액＝0'이 원칙이다.

ㄴ 상각기간 종료 시 제3자가 구입하는 약정이 존재할 경우 잔존가액 인식이 가능하다.

③ 상각방법

ㄱ 자산의 경제적 효익이 소비되는 형태를 반영하는 합리적인 방법 적용: 정액법, 정률법, 연수합계법, 생산량비례법 등

ㄴ 합리적인 방법이 없을 경우 정액법을 사용한다.

ㄷ 상각누계액계정을 사용하지 않고 관련자산에서 직접 차감한다.

예 산업재산권의 상각 시

(차) 무형자산상각비	×××	(대) 산업재산권	×××

(3) 영업권(Goodwill)

① 정의: 식별할 수 없는 유형자산으로서 기업이 다른 기업을 매수할 때 지불한 매수대가가 취득한 피매수회사의 순자산 공정가액보다 큰 경우 그 초과액을 말한다.

영업권＝매수대가－피매수회사 순자산가액

예 자산과 부채의 공정가액이 각각 100원과 50원인 회사를 60원에 매수하였을 경우 회계처리
→ 10원의 영업권 인식함

(차) 자산	100	(대) 부채	50
영업권	10	현금	60

② 영업권의 발생원천

ㄱ 경쟁기업에 비해 초과이익을 얻을 수 있는 경쟁력이 된다.

ㄴ 우수한 경영진, 기술적 노하우, 널리 알려진 브랜드, 양호한 입지조건, 고객 충성도, 영업상의 비밀, 특수한 생산기법 등이 있다.

1 기타비유동자산의 의의

기업회계기준서 제21호 "재무제표의 작성과 표시 I "이 공표되기 이전의 과거 기업회계기준은 이연법인세 자산이나 임차보증금 같이 성격이 모호하여 다른 자산으로 분류하기가 어려운 자산들을 투자자산에 포함 시키고 있었다. 이러한 분류는 투자수익을 목적으로 보유하는 것으로 볼 수 없는 자산들을 투자자산에 포 함함으로써 재무정보이용자를 오도할 수 있다는 문제가 제기되었다. 이러한 문제를 해소하기 위하여 이 기준서에서는 기타비유동자산을 신설하고 비유동자산 중 투자자산, 유형자산, 무형자산으로 분류할 수 없 는 항목들을 포함하도록 하였다. 기타비유동자산에 포함되는 이연법인세자산은 법인세회계에 관한 기업 회계기준에 따라 유동자산으로 분류되는 이연법인세자산을 제외한 부분이다.

2 기타비유동자산의 종류

기타비유동자산 내에 별도 표시할 항목의 예는 다음과 같다.

(1) 이연법인세자산

(2) 기타: 임차보증금, 장기선급비용, 장기선급금, 장기미수금 등이 포함된다. 이들 자산은 투자 수익이 없 고 다른 자산으로 분류하기 어려워 기타 통합하여 표시한다. 다만 이들 항목이 중요한 경우에는 별도 표 시한다.

장기대여금	유동자산에 속하지 않는 장기의 대여금
장기성매출채권	유동자산에 속하지 않는 일반적 상거래에서 발생한 장기의 외상매출금 및 받을 어음
보증금	전세권, 전신전화가입권, 임차보증금 및 영업보증금
이연법인세자산	일시적 차이로 인해 법인세법 등의 법령에 의해 납부해야 할 금액이 법인세비용을 초과하는 경우 그 초과금과 이월결손금 등에서 발생한 법인세 효과

CHAPTER

05 부채

---

01 유동부채

1 유동부채의 의의

(1) **부채**: 과거의 거래나 사건의 결과로서 현재 기업실체가 부담하고 그 이행에 자원의 유출이 예상되는 의무이다. 부채는 여러 가지 기준에 따라 분류할 수 있지만, 일반적으로 각 부채가 상환될 때까지 소요되는 기간을 기준으로 유동부채와 비유동부채로 구분한다. 기업회계기준에서는 재무상태표일로부터 1년 이내 혹은 정상영업주기 내에 만기가 도래하는 부채를 유동부채로, 1년 이후 혹은 정상영업주기를 넘어 만기가 도래하는 부채를 비유동부채로 분류하도록 규정하고 있다.

(2) **유동부채**: 부채 중 재무상태표일로부터 1년 이내 혹은 정상영업주기 내에 만기가 도래하는 부채를 의미한다.

2 유동부채의 종류 - 기업회계기준상의 계정분류

매입채무	일반적인 상거래에서 발생한 외상매입금과 지급어음
단기차입금	금융기관으로부터의 당좌차월액과 1년 내에 상환될 차입금
미지급금	일반적인 상거래 이외에서 발생한 채무
선수금	수주공사 · 수주품 및 기타 일반적인 상거래에서 발생한 선수액
예수금	일반적 상거래 이외에서 발생한 일시적인 제예수액
미지급비용	당기에 발생된 비용이지만 당기에 지급되지 아니한 것
미지급법인세	법인세 등의 미지급액
미지급배당금	이익잉여금 처분계산서상의 현금배당액 등
유동성장기부채	고정부채 중 1년 내에 상환될 것
선수수익	받은 수익 중 차기 이후에 속하는 금액
단기충당부채	1년 내에 사용되는 충당금으로서, 그 사용목적을 기재
기타의 유동부채	위의 분류에 속하지 않는 유동부채

3 유동부채의 회계처리

① 기계를 100,000원에 외상으로 구입한다. 기계구입대금을 전액 현금지급한다.	(차) 기계장치 (차) 미지급금	100,000 100,000	(대) 미지급금 (대) 현금	100,000 100,000
② 은행으로부터 150,000원을 6개월간 연12%의 이자율로 차입하고 만기가 되어 은행차입금을 이자와 함께 전액 현금지급한다.	(차) 현금 (차) 단기차입금 이자비용	150,000 50,000 9,000	(대) 단기차입금 (대) 현금	150,000 159,000

③ 상품매매계약을 체결하고 계약금으로 20,000을 수취한다.
  상품매매계약과 관련해 상품을 100,000원에 판매한다.
	(차) 현금
	(차) 선수금
	    매출채권
		20,000
		20,000
		80,000
			(대) 선수금
			(대) 매출
				20,000
				100,000

④ 출장 중인 종업원이 현금 300,000원을 송금한다. 송금액 중 200,000원은 거래처에서 회수한 외상대금이며, 100,000원은 대여금을 회수한 것으로 밝혀진다.	(차) 현금 (차) 가수금	300,000 300,000	(대) 가수금 (대) 매출채권 단기대여금	300,000 200,000 100,000
⑤ 종업원 급여 500,000원 중 갑종근로소득세 원천징수액 50,000원을 차감한 잔액 450,000을 지급한다. 원천징수한 갑종근로소득세를 세무서에 납부한다.	(차) 급여 (차) 예수금	500,000 50,000	(대) 현금 예수금 (대) 현금	450,000 50,000 50,000
⑥ 차기분 건물임대료 5,000원을 수령한다. 위의 건물임대료에 공사 기간이 경과한다.	(차) 현금 (차) 선수임대료	5,000 5,000	(대) 선수임대료 (대) 임대료	5,000 5,000
⑦ 결산일 현재 차입금이자 미지급액은 10,000원이다. 차입금이자액을 현금으로 지급한다.	(차) 이자비용 (차) 미지급이자	10,000 10,000	(대) 미지급이자 (대) 현금	10,000 10,000

4 우발부채(↔ 확정유동부채)

(1) 우발상황: 미래에 어떤 사건이 발생하거나 발생하지 않음으로써 궁극적으로 확정된 손실 또는 이득으로서 발생여부가 불확실한 현재의 상태 또는 상황을 의미한다.

(2) 우발부채(Contingent Liabilities): 현재 존재하는 부채는 아니지만 미래 상황에 따라 발생할 수 있는 우발손실을 재무제표에 인식함에 따라 발생하는 부채다.

   예 재무상태표일 현재 계류 중인 소송사건

(3) 우발부채의 회계처리: 우발부채는 발생할 가능성도 불확실하며, 지급할 금액도 불확실하므로 그 불확실성 정도에 따라 회계처리를 달리해야 한다.

발생가능성＼금액의 추정가능성	금액의 합리적 추정이 가능할 경우	금액의 합리적 추정이 불가능할 경우
거의 확실(Probable)	우발채무 기록(손실인식)	주석 공시
어느 정도가능(Possible)	주석 공시	주석 공시
가능성 희박(Remote)	공시하지 않음	공시하지 않음

※ 우발이득은 그 발생가능성이 확실한 경우에만 주석으로 기재하며 재무제표에는 반영하지 않는다(보수주의).

(4) 우발손실의 사례

① 제품의 품질보증과 관련된 의무

② 판매촉진을 위한 경품권과 관련된 의무

③ 계류 중인 소송사건이나 손해배상책임

④ 타인의 채무에 공사 지급보증

⑤ 수취채권을 이전할 때 부여한 상환청구권

⑥ 수취채권의 대손가능성 등

02 비유동부채

1 비유동부채의 의의

부채 중 재무상태표일로부터 1년 이상이 경과한 후에 만기가 도래하는 부채를 말한다.

2 비유동부채의 종류 – 기업회계기준상의 계정분류

사채	1년 후에 상환되는 사채의 가액으로 하되, 사채의 종류별로 구분하고 그 내용을 주석으로 기재함
장기차입금	1년 후에 상환되는 차입금으로 하며 차입처별 차입액, 차입용도, 이자율, 상환방법 등을 주석으로 기재함
장기성 매입채무	유동부채에 속하지 아니하는 일반적 상거래에서 발생한 장기의 외상매입금 및 지급어음
충당부채	1년 후에 사용되는 충당부채로서 그 사용목적을 표시하는 과목으로 기재함
이연법인세부채	일시적 차이로 인하여 법인세비용이 법인세법 등의 법령에 의하여 납부하여야 할 금액을 초과하는 경우 그 초과금액으로 함
기타의 비유동부채	위에 속하지 않는 비유동부채

3 사채(Bonds)

(1) **의의**: 사채란 회사가 일반대중으로부터 장기간에 걸쳐 거액의 자금을 조달하기 위하여 회사의 채무임을 표시한 증권을 발행하고, 계약에 따라 일정액의 이자를 지급함과 동시에 일정 기간 후에 원금을 상환할 것을 계약하고 차입한 채무를 의미한다. 사채는 투자자의 입장에서는 기업의 영업실적과 관계없이 일정한 이자수익을 얻을 수 있고, 원금의 상환이 주식에 비하여 우선적으로 보장되기 때문에 안전한 투자대상이 되며, 기업의 입장에서는 사채이자의 감세효과 때문에 저렴한 자본비용으로 장기적이고 안정적인 자금을 조달할 수 있는 이점이 존재한다.

[주식과 사채의 비교]

구분	주식	사채
공통점	• 장기적인 자금의 조달 • 유가증권 발행 • 일반대중으로부터 자금조달	
차이점	• 자본 • 경영에 참여 가능 • 배당의 지급 • 만기가 없음	• 부채 • 경영에 참가 불가능 • 일정액의 이자 지급 • 만기가 있음

(2) 사채의 발행

① 사채는 시장이자율과 사채액면이자율에 따라 발행가액이 결정된다.

② 자본금과 준비금의 4배를 초과하지 않는 범위 내에서 1좌당 10,000원 이상의 액면으로 발행된다.

발행유형	상황	사채발행자의 이자비용
액면발행	시장이자율＝액면이자율	액면이자
할인발행	시장이자율＞액면이자율	액면이자＋할인액
할증발행	시장이자율＜액면이자율	액면이자－할증액

③ 사채발행 관련용어

　㉠ 액면가액: 만기에 사채권자에게 지급하여야 할 사채의 원금으로 사채권에 표시되어 있는 금액을 지칭한다.

　㉡ 발행가액: 사채발행 시 사채의 취득자로부터 수령하는 금액을 뜻한다.

　㉢ 액면이자율(표시이자율): 액면이자금액의 액면가액에 공사 비율을 의미한다.

　　예 액면가액 1,000,000, 만기 3년, 표시이자율 12%의 사채의 경우, 매년 120,000의 액면이자를 이자지급일에 사채권자에게 지급한다.

　㉣ 시장이자율: 특정시점에 자금시장에서 형성되어 있는 이자율을 의미한다.

　㉤ 액면발행: 액면가액으로 사채를 발행한 경우에 해당한다.

　㉥ 할인발행: 액면가액보다 낮은 금액으로 발행한 경우를 말한다(액면가액＞발행가액).

　㉦ 할증발행: 액면가액보다 높은 금액으로 발행한 경우를 말한다(액면가액＜발행가액).

④ 사채발행시의 회계처리

발행종류	회계처리			
액면발행	(차) 현금(발행가액)	×××	(대) 사채(액면가액)	×××
할인발행	(차) 현금(발행가액) 　　사채할인발행차금 　　(사채의 차감적 평가계정)	××× ×××	(대) 사채(액면가액)	×××
할증발행	(차) 현금(발행가액)	×××	(대) 사채(액면가액) 　　사채할증발행차금 　　(사채의 부가적 평가계정)	××× ×××

(3) 사채발행차금의 상각 – 유효이자율법(기업회계기준): 사채의 할인발행 또는 할증발행의 경우에 사채의 발행차금을 사채의 발행기간 동안 일정한 방법에 의해 이자비용에 가산하거나 차감해 주어야 하는데 이를 사채발행차금의 상각이라고 하며 정액법과 유효이자율법이 있다.

> 유효이자율(= 시장이자율): 사채발행으로 인한 현금수령액과 미래현금흐름의 현재가치를 일치시켜주는 이자율

① 할인발행의 경우

    ㉠ 상각액 = 유효이자율에 의한 이자지급액 – 액면이자율에 의한 이자지급액

           = (사채의 기초장부가액 × 유효이자율) – 액면이자액

    ㉡ 사채발행기업의 입장에서 현금지급 이자 이외에 추가적으로 부담하여야 하는 금융비용을 상환일까지의 기간에 분배하여야 한다.

    예 시장이자율이 연 10%인 2019년 1월 1일에 다음과 같은 조건의 사채를 1,850,766원에 발행하고 사채대금을 모두 현금으로 수령하였을 경우 사채할인발행차금 상각과정

- 사채의 액면금액: 2,000,000원
- 사채의 액면이자율: 연 7% (이자지급은 매년 12월 31일)
- 사채의 만기일: 2021년 12월 31일
- 사채할인발행차금 상각표 – 유효이자율법

일자	① 기초장부 가액	② 유효이자율에 의한 이자액	③ 액면이자율에 의한 이자액	④ 사채할인 발행 차금 상각액	⑤ 장부가액
2019. 1. 1.	0	0	0	0	1,850,766
2019.12.31.	1,850,766	185,077	140,000	45,077	1,895,843
2020.12.31.	1,895,843	189,584	140,000	49,584	1,945,427
2021.12.31.	1,945,427	194,573	140,000	54,573	2,000,000
합계		569,234	420,000	149,234	

① = 전년도 기말장부가액(⑤)
② = ① × 10%
③ = 2,000,000원 × 7%
④ = ② – ③
⑤ = ① + ④

② 할증발행의 경우

    ㉠ 상각액 = 액면이자율에 의한 이자지급액 – 유효이자율에 의한 이자지급액

           = 액면이자액 – (사채의 기초장부가액 × 유효이자율)

    ㉡ 사채발행기업의 입장에서 사채기간 동안에 발생하는 이자비용을 감소시켜 주는 효과를 상환일까지의 기간에 적절하게 분배하여야 한다.

4 희석증권(Dilutive Securities, 보통주 청구가능증권)

당해 증권의 소유자가 보통주 청구에 공사 권리를 행사하면 보통주가 추가로 발행되는 금융상품 또는 기타 계약이다.

(1) 전환사채(CB; Convertible Bonds)

① 의미: 처음에는 사채로 발행되었으나, 일정 기간 경과 후 사채권자가 전환을 청구하면 보통주로 전환될 수 있는 권리를 부여한 사채이다.

② 전환권가치＝전환사채의 발행가액＝전환사채의 미래현금흐름의 현재가치

③ 특징

발행회사	투자자
• 전환사채의 주식전환 시 부채감소로 재무구조가 개선됨 • 전환사채는 전환권가치로 인해 동일한 액면이자율의 일반사채보다 비싸게 발행가능	• 주가상승 시 주식으로 전환하여 지분이득(배당금, 매매차익)을 획득 • 주가하락 시 사채로부터의 이자수익을 획득할 수 있으므로 안정적

(2) 신주인수권부사채(BW; Bonds with stock Warrant)

① 의미: 신주청약의 권리를 표시하는 신주인수권이 부여된 사채를 의미하며, 전환사채와 마찬가지로 소유자가 일정한 조건하에서 권리를 행사하면 신주를 우선적으로 매입할 수 있게 된다.

② 신주인수권가치＝신주인수권부사채의 발행가액－신주인수권부사채의 미래현금흐름의 현재가치

③ 전환사채와의 비교

구분	전환사채(CB)	신주인수권부사채(BW)
발행 시	한 장의 채권에 사채권과 전환권 함께 발행	사채와 신주인수권증권을 별도로 발행가능
권리행사시	사채권은 소멸, 주주가 됨	• 사채권은 만기까지 존속 • 주금납입 시 주주가 됨
주금액 납입	불필요	필요

5 충당부채(Allowance)

(1) 의의: 충당부채는 당기의 수익에 대응하는 비용으로서 장래에 지출될 것이 확실하여 당기의 수익에서 차감되는 부채를 의미한다.

(2) 종류

판매보증충당부채	당기에 판매된 상품의 보증기간 동안에 발생할 보증비용을 추정하여 판매보증비라는 당기비용(판매비와 관리비)으로 인식하고 동액만큼 판매보증충당부채라는 부채로 계상
하자보수충당부채	공사완성 후 하자보수가 예상되는 경우에는 도급금액의 일정률을 하자보수비라는 당기비용(영업비용)으로 인식하고 동액만큼 하자보수충당부채로 계상
퇴직급여충당부채	• 기업의 임직원의 퇴직 시 지급할 퇴직금을 재직기간 동안의 비용으로 인식하여 충당시키는 부채 • 전 임직원이 일시에 퇴직할 경우 지급하여야 할 퇴직금에 상당하는 금액을 퇴직급여충당부채로 계상하며 당기에 지급한 퇴직급여는 비용(제조원가 혹은 판매비와 관리비)으로 인식

06 자본

01 자본

1 의의

> 자본＝자산－부채

(1) **소유주지분(Owners' Equity)＝주주지분(Stockholders' Equity)**: 회계주체의 소유주에게 귀속되는 부분으로서의 자본이다.

(2) **잔여지분(Residual Interest)**: 기업재산에 공사 채권자의 청구권을 제외한 잔여재산으로서의 자본을 뜻한다.

(3) **순자산(Net Assets)**: 자산과 부채가 평가에 의해 구하는 것에 반해 분류만 이루어지는 자본이다.

2 자본의 분류

Ⅰ. 자본금	주주에 의한 납입자본금	보통주 자본금		보통주 발행주식수×1주 액면가액
		우선주 자본금		우선주 발행주식수×1주 액면가액
Ⅱ. 자본잉여금	주주와의 자본거래에서 발생한 이익	주식발행 초과금		자기주식 처분이익, 전환권대가, 신주인수권대가 등
		감자차익		
		기타 자본잉여금		
Ⅲ. 이익잉여금	영업활동을 통해 발생한 이익이 축적된 부분	법정적립금	이익준비금	—
			기타법정적립금	재무구조개선적립금, 기업합리화 적립금
		임의적립금	적극적 적립금	사업확장적립금, 감채적립금, 신축 적립금 등
			소극적 적립금	배당평균적립금, 결손보전적립금, 퇴직급여적립금, 별도적립금 등
		차기이월이익잉여금(결손금)		—
Ⅳ. 자본조정	자본 전체에 대해 차감, 가산할 항목	부가적 계정		미교부주식배당금
		차감적 계정		자기주식, 주식할인발행차금 등

V. 기타포괄손익 누계액	손익계산서에 계상하지 아니하는 특정포괄손익을 표시함	순액표시(예를 들어, 매도가능증권평가 이익과 매도가능증권평가손실이 같이 등장 안함) (* 결과만으로 평가)	매도가능증권평가손익, 현금흐름 위험회피 파생상품평가손익, 해외 사업환산차(대)

02 자본금

자본금=보통주 자본금+우선주 자본금
=보통주액면가×보통주식수+우선주액면가×우선주식수

1 주식의 종류

(1) 보통주와 우선주

보통주 (Common Stock)	의결권, 배당권, 신주인수권, 잔여재산청구권 등이 부여된 주식
우선주 (Preferred Stock)	이익배당과 잔여재산분배 등 재산상 권리가 보통주보다 우위에 있는 반면, 일반적으로 의결권이 없는 주식

(2) 우선주 – 우선권의 내용에 따라

① 이익배당우선주: 보통주주가 이익배당을 받기 전에 일정률의 배당을 우선적으로 받을 수 있는 권리가 부여된 주식이다. 누적적 · 비누적적, 참가적 · 비참가적으로 구분가능하다.

② 전환우선주(Convertible Preferred Stock): 우선주 주주의 의사에 따라 보통주로 전환될 수 있는 권리를 부여받은 주식이다.

③ 상환우선주(Callable Preferred Stock): 회사가 미래 특정시점에 약정된 조건으로 소각할 수 있는 주식이다.

2 주식의 발행

(1) 신규발행

① 액면발행: 주식의 발행가액이 액면가액과 동일한 경우에 해당한다.

② 할증발행: 주식의 발행가액이 액면가액을 초과하는 경우를 말한다.

　→ 주식발행초과금(자본잉여금) 발생

③ 할인발행: 주식의 발행가액이 액면가액보다 작은 경우를 말한다.

　→ 주식할인발행차금(자본조정) 발생

※ 주식의 할인발행은 원칙적으로 금지이나, 회사설립 후 2년이 지나면 주주총회의 특별결의와 법원의 인가를 얻어 가능하다.

- 상법에 의하면 정관에 회사가 발행할 주식의 총수(수권주식수), 1주의 금액, 회사의 설립 시에 발행하는 주식의 총수를 기재하도록 되어 있고, 회사의 설립 시에 발행하는 주식의 총수는 수권주식수의 1/4 이상이어야 한다고 규정되어 있다.
- 주식회사의 최저자본금은 5천만 원 이상, 1주당 액면가액은 100원 이상으로 균일하여야 한다.

(2) 증자(Capital Increase)

실질적 증자	기업의 경제적 실질에 영향을 미치는 증자	현금증자	주식발행의 대가로 현금을 납입
		현물출자	주식발행의 대가로 유형자산 등을 납입
형식적 증자	경제 실질의 변화없이 자본금만 증가시켜서 발행주식수 및 주당 가액을 변화시키는 증자	무상증자	자본잉여금과 이익준비금을 자본에 전입
		주식배당	이익배당 시 현금이 아닌 주식을 지급하는 것

(3) 자기주식(Treasury Stock)

① 의미: 이미 발행한 주식 중에서 추후에 재발행하거나 소각할 목적으로 발행한 회사가 이를 재취득한 주식을 말한다.

② 원칙적으로 금지되나, 예외적인 사유(주식의 소각, 합병이나 영업양수 목적, 회사의 권리를 실행하기 위한 목적, 주주가 주식매수청구권을 행사 시, 주식매수선택권 부여의 목적)의 경우 자기주식취득이 가능하다.

(4) 감자(Capital Reduction)

실질적 감자	자본금의 감소 시 자산의 유출이 수반되는 감자	주금액의 환급	거의 사용되지 않음
		주식소각	감자차익, 감자차손 발생
형식적 감자	회계장부상 자본금은 감소되지만 자산의 유출이 수반되지 않는 감자	주금절삭	발행주식수는 불변, 액면가액을 감소
		주식병합	주식액면가액은 불변, 발행주식수를 감소

03 자본잉여금

1 주식발행초과금

액면가액을 초과하여 주식을 발행하였을 경우(할증발행), 그 초과금액에 해당된다.

예 신주 1,000주를 발행해 증자 시 1주당 액면금액은 5,000원이고 1주당 발행가액은 6,000원일 경우의 회계처리

(차) 현금	6,000,000	(대) 자본금	5,000,000
		주식발행초과금	1,000,000

2 감자차익

(1) 자본감소의 경우에 그 자본금의 감소액이 주식의 소각, 주금의 반환에 필요한 금액과 결손의 보전에 충당한 금액을 초과한 때에 그 초과액을 의미한다.

(2) 감자의 대가로 지급한 현금보다 감소한 자본의 액면가액이 클 경우에 발생한다.
   ※ 감자차손(감자의 대가 > 감소한 자본의 액면가액) 발생 시 자본조정으로 처리한다.

3 기타자본잉여금(자기주식처분이익 등)

(1) 주식발행초과금, 감자차익 이외의 자본잉여금을 의미한다.

(2) 자기주식처분이익: 자기주식을 매입해서 처분할 때, 처분가액과 취득가액의 차이(처분가액 > 취득가액 시)를 말한다. ※ 자기주식처분손실(처분가액 < 취득가액)은 자본조정으로 처리한다.

---

04 이익잉여금(Retained Earnings)

1 이익잉여금의 의의

이익잉여금은 기업의 영업활동에 의해 창출된 이익 중에서 배당 등으로 사외에 유출되지 않고 사내에 유보한 이익을 의미한다.

2 이익잉여금의 분류

(1) 이익준비금(상법에 의한 법정적립금): 회사가 현금배당을 하는 경우 이익준비금의 잔액이 자본금의 50%에 달할 때까지 현금에 의한 이익배당의 10% 이상을 적립해야 한다.
   → 이익준비금은 결손금 보전이나 자본금 전입의 목적으로 사용가능하다.

(2) 기타법정적립금
   ① 기업합리화적립금: 조세특례제한법에 의해 법인세를 감면받은 금액의 일부를 적립하여 이익을 내부로 유보시킨 것이다.
   ② 재무구조개선적립금: 상장법인재무관리규정에 의해 재무구조가 부실한 상장법인이 자본의 충실화를 위해 적립하는 것이다. → 결손보전이나 자본금 전입의 목적으로 사용가능하다.

(3) 임의적립금: 법률에 의해 강제적으로 적립하는 것이 아니라 정관의 규정 또는 주주총회의 결의로 적립하는 금액이다.

분류	목적	설정목적 달성 시	예
적극적 적립금	자금 또는 순자산을 증가시킬 목적으로 적립하는 것	소멸되지 않음	신축적립금, 사업확장적립금, 감채적립금
소극적 적립금	자본감소를 방지하거나 순자산의 감소를 억제할 목적으로 적립하는 것	이월이익잉여금으로 대체하여 소멸시킴	결손보전적립금, 배당평균적립금

(4) 차기이월이익잉여금 또는 차기이월결손금

① 의미: 유보이익 중에서 배당하거나 적립금으로 처분되지 않고 남은 이익잉여금을 뜻한다.

② 차기이월 이익잉여금=전기이월이익잉여금±당기순손익－이익잉여금처분액

개념더하기 ▶ 결손금 처리순서

임의적립금 → 기타법정적립금 → 이익준비금 → 자본잉여금

---

05 자본조정(Capital Adjustment)

1 자본조정의 의의

(1) 자본조정이란 자본금, 자본잉여금, 이익잉여금의 어느 항목에도 속하지 않는 임시적인 자본항목으로서 자본에 차감 또는 가산되어야 하는 항목들을 의미한다.

(2) 이러한 자본조정 항목들은 일정 기간이 지남에 따라 소멸되는 특성을 가지고 있는데, 기업회계기준에 서는 주식할인발행차금, 자기주식, 감자차손, 자기주식처분손실, 미교부주식배당금, 주식매입선택권 등을 규정하고 있다.

2 자본조정의 종류

(1) 주식할인발행차금

① 주식을 할인발행할 경우 발행가액과 액면가액의 차이를 말한다.

② 원칙적으로 금지되나, 회사설립 2년 경과 후 주총의 결의를 거쳐, 법원의 허가를 받은 경우 가능하다.

③ 주식발행초과금이 있을 경우 우선상계처리하고 잔액이 남으면 자본에서 차감한다.

④ 주식발행연도로부터 3년 이내의 기간에 정액법으로 상각한다.

(2) 자기주식: 자기주식 취득 시 그 금액을 취득원가로 자본에서 차감하는 형식으로 기재하고 취득경위·향후처리계획 등을 주석으로 기재한다.

(3) 감자차손: 자본감소 시 소각된 주식의 액면가액보다 주주에게 환급되는 금액이 더 큰 경우에 그 차액을 의미한다. 자본에서 차감하는 형식으로 기재한다.

(4) 자기주식처분손실: 자기주식 매각 시 처분가액이 취득원가보다 적은 경우에 자기주식처분이익이 있는 경우는 먼저 상계하고 그것이 부족한 경우 그 차액을 의미한다. 자본에서 차감하는 형식으로 기재한다.

(5) 미교부주식배당금: 결산 시 이익잉여금처분계산서상의 주식배당액을 의미하며, 주주총회에서 확정된 후 주주들에게 교부될 주식을 의미하는 것으로 아직 교부되지는 않았다 하더라도 자본과 같은 성격에 해당되고 자본에 가산하는 항목이다.

1 기타포괄손익누계액의 의의

과거 자본조정으로 분류하였던 포괄손익들을 기타포괄손익누계액으로 하여, 정보이용자들에게 포괄손익에 관한 구체적이고 상세한 정보를 제공한다.

2 기타포괄손익누계액의 종류

기타포괄손익이란 기업실체가 일정기간 동안 소유주와의 자본거래를 제외한 모든 거래나 사건에서 인식한 자본의 변동액으로서 당기순이익에 기타포괄손익을 가감하여 산출한 포괄손익의 내용을 주석으로 기재한다. 여기서 기타포괄손익의 항목은 법인세비용을 차감한 순액으로 표시하는데 매도가능증권평가손익, 해외사업환산손익, 현금흐름위험회피 파생상품평가손익 등의 과목이 있으며 재무상태표일 때 현재 이러한 기타포괄손익의 잔액을 기타포괄손익누계액의 계정과목으로 재무상태표상 자본항목에 포함한다.

(1) 매도가능증권평가손익: 매도가능증권은 회사의 경영자가 피투자회사의 주식을 단기매매차익 이외의 목적으로 보유할 경우, 동 주식은 매도가능증권으로 회계처리하고 평가금액의 차이는 기타포괄손익에 반영한다.

(2) 현금흐름위험회피 파생상품평가손익: 미래 환율변동에 따라 외화매출액이 달라지는 데, 이러한 변동가능성은 경영진이 한 회계연도의 사업계획(실적계획)을 수립하고 달성하는데 예측가능성을 떨어뜨리는 요인이 된다. 이러한 변동가능성을 없애기 위해 미래 예상 외화매출액을 현재 시점의 환율로 고정시키기 위한 선물환 계약을 체결한다. 환율변동에 따라 현재 환율로 계산한 매출액보다 증가(감소)하는 금액과 선물환계약에서 발생하는 손익은 그 절대값은 같으나 부호(방향)이 서로 반대이므로 서로 금액효과가 상쇄되어, 환율이 어떻게 변동을 하는가와 무관하게 미래 매출액 및 매출채권의 현금회수액은 현재 시점의 환율로 고정된다.

(3) 해외사업환산손익: 해외지점, 해외사업소 또는 해외소재 지분법적용대상회사의 외화표시 자산 · 부채를 원화로 환산하는 경우에는 원칙적으로 화폐성 · 비화폐성법을 적용하지만, 영업 · 재무활동이 본점과 독립적으로 운영되는 해외지점, 해외사업소 또는 해외소재 지분법적용대상회사의 경우에는 예외적으로 현행환율법에 의해 원화로 환산할 수 있는데 이때 발생하는 환산손익은 해외사업환산손익의 과목으로 자본항목 중 기타포괄손익누계액에 포함하며 그 내용을 주석으로 기재한다.

CHAPTER 07 수익과 비용

01 수익

1 수익의 개념

기업의 주요 영업활동으로서의 재화의 생산·판매, 용역의 제공 등에 따른 경제적 효익의 유입으로서, 자산의 유입이나 증가 또는 부채의 감소를 의미한다. 즉, 순자산(Net Asset)의 증가를 의미한다. 이득은 주요 영업활동 이외의 부수적인 거래나 사건의 결과로 발생하는 순자산의 증가를 의미한다.

2 수익인식의 요건

(1) 실현주의(Realization Basis)

① 발생주의의 전제: 전통적으로 수익과 비용을 인식하는 방법에는 현금주의와 발생주의가 있으나, 현행회계에서는 기간별로 관련된 수익과 비용을 적절히 대응시켜 정확한 경영성과를 측정하는 발생주의를 따르고 있다.

② 발생주의의 한계 보완: 발생주의 적용이 실무상 어려움으로 인해 일정한 요건을 설정해 이 요건을 충족한 시점에서 수익이 발생한다고 보아 수익을 인식한다. → 실현주의(Realization Basis)

[실현주의의 수익인식 요건]

실현요건(측정요건)	실현되었거나 실현가능해야 한다. 즉, 수익금액이 합리적으로 측정가능해야 한다.
가득요건(발생요건)	수익창출활동을 위한 결정적이며 대부분의 노력이 발생하여야 한다.

(2) 수익획득과정에 따른 수익인식시점

① 제조기업이 제품을 판매하여 판매수익을 얻기 위해서는 원재료의 구입, 제품의 생산 및 대금의 회수 등 일련의 과정을 거쳐야 하고, 이러한 과정에서 수익은 제품의 가치가 증대함에 따라 점차적으로 발생한다.

② 이때 수익을 인식하는 시점을 언제로 하느냐하는 것이 중요한 과제인데, 앞서 언급한 실현주의(측정요건, 발생요건)에 부합되는 시점으로 결정하여 수익을 인식한다.

③ 현행회계기준에서는 거래형태별로 ㉠ 재화의 판매, ㉡ 용역의 제공, ㉢ 이자·배당금·로열티수익으로 구분하여 각 기준을 적용하고 있다.

구분	수익인식기준	필요조건
재화의 판매	판매기준	• 실현요건: 경제적 효익의 유입가능성과 수익금액의 측정가능성 • 가득요건: 재화의 실질적 인도와 원가의 측정가능
용역의 제공	진행기준	• 실현요건: 경제적 효익의 유입가능성과 수익금액의 측정가능성 • 가득요건: 원가의 측정가능성 • 진행요건: 진행률의 측정가능성
이자·배당금·로열티수익	발생기준	실현기준: 경제적 효익의 유입가능성과 수익금액의 측정가능성

3 수익의 분류(포괄손익계산서)

영업수익	기업의 주된 경영활동에서 발생하는 수익
	매출액
영업외수익	기업의 주된 경영활동 이외의 부수적인 활동에서 발생하는 반복적이며 경상적으로 발생하는 수익
	이자수익, 배당금수익, 임대료, 단기매매증권처분이익, 단기매매증권평가이익, 외환차익, 외화환산이익, 지분법평가이익, 매도가능증권감액손실환입, 장기투자 자산손상차손환입, 투자자산처분이익, 유형자산처분이익, 사채상환이익, 법인세환급액, 유형자산감액손실환입, 전기오류수정이익, 자산수증이익, 채무면제이익, 보험차익

4 특수한 재화판매

(1) 위탁판매(Consignment Sales)
① 의미: 자기(위탁자)의 상품을 타인(수탁자)에게 위탁하여 판매하는 형태의 판매를 말한다.
② 기업회계기준: 상품의 위탁발송 시 상품원가와 제비용을 '적송품' 계정 차변에 기입하였다가 수탁자가 위탁품을 판매한 날 수익을 인식한다(매출 또는 적송품 매출).

(2) 시용판매(Sales on Approval)
① 의미: 주문을 받지 않고 상품 등을 고객에게 인도하여 고객이 그 상품을 사용해 보고, 매입하겠다는 의사표시를 함으로써 판매가 성립되는 형태의 판매이다.
② 기업회계기준: 수익은 매입자가 매입의사표시를 한 날에 인식하도록 규정한다. 기말 현재 매입자로부터 매입의사표시가 없는 시송품은 창고에 없다고 할지라도 판매자의 기말재고에 포함시킨다.

(3) 이자·배당금·로열티수익
① 이자수익은 원칙적으로 유효이자율을 적용하여 발생기준에 따라 인식한다.
② 배당금수익은 배당금을 받을 권리와 금액이 확정되는 시점에 인식한다.
③ 로열티수익은 관련된 계약의 경제적 실질을 반영하여 발생기준에 따라 인식한다.

02 비용

1 비용의 개념

기업의 주요 영업활동으로서의 재화의 생산·판매, 용역의 제공 등의 대가로 발생하는 자산의 유출 또는 부채의 증가를 의미한다. 즉, 순자산(Net Asset)의 감소를 의미한다. 손실은 주요 영업활동 이외의 부수적인 거래나 사건의 결과로 발생하는 순자산의 감소를 의미한다.

2 비용의 인식

구분	비용인식기준	예시
직접대응	동일한 거래나 사건과 직접적으로 결부되어 발생하는 수익과 비용은 동일한 회계기간에 인식	매출원가, 판매직원수수료
발생 즉시 인식	취득과 동시에 또는 취득 후 즉시 소비되는 재화 및 용역의 취득과 관련하여 발생하는 판매비와 관리비 등의 비용은 현금이 지출되거나 부채가 발생하는 회계기간에 인식	급여, 광고선전비
기간배분	상각대상자산을 사용함에 따라 발생하는 감가상각비와 여러 회계기간에 걸쳐 소비되는 비용은 체계적이고 합리적인 배분절차에 따라 당해 비용으로부터 효익이 기대되는 여러 기간에 걸쳐 인식	감가상각비, 무형자산상각비

3 비용의 분류(포괄손익계산서)

영업상 비용	매출원가	영업상 수익인 매출액에 대응되는 비용 (매출원가＝기초상품재고＋당기매입액－기말상품재고)
	판매비와 관리비	급여, 퇴직급여, 복리후생비, 임차료, 접대비, 감가상각비, 무형자산상각비, 세금과공과, 광고선전비, 연구비, 경상개발비, 대손상각비, 소모품비, 보험료, 수도광열비, 잡비, 여비교통비, 운반비
영업외비용	기업의 주요 영업활동 이외에 부수적으로 발생하는 경상적이며 반복적인 비용	
	이자비용, 기타의 대손상각비, 단기매매증권처분손실, 단기매매증권평가손실, 재고자산감모손실, 외환차손, 외화환산손실, 기부금, 지분법평가손실, 매도가능증권감액손실, 장기투자자산손상차손, 투자자산처분손실, 유형자산처분손실, 사채상환손실, 법인세추납액, 전기오류수정손실, 재해손실	
법인세비용	법인세법상의 당해 사업연도에 부담할 법인세	
	법인세±이연법인세 변동액	

180 PART 04 회계학

08 회계변경·오류수정과 기타주제

01 회계변경(Accounting Change)

1 의의

회계변경이란, 기업이 처한 경제적·사회적 환경의 변화 및 새로운 정보의 입수에 따라 과거에 채택한 회계처리방법이 기업의 재무상태나 경영성과를 적절하게 표시하지 못할 경우 과거의 회계처리방법을 새로운 회계처리방법으로 변경하는 것을 의미한다.

2 회계변경의 정당한 사유

정당한 회계변경은 회계정책 및 회계추정의 변경을 통하여 회계정보의 유용성을 높이는 경우 또는 기업회계기준이 새로 제정되거나 개정됨에 따라 회계정책을 변경하는 경우로 규정하고 있다.

정당한 회계변경	의미
① 기업환경의 중대한 변화	합병, 사업부 신설, 대규모 투자, 사업의 양수 등 기업환경의 중대한 변화에 의하여 총자산이나 매출액, 제품의 구성 등이 현저히 변동됨으로써, 종전의 회계정책을 적용할 경우 재무제표가 왜곡되는 경우
② 업계의 합리적 관행 수용	동종산업에 속한 대부분의 기업이 채택한 회계정책 또는 추정방법으로 변경함에 있어서 새로운 회계정책 또는 추정방법이 종전보다 더 합리적이라고 판단되는 경우
③ 기업최초공개(IPO)	한국증권거래소나 공신력있는 외국의 증권거래시장 상장 또는 한국증권업협회중개시장 (KOSDAQ) 등록을 통하여 기업을 최초로 공개하기 위하여 공개시점이 속하는 회계기간의 직전회계기간에 회계변경을 하는 경우
④ 기업회계기준의 제·개정	기업회계기준의 제정·개정 또는 기존의 기업회계기준에 공사 새로운 해석에 따라 회계변경을 하는 경우

→ ④를 제외한 ①, ②, ③의 경우에는 회계변경의 정당성을 기업이 입증해야 한다. 이때, ①~④의 사유가 없는 변경은 회계상의 오류로서 기업회계기준에 위배되며, 단순히 세법의 규정을 따르기 위한 회계변경과 이익조정을 주된 목적으로 하는 회계변경은 정당한 회계변경으로 인정하지 않는다.

3 회계변경의 유형

(1) 회계정책의 변경(Changes in Accounting Policy)

① 의미: 기업이 재무제표의 작성과 보고에 적용하던 회계정책을 다른 회계정책으로 바꾸는 것을 의미하며, 일반적으로 인정된 회계원칙(GAAP)에서 또 다른 일반적으로 인정된 회계원칙으로의 변경을 지칭한다.

※ 일반적으로 인정되지 않는 회계원칙 → 일반적으로 인정된 회계원칙(GAAP)으로의 변경 → 회계
　오류수정

② 예시

회계정책	변경 전		변경 후
감가상각법	정액법		정률법
재고자산원가흐름의 가정	FIFO	→	LIFO
투자유가증권 평가방법	원가법		지분법
수익인식방법	회수기준		판매기준

(2) 회계추정의 변경(Changes in Accounting Estimate)

① 의미: 새로운 자료나 추가적인 정보의 입수에 따라 회계추정치를 변경하는 것을 의미한다. 회계추정의 변경은 처음 추정할 당시에 이용가능한 모든 정보를 충분히 이용하여 성실히 수행한 경우에만 해당한다.

※ 처음 추정할 당시 이용가능한 정보의 고의적인 누락 등으로 인한 변경 → 회계오류의 수정

② 예시

　㉠ 수취채권의 대손추정률을 기말채권잔액의 2%에서 1%로 변경
　㉡ 감가상각자산의 잔존가치나 내용연수추정의 변경
　㉢ 무형자산의 상각기간의 변경
　㉣ 제품보증 시에 예상보증비용의 변경
　㉤ 광산업에 있어서 광물추정매장량의 변경

(3) 보고실체의 변경(Changes in Reporting Entity)

① 의미: 회계보고서 작성에 있어서 보고대상이 되는 기업의 범위가 변경되는 것을 의미한다.

② 예시

　㉠ 연결(결합)재무제표에 포함되는 연결(결합)회사에 변동이 있는 경우
　㉡ 개별재무제표를 작성하는 대신 연결재무제표를 작성하는 경우
　　→ ㉡의 경우는 개별재무제표가 주재무제표로 되어 있는 우리나라에는 해당되지 않음

4 회계변경의 회계처리

(1) 회계처리의 종류

종류	회계처리	전기의 재무제표
소급법	기초시점에서 새로운 회계방법의 채택으로 인한 누적적 영향을 계산하여 이월이익잉여금을 수정	수정
당기적 처리법	기초시점에서 새로운 회계방법의 채택으로 인한 누적적 영향을 계산하여 회계변경수정손익을 당기 손익으로 처리	불변
전진법	과거의 재무제표에 대해서는 수정하지 않고 변경된 새로운 회계처리방법을 당기와 미래기간에 반영	불변

(2) 회계변경 유형별 기업회계기준

구분	회계처리	전기 재무제표의 수정
회계정책의 변경	소급법	수정
회계추정의 변경	전진법	불변
보고실체의 변경	언급없음	언급없음

02 오류수정(Accounting Errors)

1 의의

전기 또는 그 이전 재무제표에 포함된 회계적 오류를 당기에 발견하여 이를 수정하는 것을 의미하며 기업
회계기준에서는 오류로 인하여 전기 이전의 손익이 잘못되었을 경우 이를 이월이익잉여금으로 처리하지
않고 전기오류수정이익 또는 전기오류수정손실이라는 계정과목으로 하여 당기 영업외손익으로 처리하도
록 규정한다.

2 오류수정의 유형

회계원칙 적용의 오류	수익·비용을 인식함에 있어서 발생주의가 아닌 현금주의를 적용한 경우
회계추정상의 오류	대손예상액을 경험부족, 부주의로 인해 잘못 추정한 경우
계정분류상의 오류	유동부채를 비유동부채로 분류하거나 영업외비용을 판관비로 분류해 공시한 경우 등
계산상의 오류	덧셈, 뺄셈 등 계산상의 오류
거래의 누락	당기에 속하는 거래를 다음 기의 거래로 분류한 경우

3 회계변경과의 차이

새로운 사건이나 정보의 입수에 따라 과거의 추정을 변경하는 경우에 발생하는 수정사항은 오류수정이 아
니라 회계추정이며, 오류수정은 과거의 잘못된 정보나 경험부족, 부주의 등으로 인해 추정치를 잘못 측정
한 경우에 해당된다.

03 기타의 주제

1 리스회계

(1) 리스(Lease)의 개념: 리스란 리스회사(임대인, Lessor)가 특정 자산의 사용권을 일정 기간 동안 리스이
용자(임차인, Lessee)에게 이전하고, 리스이용자는 그 대가로 리스회사에 사용료를 지급하는 계약을 의미
한다.

(2) 리스의 장점(리스이용자 입장)

① 자산을 직접 구입하면 일시에 많은 금액이 필요하지만 리스이용 시 소액의 리스료로 자산을 이용할 수 있다.

② 필요한 자산을 필요한 기간 동안만 이용가능하므로 자산의 진부화 위험을 회피할 수 있다.

③ 자산을 직접 구입하는 경우의 감가상각비보다 더 많은 리스료를 비용으로 인식할 수 있으므로 세금 절감효과가 발생한다.

(3) 리스의 분류: 리스자산의 소유에 따른 위험과 효익이 실질적으로 리스이용자에게 이전되는 경우에는 금융리스로 분류하고 그 이외의 경우에는 운용리스로 분류한다.

① 금융리스(Direct Financing Lease)

㉠ 일종의 선물융자로서 대여한 이후에 보수와 운영 등에 관여하지 않고 리스기간이 장기이며 중도 해약이 원칙적으로 인정되지 않는 리스방법이다.

㉡ 매기 지급할 리스료의 현재가치가 리스자산의 공정가치와 비슷할 경우에 사용한다.

㉢ 리스기간이 리스자산의 내용연수와 별 차이가 없는 경우 사용한다.

㉣ 매기 지급할 리스료의 현재가치를 자본화하여 그에 따른 감가상각비를 인식한다.

② 운용리스(Operating Lease)

㉠ 대여 후에 계속 운영수선 등 사후봉사를 하며, 기간이 비교적 단기적이고 사전통지 후에 계약을 중도 해약할 수 있는 리스방법이다.

㉡ 실질적인 소유권 이전에 공사 조항이 없는 리스계약일 경우에 해당한다.

㉢ 자본화하지 않는다.

2 연결재무제표와 결합재무제표

(1) 연결재무제표(Consolidated Financial Statement)

① 의미: 법적으로는 독립적이지만 경제적으로는 종합적·유기적 관계를 맺고 있는 기업들을 일괄해 하나의 기업으로 보고 작성한 재무제표로 연결재무상태표와 연결포괄손익계산서로 구성한다.

② 연결재무상태표: 모기업과 자회사를 중심으로 작성한 재무상태표로 4가지 연결조정(모회사 주식과 자회사 자본의 상쇄제거 → 모자회사 간의 대차의 제거 → 모자회사 간의 이익의 제거 → 모자회사 간 자산·부채·자본금의 합병·정리)을 한 뒤에 작성한다.

③ 연결포괄손익계산서: 연결관계에 있는 회사들의 총체적인 회계기간의 경영실적을 나타내는 손익계산서로 지배회사의 개별포괄손익계산서를 기초로 여기에 지배종속회사 간 및 종속회사 상호 간 거래액과 미실현 손익을 상계제거하여 작성한다.

(2) 결합재무제표: 2개 이상의 기업이 특정인에 의해 지배되고 있는 경우 회사 간 내부거래를 제거한 후 개별재무제표를 수평적으로 결합한 재무제표를 말한다. 현행 연결재무제표(Consolidated Financial Sheets)가 기업집단의 범위를 회사가 일정 지분 이상을 소유하고 있는 기업으로 한정하고 있는 데 비해 결합재무제표는 기업집단 소유자를 중심으로 한 특수관계인(친인척 및 계열회사를 포함) 모두의 지분을 합하여 종속회사의 지배여부를 판단함으로써 기업집단의 재무구조와 경영성과를 바로 파악할 수 있게 된다.

09 원가회계의 기초

01 원가의 기초개념

1 원가의 의미

> 원가(Cost)란 특정 목적을 달성하기 위하여 발생하거나 잠재적으로 발생할 희생 (Sacrifices)을 화폐적으로 측정한 것을 의미

원가 중에서 미소멸된 부분을 자산(Asset)이라고 하고 소멸된 원가 중에서 수익의 실현에 기여한 부분은 비용(Expense), 수익의 실현에 기여하지 못한 부분은 손실(Loss)이라고 한다.

자산, 원가, 비용, 손실의 관계

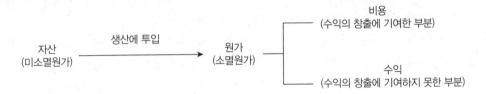

예 제품의 생산에 사용할 원재료를 구입하여 보관 중일 경우 → '원재료'(자산)

원재료를 제품생산을 위해 생산과정에 투입될 경우 → '직접재료원가'(원가)

제품이 판 매되어 매출이라는 수익이 실현될 경우 → '매출원가'(비용)

제품이 판매되지 않고 도난되었을 경우 → 손실

2 원가의 분류

원가회계가 외부보고, 계획수립과 통제, 특수한 의사결정 등의 다양한 목적에 사용되기 위해서는 그 목적에 따라 각각 다른 원가정보가 필요하며, 이를 위해서 원가를 분류하는 것이다.

(1) **추적가능성에 따른 분류**: 원가배부(Cost Allication)는 원가 할당, 비용부담(Cost Allocation)은 자원 투자 분배 (배분)의 의미를 가지고 있다.

① 직접원가(Direct Cost)

㉠ 특정 원가 집적대상과 직접적인 관련이 있는 원가를 말한다.

㉡ 원가추적(Cost Tracing): 직접원가를 원가집적대상에 할당하는 것이다.

② 간접원가(Indirect Cost)

㉠ 특정 원가 집적대상과 직접적인 관련이 없는 원가를 말한다.

㉡ 원가배부(Cost Allication): 간접원가를 원가집적대상에 할당하는 것에 따라 분류한다.

(2) 기능에 따른 분류

① 제조원가(Manufacturing Cost): 제품을 생산하기 위해서는 원재료와 이를 가공할 노동력, 생산설비 및 기타 용역이 필요하며, 제조원가란 이와 같이 제품을 생산하는 과정에서 소요되는 모든 원가를 의미한다. 직접재료비, 직접노무비, 제조간접비로 구분이 가능하다.

  ㉠ 직접재료비(Direct Materials): 제품을 생산하기 위해 사용되는 원재료의 원가로서 특정 제품에 직접 추적할 수 있는 원가를 의미한다.

  ㉡ 직접노무비(Direct Labor): 생산직 근로자에게 노동의 대가로 지급되는 원가로서 특정제품에 직접 추적할 수 있는 원가를 의미한다.

  ㉢ 제조간접비(Factory Overhead): 직접재료비와 직접노무비 이외의 모든 제조원가를 의미하며, 특정제품에 추적이 불가능하므로 합리적인 배분절차가 필요하다.

② 비제조원가(Non-Manufacturing Costs): 비제조원가는 제조활동과 관계없이 판매 및 관리활동과 관련하여 발생하는 원가를 의미하며 판매비와 관리비로 나눌 수 있다.

  ㉠ 판매비(Marketing Costs): 고객의 주문을 받아 제품을 인도하는 과정에서 소요되는 원가
    예 판매수수료, 광고선전비, 판매원의 급여, 판매부서의 운영비, 판매운송비

  ㉡ 관리비(Administrative Costs): 기업조직을 유지하고 관리하기 위해 소요되는 원가
    예 사무용 건물의 임차료, 감가상각비, 보험료, 재산세, 수선유지비, 전력비, 경영자나 사무원의 급여, 관리부서의 운영비, 사무용 소모품비

  ㉢ 판매비와 관리비는 제조간접비와 유사한 면이 있으나 서로 다른 면이 있으므로 명확히 구별해야 한다.

제조간접비	판매관리비
기계장치나 공장건물에 공사 감가상각비, 보험료, 수선유지비	사무실(본사)건물에 공사 감가상각비, 보험료, 수선유지비
생산직관리자의 급여	판매원의 급여
공장사무실의 운영비	판매부서의 운영비
공장소모품비	사무용 소모품비
공장의 전력비, 동력비 등	사무실건물의 전력비, 동력비 등

(3) 원가의 행태에 따른 분류
원가행태(Cost Behavior)란 제품의 생산량이나 작업시간으로 표시되는 조업도의 수준이 변화함에 따라 총원가가 변화하는 양상을 의미하며 조업도(Volume)는 기업이 보유하고 있는 자원의 이용정도를 나타내는 개념으로서 상황에 따라서 생산량, 판매량, 매출액, 직접노동시간, 기계시간 등 원가와 논리적인 인과관계가 있는 여러 가지의 척도로 측정된다.

① 변동비(Variable Cost): 조업도의 변동에 따라 총액이 비례적으로 변화하는 원가, 단위당 변동비는 총 변동비의 기울기로서 조업도에 관계없이 일정하다.

② **고정비(Fixed Cost)**: 조업도의 변동에 관계없이 총액이 일정한 원가, 단위당 고정비는 조업도가 증가함에 따라 점점 낮아진다.

③ **준변동비(Semi-Variable Cost)**: 변동비와 고정비의 두 요소를 모두 가지고 있는 원가, 혼합원가(Mixed Cost)라고도 한다. 조업도가 0일 때 고정비처럼 일정한 값을 갖고 조업도가 증가함에 따라 변동비처럼 증가한다.

　　예 전력비, 수선유지비

④ **준고정비(Semi-Fised Cost)**: 일정한 범위의 조업도 내에서는 일정하지만 그 범위를 벗어나면 총액이 달라지는 원가, 계단원가(Step Cost)라고도 한다.

　　예 일정 수준의 근로자 당 생산감독자 파견문제

(4) 의사결정과의 관련성에 따른 분류

① **매몰원가(Sunken Cost)**: 경영자가 통제할 수 없는 과거의 의사결정으로부터 발생한 역사적 원가로서 현재 또는 미래에 어떤 의사결정을 하더라도 회수할 수 없는 원가를 의미한다. 의사결정에 고려할 필요가 없다.

② **관련원가와 비관련원가**: 관련원가(Relevant Cost)란 여러 대안 사이에 차이가 있는 미래원가로서 의사결정에 직접적으로 관련되는 원가를 의미하며, 비관련원가(Irrelevant Cost)는 여러 대안 사이에 차이가 없는 원가로서 의사결정에 영향을 미치지 않는 원가를 의미한다.

③ **기회비용과 지출원가**: 기회비용(Opportunity Cost)이란 재화, 용역, 생산설비 등의 자원을 현재의 용도 이외의 다른 대체적인 용도에 사용할 경우 얻을 수 있는 최대금액을 의미한다. 기회비용은 실제 현금이나 다른 자원의 지출을 필요로 하지 않으며 회계장부에도 기록되지 않지만 의사결정 시 반드시 고려해야 한다. 지출원가(Outlay Cost)란 현재 또는 미래에 현금이나 기타 다른 자원의 지출을 필요로 하는 원가를 의미한다.

④ **회피가능원가와 회피불가능원가**: 회피가능원가(Avoidable Cost)란 특정한 대체안을 선택함으로써 절약되거나 발생하지 않는 원가를 의미하며 회피불가능원가(Unavoidable Cost)란 특정한 대체안을 선택하는 것과 관계없이 계속해서 발생하는 원가를 의미한다.

⑤ **차액원가(Differential Cost)**: 여러 대체안 사이에 차이가 나는 원가를 의미하며 증분원가(Incremental Cost)라고도 한다.

⑥ **부가원가(Imputed Cost)**: 현금지출을 수반하지 않으며 회계장부에 기록되지도 않지만 가치의 희생으로 계상할 수 있는 원가를 의미하며 내재원가라고도 한다.

　　예 자금을 시장이자율보다 낮은 이자율로 빌려준 대가로 시장가격보다 낮은 가격으로 원재료의 구매계약을 맺은 경우 의사결정과 관련하여 원재료의 구입원가로 인식해야 할 금액은 다음과 같다.
　　원재료의 구입원가=계약가격+빌려준 자금의 이자율과 시장이자율의 차이에 해당하는 이자액(부가원가)

1 기본원가(Prime Cost)=제 1원가

기초원가, 주요원가라고도 하며 제품을 제조하는 데 직접적으로 관련된 원가로 직접재료비와 직접노무비의 합으로 구성된다.

기본원가=직접재료비+직접노무비

2 제조원가(Manufacturing cost)=제 2원가

제품을 생산하는 과정에서 소비된 원가로 기본원가에 제조간접비를 가산한 원가이다.

제조원가=기본원가+제조간접비

3 총원가(Total Cost)

총원가=제조원가+판매비와 관리비

4 판매가격(selling price)

판매가격=총원가(판매원가)+판매이익

[원가구성도]

			판매이익	
		판매비와 관리비		
	제조간접비			
직접재료비			총원가 (판매원가)	판매가격
직접노무비	기본원가	제조원가		

10 제품제조의 원가흐름

01 제조원가의 흐름

제조기업은 상기업과 달리 제조과정을 통하여 이익을 얻으므로 보통 다음과 같은 세 가지 종류의 재고자산계정을 설정한다.

원재료 (Raw Materials)	제조과정에 투입하기 위하여 보유하고 있는 재고자산
재공품 (Work-in-Process)	제조과정이 진행 중에 있는 재고자산
제품 (Finished Goods)	제조과정을 종료하여 판매를 위해 보관하고 있는 재고자산

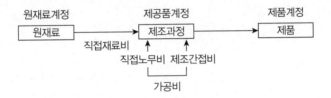

제조과정에 투입된 모든 원가는 일단 재공품계정에 집계되며, 이중 완성된 제품의 원가는 제품계정에 대체된다. 제품이 판매되면 판매된 제품의 원가는 매출원가 계정으로 다시 대체된다.

02 원가계산절차명세서

1 당기총제조원가(Current Manufacturing Costs)

(1) 의미: 당기에 제조과정에 투입된 모든 제조원가를 의미하며 직접재료비, 직접노무비, 제조간접비의 합계로 표시한다.

당기총제조원가=직접재료비+직접노무비+제조간접비

(2) 구성요소

① 직접재료비: 당기에 제조과정에 투입된 원재료의 원가를 말한다.

직접재료비=기초원재료재고액+당기원재료매입액-기말원재료재고액

② **직접노무비**: 당기에 제조과정에 투입된 생산직 근로자의 급여를 말한다.

③ **제조간접비**: 직접재료비와 직접노무비를 제외하고 당기에 제조과정에 투입된 모든 제조원가로서 공
장건물이나 기 계장치의 임차료, 감가상각비, 보험료, 재산세, 수선유지비, 전력비, 생산감독자의
급여 등을 의미한다.

2 당기제품제조원가(Cost of Goods Manufactured)

당기에 완성된 제품의 제조원가를 의미한다.

> 당기제품제조원가=기초재공품 재고액+당기총제조원가−기말재공품재고액

※ 당기총제조원가는 당기에 제조과정에 투입된 제조원가

　당기제품제조원가는 당기에 완성된 제품의 제조원가

3 매출원가(Cost of Goods Sold)

당기에 판매된 제품의 원가를 의미한다.

> 매출원가=기초제품재고액+당기제품재고액−기말제품재고액

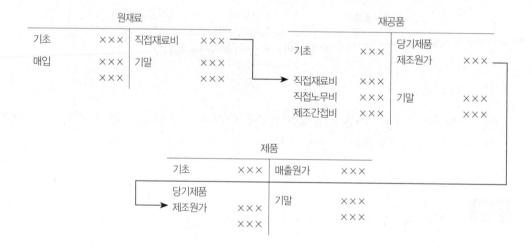

1 포괄손익계산서

제조기업은 상기업과 달리 제품을 제조하여 판매함으로써 이익을 얻는다. 따라서 제조기업은 상기업과는 다른 양식의 포괄손익계산서를 사용한다.

상기업			제조기업		
매출액		XXX	매출액		XXX
매출원가			매출원가		
기초상품재고액	XXX		기초제품재고액	XXX	
당기상품매입액	XXX		당기제품제조원가	XXX	
계	XXX		계	XXX	
기말상품재고액	XXX	XXX	기말제품재고액	XXX	XXX
매출총이익		XXX	매출총이익		XXX
판매비와 관리비		XXX	판매비와 관리비		XXX
영업이익		XXX	영업이익		XXX

2 제조원가명세서

제조원가 명세서

Ⅰ. 직접재료비		
1. 기초원재료재고액	XXX	
2. 당기원재료매입액	XXX	
계	XXX	
3. 기말원재료재고액	XXX	XXX
Ⅱ. 직접노무비		
1. 기본급	XXX	
2. 제수당등	XXX	
…	—	XXX
Ⅲ. 제조간접비		
1. 감가상각비	XXX	
2. 동력비	XXX	
3. 보험료	XXX	
4. 수선유지비등	XXX	
…	—	XXX
Ⅳ. 당기총제조원가		XXX
Ⅴ. 기초재공품재고액		XXX
합계		XXX

Ⅵ. 기말재공품재고액	XXX
Ⅶ. 당기제품제조원가	XXX

제조기업의 당기제품제조원가는 상기업의 당기상품매입액에 해당하는 개념임을 알 수 있으며, 기업회계기준에 의하면 제조기업의 경우 위와 같은 양식의 제조원가명세서를 작성하여 당기제품제조원가의 계산근거를 나타내도록 하고 있다. 제조원가명세서는 재무제표의 부속명세서로서 재공품계정의 변동사항을 요약한 것이다.

04 제조원가의 회계처리

1 직접재료비

기업에서 직접재료비를 산정하기 위해 사용하는 계정은 원재료계정이므로 원재료를 구입하면 구입 시에 그 금액을 원재료계정의 차변과 매입채무계정의 대변에 기록한다. 기말에 당기의 원재료 사용액, 즉 직접재료비를 재공품계정의 차변과 원재료계정의 대변에 기록한다.

원재료 구입 시

(차) 원재료	×××	(대) 매입채무	×××

원재료 구입 시

(차) 재공품	×××	(대) 원재료	×××

2 직접노무비

당기에 제조과정에 투입된 생산직 근로자의 임금, 즉 직접노무비를 산정하기 위하여 사용하는 계정은 노무비계정이다. 임금을 지급하면 그 금액을 노무비계정의 차변과 현금계정의 대변에 기입하고, 당기에 발생하였으나 기말 현재까지 지급하지 않은 미지급임금은 기말에 노무비계정의 차변과 미지급임금계정의 대변에 기입한다. 그리고 기말에 당기의 직접노무비가 확정되면 이를 노무비계정에서 재공품계정으로 대체한다.

※ 제품별로 직접 추적할 수 없는 노무비(생산감독자의 급여, 수선작업자의 급여)→간접노무비(제조간접비로 분류)

노무비 발생 시

(차) 노무비	×××	(대) 현금	×××
		미지급임금	×××

제조간접비 발생

(차) 제조간접비	×××	(대) 수선유지비	×××
		감가상각비	×××
		전력비	×××

제조간접비 대체

(차) 재공품	×××	(대) 제조간접비	×××

3 제조간접비

직접재료비나 직접노무비 이외의 모든 제조원가를 의미하며, 공장건물이나 기계장치의 감가상각비, 수선유지비, 전력비, 생산감독자의 급여 등을 포함한다. 제조간접비가 발생하면 기중이나 기말에 각 계정에 기록하고 기말에 제조간접비계정에 집계한 후 재공품계정으로 대체한다.

제조간접비 발생

(차) 수선유지비	×××	(대) 현금	×××
감가상각비	×××	감가상각누계액	×××
전력비	×××	미지급비용	×××

제조간접비 집계

(차) 제조간접비	×××	(대) 수선유지비	×××
		감가상각비	×××
		전력비	×××

제조간접비 대체

(차) 재공품	×××	(대) 제조간접비	×××

4 당기제품제조원가와 매출원가

당기에 완성된 제품의 원가, 즉 당기제품제조원가가 확정되면 이를 재공품계정에서 제품계정으로 대체한다. 그리고 당기에 판매된 제품의 원가, 즉 매출원가를 산정하여 이를 제품계정에서 매출원가계정으로 대체한다.

제품의 완성

(차) 제품	×××	(대) 재공품	×××

제품의 판매

(차) 매출원가	×××	(대) 제품	×××

01

다음 중 재고자산의 종류가 아닌 것은?

① 제품
② 재공품
③ 비품
④ 상품

02

다음 중 회계상의 거래가 아닌 것은?

① 수탁상에게 매입을 위탁하다.
② 상품일부를 도난당하다.
③ 화재로 인하여 점포가 소실되다.
④ 판매를 위탁하기 위하여 상품을 발송하다.

03

역사적 원가의 원칙의 한계점으로 틀린 것은?

① 자산을 취득한 시점에서의 가치이므로 과거원가를 나타낸다.
② 현행판매가격에 과거원가가 대응되어 수익과 비용이 적절하게 대응되지 못한다.
③ 객관적이며, 적시성 있는 정보를 제공한다.
④ 자산의 가치변동이 심한 경우 역사적 원가의 의미를 상실한다.

04

다음 단기매매증권을 기말에 기업회계기준에 의한 공정가액법으로 평가할 경우 옳은 것은?

구분	취득원가	공정원가
A회사 주식	₩300,000	₩340,000
B회사 주식	₩430,000	₩370,000

① (차) 단기매매증권평가손실 40,000
　　(대) 단기매매증권 40,000
② (차) 단기매매증권평가손실 30,000
　　(대) 단기매매증권 30,000
③ (차) 단기매매증권평가손실 20,000
　　(대) 단기매매증권 20,000
④ (차) 단기매매증권평가손실 10,000
　　(대) 단기매매증권 10,000

05

자산에 속하는 계정과목끼리 연결되어 있는 것은?

① 소모품 - 선대금 - 미수금 - 선수금
② 미결산 - 차입금 - 미지급금 - 어음대여금
③ 대여금 - 매출채권 - 단기매매증권 - 미착상품
④ 미수금 - 가수금 - 매출채권 - 어음차입금

06

회계의 사회적 역할이 아닌 것은?

① 사회적 통제의 합리화
② 사회적 자원(social resource)의 효율적 배분
③ 수탁책임(stewardship responsibilities)에 대한 보고
④ 경영자와 주주 사이의 대리비용 절감

01 정답 ③

비품은 내용연수가 1년 이상으로 그 금액이 상당액 이상인 책상, 의자 등 고정시켜 사용하는 물품으로서 유형자산의 하나이며 이를 취득했을 때는 비품계정 차변에 기입한다.

02 정답 ①

회계상의 거래는 상식적인 거래이나 회계상의 거래가 아닌 것은 임대차계약, 상품의 매매계약, 상품 주문서 발송, 건물·토지 등의 담보설정이며 장부에 기록하지 않는다. 상식적인 거래는 아니라도 회계상의 거래인 것은 상품의 화재, 도난, 기부, 파손, 상품가격의 하락 등이며 장부에 기록해야 한다.

03 정답 ③

역사적 원가의 원칙은 원가가 객관적으로 결정된다는 점, 원가의 결정이 확실하고 용이하다는 점, 검증 가능하다는 점에서 지지를 받고 있으나 현재가치를 반영하지 못한다는 점에서 비판을 받고 있다.

04 정답 ③

구분	취득원가	공정원가
A회사 주식	₩300,000	₩340,000
B회사 주식	₩430,000	₩370,000
합계	₩730,000	₩710,000

주식의 취득원가의 합은 730,000원인데 공정원가(시가)는 710,000원이므로 20,000원 만큼 가치가 하락하여 평가손실이 발생한다.

05 정답 ③

자산(Assets)이란 과거의 거래나 사건의 결과로서 현재 기업실체에 의해 지배되고 미래에 경제적 효익을 창출할 것으로 기대되는 자원이다. 자산의 분류에서 유동자산에는 당좌자산과 재고자산이 있고 비유동자산에는 투자자산, 유형자산, 무형자산, 기타비유동자산이 있다.

06 정답 ④

회계의 사회적 역할은 사회적 자원의 효율적 배분으로 투자의사결정과 신용의사결정 시 생산성이 높은 기업에 투자하도록 유도함으로써 사회적 자원을 효율적으로 배분하는 것이다.

07

거래가 발생하여 재무제표 작성까지의 과정을 바르게 설명한 것은?

① 분개 – 전기 – 시산표 – 정산표 – 장부마감 – 재무제표 공시
② 전기 – 분개 – 시산표 – 정산표 – 장부마감 – 재무제표 공시
③ 분개 – 시산표 – 전기 – 정산표 – 장부마감 – 재무제표 공시
④ 시산표 – 분개 – 전기 – 정산표 – 장부마감 – 재무제표 공시

08

다음 포괄손익계산서 구분계산 중 틀린 것은?

① 판매관리비＋영업이익＝매출총이익
② 영업외비용＋경상이익＝영업외수익＋영업이익
③ 법인세비용＋당기순이익＝법인세비용차감전 순이익
④ 계속사업이익＋법인세비용차감전순이익＝중 단사업손익＋경상이익

09

다음 거래요소의 결합관계를 나타낸 것 중 옳은 것은?

> 현금 ₩50,000을 대여하다.

① 비용의 발생 – 자본의 감소
② 비용의 발생 – 자산의 감소
③ 자산의 증가 – 자본의 증가
④ 자산의 증가 – 자산의 감소

10

다음 중 재무회계와 관리회계의 차이점이 아닌 것은?

① 재무회계는 경영자가 주로 이용하고, 관리회계 는 투자자가 주로 이용한다.
② 재무회계는 화폐적 정보를 제공하고, 관리회계 는 화폐적, 비화폐적 정보를 제공한다.
③ 재무회계는 재무기법을 이용하고, 관리회계는 경영기법을 이용한다.
④ 재무회계는 외부이용자를 위한 정보이고, 관리 회계는 내부이용자를 위한 정보이다.

11

다음 중 회계정보의 질적 특성은 어느 것인가?

① 중요성과 비교가능성
② 목적적합성과 신뢰성
③ 예측가치와 피드백가치
④ 보수주의와 역사적 원가주의

12

회계처리에서 둘 이상의 회계처리가 가능할 때 가능한 한 순자산과 이익을 낮게 계상하려는 회계처리 방식을 무엇이라 하는가?

① 계속성의 원칙
② 실현주의
③ 보수주의(안전성)
④ 중요성의 원칙

07 정답 ①

'분개-전기-시산표-정산표-장부마감-재무재표 공시'의 과정으로 진행된다.

08 정답 ④

기업회계기준에서는 포괄손익계산서를 보고식으로 표시하도록 규정하고 있으며 총수익에서 총비용을 차감하여 당기순이익만을 보고하지 않고 여러 유형의 이익으로 구분하여 표시하도록 규정하고 있다.

- 매출총이익＝매출액－매출원가
- 영업이익＝매출총이익－판매비와 관리비
- 법인세비용차감전계속사업손익＝영업이익＋영업외수익－영업외비용
- 계속사업손익＝법인세비용차감전계속사업손익－법인세비용(계속사업해당부분)
- 중단사업손익＝중단사업부분에 해당하는 손익(세금효과반영)
- 당기순이익＝계속사업손익＋중단사업손익

09 정답 ④

문제의 분개는 다음과 같다.
차변 대여금(자산의 증가) ₩50,000 / 대변 현금(자산의 감소) ₩50,000

10 정답 ①

재무회계는 외부이용자(주주, 투자자 및 정부)가 주사용자이며, 관리회계는 내부이용자(경영자)가 주사용자이다.

11 정답 ②

회계정보의 질적 특성에서 목적적합성은 회계정보는 정보이용자가 의도하고 있는 의사결정목적과 관련이 있어야 하며, 정보를 이용할 경우와 그렇지 않을 경우에 의사결정 차이를 발생시킨다. 신뢰성은 회계정보가 오류나 편의에서 벗어나 표현하고자 하는 바를 충실히 표현하고 있음을 보증하는 정보의 자질이다.

12 정답 ③

인식 및 측정의 수정원칙에서 보수주의(Conservatism)는 어떤 거래에 대해 두 개의 측정치가 있을 때 재무적 기초를 견고히 하는 관점에서 이익을 낮게 보고하는 방법을 선택하는 것이다.

13

유형자산에 해당하는 항목을 모두 고른 것은?

> ㄱ. 특허권 ㄴ. 건물 ㄷ. 비품 ㄹ. 라이선스

① ㄱ, ㄴ
② ㄴ, ㄷ
③ ㄱ, ㄴ, ㄷ
④ ㄴ, ㄷ, ㄹ

15

자본항목의 분류가 다른 것은?

① 주식할인발행차금
② 감자차손
③ 자기주식
④ 자기주식처분이익

14

재무상태표의 부채에 해당하지 않는 것은?

① 매입채무
② 선급비용
③ 선수금
④ 사채

16

재무상태표와 관련되는 것을 모두 고른 것은?

> ㄱ. 수익 · 비용대응의 원칙
> ㄴ. 일정 시점의 재무상태
> ㄷ. 유동성배열법
> ㄹ. 일정 기간의 경영성과
> ㅁ. 자산, 부채 및 자본

① ㄱ, ㄴ
② ㄱ, ㄹ
③ ㄴ, ㄷ, ㄹ
④ ㄴ, ㄷ, ㅁ

17

다음 중 우선주에 대한 설명으로 옳은 것은?

① 회사의 이익과 관계없이 미리 배당금이 정해져 있다.
② 이자가 미리 정해져 있다.
③ 세금 감면 혜택이 있다.
④ 우선주에 대해서 비용을 공제하기 전이라도 우선 배당이 이루어진다.

13
정답 ②

유형자산에 해당하는 항목은 건물과 비품이다. 특허권과 라이선스는 무형자산에 해당한다.

14
정답 ②

매입채무, 선수금 및 예수금은 유동부채, 사채는 비유동부채에 해당하고, 선급비용은 자산에 해당한다.

15
정답 ④

자기주식처분이익은 자본잉여금에 해당한다.

16
정답 ④

재무제표는 기업의 재무상태, 경성과 및 현금흐름·자본의 변동을 일정한 형식에 맞추어 작성한 회계 보고서로서 재무상태를 표시하는 재무상태표, 경성과를 표시하는 포괄손익계산서, 각각 현금흐름의 변동과 자본의 변동을 표시하는 현금흐름표 및 자본변동표로 구성된다. 수익·비용대응의 원칙과 일정 기간의 경영성과는 포괄손익계산서와 관련되는 것이다.

17
정답 ①

사전에 결정된 기간마다 배당이 재조정되는 우선주의 한 형태, 분기별로 고정배당이 지급되는 통상의 우선주에 대조되는 개념이다.

재무관리

01 재무관리의 기초개념

01 재무관리의 의의와 기능

1 재무관리의 의의

(1) 좁은 의미의 재무관리: 기업재무(Corporate Finance)라고 하며, 기업의 재무관리자 관점에서 자금조달과 운영 흐름을 다루는 학문이다. 즉, 기업의 자금흐름과 관련된 활동으로 재무의사결정을 보다 효율적으로 집행하기 위해 자금을 운용하고 관련된 업무를 계획하고 통제하는 활동을 말한다.

(2) 넓은 의미의 재무관리: 기업재무론 외에 투자론(Investment Theory)과 금융론(Financial Market Theory) 등을 포함하는 개념을 재무학이라고 한다. 여기서 투자론이란 채권이나 주식 등의 금융자산에 대한 가격결정모형과 위험관리를 연구대상으로 하는 학문을 말하며, 금융론이란 금융기관의 경영활동을 연구대상으로 하는 학문을 뜻한다.

(3) 일반적 의미의 재무관리는 좁은 의미의 재무관리를 뜻하며, 기업이 수행하는 여러 활동 중 자금과 관련된 기업활동을 다루는 학문으로 크게 정의될 수 있다.

2 재무관리의 기능

특정 시점에서 기업의 재무상태를 나타내 주는 지표로 재무상태표(Balance Sheet)가 있는데, 기업의 자산과 부채 및 자본의 구성을 나타내는 표로 다음과 같은 형태를 갖는다.

××co.	재무상태표	××년 ××일 현재
차변	대변	
자산 (Asset)	부채 (Liability)	
	자본 (Equity)	

기업의 자산은 재무상태표 왼쪽에 위치하며 현금과 재고자산처럼 단기간 동안 보유하는 유동자산과 건물, 기계 등과 같이 장기간 보유하는 비유동자산으로 나뉘어진다. 즉, 유동자산은 1년 이내에 현금화되는 자산이며, 비유동자산은 1년 이상 비교적 오랜 기간 동안 기업이 사용하는 자산을 뜻한다.

위와 같은 자산을 구입하기 위해서는 자산의 금액만큼의 자금이 필요하다. 자금을 빌리는 방법에 따라 부채와 자기자본으로 나뉘어진다. 타인으로부터 빌려온 자금을 부채라 하며 1년 이내에 갚아야 하는 부채를 유동부채, 1년 이내에 갚을 필요가 없는 부채를 비유동부채라 한다. 반면 자기자본은 주식을 발행하여 조달한 자금과 과거에 벌어들인 이익을 유보한 것으로 갚아야 할 의무가 없는 자금을 말한다.

지금까지 살펴본 재무상태표의 세 가지 항목(자산, 부채, 자본)을 어떻게 어떤 방법으로 구성하느냐에 관한 것을 재무관리에서 다루며 그 기능은 다음과 같다.

(1) **투자 결정(Investment Decision):** 기업의 자산취득에 관한 의사결정으로 재무상태표 왼쪽(차변)에 나타난다. 자산을 가장 이상적인 형태로 가지기 위해 자산의 최적 구성을 찾으려는 노력으로, 이와 같은 투자결정에 의해 기업자산 규모의 구성이 결정된다.

(2) **자본 조달 결정(Financing Decision):** 투자 결정에 의해서 구성된 자산을 취득하기 위해 필요한 자금을 조달하는 의사결정을 자본 조달 결정이라고 한다. 재무상태표 오른쪽(대변)과 관계되는 것으로 부채 및 자기자본의 규모와 구성을 가장 이상적인 형태로 조달하려는, 즉 최적 자본구조를 찾기 위한 의사결정이다. 기업의 영업활동으로 창출되는 현금흐름을 배당과 유보이익으로 나누는 배당결정(Dividend Decision) 또한 자본 조달 결정에 포함된다.

(3) **유동성 관리(Liquidity Management):** 기업이 영업활동을 하는 과정에서 발생하는 현금의 유입과 유출은 시간적인 면에서 크게 다를 수 있다. 재무상태표에서 유동자산과 유동부채의 차이인 순운전자본(Net Working) 관리를 통해 단기적 관점에서 자금을 운용하는 것을 유동성 관리라고 한다. 1997년 발생한 IMF위기는 유동성 관리에 실패한 경우라고 볼 수 있다.

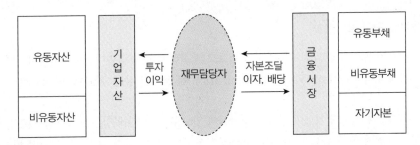

재무관리를 보다 효율적으로 수행하기 위해서는 재무관리의 목표를 분명히 설정하여야 한다. 재무관리의 목표는 재무담당자가 투자 결정과 자본 조달 결정을 내릴 때 중요한 기준이 된다. 재무관리의 목표가 무엇이냐에 대해서는 다양한 의견이 있지만 가장 자주 거론되는 것은 이윤의 극대화와 기업 가치의 극대화 그리고 경영자 이익의 극대화이다.

1 이윤의 극대화

(1) **의미**: 재무관리의 목표로 이윤의 극대화를 가장 먼저 생각하는데, 이는 기업이 영리를 목적으로 하는 단체라는 것에 기인한다. 이는 과거부터 전통적으로 재무관리의 목표로 간주되어 왔으며, 현재에도 이윤의 극대화를 재무관리의 목표로 인식하는 경우가 있다. 그러나 다음의 문제점으로 인해 적합하지 않다는 의견이 많다.

(2) **이윤 극대화 목표의 문제점**
　　① 이윤의 개념이 모호하다.
　　② 화폐의 시간 가치를 반영하지 못한다.
　　③ 미래의 불확실성을 반영하지 못한다.

2 기업 가치의 극대화

이윤 극대화는 위와 같은 문제로 재무관리의 목표로 적절하지 못한 측면이 있다. 따라서 현대 재무관리에서는 기업 가치의 극대화(Firm Value Maximization)를 보다 적절한 재무관리의 목표로 본다.

(1) **의미**: 기업의 가치는 그 기업이 투자한 자산들이 앞으로 그 기업에 얼마나 공헌할 것인가에 달려있다. 구체적으로 기업의 가치는 기업이 보유자산을 사용하여 벌어들일 미래수익의 크기와 미래수익의 불확실성에 따라 결정된다. 기업이 벌어들일 미래수익이 클수록 기업의 가치는 커지며 미래수익의 불확실성, 즉 위험이 클수록 기업 가치는 작아진다. 이러한 기업 가치를 수식으로 나타내면 다음과 같다.

$$V(\text{기업 가치}) = \frac{C_1}{(1+k)} + \frac{C_2}{(1+k)^2} + \frac{C_3}{(1+k)^3} + \cdots\cdots = \sum_{k=1}^{\infty} \frac{C_t}{(1+k)^t}$$

(단, $C_t = t$ 시점의 현금흐름, k = 불확실성을 반영한 할인율(자본비용))

(2) **기업 가치 극대화 목표의 문제점**: 기업 가치 극대화를 목표로 할 경우, 현금흐름으로 그 가치를 결정하기에 이익 개념의 모호성이 해결된다. 또한 할인율을 적용하여 화폐의 시간가치와 현금흐름의 불확실성을 반영할 수 있다.

그러나 기업의 가장 일반적인 형태인 주식회사는 소유와 경영이 분리되어 있다. 이러한 상황에서 기업의 경영자는 기업 가치를 극대화하기보다는 개인의 이익을 극대화하도록 의사결정을 하는 경우가 생긴다. 이는 일종의 대리인 문제로 경영자로 하여금 기업 가치를 극대화하는 방향으로 의사결정을 유도할 수 있는 제도적 장치가 필요하다는 문제가 발생한다.

> **개념더하기** 대리인 문제
>
> 경영자, 주주, 채권자, 소비자 등 기업과 관련된 이해관계자들은 수없이 많다. 이러한 여러 이해관계자 사이에는 본인(Principal)이 대리인(Agent)에게 자신을 대신하여 의사결정을 할 수 있도록 의사결정을 위임한 계약관계인 대리관계(Agency Relationship)가 존재한다. 주식회사 형태의 기업에서 소유주인 주주가 그들을 대신하여 경영자에게 경영권 전반을 위임하는 것이 대리관계의 대표적 예이다. 대리인은 본인의 이해관계를 생각하여 의사결정을 내려야 하지만 대리인이 자신의 이익을 추구할 경우 두 집단 간에 갈등이 발생하는데 이를 대리인 문제(Agency Problem)라 한다.

3 경영자 이익의 극대화

(1) **의미**: 주식회사의 경우 일반적으로 소유와 경영이 분리된다. 이 경우 경영자는 자신의 이익을 극대화하는 방향으로 의사결정을 할 수 있는데 이때 재무관리의 목표는 경영자 이익의 극대화가 된다. 경영자의 이익은 기업의 규모가 더 크고, 기업이 빠르게 성장할수록 더 많이 누릴 수 있다. 따라서 기업 가치를 극대화시키려고 하기보다는 기업의 외형을 키우기 위해 노력하는 경우가 많다.

(2) **경영자 이익 극대화의 문제점**: 경영자 이익의 극대화가 주주의 목표와 일치하지 않는 경우, 기업 이익에 대해 청구권을 갖는 주주의 가치를 감소시킬 우려가 있다. 따라서 현대의 주식회사제도에서 주주들은 이사회를 통해 경영자를 감시하고, 주요 사안에 대해 의결권을 행사하거나 비효율적 경영진에 대한 교체를 통해 경영자를 확실히 지배할 수 있다. 이 경우 경영자는 주주의 이익을 극대화함으로써 경영자 자신의 이익도 증가시킬 수 있다. 따라서 주주들이 경영자를 확실하게 지배할 수 있는 상황에서는 경영자 이익의 극대화는 곧 기업가치의 극대화와 일치하게 되므로 굳이 구분할 필요가 없게 된다.

재무관리 환경을 구성하는 3대 요소는 증권, 금융시장, 금융중개기관이다. 금융시장과 금융중개기관을 합쳐 넓은 의미의 금융기관(Financial Institution)이라 부른다. 좁은 의미에서 금융기관은 금융중개기관만을 의미한다.

1 증권(Securities)

기업이 투자와 자본 조달을 위해 이용할 수 있는 자산은 크게 실물자산과 금융자산으로 구분되는데, 금융자산을 흔히 증권이라고 하며 주식과 채권이 대표적인 예이다. 기업은 주식, 채권 같은 금융자산을 발행하여 실물자산에 투자하므로 금융자산이 얻게 될 미래 수익은 실물자산의 수익에 달려 있다고 할 수 있다.

(1) 실물자산(Real Asset)

① 유형자산: 토지, 건물, 기계, 재고자산 등과 같이 재화와 용역을 생산하는 데 이용할 수 있는 자산이다.

② 무형자산: 재화와 용역의 생산에 동원되는 인적자원의 지식, 기술, 숙련도 등이다.

(2) 금융자산(Financial Asset): 실물자산의 이용으로부터 얻어질 소득에 대한 청구권이다. 예를 들어, A 회사의 주식을 30% 가지고 있다면 향후 기업의 순이익 중에서 30%만큼 받을 권리를 가지게 된다.

2 금융시장

주식이나 채권 같은 금융자산 혹은 증권이 발행, 거래되고 가격이 형성되는 시장을 금융시장(Financial Markets) 혹은 증권시장(Securities Markets)이라 한다. 금융시장은 자금 공급자인 투자자가 증권을 매입함으로써 증권을 발행한 자금의 수요자에게로 자금이 직접 흘러가는 직접 금융이 일어나는 곳이다. 금융시장은 거래되는 금융자산들의 만기에 따라서 화폐시장과 자본시장으로 분류된다.

(1) 화폐시장(Money Markets): 1년 이하의 만기를 가진 유동성이 높고 현금화가 쉬운 단기채권이 거래되는 곳이며 대표적으로 기업어음(CP)이 있다.

(2) 자본시장(Capital Markets): 장기증권이 거래되는 곳으로 만기 1년 이상의 채권이 거래되는 채권시장(Bond Markets)과 기업의 소유지분을 나타내는 보통주와 우선주의 주식이 거래되는 주식시장(Stock Markets)이 있다.

3 금융중개기관

(1) 금융중개기관의 정의: 금융자산의 거래는 자금의 공급자와 수요자가 직접 만나 거래조건을 정하고 그에 따라 금융자산과 자금을 교환하는 것이 가장 기본적인 방법일 것이다. 그러나 자금의 공급자와 수요자가 직접 만나서 거래를 한다면 여러 문제가 발생할 수 있다. 이와 같이, 자금의 수요자와 공급자가 직접 거래하기 힘든 경우 금융에 관한 전문성을 갖춘 제3자가 자금의 공급자로부터 자금을 예치받아 이를 자금의 수요자에게 공급해주는 중개인 역할을 하는 기관을 금융중개기관(Financial Intermediaries)이라 한다.

(2) 금융중개기관의 유형

① 예금기관: 시중은행, 특수은행, 협동조합 등이 있다.

② 계약형 저축기관: 연금기관, 생명 보험 회사, 손해 보험 회사 등이 있다.

③ 투자기관: 투자 신탁 회사, 종합 금융 회사, 투자 회사 등이 있다.

02 화폐의 시간가치

01 유동성 선호와 화폐의 시간가치

1 유동성 선호

사람들은 같은 금액의 현금이라도 오늘 받는 것을 일 년 뒤에 받는 것보다 가치있게 생각한다. 이와 같이 미래의 금액보다 동일한 크기의 현재의 금액을 선호하는 현상을 유동성 선호(Liquidity Preference)라고 한다.

2 화폐의 시간가치

기업의 현금흐름은 한 시점에만 발생하는 것이 아니라 시간 차이를 두고 여러 기간에 걸쳐 발생하는 것이 보통이다. 같은 금액이라고 하더라도 현금흐름이 실현되는 시간의 차이에 따라 현금흐름의 가치가 서로 다르게 평가되는데 이를 화폐의 시간가치(Time Value of Money)라고 한다.

3 유동성 선호의 근거

(1) **시차 선호**: 다른 조건이 동일할 때, 미래에 소비하는 것보다 현재 소비하는 것을 선호하는 것을 말한다.

(2) **인플레이션**: 물가상승으로 인해 미래에 소비하는 것이 실질구매력이 떨어질 가능성이 높다.

(3) **투자기회**: 현재 선택할 수 있는 투자기회를 통해서 미래에 더 큰 흐름을 창출할 수 있으므로, 현재 현금흐름을 더 선호하게 된다.

(4) **미래의 불확실성**: 미래 현금흐름은 불확실성이 높기 때문에 현재의 현금흐름을 선호한다.

1 미래가치(FV ; Future Value)

(1) 미래가치: 현재의 일정금액을 미래의 특정시점으로 환산한 금액을 미래가치라고 한다. 미래가치는 복리로 계산되는데 이자가 발생하면 그것이 재투자되어 이자에 대한 이자가 반복 발생한다고 가정하는 방법이다.

(2) 미래가치의 계산: 현재의 일정금액을 PV, n기간 후의 미래가치를 FV_n, 연간 이자율을 r이라고 할 때 미래가치는 다음과 같이 계산할 수 있다.

① '1' 기간 후의 미래가치: $FV_1 = PV(1+r)$

② '2' 기간 후의 미래가치: $FV_2 = PV(1+r)(1+r) = PV(1+r)^2$

③ 'n' 기간 후의 미래가치: $FV_n = PV(1+r)(1+r)\cdots(1+r) = PV(1+r)^n$

(3) 미래가치 요소: 매 기간마다 연간 이자율 r이 다른 것이 보통이지만, 위와 같이 매기간 이자율 r이 일정할 경우 현재의 1원은 n기간 후에는 $(1+r)^n$원이 된다. 이 $(1+r)^n$을 복리가치 요소(CVF ; Compound Value Factor) 혹은 미래가치 요소(FVF ; Future Value Factor)라고 하며 흔히 CVF(r, n) 혹은 FVF(r, n)으로 나타낸다.

$$FV_n = PV(1+r)(1+r)\cdots(1+r) = PV(1+r)^n = PV \cdot FVF(r, n)$$

2 현재가치(PV ; Present Value)

(1) 현재가치: 현재가치란 미래에 발생하게 될 현금흐름을 현재시점의 가치로 환산한 금액을 말한다.

(2) 현재가치의 계산: 현재가치는 위에서 익힌 미래가치의 계산식을 통해 도출할 수 있다. 미래가치의 계산에서는 현재의 현금흐름 PV와 이자율 r을 알고 n기간 후의 미래가치 FV_n을 계산하는 데 반하여, 현재가치의 계산에서는 미래의 현금흐름과 이자율을 아는 경우 그것의 현재가치를 계산하는 것이므로 역으로 적용하면 된다.

$$PV = \frac{FV_n}{(1+r)^n}$$

(3) 현가요소: 위에서 $\frac{1}{(1+r)^n}$은 n기간 후의 1원이 현재 얼마의 가치가 있는지를 나타내는 값으로 현가요소(PVF ; Present Value Factor)라 하며, 흔히 DCF(r, n) 혹은 PVF(r, n)으로 나타낸다. 이것을 적용하여 위의 식을 나타내면 다음과 같다.

$$PV = \frac{FV_n}{(1+r)^n} = FV_n \cdot PVF(r, n)$$

(4) 미래가치요소와 현가요소의 관계: 미래가치 계산에 사용되는 미래가치요소(FVF)와 현재가치 계산에 사용되는 현가요소(PVF) 사이에는 다음과 같이 역수의 관계가 성립한다.

$$PVF = \frac{1}{FVF}$$

03 여러 시점의 현금흐름의 시간가치

1 개요

지금까지는 현금흐름이 단 한번 일어나는 경우를 살펴보았지만, 지금부터는 현금흐름이 여러 기간에 걸쳐 일어나는 경우를 살펴보도록 한다.

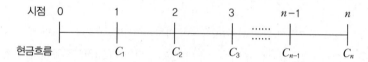

2 미래가치

위와 같은 현금흐름에 대한 n기간 후의 미래가치 FV은 각 시점의 현금흐름에 대한 미래가치의 합이 된다. 만약 매 기간 이자율이 r로 동일하다면 여러 시점에서 미래가치는 다음과 같다.

$$FV_n = C_1(1+r)^{n-1} + C_2(1+r)^{n-2} + \cdots + C_{n-1}(1+r) + C_n$$

3 현재가치

현재가치는 각 시점의 현금흐름의 현재가치의 합으로 다음과 같이 계산한다.

$$PV = \frac{C_1}{(1+r)} + \frac{C_2}{(1+r)^2} + \cdots + \frac{C_n}{(1+r)^n} = \sum_{t=1}^{n} \frac{C_t}{(1+r)^t}$$

1 연금(Annuity)

(1) 의의: 연금이란 미래의 일정 기간 동안 동일한 금액의 현금흐름을 지속적으로 발생시키는 형태를 뜻한다.

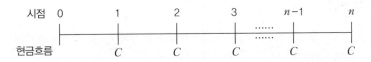

(2) 연금의 미래가치(Future Value of Annuity)

연금의 미래가치는 매 기간마다 동일한 현금흐름이 발생하므로 등비수열의 합을 이용하여 다음과 같이 구할 수 있다.

$$FV_n = C + C(1+r) + \cdots + C(1+r)^{n-2} + C(1+r)^{n-1}$$

$$= C\left[\frac{(1+r)^n - 1}{r}\right] = C \times CVFA(r, n)$$

여기서 $\frac{(1+r)^n - 1}{r}$을 연금의 복리가치요소(CVFA; Compound Value Factor for Annuity) 혹은 미래가치요소(FVFA; Future Value Factor for Annuity)라고 하며, n기간 동안 매기간 말에 1원씩 발생하는 연금의 미래가치를 뜻한다.

(3) 연금의 현재가치(Present Value of an Annuity): n기간 동안 동일한 금액의 현금흐름이 발생하는 경우 연금의 현재가치는 다음과 같이 구할 수 있다.

$$PV = \frac{C}{1+r} + \frac{C}{(1+r)^2} + \cdots + \frac{C}{(1+r)^{n-1}} + \frac{C}{(1+r)^n}$$

$$= C\frac{(1+r)^n - 1}{r(1+r)^n} = C \times PVFA(r, n)$$

여기서 $\frac{(1+r)^n - 1}{r(1+r)^n}$을 현가요소(PVFA; Present Value Factor for Annuity)라고 하며, n기간 동안 매기간 말에 1원씩 발생하는 연금의 현재가치를 나타낸다.

2 영구연금(Perpetuity)

(1) 의의: 영구연금이란, 매기간 일정금액을 영속적으로 지급하는 현금흐름을 말한다.

(2) 현재가치: 일정한 금액의 현금흐름이 다음과 같이 무한히 지속된다면 무한등비수열에 의해 다음과 같이 현재가치를 구할 수 있다.

$$PV = \frac{C}{1+r} + \frac{C}{(1+r)^2} + \cdots = \frac{초항}{1-공비} = \frac{\frac{C}{(1+r)}}{1-\frac{1}{1+r}} = \frac{C}{r}$$

3 성장형 영구연금

현금흐름이 영구적으로 발생하는 점에서는 영구연금과 유사하나, 매 기간 지급되는 현금이 일정성장률(g)로 증가하는 점이 다르다.

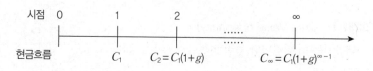

성장형 연금의 현재가치는 연금의 현재가치를 구하는 방법과 유사하며 다음과 같이 구할 수 있다.

$$PV = \frac{C_1}{1+r} + \frac{C_1(1+g)}{(1+r)^2} + \cdots + \frac{C_1(1+g)^{\infty-1}}{(1+r)\infty}$$

$$= \frac{\frac{C_1}{1+r}}{1-\frac{1+g}{1+r}} = \frac{C_1}{r-g}$$

03 소비와 투자의 결정

01 기초개념

1 소비와 투자결정

(1) **부의 기간배분 모형**: 개인에게 주어진 부를 어떻게 현재소비와 미래소비로 배분하여 소비로부터 얻는 만족을 극대화할 것인가를 다루는 것으로 부의 기간배분 모형이라고 한다.

(2) **가정**

① 1기간을 가정한다. 현재의 소비와 1년 후의 소비만을 고려한다는 의미이다.

② 미래의 현금흐름은 확실하다. 즉, 미래에 대해 완전한 예측을 할 수 있어서 투자로부터 발생하는 미래의 현금흐름을 확실히 알고 있다는 것을 의미한다.

③ 금융시장은 완전하다. 자금의 차입과 대출에 있어 어떠한 거래비용도 없으며 누구나 원하는 만큼의 자금을 일정한 이자율로 차입 또는 대출할 수 있다.

2 확실성하의 선택공리

확실성하에서 소비자의 합리적 선택이론을 전개하기 위해서는 개인 행동에 대해 다음과 같은 기본적인 공리체계를 요구한다.

(1) **완전성(Completeness)**: 서로 다른 두 개의 대안 A, B 간에 비교를 통해서 선호관계를 정할 수 있다.

① 대안 A를 대안 B보다 선호한다: $A > B$

② 대안 B를 대안 A보다 선호한다: $A < B$

③ 대안 A와 대안 B가 서로 무차별하다: $A \sim B$

(2) **이행성(Transitivity)**: 세 개의 대안 A, B, C 에 대하여 $A > B$ 이고 $B > C$ 이면 $A > C$가 성립하는 것을 의미하는 것으로 일관성이 없는 선호를 배제한다는 의미이다.

(3) **불포화(Nonsatiation):** 일반적으로 특정 재화에 대한 소비가 증가할수록 효용은 계속 증가하는 것을 뜻한다. 이는 소비자의 한계효용은 항상 양수(+)임을 의미한다.

(4) **한계효용체감(Decreasing Marginal Utility):** 어떤 재화의 소비량이 증가할수록 그 재화의 한계효용은 감소한다는 것을 뜻한다. 즉, 소비량이 늘어날수록 1단위 추가소비로 인한 추가효용이 점점 감소하는 현상을 말한다.

02 피셔의 분리정리(Fisher's Separation Theorem)

1 의미

투자결정과 소비결정이 두 개의 독립적 단계로 이루어진다는 것을 피셔의 분리정리라고 한다. 즉, 투자결정은 개인의 주관적 선호(무차별곡선)에 관계없이 객관적인 시장이자율기준, 즉 순현가 극대화기준에 의해 결정된다는 것이다.

2 소비투자 결정의 두 단계

(1) **1단계 투자결정:** 최적 투자점은 생산기회선의 기울기와 시장기회선의 기울기가 일치하는 점에서 이루어진다.

$$MRT = -(1+r)$$

투자자로부터의 현금흐름의 현가가 가장 크도록 실물투자에 대한 결정을 하여 개인의 소비기회집합을 가능한 한 최대로 확대한다.

(2) **2단계 소비결정:** 최적 소비점은 무차별곡선의 기울기와 시장기회선의 기울기가 일치하는 점에서 이루어진다.

$$MRS = -(1+r)$$

개인의 현재와 미래의 소비 배분에 대한 효용에 따라 차입 혹은 대출을 통해 최적의 소비조합을 선택한다.

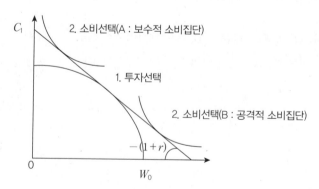

3 소유와 경영의 분리

수많은 기업의 주주들은 두 기간 소비배분에 대해 서로 다른 선호를 가지고 있다. 피셔의 분리정리가 성립하면 각 개별 주주들의 주관적인 시차선호에 관계없이 순현가의 극대화 기준을 이용하여 투자결정을 할 수 있다. 왜냐하면 주주들은 일단 기업의 현가를 극대화시켜 기업의 가치를 최대한 증대시킨 후, 각자 금융시장을 통해 차입 혹은 대출을 함으로써 그 자신의 효용을 극대화할 수 있기 때문이다. 따라서 경영자는 각 주주의 현재와 미래의 소비에 대한 선호가 어떠한가에 관계없이 기업의 목표로서 순현가법에 바탕을 둔 기업가치의 극대화에만 주력하면 되므로, 소유와 경영의 분리가 가능해진다.

04 자본예산의 기초

01 자본예산의 의의와 중요성

1 자본예산의 의미

기업이 자산을 취득한다는 것은 곧 투자한다는 것을 말한다. 기업의 투자결정은 기업의 성장에 직접적인 영향을 주어 기업가치의 변화에 큰 영향을 미친다. 이와 같이 투자효과가 장기적으로 나타나는 투자의 총괄적인 계획을 자본예산이라고 한다.

2 자본예산의 절차

자본예산이 실제로 수행되는 과정은 상황마다 다르지만 대체로 다음의 그림과 같은 순서를 따른다.

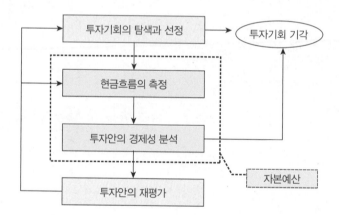

3 자본예산의 중요성

(1) 기업은 유동성을 상실할 위험이 크다. 따라서 자본예산은 기업의 장기적인 경영전략과 자금조달 계획, 그리고 미래경제상황에 대한 분석을 토대로 신중하게 이루어져야 한다.

(2) 투자대상의 사용기간이 길어짐에 따라 미래의 기업활동은 한번 내려진 투자 결정으로 인해서 큰 제약을 받게 된다.

(3) 자본예산은 자금을 적시에 조달하기 위한 면밀한 계획을 필요로 한다.

(4) 치열한 경쟁에서 경쟁사보다 앞서기 위해서는 자본예산 과정에서 경제환경의 변화, 소비자취향의 변화, 국가정책의 변화 등 여러 요인을 계획성 있게 분석해야 한다.

1 투자목적에 의한 분류

(1) 대체투자: 원가절감을 기하거나 기존의 영업상태를 유지하기 위한 투자를 말한다. 기존 설비를 대체하는 것이 대표적이다.

(2) 확장투자: 수요증가에 대처하거나 시장점유율 제고를 위하여 기존의 생산규모를 확장하는 투자를 말한다.

(3) 제품투자: 신제품을 개발하거나 기존 제품의 성능 또는 품질을 향상시키는 투자를 말한다.

(4) 전략적 투자: 기업 성장의 장기적 안목에서의 투자로, 공해방지시설 등과 같은 투자를 경영전략적 투자라고 한다.

2 상호관련성에 의한 투자안의 분류

(1) 독립적 투자(Independent Investment): 어떤 투자안으로부터 기대되는 현금흐름이 다른 투자안의 채택 여부와 관련성이 없는 투자를 말한다. 어떤 투자안들이 독립적이면 이 투자안들은 각각 별개의 투자안으로 보고 투자안에 대한 평가를 하면 된다.

(2) 종속적 투자(Dependent Investment): 한 투자안을 선택하는 것이 다른 투자안의 채택 여부에 영향을 미치는 경우를 말하는데 크게 다음의 두 가지로 분류할 수 있다.
  ① 상호배타적 투자(Mutually Exclusive Investment): 투자안들이 여러 개 있을 때 특정 투자안이 채택되면 다른 투자안들은 자동적으로 기각되어 채택될 수 없는 투자를 말한다.
    예 공장 제품생산 설비 교체 시: 완전자동화된 설비 vs 반자동화된 설비
  ② 상호인과적 투자(Contingent Investment): 한 투자안이 결정되면 이와 더불어 다른 투자안에 대한 투자가 필연적으로 따르게 되는 경우를 말한다.
    예 새로운 공장 건설 시의 투자안: 공장 건설 & 공장 근처의 포장도로 건설

3 현금흐름의 행태에 의한 분류

(1) 대출형 투자(Lending Type Investment): 투자 초기에는 순현금 유출이 발생하고 그 이후에는 순현금 유입이 발생하는 투자이다.

(2) 차입형 투자(Borrowing Type Investment): 투자 초기에는 순현금 유입이 발생하고 그 이후에는 순현금 유출이 발생하는 투자이다.

(3) 혼합형 투자(Mixed Type Inestment): 대출형 투자와 차입형 투자가 혼합되어 있는 투자이다.

---

03   현금흐름의 측정

1 현금흐름 측정의 의의

자본예산 과정에서 무엇보다 중요한 것은 분석대상인 투자안으로부터 발생하는 현금흐름을 측정하는 것이다. 왜냐하면 투자안으로부터 발생할 미래 현금흐름의 현재가치로 투자안의 경제성을 평가하기 때문이다. 투자시점이나 투자 후에 발생하는 현금흐름을 측정할 때 재무관리자는 다음과 같은 원칙을 명심해야 한다.

(1) GAAP(Generally Accepted Accounting Principles, 회계기준)에 의해 산출되는 회계적 이익은 현금흐름과는 다른 개념이다.

(2) 투자안의 경제성분석에 이용되는 것은 회계이익이 아니라 현금흐름이다.

> 순현금흐름(Net Cash Flow) = 현금유입(Cash In-Flow) - 현금유출(Cash Out-Flow)

2 현금흐름 측정의 기본 원칙

(1) 감가상각비 등 비현금지출: 감가상각비(Depreciation)는 GAAP에 따라 취득원가를 인위적으로 기간 배분하는 회계적 비용이다. 따라서 현금유출이 없는 비용항목이므로 현금유출로 보아서는 안 된다. 즉, 재무관리에서 의사결정은 투자시점에서 취득원가를 전액 현금유출로 처리하기 때문에 감가상각비를 다시 현금유출로 계상하는 것은 이중계산이 된다.

(2) 금융비용(이자비용, 배당금 등): 타인자본을 사용한 대가인 이자비용과 자기자본을 사용한 대가인 배당금은 감가상각비와는 달리 실제 현금지출이 발생하는 비용이다. 그러나 이와 같은 금융비용은 현금유출에 포함시키지 않는다. 왜냐하면 이자비용과 배당금은 투자안을 평가하는 과정에서 할인율이 이미 반영되어 있기 때문이다. 따라서 재무관리에서는 이자비용이 전혀 없는 상황을 가정하여 현금흐름을 측정하는 것이 보통이다.

(3) **증분기준(Incremental Basis):** 현금흐름은 증분기준으로 측정하여야 한다. 증분기준이란, 어떤 투자안을 선택한 결과로 나타나는 현금흐름의 변화분만을 분석대상으로 한다. 즉, 투자안을 선택했을 때의 현금흐름과 선택하지 않았을 때의 현금흐름의 차이를 비교하는 것이다. 증분현금흐름을 측정할 때에는 다음 사항에 유의해야 한다.

① **부수적 효과(Side Effect):** 어떤 투자안의 선택이 기존 투자안의 현금흐름을 증가시키는 효과를 말한다.

　　예 신제품 커피 출시로 매출이 발생하면 기존의 커피 프리마의 매출이 더불어 증가

② **잠식비용(Erosion Cost):** 어떤 투자안의 선택이 기존 투자안의 현금흐름을 감소시키는 경우를 말한다.

　　예 신제품 커피 출시로 구제품 커피의 매출이 감소

③ **기회비용(Opportunity Cost):** 어떤 투자안의 선택으로 기존에 다른 용도로 사용 또는 보유자산으로부터 포기되는 현금흐름을 말한다. 즉, 새로운 투자안의 선택으로 말미암아 포기할 수밖에 없는 많은 선택 투자안 중에서 가장 가치있는 것을 말한다.

　　예 임대 가능한 사무실을 직접 사용하는 경우 임대수입이 기회비용

④ **매몰비용(Sunken Cost):** 과거 의사결정에 의해 이미 발생한 비용으로 어떤 방법으로도 다시 회수할 수 없는 비용을 말한다. 따라서 자본예산의 의사결정 시점인 현재에 아무런 영향을 미치지 못한다.

　　예 신제품 출시를 위한 개발비용, 시장조사비 등

(4) 순운전자본(Net Working Capital)의 증감을 고려

기업의 재무상태를 설명할 때 '자금'이라는 용어가 자주 사용된다. 이때 사용되는 자금이라는 말은 사용목적에 따라서 현금과 예금을 의미하거나 순운전자본을 의미한다. 순운전자본이 현금흐름에 영향을 주는 경우는 현금과 예금을 제외한 순운전자본(매출채권, 재고자산 등)의 크기가 전년도와 비교하여 증가하거나 감소했을 때이다. 즉, 순운전자본의 변동액만큼이 현금의 유입과 유출을 발생시켜 현금흐름에 영향을 준다.

> 순운전 자본(매출채권, 재고자산 등)의 증가 → 현금유출 처리
> 순운전 자본(매출채권, 재고자산 등)의 감소 → 현금유입 처리

05 자본예산 기법 – 투자안의 경제성 분석

01 개요

1 의의

분석대상이 되는 투자안의 현금흐름이 측정되었다면, 그 다음 단계로 측정된 현금흐름이 기업가치에 어느 정도 공헌할 수 있는가를 분석하여 투자안 채택 여부를 결정해야 한다. 이러한 결정과정을 투자안의 경제성 평가라고 한다. 즉, 투자안의 채택으로 인한 기업가치의 증가분을 평가하는 과정이다.

2 평가방법

투자안의 경제성 분석방법에는 여러 가지가 있으나, 이상적인 평가방법이 되기 위해서는 다음의 조건을 갖추어야 한다.

(1) 측정된 모든 현금흐름이 고려되어야 한다.

(2) 적절한 할인율을 사용하여 화폐의 시간가치를 반영하여야 한다. 동일한 투자안에 대해서도 서로 다른 평가방법이 있지만, 화폐의 시간가치를 고려하는 DCF 방법이 전통적 기법보다 우월하며 그중에서도 순현재가치법이 가장 타당하다. 또한 현금흐름의 가치를 통일시키는 방법에는 여러 가지가 있으나, 투자안 평가가 이루어지는 현재시점을 기준으로 하는 것이 바람직하다.

① 전통적 기법: 화폐의 시간가치를 고려하지 않고 투자가치를 평가하는 방법
예 회수기간법, 회계적 이익률법

② 현금흐름할인법(DCF; Discounted Cash Flow Method): 화폐의 시간가치를 고려하여 투자가치를 평가하는 방법
예 순현재가치법, 내부수익률법, 수익성지수법

(3) 주주나 경영자의 취향에 관계없이 기업의 가치를 극대화할 수 있는 투자안을 선택해야 한다.

1 의의

회수기간(Payback Period)이란 투자시점에서 발생한 비용을 회수하는 데 걸리는 기간을 말하는 것으로 회수기간법은 회수기간을 구하여 투자의사결정을 하는 기법을 말한다. 이때 현금흐름은 보통 연단위로 표시한다.

2 의사결정기준

(1) **독립적 투자안**: 각 투자안의 회수기간이 기업 자체에서 기준으로 정한 목표회수기간보다 짧으면 투자가치가 있다고 판단한다.

(2) **상호배타적 투자안**: 각 투자안의 회수기간이 목표회수기간보다 짧은 투자안 중에서 가장 짧은 투자안을 선택한다.

3 유용성

(1) 방법이 간단하고 이해하기 쉽다.

(2) 회수기간법은 경영자에게 투자위험에 대한 정보를 제공하고 있다. 즉, 회수기간이 짧을수록 미래의 현금흐름에 대한 불확실성이 빨리 제거되므로 위험이 작다.

(3) 회수기간법은 투자로 인한 기업의 유동성을 간접적으로 나타내준다. 회수기간이 짧을수록 현금유입이 일찍 이루어지는 것이므로, 이러한 투자안을 선택하면 일정 기간 동안 기업의 유동성이 높아진다.

4 문제점

(1) 회수기간 이후의 현금흐름을 고려하지 못한다.

(2) 화폐의 시간가치를 무시한다.

(3) 회수기간만 고려할 뿐 투자안의 수익성을 무시한다. 즉, 두 투자안의 회수기간이 동일하더라도 가까운 미래에 실현되는 현금흐름의 가치가 더 큰 투자안이 있다면 보다 선호되어야 하지만 회수기간법에서는 동일한 투자안으로 평가한다.

(4) 독립적 투자안에 투자결정의 기준이 되는 회수기간의 설정이 자의적이다. 즉, 기업의 목표회수기간 설정에 대한 근거가 확실하지 않다.

5 할인회수기간법(Discounted Payback Period)

할인회수기간법은 각 기간의 현금흐름에 대한 현재가치를 구한 후, 각 기간의 현재가치의 합이 최초의 투자금액과 같아지는 기간을 구하는 방법이다. 화폐의 시간가치를 고려하지 못하는 회수기간법의 문제점을 보완하기 위해 사용하는 기법이다. 그러나 모든 현금흐름을 고려하지 못한다는 점, 합리적 기준 선정이 어렵다는 점 등의 회수기간법의 문제가 그대로 존재한다.

[예제] 회수기간법과 할인회수기간법

두 투자안의 투자원금은 10,000원이고 투자안의 내용연수는 4년이며, 투자안에 적용되는 자본비용(k)은 10%로 동일하다고 할 때, 두 투자안의 각 연도에 대한 현금흐름은 다음과 같다.

연도	현금흐름		현금흐름의 현가(k = 10%)	
	투자안 A	투자안 B	투자안 A	투자안 B
0	−10,000원	−10,000원	−10,000원	−10,000원
1	8,000	5,000	7,273	4,545
2	2,000	5,000	1,653	4,130
3	8,000	5,000	6,011	3,755
4	2,000	5,000	1,366	3,415

(1) 회수기간

① 투자안 A의 투자원금 회수기간 = 2년

② 투자안 B의 투자원금 회수기간 = 2년

→ 두 투자안의 투자원금 회수기간이 2년으로 동일하므로 회수기간법에 의하면 두 투자안의 선호도는 동일하다. 따라서 기업이 설정한 목표회수기간이 2년 이상이라면 두 투자안 모두 채택된다. 그러나 투자안 A의 경우 가까운 연도에 상대적으로 현금흐름이 더 크다. 즉, 화폐의 시간가치를 고려한다면 투자안 A가 투자안 B보다 우월하지만 회수기간법에서는 화폐의 시간가치를 고려하지 않는다.

(2) 할인회수기간

① 투자안 A $= 2 + \dfrac{(10,000 - 7,273 - 1,653)}{6,011} = 2.18$년

② 투자안 B $= 2 + \dfrac{(10,000 - 4,545 - 4,130)}{3,755} = 2.35$년

→ 할인회수기간법에 의하면 할인회수기간이 다소 짧은 투자안 A가 유리하다. 화폐의 시간가치를 고려하여 의사결정에 반영하므로 회수기간법의 단점을 보완해 준다.

03 회계적 이익률법(ARR; Accounting Rate of Return Method)

1 의의

회계적 이익률법은 평균이익률법이라고도 하며, 투자로 인하며 나타나는 장부상의 연평균 순이익을 연평균 투자액으로 나눈 비율을 토대로 투자안을 평가하는 방법이다.

$$회계적\ 이익률(평균이익률) = \frac{연평균\ 순이익}{연평균\ 투자액}$$

여기서 연평균 순이익과 연평균 투자액의 계산법은 다음과 같고, 연평균 투자액의 경우 정액법으로 감가상각을 한다는 가정에 기초한다.

$$연평균\ 순이익 = \frac{순이익의\ 합}{투자\ 수명}, \quad 연평균\ 투자액 = \frac{초기투자비용 + 잔존가치}{2}$$

2 의사결정기준

(1) 독립적 투자안: 각 투자안의 ARR이 기업 자체에서 기준으로 정한 목표이익률보다 크면 투자가치가 있다고 판단한다.

(2) 상호배타적 투자안: 각 투자안의 ARR이 목표이익보다 큰 투자안 중에서 가장 큰 투자안을 선택한다.

3 유용성

(1) 계산이 간단하고 이해하기 쉽다.

(2) 회계장부상의 자료를 그대로 사용할 수 있으므로 편리하다.

4 문제점

(1) 투자안의 현금흐름이 아닌 회계장부상의 이익을 사용한다.

(2) 화폐의 시간가치를 고려하지 않는다.

(3) 회계처리방법에 따른 순이익 조작의 가능성이 있다.

(4) 기업의 목표이익률 설정에 대한 근거가 확실하지 않다.

[예제] 회계적 이익률법

홍길동(주)은 4000만 원을 투자하여 새 기계를 구입하기로 했다. 투자 수명은 4년이고 잔존가치는 없으며, 정액법으로 감가상각을 한다고 한다. 새 기계의 도입으로 인한 순이익은 1차 년도에 300만 원, 2차 년도에 350만 원, 3차 년도에 450만 원, 4차 년도에 500만 원이 될 것으로 예상할 때, 회계적 이익률은 얼마인가?

[해답]

• 연평균 순이익을 계산하면 다음과 같다.

$$연평균\ 순이익 = \frac{(300+350+450+500)}{4} = 400만\ 원$$

• 잔존가치가 없고, 정액법으로 감가상각하므로 연평균 투자액은 다음과 같다.

$$연평균\ 투자액 = \frac{4,000+0}{2} = 2,000만\ 원$$

• 따라서, 회계적 이익률을 구하면 20%가 나온다.

$$회계적\ 이익률 = \frac{400}{2,000} = 20\%$$

---

1 의의

순현재가치법은 투자로 인하여 발생할 미래의 모든 현금흐름을 적절한 할인율로 할인한 현가로 나타내어 투자결정에 이용하는 방법이다. 순현가는 다음과 같이 정의된다.

$$NPV = [\frac{C_1}{(1+r)^1} + \frac{C_2}{(1+r)^2} + \cdots + \frac{C_n}{(1+r)^n}] - C_0$$

$$= \sum_{t=1}^{n} \frac{C_t}{(1+r)^t} - C_0$$

(C_t: t 시점의 현금흐름, C_0: 최초의 투자액, r: 할인율, n: 내용연수)

2 의사결정기준

(1) 독립적 투자안: 투자안의 NPV가 0보다 큰 투자안을 채택한다.

(2) 상호배타적 투자안: 투자안의 NPV가 0보다 큰 투자안 중에서 가장 큰 투자안을 선택한다.

3 유용성

(1) 화폐의 시간가치를 고려한다.

(2) 내용연수 동안의 모든 현금흐름을 고려한다.

(3) 현금흐름과 할인율만으로 투자안을 평가하므로 자의적 요인이 배제된다.

(4) 투자안에 대한 가치가산의 원칙이 적용된다. 즉, A와 B 두 투자안에 모두 투자할 경우의 순현가는 각 투자안의 순현가를 합한 것과 동일하다.

(5) 선택된 모든 투자안의 순현가의 합으로 해당 기업의 가치를 알 수 있다.

[예제] 순현재가치법(NPV)

현금흐름이 다음과 같은 두 투자안의 할인율이 모두 10%일 때 물음에 답하라.

연도	현금흐름	
	투자안 A	투자안 B
0	−2,500만 원	−1,500만 원
1	1,500	900
2	1,600	800

1. 각 투자안의 NPV를 구하라.
2. 두 투자안이 독립적인 경우와 상호배타적인 경우 어떤 투자안을 채택해야 하는가?
3. 두 투자안 모두 투자할 때 가치가산의 원리가 성립하는지 보여라.

[해답]

1. $\text{NPV(A)} = \dfrac{1,500}{1.1} + \dfrac{1,600}{(1.1)^2} - 2,500 = 186$만 원

   $\text{NPV(B)} = \dfrac{900}{1.1} + \dfrac{800}{(1.1)^2} - 1,500 = -21$만 원

2. ① 독립적 투자안: NPV>0이면 채택해야 한다. 투자안 B의 경우 NPV<0이므로 채택할 수 없고, 투자안 A만 채택된다.

   ② 상호배타적인 투자안: NPV>0인 투자안 중에서 NPV가 가장 큰 투자안을 선택하므로 투자안 A가 채택된다.

3. ① 결합투자안의 현금흐름 분포를 구해보자.

연도	투자안 A	투자안 B	결합투자(A+B)
0	−2,500만원	−1,500만 원	−4,000만 원
1	1,500	900	2,400
2	1,600	800	2,400

② $\text{NPV(A+B)} = \dfrac{2,400}{1.1} + \dfrac{2,400}{(1.1)^2} - 4,000 = 165$만 원이다.

위의 1번 항목에서 구한 NPV(A)+NPV(B)=165만 원으로 동일하다. 따라서 가치가산의 원리가 성립함을 알 수 있다. 이는 수많은 투자안 중에서 투자조합을 선택할 때 그 투자조합을 일일이 검토할 필요가 없이 개별투자안의 NPV의 크기만 고려해도 된다는 것을 보여준다.

05 내부수익률법(IRR; Internal Rate of Return)

1 의의

내부수익률이란 미래 현금흐름의 순현가(NPV)를 0으로 만드는 할인율을 말한다. 즉, 미래 현금유입의 현가와 현금유출의 현가를 같게 만드는 할인율이다.

$$\left[\frac{C_1}{(1+IRR)^1} + \frac{C_2}{(1+IRR)^2} + \cdots + \frac{C_n}{(1+IRR)^n} \right] - C_0 = 0$$

$$\sum_{t=1}^{n} \frac{C_t}{(1+IRR)^t} - C_0 = 0 \ \text{ or } \ \sum_{t=1}^{n} \frac{C_t}{(1+IRR)^t} = C_0$$

(C_t: t 시점의 현금흐름, C_0: 최초의 투자액, n: 내용연수)

여기서 IRR은 투자안마다 서로 다른 값을 가지며, 투자자로부터 얻는 연평균 수익률을 뜻한다. NPV의 할인율 k와 달리 투자안 자체의 현금흐름에 의해서만 산출된다.

2 의사결정기준

(1) **독립적 투자안**: 투자안의 내부수익률이 할인율보다 큰 모든 투자안을 투자가치가 있는 것으로 평가한다.

(2) **상호배타적 투자안**: 내부수익률이 가장 큰 투자안을 선택한다.

3 유용성

(1) 화폐의 시간가치를 고려한다.

(2) 내용연수 동안의 모든 현금흐름을 고려한다.

4 문제점

(1) 내용연수가 2년을 초과할 경우 계산이 복잡해진다.

(2) 내부수익률이 존재하지 않거나 복수의 내부수익률이 존재할 가능성이 있다. 내부수익률이 존재하지 않으면 투자안을 평가할 수 없고, 복수의 내부수익률이 나타나면 경제적 의미가 없으므로 투자결정에 사용할 수 없다.

(3) 재투자수익률의 가정이 불합리하다. 내부수익률법은 투자안의 내부수익률을 미래의 재투자수익률로 가정하고 있는데, 미래에도 현재처럼 유리한 투자기회가 계속 존재한다는 의미가 되므로 불합리하다.

(4) 가치가산의 원리가 적용되지 않는다.

5 IRR법과 비교를 통해서 보는 NPV의 우위성

(1) 기업가치 극대화라는 재무관리의 목표에 부합한다. NPV는 그 자체가 가치의 순증가를 나타내므로 이는 곧 기업가치 극대화와 연결된다. 그러나 IRR은 개별 투자안의 투자성과를 의미하는 투자수익률이므로 기업가치의 극대화와 연관성이 없다.

(2) 재투자수익률의 가정이 현실적이다.

(3) 가치가산의 원리가 성립한다.

(4) 평가기준의 일관성이 있다. NPV에서는 투자분류에 상관없이 NPV > 0인 투자안을 선택하면 되지만, IRR에서는 현금흐름의 형태에 따라 다르게 된다.

(5) NPV에서는 복수의 해나 해의 부존재에 대한 문제가 없다.

예제 내부수익률법(IRR)

현금흐름이 다음과 같은 두 투자안의 할인율이 모두 10%일 때 물음에 답하라.

연도	현금흐름	
	투자안 A	투자안 B
0	−2,500만 원	−1,500만 원
1	1,500	900
2	1,600	800

1. 각 투자안의 IRR을 구하라.
2. 두 투자안이 독립적인 경우와 상호배타적인 경우 어떤 투자안을 채택해야 하는가?
3. 두 투자안 모두 투자할 때, IRR을 구하고 가치가산의 원리가 성립하는지 보여라.

해답

1. 시행착오법이나 계산기를 이용하여 IRR을 구하면 다음과 같다.

투자안 A: $\dfrac{1,500}{1+IRR}+\dfrac{1,600}{(1+IRR)^2}=2,500$ ∴ IRR(A) = 15%

투자안 B: $\dfrac{900}{1+IRR}+\dfrac{800}{(1+IRR)^2}=1,500$ ∴ IRR(B) = 9%

2. ① 독립적 투자안: 투자안의 IRR이 할인율 10%보다 크면 채택한다. 투자안 A의 경우 IRR=15%>10%이므로 채택하지만 투자안 B의 경우 IRR값이 9%로 10%보다 작으므로 채택할 수 없다.

　② 상호배타적인 투자안: IRR>k인 투자안 중에서 IRR이 가장 큰 투자안을 선택하므로 투자안 A가 채택된다.

3. ① 결합투자안의 현금흐름 분포를 구해보자.

연도	투자안 A	투자안 B	결합투자(A+B)
0	−2,500만 원	−1,500만 원	−4,000만 원
1	1,500	900	2,400
2	1,600	800	2,400

　② 결합투자안의 IRR을 구하면 다음과 같다

$\dfrac{2,400}{1+IRR}+\dfrac{2,400}{(1+IRR)^2}=4,000$ 만 원 ∴ IRR(A+B) = 13%

∴ IRR(A+B) ≠ IRR(A)+IRR(B)

IRR(A)+IRR(B)=24%이므로, 결합투자안의 IRR은 개별투자안의 IRR을 단순합계한 것이 아니라는 것을 알 수 있다. 따라서 가치가산의 원리가 성립하지 않는다. 이는 수많은 투자안 중에서 투자조합을 선택할 때 그 투자조합에 대해 일일이 IRR을 산출해야 함을 뜻한다.

1 의의

수익성지수란 투자안의 선택으로 발생하는 미래 현금흐름의 현재가치를 현금유출의 현재가치로 나눈 값으로 다음과 같다.

$$PI = \frac{\text{현금유입의 현재가치}}{\text{현금유출의 현재가치}} = \frac{\sum\limits_{t=1}^{n} \dfrac{C_t}{(1+k)^t}}{C_0}$$

PI는 NPV와 밀접한 관련성이 있다. PI에서 분자가 더 크다는 것은 NPV가 양수라는 의미이고, PI에서 분모가 더 크다는 것은 NPV가 음수라는 말이므로 다음과 같은 식이 성립한다. 그러나 가치가산의 원리는 성립하지 않는다.

(1) $NPV > 0 \rightarrow PI > 1$

(2) $NPV < 0 \rightarrow PI < 1$

2 의사결정기준

(1) 독립적 투자안: $PI > 1$이면 투자안을 채택한다.

(2) 상호배타적 투자안: PI가 1보다 큰 투자안 중에서 PI가 가장 큰 투자안을 선택한다.

[예제] 수익성지수법(PI)

현금흐름이 다음과 같은 두 투자안의 할인율이 모두 10%일 때 물음에 답하라.

연도	현금흐름	
	투자안 A	투자안 B
0	-2,500만 원	-1,500만 원
1	1,500	900
2	1,600	800

1. 각 투자안의 PI를 구하라.
2. 두 투자안이 독립적인 경우와 상호배타적인 경우 어떤 투자안을 채택해야 하는가?

[해답]

1. $PI(A) = \dfrac{\dfrac{1,500}{1.1} + \dfrac{1,600}{(1.1)^2}}{2,500} \fallingdotseq 1.07$

$PI(B) = \dfrac{\dfrac{900}{1.1} + \dfrac{800}{(1.1)^2}}{1,500} \fallingdotseq 0.986$

2. ① 독립적 투자안: $PI > 1$이면 채택해야 한다. 따라서 투자안 A만 채택된다.
   ② 상호배타적인 투자안: $PI > 1$인 투자안 중에서 PI가 가장 큰 투자안을 선택하므로 투자안 A가 채택된다.

---

06 수익률과 위험

01 위험(Risk)의 의미와 측정

1 의미

앞에서 살펴본 순현가법은 현금흐름의 확실성을 가정했다. 그러나 현실에서는 미래 현금흐름이 불확실한 경우가 대부분이며 미래의 현금흐름이 불확실하다는 말은 곧 위험을 내포하고 있다는 의미이다. 즉, 미래에 나올 결과가 하나로 고정되어 있지 않고 상황에 따라 두 가지 이상의 결과가 가능할 때 위험이 있다고 말한다. 재무관리에서 다루는 위험은 미래 수익 혹은 미래 수익률의 변동가능성을 의미한다.

2 위험의 측정

위험의 측정이란, 미래의 실제수익률과 현재 기대하고 있는 미래의 기대수익률이 다른 정도를 측정하는 것이다. 이러한 위험을 측정하는 방법으로는 여러 가지가 있지만 분산(Variance)을 이용하여 측정하는 것이 보통이다.

$$\sigma^2(r) \equiv E[r - E(r)]^2$$
$$= \sum_{t=1}^{r} [r_t - E(r)]^2 \times P_i$$

(단, σ^2: 분산, r_i: 수익률, P_i: 확률, $E(r)$: 기대수익률)

분산 또는 표준편차(Standard Deviation)는 확률분포가 옆으로 퍼진 정도, 즉 확률의 퍼짐성의 척도로서 사용되는 통계량이다. 분산은 각 상황이 발생했을 때 실현될 변수값과 기댓값의 차이를 제곱한 값의 기댓값으로 정의된다.

02 수익과 수익률

1 의미

(1) **수익(Return or Payoff)**: 투자자가 투자에서 얻는 성과로, 제품이나 서비스의 생산 또는 이자 배당, 증권 가격의 상승 등을 수익이라고 한다. 수익은 투자에 대하여 얼마나 많은 성과를 얻었는지를 나타내는 절대액의 개념으로 사용된다.

(2) 수익률(Rate of Return): 수익률은 투자액 1원에 대하여 어느 정도의 성과를 얻었는지를 나타내는 상대적인 개념이다. 즉, 투자에 의해 얻은 수익과 투자한 금액의 비율로 나타난다.

2 수익률의 계산

(1) 주식수익률의 계산: 일반적인 수익률의 개념은 증권의 경우에도 그대로 적용할 수 있다. 어느 시점에서 주식을 매수하여 일정기간 보유한 후에 이 주식을 처분했다고 했을 때, 주식수익률(Stock Return)은 주식 투자로부터 얻어진 총이익을 총 투자금액으로 나누어 계산한 비율로 정의된다. 여기서 총이익은 자본이득(Capital Gain)과 현금배당(Dividend)의 합이다.

$$주식수익률(R_t) = \frac{자본이득 + 현금배당}{기초의\ 주가} = \frac{(기말의\ 주가 - 기초의\ 주가) + 배당금}{기초의\ 주가}$$

$$= \frac{(P_t - P_{t-1}) + d_t}{P_{t-1}} = \frac{(P_t - P_{t-1})}{P_{t-1}} + \frac{d_t}{P_{t-1}}$$

(단, P_t: 기말의 주가, P_{t-1}: 기초의 주가, d_t: 배당금

위의 식은 주식을 $t-1$ 기간에 구입했다가 1 기간 후 배당금을 수령하고 t 기간에 처분한 경우의 수익률을 뜻한다. 따라서 위의 수익은 자본이득률과 배당수익률의 합으로 표현 가능하다.

(2) 여러 기간 투자의 보유기간수익률: 앞에서는 1 기간(1년) 동안만 주식을 보유할 때의 수익률을 계산하였다. 그러나 대부분의 투자안의 경우, 여러 기간 동안의 수익률을 계산하여야 하는 경우가 빈번히 생긴다. 따라서 이제 보유기간이 2 기간 이상일 때 수익률을 계산해보자.

$$HPR(n) = [(1 + {}_0R_1)(1 + {}_1R_2) \cdots (1 + {}_{n-1}R_n)]^{\frac{1}{n}} - 1$$

(단, ${}_0R_1$: 첫 해의 수익률, ${}_1R_2$: 두 번째 해의 수익률, ${}_{n-1}R_n$: n년째 해의 수익률)

위의 식과 같이, 여러 기간의 수익률을 합산한 전체 기간 동안의 수익률을 보유기간수익률이라고 부른다.

3 수익률의 확률분포

(1) 확률분포의 의의: 미래의 수익률은 미래 상황의 변화에 따라 달라지기 때문에 불확실하며, 그 예측이 매우 어렵다. 불확실한 수익률을 분석할 수 있는 방법은 미래에 나올 가능성이 있는 수익률 각각에 대해 그 확률을 계산하는 것이다. 수익률의 확률이 어떻게 분포되어 있는지를 알아내고 이를 분석하는 과정이 바로 투자의사결정의 요체이다.

(2) 수익률의 확률분포: 미래의 상황에 따라 다른 값을 갖는 변수의 성질은 확률분포(Probability Distribution)로 나타낸다. 따라서 수익률의 확률분포는 미래수익률과 그 수익률의 발생확률을 나타낸 것이라고 할 수 있다.

(3) 수익률 확률분포의 전제

① 연속확률분포를 사용하여 분석: 주식수익률은 이산확률분포를 따르지만 이 방법은 불편하다. 게다가, 수익률의 경우의 수가 충분히 많아 연속확률분포로 근사하여 분석하더라도 문제가 없다.

② 정규분포를 가정: 통계학 등에서 여러 종류의 연속확률분포가 사용되지만 재무관리에서는 보통 정규분포를 가정한다. 또한, 자연과학이나 사회과학의 거의 모든 분야에서 정규분포가 쓰이고 있다.

4 기대수익률(Expected Rate of Return)

미래수익률의 확률분포에 대한 기댓값을 기대수익률이라 한다. 각 상황이 발생할 때마다 가능한 수익률에 각 상황의 발생 확률을 곱하여 합한 값으로 다음과 같이 구할 수 있다.

$$E(R) = \sum P_i \times R_i$$

(P_i: 상황의 발생확률, R_i: 각 상황의 가능 수익률)

확률분포는 그 분포의 형태를 결정짓는 통계량을 갖는데, 이를 모수(Parameter)라고 한다. 모수의 값을 알면 확률 분포의 그래프를 정확히 그릴 수 있는데, 미래수익률의 확률분포에서 모수는 기대수익률과 분산 두 가지이다.

[예제] 수익률의 확률분포, 기대수익률과 분산의 계산

각각의 경기 상황별 확률과 주식 (가)로부터 발생가능한 현금흐름의 추이가 다음과 같다. 현재 주가를 10,000원이라 할 때 물음에 답하여라.

상황	확률	배당금	주가
호황	0.3	600	11,400원
보통	0.4	500	11,000
불황	0.3	400	10,600

1. 주식 (가)에 대한 수익률의 확률분포를 추정하라.
2. 주식 (가)의 기대수익률, 분산, 표준편차를 구하라.

[해답]

1. 수익률의 확률분포란, 경기 상황에 따른 수익률과 각 상황의 확률을 나타낸 것이다. 따라서 우선 각 경기 상황별 수익률을 구해보면 다음과 같다.

상황	주식수익률
호황	$\dfrac{(11,400 - 10,000) + 600}{10,000} = \dfrac{2,000}{10,000} = 20\%$
보통	$\dfrac{(11,000 - 10,000) + 500}{10,000} = \dfrac{1,500}{10,000} = 15\%$
불황	$\dfrac{(10,600 - 10,000) + 400}{10,000} = \dfrac{1,000}{10,000} = 10\%$

따라서 수익률의 확률 분포는 다음과 같이 나타낼 수 있다.

상황	확률	수익률
호황	0.3	20%
보통	0.4	15%
불황	0.3	10%

2. ① 기대수익률은 다음과 같다.

$E(R_{7l}) = 0.3 \times 0.20 + 0.4 \times 0.15 + 0.3 \times 0.10 = 0.15(15\%)$

② 표준편차는 분산의 제곱근이므로 우선 분산을 구하면 다음과 같다.

$\sigma^2 = 0.3(0.20 - 0.15)^2 + 0.4(0.15 - 0.15)^2 + 0.3(0.10 - 0.15)^2$
$= 0.0015(0.15\%)$

③ 표준편차는 다음과 같다.

$\sigma = \sqrt{\sigma^2} = \sqrt{0.0015} \approx 0.039(3.9\%)$

03 효용이론

1 기대수익 극대화와 기대효용 극대화

(1) 기대수익의 극대화

① 의의: 기대수익(Expected Value)이란 투자안으로부터 얻게 되는 수익의 미래 확률분포 평균값(기 댓값)을 말한다. 따라서 기대수익의 극대화 기준에 따르면 비교대상이 되는 투자안의 확률분포에서 평균값을 구하여 이 값이 가장 큰 투자안을 선택하게 된다. 이를 수식화하면 다음과 같다.

$$Max \ E(R) = Max \ \Sigma P_i \times R_i$$

② 세인트 피터스버그 역설: 이는 베르누이(N. Bernoulli)에 의해 제기된 것으로 기대가치 극대화 기준 이 위험을 고려하고 있지 않기 때문에 투자 결정 기준으로 적절하지 못하다는 것이다. 즉, 동일한 기 대가치를 갖는 투자안일지라도 위험에 따라 의사결정이 달라질 수 있기 때문이다.

(2) 기대효용의 극대화

① 의의: 기대효용(Expected Utility)이란 투자안으로부터 얻게 되는 효용의 미래 확률분포 평균값(기 댓값)을 말한다. 효용수준을 결정하는 요인에는 기대수익뿐만 아니라 위험이 포함되기 때문에 이 두 가지 요인의 특성을 고려한 효용함수를 설정하면 투자 기준이 된다. 따라서 기대효용 극대화 기준은 기대효용이 가장 큰 투자안을 선택하면 되는데, 이를 수식으로 나타내면 다음과 같다.

$$Max \ E[U(R)] = Max \ \Sigma P_i \times U(R_i)$$

② 합리적 투자자의 효용함수: 합리적 투자자란 위험회피적이어서 기대효용 극대화를 목표로 하는 투자 자를 말한다. 어떤 효용함수가 합리적 투자자의 효용을 나타내려면 위험회피적이어야 하는데 이를 위한 구체적인 조건은 부의 증가에 따라 효용이 증가하되 체감적으로 증가하여야 한다는 것이다. 이

를 수식으로 나타내면 다음의 두 가지 조건을 만족시키는 함수를 말한다. 이러한 조건을 만족하는 효용함수로 로그함수, 2차함수, 무리함수가 있다.

- 불포화성: $U'(R) = \dfrac{dU}{dR} > 0$

- 한계효용의 체감: $U''(R) = \dfrac{d^2U}{d^2R} < 0$

[예제] 기대가치 극대화 기준과 기대효용 극대화 기준

각각의 경기 상황별 확률과 두 가지 주식으로부터 발생가능한 현금흐름의 추이가 다음과 같다. 현재 주가는 10,000원이며 배당이 없다고 할 때, 다음의 물음에 답하여라.

상황	확률	주식(가)	주식(나)
호황	0.2	14,000원	12,500원
보통	0.5	12,000	12,000
불황	0.3	11,500	11,500

1. 기대가치 극대화 기준에 의하면 주식(가)와 주식(나)의 기대수익은 얼마인가?
2. 기대효용 극대화 기준에 의하면 주식(가)와 주식(나)의 기대수익은 얼마인가?
   (단, 투자자의 효용함수는 ln 함수로 가정한다.)

[해답]

1. 각 주식의 기대수익을 구하면 다음과 같다.
   ① 주식(가): $0.2 \times 14,000 + 0.5 \times 12,000 + 0.3 \times 11,500 = 12,250$
   ② 주식(나): $0.2 \times 12,500 + 0.5 \times 12,000 + 0.3 \times 11,500 = 11,950$

2. 각 주식의 기대효용을 구하면 다음과 같다.
   ① 주식(가): $0.2 \times ln\,14,000 + 0.5 \times ln\,12,000 + 0.3 \times ln\,11,500 = 9.41$
   ② 주식(나): $0.2 \times ln\,12,500 + 0.5 \times ln\,12,000 + 0.3 \times ln\,11,500 = 9.39$

---

2 위험에 대한 태도

투자자들의 위험에 대한 태도는 크게 세 가지로 분류할 수 있다. 일반적으로 합리적 투자자를 분석대상으로 하기 때문에 위험회피형을 주로 다루겠지만 예외적으로 상황에 따라서는 위험선호적이거나 위험중립적인 투자자도 있을 수 있다.

위험회피형(Risk Averse)	위험을 싫어하는 유형
위험선호형(Risk Lover)	위험을 추구하는 유형
위험중립형(Risk Neutral)	위험을 고려하지 않는 유형

(1) 위험회피형: 위험회피적 투자자란 위험을 싫어하는 합리적이며 이성적인 투자자를 말한다. 이들의 효용함수는 부의 증가에 따라 효용이 증가하되 체감적으로 증가한다. 이것을 그래프로 나타내면 다음과 같다.

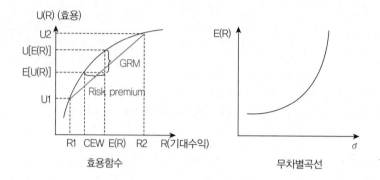

① **일반적 위험회피척도**: 일반적 위험회피척도(GRM; Measure of General Risk Aversion)란 기대수익의 효용 U[E(R)]에서 효용의 기댓값, 즉 기대효용 E[U(R)]을 차감한 값으로 정의한다.

$$GRM = U[E(R)] - E[U(R)] > 0$$

위의 그래프에서 보듯이 위험회피형 효용함수에서는 GRM이 부호가 항상 (+)인데 이 값이 클수록 위험회피적임을 의미한다.

② **위험프리미엄**: 어떤 불확실한 투자안이 주는 기대효용, E[U(R)]과 동일한 수준의 효용을 주는 확실한 부의 수준을 그 투자안의 확실성등가부(CEW; Certainty Equivalent Wealth)라고 한다. 확실성등가부는 위험프리미엄(Risk Premium)을 정의하는 데 필요한 개념으로, 위험프리미엄이란 투자자가 위험투자안(Gamble)에 직면할 때 위험을 회피하기 위하여 지불할 수 있는 최대 금액을 말한다. 이는 다음과 같이 기대부에서 확실성등가부를 차감한 값이다.

$$위험프리미엄 = E(R) - CEW > 0$$

위험프리미엄은 항상 (+)값을 가지며, 이 값이 클수록 위험회피적임을 의미한다.

③ **갬블의 비용(Gamble Cost)**: 투자안을 선택한다는 것은 갬블(또는 게임)에 참여하는 것과 같은 의미이다. 투자자는 갬블에 참여함으로써 현재 부를 포기하고 갬블의 확실성등가부를 취한다는 의미가 된다. 따라서 갬블에 참여할 때 부담하는 비용은 다음과 같으며, 다음과 같이 갬블의 비용을 나타낼 수 있다.

$$갬블의 비용 = 현재의 부 - 확실성등가부(CEW)$$

위험프리미엄과 달리 갬블의 비용은 경우에 따라 0 또는 (−)값을 가질 수 있다.

㉠ 갬블의 비용>0: 공정한 갬블의 경우이며, 갬블에 참여함으로서 부의 감소를 가져온다. 따라서 갬블에 참여하지 않을 것이다. 이때 갬블의 비용은 투자자를 갬블에 참가하도록 유도하기 위해 투자자에게 지불해야 하는 최소금액을 의미한다.

㉡ 갬블의 비용<0: 갬블에 참여함으로서 부의 증가를 가져오므로 투자자는 당연히 갬블에 참여할 것이다. 이때 갬블의 비용은 투자자가 갬블에 참가하기 위해 지불할 수 있는 최대금액이 된다.

(2) 위험중립형 및 위험선호형

① **위험중립형:** 위험중립형은 위험의 크기에 관계없이 기대수익에 의하여 의사결정하는 투자자를 말한다. 따라서 공정한 갬블에 대한 참가여부는 무차별하다. 즉, 갬블에 참여할 경우의 기대효용이 갬블에 참여하지 않을 때의 확실한 현재부의 효용과 동일하다는 의미이다. 이것을 위험회피척도로 나타내면 다음과 같다.

$$GRM = U[E(R)] - E[U(R)] = 0, \ U[E(R)] = E[U(R)]$$

따라서, 위험중립형의 효용함수와 무차별곡선은 다음과 같다.

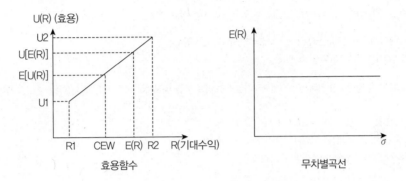

② **위험선호형:** 위험선호형은 위험이 없는 주식보다 위험이 있는 주식을 선택하는데, 이들의 효용함수는 부의 증가에 따라 효용이 증가하되 체증적으로 증가하는 형태로 위험회피척도는 다음과 같다.

$$GRM = U[E(R)] - E[U(R)] < 0$$

따라서, 위험선호형의 효용함수와 무차별곡선은 다음과 같다.

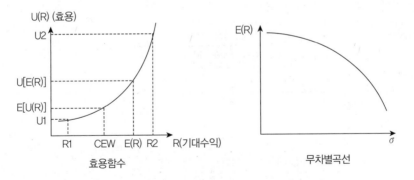

[예제] 위험프리미엄과 갬블비용

현재 $10을 가지고 있는 투자자에게 $10을 얻을 확률이 10%, $100을 얻을 확률이 90%인 게임에 참여할 기회가 주어졌다.

1. 참여할 경우의 기대되는 부와 효용의 수준은 각각 얼마인가.
   (효용함수는 ln함수로 가정한다.)
2. 이 투자자의 GRM을 산출하여 위험에 대한 태도를 판단하여라.
3. 보험료 $5를 지급하고 보험에 가입하면 위험이 완전히 제거된다고 했을 때, 보험 가입 여부를 판단하라.
4. 갬블비용을 산출하고 그 의미를 설명하라.

[해답]

1. ① 기대되는 부: $E(W) = \Sigma P_i \times W_i = 0.1 \times (10+10) + 0.9 \times (10+100) = 101$
   ② 효용 수준: $E[U(W)] = \Sigma P_i \times U(W_i) = 0.1 \times ln20 + 0.9 \times ln110 = 4.53$

2. $GRM = U[E(W)] - E[U(W)] = ln101 - 4.53 = 0.085$이므로 양수이다.
   따라서 위험회피적 투자자임을 알 수 있다.

3. 보험의 가입여부를 판단하기 위해서는 위험프리미엄과 보험료 $5를 비교해야 한다. 먼저 확실성등가부(CEW)를 구하면 다음과 같다.
   $ln\,CEW = 4.53$ $\therefore CEW = e^{4.53} = 92.76$
   따라서 Risk premium $= E(W) - CEW = 101 - 92.76 = 8.24$이다.
   즉, 보험료가 위험프리미엄보다 작으므로 보험에 가입한다.

4. 갬블비용 = 현재의 부 $- CEW = 10 - 92.76 = -82.76$
   즉, 이 게임에 참여하기 위해 투자자는 $82.76까지 지불할 용의가 있음을 의미한다.

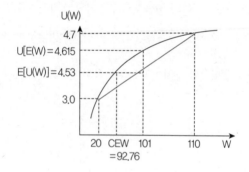

07 포트폴리오 이론

01 ## 포트폴리오 이론의 개요

1 의의

대부분의 투자자는 하나의 투자대상에 투자하기보다는 여러 자산에 나누어 투자를 할 것이다. 이러한 여러 자산들의 모임을 포트폴리오(Portfolio)라고 한다. 따라서 포트폴리오 이론에서는 다음 두 가지의 투자 결정을 비교 분석하는 것을 주된 내용으로 다룬다.

(1) 단일 주식에 투자할 때 기대수익률과 위험의 관계에서의 투자 결정

(2) 여러 주식으로 구성된 포트폴리오에 투자할 때 기대수익률과 위험의 관계에서의 투자 결정

2 포트폴리오 이론의 가정

(1) **자본시장의 완전성**: 거래에 아무런 제약 또는 마찰이 없다.

(2) **위험회피성**: 위험회피적이어서 기대효용 극대화를 목표로 하며, 두 투자안의 기대수익률이 동일하다면 분산이 작은 투자안을 선택한다.

(3) **동질적 기대**: 투자자들이 투자 대상이 되는 주식들에 대해서 수익률의 확률분포를 미리 알고 있으며, 그 확률분포에 대해서 모든 투자자들이 예측하는 내용은 동일하다.

(4) **평균-분산 기준**: 투자자의 입장에서는 미래수익률의 정확한 값을 알지 못하며 오직 미래 수익률의 확률분포만을 알 수 있다. 따라서 수익률의 확률분포를 분석하기 위해서 수익률의 평균과 분산만 분석하면 된다.

(5) **단일기간**: 투자자들이 고려하고 있는 투자기간은 단일기간이다.

3 포트폴리오 이론의 전개과정

투자자들이 기대효용을 극대화하기 위해 최적 포트폴리오를 선택하는 과정은 다음과 같다.

(1) 포트폴리오의 기대수익률과 위험을 측정한다.

(2) 지배원리에 의한 효율적 포트폴리오를 도출한다.

(3) 투자자 개인의 무차별곡선에 의한 최적 포트폴리오를 선택한다.

4 개별증권의 기대수익률과 위험

(1) 개별증권의 기대수익률: 미래에 발생가능한 개별증권의 수익률을 각각의 수익률이 발생할 확률로 가중 평균한 것이 기대수익률이다. 수식으로 나타내면 다음과 같다.

$$E(R_i) = \sum_{i=1}^{n} P_i \times R_i$$

(2) 개별증권 수익률의 분산과 표준편차: 개별증권 수익률의 분산은 미래의 발생가능한 수익률과 기대수익 률 간의 차이인 편차를 제곱하여 각각의 수익률이 발생할 확률값으로 가중평균한 값이다. 표준편차는 분산의 제곱근으로 (−)의 값을 가질 수 없음에 유의해야 한다. 이를 수식으로 나타내면 다음과 같다.

$$Var^2(R_i) = E[R_i - E(R_i)]^2$$
$$= \sum_{i=1}^{n} [R_t - E(R_i)]^2 \times P_i$$
$$\sigma_i = \sqrt{Var(R_i)} = \sqrt{\sigma^2}$$

$(Vax(\text{or } \sigma^2)$: 분산, R_i: 수익률, P_i: 확률, $E(R_i)$: 기대수익률)

예제 **개별주식의 기대수익률과 위험**

자료가 다음과 같을 때, 주식(가)와 주식(나)의 기대수익률과 표준편차를 구하라.

상황	확률	주식(가)의 수익률	주식(나)의 수익률
1	0.3	−10%	5%
2	0.4	10%	0%
3	0.3	20%	10%

해답

1. 기대수익률

① 주식(가): $E(R_{가}) = 0.3 \times (-0.10) + 0.4 \times 0.10 + 0.3 \times 0.20 = 0.07(7\%)$

② 주식(나): $E(R_{나}) = 0.3 \times (+0.05) + 0.4 \times 0.00 + 0.3 \times 0.10 = 0.045(4.5\%)$

2. 분산과 표준편차

① 주식(가)

$$Var(R_가)=0.3\times(-0.10-0.07)^2+0.4\times(0.10-0.07)^2+0.3\times(0.20-0.07)^2=0.0141$$

$$\sigma_가=\sqrt{Var(R_가)}=\sqrt{0.0141}=0.1187=11.87\%$$

② 주식(나)

$$Var(R_나)=0.3\times(0.05-0.045)^2+0.4\times(0.00-0.045)^2+0.3\times(0.10-0.045)^2=0.0017$$

$$\sigma_나=\sqrt{Var(R_나)}=\sqrt{0.0017}=0.04123=4.123\%$$

02　평균-분산 기준

1 의미

포트폴리오 이론에는 수익률의 정규분포성을 가정한 다음 자산이나 포트폴리오의 수익률의 평균과 분산을 분석하게 되는데, 이를 평균-분산분석(Mean-Variance Analysis)이라고 부른다. 즉, 자산의 확률분포가 정규분포이거나, 투자자들의 효용함수가 2차 함수라는 가정이 있으면 기대효용의 극대화 기준을 평균-분산 기준으로 단순화시킬 수 있다.

2 위험회피성과 평균-분산기준

(1) **지배원리에 의한 효율적 자산 집합의 선택**: 위험회피형 투자자의 가정하에 다음과 같은 두 가지 지배원리가 성립하는 자산을 효율적 자산이라 한다.

① 위험수준이 같다면 기대수익률이 높은 자산을 선택한다.

② 기대수익률이 같다면 위험이 낮은 자산을 선택한다.

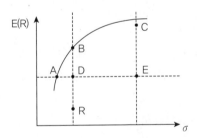

위와 같은 평균-분산 평면에서 첫 번째 지배원리를 적용할 경우, B자산은 D, R자산보다 우선하고, C자산이 E자산보다 우선한다. 두 번째 지배원리를 적용할 경우, A자산은 D, E자산보다 우선한다. 따라서 포트폴리오는 A, B, C 세 자산으로 구성된 집합이 될 것이다.

(2) 평균-분산 무차별곡선

① 무차별곡선: 무차별곡선(Indifference Curve)이란 동일한 효용을 가져다주는 포트폴리오들의 집합을 나타내는 곡선을 뜻한다. 앞선 지배원리를 충족한 효율적 자산 중에서 어느 자산을 선택할 것인지는 투자자의 주관적인 무차별곡선에 의해 결정된다. 투자자들은 자신의 상대적 위험회피도에 따라 지배원리를 충족한 효율적 자산 중 가장 높은 기대효용을 가져다주는 자산을 선택할 것이다.

② 평균-분산 무차별곡선: 평균-분산 무차별곡선이란 동일한 효용을 주는 기대수익과 위험의 조합을 말한다. 위험회피적 투자자는 위험이 증가하면 더 높은 기대수익률을 얻어야 비슷한 효용을 느끼므로 아래의 [그림1]과 같은 모양의 무차별곡선을 보인다.

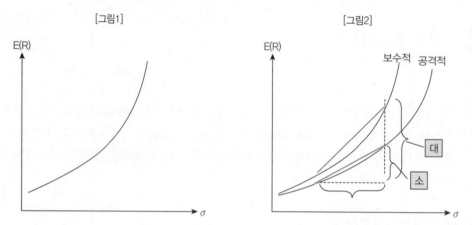

[그림1]   [그림2]

그러나, 위험회피형 투자자라고 해서 모두 같은 모양의 무차별곡선을 갖는 것은 아니다. 위험회피형이라도, 위험 증가에 대한 기대수익률 증가의 보상 정도가 다를 수 있다. 위의 [그림 2]에서 보는 것과 같이, 위험회피정도가 강한 보수적 투자자들은 같은 단위의 위험증가에 대해 보다 높은 보상으로 높은 기대수익률 요구한다. 반면 공격적인 위험회피형 투자자들은 같은 단위의 위험 증가에 대해 상대적으로 낮은 기대수익률을 요구한다. 따라서 보수적 투자자의 기울기가 보다 가파르다는 것을 알 수 있다.

(3) 개별자산의 최적 선택: 앞에서 살펴본 바와 같이, 지배원리에 의하면 누구나 동일하게 A, B, C 세 가지 자산으로 포트폴리오를 구성한다. 그러나 이 세 자산 중에 누가 A를 선택하고 B를 선택하는지는 위험회피도의 정도에 따라 다르다. 즉, 위험회피도에 있어서 가장 보수적인 투자자가 자산 A를 선택하고, 가장 공격적인 투자자가 자산 C를 선택할 것이다.

---

03 포트폴리오의 기대수익률과 위험

1 포트폴리오의 기대수익률

포트폴리오를 구성하고 있는 n개의 개별 투자안의 기대수익률($E(R_I)$)을 각각의 구성비율(w_i)에 따라 가중평균한 값으로 계산식은 다음과 같다.

$$E(R_p) = w_1 E(R_1) + w_2 E(R_2) + \cdots + w_n E(R_n) = \sum_{i=1}^{n} w_i E(R_i)$$

2 포트폴리오의 위험의 측정

(1) 공분산

① 의미: 포트폴리오를 구성하는 개별자산 수익률의 상호관련성의 정도를 측정해주는 척도로, 각 주식의 실현가능한 수익률(R_i)과 기대수익률($E(R_i)$)의 차이인 편차의 곱을 발생확률로 곱하여 모두 더한 값이다.

② 두 자산 포트폴리오의 공분산: 포트폴리오를 두 개의 개별자산으로 구성했을 경우, 공분산은 다음과 같다.

$$Cov = (R_i, R_j) = \sigma_{ij} = E[[R_i - E(R_i)][R_j - E(R_j)]]$$

③ 공분산의 해석: 앞에서 구한 공분산의 부호에 따라 두 자산의 상호관련성은 달리 해석된다.

- $Cov(R_i, R_j) > 0$: 두 개별증권의 수익률이 평균적으로 같은 방향으로 움직인다.
- $Cov(R_i, R_j) < 0$: 두 개별증권의 수익률이 평균적으로 다른 방향으로 움직인다.
- 주의: 공분산은 변화의 방향성만 나타낼 뿐, 그 정도는 알려주지 못한다.

(2) 상관계수

① 의미: 포트폴리오를 구성하는 개별자산 수익률의 상호관련성의 정도를 보다 분명하게 측정할 수 있도록 나타낸 것으로, 공분산(σ_{ij})을 각 투자안의 표준편차(σ_i)로 나누어 구한다.

② 두 자산 포트폴리오의 상관계수: 포트폴리오를 두 개의 개별자산으로 구성했을 경우, 상관계수는 다음과 같다.

$$\rho_{ij} = \frac{\sigma_{ij}}{\sigma_i \sigma_j}$$

③ 상관계수의 해석: 상관계수는 개별증권수익률 간의 선형관계의 정도만을 나타내는 수치로, 그 값에 따라 두 자산의 상호관련성은 달리 해석된다.

- 상관계수의 범위: $-1 \leq \rho_{ij} \leq 1$
- $\rho_{ij} = 1$: 완전·정(+)의 상관관계
- $\rho_{ij} = -1$: 완전 부(-)의 상관관계
- $\rho_{ij} = 0$: 상관관계가 없음
- $0 < \rho_{ij} < 1$: 정(+)의 상관관계
- $-1 < \rho_{ij} < 0$: 부(-)의 상관관계

④ 공분산과 상관계수의 구별: 공분산과 상관계수는 모두 개별증권 수익률의 상관관계를 나타내는 척도이다. 그러나 공분산은 절대적 척도로서 측정단위가 무엇이냐에 따라 영향을 받지만, 상관계수는 상대적 척도로서 측정단위에 영향을 받지 않는다.

(3) 포트폴리오의 분산

① 의미: 포트폴리오 위험의 측정은 포트폴리오 분산의 측정과 동일하다. 따라서 개별자산의 분산과 각각의 구성비율(w_i)을 통해 다음과 같이 구할 수 있다.

$$\sigma^2_{\,p} = \sum_{i=1}^{n} \sum_{j=1}^{n} w_i w_j \sigma_{ij}$$

$$= \sum_{i=1}^{n} \sum_{j=1}^{n} w_i w_j \rho_{ij} \sigma_i \sigma_j \quad (\because \sigma_{ij} = \rho_{ij} \sigma_i \sigma_j)$$

$$= \sum_{i=1}^{n} w^2_{\,i} \sigma^2_{\,i} + \sum_{i=1}^{n} \sum_{j=1}^{n} w_i w_j \sigma_{ij} \quad (i \neq j)$$

② 포트폴리오 분산의 해석: $i=j$인 경우, $\sigma_{ij} = \sigma^2_{\,i}$이므로, $w_i w_j \sigma_{ij}$ 값은 $w^2_{\,i} \sigma^2_{\,i}$과 동일하다. 즉, 각 개별자산끼리의 공분산은 각 개별자산의 분산과 같으므로 위의 포트폴리오 분산에서 세 번째 식이 도출될 수 있다. 따라서, 위의 식처럼 n개의 자산으로 이루어진 포트폴리오의 위험은 개별자산의 수익률의 분산의 합과 각 개별자산 수익률 간의 공분산의 합으로 나누어 표시할 수 있다. 이는 향후, 위험 분산 분석에 중요한 의미를 지닌다.

3 포트폴리오의 위험 분산 효과

(1) 위험 분산 효과

① 의미: 둘 이상의 자산(혹은 주식)을 결합하여 포트폴리오를 구성함으로써 위험이 줄어들어 기대효용이 증가하는 현상을 분산 효과(Diversification Effect) 혹은 포트폴리오 효과(Portfolio Effect)라고 한다. 이때, 기대수익률은 감소하지 않으면서 위험만 감소시킬 수 있다.

② 위험 분산 효과의 측정: 위험 분산 효과는 상관계수가 작은 주식으로 포트폴리오를 구성할수록 더욱 커지게 된다. 즉, 상관계수가 -1일 때 분산 효과가 가장 크며, 상관계수가 1일 때 분산 효과는 발생하지 않는다.

(2) 분산 투자 이득: 분산 투자 이득(Gain from Diversification)이란, 개별주식 간의 상관계수가 1이 아닌 주식에 분산투자하여 얻어지는 위험 감소 효과의 정도를 말한다.

4 체계적 위험과 비체계적 위험

(1) 위험 분산 효과의 한계: 포트폴리오의 위험은 일반적으로 포트폴리오를 구성하는 투자종목 수가 많을수록 평균적으로 감소하는 현상을 보인다. 그러나 항상 위험을 완전히 제거할 수 있는 것은 아니기 때문에 포트폴리오의 위험 분산 효과에는 한계가 있다.

(2) **등가중 포트폴리오의 가정**: n개의 자산에 균등투자하여 구성한 포트폴리오의 위험은 다음과 같다. 즉, n개의 주식에 균등투자하여 구성한 포트폴리오의 위험은 분산의 평균과 공분산의 평균의 가중평균값으로 표현된다.

$$\sigma^2_p = \sum_{i=1}^{n} \left(\frac{1}{n}\right)^2 \sigma^2_i + \sum_{i=1}^{n} \sum_{j=1}^{n} \left(\frac{1}{n}\right)\left(\frac{1}{n}\right)\sigma_{ij} \ \ (i \neq j)$$

$$= \frac{1}{n} \sum_{i=1}^{n} \frac{\sigma^2_i}{n} + \left(1 - \frac{1}{n}\right) \sum_{i=1}^{n} \sum_{j=1}^{n} \frac{\sigma_{ij}}{n(n-1)} \ \ (i \neq j)$$

여기서 포트폴리오의 구성주식 수를 무한히 증가시키면 다음과 같이 개별증권의 분산은 완전히 없어지지만 공분산은 남게 된다.

$$\lim_{n \to \infty} \sigma^2_p = \sum_{i=1}^{n} \sum_{j=1}^{n} \frac{\sigma_{ij}}{n(n-1)} \ \ (i \neq j)$$

즉, 여러 증권을 결합하여 포트폴리오를 구성할 때, 포트폴리오의 위험은 분산으로 측정되는 개별증권의 위험보다는 증권들 간의 공분산 위험이 중요한 역할을 한다는 것을 알 수 있다.

(3) **체계적 위험**: 위에서 설명한 바와 같이, 구성종목 수(n)를 무한히 증가시키면 공분산의 평균만이 포트폴리오의 위험의 척도로 남는다. 이와 같이 분산투자로 제거되지 않는 위험을 체계적 위험(Systematic Risk) 또는 분산 불가능한 위험(Non-Diversifiable risk)이라고 한다. 이는 시장의 전반적인 상황과 관련된 것으로 시장 위험(Market Risk)이라고도 하며, 인플레이션이라든지 이자율의 변화 등과 관련된 요인이다.

(4) **비체계적 위험**: 분산투자를 통해서 제거되는 위험을 분산 가능한 위험(Diverisifiable Risk) 혹은 비체계적 위험(Unsystematic Risk)이라고 한다. 이는 종업원의 파업, 법적 문제, 판매의 부진 등 기업의 특수한 상황과 관련된 것으로 기업 고유의 위험(Firm-Specific risk)이라고도 하며, 포트폴리오를 구성하여 분산투자를 할 경우 제거할 수 있는 위험이다.

[구성종목수에 따른 위험 분산 효과]

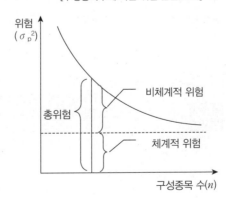

1 효율적 투자선

(1) **투자기회집합**: 시장에 존재하는 모든 투자대상들과 이들로 구성 가능한 포트폴리오의 기대수익률과 위험의 조합을 투자기회집합(Investment Opportunity Set)이라 한다.

(2) **효율적 투자선**: 투자기회집합 전체에서 지배원리를 충족시키는 포트폴리오의 집합을 효율적 프런티어(Efficient Frontier) 혹은 효율적 투자선이라고 부른다.

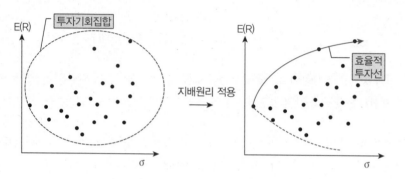

2 최적 포트폴리오의 선택

(1) **무위험자산이 없는 경우**: 투자자는 자신의 무차별곡선과 효율적 투자선이 접하는 점에 있는 포트폴리오를 선택함으로써 기대효용을 극대화할 수 있다. 따라서 이 접점이 최적 포트폴리오가 되는데, 투자자의 무차별곡선의 기울기(MRS)와 효율적 투자선의 기울기(MRT)가 일치한다는 것을 알 수 있다.

$$MRS = MRT$$

즉, 같은 효율적 투자선에서 각 투자자의 위험 성향을 반영하는 무차별곡선의 차이로 최적 포트폴리오 선택이 달라진다. 위험회피성향이 비교적 강한 투자자 a는 아래 그림의 포트폴리오 A를 선택하고, 위험회피성향이 비교적 약한 투자자 b는 아래 그림의 포트폴리오 B를 선택하게 된다.

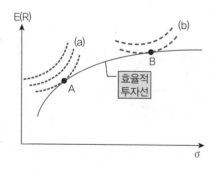

(a): 위험회피성향이 강한 투자자의 무차별곡선(보수적)
(b): 위험회피성향이 약한 투자자의 무차별곡선(공격적)

(2) 무위험자산이 있는 경우

① 무위험자산: 무위험자산(Risk-Free Asset)이란, 미래의 현금흐름에 불확실성이 없고 이자율 변동이나 인플레이션의 변화에도 영향을 받지 않는 자산을 뜻한다. 즉, 확실한 투자수익을 얻을 수 있는 자산을 말한다.

② 접점포트폴리오: 무위험자산과 결합될 수 있는 효율적 투자선상의 모든 포트폴리오들 중 가장 우월한 포트폴리오를 접점포트폴리오(Tangent Portfolio)라고 한다.

③ 자본배분선: 자본배분선(CAL; Capital Allocation Line)이란, 무위험자산과 접점포트폴리오를 연결한 선을 말하며, 이는 무위험자산이 있는 경우의 효율적 투자선이다.

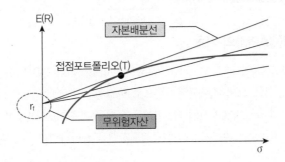

④ 최적 포트폴리오의 선택: 위험회피성향에 따라 자본배분선의 각기 다른 점이 최적 포트폴리오가 된다. 그러나 투자자의 무차별곡선이 어떻든지 간에 위험자산에 관해서는 접점포트폴리오 T에만 투자한다.

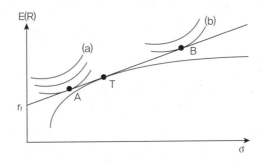

(3) 포트폴리오 분리정리(Portfolio Separation Theorem)

① 의미: 포트폴리오 분리정리란, 평균-분산 모형에 의한 효율적 투자선의 구성단계와 투자자의 기대효용을 극대화시키는 최적 포트폴리오의 선택단계가 분리되어 이루어지는 것을 말한다.

　㉠ [1단계] 효율적 투자선: 위험회피성향과 관계없이 투자기회집합에 지배원리 적용

　㉡ [2단계] 기대효용 극대화: 투자자의 무차별곡선과 효율적 투자선이 접점

② 두 자산 분리정리: 최적 포트폴리오는 임의의 두 개의 효율적 포트폴리오를 결합하여 구성할 수 있다. 즉, 두 개의 개별자산을 투자대상으로 하여 얻은 최적 포트폴리오와 두 개의 효율적 포트폴리오를 투자대상으로 하여 얻은 포트폴리오가 일치하게 된다. 이런 의미에서 포트폴리오 분리정리를 두 자산 분리정리(Two-Fund Separation Theorem)라고도 한다.

08 CAPM, 요인모형, APT

01 자본자산가격결정모형(CAPM)

1 자본자산가격결정모형(CAPM)의 기초

(1) 의미: 자본자산가격결정모형(CAPM; Capital Asset Pricing Model)은 자산의 위험에 따라 기대수익률이 어떻게 결정되는지를 보여주는 균형이론으로 마코위츠의 포트폴리오 이론을 바탕으로 한다. 즉, 자본시장이 균형 상태에서 자본자산(주식, 회사채 등의 유가증권)의 가격이 어떻게 결정되는지 설명하는 모형이다. 넓은 의미로는 자본시장선과 증권시장선을 포함하지만 대부분은 증권시장선만을 의미한다.

(2) CAPM의 가정
① 투자자들은 위험회피형 투자자이다.
② 투자자들은 평균-분산 모형에 따라 포트폴리오를 선택한다.
③ 모든 투자자들은 무위험 이자율로 제한없이 차입 또는 대출할 수 있다.
④ 투자기간은 1기간이다.
⑤ 증권시장은 완전경쟁시장이며, 증권의 공급은 고정되어 있다.
⑥ 모든 투자자들은 자산의 기대수익률, 분산, 공분산에 대해 같은 기대를 한다.

(3) 시장균형과 시장포트폴리오
① **시장균형:** 투자자들은 동질적 기대를 하기 때문에 접점포트폴리오(T)는 동일하다. 즉, 위험자산에 관해서 모든 투자자들은 똑같은 포트폴리오를 보유한다. 따라서 모든 투자자가 똑같은 비율로 각각의 위험자산을 보유하고 또 모든 주식에 대해 초과수요나 초과공급이 존재하지 않기 위해서는 접점포트폴리오의 주식수의 구성이 전체주식시장 주식수의 구성과 같아야 시장이 균형을 이룬다.
② **시장포트폴리오:** 자본시장에서 거래되는 모든 위험자산을 그 시장가치비율에 따라 구성한 포트폴리오를 시장포트폴리오(Market Portfolio)라 하며 M으로 나타낸다. 즉, 동질적 기대가정하에서 모든 투자자의 접점포트폴리오(T)는 시장포트폴리오(M)와 같은 구성비율을 갖게 된다. 따라서 시장포트폴리오는 다음과 같은 특징을 가진다.
  ㉠ 모든 위험자산을 포함하는 완전분산 투자된 포트폴리오이다.
  ㉡ 시장포트폴리오의 특성을 잘 표현하는 대체물은 종합주가지수이다.
  ㉢ 균형상태에서 투자자들은 시장전체주식의 시가총액에 대한 개별자산의 시가총액의 비율대로 투자한다(동일한 금액 투자가 아님에 주의).

2 자본시장선(CML)

(1) 의미: 자본시장선(CML ; Capital Market Line)이란, 시장포트폴리오와 무위험자산에 효율적으로 분산투자를 할 경우에 얻어지는 포트폴리오의 위험과 기대수익률 간의 선형관계를 말한다.

(2) 자본시장선의 도출: 무위험자산과 위험자산을 결합하여 구성한 포트폴리오의 집합을 나타내는 직선을 자본배분선(CAL ; Capital Allocation Line)이라 함을 이미 배웠다. 무위험자산을 투자대상에 포함시키고, 무위험자산과 결합하는 위험자산이 시장포트폴리오일 경우에는 자본배분선을 특히 자본시장선이라고 부른다.

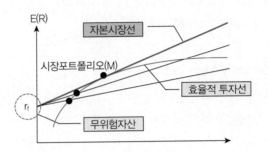

자본시장선은 시장포트폴리오와 무위험자산에 대한 자산배분을 통하여 구성가능한 투자기회들의 기대수익률과 위험과의 관계를 나타내주는데 수식으로 표현하면 다음과 같다.

$$E(R_P) = r_f + \left[\frac{E(R_m - r_f)}{\sigma_m}\right] \times \sigma_p$$

자본배분선의 기울기가 클수록 투자자의 효용이 높아지기 때문에 접선이 가장 우월한 것이다. 여기서 기울기 $\left[\frac{E(R_m - r_f)}{\sigma_m}\right]$를 위험보상비율이라 하며, 이는 위험의 시장가격(Market Price)이다.

(3) 대출포트폴리오와 차입포트폴리오: 모든 투자자들이 동일한 포트폴리오를 선택하는 것이 아니다. 투자자의 무차별곡선이 서로 다르기 때문에 위험회피도가 낮은 투자자일수록 더욱 오른쪽에 있는 포트폴리오를 선택할 것이다.

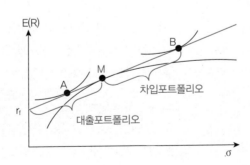

① 대출포트폴리오(Lending Portfolio): 위험회피정도가 커서 투자자금을 무위험자산과 위험자산으로 나누어 투자한 포트폴리오

② 차입포트폴리오(Borrowing Portfolio): 무위험이자율로 자금을 차입하여 자신의 투자자금과 합친 금액을 위험자산에 투자한 포트폴리오이다.

(4) 토빈의 분리정리(Tobin's Separation Theorem): 무위험자산이 존재하는 경우, 투자자들의 최적 포트폴리오 선택과정은 두 단계로 분리되어 이루어지는데, 이를 토빈의 분리정리라고 한다.

① [1단계] 위험자산의 최적 포트폴리오: 투자자의 위험회피성향에 관계없이 시장포트폴리오 M을 선택한다.

② [2단계] 투자비율의 조정: 투자자의 위험회피성향에 따라 무위험자산과 시장포트폴리오에 대한 투자비율을 결정하여 최적 포트폴리오를 구성한다.

3 증권시장선(SML; Security Market Line)

(1) 자본시장선의 한계: 자본시장선은 무위험자산을 투자대상에 포함하여 완전히 분산된 포트폴리오, 즉 효율적 포트폴리오를 구성하였을 때의 위험과 기대수익률의 관계를 나타내준다. 그러나 비효율적인 포트폴리오 혹은 개별증권들에 대한 위험과 수익률에 대해서는 해답을 제시하지 못한다.

(2) 증권시장선의 의미: 증권시장선이란, 시장이 균형을 이루는 경우의 효율적 포트폴리오뿐만 아니라 비효율적 포트폴리오나 개별자산을 포함하는 모든 자산의 기대수익률과 체계적 위험 간의 관계를 설명해주는 것이다.

$$E(R_i) = r_f + [E(R_m - r_f)] \times \beta_i$$

① 자산의 기대수익률=무위험이자율+위험프리미엄

② 위험프리미엄=시장 위험프리미엄×베타

③ 시장 위험프리미엄$[E(R_m - r_f)]$은 항상 양(+)의 일정한 값을 갖는다.

④ 증권의 기대수익률은 베타와 선형관계를 가진다.

⑤ 증권의 기대수익률을 결정함에 있어서 오직 베타만이 중요한 역할을 한다.

(3) 체계적 위험(β_i 베타): 체계적 위험은 앞에서 배운 것과 같이 개별 주식들이 시장포트폴리오를 구성하여도 제거되지 않는 위험을 말한다. 따라서 증권시장선에서는 시장포트폴리오 수익률의 변화에 대한 개별주식의 수익률이 얼마나 민감하게 변화하는가를 보기 때문에 측정치로 β_i를 사용한다.

$$\beta_i = \frac{\sigma_{im}}{\sigma_m^2} = \frac{Cov(r_i, r_m)}{Var(r_m)}$$

① 베타는 시장 전체의 위험을 1로 보았을 때 개별주식이 갖는 위험의 크기이다.

② 시장포트폴리오의 베타는 1이다.

③ 베타>1이면 공격적 주식이라 하고, 베타<1이면 방어적 주식이라 한다.

④ 무위험자산의 베타는 0이다.

(4) 자본시장선과 증권시장선의 비교

구분	자본시장선(CML)	증권시장선(SML)
평가대상	완전분산투자된 효율적 포트폴리오	모든 개별자산
매개변수	총위험(σ_p)	체계적 위험(β_i)
수식	$E(R_P)=r_f+[\dfrac{E(R_m-r_f)}{\sigma_m}]\times\sigma_p$	$E(R_i)=r_f+[E(R_m-r_f)]\times\beta_i$

02 요인모형과 시장모형

1 요인모형(Factor Model or Index Model)

(1) 의미: 요인모형이란 자산의 수익률을 어떤 공통요인에 의해 설명하고자 하는 것이다. 즉, 증권의 가격들은 제멋대로 움직이는 것이 아니라 공통요인을 중심으로 움직인다고 보고 공통요인을 통해 수익률 변동을 예측할 수 있다고 가정한다.

(2) 공통요인

① 공통요인이 하나뿐인 경우를 단일요인모형(One-Factor Model)이라고 하며, 공통요인이 여러 개일 경우 다요인모형(Multi-Factor Model)이라고 한다.

② 공통요인으로는 GNP증가율, 이자율, 인플레이션율 등 모든 주식에 공통적으로 영향을 미칠 수 있는 경제변수들이다.

③ 시장모형이란 여러 공통요인 중에서 시장포트폴리오의 수익률(R_m)을 공통요인으로 하는 모형을 말한다.

(3) 단일요인모형의 기본가정

① 모든 증권들의 수익률에 공통적으로 영향을 미치는 공통요인은 하나이다.

② 개별증권들 간의 모든 공통적인 움직임은 시장전체의 움직임을 나타내는 시장포트폴리오의 변동에 의해서만 설명가능하고, 설명되지 않는 나머지 부분은 개별증권의 특유요인에 의해 발생한다.

③ 개별증권의 수익률 변동은 시장전체와 관련된 수익률 변동(체계적위험)과 개별기업에 특유한 요인과 관련된 수익률 변동(비체계적위험)으로 구분된다.

2 시장모형(Market Model)

(1) **의미**: 시장모형은 개별주식의 수익률(R_i)은 시장포트폴리오의 수익률(R_m)과 선형관계를 갖는다는 모형으로 다음과 같이 나타낼 수 있다.

$$R_i = \alpha + \beta_i R_m + \epsilon_i$$

(단, ϵ_i는 개별주식의 특유한 요인, R_m은 독립변수, β_i: 주식 i 수익률에 미치는 민감도)

(2) **결정계수(R^2)**: 결정계수는 분석대상 주식의 위험 중에서 체계적 위험이 차지하는 비중을 말해주는 비율로 수식으로 나타내면 다음과 같다.

$$\frac{\text{체계적 위험}}{\text{총위험}} = \frac{\beta_i^2 Var(R_m)}{Var(R_i)} = \frac{\rho_{im}^2 Var(R_i)}{Var(R_i)} = \rho_{im}^2$$

즉, $R^2 = 0.7$이라면, 시장포트폴리오수익률의 변화가 개별증권 i의 수익률의 변화를 70% 설명할 수 있음을 의미한다.

03 차익거래이론(APT)

1 차익거래이론의 기초

(1) **차익거래(Arbitrage)**: 차익거래란 투자자금과 위험을 전혀 부담하지 않고 이익을 얻을 수 있는 투자전략을 말한다. 즉, 미래에 어떠한 상황이 발생하더라도 이익을 얻을 수 있는 무투자−무위험 포트폴리오(Zero−Investment Zero−Risk Portfolio)를 구성할 수 있을 때, 차익거래의 기회가 있다고 말한다.

(2) **무차익조건**: 합리적인 투자자들이 서로 경쟁하는 시장에서는 차익거래의 기회가 존재할 수 없다는 원리를 무차익조건(No Arbitrage Condition)이라 부르며, 경제학에서 말하는 일물일가의 법칙(Law of One Price)과 사실상 같은 말이다.

(3) **차익거래이론(APT; Arbitrage Pricing Theory)의 가정**
① 자본시장은 완전하다.
② 무수히 많은 자산이 존재한다.
③ 요인모형(Factor Model)이 성립한다.
④ 무차익조건이 성립한다.

2 CAPM과 APT의 비교

(1) APT의 우위성

① 모형의 가정이 CAPM보다 단순하며 현실적이다. APT는 투자자의 위험회피성, 수익률의 정규분포성, 무위험자산의 존재 등을 전제로 하지 않는다. 그 대신, 요인모형이 성립하는 시장을 가정하고, 시장이 균형상태에 있을 때 차익거래의 기회가 존재하지 않는다는 가정을 두고 있다.

② CAPM은 시장포트폴리오의 존재를 전제로 하지만 APT는 특정한 기준포트폴리오의 존재나 측정 가능성을 요구하지 않는다. CAPM에서 말하는 시장포트폴리오는 엄밀한 의미에서 관찰 가능하지 않고, 제대로 측정할 수 없다. 반면 APT는 거시적인 요인과 상관관계가 높은 잘 분산된 포트폴리오를 구성할 수 있으면 성립한다.

③ CAPM은 단일기간을 가정하지만 APT는 다기간으로 쉽게 확장할 수 있다.

(2) APT의 한계점

① CAPM이 성립하면 모든 자산과 포트폴리오들이 예외없이 증권시장선상에 있게 된다. 그러나 APT는 모든 자산들에 대해 항상 성립하는 것은 아니다. APT로 설명할 수 없는 일부 자산들이 존재할 수도 있다.

② CAPM은 시장포트폴리오가 체계적 위험의 유일한 원천임을 명확히 보이고 있으나, APT는 거시적인 요인의 본질이 무엇인지를 말해주고 있지 않다.

③ 자산수익률에 영향을 주는 공통요인의 수를 파악하기 어렵고 공통요인 상호 간에 관련성이 존재할 수 있으며, 적용자에 따라서 요인의 수가 다를 수 있다.

09 주식과 채권의 평가

01 주식의 가치 평가

1 배당평가모형

(1) 배당평가모형의 기초

① **주식의 가치**: 주식을 보유함으로써 기대되는 미래 현금흐름을 적절한 할인율로 할인하여 산출한 현재가치를 말한다.

② **기대되는 미래 현금흐름**: 보유기간 동안 수령하게 되는 배당금과 주식 처분 시점에서 얻게 되는 처분가격을 말한다.

③ **적절한 할인율**: 향후 자본예산에서 자세하게 배우고, 여기에서는 주어져 있다고 가정한다.

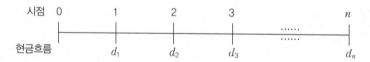

(2) 배당평가모형의 도출

배당평가모형에서 현재주가를 결정하는 현금흐름은 어느 시점에서 얼마의 가격으로 처분하는가와는 무관하게 그 주식을 보유함으로써 기대되는 배당이다. 이러한 주가결정모형을 배당평가모형이라고 하며 유도 과정은 다음과 같다.

$$P_0 = \frac{d_1}{(1+k)^1} + \frac{d_2}{(1+k)^2} + \cdots + \frac{d_n}{(1+k)^n} + \frac{P_n}{(1+k)^n}$$

$$= \sum_{t=1}^{n} \frac{d_t}{(1+k)^t} + \frac{P_n}{(1+k)^n}$$

(단, k: 할인율, d_i: i년도의 배당금, P_n: n년도의 주식가격)

여기서, n년도 말의 주식가격(P_n)은 다음과 같이 계산할 수 있다.

$$Pn = \frac{d_{n+1}}{(1+k)} + \frac{d_{n+2}}{(1+k)^2} + \cdots + \frac{d_\infty}{(1+k)^\infty}$$

따라서, 이를 정리하면 현재 주식의 가격은 다음과 같이 미래에 예상되는 배당금의 현재가치의 합이 된다.

$$P_0 = \sum_{t=1}^{\infty} \frac{d_t}{(1+k)^t}$$

(3) 배당평가모형의 유형

① **제로성장모형(Zero-Growth Model or Nongrowth Model)**: 매년 배당금이 일정하여 증가하지 않는 경우에 적용되는 주가결정식을 제로성장모형이라고 한다. 계속기업을 가정하기 때문에 기업은 영원히 존재하므로 배당도 영원히 계속된다고 본다. 따라서 영구연금 계산공식을 적용하면 다음과 같은 식이 도출된다.

$$P_0 = \frac{d_1}{(1+k)^1} + \frac{d_1}{(1+k)^2} + \cdots + \frac{d_1}{(1+k)^\infty}$$

$$= \frac{초항}{1-공비} = \frac{\dfrac{d_1}{1+k}}{1-\dfrac{1}{1+k}} = \frac{\dfrac{d_1}{1+k}}{\dfrac{(1+k)-1}{1+k}} = \frac{d_1}{k}$$

여기서, 배당금에 일정한 수를 곱하여 주식가격이 산출될 때 그 수를 배당승수라고 하는데, 여기서는 $(1/k)$이 배당승수이다.

② **항상성장모형(Constant Growth Model)**: 기업이 지속적으로 성장하여 매기간 지급되는 배당이 일정한 비율로 증가하는 경우의 주식평가모형을 항상성장모형 혹은 고든모형(Gordon Model)이라고 한다. 첫해말 배당액이 d_1이고 증가율을 g라고 하면, 다음 배당액은 $d_2 = d_1(1+g)$, $d_3 = d_2(1+g) = d_1(1+g)^2$으로 계산될 수 있다. 이를 반영하여 현재의 주식가격을 산출하면 다음과 같다.

$$P_0 = \frac{d_1}{(1+k)^1} + \frac{d_1(1+g)}{(1+k)^2} + \cdots + \frac{d_1(1+g)^{\infty-1}}{(1+k)^\infty}$$

$$= \frac{초항}{1-공비} = \frac{\dfrac{d_1}{1+k}}{1-\dfrac{1+g}{1+k}} = \frac{\dfrac{d_1}{1+k}}{\dfrac{(1+k)-(1+g)}{1+k}} = \frac{d_1}{k-g}$$

예제 배당평가모형

'가나'기업에 대한 주주들의 요구수익률이 12%일 때, 다음 기업의 주식가격을 산출하라.

1. 주당배당금이 매년 1,200으로 일정할 때
2. 이번 해 주당배당금은 1,200으로 예상되고, 매년 2%씩 성장할 때

해답

1. 제로성장모형에서 주식가격은 다음과 같다.

$$P_0 = \frac{d_1}{k} = \frac{1,200}{0.12} = 10,000원$$

2. 항상성장모형에서 주식가격은 다음과 같다.

$$P_0 = \frac{d_1}{k-g} = \frac{1,200}{0.12-0.02} = 12,000원$$

2 이익평가모형

배당평가모형에서는 주주가치에 대한 미래 현금흐름을 배당금으로 보았다. 그러나 일반적으로 매년 배당금이 일정한 경우는 매우 예외적이다. 따라서 주주가치에 대한 미래 현금흐름을 배당금과 유보이익을 합한 순이익으로 보고 주식가격을 평가할 수 있다. 이를 이익평가모형이라 하며, 배당금 대신에 주당순이익(EPS; Earning Per Share)으로 주식가격을 산정한다.

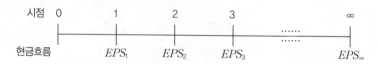

$$P_0 = \frac{EPS_1}{(1+k)^1} + \frac{EPS_2}{(1+k)^2} + \cdots + \frac{EPS_\infty}{(1+k)^\infty} = \sum_{t=1}^{\infty} \frac{EPS_t}{(1+k)^t}$$

여기서 제로성장배당모형처럼 주당순이익이 매기간 동일하다면 주식가격은 다음과 같이 나타낼 수 있다.

$$P_0 = \frac{EPS_1}{(1+k)^1} + \frac{EPS_1}{(1+k)^2} + \cdots + \frac{EPS_1}{(1+k)^\infty} = \frac{EPS_1}{k}$$

또한 이익평가모형에서는 항상성장모형에서 d_1 대신에 EPS_1을 적용하여 일정한 비율로 순이익이 증가할 경우에 다음과 같이 구할 수 있다.

$$P_0 = \frac{EPS_1}{(1+k)^1} + \frac{EPS_1(1+g)}{(1+k)^2} + \cdots + \frac{EPS_1(1+g)^{\infty-1}}{(1+k)^\infty} = \frac{EPS_1}{k-g}$$

(단, $g = b \times ROE$, b: 이익유보율, ROE: 자기자본순이익률)

3 성장기회평가모형

성장기회가 있는 경우, 기업이 한 해 동안 벌어들인 순이익을 전액 배당하지 않고 일부를 유보하여 재투자하면 미래의 배당액은 증가할 것이다. 이때, 성장이 전혀없음을 가정했을 때의 주식가치와 성장기회를 가짐으로써 얻을 수 있는 가치의 증가분으로 나누어 주식가치를 평가하는 모형을 성장기회평가모형이라 한다.

$$P_0 = \frac{EPS_1}{k} + NPVGO$$

(단, $NPVGO$ = Net Present Value of Growth Opportunity 성장기회의 순현재가치)

4 주가배수모형

앞에서 배운 배당평가모형과 이익평가모형으로 주식가치를 평가하기 위해서는 주주들의 요구수익률과 성장률, 미래배당의 순이익을 알아야 한다. 그러나 현실적으로 이러한 값을 정확히 예측하기란 상당히 힘들다. 이러한 문제점을 해결하기 위해 실무에서 보다 편리하게 적용할 수 있는 모형이 주가배수모형으로 주가배수를 이용하여 주식가치를 평가한다. 여기서 주가배수(Price Multiples)란, 현재주가를 주요 재무 지표로 나눈 값을 말하며 PER와 PBR이 대표적이다.

(1) **주가수익비율(PER; Price Earning Ratio)**: 주식가격이 주당순이익의 몇 배인가를 나타내는 지표로, 기업이 벌어들이는 주당순이익 1단위당 주주들이 얼마나 지불하고 있는가를 나타낸다.

$$PER = \frac{\text{현재주가}}{\text{기대주당순이익}} = \frac{P_0}{EPS_1}$$

PER를 통해서 어떤 주식의 주가가 과대 또는 과소평가되어 있는지 알 수 있으며, 높은 성장이 기대되는 기업은 높은 PER를 보인다.

(2) **주가장부가치비율(PBR; price book-value ratio)**: 현재의 주식가격이 주당장부가치의 몇 배인가를 나타내는 지표로, 다음과 같이 구할 수 있다.

$$PBR = \frac{\text{현재주가}}{\text{주당장부가치}} = \frac{P_0}{BV_0}$$

02 채권의 평가

1 채권의 기초

(1) 관련용어

① **채권(Bond)**: 정부, 공공기관, 기업이 일반대중 투자자들로부터 비교적 장기의 자금을 집단적, 대량적으로 조달하기 위하여 부담하는 채무를 표시하는 유가증권

② **만기일(Maturity Date)**: 채권의 이자와 원금을 마지막에 지급하기로 한 날짜

③ **액면금액(Face Value)**: 만기일에 지급하기로 증서에 기재해 놓은 원금

④ **액면이자율(Coupon Rate)**: 만기일까지 매 기간 지급하기로 약속한 이자율

⑤ **액면이자(Coupon)**: 실제 발생기관이 지급하게 되는 금액으로 액면금액×액면이자율

(2) 채권의 가치 평가: 채권의 소유자는 보유기간 동안 이자와 액면금액의 현금흐름을 받게 된다. 채권으로부터 발생되는 현금흐름을 현재 시점에서 평가한 가치가 바로 채권의 가치이다. 그러므로 채권의 가치는 다음 식에 의해 평가할 수 있다.

$$P_0 = \sum_{t=1}^{T} \frac{I_t}{(1+r)^t} + \frac{F}{(1+r)^T}$$

(단, P_0: 채권의 현재가격, I_t: t시점의 액면이자, F: 채권의 액면금액, T: 채권의 만기까지의 기간, r: 시장이자율 혹은 채권투자자의 요구수익률)

(3) 채권의 종류

① 할인채(Discount Bond or Zero-Coupon Bond): 만기까지 이자지급이 전혀 없고 만기에 가서 액면금 액을 받는 채권이다.

$$P_0 = \frac{F}{(1+r)^T}$$

채권가격(P_0)은 항상 액면가(F)보다 작다. 이를 순수할인채(Pure Discount Bond)라고도 한다.

② 이표채(Coupon Rate Bond): 이자지급채권으로, 만기까지 매 기간 일정액의 이자를 지급받고 만기에 가서 마지막 기의 이자와 액면금액을 받는 채권이다.

$$P_0 = \sum_{t=1}^{T} \frac{I_t}{(1+r)^t} + \frac{F}{(1+r)^T}$$

이표채의 가격은 액면이자율과 시장이자율 간의 관계에 의해 좌우되는데 이들 관계를 정리하면 다음과 같다.

   ⊙ 할인채(Discount Bond): 시장이자율 > 액면이자율 → 채권가격 < 액면가

   ⓒ 액면채(Par Bond): 시장이자율 = 액면이자율 → 채권가격 = 액면가

   ⓒ 할증채(Premium Bond): 시장이자율 < 액면이자율 → 채권가격 > 액면가

③ 영구채(Perpetuity Bond): 만기가 없이 영원히 이자만을 받는 채권이다.

$$P_0 = \sum_{t=1}^{\infty} \frac{I_t}{(1+r)^t} = \frac{I}{r}$$

2 채권가격의 특성

(1) 시장이자율과 채권가격

① 채권가격과 시장이자율은 반비례 관계이다. 즉, 시장이자율이 높을수록 채권가격은 작아진다.

② 시장이자율과 채권가격의 그래프는 원점에 대해 볼록하다. 즉, 이자율이 하락할 때 채권가격이 상승 하는 폭과 같은 크기의 이자율이 상승할 때 채권가격이 하락하는 폭을 비교해보면, 채권가격이 상승 하는 폭이 하락하는 폭보다 크다는 것을 의미한다.

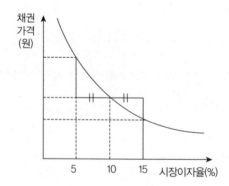

(2) 만기와 채권가격

① 채권의 만기가 길수록 일정한 이자율 변동에 대해 채권가격의 변동폭이 크다. 따라서, 만기가 긴 채권일수록 위험이 크다고 할 수 있다. 그리하여 투자자들은 만기가 긴 채권에 대하여 더 높은 이자율을 요구하는 것이 일반적이다.

② 만기 한 단위 증가에 대한 채권가격의 변동폭은 만기가 길수록 체감한다.

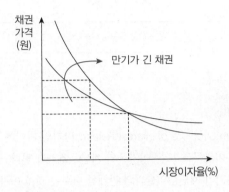

(3) 액면이자율과 채권가격: 액면이자율이 낮을수록 일정한 이자율 변동에 따른 채권가격의 변동률이 커진다.

(4) 만기수익률

① 의미

㉠ 채권가격이 이미 증권시장에 형성되어 있을 때는 채권의 수익률을 계산한다.

㉡ 채권의 수익률은 채권으로부터 얻을 수 있는 현금흐름의 현재가치와 채권의 시장가격을 일치시켜주는 할인율을 의미한다.

㉢ 채권시장에서 수익률은 만기수익률(YTM ; Yield To Maturity)을 의미한다.

㉣ 채권시장에서는 이 만기수익률로 매매되기 때문에 유통수익률이라고도 한다.

② 전제조건: 만기수익률은 투자자가 얻을 것으로 기대되는 사전적 수익률로서, 실제 실현되는 수익률과 다를 수 있다. 따라서 다음의 가정들이 전제되어야 만기수익률과 실현수익률이 같아진다.

㉠ 투자자는 채권을 만기까지 보유한다.

㉡ 채무불이행의 위험은 없다. 즉, 채권 발행자는 원리금을 약속한 기일까지 정확히 지급한다.

㉢ 투자기간 내에 지급받은 이자에 대해 채권의 만기까지 만기수익률과 동일한 투자수익률로 재투자한다.

3 채권수익률의 기간구조

(1) 현물이자율과 선도이자율

① 현물이자율(Spot Rate): 현재시점을 기준으로 본 일정 기간 동안의 연평균이자율이다. 현재시점을 기준으로 본 n년 동안의 현물이자율은 $_0r_n$으로 표기한다.

② 선도이자율(Forward Rate): 현재시점에서 결정되는 미래 일정 기간 동안의 이자율이다. 그래서 현재시점에서 결정된 2번째 기간의 선도이자율은 $_1f_2$, 3번째 기간의 선도이자율은 $_2f_3$으로 표기한다.

③ 현물이자율과 선도이자율의 관계: 선도이자율은 기간이 서로 다른 현물이자율 사이의 관계를 이해하면 쉽게 구할 수 있다.

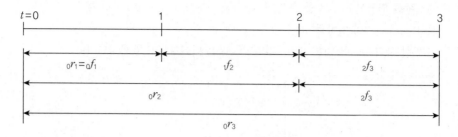

(2) 수익률곡선(Yield Curve)

① 이자율의 기간구조(Term Structure of Interest Rates): 만기의 차이에 따라 채권의 수익률이 달라지는 관계를 채권수익률의 기간구조 또는 이자율의 기간구조라고 한다. 즉, 채권의 다른 조건은 모두 같고 만기만 다를 때, 만기와 채권수익률과의 관계를 다루는 것이 이자율의 기간구조이다.

② 수익률곡선: 채권의 만기와 수익률의 관계를 나타내는 그림을 수익률곡선이라고 한다.

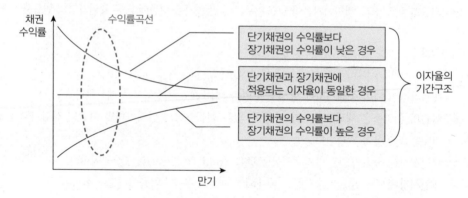

이와 같이 이자율의 기간구조는 측정 시점에 따라 수평 또는 우하향, 우상향 등 여러 가지 형태로 나타나는데, 이를 설명하고자 하는 것이 이자율의 기간구조이론이다.

(3) 이자율의 기간구조이론

① 불편기대이론(Unbiased Expectation Theory)

㉠ 의미: 수익률곡선의 형태가 미래의 단기이자율에 대한 투자자들의 기대에 의하여 결정된다.

㉡ 가정: 현재시점에서 미래 일정 기간의 예상이자율인 선도이자율이 미래에 발생할 실제이자율과 일치한다.

$$_{n-1}f_n = E(_{n-1}r_n) = {}_{n-1}r_n$$

㉢ 따라서 현물이자율의 결정식은 다음과 같이 표현된다.

$$(1 + {}_0r_2)^2 = (1 + {}_0r_1)[1 + E(_1r_2)] = (1 + {}_0r_1)(1 + {}_1f_2)$$
$$_0r_n = [(1 + {}_0r_1)(1 + {}_1r_2)(1 + {}_2r_3)\cdots(1 + {}_{n-1}r_n)]^{\frac{1}{n}} - 1$$

ⓔ 미래기간의 이자율이 높아질 것으로 예상할 경우: 선도이자율이 점점 더 커져서 현물 이자율은 기간이 길어짐에 따라 증가하게 되므로, 수익률곡선은 우상향한다.

ⓜ 미래기간의 이자율이 낮아질 것으로 예상할 경우: 같은 원리로 수익률곡선은 우하향한다.

ⓗ 불편기대이론하에서는 장기채권과 단기채권 간에 완전 대체관계가 성립하므로 투자자들은 어떠한 만기의 채권을 매입하더라도 보유기간 동안의 연평균 투자수익률은 동일하다.

② 유동성선호이론(Liquidity Preference Theory)

　ⓖ 의미: 일반적으로 투자자들은 단기채권을 선호하고 장기채권을 보유하는 데 따른 유동성 저하에 대하여 위험보상을 요구한다고 보는 이론이다.

　ⓛ 유동성 프리미엄(Liquidity Premium): 장기채권일수록 더 많은 보상을 주어야 하는데 이 보상을 유동성 프리미엄이라 한다.

　ⓒ 선도이자율은 기대현물이자율에 유동성 프리미엄까지 포함되어야 한다.

$$_{n-1}f_n = E(_{n-1}r_n) + L_n$$

(단, L_n: n기간에 대한 유동성 프리미엄)

　ⓔ 따라서 다음과 같은 관계가 성립한다.

$$(1+_0r_2)^2 = (1+_0r_1)[1+E(_1r_2)+_1L_2] = (1+_0r_1)(1+_1f_2)$$

　ⓜ 불편기대이론과 유동성선호이론의 비교

불편기대이론	유동성선호이론
채권의 만기에 관계없이 동일한 투자성과	만기가 긴 채권에 투자할수록 양호한 성과
단기채권과 장기채권 간에 완전 대체관계가 성립	유동성 프리미엄의 존재로 만기가 서로 다른 채권 간에 완전 대체가 성립하지 않음

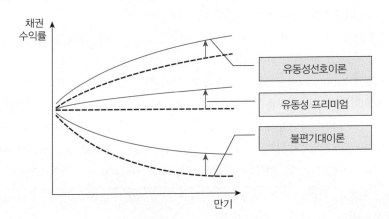

③ 시장분할이론(Market Segmentation Theory): 채권만기에 대한 선호가 다른 투자자들이 각자의 시장을 형성하여 각 시장에서의 수요와 공급에 의해 개별적인 이자율이 결정된다는 가설이다.

④ 선호영역이론(Preferred Habitat Theory): 채권시장에 대한 투자자들의 선호에 따라 채권시장은 하위시장으로 분할되어 있지만 선호영역이 다른 시장에서 채권수익률이 충분히 높다면 다른 시장으로 이동이 가능하다는 이론이다.

4 채권수익률의 위험구조

(1) 채권수익률의 위험구조(Risk Structure of Interest Rates): 채권의 발행조건이나 발행주체가 가지고 있는 위험수준의 차이로 인해 채권의 수익률에 체계적인 차이가 나타나는 것을 말한다. 채권수익률에 영향을 미치는 위험으로는 채무불이행위험이 대표적이다.

(2) 채무불이행위험(Default Risk): 채권의 발행자가 약속한 액면금액과 이자를 상환하지 못할 위험을 말하며, 지급불능위험이라고 부르기도 한다. 신용평가기관들은 채무불이행위험에 대한 정보를 제공하기 위해 채권등급을 정한다. 낮은 채권등급일수록 채무불이행위험이 크다는 것을 시사하므로 투자자들은 대가로 높은 채권수익률을 요구하게 된다.

(3) 수익률스프레드(Yield Spread): 수익률스프레드란 약정수익률과 무위험이자율 간의 차이를 의미하는데, 채무불이행위험프리미엄과 미래수익률의 불확실성에 따른 위험프리미엄을 합친 것이다.
① **약정수익률(Promised Yield):** 채권의 발행주체가 약정한대로 채무이행을 다할 경우의 수익률로 만기수익률을 나타낸다.
② **실현수익률(Realized Yield):** 미래에 실현되리라고 예상되는 수익률을 말한다.
③ **기대수익률(Expected Yield):** 실현수익률의 확률분포를 근거로 계산된 기댓값을 말한다.

> 수익률 스프레드＝채무불이행위험에 따른 프리미엄＋위험프리미엄
> ＝(약정수익률－기대수익률)＋(기대수익률－무위험수익률)

5 이자율위험과 듀레이션

(1) 이자율위험(Interest Rate Risk): 이자율이 변함에 따라 채권투자에 따르는 수익이 변동하는 위험을 말하며, 이자율위험은 가격위험과 재투자위험으로 나눌 수 있다.
① **가격위험(Price Risk):** 이자율이 변함에 따라 채권가격이 변동하는 위험을 말한다. 즉, 이자율이 상승하면 채권가격은 하락하고, 이자율이 하락하면 채권가격은 상승하게 된다.
② **재투자위험(Reinvestment Risk):** 각 기간에 지급받는 이자를 재투자할 때 이자율이 변동함에 따라 재투자수익이 달라지는 위험을 말한다. 즉, 이자율이 상승하면 재투자수익은 상승하고 이자율이 하락하면 재투자수익은 하락하게 된다.
③ **가격위험과 재투자위험의 관계:** 이자율 변동으로 인한 재투자수익의 변동과 채권가격의 변동은 투자자의 성과에 대하여 반대 방향으로 영향을 미치기 때문에 그 효과가 서로 상쇄된다.

구분	가격위험(①)	재투자위험(②)	이자율위험(①＋②)
이자율 상승	채권가격 하락	재투자수익 증가	순효과는 알 수 없음
이자율 하락	채권가격 상승	재투자수익 감소	순효과는 알 수 없음

(2) 듀레이션(Duration)

① **의미**: 이자율위험을 제거하기 위해 가격위험과 재투자위험이 정확하게 상쇄되도록 하는 수단이 바로 듀레이션으로, 채권에 투자한 금액이 회수되는 데 걸리는 평균회수기간을 말한다.

② **듀레이션 공식**: 채권에 투자함으로써 실현되는 각 기간의 현금흐름의 현재가치가 채권가격에서 차지하는 비중에 따라 가중평균하여 만기를 구한다.

$$D = \frac{\sum\limits_{t=1}^{T} PV_t \times t}{\sum\limits_{t=1}^{T} PV_t} = \frac{\sum\limits_{t=1}^{T} \frac{CF_t}{(1+y)^t} \times t}{\sum\limits_{t=1}^{T} \frac{CF_t}{(1+y)^t}} \quad \text{(단, } y: \text{만기수익률)}$$

③ **채권의 종류와 듀레이션**

   ⊙ 순수할인채: 만기일에 발생하는 원금의 현재가치와 채권의 시장가치가 동일하므로 듀레이션은 만기와 같다.

   ⓛ 이표채: 이표채에서는 이자로 인한 현금흐름이 발생하므로 듀레이션이 만기보다 짧다.

   ⓒ 영구채: 채권만기가 없이 일정액의 이자만 영구히 지급되는 형태이므로 듀레이션은 기간의 경과에 관계없이 항상 $(1+y/y)$이 된다.

④ **듀레이션의 특징**

   ⊙ 채권의 만기: 다른 조건이 일정하다면 만기가 길수록 듀레이션은 커진다.

   ⓛ 액면이자율: 다른 조건이 일정하다면 액면이자율이 낮을수록 듀레이션이 길어진다.

   ⓒ 만기수익률: 다른 조건이 동일할 경우 이표채의 경우 만기수익률이 낮아질수록 듀레이션은 길어진다. 즉, 이표채의 경우 만기수익률이 낮을수록 도래할 현금흐름의 현재가치가 커지므로 이에 대한 가중치가 증가하게 되어 결국 듀레이션은 길어지게 된다.

6 소극적 투자전략

(1) 채권지수펀드전략: 채권투자에 있어서 채권지수(Bond Index) 종목을 대상으로 채권포트폴리오를 구성하여 투자함으로써 위험을 줄이고자 하는 전략이다. 지수펀드 구성의 목적은 채권시장의 전반적인 움직임을 나타내는 채권지수의 성과를 복제하는 것이다.

(2) 면역전략: 많은 기관투자자들은 이자율의 변동에 따른 채권포트폴리오의 가치변동이 전혀 없는 포트폴리오를 원한다. 은행과 같은 투자자는 그들의 순자산가치를 이자율변동으로부터 보호하려 하고, 연금기금 같은 투자자는 특정 미래 시점에 지급해야 할 채무액으로 확실하게 확보하기를 원한다. 면역전략(Immunization Strategy)이란 투자자들이 이자율위험으로부터 그들의 재무상태를 보호하기 위해서 사용하는 전략을 말한다. 이는 순자산가치 면역전략과 목표시기 면역전략으로 나눌 수 있다.

① 순자산가치 면역전략(Net worth Immunization Strategy)

　㉠ 의미: 이자율위험을 없애기 위해 순자산가치를 일정하게 유지시킬 목적으로 자산과 부채의 듀레이션을 일치시키는 것을 말한다.

　㉡ 갭관리: 흔히 금융기관의 자산부채종합관리(ALM; Asset Liability Management)에서 다루는 갭관리(Gap Management)가 그것이다. 이는 듀레이션갭(Duration Gap)을 '0'이 되게 하는 포트폴리오를 구성함으로써 순자산가치의 면역을 가능하게 해주는 것이다.

② 목표시기 면역전략(Target Date Immunization Strategy)

　㉠ 의미: 목표기간, 즉 부채의 듀레이션과 같은 듀레이션을 가진 채권포트폴리오에 투자함으로써 이자율위험을 줄이려는 전략이다.

　㉡ 재투자위험과 가격위험을 정확하게 상쇄시킴으로써 채권포트폴리오의 미래가치가 이자율 변동의 위험에 노출되지 않도록 하는 것이다.

③ 현금흐름 대응전략(Cash Flow Matching & Dedication Strategy): 미래 현금지출과 같은 크기의 현금흐름이 동일한 시기에 얻어지도록 채권포트폴리오를 구성하는 것을 말한다.

7 적극적 투자전략

(1) 채권스왑전략(Bond Swap): 채권가격이 일시적인 불균형 상태에 있을 경우에 고평가된 채권을 저평가된 채권으로 교체하여 수익률을 높이는 전략으로, 미래 이자율 등의 예측을 통한 채권교체 매매전략이라고 할 수 있다. 대체로 단기적인 투기적 이익을 얻고자 하는 데 목적이 있다.

(2) 목표투자기간분석(Investment Horizon Analysis): 수익률곡선을 이용하여 투자기간 말의 미래 이자율을 예측하려는 방법이다. 특정한 목표기간을 가지고 있는 투자자는 그 목표기간 말의 수익률곡선을 예측하여 현재 시점의 수익률곡선과 비교함으로써 미래 이자율을 예측할 수 있다.

(3) 상황적응 면역전략(Contingent Immunization): 적극적 투자전략과 소극적 투자전략을 결합하여 수행하는 방법으로, 유리한 상황에서는 적극적 투자전략을, 불리한 상황에서는 소극적 투자전략을 이용하는 투자전략이다. 즉, 최소허용 포트폴리오 수익률 이상에서는 적극적인 투자전략을 수행하다가, 이 수준에 이르면 소극적 투자전략인 면역전략으로 전환하는 전략이다.

CHAPTER
10 효율적 자본시장

01 시장 효율성과 효율적 시장가설

1 시장 효율성

자금의 공급자로부터 수요자에게 자금이전을 원활하게 하는 것이 자본시장의 가장 기본적인 기능이다. 이러한 기능을 수행하기 위해서는 다음 세 가지 측면의 효율성이 달성되어야 한다.

(1) **배분의 효율성(Efficiency of Allocation)**: 자본시장에서 거래되는 증권이 수요자와 공급자 사이에서 적정한 가격으로 거래가 원활히 이루어져 자금의 배분이 최적으로 이루어지는 경우를 말한다.

(2) **운영의 효율성(Efficiency of Operation)**: 증권거래에 있어서 거래비용이나 규제 등 거래를 제약하는 요인들이 적어 시장에서 증권거래가 순조롭게 이루어지는 경우를 말한다.

(3) **정보의 효율성(Efficiency of Information)**: 어떤 정보가 시장에 유입되었을 때 그 정보가 증권가격에 정확하고 신속하게 반영되는 경우를 말한다.

2 효율적 시장가설(EMH; Efficiency Market Hypothesis)

효율적 시장가설은 정보의 효율성에 대한 가설로 1970년 파마(Fama)가 발표한 논문에 근거를 두었으며, 다음의 세 가지 유형이 있다.

(1) **약형 효율적 시장(Weak form Efficient Market)**: 모든 과거의 정보가 현재의 주가에 반영되어 있는 시장을 말한다. 약형 효율적 시장가설에서 말하는 과거 정보는 대부분의 경우 과거 주식가격과 거래량의 움직임을 지칭하나, 주로 주식가격의 변화양상에 초점을 맞추고 있다.

(2) **준강형 효율적 시장(Semi-Strong form Efficient Market)**: 대중에게 공개되는 모든 정보가 신속하고 정확하게 증권가격에 반영되는 시장을 말한다. 준강형 효율적 시장가설에 따르면 현재 주식가격은 과거의 주가 움직임에 관한 정보를 완전히 반영할 뿐만 아니라, 이미 공개된 재무제표 또는 경제잡지의 새로운 기사 등도 반영하게 된다. 따라서 투자자들이 공개된 정보를 분석하여 투자결정을 하는 것은 별 의미가 없게 된다.

(3) 강형 효율적 시장(Strong form Efficient Market): 시장효율성의 가장 극단적인 경우로 현재의 증권가격이 공개된 정보뿐만 아니라 비공개된 내부정보까지도 완전히 반영되고 있는 시장을 말한다. 그러므로 강형 효율적 시장가설은 앞에서 설명한 약형 그리고 준강형 효율적 시장가설을 모두 포괄하고 있다.

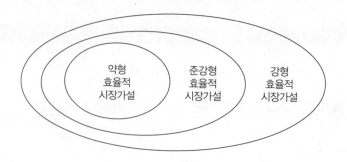

02　효율적 시장가설의 실증 분석

1 약형 효율적 시장가설의 실증 분석

약형 효율적 시장가설이 성립한다면 과거의 주가 움직임과 미래의 주가 움직임은 서로 독립적이어야 한다. 이와 같이 주가가 무작위적으로 변동하는가에 대한 실증 연구의 방법은 다음과 같이 크게 세 가지가 있다.

(1) 시계열독립성의 검정: 증권가격변화의 무작위성은 연속된 두 기간의 주식가격변화가 서로 관계가 있는지 없는지를 관찰함으로써 검정할 수 있다. 두 기간의 가격변화의 관계를 자기상관이라고 할 때, 자기상관계수를 측정척도로 하여 자기상관계수가 0에 가깝다면 증권가격의 변화는 시계열독립이라고 할 수 있다. 즉, 약형 EMH가 성립한다는 말이며, 파마의 검증 결과 유의적인 차이가 없는 것으로 확인되었다. 따라서 약형 효율적 시장가설은 성립하지 않는다.

(2) 필터법 검정: 필터법은 주가변동의 일정폭을 정하여 놓고 그 범위를 넘으면 매입하거나 매각하는 투자기법으로 주가변동의 패턴을 검증하는 방법이다. 이는 주가가 상승할 때나 하락할 때는 당분간 상승 또는 하락하는 추세를 형성한다는 가정하에 성립하는 투자전략이다. 주가에 일정한 패턴이 없다면 단순 매입 혹은 보유하는 전략이 필터법 못지않은 성과를 나타낸다는 연구 결과를 볼 때, 약형 효율적 시장가설이 성립한다는 뚜렷한 증거가 없다고 볼 수 있다.

(3) 연(Run)의 검증: 주가 상승 혹은 하락의 변동들을 뜻하는 말로, 연의 검증이란 주가의 변동과정에서 어떤 추세가 있는지 검증하는 방법이다. 주가의 변동이 무작위적이라 하면 실제 관찰된 연의 수와 무작위적인 난수로 구성된 연의 수는 통계적으로 유의적인 차이가 없을 것이다. 파마는 주가가 랜덤워크 모형에 따라 무작위적으로 변동한다는 사실을 발표한 것으로 볼 때, 약형 효율적 시장가설이 성립한다고 말하기 힘들다.

2 준강형 효율적 시장가설의 실증 분석

준강형 효율적 시장가설은 공개된 모든 정보는 정확하고 신속히 증권가격에 반영된다는 가설이다. 따라서 새로운 정보에 대하여 과잉반응을 보이거나 지연반응을 보이는 경우 투자자는 그러한 현상을 이용하여 비정상적인 수익을 얻는 투자를 할 수 있다. 이러한 비정상 수익률의 크기를 이용하여 시장효율성을 검증하는 방법으로 다음의 사건연구가 있다.

사건연구란 공개적으로 이용 가능한 정보를 하나의 사건으로 볼 때, 그 정보의 공시 시점을 전후한 주가변동을 살펴봄으로써 사건의 영향을 파악하고자 하는 기법이다. 만약 준강형 효율적 시장가설이 성립한다면 주가에 관련된 정보는 공시시점 이후에는 주가에 영향을 미쳐서는 안 된다. 이때, 주가에 관련된 특정 사건 전후의 주가변동은 비정상적인 초과수익률을 의미하는 잔차로써 측정되는데, 잔차란 실제수익률과 특정사건이 발생하지 않았다고 가정하는 경우의 균형 수익률의 차이를 말한다. 따라서 사건연구를 잔차분석이라고 하기도 한다.

3 강형 효율적 시장가설의 실증 검증

강형 효율적 시장가설은 모든 정보가 주가에 완전히 반영되는 시장을 뜻한다. 즉, 공개되지 않는 내부정보까지도 포함되는 경우를 뜻한다. 그러나 대중들이 모르는 독점적 정보를 과연 누가 가지고 있느냐를 파악하기란 거의 불가능하기 때문에 독점적 정보를 가진 투자자를 전문투자기관과 기업의 내부자 그룹으로 나누어서 실증 검증을 한다. 이에 대한 검증 결과, 전문투자기관의 투자성과는 일반 투자자와 별 차이가 없는 것으로 나타났다. 그러나 진정한 내부거래자의 투자성과에 대한 검증이 이루어지지 않아서 강형 효율적 시장가설에 대한 결론은 내릴 수 없다.

03 주식시장의 이상수익률 현상

효율적 증권시장에서는 모든 정보가 주가에 반영되므로 주식의 수익률은 위험에 상응하는 정상수익률일 뿐, 그 이상의 초과 수익을 얻을 수 없다. 그러나 실제로 증권시장의 수익률을 조사한 결과 이와 같은 논리로 설명되지 않는 비정상적인 현상이 있었다. 이와 같은 비정상적인 현상을 이례현상이라고 하며 다음과 같은 것이 있다.

1 낮은 주가수익비율 효과

주가수익비율(PER)이 낮은 주식의 수익률이 PER이 높은 주식의 수익률보다 높다는 주장으로 '저 PER 현상'이라고 한다. 모든 주식의 가격이 정보를 정확하고 신속하게 반영하여 비정상수익을 올릴 수 없다는 주장을 부인하고 있는 것이다.

2 기업의 규모효과

규모가 작은 기업에서 높은 비정상 수익률이 발생하는 효과를 규모효과(Size Effect)라고 한다. 규모가 큰 기업과 작은 기업의 주식들 간의 수익률 차이가 계속 존재함을 보여주어 시장의 비효율성을 나타내는 강력한 증거가 되고 있다.

3 장부가치 대 시장가치 비율효과

주식의 장부가치를 시장가치로 나눈 비율과 주식의 수익률이 일관되게 정비례함을 보여주어 시장의 비효율성에 관한 새로운 증거로서 역할을 하고 있다.

4 주말효과와 1월 효과

주초에는 수익률이 낮으며 주말에는 수익률이 높은 현상을 주말효과(Weekend Effect)라고 하며, 1월의 수익률은 다른 달들의 수익률의 평균치에 비해 높게 얻어지는 현상을 1월 효과(January Effect)라고 한다.

04　경제적 부가가치(EVA)와 시장부가가치(MVA)

그동안 경영자의 성과를 평가하는 기준으로 포괄손익계산서상의 순이익과 주식의 시장가격이었다. 그러나 최근 경영자의 성과를 평가하는 기준으로 바람직하지 못하다는 의견에 따라 다음의 두 가지 새로운 기준이 제시되고 있다.

1 경제적 부가가치(EVA)

(1) 도입배경: 경영성과지표로 사용되어 왔던 회계적 이익은 타인자본에 대한 자본비용을 고려하고 있으나 다른 자본 제공자인 주주에 대한 자본사용의 대가는 고려되지 않고 있다. 따라서 포괄손익계산서상의 순이익이 0보다 크다고 해서 그 기업의 경영사가 기업경영을 잘했다고 평가할 수 없다. 이러한 문제를 극복하기 위해 도입된 개념이 경제적 부가가치 개념이다.

(2) 경제적 부가가치의 개념(EVA; Economic Value Added): 기업이 벌어들인 영업이익에서 기업이 사용한 총자본(=타인자본+자기자본)에 대한 자본비용과 세금을 공제한 후에 남는 이익을 말한다.

$$EVA=세후영업이익-세후총자본비용$$
$$=(영업이익-법인세비용)-총자본×가중평균자본비용$$

EVA는 타인자본에 대한 이자비용만을 고려하는 회계적 이익과는 달리 자기자본을 포함한 총자본의 비용을 공제한 후에 남은 이익을 나타낸다. 이와 같이 평가된 EVA는 바로 기업이 그 해에 실현한 진정한 경제적 이익을 나타낸다.

2 시장부가가치

(1) 도입배경: 경영자의 성과를 평가하는 기준으로 포괄손익계산서상의 순이익 외에 주식의 시장가격이 있다. 주가를 높게 올려놓는 경영자는 우수한 경영자로 평가받아 왔다. 그러나 단순한 주식의 시장가치의 극대화는 투자원금을 고려하지 못한다는 문제가 있다. 즉, 주식의 총시장가치가 크다는 것이 주주의 부를 증가시키는 것과 반드시 일치하지 않다는 것이다.

(2) 시장부가가치의 개념(MVA; Market Value Added): 기업 총자본의 시장가치에서 장부가치를 뺀 값으로 측정되며, 이는 기업이 필요한 자금을 주주와 채권자들로부터 조달하여 경영활동에 투자한 결과 얼마만큼의 가치를 증가시켰는지를 나타낸다. 만약 부채의 시장가치와 장부가치가 동일하다고 보면 MVA는 자기자본의 시장가치에서 장부가치를 빼준 값으로도 계산될 수 있다.

$$MVA = 총자본의\ 시장가치 - 총자본의\ 장부가치$$
$$= 자기자본의\ 시장가치 - 자기자본의\ 장부가치$$
$$= 주식수 \times 주식가격 - 자기자본의\ 장부가치$$

(3) EVA와 MVA와의 관계

기업가치 또는 주주의 부의 증가는 기업이 투자를 통해 벌어들이는 이익이 자본비용보다 커야 발생한다. 다시 말해 기업가치의 증가분 또는 주주 부의 증가분인 MVA는 기업이 투자활동에서 벌어들이는 이익에서 자본비용을 공제한 후의 초과이익 EVA에 의해서 좌우되며, 미래 EVA의 현재가치의 합으로 계산할 수 있다.

$$MVA = 미래\ EVA의\ 현재가치의\ 합$$

---

05 레버리지 분석

1 개념 설명

(1) 레버리지(Leverage): 기업마다 각각 부담하는 고정비의 정도를 말한다.

(2) 레버리지 효과(Leverage Effect): 고정비의 존재로 인하여 매출액의 변화에 대하여 손익이 확대되어 나타나는 현상을 레버리지 효과라고 한다.

(3) 레버리지 분석(Leverage Analysis): 기업이 의사결정을 할 때에는 미래의 매출액 예측도 중요하지만, 매출액의 변화에 따른 이익의 변화양상을 분석하는 일도 중요하다. 이러한 분석을 레버리지 분석이라고 한다.

2 영업레버리지 분석

(1) **영업레버리지(Operating Leverage)**: 고정자산을 보유함으로써 고정영업 비용을 부담하는 것을 말한다. 매출액의 증감과 관계없이 일정하게 발생하는 고정영업비용이 매출액의 변화에 따른 영업이익의 변동에 어떤 영향을 미치는지 분석하는 것이 영업레버리지 분석의 핵심이다.

(2) **영업레버리지 효과(Operating Leverage Effect)**: 고정비가 지렛대(lever) 역할을 하여 매출액의 증감에 따라 영업이익의 증감폭이 확대되어 나타나는 현상을 말한다. 고정비를 부담하지 않는 기업에서는 영업레버리지 효과가 나타나지 않는다.

(3) **영업레버리지 분석(Operating Leverage Analysis)**: 매출액, 고정영업비용 그리고 영업이익의 변화 사이에 나타나는 영향의 관계를 분석하는 것이다.

3 재무레버리지 분석

(1) **재무레버리지(Financial Leverage)**: 타인자본을 이용함으로써 고정재무비용(이자비용)을 부담하는 것을 말한다.

(2) **재무레버리지 분석(Financial Leverage Analysis)**: 영업이익이 변화함에 따라 고정 재무비가 주당순이익에 미치는 영향을 분석하는 것이다.

(3) **재무레버리지 효과(Financial Leverage Effect)**: 타인자본 사용에 따라 발생하는 고정적인 이자비용이 지렛대(lever) 역할을 하여 주주에게 돌아가는 세후 순이익의 변화율은 영업이익변화율에 비하여 확대되어 나타나는 것을 말한다. 타인자본 의존도가 크면 클수록 재무레버리지 효과는 더욱 커진다.

4 결합레버리지 분석

(1) **결합레버리지(Combined Leverage)**: 영업레버리지와 재무레버리지를 결합한 것으로 고정자산과 타인자본의 사용으로 인해 고정비용을 부담하는 것을 말한다.

(2) **결합레버리지 분석(Combined Leverage Analysis)**: 매출액 → 영업이익 → 순이익의 관계를 동시에 고려한 것으로서, 영업레버리지의 효과와 재무레버리지의 효과를 결합하여 분석하는 것을 말한다.

(3) 결합레버리지 효과(Combined Leverage Effect): 결합레버리지에 의하여 매출액의 변화율보다 주당순이익의 변화율이 커지는 현상을 말한다.

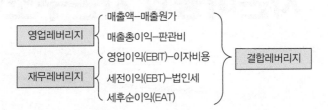

---

06 레버리지와 기업위험

레버리지 분석을 통하여 주주가 부담하는 위험을 분석할 수 있다. 이때 주주가 부담하는 위험은 크게 영업위험과 재무위험으로 구분된다.

1 영업위험(고정비 Risk)

영업위험(Operating Risk)이란 미래 영업이익(EBIT)의 변동가능성을 뜻하는 말로 경영위험이라고도 한다. 영업이익은 이자비용을 공제하기 전의 이익이므로 자본조달결정과는 무관하고 투자결정에 의하여 그 변동가능성이 달라지므로 영업위험은 투자결정과 관련되어 있음을 알 수 있다.

2 재무위험(이자 Risk)

재무위험(Financial Risk)이란 자본조달과 관련된 위험으로 부채의 사용에 따른 미래 주당순이익의 변동가능성을 의미한다. 주당순이익은 이자비용을 공제한 후의 이익이므로 주당순이익의 변동성은 부채의 사용정도에 따라 그 변동성이 달라지게 된다. 즉, 부채로 조달하는 금액이 많아질수록 주당순이익의 변동가능성은 증가할 것이다.

11 CHAPTER 자본비용과 자본구조이론

01 자본비용

1 자본비용의 개념

자본비용(Cost of Capital)이란 자본의 사용에 따른 비용을 뜻한다. 기업의 자본비용은 기업이 자본을 사용하는 대가로 자본제공자에게 지급하는 비용이라 정의할 수 있다. 자본비용은 용도에 따라 기대수익률, 요구수익률, 할인율, 자본환원율 등으로 불린다.

2 가중평균자본비용: WACC

가중평균자본비용은 각 원천별 자본이 차지하는 비율로 가중평균한 값이므로, 기업가치의 평가를 위한 할인율이다. 따라서 앞에서 구한 각 원천별 자본비용을 이용해서 구할 수 있다. 총자본(V)이 타인자본(B)과 자기자본(S)으로만 구성되어 있다면 가중평균자본비용(k_0)은 다음과 같다.

$$k_0 = k_d(1-T) \times \frac{B}{V} + k_e \times \frac{S}{V}$$

(단, $k_d(1-T)$: 세후 타인자본비용, $V = B + S$)

02 자본구조이론의 현실

현실적으로 자본시장은 불완전하다. 시장을 불완전하게 만드는 요인으로는 법인세, 파산비용, 대리문제, 정보의 비대칭, 그리고 개인소득세 등이 대표적이다. 법인세와 관련한 자본구조이론은 앞장에서 법인세를 고려할 경우의 MM이론으로 이미 설명하였다. 따라서 파산비용, 대리문제, 정보의 비대칭, 그리고 개인소득세와 관련하여 자본구조이론을 살펴보자.

1 파산비용이론

(1) **파산비용(Bankruptcy Cost)**: 부채를 과다하게 사용하는 기업이 부채의 원리금을 갚지 못하거나 기업의 자산가치가 부채보다 작아 부채의 상환능력을 상실한 상태를 파산(Bankruptcy)이라고 하며, 이러한 과정에서 발생하는 비용을 파산비용(Bankruptcy Cost)이라고 한다.

(2) 파산비용의 분류

① **직접파산비용**: 파산처리과정에서 직접적으로 발생하는 비용으로 변호사, 공인회계사에게 돌아가는 비용뿐만 아니라, 고정자산의 처분손실 또한 포함된다.

② **간접파산비용**: 파산선고를 받은 이후, 파산절차를 밟는 과정에서 판매가 감소하고 영업활동이 위축되어 손해를 보게 된다. 또한, 새로운 자본조달도 어렵게 되며, 자본조달이 가능하더라도 높은 자본비용을 지불하게 되는데, 이러한 모든 비용을 파산의 간접비용이라 한다. 이는 측정하기는 어려우나 규모가 직접파산비용에 비해 훨씬 크다.

(3) 파산비용과 자본구조
: 부채의 이용은 한편으로는 부채에 대한 이자가 비용으로 처리됨으로써 얻게 되는 법인세의 감세효과를 가져다 주지만, 다른 한편으로는 부채의 이용 때문에 기대파산비용이 증가하는 효과를 가져 온다. 따라서 부채사용에 따라 발생하는 법인세 감세효과라는 이득과 기대파산비용의 증가라는 손실 사이에 기업 가치를 극대화할 수 있는 최적자본구조의 존재를 논의할 수 있다.

$$V_L = V_U + T \times B - \text{기대파산비용의 현가}$$

파산비용을 고려하게 되면 부채사용의 증가에 따라 기대파산비용의 현가가 증가하게 되어 기업 가치는 감소한다. 따라서 기업 가치가 최대로 되는 부채수준은 부채 1단위의 증가에 따른 법인세 감세효과의 증분과 기대파산비용의 증분이 같아지는 점이 최적 자본구조를 가지게 된다.

2 대리이론

(1) 대리비용(Agency Cost)
: 기업을 둘러싸고 있는 이해관계자들이 자신들의 이익을 극대화하기 위해 노력하는 과정에서 나타나는 이해다툼으로 인해 발생하는 비용을 뜻한다. 젠센과 맥클링(Jensen and Meckling)은 대리관계를 '1인 이상의 사람이 다른 사람(대리인)에게 자신을 대신하여 의사결정을 할 수 있도록 의사결정권한을 위임하는 계약관계'라고 정의하고 있다. 즉, 이해관계 당사자들의 갈등상황으로 넓게 해석된다. 젠센과 맥클링은 서로 간의 이해다툼으로 말미암아 발생하는 대리비용을 대리문제의 방지수단에 따라 다음과 같이 세 가지로 구분하고 있다.

① **감시비용(Monitoring Cost)**: 대리인의 행위가 본인의 이익으로부터 이탈하는 것을 감시하는 데 드는 비용을 말한다. 감시활동, 통제시스템의 수립, 이사회를 운영하는 데 드는 비용 등이 그 예이다.

② **확증비용(Bonding Cost)**: 대리인이 본인에게 해가되는 행위를 하고 있지 않음을 보증하는 과정에서 발생하는 비용으로 대리인이 부담하는 비용이다.

③ **잔여손실(Residual Loss)**: 경영자와 주주에 의해 확증활동과 감시활동이 최적으로 이루어진다 하더라도 차이가 날 수 있으며 이러한 차이로 인한 손실을 잔여손실이라고 한다.

(2) 대리비용의 유형 – 자기 자본의 대리비용: 경영자가 기업의 소유지분을 100% 소유한다면 주주와 경영자 간의 대리관계는 발생하지 않는다. 그러나 경영자가 기업을 완전히 소유하고 있지 않다면 경영자와 다른 주주들 간에 대리관계가 발생하고 경영자와 다른 주주들이 각기 자신의 이익을 추구하는 과정에서 대리비용이 발생한다. 따라서 경영자가 특권적 소비나 비금전적 효익을 통하여 자기 자신의 효용을 추구함으로써 발생하는 주주의 부의 감소를 자기자본의 대리비용이라 한다. 자기자본의 대리비용은 경영자의 지분율이 낮아질수록 크게 나타난다.

(3) 대리비용과 자본구조: 자기자본의 대리비용은 외부주주의 지분율이 높을수록 증가하며, 부채의 대리비용은 기업의 부채비율이 높을수록 증가한다. 따라서 자기자본대리비용과 부채의 대리비용의 합이 최소가 되는 외부주식과 부채의 최적배합이 존재하며, 이것이 자본의 최적구조이다. 즉, 법인세나 파산비용을 고려하지 않고 대리비용만을 고려하지 않더라도 최적자본구조가 존재함을 나타낸다. 법인세나 파산비용이 있는 경우에는 다음과 같이 기업 가치를 나타낼 수 있다.

$$V_L = V_U + T \times B - \text{파산비용의 현가} - \text{대리비용의 현가}$$

즉, 부채의존도가 높아질수록 법인세 감세효과와 자기자본의 대리비용의 감소로 기업가치는 상승한다. 그러나 파산비용과 부채의 대리비용이 증가하여 기업가치가 감소한다. 따라서 이들에 대한 한계이익과 한계비용이 일치하는 수준에서 최적자본구조가 결정될 것이다.

3 정보비대칭과 신호효과

(1) 신호효과: 경영자와 일반투자자들이 서로 다른 수준의 정보를 갖게 되는 상황을 정보비대칭이 있는 상황이라 한다. 정보비대칭이 있는 경우 기업내용에 대해 우월한 정보를 갖고 있는 기업의 경영자는 자신이 알고 있는 정보를 일반투자자에게 전달해주는 수단으로 자본조달정책이나 배당정책을 이용할 수 있는데, 이러한 정보전달효과를 신호효과(Signaling Effect) 혹은 정보효과(Information Effect)라고 한다.

(2) 신호이론: 자본시장에 있는 투자자들은 부채비율이 높은 기업의 경우 기업의 미래현금흐름에 대한 좋은 정보로 인식하여 기업 가치를 높게 평가하고, 반대로 부채비율이 낮은 기업은 미래현금흐름에 대한 나쁜 정보로 인식하여 기업 가치를 낮게 평가한다. 이처럼 자본조달 방법이 기업 가치에 영향을 미치는 과정에서 최적자본구조를 도출하는 것이 신호이론이다.

CHAPTER

12 재무비율분석

01 주요 재무비율

1 유동성 비율

유동성(Liquidity)은 보통 기업이 단기부채를 상환할 수 있는 능력으로 정의된다. 즉, 유동성이란 기업이 현금을 동원할 수 있는 능력이라 할 수 있다. 이러한 유동성을 보여주는 비율들을 유동성 비율이라 하며, 짧은 기간 내에 갚아야 하는 채무를 지급할 수 있는 기업의 능력을 측정해준다.

(1) **유동비율(Current Ratio)**: 1년 내에 현금화가 가능한 유동자산을 1년 이내에 만기가 도래하는 유동부채로 나눈 비율이다. 유동비율이 높으면 단기 채무에 대한 지급능력이 우수하다고 볼 수 있다.

$$유동비율 = \frac{유동자산}{유동부채}$$

(2) **당좌비율(Quick Ratio)**: 유동자산 중에서 재고자산을 뺀 부분을 유동부채로 나눈 것이다. 재고자산은 유동성이 가장 낮은 항목일 뿐만 아니라 처분할 때에도 손실을 입을 위험이 크다. 따라서 기업이 재고자산을 처분하지 않고도 단기 부채를 갚을 수 있는 가를 나타내는 지표이다. 유동비율은 높은데 당좌비율이 낮다는 것은 재고자산이 많다는 의미이다.

$$당좌비율 = \frac{유동자산 - 재고자산}{유동부채} = \frac{당좌자산}{유동부채}$$

2 레버리지 비율(Leverage Ratio)

레버리지 비율은 부채성 비율이라고도 하며, 기업이 타인자본에 의존하고 있는 정도를 나타내는 비율이다. 특히 장기부채의 상환능력을 측정하는 것이다.

(1) **부채비율(Debt to Equity Ratio)**: 부채비율은 총자본을 구성하고 있는 자기자본과 타인자본의 비율을 말하는 것이다.

$$부채비율 = \frac{타인자본}{자기자본}$$

(2) 이자보상비율(Interest Coverage Ratio): 타인자본의 사용으로 발생하는 금융비용, 즉 이자가 기업에 어느 정도의 압박을 가져오는가를 보기 위한 것이다. 산업평균보다 이자보상비율이 낮다는 것은 영업이익에 비하여 금융비용의 압박이 크다는 것을 뜻한다.

$$이자보상비율 = \frac{영업이익}{이자비용}$$

3 활동성 비율

활동성 비율이란 기업이 소유하고 있는 자산들을 얼마나 효과적으로 이용하고 있는가를 측정하는 비율이다. 이와 같은 비율들은 매출액에 대한 각 중요 자산의 회전율로 표시되는 것이 보통이다. 여기서 회전율이란 자산의 물리적 효율성을 말하는 것이다.

(1) 재고자산회전율(Inventory Turnover): 재고자산회전율은 매출액을 재고자산으로 나눈 값으로, 재고자산이 한 회계연도 즉, 1년 동안에 몇 번이나 당좌자산으로 전환되었는가를 측정하는 것이다. 재고자산회전율이 낮다는 것은 매출액에 비하여 과다한 재고를 소유하고 있다는 것이며, 높다는 것은 적은 재고자산으로 생산과 판매 활동을 효율적으로 수행하고 있다는 뜻이다.

$$재고자산회전율 = \frac{매출액}{재고자산}$$

(2) 매출채권회전율(Receivables Turnover): 매출채권회전율은 매출액을 매출채권으로 나눈 값이다. 같은 매출액에 비하여 매출채권이 적을수록 매출채권관리를 잘하고 있다고 볼 수 있으므로, 매출채권회전율은 클수록 좋다.

$$매출채권회전율 = \frac{매출액}{매출채권}$$

또한, 매출채권의 평균회수기간은 매출채권회전율의 역수에 365일을 곱한 수치이다. 즉, 매출채권을 1일 평균매출액으로 나눈 수치이다.

$$평균회수기간(일) = \frac{1}{매출채권회전율} \times 365일 = \frac{매출채권}{1일\ 평균매출액}$$

(3) **총자산회전율**(Total Assets Turnover): 총자산회전율은 매출액을 총자산으로 나눈 것이다. 총자본은 자기자본과 타인자본을 합한 것으로 총자산과 같은 크기를 가지므로 총자산회전율은 총자본회전율이라고도 한다. 이 비율은 기업의 총자본이 1년에 몇 번이나 회전하였는가를 나타내므로 기업이 사용한 총자산의 효율적인 이용도를 종합적으로 표시하는 것이다. 이 회전율이 낮으면 과잉투자와 같은 비효율적인 투자를 하고 있다는 것을 의미한다.

$$총자산회전율 = \frac{매출액}{총자산(총자본)}$$

4 수익성 비율

기업의 수익성은 기업의 여러 가지 정책과 의사결정의 종합적 결과로서 나타나는 것이다. 앞에서 설명한 비율들은 기업이 어떻게 운영되고 있는가를 부분적으로 고려하고 있는 데 반하여, 수익성 비율은 기업의 모든 활동이 종합적으로 어떤 결과를 나타내는가를 측정한다.

(1) **총자본순이익률**(Net Profit to Total Assets): 총자본순이익률은 순이익과 총자본의 관계를 나타내는 것으로 기업의 수익성을 대표하는 비율이다. 투자수익률이라고도 하며 ROI로도 쓰인다.

$$총자본순이익률 = \frac{세전순이익}{총자본(총자산)}$$

(2) **매출액순이익률**(Net Profit to Sales): 매출액순이익율은 순이익을 매출액으로 나눈 것으로 매출액 1원에 대한 순이익이 얼마인가를 나타낸다. 보통 매출마진이라는 용어를 많이 쓴다. 이 비율은 기업의 영업활동의 성과를 총괄적으로 파악하는 비율이라 할 수 있으며, 경쟁기업의 매출액순이익률과 비교 분석함으로써 그 기업의 경영이 얼마나 합리적인가를 나타낸다.

$$매출액순이익률 = \frac{순이익}{매출액}$$

(3) **자기자본순이익률**(Net Profit to Net Worth): 자기자본순이익률은 순이익을 자기자본으로 나눈 것으로, 1원의 자기자본으로 순이익을 얼마만큼 발생시켰는가를 나타낸다. 산업평균보다 낮다는 것은 비능률적으로 운영하고 있거나, 타인자본을 적절히 사용하지 못하고 있음을 나타낸다.

$$자기자본순이익률 = \frac{순이익}{자기자본}$$

5 시장가치비율

주식가격과 관련된 여러 가지 비율도 기업을 분석하는 데 있어 매우 중요하다. 시장가치비율은 투자자가 기업의 과거 성과와 미래 전망에 대해 어떻게 평가하고 있는지를 알 수 있게 하는 지표이다.

(1) **주가수익비율(PER; Price Earning Ratio):** 주가수익비율은 주가를 주당순이익으로 나눈 것으로 P/E비율 또는 PER라고 하며, 그 단위는 배가 된다. 이것은 주당순이익의 몇 배가 주식가격으로 형성되는가를 보여준다. 높은 성장이 기대되는 기업은 이 비율이 높게 나타나며, 성장이 낮을 것이라고 생각되는 기업은 이 비율이 낮다.

$$주가수익비율 = \frac{주가}{주당순이익}$$

그런데, 여기서 주당순이익(EPS; Earning Per Share)은 주식을 평가할 때 가장 기본이 되는 자료로서, 발행주식 1주당 순이익이 얼마인가를 보여주는 수치이다. EPS가 클수록 그 기업의 주식가격이 높은 것이 보통이다.

$$주당순이익 = \frac{순이익}{발행주식수}$$

(2) **주가 대 장부가치비율(PBR; Price Book-value Ratio):** 주가 대 장부가치비율은 주식가격을 주당 장부가치로 나눈 값이다. 주식가격은 시장에서 평가된 가치이므로 주가 대 장부가치비율은 시장가치 대 장부가치비율이라고도 한다. 높은 수익률을 내는 기업은 장부가격보다 비싼 가격으로 주가가 형성되기 때문에, 이 비율에 의해 기업의 수익성을 평가할 수 있다.

$$주가 대 장부가치비율 = \frac{주가}{주당 장부가치}$$

여기서 주당 장부가치는 재무상태표에서 자본금과 유보이익의 합을 발행주식수로 나누어 구할 수 있다. 보통 높은 성장이 기대되는 회사는 주식의 장부가치보다 높게 시장가치가 형성되며, 성장이 크지 않은 기업들에 있어서는 이 비율이 아주 낮을 수도 있다.

$$주당 장부가치 = \frac{자본금 + 유보이익}{발행주식수}$$

---

02   비율분석의 유용성과 문제점

1 유용성

(1) 간단하며 이해가 쉬워 경영학이나 재무관리를 공부하지 않은 사람도 쉽게 이용할 수 있다.

(2) 의사결정을 위한 자료수집이 거의 필요 없다.

(3) 구체적이고 복잡한 기업분석을 하기 이전의 예비분석으로서 가치가 있다.

2 문제점

(1) 재무분석의 근본목적은 기업이 앞으로의 의사결정을 하는 데 도움을 받기 위한 것인데, 비율분석은 과거 회계정보에 의존하고 있다는 한계가 있다.

(2) 비율분석은 재무제표를 중심으로 계산되어 평가되는데, 재무제표는 회계기간을 기준으로 작성되므로 변화의 연속성을 반영하지 못한다.

(3) 회계처리방법에 따라 비율이 달라질 수 있다.

(4) 표준비율을 설정하는 데 어려움이 있다. 어떤 기업이 비율을 정확하게 계산한다 할지라도 비교 대상이 불명확하다.

---

03 종합적 비율분석

1 ROI 분석

DuPont사에서 개발되어 1930년대부터 사용하기 시작한 ROI기법은 기업의 목표를 투자수익률로 하여 이를 결정하는 재무요인을 체계적으로 관찰해서 문제가 발생되는 재무요인을 중점적으로 통제하는 방법이다. 총자본순이익률(ROI)은 투자수익률로 불리며 다음과 같이 수익성을 나타내는 매출액순이익률과 활동성을 표시하는 총자산회전율의 곱으로 표시된다.

$$\text{ROI(총자본순이익률)} = \frac{\text{순이익}}{\text{총자산}} = \frac{\text{순이익}}{\text{매출액}} \times \frac{\text{매출액}}{\text{총자산}} = \text{매출액순이익률} \times \text{총자산회전율}$$

2 ROI 분석의 유용성과 한계점

(1) 유용성

① 활동성 비율인 총자산회전율과 수익성 비율인 매출액순이익률을 결합한 것으로 기업활동의 양 측면을 동시에 분석할 수 있다.

② ROI는 기업의 총투자액에 대한 성과를 나타내는 비율로 기업의 경영자나 종업원의 업적평가 및 통제를 하는 데 있어서 다른 의미로 정의한 수익률의 개념보다 타당성이 있다.

③ 각 부서에 종사하는 경영자나 종업원들에게 그들 부서의 업무와 ROI 극대화라는 기업 목표와의 관계를 명확하게 인식시킴으로써 각 부문활동이 기업의 목표와 직결되도록 한다.

④ 투자수익률과 이에 관계된 모든 재무요인을 하나의 그림으로 표현해 주므로 재무재표에 대한 지식이 없는 사람도 한 눈에 쉽게 이해할 수 있다.

(2) 한계점

① 투자수익률의 증대가 기업의 유일한 목표일 수 없다.

② ROI는 회계처리방법에 영향을 받는다.

③ 시장가치가 아니라 장부가치로 계산되므로 오래된 설비를 많이 보유하고 있을수록 ROI가 크게 평가된다.

④ 타인자본의 사용으로 인한 레버리지의 증가로 인해 투자수익률이 증대되었을 때, ROI 기법은 타인자본과 자기자본의 합계인 총자본만을 고려하므로 ROI 기법으로는 레버리지의 증가에 따른 위험의 증가를 파악할 수 없다.

3 ROE 분석

자기자본순이익률(ROE; Return On Equity)은 순이익을 자기자본으로 나눈 값으로 ROI에 총자본 대비 자기자본 비율을 곱한 값이다.

$$ROE(자기자본순이익률) = \frac{순이익}{자기자본} = \frac{순이익}{매출액} \times \frac{매출액}{총자본} \times \frac{총자본}{자기자본}$$
$$= 매출액순이익률 \times 총자산회전율 \times 레버리지승수$$
$$= ROI \times 레버리지승수$$

ROE는 기업의 실질적인 소유주인 주주들이 투자한 자본이 벌어들이는 수익성을 나타내 주는 지표로서 주주들의 입장에서 볼 때 가장 중요한 재무비율이다. ROE가 계속해서 높게 평가된다는 것은 기업이 수익성이 좋은 새로운 투자기회들을 계속 확보한다는 의미이며, ROE가 떨어진다는 것은 좋은 투자기회를 가지고 있지 못함을 나타낸다.

CHAPTER 13 옵션

01 옵션의 기초

1 기초개념

(1) 파생 상품(Derivation)

주식이나 채권, 또는 외환과 같은 기존 상품을 기초자산으로 하는 오션, 선물, 스왑 등의 새로운 금융상품을 말한다.

(2) 옵션: 주식이나 채권 등의 증권을 기초자산으로 하여 만들어진 하나의 유가증권으로, 미리 정해진 기간(만기일)내에 미리 정한 값(행사가격)으로 특정자산(기초자산)을 매입하거나 매도할 수 있는 권리가 부여된 증권이다.

① 만기일(Expiration Date): 옵션을 행사할 수 있는 기간을 옵션의 잔여만기(Maturity)라고 하며, 최종 행사일을 만기일이라고 한다.

② 행사가격(Exercise Price): 옵션 거래에서는 기초자산을 사거나 파는 가격이 미리 정해져 있는데 이를 행사가격이라고 한다.

③ 기초자산(Underlying Asset): 옵션을 행사함으로써 얻게 되는 자산은 옵션의 가치를 결정하는 기초가 되므로 이를 기초자산이라 한다.

2 옵션의 종류

(1) 권리에 따른 분류

① 콜옵션(Call Option): 미리 약속한 증권을 정해진 기간에 정해진 가격으로 살 수 있는 권리가 부여된 증권

② 풋옵션(Put Option): 미리 약속한 증권을 정해진 기간에 정해진 가격으로 팔 수 있는 권리가 부여된 증권

(2) 만기일에 따른 분류

① 미국식 옵션(American Option): 미리 정해진 기간 내에는 언제라도 권리를 행사할 수 있는 옵션

② 유럽식 옵션(European Option): 미리 정해진 만기일 단 하루에만 권리를 행사할 수 있는 옵션

3 옵션의 특징

(1) 옵션거래는 기초자산 발생기업과 무관하므로, 기초자산을 발행한 기업가치에 직접적인 영향을 미치지 않는다.

(2) 옵션 거래시, 만기와 행사가격이 미리 정해져 있기 때문에 기초자산의 가격에 따라 그 가치가 변한다.

(3) 옵션의 소유자는 자신에게 유리한 경우에만 권리를 행사할 수 있다. 그러나 옵션매도자는 옵션 매입자가 권리를 행사할 경우 반드시 응해야 한다.

(4) 옵션 매도자는 옵션을 매입하는 사람에게 유리한 경우에 팔 수 있는 권리를 부여하므로, 그 권리에 대한 일정한 대가인 옵션 프리미엄(Option Premium)을 지불해야 한다.

4 옵션의 기능

(1) 위험 헤지 기능: 기초자산의 가격변화에 따른 위험을 옵션을 통해 분산시킬 수 있다. 보험회사가 보험료를 받고 보험가입자의 위험을 떠맡듯이, 옵션 매도자는 옵션프리미엄을 받고 옵션 매입자의 위험을 떠맡는다. 즉, 일종의 위험이전 거래라고 할 수 있다.

(2) 레버리지 기능: 주식이나 채권투자에 비하여 적은 금액을 투자하여 큰 효과를 볼 수 있다.

(3) 새로운 금융상품 창조 기능: 옵션은 다른 옵션 및 증권들과의 다양한 결합으로 투자자가 원하는 새로운 금융상품을 만들 수 있다. 즉, 다른 증권과의 다양한 결합으로 원하는 수익형태를 가져다주는 새로운 상품을 만들 수 있다.

(4) 효율적 포트폴리오 관리: 주가지수옵션거래는 낮은 비용으로 신속하게 포트폴리오 위험을 조정할 수 있으므로 포트폴리오의 유용성을 증가시킨다.

[예제1] 콜옵션과 풋옵션

주식 A를 기초자산으로 하고, 만기일이 3개월 후이며, 행사가격이 10,000인 콜옵션과 풋옵션이 현재 거래되고 있다.

(1) 콜옵션 매입자: 3개월 후의 기초자산 주식 A의 주가가 10,000 보다 크다면 콜옵션 권리를 행사해서 차액만큼의 이익을 얻을 수 있다. 만약, 기초자산 주식 A의 주가가 10,000 보다 작다면 콜옵션 권리를 포기하고, 옵션 거래시 지불한 옵션 프리미엄만큼만 손해를 보면 된다.

(2) 콜옵션 매도자: 옵션거래로 옵션 프리미엄을 얻을 수 있지만, 기초자산 주식 A의 주가가 10,000 보다 클 경우, 차액만큼 매도자에게 보상을 해야 한다.

(3) 풋옵션 매입자: 3개월 후의 기초자산 주식 A의 주가가 10,000 보다 작다면 옵션 권리를 행사해서 차액만큼의 이익을 얻을 수 있다. 만약, 기초자산 주식 A의 주가가 10,000 보다 크다면 콜옵션 권리를 포기하고, 옵션 거래시 지불한 옵션 프리미엄만큼만 손해를 보면 된다.

(4) 풋옵션 매도자: 옵션거래로 옵션 프리미엄을 얻을 수 있지만, 기초자산 주식 A의 주가가 10,000 보다 작을 경우, 차액만큼 매도자에게 보상을 해야 한다.

위의 각 경우에 대해 표로 정리를 해보면 다음과 같은 결과를 얻을 수 있다.

구분		$S_T > X + OP$	$S_T > X$	$S_T = X$	$S_T < X$	$S_T < X + OP$
콜 옵션	매입자	$S_T > X - OP$	$(S_T > X) - OP$	$-OP$	OP	$-OP$
		이익	알 수 없음	손해	손해	손해
	매도자	$-(S_T > X) + OP$	$-(S_T > X) - OP$	OP	OP	OP
		손해	알 수 없음	이익	이익	이익
풋 옵션	매입자	$-OP$	$-OP$	$-OP$	$(X - S_T) - OP$	$(X - S_T) - OP$
		손해	손해	손해	알 수 없음	이익
	매도자	OP	OP	OP	$-(X - S_T) - OP$	$-(X - S_T) - OP$
		이익	이익	이익	알 수 없음	손해

(단, S_r: 만기일의 주가, X: 행사가격, OP: 옵션 프리미엄)

[예제1] 레버리지 기능

주식 A를 기초자산으로 하고, 만기일이 3개월 후이며, 행사가격이 10,000인 콜옵션이 500원에 거래되고 있다. 만약 3개월 후에 기초자산 A의 주가가 9,000인 경우와 11,000인 경우, 콜옵션을 매입했을 때와 주식매입 했을 때의 수익률을 비교하라.

[해답]

3개월 후의 기초자산의 주가에 따라 콜옵션을 매입한 경우와 주식 매입한 경우를 비교하면 다음과 같다. 아래 표에서 알 수 있듯이, 주식에 직접 투자하는 것보다 콜옵션 매입의 경우 적은 투자액으로 높은 투자수익을 얻을 수 있음을 알 수 있다. 즉, 레버리지 기능을 확인할 수 있다.

구분	$S_T = 9,000$	$S_T = 11,000$
콜옵션 매입	수익률 $= \dfrac{-500}{500} \times 100 = -100\%$	수익률 $= \dfrac{(11,000-10,000)-500}{500} \times 100 = 100\%$
주식매입	수익률 $= \dfrac{9,000-10,000}{500} \times 100 = -200\%$	수익률 $= \dfrac{11,000-10,000}{500} \times 100 = 200\%$

1 의의

옵션 가격(Option Price)은 옵션 매도자가 옵션 매입자의 위험을 이전받는 대가로 받는 금액이다. 즉, 옵션 프리미엄과 옵션 가격은 같은 말이다.

2 옵션의 기본 포지션

(1) 의의: 하나의 주식이나 옵션만을 매입 또는 매도하는 전략

① **주식의 매입(Long Stock)**: 만기일의 주가(S_T)가 현재주가(S_0)보다 크면 차액만큼 이익을 얻고, 현재주가보다 낮으면 차액만큼 손실을 본다.

② **주식의 공매(Short stock)**: 만기일의 주가가 현재주가보다 크면, 차액만큼 손실을 보고, 현재주가보다 낮으면 차액만큼 이익을 얻는다.

(2) 콜옵션의 매입과 매도(C: 콜옵션 가격): 기초자산의 가격이 상승할 것으로 예상할 때에 콜옵션을 매입하는 반면, 기초자산의 가격이 하락할 것으로 예상할 때에는 콜옵션을 매도하게 된다.

(3) 풋옵션의 매입과 매도(P: 풋옵션 가격): 기초자산의 가격의 하락할 것으로 예상할 때 풋옵션을 매입하는 반면, 기초자산의 가격이 상승할 것으로 예상할 때에는 풋옵션을 매도한다.

3 옵션가격의 결정 범위

(1) 콜옵션

① Sg 0: 옵션은 유리한 경우에 행사할 수 있는 권리를 거래하는 것이므로 콜옵션가격은 '0'보다 커야 한다.

② Cf S_0: 차익거래이익 발생때문에, 콜옵션의 가격은 기초자산의 현재가격보다 클 수 없다.

③ Cg $S_0-PV(X)$: 콜옵션의 가격은 기초자산의 현재 주가와 행사가격의 현재 가치의 차이보다는 커야 거래의 동기가 발생한다.

(2) 풋옵션

① Pg 0: 옵션은 유리한 경우에 행사할 수 있는 권리를 거래하는 것이므로 풋옵션가격은 '0'보다 커야 한다.

② Pg X: 미국형 풋옵션가격은 행사가격보다 작아야 한다.

Pf PV(X): 유럽형 풋옵션가격은 행사가격의 현재가치보다 작아야 한다.

③ Pg $X-S_0$: 미국형 풋옵션의 가격은 행사가격에서 현재주가를 차감한 값보다 커야 한다.

Pg $PV(X)-S_0$: 유럽형 풋옵션가격은 행사가격의 현재가치에서 현재주가를 차감한 값보다 커야한다.

4 옵션가격의 구성요소

(1) **내재가치(Intrinsic Value)**: 옵션은 기초주식의 현재가격과 행사가격간의 관계에 따라 다음과 같이 내재가치가 달라질 수 있다.

① 내가격상태(ITM; In The Money): 옵션을 행사하는 것이 매입자에게 유리하여 내재가치가 (+)인 상태를 내가격상태에 있다고 한다.

② 등가격상태(ATM; At The Money): 행사가격과 시장가격이 동일하거나 비슷하여 옵션을 행사하더라도 손익이 발생하지 않아서 내재가치가 '0'인 상태를 등가격 상태라고 한다.

③ 외가격상태(OTM; Out The Money): 옵션을 행사하는 것이 매입자에게 경제적으로 불리하게 작용하는 상태로 내재가치가 (−)인 상태를 외가격상태라고 한다.

구분	$S_0 > X$		$S_0 = X$		$S_0 < X$	
옵션 종류	콜옵션	풋옵션	콜옵션	풋옵션	콜옵션	풋옵션
옵션의 상태	ITM	ITM	ATM	ATM	OTM	ITM
내재 가치	+	−	0	0	−	+

(2) **시간가치(Time Value)**: 옵션이 만료일에 이익을 얻을 확률에 대한 기대가치로, 외재가치(Extrinsic Value)라고도 한다. 장래에 이익을 얻을 가능성이 클수록 시간가치는 높아지기 때문에 권리행사가격에서 멀어질수록 체감되지만 0 이나 (−)의 값을 가지지는 않는다.

① 등가격상태(ATM)일 때 시간가치는 가장 크다.

② 등가격상태(ATM)에서 멀어질수록 시간가치는 체감한다.

14 선물

01 선물의 기초

1 선물계약의 의의

(1) **선물계약(Futures Contracts) 또는 선도계약(Foward Contracts):** 특정한 자산을 미리 정해진 시기에 미리 정해진 값으로 현재 시점에 사거나 팔기로 약정한 계약을 말한다.

(2) **선물계약과 선도계약의 차이**

구분	선도계약	선물계약
1	거래당사자의 합의에 의해 계약조건이 결정되고, 거래장소에 구애 받지 않으며 대상 상품이 표준화 되어 있지 않다.	계약조건, 거래조건 등이 표준화되어 있으며, 정해진 장소에서만 거래된다.
2	만기일에만 결제가 이루어지기 때문에 만기일 이내에 반대매매를 할 수 없다	만기일 이내에 언제라도 반대매매를 통하여 거래를 청산시킬 수 있다
3	거래당사자의 신용에 따라 결제가 이루어지지 않을 수 있다	결제회사가 결제를 보증하고 일일정산제를 통하여 매일의 시세에 따라 손익을 미리 계산한다.

2 선물계약의 기초개념

(1) **기초자산(Underlying Asset):** 선물거래의 대상이 되는 상품을 말한다.

(2) **현물가격(S; Spot Price):** 현재 시장에서 형성되고 있는 기초자산의 가격을 말한다.

(3) **만기일(T; Maturity):** 거래하기로 약속한 미래의 특정 시점. 즉, 기초자산을 사거나 파는 시점을 말하며 인도일이라고도 한다.

(4) **선물가격(F; Futures Price):** 만기일에 기초자산을 거래하는 경우에 미리 정한 가격이다.

3 선물거래

(1) **선물계약의 매입(Long Position):** 만기일에 기초자산을 선물가격으로 매입할 것을 계약한 것이다. 기초자산의 가격이 오를수록 이익을 본다.

(2) **선물계약의 매도(Short Position):** 만기일에 기초자산을 선물가격으로 매도할 것을 계약한 것이다. 기초자산의 가격이 떨어질수록 이익을 보게 된다.

$$선물매입거래의 손익 = S_T - F_0$$
$$선물매도거래의 손익 = F_{0r} - S_T$$
(단, S_T: 만기일의 현물가격, F_0: 선물계약 당시의 선물 가격)

4 선물계약의 특성

(1) 선물과 옵션의 차이

구분	선물	옵션
매입자	선물의 매입자와 매도자 모두 만기일의 현물가격에 관계없이 거래를 반드시 완성시킬 의무가 있다.	옵션의 소유자는 기초자산의 가격에 따라 옵션의 행사여부를 결정할 수 있는 권리를 갖는다.
매도자		옵션의 발행자는 옵션 소유자가 옵션을 행사할 경우에만 거래를 완성 시킬 의무를 갖는다.

(2) 선물 계약의 가치

구분	선물	옵션
프리미엄 (계약의 가치)	선물거래에서 기대되는 만기일의 손익은 '0'이므로, 최초 거래 시점에서 선물거래의 가치는 '0'이다. 따라서 선물매입이나 매도에는 비용이나 수익이 발생하지 않는다.	만기일에 0보다 큰 이득을 기대할 수 있으므로, 거래 시점에서의 옵션 가격은 '0'보다 큰 값을 갖는다. 따라서 옵션 매입자는 옵션가격을 비용으로 지불한다.

(3) **선물 계약의 청산:** 선물 거래는 만기일에 기초자산의 인수 또는 인도 대신에 만기일의 현물가격과 약정된 선물가격의 차액만을 현금결제하여 거래를 청산하거나, 거래의 만기일 이전에 원래의 거래와 반대되는 거래를 행하여 그 차액을 결제함으로써 거래를 청산한다.

5 베이시스와 선물가격의 수렴

(1) **베이시스(Basis):** 선물계약 시점에서 선물가격과 현물가격은 일반적으로 같지 않다. 미래 경제상황의 변동을 반영하여 선물가격과 현물가격이 형성되므로 선물가격과 현물가격은 계속 변동하게 된다. 이때, 선물가격과 현물가격의 차이를 베이시스라고 한다.

(2) **선물가격의 수렴현상(Convergence Property):** 시간이 경과하여 만기일이 가까워지면 베이시스는 점점 작아지고 만기일에는 선물가격과 현물가격이 같게 된다. 이러한 경우를 선물가격의 수렴현상이라 한다. 베이시스가 '0'이 아닌 경우 차익거래가 가능한데, 효율적인 시장에서는 이러한 차익 기회가 존재하지 않으므로 수렴현상이 성립한다.

1 선물계약의 유형

(1) 상품선물(Commodity Futures)
옥수수, 밀, 콩 등의 주요 농산물과 구리, 금 등의 금속 등이 기초자산일 경우, 상품선물이라 한다. 기초상품의 생산자와 소비자가 상품의 가격변동에 따라 발생하는 위험을 관리하는 수단으로 유용하게 이용된다. 1948년에 개설된 시카고 상품거래소가 근대화된 최초의 선물시장이며 이곳에서 곡물선물 중심으로 거래가 되기 시작했다.

(2) 금융선물(Financial Futures)
① 통화선물(Currency Futures): 1972년 시카고 상업거래소 내에 국제통화시장이 개설되면서 파운드화, 달러화, 마르크화 등 7개국의 통화를 대상으로 거래되기 시작했다.
② 금리선물거래(Interest Rate Futures): 1973년 오일쇼크를 계기로 이자율이 급격히 변동하게 되자, 이자율의 변동위험을 회피하기 위한 수단으로 금리선물거래의 필요성이 대두되었다. 현재는 금융선물의 주류를 이루고 있으며, 다양한 만기를 제공하는 다양한 상품으로 헤지를 가능하게 해준다.
③ 주가지수선물거래: 1980년대 이후에 주가지수를 기초자산으로 하는 주가지수선물거래가 활발히 이루어지고 있다.

2 선물시장의 거래구조

(1) 선물시장의 구조
① 선물거래소(Futures Exchange): 정형화된 거래규칙과 표준화된 선물상품을 개발하여 조직화된 거래를 할 수 있도록 거래장소를 제공하는 역할을 담당한다. 거래소에서는 회원권을 가진 회원들만이 거래소 시장에서의 거래자격을 지니므로, 자신의 주문에 의하여 선물거래를 체결시킬 수 있다.
② 선물중개회사(Futures Commission Merchant): 투자자와 거래소 회원들 사이에서 브로커 역할을 담당한다. 투자자의 대리인으로서 거래주문을 내고 증거금계좌를 관리하며, 이에 대한 대가로 일정수수료를 받는다. 주식시장에서의 증권회사 같은 역할이다.
③ 청산소(Clearing House): 모든 선물거래는 청산소를 통하여 정산된다. 두 거래 당사자가 선물 계약을 체결하면 청산소는 즉시 개입하여 매입포지션 보유자에 대해 매도 포지션을 취하고, 매도포지션 보유자에 대해서는 매입포지션을 취함으로써 두 거래당사자 간의 직접적인 계약관계를 분리시킨다. 청산소는 모든 선물거래자들이 거래 상대방을 직접 알아야 하는 수고를 피하게 해주며, 시장성이 높아지고 선물가격의 수요와 공급이 일치하는 균형 수준에서 보다 쉽게 결정되도록 돕는다.

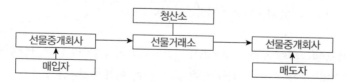

(2) 증거금과 일일정산

① 일일정산: 매일 매일의 가격변동에 따라 선물거래자에게 손익이 발생하는데, 이러한 손익을 매일 정산하는 것을 일일정산이라 한다. 선물거래로 인한 이익과 손실을 매일 거래계좌에 반영되도록 함으로써 계약 불이행의 위험을 없애려는 것이다.

② 증거금: 계약불이행의 위험을 없애기 위한 또 하나의 제도로서, 선물계약의 의무를 이행할 수 있도록 미리 예치하는 일종의 담보 성격을 갖는 것을 말한다. 선물 거래 당사자 모두에게 증거금이 요구된다.

　　㉠ 개시증거금: 선물거래의 시작을 위해 납부해야하는 증거금이다.

　　㉡ 유지증거금: 계속적인 거래를 위해 반드시 유지해야하는 증거금이다.

　　㉢ 변동증거금: 증거금 잔고가 유지증거금 수준 이하로 빠지는 경우를 마진콜(magin call)이라 하며, 이때 다시 개시증거금 수준으로 올려놓기 위해 추가로 입금되는 금액을 변동증거금이라 한다.

03　선물거래전략

1 헤지거래

원하는 상품을 확정된 가격으로 예정된 시기에 매입 또는 매도함으로써 가격변동위험의 전부 또는 일부를 제거하는 것이다. 선물거래는 미래 시점의 거래가격을 현재 시점에서 고정시키는 계약이므로, 기초자산의 가격변동위험을 제거하는 헤징수단으로 유용하게 이용된다.

(1) 매도헤징: 현물시장에서 매입포지션을 갖고 있는 투자자가 보유상품 또는 보유증권의 가격이 하락할 것을 염려하여 선물시장에서 매도포지션을 취하는 것이다. 만기 시점의 현물가격에 상관없이 현물시장에서의포지션을 보유함에 따라 발생하는 이익 또는 손실이 선물시장에서의 매도포지션에서의 손실 또는 이익으로 상쇄될 수 있다.

(2) 매입헤징: 장래의 실수요자인 투자자가 대상자산의 가격이 상승할 것을 우려하여 선물시장에서 매입포지션을 취하여 헤징하는 것을 말한다.

2 투기거래

현물시장 에서의 기초자산과는 상관없이 선물거래를 이용하여 선물 가격변동에 따른 자본이득을 얻고자 하는 거래이다. 가격변동에 따른 시세차익의 획득을 목적으로 위험을 감수하고 이익을 추구하는 거래를 말한다. 이러한 투기거래는 선물시장의 가격형성을 원활히 하고 유동성을 높이는 역할을 함으로써 선물시장의 본연의 기능인 위험회피 목적의 헤지거래가 이루어지게 한다.

(1) 선물가격이 오를 것으로 예상: 투기자들은 선물계약을 매입함으로써 이익을 보려고 할 것이다.

(2) 선물이 하락할 것으로 예상: 선물계약을 매도함으로써 이익을 보려고 할 것이다.

1 선물가격과 재고유지비용

(1) 선물가격과 현물가격의 차이를 설명하는 변수로 재고유지비용을 들 수 있다.

(2) 선물가격은 계약 시점으로부터 인도시점까지 해당 현물을 보관하는 데 드는 비용인 재고유지비용만큼 현물가격과 차이가 발생한다.

(3) 재고유지비용은 창고비용과 보험료 등과 같은 보관비용과 현물구입자금에 대한 기회비용인 이자비용으로 구성된다.

(4) 선물은 최초 시점에는 계약만 하고 상품의 인도와 대금의 지불은 만기에 이루어지므로 상품의 재고부담과 현금지급의 기회비용만큼 유리하다.

(5) 따라서 선물가격은 같은 조건의 현물가격보다 높은 것이 보통이다. 그러나, 금융선물의 경우 선물가격이 현물 가격보다 낮게 형상되는 경우도 있다.

(6) 금융상품의 경우 보관비용이 거의 발생하지 않으며, 이자 혹은 배당 등으로 재고유지비용이 (−)가 되기 때문에 선물가격이 현물가격보다 낮게 형성된다.

2 현물-선물 패리티

선물가격과 현물가격 간의 관계를 알아보기 위해 다음과 같은 차익거래 포트폴리오를 생각해보자. 기초자산은 금이라 하고 무위험이자율에 대출과 차입이 자유롭다고 가정하자.

- 금 1단위를 현물가격 S_0에 매입하여 T기간 동안 보유한다.
- 금 매입대금 S_0만큼을 무위험이자율로 차입한다.
- 금선물을 선물가격 F_0에 매도한다.

위의 기본 가정을 바탕으로 차익거래 포트폴리오의 현금흐름을 표로 나타내면 아래와 같다.

거래내용	현재의 현금흐름	1시점의 현금흐름
금1단위 매입	$-S_0$	S_T
S_0만큼을 무위험이자율로 차입	S_0	$-S_{0r}(1+R_F)^T$
선물계약매도	0	F_0-S_T
차익거래포트폴리오	0	$F_0-S_{0r}(1+R_F)^T$

위의 포트폴리오는 순투자금액이 0이며, T시점의 금 현물가격에 상관없이 고정된 $F_0-S_{0r}(1+R_F)^T$의 현금흐름을 갖는다. 따라서, 차익거래의 기회가 존재하지 않는 시장에서는 이 차익거래 포트폴리오의 T 시점의 투자성과는 0이 되어야 한다.

$$F_0 \, S_{0r}(1+R_F)^T=0 \rightarrow F_0=S_{0r}(1+R_F)^T$$

위의 식을 현물-선물 패리티정리(Spot-Futures Parity Theorem)라고 한다.

3 선물가격과 기대현물가격의 관계

현재 선물을 매입한다는 것은 미래의 인도 시점에 현물을 매입하는 것과 동일하므로 현재 시점에서 형성되는 선물가격은 인도 시점의 현물가격에 대한 기대값에 대한 예상을 반영하여 결정된다. 그러나 실제의 선물가격은 여러 가지 이유 때문에 인도 시점의 기대현물가격과 차이를 나타내는 경우가 많다. 선물가격과 기대현물가격과의 관계를 나타내면 다음 그림과 같다.

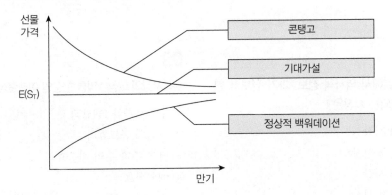

(1) **기대가설(Expectations Hypothesis)**: 선물계약은 인도 시기에 현물을 인수·인도할 것을 계약한 것이므로, 현재의 선물가격 F_0는 인도 시점의 기대현물가격 $E(S_{Tr})$와 동일하여야 한다.

$$F_0 = E(S_{Tr})$$

위의 식은 미래에 불확실성이 없다고 가정하고 있다. 투자자들은 다양한 자산에 분산투자를 하여 잘 분산투자된 포트폴리오를 구성하고 있으므로, 특정 자산에 분산투자를 하여 잘 분산투자된 포트폴리오를 구성하고 있으므로, 특정자산에 대한 선물거래가 포트폴리오의 위험에 미치는 영향은 무시할 수 있고, 따라서 투자자들은 선물거래에서 어떤 위험프리미엄을 요구하지 않는다는 것이다.

(2) **정상적 백워데이션(Normal Backwardation) 가설**: 선물가격이 미래의 기대현물가격보다 낮게 형성되었다가 만기일에 다가서면서 양자가 접근해 간다고 보는 것으로 다음과 같이 표현될 수 있다.

$$F_0 = E(S_{Tr}) - \pi \text{ (단, } \pi \text{: 위험프리미엄)}$$

위의 주장의 근거로 선물거래의 위험보상 성격을 들 수 있다. 즉 현물시장이 기초자산에 대해 매입포지션을 취하고 있는 투자자들로 구성되어 있을 때, 현물시장에서의 투자위험을 헤징하기 원하는 헤저들은 선물계약을 매도하게 된다. 선물거래를 매도하는 헤저들은 자신들의 위험헤징에 대한 대가지금으로 선물가격이 기대현물가격보다 낮은 것을 받아들일 것이므로 $F_0 < E(S_{Tr})$의 관계가 성립하는 것이다.

(3) **콘탱고(Contango) 가설**: 선물가격이 기대현물가격보다 크다는 주장이다. 선물시장에서는 매입헤저와 매도 헤저가 모두 참여하는데 어느 쪽의 비중이 큰가에 따라서 F_0와 $E(S_{Tr})$의 크기 관계가 결정된다. 콘탱고가설에 의하면 정상적 백워데이션과는 달리 매입헤저가 위험헤징에 대한 보상을 더 지급하려고 하기 때문에, 선물가격 F_0가 미래현물의 기대가격 $E(S_{Tr})$보다 높게 형성된다는 것이다.

$$F_0 = E(S_{Tr}) + \pi \text{ (단, } \pi \text{: 위험프리미엄)}$$

PART 05 Full수록 합격

01

효율적 시장가설에서 역사적 정보, 과거 정보가 현재 주가에 반영되는 시장은?

① 약형 효율적 시장
② 배분형 효율적 시장
③ 강형 효율적 시장
④ 준강형 효율적 시장

02

약형 효율적 시장가설에서 실증 분석이 아닌 것은?

① 시계열 독립성 검증
② 사건연구 잔차분석
③ 필터법 검증
④ 연의 검증

03

주식시장의 이상수익률 현상인 이례현상이 아닌 것은?

① 주말효과와 1월효과
② 기업의 규모효과
③ 낮은 주가 수익 비율효과
④ 예외성효과

04

기업이 고정영업비용을 부담하고 있을 때 고정영업비용이 지렛대 역할을 하여 매출액의 변화율보다 영업이익의 변화율이 더 커지는 효과를 무엇이라 하는가?

① 영업레버리지 효과
② 재무레버리지 효과
③ 결합레버리지 효과
④ 투자레버리지 효과

05

재무레버리지에 대한 설명 중 틀린 것은?

① 재무레버리지는 기업이 이자비용이나 우선주 배당금 등 고정재무비용을 부담하고 있는 정도를 의미한다.
② 재무레버리지 효과란 고정재무비용이 지렛대의 역할을 하여 영업이익의 변화율보다 EPS의 변화율이 크게 나타나는 현상을 말한다.
③ 고정재무비용이 0이면 재무레버리지도는 1이 되어 재무레버리지는 효과가 없다.
④ 고정재무비용이 증가할수록 재무레버리지도는 감소한다.

06

다음 중 재무레버리지와 관계있는 것은?

① 공헌이익
② 영업이익
③ 고정비
④ 이자비용

---

01 — 정답 ①

효율적 시장가설(EMH: Efficiency Market Hypothesis)에서 약형 효율적 시장(Weak Form Efficient Market)은 모든 과거의 정보가 현재의 주가에 반영되어 있는 시장을 말한다. 이때의 과거 정보는 대부분 과거 주식가격과 거래량의 움직임을 지칭하나, 주로 주식가격의 변화양상에 초점을 맞추고 있다.

02 — 정답 ②

사건연구 잔차분석은 준강형 효율적 시장가설의 실증 분석이다. 준강형 효율적 시장가설의 실증 분석에서 사건연구는 공개적으로 이용 가능한 정보를 하나의 사건으로 볼 때, 그 정보의 공시 시점을 전후한 주가변동을 살펴봄으로써 사건의 영향을 파악하고자 하는 기법이다.

03 — 정답 ④

효율적 증권시장에서는 모든 정보가 주가에 반영되므로 주식의 수익률은 위험에 상응하는 정상수익률일 뿐, 그 이상의 초과 수익을 얻을 수 없다. 그러나 실제로 증권시장의 수익률을 조사한 결과 이 같은 논리로 설명되지 않는 비정상적인 현상이 있었다. 이와 같은 비정상적인 현상을 이례현상이라고 한다.

04 — 정답 ①

영업레버리지 효과는 고정자산을 보유함으로써 고정영업 비용을 부담하는 것을 말한다. 매출액의 증감과 관계없이 일정하게 발생하는 고정영업비용이 매출액의 변화에 따른 영업이익의 변동에 어떤 영향을 미치는지 분석하는 것이다.

05 — 정답 ④

재무레버리지는 타인자본사용에 따라 발생하는 고정적인 이자비용이 지렛대 역할을 하여, 주주에게 돌아가는 세후 순이익의 변화율이 영업이익변화율에 비하여 확대되어 나타나는 것을 말한다. 타인자본 의존도가 크면 클수록 재무레버리지 효과는 더욱 커진다.

06 — 정답 ④

타인자본사용에 따라 발생하는 고정적인 이자비용이 지렛대(Lever) 역할을 하여, 주주에게 돌아가는 세후 순이익의 변화율이 영업이익변화율에 비하여 확대되어 나타나는 것을 말한다. 타인자본 의존도가 크면 클수록 재무레버리지 효과는 더욱 커진다.

07

재무비율 분석에 관한 다음의 설명 중 틀린 것은?

① 유동비율과 당좌비율은 유동성비율이다.
② 재고자산이 0이면 유동비율과 당좌비율은 동일하다.
③ 부채비율은 타인자본을 자기자본으로 나누어서 구한다.
④ 부채비율, 자기자본비율, 이자보상비율, 고정금융비용보상비용은 안정성비율이다.

09

선도거래에서 생기는 계약불이행을 방지하고 문제점을 개선한 계약을 선물거래라고 한다. 다음 중 선물거래의 특징에 해당하지 않는 것은?

① 일일 정산제도
② 계약조건의 표준화
③ 증거금(마진율)제도
④ 계약 당사자 간 신용에 의한 직접 거래

08

두 사례에 공통으로 적용될 수 있는 경제 회계 개념은?

> • 사법시험을 5년째 준비하는 A씨는 지난해부터 이를 포기하고 취업 준비를 시작했다.
> • 3개월치 골프 레슨비를 미리 낸 B씨는 허리 통증으로 남은 레슨을 포기하고 병원 치료를 시작했다.

① 희소성
② 매몰비용
③ 외부효과
④ 한계효용

10

유동자산 20억 원, 유동부채 10억 원, 재고자산 5억 원인 경우 당좌비율은?

① 50%
② 80%
③ 100%
④ 150%

11

A씨는 건물을 지어 분양하려고 한다. 이 건물을 짓는 데 7,000만 원이 소요되지만 1년 후에 7,865만 원의 현금을 받고 매각할 수 있다. 시장이자율이 연 10%라고 할 때 이 투자안의 현재가치는?

① 7,100만 원

② 7,150만 원

③ 7,200만 원

④ 7,250만 원

---

07 〉정답 ④

부채비율과 이자보상비율은 레버리지 비율이다. 레버리지 비율은 부채성비율이라고도 하며, 기업이 타인자본에 의존하고 있는 정도를 나타내는 비율이다. 특히 장기부채의 상환능력을 측정하는 것이다. 부채비율은 총자본을 구성하고 있는 자기자본과 타인자본의 비율을 말하는 것이다. 이자보상비율은 타인자본의 사용으로 발생하는 금융비용, 즉 이자가 기업에 어느 정도의 압박을 가져오는지를 보기 위한 것이다.

08 〉정답 ②

매몰비용은 이미 매몰되어 버려서 다시 되돌릴 수 없는 비용, 즉 의사결정을 하고 실행한 이후에 발생하는 비용 중 회수할 수 없는 비용을 말하며, 함몰비용이라고도 한다.

09 〉정답 ④

선물은 신용거래가 아닌 철저한 증거금에 의한 일일 정산 제도로 운영한다.

10 〉정답 ④

당좌비율=(유동자산－재고자산)/유동부채
∴ (20억－5억)/10억=1.5(150%)

11 〉정답 ②

7,865만 원÷(1+0.1)1=7,150만 원이다.

[12~13] 다음 표는 (주)○○의 ×1년도 말 요약 재무제표이다. 이를 보고 물음에 답하시오.

〈표1〉 ○○재무상태표

(단위: 백만 원)

계정과목	금액	계정과목	금액
현금	200	매입채무	200
매출채권	400	장기차입금	400
유형자산	800	기타부채	200
기타비유동 자산	200	자기자본	800
자산총계	1,600	부채 및 자본 총계	1,600

〈표2〉 ○○재무상태표

(단위: 백만 원)

계정과목	금 액
매출액	2,000
매출총이익	1,000
판매관리비	700
법인세차감 전 순이익	200
당기순이익	150

13

(주)○○이 2억 원 규모의 유상증자를 시행할 경우 부채비율은 몇 %로 변동되는가?

① 44%

② 60%

③ 80%

④ 100%

12

(주)○○의 유동비율은?

① 75%

② 100%

③ 150%

④ 300%

14

다음 중 자산의 효율적 활용도를 알 수 있는 것은?

① 수익성 비율

② 유동성 비율

③ 활동성 비율

④ 안전성 비율

15

주식 A와 B의 기대수익률은 각각 10%, 20%이다. 총투자자금 중 40%를 주식 A에, 60%를 주식 B에 투자하여 구성한 포트폴리오 P의 기대수익률은?

① 15%

② 16%

③ 17%

④ 18%

16

증권시장선(SML)과 자본시장선(CML)에 관한 설명으로 옳지 않은 것은?

① 증권시장선의 기울기는 표준편차로 측정된 위험 1단위에 대한 균형가격을 의미한다.

② 증권시장선 아래에 위치한 자산은 과대평가된 자산이다.

③ 자본시장선은 효율적 자산의 기대수익률과 표준편차의 선형관계를 나타낸다.

④ 자본시장선에 위치한 위험자산은 무위험자산과 시장포트폴리오의 결합으로 구성된 자산이다.

17

선물거래에 관한 설명으로 옳지 않은 것은?

① 다수의 불특정 참가자가 자유롭게 시장에 참여한다.

② 거래대상, 거래단위 등의 거래조건이 표준화되어 있다.

③ 계약의 이행을 보증하려는 제도적 장치로 일일정산, 증거금 등이 있다.

④ 반대매매를 통한 중도청산이 어려워 만기일에 실물의 인수·인도가 이루어진다.

12　　정답 ④

계정과목 중 유동자산은 현금과 매출채권, 유동부채는 매입채무이다.

$$유동비율 = \frac{유동자산}{유동부채} = \frac{600}{200} \times 100 = 300\%$$

13　　정답 ③

부채비율은 자기자본에 대비한 타인의 부채의존도를 표시하는 비율로 타인자본/자기자본으로 표시한다. 자기자본의 기초자본 8억+유상증자 2억=10억이고, 부채의 합은 매입채무 2억+장기차입금 4억+기타부채 2억=8억이므로 부채비율은 8억/10억=80%이다.

14　　정답 ③

효율적 활용이란 기업에서는 얼마나 활발하게 장사를 하는가는 매출액이 핵심 키워드로 매출액/자산으로 총자산회전율을 나타낸다.

수익성은 순이익을 분자로 하는 이익률들, 유동성은 유동부채를 분모로 하며 안전성, 건전성, 구조 분석이라 합니다.

유동성비율은 유동비율, 당좌비율이 있다.

15　　정답 ②

(각 자산의 구성비율×각 자산의 기대수익률)=(0.4×0.1)+(0.6×0.2)=0.16(16%)

16　　정답 ①

자본시장선은 새로운 투자기회를 창출하기 위해 위험자산뿐만 아니라, 무위험자산까지 고려하여 투자할 경우의 효율적 투자기회선으로, 자본시장선에 위치한 위험자산은 무위험자산과 시장포트폴리오의 결합으로 구성된다.

17　　정답 ④

지문은 선도거래에 관한 설명이다. 선도거래는 계약이 체결되는 시점은 현재지만, 결제는 장래 일정 시점에 이루어지고, 가격변동에 따른 위험을 회피하기 위한 거래방식임은 선물거래와 동일하나, 거래의 장소, 시간, 방법 및 규칙 등이 자유롭고, 만기이행이 원칙이기에 중도청산이 어려우며, 현물로 인수·인도된다 는 점에서 차이가 있다.

좋은 책을 만드는 길
독자님과 함께하겠습니다.

도서나 동영상에 궁금한 점, 아쉬운 점, 만족스러운 점이
있으시다면 어떤 의견이라도 말씀해 주세요.
SD에듀는 독자님의 의견을 모아 더 좋은 책으로 보답하겠습니다.

www.sdedu.co.kr

2023 ALL-IN-ONE 군무원 경영학

개정3판1쇄 발행	2023년 01월 10일 (인쇄 2022년 09월 21일)
초 판 발 행	2020년 01월 10일 (인쇄 2019년 11월 15일)
발 행 인	박영일
책 임 편 집	이해욱
저 자	김성만
편 집 진 행	강상희 · 정유진
표지디자인	조혜령
편집디자인	박지은 · 장성복
발 행 처	(주)시대고시기획
출 판 등 록	제 10-1521호
주 소	서울시 마포구 큰우물로 75 [도화동 538 성지 B/D] 9F
전 화	1600-3600
팩 스	02-701-8823
홈 페 이 지	www.sdedu.co.kr
I S B N	979-11-383-3281-1
정 가	34,000원